М.М.БАХТИН

巴赫金文集

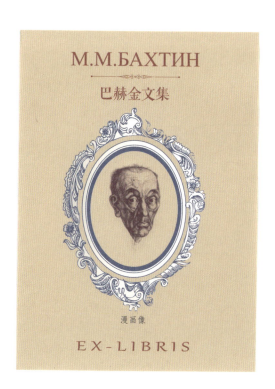

漫画像

EX-LIBRIS

М.М.БАХТИН

巴赫金文集

〔苏〕米哈伊尔·巴赫金　著

钱中文　主编

* 第二卷 *

钱中文　白春仁　卢小合

凌建侯　译

陕西师范大学出版总社　西安

图书代号　WX24N1107

图书在版编目（CIP）数据

巴赫金文集．第二卷／（苏）米哈伊尔·巴赫金著；钱中文主编 . —西安：陕西师范大学出版总社有限公司，2024.8

ISBN 978-7-5695-4094-9

Ⅰ．①巴…　Ⅱ．①米…　②钱…　Ⅲ．①巴赫金（Bakhtin,Mikhail Mikhailovich 1895-1975）—文集　Ⅳ．① C52

中国国家版本馆 CIP 数据核字（2024）第 018671 号

巴赫金文集　第二卷
BAHEJIN WENJI　DI-ER JUAN

〔苏〕米哈伊尔·巴赫金　著

钱中文　主编

出 版 人	刘东风
出版统筹	杨　沁
特约编辑	李江华　黄　勇
责任编辑	张　甜　刘田菁　赵南南
责任校对	王　越
封面设计	高　洁
版式设计	李宝新
出版发行	陕西师范大学出版总社
	（西安市长安南路 199 号　邮编 710062）
网　　址	http://www.snupg.com
印　　刷	三河市宏达印刷有限公司
开　　本	710 mm×1000 mm　1/16
印　　张	42.25
字　　数	565 千
版　　次	2024 年 8 月第 1 版
印　　次	2024 年 8 月第 1 次印刷
书　　号	ISBN 978-7-5695-4094-9
定　　价	190.00 元

读者购书、书店添货或发现印装质量问题，请与本社联系、调换。
电话：(029) 85308697

巴赫金（摄于 1924 至 1925 年间）

译者前言

巴赫金小说理论及其研究新范式①

尽管好友奔走斡旋,巴赫金终究未能逃脱被判刑的命运——遣送哈萨克斯坦南部劳动改造六年。1930年3月29日,在携妻前往流放地前四天,他写下《长篇小说修辞诸问题》研究计划,而酝酿这份计划当在1929年6月初,《陀思妥耶夫斯基创作问题》出版不久,也正是在此时,拉伯雷开始进入他的视野②。上述计划是研究长篇小说体裁的蓝图,其后十余年(1930—1941),巴赫金的学术探索基本未脱离此蓝图。他发现了不同于史诗—小说的修辞路线,并追寻在此路线上发展起来的小说体裁渊源——民间笑文化,在拉伯雷的小说中寻找证据,将之命名为民间狂欢节文化,在文化根源上拓宽了小说体裁研究的视野和方法,为德国教育小说、俄罗斯复调小说的体裁渊源于民间节日文化提供了理论依据,最终为他的人文科学研究新范式的确立奠定了基础。

---

① 本序主要观点与内容来自拙作《诗学的形态与哲学的诉求——巴赫金小说理论的学术贡献》(载《江西社会科学》,2018年第10期)、《巴赫金小说理论:背景、线索与特色》(载《社会科学战线》,2019年第5期)、《小说的艺术性——巴赫金诗学思想渊源重议》(载《江西社会科学》,2021年第10期)。
② 波波娃·伊琳娜:《弗朗索瓦·拉伯雷的"语词狂欢节":巴赫金的书与二十世纪一二十年代法德方法论之争》,载《新文学评论》(俄文版),2006年第3期。

1

小说体裁的双重来源

一九七五年,巴赫金的第一本文集《文学与美学问题》出版。全书共收录六篇文章,有四篇长文,依次为《长篇小说的话语——论长篇小说修辞诸问题》《长篇小说的时间形式和时空体形式——历史诗学概述》《长篇小说话语的发端》《史诗与长篇小说——论长篇小说研究方法论》,是专论长篇小说体裁的力作。实际上它们均撰写于20世纪30年代。1934至1935年巴赫金以"长篇小说的话语"为题完成了一部书稿,主要探讨小说体裁和文学话语两个问题,该书稿后来被拆成《诗歌的话语与小说的话语》《长篇小说话语的发端》《史诗与长篇小说》三篇论文,于1965至1972年间陆续发表在期刊《文学问题》与文集《俄罗斯与国外的文学》上;"论时空体"一文的主体部分写于1937至1938年,"结束语"增补于1973年,全文于1974年由《文学问题》刊出①。1981年,美国学者选编出版了这四篇长文,辑为英文版文集,取名为《对话性想象:巴赫金论文四篇》②。此后,"巴赫金小说理论"成了一个专有名词,在西方学术界传播开来。2012年出版的俄文版《巴赫金文集》第三卷,以书稿《长篇小说的话语》为基础,重现了20世纪30年代至40年代初巴赫金从事小说理论研究的原貌。

在19世纪末20世纪初的俄罗斯,反对规范诗学、追求科学的诗学,是最为耀眼的理论思潮。1921年,日尔蒙斯基(В.М.Жирмунский)在《诗学的任务》一文中说,"近些年来关于文学的科学正在诗学的旗帜下发展"③。托马舍夫斯基(Б.В.Томашевский)在其1925年的教材《文学理论·诗学》中明确指出,诗学的任务"是研究建构文学作品的

---

① 巴赫金:《文学与美学问题(不同年代的研究)》,莫斯科,文学出版社,1975年,"出版说明"第4—5页。

② *The Dialogic Imagination*:*Four Essays by M.M.Bakhtin.*Ed.Michael Holquist,Trans.Caryl Emerson & Michael Holquist.Austin:University of Texas Press,1981.

③ 日尔蒙斯基:《文学理论·诗学·修辞学》,列宁格勒,科学出版社列宁格勒分部,1977年,第15页。

各种手段"，其方法"是描写与分门别类各种现象以及阐发这些现象"①。他和其他形式主义者一样也对文学做出了"纯文学（诗歌）"与"非纯文学（散文/小说）"的区别，认为"研究非纯文学作品结构的学科叫雄辩术，研究纯文学作品结构的学科叫诗学。雄辩术和诗学形成总的文学理论"②，并把诗学划分为研究各种文学手法之起源的历史诗学，研究这些手法之功能的普通诗学，以及制定文学创作规则的规范诗学。这部教材被评价为"认真的、明了的、充实的教科书"，"无论是以往还是当今都尚属罕见"（第 2 卷，第 18 页③）。但把小说列入"非纯文学"范畴，只能由雄辩术来研究的做法，遭到了巴赫金的批判："人们在小说话语中既然找不到预期的纯粹诗意（狭义）的形式，便否认小说话语有任何艺术价值；说它同生活中实用言语或科学言语一样，只是一种没有艺术性的传递手段。"（第 3 卷，第 37—38 页）他对"长篇小说风格大多数情况下被归于'史诗风格'"，把小说看成"道德说教的现代形式……非艺术性的雄辩体裁"或"雄辩术和纯诗作之混合物"（第 3 卷，第 42、44—45 页④）深表不满，认为小说没有自己的疆界、体裁上缺乏稳定性、程式化和明晰性以及语言上缺乏诗意，这些所谓的消极因素，恰恰应该被看作是小说的优势之所在，唯有如此，才能真正把握长篇小说体裁的艺术特色。当时对小说感兴趣的几乎所有俄罗斯学者都继承了黑格尔的传统——小说来源于史诗、不过是史诗与戏剧的混合物，甚至有不少学者在抑小说、扬史诗这一点上比前人走得更远，立场更为激进。巴赫金一反当时流行的这种传统，试图另起炉灶，为长篇小说新找"安身立命"之所，为此寻找史诗之外的体裁来源。在一九四三年的补充性材料《长篇小说理论与

① 托马舍夫斯基：《文学理论·诗学》，莫斯科，阿斯佩克特出版社，2002 年，第 22 页。
② 托马舍夫斯基：《文学理论·诗学》，莫斯科，阿斯佩克特出版社，2002 年，第 25 页。
③ 即钱中文主编《巴赫金全集》第 2 卷，河北教育出版社，2009 年，第 18 页。下文征引该全集时只随文标明卷次与页码，不再另注。
④ 亦可参看《巴赫金文集》第 3 卷，莫斯科，斯拉夫文化诸语言出版社，2012 年，第 18、20—21 页。

历史诸问题》中他指出,现有的文学理论无法满足小说体裁研究的需要:

> 长篇小说改造了欧洲的文学思维。文学、文学形象、文学话语不再是它们在长篇小说占主导地位之前的那个样子了。然而,文学理论一如以前(亚里士多德—贺拉斯—布瓦洛……)。长篇小说也应该改造关于文学的理论思维。世界、人、话语的模式本身在长篇小说那里是不一样的。不一样的还有形象建构的基础本身。①

在巴赫金写下这段文字之前及之后很长时间里,小说研究始终没有突破史诗来源的窠臼。他自己则把小说体裁分成两条"修辞路线":"第一条"归属于史诗—雄辩体;"第二条"为他所首创,其源头被追溯到了古代民间笑文化。正是这两条路线的彼此交织与相互斗争,共同推动了小说体裁的形成与不断演进。

阐发小说艺术性的新概念

巴赫金有关小说理论的著作,给人留下突出印象的,是一系列新概念,其中一部分为他所独创,可谓"自铸新词",如小说化、具有内在说服力的话语、他人话语、对话性、时空体、双声性、言语体裁等,另一部分可称为"旧词新意",如正反同体的双重性、混合、语调、镶嵌、讽拟、仿格、声音、非作者直接话语等。正是这些新概念支撑起了小说研究的新范式。巴赫金喜欢采用矛盾对立又辩证统一的范畴来阐发长篇小说的特殊性,将其提升到与史诗、抒情诗、戏剧并驾齐驱的缘起性体裁之一,提高了这一体裁的辨识度。

标准语(统一语、规范语、通用语)—杂语;向心力—离心力

---

① 《巴赫金文集》第 3 卷,莫斯科,斯拉夫文化诸语言出版社,2012 年,第 655 页。

杂语是巴赫金小说理论中最有魅力的新发现。以往的语言学和修辞学研究的往往不是各种语言同时共存的整体，而是某种语言或几种语言之间的比较，以及个人如何运用某种语言(最典型的是标准语)得到言语作品。标准语即得到官方正式承认的统一语、规范语、通用语，是民族内部混杂的方言中一个坚固而稳定的语言核心，其形成是"使话语和思想的世界统一起来、集中起来的力量"(第 3 卷，第 47 页)，即向心力不断作用的结果。向心力对标准语的重要性，语言的统一对民族和国家形成的重要性，不言自明。但是，在语言统一过程中还有一个分散的力量即离心力存在。语言在自己形成与发展的每一刻，都不只区分为语言学所称的方言，还有不同社会意识的语言，如社会集团、职业、体裁、性别、几代人的语言等等，它们共同构成了杂语。如此，规范语也不过是杂语中的一种，其自身内部还可分为不同体裁、流派、功能语体等的语言。语言只要生存发展，区分和杂语现象就会扩大、加深。总之，向心力与离心力的斗争构成了一幅众声喧哗的画面，杂语是语言离心力的真实反映，也展现出人类语言的现实存在状态。

巴赫金从上述语言观出发，对小说与诗歌话语作了比较，认为前者形成于语言和思想生活中分散、离心的轨道上，而后者在凝聚、集中的意识形态向心轨道上发展。在他看来，长篇小说是杂语的形象，诗歌是统一语的形象，史诗是"绝对的过去"的形象，用研究诗歌、史诗语言的方法来考察长篇小说，无法真正揭示其话语艺术的本质特征，因此需要另辟蹊径，建立独特的小说研究方法论。

第一条修辞路线—第二条修辞路线；史诗—小说；完成性—未完成性

巴赫金梳理了欧洲小说的两条修辞路线：第一条发端于雄辩体叙事文学，其基本特征是一定程度上坚持单语性和单一风格；第二条则有意识地把社会性杂语引入创作。不过，在小说发展过程中，第一条路线的小说自上而下地走向了杂语，第二条路线的小说自下而上"从杂语深处上升,进入并驾驭标准语的高层次"(第 3 卷,第 160 页),即把高雅的语言也变成了杂语的组成成分。巴赫金详细阐发了代表这两条路线的史诗与小说处于怎样的相互斗争又彼此颉颃的关系中。相比史诗,长篇小说的诞生要晚得多,它是文学大家庭中唯一处于形成中的体裁。长篇小说以描绘作者所处的当代生活为目标,其形象具有开放性,在意义和价值层面上具有未完成性,其形式和内容具有极大的自由度。史诗的形象具有完成性,因为它整个儿地属于"绝对的过去",即史诗作者所处的时代与史诗事件、人物所处的时代之间"横亘着绝对的史诗距离"(第 3 卷,第 507 页)。小说艺术揭示的是面向未来的现在时态的存在,史诗展现的则是凝固了的、僵硬不变的过去的事件。

代表第一条路线的史诗,其创作立场是既定、不可变的,如神圣的东西绝不能亵渎、对英雄人物需怀敬仰之情等。从第二条路线发展起来的小说,彻底解放了艺术思维,使严肃与笑获得相互转化的可能性。小说的优势还在于"不断改变自身已形成的一切形式"(第 3 卷,第536 页),而它一旦在文学生活中占据主导地位,"便会……把尚未完结的特点传染给其他体裁",使"几乎所有其他体裁不同程度上都'小说化'了"(第 3 卷,第 500—501 页)。小说化的实质就是小说之创作立场化,抱着未完成的自由的立场去创作,无论选取人物形象、安排情节布局,还是采用语言风格,抑或描绘场景、表达思想等,都有意识地不受已定型的体裁框架的束缚。复调小说就是沿着第二条路线发展起来的一种体裁,其艺术世界去掉了史诗般的完成性,因为作者赋予主人公以说出关于世界和其自身之话语的权利。沿着第一条路线发展起来的小说,即巴赫金所称的独白小说,说出关于世界和主人公自身的话语,乃是作者的特权。

描绘的语言—被描绘的语言;描绘者的语言意识—被描绘者的语言意识

小说的形象都是被语言描绘出来的,简言之,是话语的形象。在小说家眼中,任何对象都不是客观的物,而是"语言化了"的现实,是社会性杂语世界里的各种名称、概念、评价等等。长篇小说不但描绘现实生活,而且还是不同语言交汇与对话的独特舞台。进入小说的语言大都不完全是个性化的语言,作者、主人公及其独一无二的声音,仿佛浸淫在社会性杂语的海洋中。所以,长篇小说是时代语言现实的反映,作为整体,"是一个多语体、杂语类和多声部的现象","是用艺术方法组织起来的社会性的杂语现象,偶尔还是多语种现象,又是个人独特的多声现象"(第3卷,第38—40页),换言之,是对话化杂语世界的缩影。对话化杂语世界使得语言在小说审美活动中拥有一种特殊的功能:它可能不再是单纯指物述事的表达手段,它自身往往会变成被描绘的对象。"语言的形象作为有意为之的混合体""有两个语言意识:一个是被描绘者的语言意识,一个是属于另一语言体系的描绘者的语言意识"(第3卷,第143—144页)。没有第一个意识,读者面对的将不是文学作品,而是实用文本,其语言是直接指物述事的;没有第二个意识,读者看到的不是语言的形象,而是"他人语言的样品"(同上)。塑造小说形象,往往需要有两种语言意识,"一个语言意识为另一个语言意识所映照",或者说,"必须从另一个语言(公认为规范的语言)的角度出发"(同上)。小说语言形象的重要塑造方法之一是"语言的混合"。有意为之的混合不仅具有语言形式标志,而且还表现在意义上,如两种社会性语言所代表的两种世界观或者两种意向、观点的相互混杂交织,而在自然语言的发展过程中,自然的混合会孕育出新的世界观。

高明的作家善于把笔下的语言变成同时描绘和被描绘的语言,是描绘者语言意识和被描绘者语言意识彼此对照的完整体现。不妨举例说明。鲁迅的《狂人日记》是"五四"时期白话小说的先驱,但是开篇设置了一段文言小序,为何?当时正值文体改革,文白夹杂作为过渡形式并不少见,一般属于作家个人的行文风格,不一定隐含别的意向。鲁迅则不然。叙述人用文言体话语交代事情("一种语言意识"即人物的文言意识),而在小说整体框架("另一种语言意识"即作者的白话意识)中,这种话语及其背后的说话人仿佛是被"示众",供读者观赏、比较甚至嘲讽:叙述人用文言说明日记的来龙去脉,作者却借助文言文体展示出叙述人迟钝、迂腐、自作聪明的形象。从话语内在对话性角度看,小序明显属于讽拟体(戏仿体)话语,作者模仿文言风格,对叙述人文言意识施以讥讽的意向,而作为正文的日记里的话语属于仿格体,作者模仿疯子的白话文风格,并与这一风格结成"同盟军",反抗、颠覆隐藏在读者意识中的封建道统这个主人公形象。描绘与被描绘在同一话语里合二而一,就会引起语言的"化学反应",这一见解很值得深思,可惜,其对文学创作的重要性仍未得到应有的认识,其理论潜力也尚未得到深刻的挖掘。

在论陀思妥耶夫斯基的专著中,巴赫金主要探讨作者、主人公的各种对话关系。到了20世纪30年代,他调整了重心,从人物形象转向语言形象,进而对存在的考察转向语言领域,出现了后现代哲学经常探讨的课题:把存在视为语言现实的问题。

庄严(严肃、崇高)—笑(诙谐)

从第二条修辞路线发展起来的小说话语,其体裁渊源在哪里?对这个问题的回答构成了巴赫金小说研究方法论的核心。这个渊源就是民间笑文化。巴赫金发现这个事实,他自创的时空体范畴是关键。该范畴既行使谋篇布局(纯布局形式)的功能,也发挥决定情节与人物形象(建构形式)的作用,是一个形式兼具内容的范畴,体现出巴赫金这一时期学术追求的清晰脉络。它具有双重理论意义:作品艺术世界内部有许多大大小小的时空体,它们处于各种对话性关系中;作品与现实生活的交流都通过时空体来实现,在作家创作和读者接受过程中,艺术世界时空体与作家、读者的现实时空体之间的碰撞、对话,莫不说明时空体来源于艺术之外、作用于艺术世界又超越于艺术世界的复杂性和特殊性。所以,时空体被公认为具有很大学术潜力的文化范畴。但对巴赫金而言,它一开始只是探究小说体裁演变的一种理论武器,他借此发现了拉伯雷小说创作的独特性,首次提出了"拉伯雷

(式)的笑"(第3卷,第359、389、431页),认为《巨人传》是体裁渊源上来自民间笑文化的典型代表。

民间笑文化是巴赫金构建小说理论时的重大发现,具有承前启后的作用:前承复调小说理论,后续狂欢化理论。在有关时空体一文中首次发现民间笑文化,紧接着写出《现实主义历史上的拉伯雷》,这使得第二条修辞路线的小说,从其史前话语到现代话语一以贯通,最终为巴赫金制定长篇小说研究方法论提供了坚实的理论基础。

新范式与"词汇库"

上述新概念也体现出20世纪20年代之后巴赫金哲学运思的特点:哲学与语文学(文艺学/语言学)的融合。柯日诺夫(В. В. Кожинов)解释了这个特点:"巴赫金著作中的任何一个'语文学意义上的'论断同时——而且是在同种程度上——也是'哲学意义上的'。"① 季哈诺夫(Galin Tihanov)认为,巴赫金研究小说及其理论,视野超越了文学本身,形成了一种独特的文化哲学(Philosophy of Culture)②。哲学与语文学的融合可用巴赫金撰写于1941至1943年间的短文《论人文科学的哲学基础》加以印证。该文实际是巴赫金小说理论的"哲学化"延续。据题注透露,手稿明显分为两部分,前一部分阐发人文科学的认识论问题,后一部分结合拉伯雷研究,讨论"严肃性"及其与笑的关系,同样可归结为认识论问题,这也意味着巴赫金从长篇小说研究方法论向人文科学研究方法论迈出了坚实的一步。

在撰写、修订了十年之久,于1929年出版的《陀思妥耶夫斯基创作问题》中,巴赫金指出,"哲学上的独白化路径——是关于陀思妥耶夫斯基的文学批评的基本路径",研究者无不把陀翁的艺术世界看作

① 周启超、王加兴主编《俄罗斯学者论巴赫金》,南京大学出版社,2014年,第122页。

② Galin Tihanov.*The Birth and Death of Literary Theory*:*Regimes of Relevance in Russia and Beyond*.California:Stanford Press University 2019, chapter 3 "Toward a Philosophy of Culture:Bakhtin beyond Literary Theory".

是"由一个统一的世界观支配的独白体系的框架"①,而在巴赫金看来事实并非如此:

> 长篇小说结构的一切要素在陀思妥耶夫斯基那里获得深刻的独特性;所有要素都取决于一个新的艺术任务,这个任务只有陀思妥耶夫斯基能够提出来,并在极大的广度和深度上加以解决。这就是:创造一个复调的世界,并且打破已经定型的、基本上是独白式(单旋律)的欧洲小说诸形式。②

以对话艺术思维为核心的新型小说即复调小说,是能够抵御"哲学上的独白化路径"的强劲力量,这是巴赫金义无反顾地从哲学—美学转入语文学领域的主要内在动因。概言之,为了深入追踪复调小说的体裁渊源,巴赫金对小说的艺术性展开了十余年的探索,他发掘出民间笑文化及其"文学狂欢化"倾向,从而在其论域中形成了颠覆独白思维倾向的对话与狂欢两种相辅相成的思维倾向。这样看来,巴赫金别具匠心建构小说理论,背后隐藏着对独白思维倾向占主导地位的欧洲文化的不满,同时还有对与之针锋相对的思维倾向的不懈追求。

巴赫金以诗学之形构建有哲学之实的小说理论,其中独白与反独白思维倾向的关系,是隐而未现且又最引人入胜的特色。戈戈季什维利(Л.А.Гоготишвили)在解读巴赫金时详细论证了若干独白思维倾向与由对话—狂欢构成的反独白思维倾向的互动关系③,能够符实地说明俄罗斯思想家一生的学术求索,而求索的结果足以引发"哥白尼式的革命",可惜这一结果至今未获应有的重视,更无人在此基础上进行更明晰、深入而全面的阐发。巴赫金作为哲学家,其文艺理论学说,

---

① 《巴赫金文集》第1卷,莫斯科,俄罗斯词典出版社、斯拉夫文化诸语言出版社,2003年,第15页。

② 《巴赫金文集》第1卷,莫斯科,俄罗斯词典出版社、斯拉夫文化诸语言出版社,2003年,第13页。

③ 戈戈季什维利:《巴赫金的变体与正体》,载《哲学问题》(俄文版),1992年第1期。

特别是人文科学研究新范式，超越了具体学科范围，其深度与广度是形式主义及紧随其后发展起来的结构主义文艺学所无法比拟的。

正是蕴藏着哲学—美学的运思，巴赫金的小说理论著作作一读会令人感到不适。众多借用和自造的术语带有"隐喻"色彩，字面浅显直白，含义令人捉摸不透，有人批之为缺乏严谨性，有人对之进行"适应性改造"。与文艺理论界刚开始时的不适应相比，哲学界始终表现出"敬而远之"的姿态，只有巴赫金超语言学思想得到了个别哲学家的认可①与接受②。这当然是情理之中的事，毕竟巴赫金的绝大部分论著都是以语文学的形态见诸读者的，而潜藏在其整套概念背后的学术新范式，足以改变人文研究的旧有格局。

巴赫金建构了人文研究"独白论与反独白论思维体系"的新范式，通过小说研究独创了诸多新范畴以支撑这个新范式。他捉对使用许多通俗易懂甚至日常生活中常见的概念，除了前文列举的外，还有诸如"独白—对话""独白性—对话性""独白小说—复调小说""句子—话语""作者直接话语—非作者直接话语""诗歌性—小说性"等，还有描述"狂欢节"世界感受的"官方文化—民间文化"及其意蕴丰富的延伸概念"狂欢化""文学狂欢化""意识狂欢化""常规生活狂欢化"。为了阐发由"对话—狂欢—小说—话语—杂语—离心力—未完成性—笑"等系列范畴构成的反独白文化思维倾向的特征，同时也为了阐明长篇小说体裁的特殊性，巴赫金还采纳了诸如事件、行为、双重性、言语体裁、小说化、时空体、混合、语调、镶嵌、讽拟（戏仿）、声音、多声性、他人话语等概念。上述种种词汇在巴赫金学术遗产的语境中都被赋予了独特的内涵。它们中的绝大多数已被文学与文化研究者所采信，俄罗斯学者甚至专门编写出版了《巴赫金词汇库》③，详细解释这一整

---

① 哈贝马斯：《我们的访谈：哲学家——自己时代的诊断家》，载《哲学问题》（俄文版），1989年第9期。

② 吉尔·德勒兹：《德勒兹论福柯》，杨凯麟译，江苏教育出版社，2006年，第8—9页。

③ 塔玛尔钦科编《巴赫金词汇库：材料与研究·文集》，莫斯科，俄罗斯人文大学出版社，1998年。

套术语及其内在关联。令人遗憾的是,国际哲学界对此反响甚微,究其原因,不外乎与现行哲学范式扞格不入,"无法被现有范式同化"①,得不到哲学共同体的普遍承认。

考察巴赫金小说理论,如果离开其诞生和被发现的时代背景,很难认清他为什么热衷于探求欧洲文化史上由对话和狂欢所构成的反独白思维倾向;如果不深究其本人学术发展的线索,很难深刻认识到诗学之形与哲学之实相结合的思想体系的内在逻辑;如果不深入阐发他特有的"词汇库",很难真正领悟其富有革命性的人文研究新范式。总之,巴赫金研究小说理论,隐含着对独白论与反独白论思维关系的思考,这足以引起研究者深思。

凌建侯

---

① 托马斯·库恩:《科学革命的结构》,金吾伦、胡新和译,北京大学出版社,2003 年,第 89 页。

目　录

长篇小说修辞问题

一、引言

　　1.现代文艺学中的修辞问题

　　2.长篇小说体裁问题

　　3.欧洲与我国长篇小说修辞研究现状概述

二、艺术散文话语类型与变体

　　1.直接话语及其变体

　　2.客体话语及其级别

　　3.双声话语

　　4.假定性话语,修辞化与故事体

　　5.闹剧,讽刺与幽默

　　6.双声话语的主动性类型及其变体

　　7.诗意话语与艺术散文话语

三、长篇小说结构修辞的一致性(从属的)

　　1.描绘(Darstellung):

　　　　a.戏剧的(长篇小说对话)

　　　　b.平铺直叙的(个性化的故事体)

　　2.报道性(Bericht)

　　3.作者的直接表述

四、长篇小说个性化修辞的统一性:作者,讲故事者,主人公

1.作者言语及其变体

2.讲故事人的、新闻编辑人员等等的言语

3.主人公的言语

4.个性化修辞统一的多样性("声音""言语主体")以及作为整体的长篇小说的修辞统一性的从属性

五、长篇小说直观修辞的统一性

1.规范性的非文学体裁问题

2.作者自传性体裁(自白、日记等等)

3.自传

4.书信

5.描绘性的体裁

6.演讲体裁

7.直观修辞统一体从属于作为整体的长篇小说的统一体问题

六、现代长篇小说修辞类型学经验

1.法国长篇小说修辞的基本路线

2.德国长篇小说

3.俄罗斯长篇小说

4.长篇小说风格的社会学问题

书中大约夹有 10 页

列宁格勒　1930 年 3 月 25 日

钱中文　译

长篇小说的话语

——长篇小说修辞问题

长篇小说的语言问题,是当今最实际的问题之一。

不过,为了用现实的苏联材料依据社会主义现实主义思想有效而深刻地研究这个问题,首先需要解决一个原则问题——长篇小说中语言的独特性质,长篇小说体裁特征所决定的话语的特殊任务和特殊潜能。这一问题至今尚未得到必要的澄清,本书就来尝试加以解决。

此书的出现,可看作是对当代苏联长篇小说进行具体修辞研究,从理论上,部分地从历史角度切入的预演。由此确立的本书任务,受到两方面的局限。其一,我们不是提供某种完整的长篇小说修辞学,而仅限于话语在长篇小说中独特运作的一般性问题。其二,我们只研究长篇小说体裁的经典作品,并且不超出过去时代的范围,亦即只限于长篇小说修辞领域的文学遗产。

上述的局限也可以解释为什么此书多少带有抽象的性质(特别是第 2、4 章)。增加引例会使书变得冗长,我们把例证收在另处。[①] 为了论证和说明我们关于话语在长篇小说中特殊作用的原则见解,已有的例证我们觉得足以胜任了。

前面已经说过,此书的出现形同给苏联长篇小说修辞学做了一篇

[①] 指我们正准备出版的苏联长篇小说修辞学一书。我们在《陀思妥耶夫斯基创作问题》第 2 部(1929)中对小说风格做了许多分析。——作者

极大扩展了的引论。我们培育出了能根本改变小说话语命运的土壤。长篇小说体裁特有的现象——构思在不同语言间游走彷徨，语言显得无家可归，小说缺失语言(也可说是多语杂陈)，这些情形在我们这里正得到克服；确切些说，是小说历史上头一次培育出社会的和思想的土壤，用以达到这一克服的目标。但克服的过程本身，以及与此深刻相关的小说体裁的变化，当然还远未完结(在形式的语言的方面)。在小说体裁经历极其深刻变化的这一过程中(不仅是题材的变化，还有社会性的语言的变化)，批判性地掌握小说修辞领域里的文学遗产，具有特殊的重要性和责任感。如果不能深刻理解小说体裁经典范本中艺术运用话语的特殊性，如《堂吉诃德》《老实人》周刊、《巨人传》《吉尔·布拉斯》，伟大的英国幽默作家(菲尔丁、斯摩莱特、斯特恩)的小说，那么这种积极有效的批判性掌握恐怕也是不可能实现的。对体现于这些欧洲小说范本中的"社会性语言意识"的特点，不进行原则性的哲学研究，探讨现代小说的语言与修辞问题，就达不到应有的水平。

本文的主旨，在于克服文学话语研究中抽象的"形式主义"同抽象的"思想性"的脱节。克服这种脱节，是以社会性的修辞学为基础；在这一修辞学里，形式和内容在话语中得到统一，而这个话语应理解为是一种社会现象；它所活动的一切方面，它的一切成素，从声音形象直至极为抽象的意义层次，都是社会性的。

这样的主旨，决定了我们把重点放在"体裁修辞学"上。风格和语言脱离了体裁，在相当大的程度上导致人们主要研究个人和流派的风格，而风格的社会基调却被忽视。随着体裁命运的变化而来的文学话语重大历史变故，被艺术家个人和流派的细小修辞差异所遮掩。因此，修辞学对自己要研究的课题，失去了真正哲理的和社会的角度，淹没在修辞的细枝末节之中，不能透过个人和流派的演变感觉到文学话语重大的、不关系个人名字的变化。在大多的情况下，修辞学只是书房技巧的修辞学，忽略艺术家书房以外的话语的社会生活，如广场大街、城市乡村、各种社会集团、各代人和不同时代的话语的生活。修辞学接触的不是活的话语,而是话语的生理上的组织标本,是服务于艺术家个人技巧的语言学上抽象的话语。但即使是风格中这些个人和流派的色调,由于脱离了话语发展中基本的社会进程,也不可避免地只会得到肤浅而空洞的解释,不能摆在同作品意义方面构成的有机整体中加以研究。

在长篇小说的研究领域里,修辞与思想性的脱节显得格外严重。对话语进行贯彻始终的社会性阐释,在这里扩展和深化艺术话语的社会性基础,就可从根本上克服这种脱节。

因此,本书的主题,即话语在长篇小说中的特殊生活,尽管有些抽象,但我们以为具有相当的现实意义。

第一章　现代修辞学和长篇小说

20 世纪以前,人们一直没有能从承认小说(艺术散文)话语的修辞特点出发来明确提出小说修辞的问题。

在很长的时间里,长篇小说只是抽象的思想分析的对象和报章评论的对象。具体的修辞问题或者完全回避不谈,或者附带地毫无根据地分析两句,如把艺术散文的话语解释为狭义的诗语,而后不加区分地用上几个传统修辞学(其基础是语义辞格的理论)的范畴,要么干脆说几句评价语言的空话——"富于表现力""形象生动""有力的语言""语言明快",等等,却不给这些概念以任何确定的和深思熟虑的修辞含义。

20 世纪末,一反抽象的思想分析,对散文艺术技巧的具体问题,对长短篇小说的技术问题,兴趣开始浓厚起来。但在修辞问题上,情况依然故我:注意力几乎全部集中在布局(广义的理解)问题上。同过去一样,对长篇小说(还有短篇小说)中话语的修辞特点,既缺乏原则的研究角度,同时也缺乏具体的研究角度(二者不可分离);依照传统修辞学的精神对语言作出一些偶然的观察评价,这种方法仍继续占着统治地位,而类似的观察评价是完全不能触及艺术散文的真正本质的。

有一种非常流行又很有代表性的观点,认为小说话语是某种非艺术的领域,这个领域不进行特别的独具一格的修辞加工。人们在小说话语中既然找不到预期的纯粹诗意(狭义)的形式,便否认小说话语有任何艺术价值;说它同生活中实用言语或科学言语一样,只是一种没有艺术性的传递手段①。

根据这种观点,就没有必要对小说进行修辞分析,也就取消了小说修辞的这一课题本身,可以只局限于进行纯题材的分析。

其实,恰是在 20 年代情形发生了变化:小说的散文话语开始在修辞学中争得一席之地。一方面有一些具体分析小说修辞的著作问世,另一方面有人从原则上尝试理解和确定艺术散文有别于诗歌的修辞特色。

然而,正是这些具体的分析和这些从原则立场上所做的尝试,再清楚不过地表明:传统修辞学的所有范畴,及其所依据的对艺术诗语的看法观念,都不适用于小说话语。小说话语成了整个修辞探索的试金石,它发现这种探索过于狭窄,也无法适应话语的艺术生命一切领域。

对小说进行具体的修辞分析的尝试,要么形成了对小说家语言的语言学描写,要么局限于举出小说的某些修辞因素,这些因素可以(或者仅仅感到可以)归于修辞学的传统范畴。不管这两种情况的哪一种,小说和小说话语的修辞整体,全都被研究者所忽略。

长篇小说作为一个整体,是一个多语体、杂语类和多声部的现象。

---

① 早在 20 世纪 20 年代,B.M.日尔蒙斯基就写道:"抒情诗的确是话语艺术品,它的选择和组合话语无论从意义上还是音韵上都完全服务于美学任务。而列夫·托尔斯泰的在话语组织上颇为自由的小说,却不把话语当作具有艺术价值的感染人的因素来使用,而是当作平常的称谓手段或体系,它同实用言语一样服从于交际功能,并把我们引入自话语里抽象出来的题材因素的发展运动之中。这样的文学作品不能称作话语艺术品,或者至少不是抒情诗意义上的话语艺术品。"(《"形式方法"问题》,载 B.M.日尔蒙斯基的文集《文学理论问题》,列宁格勒,科学出版社,1928 年,第 173 页)——作者

研究者在其中常常遇到几种性质不同的修辞统一体,后者有时分属于不同的语言层次,各自服从不同的修辞规律。

下面是几种基本的布局修辞类型,整个一部长篇小说通常就可分解为这些类型:

(1)作者直接的文学叙述(包括所有各种各样的类别);

(2)对各种日常口语叙述的模拟(故事体);

(3)对各种半规范(笔语)性日常叙述(书信、日记等)的模拟;

(4)各种规范的但非艺术性的作者言语(道德的和哲理的话语、科学论述、演讲申说、民俗描写、简要通知等等);

(5)主人公带有修辞个性的言语。

这些性质迥异的修辞统一体进入长篇小说中,结合而成完美的艺术体系,服从于最高的修辞整体;而这个整体绝不等同于其中所属的任何一种修辞统一体。

长篇小说这一体裁的修辞特点,恰恰在于组合了这些从属的但相对独立的统一体(有时甚至是不同民族语言的统一体),使它们构成一个高度统一的整体:小说的风格,在于不同风格的结合;小说的语言,是不同的"语言"组合的体系。小说语言中每一个分解出来的因素,都是在极大程度上受这一因素直接从属的那个修辞统一体所左右,如主人公独具个性的言语,如叙述人的生活故事,如书信等等。这个关系最近的修辞统一体,决定着每一因素(词汇、语义、句法等因素)的语言和修辞面貌。与此同时,这一因素又同自己最亲近的修辞统一体一起,参加到整体的风格中,本身带有该整体的色调,又参与形成和揭示整体统一的文意。

长篇小说是用艺术方法组织起来的社会性的杂语现象①,偶尔还是多语种现象,又是个人独特的多声现象。统一的民族语内部,分解成各种社会方言、各类集团的表达习惯、职业行话、各种文体的语言、

---

① организованное разноречие 是本文用来界定长篇小说的基本范畴,通译为"组织起来的杂语"或"有序杂语"。——译者

各代人各种年龄的语言、各种流派的语言、权威人物的语言、各种团体的语言和一时摩登的语言、一日甚至一时的社会政治语言(每日都会有自己的口号,自己的语汇,自己的腔调)。每种语言在其历史存在中此时此刻的这种内在分野,就是小说这一体裁必不可少的前提条件;因为小说正是通过社会性杂语现象以及以此为基础的个人独特的多声现象,来驾驭自己所有的题材、自己所描绘和表现的整个实物和文意世界。作者言语、叙述人言语、穿插的文体、人物言语——这都只不过是杂语借以进入小说的一些基本的布局结构统一体。其中每一个统一体都允许有多种社会的声音,而不同社会声音之间会有多种联系和关系(总是在某种程度上构成对话的联系和关系)。不同表述①和不同语言之间存在这类特殊的联系和关系,主题通过不同语言和言语得以展开,主题可分解为社会杂语的涓涓细流,主题的对话化——这些便是小说修辞的基本特点。

　　传统修辞学不懂得不同语言和体式会这样结合为更高一层的整体,不研究小说中不同语言构成的特殊的社会对话。正由于这个缘故,修辞分析不针对小说的整体,而只针对其中从属性的这个或那个修辞统一体。研究者绕开小说体裁的基本特点,偷换了研究对象,分析的不是小说的风格,实际上完全是别的什么东西。研究者是把交响乐(乐队伴奏的)题材,移到大钢琴上来。

　　这种偷梁换柱的做法有两种情形:一种是用描述小说家的语言(最多不过是研究小说中的"不同语言")来代替分析小说的风格;另一种是选择某一从属的体式,把它作为整体的风格来研究。

　　在第一种情况下,风格脱离开体裁和作品,只作为语言本身的现象来分析。一部作品的完整风格,或者被当成某种个人的语言整体(即独特的个人语言),或者成了个人言语(parole)的整体。正是说话者的个人特点,被认作是构成风格的要素,以为是它把语言现象、语言

---

① 原文为 высказывание,如文中所述指"具体的言语"。在无须区分时,下文亦译作"话语"或"言语",同样指与语言体系相对的具体的语言成品。——译者

学现象,转化成为修辞的统一体。

对我们来说,这里重要的不在于这种小说风格的分析是朝什么方向努力:是要揭示小说家某种个人语言(即他的词汇和句法)呢,抑或要揭示作品作为某种言语整体(作为"表述")的特点?不管属哪种情形,都同样是按照索绪尔的精神来理解风格,即一般语言(指语言普遍规范的体系)的个性化。修辞学在这里变成了研究个人语言的一种特别的语言学,或者是研究表述的语言学。

因此,根据这种观点,风格的完整统一,一方面要求有一个完整统一的语言(指普遍规范形式构成的体系),另一方面要求有一个体现在这语言之中的完整统一的个性。

这两个条件对于大多数诗歌体裁来说,的确是不可缺少的,但即使在这里它们也远远不能囊括和决定作品的风格。就是对诗人个人的语言和言语作出最准确最全面的描写,哪怕也是以语言和言语成分的描绘特征为目标,仍然算不上是对作品的修辞分析,因为这些成分还是属于语言体系或言语体系,亦即属于某种语言学的统一体,而并非属于文学作品的体系,文学作品遵从的完全是另一些规律,不同于语言学中语言体系和言语体系的规律。

但我们要再重申一遍,在大多数诗歌体裁中,语言体系的完整统一,体现于其中的诗人语言个性和言语个性的完整统一(这里的个性并且是独一无二的),这两者是诗歌风格必备的前提。长篇小说则不要求有这些条件。不仅如此,正如我们前面所说,真正的小说作品所要求的前提条件,是语言的内在分野,是语言中社会性的杂语现象,还有其中独特的多声现象。

因此,以小说家个性语言来偷换小说的风格(因为小说家的语言是可以在"语言"体系和"言语"体系里找到的),就会把问题弄得加倍地含混不清;这样做歪曲了小说修辞的真正本质。这样偷换不可避免地导致一个结果:在小说中只注意那些纳得进统一的语言体系框架的成分,那些直接或间接表现作者语言个性的成分。而小说的整体,利用多语型、多声部、多体式、甚至常常是不同民族语言的成分来构建这一整体的特殊任务,则是这种研究所不予注意的。

这是偷换小说修辞分析对象的第一种情形。由于对"言语整体""语言体系""作者的语言和言语个性"等概念理解不同,也由于对风格和语言(以及修辞学和语言学)之间相互关系本身理解不同,结果在这第一种情形中,又出现许多微小的差别,这里我们不拟细谈。尽管表现可能千差万别,但这第一种情形是只知道有唯一一种语言,有直接体现在其中的唯一的作者个性。所以,小说的修辞本质总是无可奈何地为研究者所忽视。

第二种偷换的特点,在于着眼点已不是作者语言,而是小说风格;不过这个风格被缩小到仅指小说中某一从属(相对独立)部分的风格。

长篇小说风格大多数情况下被人们归之于"史诗风格"这一概念,研究它时也采用传统修辞学中相应的范畴。这时在小说中,只是要找出史诗性描绘的成分(以作者直接的言语为主)。而长篇小说的描绘性和纯粹史诗的描绘性两者间的深刻区别,却被忽略不计。长篇小说和史诗的差别,人们一般只是从布局和题材的角度来理解。

在另一些场合,则是到小说风格中去找出其他一些成分,认为这些成分对这部或那部具体作品才是最具代表性的东西。例如,对叙述因素,可以不从其客观描绘性的角度,而是从其主观表现力的角度进行研究。还可以分析出非规范的日常叙述(故事体)的成分,或是交代情节的因素(如在分析惊险小说时)①。最后,又能够在小说中找出纯戏剧的成分,把叙述成分贬低为小说人物对话里的普通旁白。*

---

① 在我国,形式主义者研究小说风格,主要就是从这两个角度出发,即研究故事体成分,将其作为小说中最典型的成分(艾亨鲍姆),或者研究交代情节的成分(什克洛夫斯基)。——作者

* 长篇小说与戏剧。

古希腊罗马时代定义长篇小说是讲出来的戏剧。

戏剧中的语言体系,是用根本不同的方法组织起来的,所以这些语言听起来与小说完全不同。这里没有同各个语言处于对话关系的一个无所不包的语言,没有另一种无所不包的情节之外的(非戏剧性的)对话。

所有这一类分析，都不仅不符合小说整体的风格，也不符合所分析的小说某一基本成分的风格，因为这一成分一停止同其他成分的相互作用，就会改变自己的修辞意义，不再是原来在小说中的那个真实样子了。

小说修辞问题的现状十分清楚地说明，传统修辞学的一切范畴和方法，都无力驾驭小说话语的艺术特点、小说中话语的独特生命。"诗性语言""语言个性""形象""象征""史诗风格"等等修辞学提出和使用的一般范畴，以及归属这些范畴的所有具体的修辞手段，尽管在一些研究者中间有着极为不同的理解，却都同样是用于单一语言和单一体式的体裁上的，是用于狭义的诗歌体裁上的。这种单一的针对性便决定了传统修辞学范畴的一系列重要特点和局限性。所有这些范畴及其所依据的对诗语的哲学观，内容都窄而且小，容纳不下作为艺术散文的小说话语。

修辞学和话语哲学实际上面临着非此即彼的抉择：要么承认长篇小说（以及与之接近的整个艺术散文）为非艺术体裁，或只是貌似艺术体裁；要么从根本上改变作为传统修辞学基础并决定其一切范畴的那种诗语观。

不过，这一非此即彼的抉择远非为所有人都意识到了。多数人不倾向于根本改变对诗语的基本哲学观。许多人完全看不到、不承认他们从事的修辞学（以至语言学）有什么哲学根据，所以回避任何的哲学原则。他们只从事个别的零散的修辞分析和语言学描述，在这后面却根本看不出关于小说话语的原则性问题。另一些富于原则精神的人，在对语言和风格的理解上，则始终坚持个性化的立场。他们在修辞现象中，首先就是寻找作者个性的直接表现，而这种理解十分不利于朝着必要的方向重新审视基本的修辞范畴。

但也还可能按下面的原则来解决我们的二选一的抉择问题：不妨回忆一下被人遗忘的雄辩术①，几个世纪以来整个艺术散文都是属于

---

① pиторика 是俄语文学重要范畴，又译论辩术、演说体。——译者

它的管辖范围。倘若给雄辩术恢复它原来的权利,就可以维持旧的诗语观,把小说中凡是不能削足适履地纳入传统修辞学范畴的东西,完全归之于"雄辩术的形式"①。

这样一种解决抉择的办法,当时在我国是由Г.Г.施佩特提出的,他表现出了高度的原则精神和一贯始终的态度。他把艺术散文极其极端的表现形态(指长篇小说),完全排除在诗作之外,而归之于纯粹的雄辩术形式②。

施佩特讲到长篇小说是这样说的:"道德说教的现代形式(长篇小说),不是诗作的形式,而纯属雄辩术的结构——这样一种意识和理解,刚一出现便遇到了难以克服的障碍,那就是:人们普遍认为长篇小说总还有某种审美价值。"③

施佩特是根本不承认小说有审美价值的。长篇小说,据他说是非艺术性的雄辩术体裁,是"道德说教的现代形式",只有诗的话语(狭义)才是艺术话语。

采取了相同观点的还有B.B.维诺格拉多夫,他在《论艺术散文》一书中把艺术散文问题归到了雄辩术中。他在给"诗作"和"雄辩术"确立基本的哲学定义时,观点接近施佩特,但却不是那么惊人的一贯始终:他认为长篇小说是混合糅杂的形式("杂交产物"),其中与雄辩术一起,可能还存在有纯诗作的成分④。

这种把长篇小说看作纯粹雄辩术的产物而完全排斥于诗作之外的观点,亦即基本上是错误的观点,倒也有它某种不容争辩的用途。

---

① 这种解决问题的办法,对诗学中的形式方法最具有吸引力,因为恢复雄辩术的权力会极大地巩固形式主义立场。形式主义的雄辩术是形式主义诗学的不可缺少的补充。我国的形式主义者在宣称除诗学外必须复活雄辩术之后,是很能信守这一条的。(见 Б.М.艾亨鲍姆著《文学》,列宁格勒,激浪出版社,1927年,第147—148页)——作者

② 最早见于《美学札记》较完整的论述《词汇的内部形式》一书中,莫斯科,1929年。——作者

③ 《词汇的内部形式》,第215页。——作者

④ B.B.维诺格拉多夫:《论艺术散文》,莫斯科—列宁格勒,国家出版社,1930年,第75—106页。——作者

它隐含了一种原则性的理由充足的看法,即认定整个现代修辞学,连同其语言哲学的基础,都不能适应长篇小说独有的特点。其次,研究雄辩术形式本身,便有着巨大的启发作用。考察生动多样的雄辩术话语,不可能不给语言学和语言哲学带来深刻的革命性的影响。如果对雄辩术诸种形式采取正确而无成见的态度,可以从外部异常清晰地揭示出任何话语所具有的某些重要方面(如话语内在的对话性及与此相伴而来的诸现象);这些方面在实际语言中占有极大的比重,却至今未被重视和理解。这一点,正是雄辩术形式对语言学和语言哲学所具有的一般方法论意义和启发作用。

雄辩术形式对理解长篇小说的特殊意义,也同样是巨大的。整个艺术散文和长篇小说,都同雄辩术形式有着密切的亲缘关系。就是后来,在整个长篇小说的发展史上,长篇小说同现有雄辩术体裁(政论、道德、哲理等体裁)间密切的相互作用(无论是和谐还是斗争),都从未停止过,而且可能不亚于它同艺术体裁(叙事、戏剧、抒情等)间的相互作用。不过,在这种延续不断的相互关系中,长篇小说的话语总保持着自己质的特殊性,不可归结为雄辩术的话语。

长篇小说是一种艺术体裁。长篇小说的话语是诗意的话语,不过现有的诗语观的确容纳不了它。这一诗语观,是以某些限制性前提为基础的。这个观点本身在其历史形成过程中(从亚里士多德到我们今天),就是以某些"正式"体裁为目标的,是同话语生活思想生活特定的历史倾向相联系的。因此,有一系列的现象被置于这一观点的视野之外。

语言哲学、语言学和修辞学,都公认说话者同"自己"统一而又唯一的语言,保持着单纯和直接的关系,公认说话者是以普通的独白话语来实现这一语言。它们实际上只承认语言生活中的两极,两极之间排列着它们所能理解的一切语言现象和修辞现象;这两极就是一个统一语言的体系,以及用这一语言说话的个人。

　　不同流派的语言哲学、语言学和修辞学,在不同的时代(并同这些时代不同的具体诗作风格和思想风格紧密相连),都给"语言体系""独白表述""说话者个人"等概念增添了种种不同的意味,然而它们的基本内容一直是稳定不变的。决定了这个基本内容的,是欧洲各种语言特定的社会历史命运,是思想领域里文字著述的命运;还有这类文字著述在特定社会领域,在自己历史发展的特定阶段上,所要解决的那些特殊的历史任务。

　　正是上述的命运和任务,决定了思想领域文字著述的特定体裁类型,也决定了特定的话语思想领域的流派;最后还决定了特定的话语哲学观,具体说是构成所有修辞学流派基础的诗语哲学观。

　　思想著述的历史命运和任务,制约着基本的修辞范畴,这一点正是这些范畴的力量所在;但同时,这又是它们的局限所在。它们是受到特定社会集团话语和思想的作用,在这种历史的现实的作用之下而诞生和形成的;这些范畴是各社会集团语言创造力在理论上的表现。

　　这种力量,是使话语和思想的世界①统一起来、集中起来的力量。

　　"统一的语言"这一范畴,是语言的组合和集中的历史过程在理论上的表现,是语言的向心力的表现。统一的语言不是现成得到的,实际上倒向来是预设而应得的;而且在语言生活的每一环节上,它都同实际中的杂语现象相矛盾。但与此同时,统一的语言又是克服杂语现象的力量,是限定其范围的力量,是保证起码的相互理解的力量;它结晶为一个实际存在的统一体(尽管是相对的统一),这便是居主导地位的口头语言(生活语言)和标准语即"纯正的语言"两者的统一。

　　通用的统一的语言,是由各种语言规范构成的体系。但这些规范并不是抽象的规则,而是语言生活的创造力量,它克服杂语现象,把语言和观念的思维组合起来集中起来,在混杂的民族语当中创造一个坚固稳定的语言核心——即得到正式承认的规范语,或者维护已经形成

---

　　①　словесно-ндеологический мир 是作者对文化、人文学科的概括说法。идеология(思想,意识形态)在此文中应作"文化"解。——译者

的这样一个规范语,使其免受不断发展的杂语现象的冲击。

我们这里指的,不是保证交际中达到起码理解的那个抽象的语言学上的起码的通用语,亦即不是最起码的形式(语言学符号)体系。我们所说的语言,不是抽象的语法范畴构成的体系,而是有思想内容的语言,是作为世界观的语言,甚至是作为具体意见的语言;它在一切思想领域里能保证达到起码的相互了解。所以说,统一的语言,体现了话语和思想的具体组合与集中的力量,而这一过程又是同社会政治文化的集中过程,不可分割地联系着的。

亚里士多德的诗学,奥古斯丁的诗学,中世纪教堂"统一的真理语言"的诗学,笛卡尔新古典主义诗学,莱布尼茨抽象的语法通用论("通用语法"的思想),洪堡的具体观念论等等,尽管相互间有微妙的不同,却都表现出了社会语言和思想生活中的同一种向心的力量,服务于同一个任务——欧洲诸语言的集中和结合。一种主导语言(方言)战胜其他语言,排挤和迫使其他语言,用真理的话语启蒙别人,使异乡人和社会底层接触文化和真理的统一话语,将各种思想体系程式化,语文学研究和教授死语(因而实际上也必是统一的语言),印欧语言学从众多语言上溯到统一的母语——所有上述的一切,在语言学和修辞学的学术思想中决定了统一语这一范畴的内容和力量;又在受语言和思想领域里同一种向心力影响而形成的多数文学体裁中,决定了这一范畴的创造作用,它的构成风格的作用。

然而,体现为"统一语言"的语言生活里的向心力,是在实际上的杂语环境中起作用的。语言在其形成过程的每一时刻里,都不仅仅分解为严格意义上的语言学里的方言(根据语言学的形式标志,主要是语音标志);对我们更重要的,是还分解为不同社会意识的语言,即社会集团的语言、"职业语言"、"体裁语言"、几代人的语言,如此等等。从这个角度看,规范语本身也只是杂语中的一种,而且它自身又可分解为不同的语言(不同体裁、不同思潮的语言等)。这种实际上的分解和杂语现象,不仅仅是语言生活的静态状况,又是它的动态状况,因为语言只要生存着发展着,分解和杂语现象就会扩大、加深。与向心力同时,还有一股离心力在不断起作用;与话语思想的结合和集中的同时,还有一个四散和分离的过程在进行。

说话主体的每一具体表述(话语),都是向心力和离心力的施力点,集中和分散的进程,结合和分离的进程,相交在这表述中。表述足以配称语言,因为它是表述在个性言语中的体现,也足以配称杂语,因为它积极参与语言的混杂。每一表述积极参与现实的杂语现象,这一点便决定了表述的语言面目和风格,而且决定的程度不亚于它归属统一语言集中的规范体系这一事实。*

表述的生存和形成的真正环境,是对话化了的杂语环境。这杂语作为语言,是没有姓名的社会性现象;而作为个人的表述,则是具体的、有充实内容的、有所强调的东西。

一些基本的文学体裁,是在话语和思想生活中的凝聚、集中、向心轨道上发展的;而长篇小说和相近的艺术散文体裁,历史上却是在分散、离心的轨道上形成的。在官方的上层社会和思想界里,当诗作正实现话语和思想世界在文化、民族、政治上的集中化任务时,在底层,在游艺场和集市的戏台上,人们却用杂语说着笑话,取笑一切"语言"和方言,发展着故事诗、笑谈、街头歌谣、谚语、趣闻等等。这里不存在任何的语言中心,这里诗人、学者、僧侣、骑士的"语言"得到生动的戏弄,这里所有的"语言"全是假面,没有无可怀疑的真正的语言面貌。

在这些俚俗体裁中组织起来的杂语,不仅仅单是不同于公认的规范语(连同它所有的体裁),亦即不单是不同于一个民族一个时代话语和思想生活里的语言核心。更有甚者,这个杂语是有意地同语言核心

＊　每一表述都参与"统一的语言"(即向心力量和倾向),同时又参与社会的和历史的杂语现象(即四散的分解的力量)。

这是岁月的语言,时代的语言,社会集团的语言,体裁的语言,流派的语言,以及其他。对任何一个表述,都可以做出具体而详尽的分析,揭示出它是语言生活中两种对立倾向的尖锐的矛盾统一体。

研究各种不同语言(中学生语言、大学生语言、各代人语言等)——据日尔蒙斯基的见解。

相对立才出现的。它是一种目的在于讥讽的模仿,是与当代各种官方语言针锋相对的东西。这是对话化了的杂语。

沿着语言生活里集中倾向的轨迹发展而诞生与形成的语言哲学、语言学和修辞学,忽视体现着语言生活离心力的这一对话化了的杂语。因此它们也就不可能理解语言的这样一种对话性:对话性是不同的社会语言观斗争的结果,而不是语言内部个人意向斗争的结果,或者逻辑矛盾的结果。其实,就连语言内部的对话(戏剧的、雄辩术的、认识性的、生活的),迄今为止也几乎没有从语言学和修辞学角度加以研究。不妨直接地说,话语的对话因素及与之相关的一切现象,直到现在仍然处于语言学的视野之外。

修辞学之于对话,更全然是听而不闻。在修辞学看来,文学作品是个封闭而自足的整体,它的成素构成封闭的体系,除了自身之外不需要任何别的东西,任何别的表述存在。作品的体系,被比附为语言的体系,而语言体系是不能同其他语言处于对话的相互作用之中的。不管是怎样一部作品,从修辞学观点看来,它整个是一个自满自足的封闭性的作者独白语;在它身外,只有消极的听众。倘若我们把作品看成是某种对话中的一方对语,它的风格要受到它同此一对话(整个谈话)中其他对语的相互关系的制约,那么从传统修辞学的角度来看,研究这种对话化了的风格,是没有适宜的方法的。这类现象中最突出的而且形之于外的现象(辩论体、讽拟体、讥讽体),通常都被当作雄辩术现象,而不认为是文学现象。修辞学把每一修辞现象,全都封闭在这一闭锁自足的独白语境中,仿佛是把它投入同一语境的牢房之中。这个表述不能同别的表述相互呼应,不能在同其他表述的相互作用之中实现自己的修辞意义,反倒必须仅仅在自己封闭式的语境中来全部实现自我。

为了服务于欧洲的话语和思想生活中强大的集中倾向,语言哲学、语言学和修辞学首先就得寻求多样的统一。由于全然"以统一为目标",在今天和过去的语言生活中,语言哲学界的注意力,就集中到了话语中最稳定、最牢靠、很少变化而又明确无误的成分上,首先就是语音成分上；这种成分距离语言中多变的社会因素、意义因素是最远的。而参与真正的杂语和多语现象之中负载思想的现实的"语言意识"，却被丢在视野之外。又是由于以统一为目标，致使人们忽视了所有的话语体裁：生活的、雄辩术的、文艺散文的体裁，后者恰是代表着语言生活中的分散倾向，或者起码是与杂语现象紧密相关。这一杂语和多语的意识，在话语生活中表现为特殊的话语形态和话语现象，但这一点对语言学和修辞学的学术思想，竟没有产生任何明显的影响。

因此，诸如模仿风格体、故事体、讽刺模拟体、多种"不直说"的话语假面形式，以及组织杂语的更为复杂的艺术形式、即用多种语言合奏自己多种主题的艺术形式，还有所有典型而又深刻的长篇小说模式（如格里美豪森、塞万提斯、拉伯雷、菲尔丁、斯摩莱特、斯特恩等人作品）之中所体现出来的对语言和话语的那种独特感受，没有能够获得相应的理论上的理解和阐释。

长篇小说的修辞问题，不可避免地会要求必须研究一系列话语哲学中的原则问题，它们涉及话语生活中几乎完全未被语言学和修辞学界阐释过的那些方面，也就是话语①在杂语世界和多种语言世界里的生活和行为。

第二章　诗的话语和小说的话语

话语中一些独特的现象，几乎被语言哲学、语言学和在它们基础上建立起来的修辞学排除在自己的视野之外。话语在同一语言范围内与他人表述之间（这里是话语本来就有的对话性），在同一民族语范围内与其他"社会语言"之间，最后在同一文化、同一社会思想观念范围内与其他民族语言之间，都有着对话性；正是这种对话性决定着上

---

① 原文为 слово，在此文中指语言成品，与语言体系相对。下文取"言语"或"话语"两种译法，可视作同义语。——译者

述那些独特的现象①。

不错,最近几十年间,这些现象已经开始引起语言科学和修辞学的关注,但它们在言语生活所有领域中的原则意义和广泛意义,还远没有为人们理解。

话语处于他人话语(不管这话语在多大程度上属于他人)中间而含有对话意向——这一点为话语增添了新的重要的艺术潜力,造就了话语的特殊的散文艺术性;而这一散文艺术性最全面最深刻的表现,就在长篇小说中。

我们要集中精力研究的,正是话语对话意向的不同形式和程度,以及与此相联系的艺术散文的独特潜力。

传统修辞型的话语只知道有自己(即自己的语境),只知道自己的对象,自己直接表现的情味,还有自己统一的又是唯一的语言。超出它的语境而存在的其他话语,它只看作是与己无关的话语,属语言现象,是没有主体的话语,只是普通的言语的能力而已。按照传统修辞学的理解,直接表现的话语在表述自己对象时,仅仅从自己对象方面遇到阻力(即对象难以用话语囊括,对象难以言传);它在驾驭对象的过程中,并不感到他人话语强大和多方的抗拒。没有谁妨碍它,没有谁同它争辩。

但任何一个活生生的话语同自己所讲对象相对而处的情况,都是各不相同的。在话语和所讲对象之间,在话语和讲话个人之间,有一个常常难以穿越的稠密地带,那里是别人就同一对象而发的话语,是他人就同一题目而谈的话。活生生的话语要在修辞上获得个性化,最后定型,只能是在同上述这一特殊地带相互积极作用的过程中实现。

要知道任何具体的话语(表述)接触到它所要表述的对象时,那对象可以说总是已被说得烂熟,争论过,评议过,或为他人论说的烟雾遮蔽,或为他人论说的光芒照亮;它被惯常的思想观点、他人的评价褒贬

---

① 语言学仅知道不同语言间机械的(不是从社会角度加以理解的)相互影响和混杂,这种影响和混杂反映在抽象的语言成分(语音和形态学成分)上。——作者

19

所笼罩,所浸透。话语接触它的对象,就要进入由他人议论、评价、褒贬所形成的激动而紧张的对话地带中去,就要卷到它们复杂的相互关系中去,就要同意一些人,排斥一些人,同一些人会合交叉。所有这一切会给话语形式以重大影响,会浸透到话语含义的各个层次中,会使话语的情味变得复杂,会影响到它的整个修辞面貌。

经过思考而出现于特定历史时刻和特定社会阶层的生动的表述,不能不触及社会思想围绕表述这一对象所形成的千百条生动的对话线索,不能不成为社会性对话的参加者。表述正是在这一对话里产生出来的,是对话的继续,是一席对语,而不是从别的什么地方去接近对象。*

话语称述自己的对象,是个复杂的行为;因为任何一个被说熟了、被争论过了的对象,一方面是得到了阐明,另一方面又被杂语的社会意见和他人议论所遮蔽。话语便进入这明暗相交的复杂斗争中,在其间勾勒出自身的语义和修辞的轮廓来。话语称述对象之所以复杂化,就是由于话语在对象身上同社会话语的种种不同理解和议论通过对话而互相作用。就连对话语对象的艺术描绘,对象的"形象",也都可能贯穿着由不同言语意向在交叉相遇中形成的对话往来,都可能积极组织这些意向,而不是相反——压制这些意向。假如我们把这种话语中的意向(即施与对象身上的目的性)比作光束,那么被塑造的形象映得五光十色,变幻莫测,原因不是话语光束折射在对象身上(类似在狭义诗语中的语义辞格,使"离群的词语"烘托出形象来),而是话语光束折射在他人话语、评价、褒贬的地带上,光线射向对象的时候,必定要穿透这一地带。是话语所处的围绕对象的社会氛围,迫使对象变幻出五光十色的形象来。

———————

* 卢梭主义、自然主义、印象主义、阿克梅主义、达达主义、超现实主义等类似流派,都反对在对象身上大加论说(意思是回归原初意识、原始时代意识,局限于对象自身,回到单纯的感觉上等等)。

与长篇小说中"不理解"这一范畴的联系。

托尔斯泰作品中有种不理解但让人乐得不操心。

话语在穿过他人话语多种褒贬的地带而向自己的意思、自己的情味深入时，要同这一地带的种种不同因素发生共鸣和出现异调，要在这一对话的过程中形成自己的修辞面貌和情调。

艺术散文的形象就是如此，长篇小说的形象尤其如此。话语不需媒介地径直地托出意向，这在长篇小说的环境中会显得不可原谅的幼稚，而且实际上也不可能，因为在真正的长篇小说的条件下，就连这种幼稚的处理同样不可避免地要带有内在的争辩性质，因而同样是一种异调（如感伤主义作家，如夏多布里昂，如托尔斯泰的作品）。这种对话化了的形象①，也会出现在（自然不占主导地位）一切文学体裁中，甚至在抒情诗中②。不过这种形象要想伸展开来，达到很复杂很深刻的程度，同时又是艺术上圆满完成了的形象，那只有在长篇小说体裁的条件下才可能实现。

在狭义的诗歌形象（即语义辞格所表现的形象）里，所有事件（言语形象的运动）都演绎在言语（包括其一切因素）和对象（也包括其一切因素）两者之间。话语深入到这一对象的取之不尽的丰富内涵之中，深入到它的相互矛盾着的多样之中，深入到它的"处女"般的"未曾言传"过的本质之中。因此，这话语在自己的语境之外不需要任何别的东西（当然，语言本身的宝藏应属例外）。这话语忘记了历史上就自己对象所出现过的种种矛盾的论说和理解，也忘却了今天同样各不相同的种种杂语的理解。

在小说家那里则相反，能揭示对象的首先正是社会性杂语中的多种多样的姓名人物、论说见解、褒贬评价。这时对小说家来说，在对象身上揭示出来的，不是对象自身处女般的完好深邃，而是社会意识在对象身上碾压而成的多条大道和蹊径。与对象自身中的内在矛盾一起，在小说家面前还展现出围绕这一对象的社会杂语。那是在任何对

①　"对话化了的形象"，即指上文所说贯穿着不同言语意向、反映着不同意向的对话交流的艺术形象；亦可译作"包含着内在对话因素的形象"。——译者
②　如贺拉斯的抒情诗及维庸、海涅、拉弗格、安年斯基等如此各不相似的作家。——作者

象周围都会发生的巴比伦式的语言混乱;对象自身的辩证法同对象周围的社会性对话交织到了一起。对小说家来说,对象是杂语多种声音的汇合地,也包括他自己声音在内。这些声音为小说家的声音创造了一个必不可少的背景;脱离开这一背景,小说家小说艺术的精到之处就显露不出来,就"无从表现"。

小说艺术家把围绕对象的这一社会杂语色调,提高铸成了完整的形象;这形象身上透露着全部对话的余音,充满对这一杂语中一切重要声音语调的艺术上有意为之的反响。不过,正如我们已经说过的,任何非艺术性的散文话语(生活话语、雄辩演说话语、科学话语),都不能不顾及"已有之言""已知之见""尽人皆知之理"等等。话语的对话意向,当然是任何话语所无不具有的现象。这是一切活话语的一种自然的目标。在接近自己对象的所有道路上,所有方向上,话语总得遇上他人的话语,而且不能不与之产生紧张而积极的相互作用。只有神话中的亚当,那个来到不曾有人说过的原始世界发表第一番言辞的孤独的亚当,才真正做到了始终避免在对象身上同他人话语发生对话的呼应。然而人的具体的历史的话语,却做不到这一点,只可能有条件地在一定程度上避开这种对话。

因此,尤其令人奇怪的是,话语哲学和语言学所研究的,首先竟是那种人为地从对话中抽取出来的假定性的话语状态,把这一状态当成了正常的现象(尽管也时常有人宣称对话的地位胜过独白)。对话过去只是作为组织言语的一种结构形式来加以研究的;至于话语内在的对话性(包括对话中的和独白语中的对话性),那种渗透话语整个结构及其语义和情味的对话性,几乎被忽略不计。可恰恰是话语这种内在的对话性,这种不形之于外在对话结构、不从话语称述自己对象中分解为独立行为的对话性,才具有巨大的构筑风格的力量。话语内在的对话性,表现在一系列语义、句法和布局结构的特点上;而这些特点至今语言学和修辞学根本未加研究(正如就连一般对话的语义特点也还没有得到研究一样)。

话语总是作为一方的现实的对语而产生于对话之中，形成于在对象身上同他人话语产生对话性相互作用之中。话语对自己对象的称述，带有对话的性质。

但话语内在的对话性，到此并未说完。话语不仅仅在对象身上同他人话语相遇。任何话语都以得到回答为目标，所以避免不了揣测中的答话所施与的深刻影响。

交谈中真实的话语，直截了当、毫不掩饰地把目标指向下一步的回话。它刺激回答，猜测回答，考虑到回话来组织自身。话语在已有之言的氛围中形成，同时又受到未发待发、已在意料之中的答话的决定。一切现实的对话，莫不如此。

布局结构为独白语的一切论辩演说形式，都以听者及其回答为目标。一般说来，甚至把这一针对听者的目标，称之为论辩术话语的基本的主要的特点[1]。对待具体听众的态度、考虑听众这一因素——都反映到论辩术话语的外在结构上，这一点对雄辩术来说确实是很典型的。这里引起回答的方针是公开的、显露的、具体的。

生活对话和雄辩术形式中的针对听者、寻求回答的公开方针，吸引了语言学家们的注意。不过即使在这里，语言学家主要也只是研究针对听者的种种布局结构形式，而不探究听者对文意和风格等深层的影响。他们所考虑的，仅仅是由明白易懂等要求决定的某些风格因素，亦即恰恰是不带有内在对话性的那些因素；那些因素考虑听者，只是把听者当作消极理解的人，却不是积极回答和反驳的人。

生活对话和雄辩演说的一个固有特点，就是公开地考虑到听众和听众的回答，而且把这一点反映在布局结构上。然而任何其他话语，也都要得到对方的理解回报，只不过这一针对性没有独立出来，没表现到布局结构上罢了。回报的理解，是参与形成话语的一种重要力

---

[1] 见 B.维诺格拉多夫著《论艺术散文》一书中《论辩术和诗学》一章。第 75 页及以后几页援引了旧时论辩术著作中的各种定义。——作者

量;而且这是积极的理解,话语从中感到反对或者感到支持,两种态度都能丰富话语。

话语哲学和语言学只知有对话语的消极理解,而且把这话语主要是当作一般的语言来看待,也就是说只理解到表述的字面的不涉褒贬的意义,而没有理解表述的实在的含义。

这一表述的字面意义,是放在语言的背景上加以理解的。可为理解它的实在含义所要依靠的背景,却是论述同一题目的其他具体表述,是各种杂语所表现的不同见解、观点和评价;换句话说,这是任何话语在接近自己对象的途中都要遇到的种种复杂情况,这一点我们已经谈到了。只是此时说话者感到,他人话语组成的杂语,并非在对象身上而是在听众的心里,构成了听众的统觉背景;这个背景就孕育着种种回答和反驳。正是为理解所需要的这一统觉背景(不是语言背景,是事物和情感背景),成了任何表述都不能不依托的目标。于是,表述重又与他人话语相遇,这个他人话语对表述的风格便带来新的独特的影响。

消极地理解语言字面词义,根本还算不上是理解,只不过是理解过程中的一个抽象的因素而已。但即使是比较具体地消极地理解表述的含义,理解说话人的意图,倘若仅仅局限于纯消极、纯习惯的理解,也仍然不会给被理解的话语添加进任何新的东西。这样的理解,无非是复制而已,最高的目标只是完全复现那话语中已经有了的东西。这样的理解,不超出话语的语境,不会给话语充实任何新内容。因此,即使说话者是预见到了这种消极的理解,也不能给他的话语增添任何新东西,任何新的指物因素和新的情感因素。这是因为消极理解所能提出的纯粹消极的要求,如需更加明白晓畅、有说服力、有直观性等等,都不需要说话者超出他自己的语境,越出他自己的视野,不需要他超越自己本身。这一类的要求完全是话语内在的东西,并不导致扩展话语的自满自足的含义和情感。

在实际的言语活动中,任何具体的理解都是积极的;这种理解能把所理解的东西,纳入到理解者自己的事物和情感世界里去。这样,理解就同回答、同言之有据的同意或反驳,不可分割地联系到了一起。在一定意义上说,回答作为一个积极因素,在这里起着主导作用。回答为理解提供土壤,关切地为理解做好准备。只有在回答中,理解才能达到成熟。理解和回答是辩证的统一,相互制约,不可分离。

这样一来,积极的理解就把所理解的东西,同理解者的新视野联系起来,揭示出自己同所理解之物的一系列复杂的相互关系、和声和不协,并且会给所理解的东西增添种种新的因素。说话人所预期的,正是这样的理解。由于这个缘故,说话者考虑听众,就意味着考虑听众一种独特的视野,独特的世界。这种针对性便给话语增添了一些全新的因素,因为这里发生了不同语境、不同观点、不同视野、不同情感色彩、不同社会"语言"的相互作用。说话者力求使自己的话语连同制约这话语的自己的视野,能针对理解者的他人视野,并同这理解者视野的一些因素发生对话关系。说话者向听者的他人视野中深入,在他人的疆界里、在听者统觉的背景上来建立自己的话语。

话语的这种新的内在对话性,有别于在对象身上同他人话语相遇所产生的对话性。这里不是对象,而是听者的主观视野,成为两者相逢的舞台。因此,这种对话性带着较多的主观心理性,而且时常具有偶然性;有时是硬扯在一起,有时是颇可争议的。常常还有这种情形,特别是在雄辩术形式中:话语上述的对听者的针对性以及由此而来的内在对话性,可能干脆淹没了对象;要说服具体的听者这项任务,变成了独立自足的任务;话语不再是创造性地研究对象本身。

一个是针对对象身上的他人话语所采取的对话态度,另一个是针对预期的听者答话里的他人话语所采取的对话态度,两者实质上是不一样的,在话语中造成的修辞效果也是不一样的;虽然如此,两者却又能紧密结合,进行修辞分析时几乎难以区分开来。

例如托尔斯泰话语的特点,便是有强烈的内在对话性,而且话语对话性不仅表现在对象身上,也表现在读者的视野中;读者视野里会出现的意义和情感的特点,托尔斯泰都敏锐地感觉出来了。对话化(大多带有辩论色彩)的这两条线索,在他的风格里十分紧密地交织在一起。托尔斯泰作品中的话语,甚至在最"抒情"的表现中和最"叙事"的描写中,总同笼罩在对象身上的社会性杂语的各个因素,形成和声或不相协调(更多是不相协调);与此同时,他的话语又以辩论的态度深入到读者观察事物和评价事物的视野中,以图破坏读者积极理解所依赖的统觉背景。在这一点上,托尔斯泰是18世纪的后继者,特别是卢梭的后继者。由于这个缘故,托尔斯泰与之辩论的社会性杂语的意识,有时缩小而成了一位当代人的意识、此时此刻具体人的意识,而不再是某一时代的意识。其结果是:对话性(几乎总是辩论性对话)得到了极度的具体化。正因此,我们在他那富于表现力的风格中听得清清楚楚的对话性,有时需要通过专门的文学史的诠释才能弄明白。因为我们不知道他这语调同什么形成和声,又同什么不相协调,可是不协或和声都是风格所承担的任务①。自然,这样高度的具体化(偶尔几乎和小品文相仿),只见于托尔斯泰话语中内在对话性的一些次要因素、次要泛音上。

在我们所分析的话语内在对话性(内在是区别于外在的表现于布局结构上的对话)的现象中,对他人话语、他人表述采取一定的态度,这属于风格的任务。风格有机地包容着自内向外的表态,包容着自身因素与他人语境各种因素的相互关联。风格的对内政策(诸因素的结合),受到它的对外政策(对他人话语的态度)的决定。话语仿佛生活在自己语境和他人语境的交界处。

任何真实对话中的一方对语,同样过着这种双重的生活。对语的形成和理解,都是在对话整体的语境中实现的。而对话是由自己的(从说话人的角度看)表述和他人(对方)的表述构成的。如果从这个混合着自己和他人话语的语境中截取出一方的对语,那么这个对语就

---

① Б.М.艾亨鲍姆:《列夫·托尔斯泰》第1卷,列宁格勒,激浪出版社,1928年。书中有许多这类材料,如书中揭示出《家庭幸福》所包含的现实语境。——作者

一定要失去自己的含义和情调。对语是杂语整体中的一个有机组成部分。

内在对话性这种现象，正如前面说过的，或多或少地存在于一切话语领域中。但如果说在非艺术作品(生活的、论辩的、科学的)里，对话性往往形成特殊的独立的行为，展现为直接的对话，或其他表现于布局结构上的与他人话语泾渭分明又相互争辩的明显形式；那么在艺术性散文中，特别是在长篇小说里，这一对话性则渗透到话语称述自己对象的过程本身，渗透到话语的情调中，从而给话语含义和句法结构带来了变化。对话化的相互呼应，在这里似乎成了话语本身的一个事件，这事件从内向外给话语的所有方面都增添了活力和戏剧性。

在大多数诗歌体裁中，如我们上面说过的，不利用话语的内在对话性达到艺术目的，对话性不属于作品的"审美对象"的范围，在诗语中被人为地抹杀了。可是在长篇小说中，内在对话性成为小说风格一个极其重要的因素，在这里得到艺术上特殊的加工。

不过，内在对话性要想成为如此重要的创造作品形式的力量，还必须得有社会杂语来充实和表现个人间的各种分歧和矛盾。在社会杂语中，对话的回声不是喧响在话语的意义顶峰上(雄辩术中才如此)，而是渗入话语的深层，使语言本身对话化，使语言的世界观照(话语的内部形式)对话化；这里，不同声音的对话，直接来源于不同"语言"的社会性对话；这里，他人表述开始变成社会的他人语言；这里，话语在他人表述中的定位，变为在全民语范围内对社会上其他语言的定位。

在狭义的诗歌体裁中，并不为艺术目的而运用话语天然的对话性；这里的话语是自满自足的，并不要求在自身之外一定得有他人的表述。诗歌风格人为地脱离了同他人话语的任何相互作用，丝毫不再顾及他人话语。

对他人语言的任何瞻顾，考虑是否可运用另一种词汇、语义、句法形式等,考虑是否对语言采取另一种看法——这些同诗歌的风格同样是格格不入的。由于这个缘故,诗歌风格也感觉不出自己语言的局限性、历史制约性、社会确定性和独特性;因此它更不能把自己语言看作是多种杂语里的一种而采取有保留的态度、分析的态度;不会由于这种态度而不肯把自己和自己的意思和盘托出交付给这一语言。

自然,任何一个历史上确曾存在的诗人,作为被现实的杂语现象和多种语言包围的人,都不可能没有上述的那种感觉(感觉自己语言的局限性)、那种对语言的态度(有保留的分析的态度),程度可能有深浅的不同。但那样的感觉和态度在诗人作品的诗歌风格中,不可能有立足之地,否则这个风格就要遭到破坏,就要散文化,诗人也就要变成小说家了。

在各种诗歌体裁中,艺术意识(指作者一切意念和情味的整体)把自己完完全全地体现在自己的语言中;对语言来说它整个是内在的东西;它在语言中是直接表现自己的,没有保留也不退居一旁。诗人的语言是他自己的语言,诗人始终不可分地存在于这语言之中;他利用这语言的每一个词形、每一个词、每一个语汇,都为了直接的目的(所谓不加括号的目的),换言之,是纯然直接地表现自己的意图。不管诗人在创作过程中体验了怎样呕心沥血的"选词之苦",在写好的作品中语言总是完全与作者意图相符的得心应手的工具。

在诗作里,语言是作为无可争议、无可怀疑、无所不能的语言来实现自己的。诗人观察一切,理解一切,思考一切,无不通过这个语言的眼睛,通过这个语言的内部形式;其中没有任何东西,是需要借别人的他人语言之助才能表现出来的。诗歌体裁的语言,是统一的又是唯一的托勒密世界,这个世界之外是一无所有,也一无所需。说有许多个语言世界,都同样是为人理解的和富于表现力的世界,这一思想是诗歌风格所根本不能接受的。

不管诗人揭示了多少矛盾和无法解决的冲突,诗歌的世界总烛照着一个统一的无可争议的话语。矛盾也好,冲突也好,疑问也好,都限定在对象身上,在思想和情感之中,一句话是局限于材料之中,但没有转到语言上。诗作里表现疑问的话语,本身应是毋庸置疑的话语。

把整部作品的语言全作为自己的语言而对之全面地直接地负责,与这语言的每一因素、语调、情味完全地一致——这是诗歌风格的一个重要要求①。诗歌风格满足于一种语言和一个语言意识。诗人不能把自己的诗思和自己的诗旨同他所运用的那个语言对立起来,因为诗人整个生活在这个语言之中,所以不能在这风格的范围内把语言变成思索的对象、反省的对象、对之采取某种态度的对象。语言仅仅从内部,把自己的意志活动呈献给诗人,却不是从外部向诗人呈献自己的客观特殊性和局限性。一方面要语言无条件地直接表现意志,本身要有充分的价值,另一方面同时又要客观地描绘出这个语言(作为受到社会和历史约束的现实的语言)——这两者在一个诗歌风格的范围之内是不能相容的。有一个统一的又是唯一的语言,对于实现诗歌风格中个人的直接意志(而不是个人的客观性格),对于实现诗歌风格一贯始终的独白性,是不可缺少的条件。

这当然不是说,杂语现象甚至运用不同语言的现象,绝不会出现在诗作中。话说回来,这种可能性是有限的,因为只有"低俗"的诗体如讽刺诗、喜剧诗等,才有杂语存在的某些天地。纯粹的诗歌体裁,也可能引进杂语(即表现各种社会思想的其他种语言),主要是在人物的言语中。不过杂语在这里应算是对象。它在这里实际上是作为某种东西来表现的,同作品真正的语言不是处于同等的地位上,因为这是被描绘的人物姿态,而不是去描绘他物的话语。杂语成分进入到这里,不是作为另外一种语言——能带来独有的特殊观点、能道出自己语言所不能道的另外一种语言;而是作为被描绘的一种东西。诗人即使讲起他人的东西,也是使用自己的语言。为了展示他人的世界,他从来不利用更符合这个世界的他人语言。说到小说家,我们在下面将会看到,就是说自己的东西,他也总想使用他人的语言(例如运用讲述

---

① 本章反复出现的"诗歌风格"一语,实指"诗歌体裁",与小说相对。——译者

人不标准的语言、特定社会思想集团的代表使用的语言)，时常用他人语言的规矩来规范自己的世界。

由于上述要求作用的结果，当这些要求接近了自己的修辞顶峰时[1]，诗歌体裁的语言常常变得霸道、教条、保守，拒绝标准语外社会方言的影响。所以在诗歌的土壤上才可能出现这类念头：应有一个专门的"诗语""神圣的语言""诗神的语言"等等。很能说明问题的是，诗人如果自己不赞成这个标准语的话，更可能是幻想人为地创造出一种新的专门的诗语，却不愿去运用现实中实有的社会方言。社会上的不同语言当是客体的、典型化的语言，只用于社会的某一局部，有局限性。而人为创作的诗歌语言，则是直接表现意向的、无可争议的、统一而又唯一的语言。例如 20 世纪初，当俄国小说家开始对社会方言和故事体表现出极大兴趣的时候，象征主义者(巴尔蒙特、B.伊万诺夫)及其后的未来主义者，却想要创造出一种特殊的"诗语"，甚至为此作了尝试(如 B.赫列勃尼科夫的努力)。

创造一种特殊的统一又唯一的诗歌语言，这个念头是典型的乌托邦式的话语哲学。这一念头产生的基础，是诗歌风格所处的现实条件和它所提出的要求。这里的诗歌风格，只需要一个直接表现意向的语言就够了。在它这种语言看来，其他语言(口头谈话语、事务语言、散文语言等)都是客体性质的，丝毫不可同诗语平起平坐[2]。创立一种特殊"诗语"的思想，同样反映了托勒密式的对语言修辞世界的见解。

语言正如话语艺术家的意识所栖身的生动具体的环境一样，任何时候都不是统一的。仅仅作为语法规范的抽象体系，脱离开充塞其中的具体的思想内容，脱离开活语言从不间断的历史发展，这语言才能是统一的。生动的社会生活和历史发展，在抽象的统一的民族语范围

---

① 我们说的当然一直是诗歌体裁的理想状态。在实际的作品中，可能有可观的散文因素，存在着许多混合型的体裁，这特别常见于不同的规范诗语新旧交替的时代。——作者

② 拉丁语对中世纪各民族语言的看法就是如此。——作者

内,促成了为数众多的具体的世界、各自封闭的话语和思想视野,社会的视野;在这些不同的视野里,同样的抽象的语言成分,获得了不同的意义和评价内容,也就发出了不同的声音。

标准语本身,包括口头语和书面语,已经不仅有统一的共同的抽象语言特点,也有了对这些抽象因素的统一的理解方法,但在自己具体的指物表意和情味方面却是分裂了的,形成了各不相同的杂语。

这一分野首先是由不同体裁的特殊机体所决定的。语言的某些成分(词汇的、语义的、句法的等等),同这种或那种体裁的意向和总的情调体系紧密联结到一起。这里指的体裁,有论辩的演说、政论、报章体,有俗文学的体裁(如低级趣味的小说),最后还有严肃文学的体裁。语言的这些或那些成分,会带上这些体裁的特殊韵味;它们同这些体裁独特的观点、角度、思维方法、细腻情味融合为一体。

其次,同语言这种体裁分野交错相连的,是语言的职业(广义)分野,两种分类时而重合,时而分开;所谓职业分野,如律师、医生、商业家、政治家、人民教师等的语言。这些语言的区别,当然不仅仅在语汇上;它们有着表达意向的特定方式、具体地理解和评价事物的方法。就连作家语言本身(诗人和小说家的语言),也可以看作是一种行话,同其他的职业行话没什么两样。

对我们来说,这里重要的是"共同语"分化的意向方面,也就是它的指物表意和情味方面。要知道这里发生分化而形成区别的,不是语言中不涉褒贬的语言学成分。这里区分的是语言各种意向的潜力。意向潜力要朝着一定的方向实现,要获得确定的内容,要具体化和专门化,要渗透各种具体的评价,要融入一定的事物中和各种情味的体裁视野、职业视野中。从这些视野的内部看,也就是对讲话者说来,上述各体裁的语言和职业行话,是直接表现意向的,即有充实的含义并直接表达情态。然而从外部看,对不属这个意向视野的人说来,它们是客体性的,各具不同特点,各具独特格调,如此等等。贯穿于这些语言之中的意向,对这一视野以外的人来说,会变得越来越浓重,会带来表意表情的诸多限制,会使语言变得累赘不便,会使人厌烦语言,于是人们难以运用这些语言直接地无条件地表达自己意向。

但问题还远远不只在于共同标准语的体裁分野和职业分野上。尽管标准语就其基本核心说有着统一的社会性,亦即是占统治地位的社会集团的口头语言和书面语言,但是,即使在这种情况下,其中也总还存在着一定的社会性区别、社会性分化;这种分化在某些时代里可能异常突出。社会性分化在某些方面有可能同体裁分化和职业分化相一致,但实际上这种分化当然完全是独立产生的、是具有自己特色的。

社会性分化同样首先是由不同的指物含义和表情的视野所决定的;换言之,这种分化表现在理解和运用语言成分方面的典型差别上,但却可能不破坏共同标准语抽象的语言统一体。

再次,任何具有重要社会价值的世界观,都有能力把语言的不同意向潜力分解出来为我所用,办法就是以独特方式具体地实现这个意志潜力。各种流派(艺术的和其他的)、团体、杂志、一些报纸,甚至一些重要作品和个人——这些都能凭借自己的社会价值而使语言分化,用自己典型的意向和情味使语言的词语和形式复杂化,因此也在一定程度上使这些词语和形式远离其他流派、团体、作品和人物。

任何有社会意义的言语活动,都有能力把自己的意向传染给卷入了它的意义和情味中的语言成分,给这些语言成分加添一定的细微意味和一定的评价语气。就这样,言语活动可以创造出口号语言、骂人的话、夸赞的话等等。

在话语和思想生活的每一具体的历史时刻,每一社会阶层中的每一代人,都有自己的语言。不仅如此,每一种年龄实际上也有自己的语言,自己的词汇,自己特殊的情调体系。而后者反过来随着社会阶层不同、学校不同,以及其他导致分化的因素不同而不断变化(武备中学、古典中学、实验中学的学生语言,就是不同的语言)。所有这一切,都是具有社会典型性的语言,不管它们的社会圈子有多么小。甚至还可能有作为语言社会分野的家庭习惯语,例如托尔斯泰描绘的伊尔坚耶夫一家的讲话,就有着自己特殊的词汇和独特的情调体系。

最后,在每一具体时刻,都有社会和思想生活中不同时代、不同阶段的语言共处并存。甚至还存在以时日计的语言,因为今天和昨天的社会思想和政治,在一定程度上就可说没有共同的语言。每一天都有自己的社会思想和观念的行情,有自己的词汇、自己的情调体系、自己的口号、自己的骂语和赞语。诗歌使不同时日的语言失去了个性,散文则如下文所述,常常有意地把不同时日区别开来,给不同的时日提供形之于外的代表人物,并在无穷的长篇小说对话中拿不同的时日来作对话性的比较。

总而言之,语言在自己历史存在中的每一具体时刻,都是杂样言语同在的;因为这是现今和过去之间、以往不同时代之间、今天的不同社会意识集团之间、流派组织等等之间各种社会意识相互矛盾又共存的体现。杂语中的这些"语言"以多种多样的方式交错结合,便形成了不同社会典型的新"语言"。

在杂语的所有这些"语言"之间,存在着极为深刻的方法论上的差异。要知道,它们的区分和形成,完全依据着各种不同的原则(有的是功能原则,有的是内容题材原则,还有的是真正的社会方言的原则)。所以各种语言不是互相排斥,而是错综复杂地交织(如乌克兰语、叙事诗语、早期象征主义的语言、大学生的语言、儿童的语言、小知识分子语言、尼采派语言等等)。人们会觉得,"语言"一词在这里已经完全失去了意义,因为看来所有这些语言并不具有可供比较的共同的方面。

实际上,可作为我们比较方法依据的这个共同方面,还是存在的。这就是:杂语中一切语言,不论根据什么原则区分出来的,都是观察世界的独特的视点,是通过语言理解世界的不同形式,是反映事物含义和价值的特殊视野。以这样的身份出现,它们全能相互比较,能够相互补充,相互对立,相互形成对话式的对应关系。它们以这样的身份相遇和共存于人们的意识之中，而首先是在小说艺术家的创作意识之中。它们以这样的身份，实际生活在社会杂语之中，在其中斗争着，成长着。因此它们全都能够进入到长篇小说的一个共同层面上去，小说则可以兼收对各种体裁语言的讽刺性模仿，可以用各种形式模拟和表现种种职业语言、流派语言、几代人的语言、社会方言等等（例如英国的幽默小说）。所有这一切，都可被小说家取来用于组织他的多种题材的合奏曲，用于折射（不是直接）式地表现他的意向和评价。

因为这个缘故，我们总是提出以指物含义和表情因素（亦即属于意向的两个因素）来作为通用标准语内部分解和分类的一种力量；我们提出的不是体裁语言、职业行话等等的语言学特征（词语的色彩、细微的意味等等）。后者是意向行为过程所留下的已经硬化的沉淀物，是生动的意向在自己路途中留下的标记，是理解一般语言形式后留下的标记。由语言学观察和记载的这类外部特征，如果不明白它们是如何表现意向的，那它们本身也就难以理解和研究透彻。话语生活在自身之外，生活在对事物的真实指向中。假如我们彻底地从这一指向里抽象出来，那么我们手中就只剩下话语的赤裸裸的尸体了；凭这具尸体，我们丝毫也不能了解话语的社会地位和它的一生命运。在话语的自身中研究话语，忽视它身外的指向，是没有任何意义的，正如研究心理体验却离开这体验所依赖的现实，离开决定了这一体验的现实。*

正因为提出了标准语在意向上的分化，我们才能如上文所说，把用不同方法分析所得的多种现象如职业语、社会方言、世界观、个人作品等，都一齐相提并论了；这是因为它们的意向方面，恰恰是使它们可以相互比较的共同点，而且这里的比较是对话式的。原因全在于：不同"语言"（不管是什么样的语言）之间是可能产生对话关系的（一种特殊的对话关系），也就是说它们可能被看作是观察世界的不同视角。

---

* 语言区分层次（职业用语、技术用语等等）的证明材料，取自果戈理记事簿。

事情的原因全在这些不同"语言"之间，不管是什么"语言"，可能存在对话的关系（各自独特的关系），也就是说能够把它们作为观察世界的不同视角。

有些语言可展开视野，有的不能（工具语言）。

不管导致语言分化的社会力量是多么不同，如职业、体裁、流派、个性，这一分化工作本身在任何地方都无不可归结为：用一些确定的（因而起着限定作用的）意向和语调来充实语言；这一过程是长期的（相对说来），是具有社会性的（是集体进行的）。

这个又分化又充实的过程越长，所涉及的社会阶层越广，随之而来的致使语言分化的那种社会力量越重要，那么这一力量作用结果所留下的痕迹、语言（指语言学上的符号）特征的语言学变化，就都越鲜明也越稳定。这里说的痕迹，是指从稳定的（因而也是社会性的）细微语义，直到真正的方言特征（语音特征、词法特征等）；凭着这些特征就已能判定存在着一种特殊的社会方言了。*

由于所有这些分化力量作用的结果，语言中不再存在任何中立的、"没主儿"的话语和形式了。语言整个地被瓜分了，渗进了种种意向和语调。对于生活在语言之中的人的意识来说，语言并不是用规范的形式组织起来的抽象的系统，而是用杂语表现的关于世界的具体见解。所有的话语，无不散发着职业、体裁、流派、党派、特定作品、特定人物、某一代人、某种年龄、某日某时等等的气味。每个话语都散发着它那紧张的社会生活所处的语境的气味；所有话语和形式，全充满了各种意向。话语不可避免地会带有在上下文语境中得来的韵致（体裁的、流派的、个人的）。

实际上，语言作为社会思想的真实而具体的存在，作为杂语的见解，对个人的意识来说，正处于自己和他人的交界线上。语言中的每个词，一半要算是别人的词。只是当说话者给词加上自己的意向、自己的语调、掌握了它，使它获得了自己的意思和情态，这时词才能变为"自己的"。在变为自己的之前，词并非是存在于中立的无主体的语言之中（要知道说话者可不是由字典里取词呀！）；它生活在他人的嘴上，他人的语境里，服务于他人的意向。需得从这里取词并把它变成自己的东西。而且，不是所有的词都那么轻易地让任何人据为己有，强占

---

　　* 语境中出现的不同音色（体裁上的、流派上的、个人独特的）。

后变成自己的财产。有许多词要顽强地抵抗,有的即使被说话者用于自己口中,也仍然是他人的词,带着他人的味道,不会同化在说话人的语境中,终于游离出来;它们仿佛不受说话人意志左右,自己把自己打在括号中。语言可不是一个中立地带,不能自由而轻易地转入到说话人的意向中去;语言总是充满着他人的意向。掌握语言,使其服从于自己的意向和语调,是一个艰难复杂的过程。

我们立论的出发点,是承认标准语在抽象的语言学(方言学)意义上是个统一体。但恰恰是这个标准语,远非一种封闭的局部语言。就拿标准的生活口语和书面语来说,它们之间就能出现或多或少的鲜明的界线。不同体裁之间的差异,常常同局部语言的区别相吻合(例如18世纪中,崇高体裁用教会斯拉夫语,低俗体裁用口语)。最后,某些局部语可能在文学中取得合法地位,因之在一定程度上也接近于标准语。

各种局部语进入文学,接近于标准语之后,自然在标准语的土壤上便要失去封闭的社会语言体系的性质;它们会改变形态,实际上已不再是过去的局部语言。然而从另一方面看,这些局部语进入标准语,却在其中保留着自己作为局部语的弹性,保留着异语的味道,因而也给标准语带来了变化。标准语也不再是原来的样子,它也不再是一个封闭的社会语言体系了。标准语是一种有着自己深刻特色的现象,它在这一点上很像同它相关的具有文化教养的人的语言意识。在标准语中,意向上的杂语性(这在任何一种封闭的局部的活语言中都存在)转换成为语言的混杂;这已不是一种语言,而是不同语言的对话。

人民大众的全民标准语,如果有着发达的小说文化,特别是长篇小说的文化,如果有着丰富而充满斗争的文献和思想发展史,那它实质上是一个组织起来的小宇宙;这个小宇宙不仅反映着本民族杂语现象的大宇宙,而且反映着欧洲杂语的大宇宙。标准语的统一性,不是一个封闭的语言体系的统一性,而是不同"语言"构成的具有深刻特色的统一性;这些不同"语言"是相互关联又相互理解的(其中之一,便是狭义的诗歌语言）。这正是标准语研究中方法论问题上的一个特点。

　　具体的表达着社会思想的语言意识，如果变成了创造的积极意识，即文学的积极意识，就会发现自己是被杂语包围着，发现自己绝不是统一的和唯一的语言，绝不是无可争议的不容置疑的语言。文学上积极的语言意识，在一切时候一切地方（在我们所知的历史上的一切文学时代），发现的都是多种"语言"，而不是一种语言。它所面临的，是必须选择语言。在自己每一次的语言文学创作中，这个语言意识都要在杂语中辨别方向，在其中占据一定的立场，选择某种"语言"。只有当人们局限在封闭的不用文字的不假思索的日常生活中，离开社会思想形成的所有渠道，他们才可能感觉不到这种选择语言的积极性，也才能对自己语言的无可争议、早经确定这一点安之若素。

　　其实就连这样的人，也不是只同一种语言打交道，而是同不同的语言打交道。不过这不同语言中每一种所处的位置是稳定而无争议的；从这一语言转入那一语言，也同样是早已定好、不假思索的，就好比从一个房间走到另一个房间。在这人的意识里，这些语言不会互相冲突起来；这人也不企图把它们拿来比较，不企图朝其中的一种语言投以另一种语言的眼光。

　　譬如一个没文化的农夫，住得离任何中心城镇都路途迢迢，天真地沉浸在凝滞不动的日常生活中，这生活对他来说依然是不可动摇的。但他却处于几个语言体系之中：对上帝祈祷用一种语言（教会斯拉夫语），唱歌用另一种语言，在家里平时说第三种语言；等求读书人写送到乡里去的呈子，又努力想讲第四种语言了（正式公文语，"文牍"语）。所有这些，即使从抽象的社会方言学的特征来看，也是不同的语言。不过这些语言在农夫的语言意识中，并不按对话原则互相呼应；农夫由一种语言转到另一种语言，是不经考虑的自动的行为；每种语言在自己的位置上都无可争议，这位置同样无可争议。农夫还没学会看一种语言(以及相应的那个话语世界)时,用另一种语言的眼光看日常生活的语言以及日常的世界,用祈祷的语言,或用唱歌的语言,或者反过来。

一旦在我们这位农夫的意识中,不同语言以批评的眼光相互映照起来,一旦发现它们不仅是不同的语言,而且是构成杂语现象的语言,与这些语言密不可分的思想体系及对世界的态度都是互相对立的,绝非和平相伴;一旦如此,这些语言的无可争议、天经地义便站不住脚了,于是开始了在不同语言之中的积极的选择活动。祈祷的语言和世界,歌唱的语言和世界,劳动和生活的语言及其世界,乡镇管理的语言和世界,来乡度假的城市工人的新鲜语言和新鲜世界——所有这些语言和世界,迟早都要脱离安静凝滞的平衡状态,从而揭示出自己的杂语性质。*

致力于文学的语言意识,无论在标准语自身中或者在它之外,都自然观察到更为丰富多彩,更为深刻的杂语事实。对词语修辞的任何认真的研究,都应该从这一基本的事实出发。观察发现的这种杂语性质,以及把握杂语现象的方法,决定着词语的具体的修辞生命。

诗人所遵循的思想,是只有一个统一的又是唯一的语言,只有一种统一的独白式封闭的表述。对诗人所用的那些诗歌体裁来说,这一思想是内在固有的。这就决定了诗人在现实的杂语中进行选择的方法。诗人所驾驭的自己的语言,应该完完全全是个人的,他对这语言的一切因素都负有同样的责任,他要使它们服从他自己的(仅仅是他自己的)意向。每一个词都应直接地表现诗人的构思;在诗人和他的词语之间,不应存在任何距离。他当作出发点的语言,应是一个统一的意向整体;语言的任何分化,任何杂语现象,更不消说是不同语言的并存,在诗歌作品中都不应该有很明显的反映。

为此诗人把词语中的他人意向抽掉,只使用这样的词语和形式,而且使用的方法一定要让它们切断自己同语言材料的一些特定意向、

———————

＊　普希金作品中语言的选择问题,据维诺格拉多夫的分析。

一些特定语境的联系。在诗歌词语的背后,不应该感觉出各种体裁(除诗歌体裁本身)、各种职业、各种流派(除诗人自己的流派)、各种世界观(除诗人自己那统一的和唯一的世界观)所具有的典型的和客体的形象;也不应该感觉出典型的或个别的说话人的形象、他们讲话的姿态、典型的语调。所有进入作品的一切,都必须完全淹没在里面,忘记过去在他人语境中的生活;语言只能记得自己在诗歌语境中的生活(这里也可能有具体地引用和反映其他作品的情形)。

当然,诗歌的语言也总是同有限的、多多少少较为具体的语境相联系,应该有意识地感觉到这种联系。不过这些语境纯粹是表现一定意义的上下文,是所谓各种笼统的情调的上下文;在语言方面,它们倒没有自己的面貌;或者至少在它们背后不应该感觉到过于具体的语言特色、特定的语言姿态等等。它们背后不应有任何具有社会典型性的语言面貌(如可能作为作品人物出现的叙述人面貌)。不论什么地方,只有一个面孔,就是作者的语言面孔;作者要对每个词负责,而每个词都是属于他自己的。无论诗中每一词语包含多么丰富多样的意义和情调的线索、联想、展示、暗指、呼应,所有这些内容都只要求有一种语言,有一个视野,而不需要多种的杂语的社会语境。不仅如此,诗歌形象的展开(如隐喻的扩展),也要求有一个统一的、与其表现对象直接对应的语言。社会上的杂语事实,如果渗透到作品中并引起作品语言的分化,就会妨碍作品中形象的正常发展和演变。

诗体的节奏本身,并无助于语言发生多少明显的分化。节奏在使每一因素都参与整体的语调体系(通过邻近的节奏单位)的同时,就把词语中潜在的那些社会的、言语的世界和面貌,窒息在萌芽状态中。因为节奏至少会给予这些不同的世界和面貌以一定的限制,使其无法展开,无法得到实现。节奏使得诗歌风格和这一风格所要求的统一的语言层面变得更加完整统一、更加封闭了。

由于从语言的一切因素中抽掉了他人意向和语调,由于消除了社会杂语和多语事实的一切痕迹,其结果在诗歌作品中形成了语言的严格统一。这种统一可能是天真的统一，只出现在诗史上极少见的时代里；那时诗歌还没有走出天真而闭锁的、统一而未加区分的社会圈子，这个圈子的思想意识和语言的确尚未分化。不过通常我们感觉到的，倒是作品统一的诗语从当代现实的标准语里杂语和多语的一片混乱中升华出来，表现了深刻的自觉的努力。

诗人是这么做的。写长篇小说的散文家(以至几乎任何一类散文家)却走着完全另一条路。他采纳标准语内外的杂语和多语进入作品，但不削弱这种现象，反促其深化(因为他这样做有助于语言获得独立和自我意识)。就是靠语言的这种分化，靠语言的杂语现象甚至多语现象，作者才建立起自己的风格，而与此同时又保持了自己统一的创作个性，保持了自己风格的完整统一(自然是另一种性质的统一)。

小说家不清除词语中他人的意向和语气，不窒息潜存于其中的社会杂语的萌芽，不消除显露于语言的词语和形式背后的语言面貌和言语姿态(即潜在的作品人物兼叙述者)。相反，作家让所有这些词语和形式，都同自己作品的文意核心，同自己本人的意向中心，保持或远或近的一段距离。

小说家的语言距离作者及其最终文意有远有近，程度不同。一些语言因素直截了当地表现作者的思想情态(如在诗中)。另一些是折射反映这些意向，作者同这些词语不完全一致，于是赋予它们特别的语调，如幽默、讽刺、揶揄的模仿等等①。再有一些离作者的最终文意更远，是更加明显地折射作者意向。最后还有一类因素，完全不带有作者意向；作者不通过它们表现自己(作为说话者的自己)；作者是把它们当作一种特别的言语行为来展示，它们对作者来说完全是客体性的东西。因此，语言的分化，包括体裁上、职业上、社会上(狭义)、世界观上、流派上、个人特色上的分野，还有社会上的杂语和多语(指方言)

---

① 如果把这些词语视为直接表现思想情态的话语，那么这些词语就不是作者的话；但如果视为以讽刺语调转述或表现的话语，即处在一定距离之外的话语，那么可以说这是作者的话。——作者

的事实,进入长篇小说之后受到特殊的整顿加工,形成别具一格的艺术体系,从而把反映作者意向的主题变成了一首合奏曲。

这样一来,小说家就能把自己同自己作品的语言间隔开来,而且远近程度随着语言的不同方面和因素而有所不同。他可以利用语言而不把自己完全地交付给这个语言,他可以允许语言一半是他人的,或者完全是他人的,不过同时又迫使语言最终仍然服务于他自己的意向。作者说话,似乎不是使用他自己的但却或远或近拉开距离的语言,倒好像是通过这个离开了他的唇舌、变得更为充实、客观化了的语言。

创作长篇小说的散文作家,不从自己作品的杂语中抽除他人的意向,不破坏在杂语背后展现出来的那些社会思想的不同视野(大大小小的世界),他把这些视野都引进了自己的作品。小说家使用已经带有他人社会意向的话语,迫使它们服务于自己新的意向,服务于第二个主人。所以说小说家的意向是折射出来的,而且随着杂语中折射语言在社会思想上的亲疏、距离的远近、客体性的强弱不同,折射的角度也有不同。

话语应在许多他人表述和他人语言中间把握方向,这一点以及由此产生的一切特有的现象和潜力,在长篇小说的风格中都获得了艺术意义。多声现象和杂语现象进入长篇小说,在其中构成一个严谨的艺术体系。这正是长篇小说体裁独有的特点。*

与长篇小说这一体裁特点相适应的修辞学,只可能是社会学性质的修辞学。长篇小说话语的内在的社会对话性,要求揭示出话语的具体的社会语境。正是这个社会语境,决定着话语的整个修辞结构,它的"形式"和它的"内容",并且不是从外部决定,而是从内部决定,因

---

* 长篇小说的发展,就在于对话性的深化,在于它的扩大和精细。未被纳入对话的中立因素、顽固因素("岩石般的真理"),剩得越来越少。对话深入到分子中,最后深入到原子中去。

为社会性对话发生在话语自身内部,在它的一切要素中,不论是"内容"的要素,还是最属"形式"的要素。

当然,即使是诗歌话语,也是社会性的话语。不过诗歌的形式反映较长的社会过程,所谓社会生活的"世代趋向"。长篇小说的话语却非常敏感,对社会气氛的细小变化和波动都会做出反应;而且如前所说是整个话语、它的一切因素都会做出反应。

引进长篇小说的杂语现象,在小说中要得到艺术的加工。栖身于语言(它的一切词语和形式)之中的各种社会和历史的声音,即赋予语言以特定的具体含义的声音,在小说中组合而成严密的修辞体系;这个修辞体系反映出作者在时代的杂语中所占据的独具一格的社会和思想立场。

第三章　小说中的杂语

在历史发展过程中,长篇小说体裁的各种变体,形成了引进和组织杂语的一些结构形式。这类形式是十分多样的。每一种这样的组织结构形式,都有着特定的修辞潜力,都要求用一定方式对纳入杂语的各种"语言"进行艺术加工。我们只分析一下对多数小说类型来说是基本的和典型的那些结构形式。

外观最为醒目,同时历史上又十分重要的一种引进和组织杂语的形式,是所谓的幽默小说提供的。它的经典性的代表,在英国是菲尔丁、斯摩莱特、斯特恩、狄更斯、萨克雷等人,在德国是吉佩利和让·保罗。

在英国的幽默长篇小说中,我们看到当时的口头和书面标准语的几乎所有层次,都得到了幽默的讥讽的再现。我们上面列举的属于小说体裁中这一类型的古典作家代表,其作品几乎每一部全是标准语一切层次、一切形式的百科全书。作品的叙述语言随着描绘对象的不同采用不同的讽刺口气,一会儿使用议会雄辩的形式,一会儿采纳法庭演说的形式,一会儿又像是议会记录,一会儿是法庭记录,一会儿犹如报章上的采访消息,一会儿是伦敦金融中心的枯燥的公文,一会儿好似搬弄是非者的闲言碎语,一会儿好似书生气十足的学究讲话,一会儿是崇高的史诗风格或圣经风格,一会儿是伪善的道德说教风格,最后还可能是书中所讲的这个或那个具体人物、带有社会确定性的人物的言语格调。

这种对语言多种体裁、职业以及其他层次的模仿用法(通常是带讥讽意味的模仿),其间不时地又穿插着直接的作者话语(通常是热情动人或闲适感伤的话语),后者直截了当地(不经过折射)体现作者的思想和评价意向。不过,作为幽默小说的语言基础的,是对"通用语言"的十分特别的用法。这个"通用语言"(通常是这一阶层人们通用于口头和书面的语言),作者用来恰恰是作为一般的见解,作为这个社会阶层视为正常的对人和对事的一种言语态度,作为一种流行的观点和评价。作者要使自己或多或少离开这个通用的语言,站到它的一边去,使这个语言客观化,让自己的意向透过体现于语言之中的一般见解(总是肤浅而又常常虚伪的见解)这个语境折射出来。

作者把语言看作是一般人见解的体现,他对语言的这种态度并非是固定不变的,倒无时不处于某种活动和摇摆之中,有时是有节奏的摇摆不定。作者或多或少挖苦地夸张这个"通用语言"的某些因素,有时决然地揭示出这语言不足以达意,有时相反,几乎同这一语言合成一体,仅留有极小的距离,更有的时候干脆把自己的"事理"加入其中,也就是把自己的声音彻底同这个语言融为一体。与此同时,这里要突出加以讥讽的,或要作为对象描写的那些"通用语言"的因素,总在不断地变换着。幽默的风格就要求作者灵活地同语言能合能离,不断变换两者间的距离,使语言的这些或那些成分经常地时隐时现。否则的话,这种风格就会显得单调乏味,或者需要有一个叙述者出现,那就已经属于引进和组织杂语的另一种形式了。*

在幽默的长篇小说中,我们上文讲到的为讽刺而模拟各种体裁语、职业语等的用法,还有集中讲出的直接的作者话语(热情感人的、道德说教的、感伤哀婉的,或是安逸闲适的),其用意恰好就是要同"通用语言"这个基调,同这种没有定属的流行一时的见解能区别开来。

由通用语言转到讽刺模拟某种体裁或其他性质的语言,转到作者的直接话语,可能是或快或慢地逐步过渡,也可能相反是突然的转折。幽默小说中语言所构成的体系,便是如此。

下面分析几个取自狄更斯长篇小说《小杜丽》中的例子。我们采用M.A.恩格尔哈特的译文。这里我们感兴趣的幽默小说风格轨迹的基本轮廓,在译文中得到了相当忠实的表现。

1. "在加尔列和卡温基公园不断喧响着马车辘辘声和门锤咚咚声的中午,谈话持续了四五个小时。当谈话达到了上面指出的结果时,麦尔利先生回到了家里。他结束了日间的劳动,内容在于向世界所有角落,不遗余力地颂扬一个不列颠家族,这家族独具慧眼,懂得规模巨大的贸易实业,懂得智力与资本的博大结合。尽管谁也说不准,麦尔利先生的实业究竟是什么(人们只晓得他能弄钱),可在一切庄重场合,他的活动都正是用这些字眼来形容的;大象和针眼的故事,也恰好形成了一个新的充满敬意的版本,为所有的人们所接受,绝无异议。"(第1册,第33章)

上段文字中变体标出的,是对隆重讲话(议会中、宴会上)语言的讽刺性模仿。作为向这种格调的过渡,一开始使用的句型就多少带有庄严的叙事口气。接下去已是作者的语言(自然其风格也随之一变),揭示出对麦尔利工作崇高评价所含的挖苦意味。这一评价就已是"他

＊ 在幽默小说里,直接的作者话语体现为直接地无条件地效法诗体(闲适诗、哀伤时等)或雄辩术(热情激昂的、道德劝喻的)的各种体裁。

人话语"了,本可以加在括号里("在一切庄重场合,他的活动都正是用这些字眼来形容的……")。

所以说这里的作者话语(叙述语言),以隐蔽的形式,引进他人的言语,也就是说没有他人言语(无论是直接引语还是间接引语)的任何形式标志。但这不是用原来"语言"讲出的他人话语,这是用不同于作者的他人"语言"讲出的他人话语。这个不同于作者的他人"语言",是属于虚伪的官场隆重演说体的老式语言。

2. "过了一两天,全城都知道了:爱德蒙·斯巴尔科列阁下,闻名退迩的麦尔利先生之养子,成了委婉内阁的一根顶梁柱。一切忠诚之士被告之:这一惊人的任命,是仁慈厚待的杰茨木斯垂青商界的仁慈厚待的标志;在商业大国里,商界的利益应该永远……如此这般,一切均应有相应的排场,有鼓乐相伴。在官方的这种青睐之下,惊人的银行和其他惊人的实业一下子飞黄腾达起来。于是看热闹的人群聚在加尔列和卡温基公园里,只求一睹黄金大亨的住所。"(第2册,第12章)

上段文字中变体标出的诉诸他人语言(隆重的官场语言)的他人话语,是以公开的形式(间接引语)引入的。但这一话语的周围,是以隐蔽形式出之的零零散散的他人话语(同样是用那种隆重的官场语言),正是后者为引入公开形式作了准备,又使它得到收束。作为准备的,是官场语特有的加于斯巴尔科列名字之上的"阁下";作为收束的,是"惊人"这个修饰语。自然,这个修饰语不属于作者,而是属于"一般人的见解",这种见解围绕着麦尔利的吹起来的事业,制造出一场闹剧。

3. "午餐可真叫人食欲大振。精美的菜肴烹制得好,搭配得也妙;还有精选的上好水果和人们罕见的美酒。金银器具、瓷器和水晶玻璃,简直都是艺术珍宝。有无数的方法调节人们的胃口,色香俱全。啊,这个麦尔利真是惊人哪! 这个人多么伟大,多么有才华,多么有天赋,一句话,这是个多么富有的人哪!"(第2册,第12章)

开头是讽刺性地模仿崇高的叙事文体。接着是对麦尔利的狂热吹捧,是他的崇拜者们合唱出来的隐蔽的他人话语(变体标出文字)。其中的高峰,在于揭露这一合唱的虚伪性,点出这种吹捧的实际基础:"惊人""伟大""天赋""有才华"——都可以一言以蔽之:"有钱"。作者的这一揭露之笔,就在那个简单句之内直接同被揭露的他人话语结合到一起。吹捧的狂热语气之上,又加了第二层愤怒揶揄的语气,而且后者在句尾揭露性的词语中成了主导的语气。

我们在这里看到了典型的双重语气和双重格调的混合语式。

我们所称的混合语式,是指这样的表述:按照语法(句法)标志和结构标志,它属于一个说话人,而实际上是混合着两种表述、两种言语习惯、两种风格、两种"语言"、两种表意和评价的视角。在这两种表述、风格、语言、视角之间,再重复说一遍,没有任何形式上的(结构上和句法上的)界限。不同声音、不同语言的分野,就发生在一个句子整体之内,常常在一个简单句的范围内;甚至同一个词时常同时分属交错结合在一个混合语式中的两种语言、两种视角,自然便有了两层不同的意思、两种语气(例子见下文)。混合语式在长篇小说的风格中具有重大的意义①。

　　4."可是基特·波里普把所有的衣扣全扣好了,因此也就成了一个有分量的人。"(第2册,第12章)

这例子是假客观地解释因果,属于隐蔽的他人话语的一种,这里

---

① 关于混合语式及其意义,详见本文第四章。——作者

则是隐蔽的一般流俗的见解。*　从一切形式标志看,这一解释出自作者,作者形式上同这一解释是一致的。但究其实质,这一解释植根于人物的主观视角,或者是在一般人见解的视野中。

伪客观的解释,以隐蔽的他人话语形式出现,作为混合语式的一种类型,一般说是小说风格所具有的典型现象。从属连词和连接用语(因为、由于、鉴于、虽然等),一切逻辑性的插入语(这样、由此等),失去了作者的直接意向,带上了他人语言的味道,变成为折射性的词语,或者甚至成为纯粹客体性的词语。

在他人(具体的作品人物,或者更常见的是某个集体)话语的形式居主导地位的幽默体小说中,这一类的解释尤为典型①。

　　5."犹如熊熊大火以其呼啸之声弥漫了广大的空间,强大的波里普人在伟人麦尔利祭坛上点起的神圣之火,把这个名字传播到越来越远的地方。这名字响在所有人的嘴上,膨胀在所有人的耳鼓里。

　　"过去、现在、将来都不会再有另一个人像麦尔利先生了。

　　"如前所述,谁也不知道他建立了什么功勋,但谁都知道他是凡人中最伟大的一个。"(第 2 册,第 13 章)

"荷马式"史诗般的开头(自然属于讽刺性模拟),外围罩上了大众对麦尔利的吹嘘(是用他人语言道出的隐蔽的他人话语)。接下去是作者的话,可是"谁都知道"这个短语却带有客观的性质。连作者本人似乎也不怀疑这一点。

＊　伪客观的解释,是小说风格所具有的非常典型的现象。在叙事史诗中不可能出现。从属连词和链接用语(因为、由于、鉴于、虽然等),一切逻辑性插入语(这样、由此等),失去了作者的直接意向,带上了他人语言的味道,变成为折射性的词语,甚至成为纯粹客体性的词语。

①　参看果戈理作品中那些荒诞的伪客观的解释。——作者

6. "麦尔利先生这位知名的人物,祖国的骄傲,在继续自己那光辉的路程。人们逐渐明白了:像这样对社会做出如此贡献的人,像这样从中捞到大笔钱财的人,不应该仅仅是个普通的公民。有人议论说要让他做二等男爵,又风传要给他贵族称号。"(第2册,第24章)

这里又是佯装附和一般人吹捧麦尔利的虚伪见解。第一句里加给麦尔利的形容词,全是反映一般人见解的修饰语,亦即隐蔽的他人话语。第二句"人们逐渐明白了"等等,口气尤其客观,不像是发表主观意见,倒像是承认完全没有争议的客观事实。"对社会做出如此贡献"——这句纯粹属于一般人见解的范围,是重申官场的吹捧。但接下去一个副句:"从中(指社会)捞到大笔钱财。"——却是作者的话(类似纳入括号的引语)。接下去的话重又归于一般见解的范围。由此可见,作者揭露之词在这里是嵌进"一般见解"之中的。我们面对的,正是典型的混合语式,副句是直接的作者言语,主句是他人言语,主副句分别属于两个不同的表意和价值视角。

小说中整个描写麦尔利和与他相关的人物的部分,都使用的是表现一般人对他虚情假意、狂热赞颂的语言(确切说是几种语言),并且为了讽刺而模拟各种各样的语言格调:上流社会阿谀奉承的日常语言、官场褒奖和宴会演说的庄重语言、崇高的史诗风格、圣经格调。笼罩着麦尔利的这种气氛,一般人对他和他的事业的这种看法见解,甚至也感染了小说中的正面人物,比如说头脑清醒的潘克斯,促使他把全部财产(自己的和小杜丽的财产)都投资到麦尔利的虚夸的事业中。

7. "医生一下子就把这新闻在加尔列给说出来了。律师不可能马上回过头来再去讨好央求那些最有教养、最出色的陪审人员。律师有时在陪审席上就能见到这样的陪审员,他敢向自己的同事们保证:对这种陪审人员采用庸俗的诡辩术是徒劳无益的,滥用职业艺术和耍花样是无济于事的(律师正是想用这句话开始自己的演说)。所以他就主动要和医生一起走,对医生说他将在街上等医生出来。"(第 2 册,第 15 章)

这是表现鲜明的一个混合语式,作者言语(说明介绍性的)作框架:"律师不可能马上回过头来再去讨好央求……陪审员……所以他就主动要和医生一起走"等等。这框架中间镶进了律师已经准备好的讲话的开头部分,而且在这里是对作者言语中一个直接补语"陪审员"的一种扩展的修饰说明。"陪审员"一词,既属于作者说明介绍言语的一个成分(是"讨好央求"的必不可少的补语),同时又属于讽刺模拟的律师言语的语境。作者本人的一个词语"讨好央求",强调出模拟律师言语的讽刺用意,而律师言语的虚伪含义恰恰可以归结为:这样好的一些陪审员,是没有办法靠讨好去央求的。

8. "总之,麦尔利太太作为上流社会的妇女,作为有良好教养的女人,也是粗野之人的可怜牺牲品(因为麦尔利先生从打成了穷鬼那一刻起,就变得彻头彻尾的粗暴蛮横),得到了自己那个圈子里人的保护;而这个圈子如此做,也全是为了自己圈子的利益。"(第 2 册,第 33 章)

这是同样的混合语式。上流社会的一般见解——"粗野之人的可怜牺牲品",同作者的话结合到一起;而作者的话是要揭露这一般见解的虚伪和自私。

狄更斯这部小说,通篇都是如此。整个小说的文字,实际上不妨打上许许多多括号,以分出直接的纯粹的作者言语,就像许多零散的小岛,四周则汹涌着杂语的浪涛。但打括号其实是做不到的,因为如上文所说,同一个词时常同时既属他人话语,又属作者话语。

他人话语是经过转述的、施以揶揄的、附上一定色彩的话语,是或密集或分散的话语,多数情况下是没有定属人称的话语(所谓"一般见解"、职业语和体裁语);它无论在哪里同作者话语都没有截然的界限,因为两者的分界是有意地摇摆不定、模棱两可,常常出现在一个句法整体之中、在一个简单句之中,有时处于句子的主要成分之间。不同话语、语言和视野的界线扑朔迷离、变化多端,是幽默风格十分重要的一个特点。

幽默风格(英国型)的基础,可见是普通语言的分化,是有可能在一定程度上使自己的意向脱离开这个语言的各个层次,不同它们完全融为一体。正是普通规范语的杂语性而不是它的统一性,成为风格的基础。当然,这个杂语性在这里并不会超出语言学上的统一标准语(抽象的语言标志的统一)的范围,在这里不会真正导致语言混杂,而是要保证人们能在一个统一的语言范围内达到抽象的语言上的理解(即不需要懂得各种局部语或各族语言)。不过,语言上的理解,对具体而积极地(参与对话地)理解引入小说并经过艺术组织的生动杂语的事实来说,仅是一个抽象的因素。

在狄更斯之前的英国幽默小说的创始者菲尔丁、斯摩莱特、斯特恩的作品中,我们也可以看到对标准语各个层次、各种体裁的讽刺性模拟用法,但模拟的迹象比狄更斯更鲜明、更夸张(特别是斯特恩)。把标准语的种种不同变体取作讽刺效仿的对象,这一点在他们(特别是斯特恩)身上,已经深深地渗透到文学的和观念的思维本身中去,变成为对一切观念性话语(如科学话语、伦理雄辩话语、诗歌话语)本身的逻辑和情态结构进行讽刺性模拟(其激进的程度,几乎同拉伯雷一样)。

在菲尔丁、斯摩莱特、斯特恩的创作中,狭义的文学性模仿讽刺(在前两人作品中是模仿理查逊,在斯特恩作品中几乎是模仿当代所有类型的小说),对语言的组织有着十分重要的作用。文学的讽刺模拟体使作者距离语言更远了,也使作者对当代标准语的态度更加复杂了,而且这一切都是发生在长篇小说之中。在当时居于主导地位的小说话语,自己就成了表现的对象,成了折射新的作者意向的场所。

对主导的小说类型进行文学的讽刺模拟，这个作用在欧洲小说发展史上是极其巨大的。不妨这样说，最为重要的那些典范作品和小说类型，都是通过讽刺性模拟在破坏此前的各种小说世界的过程中创造出来的。塞万提斯、缅多萨、格里美豪森、拉伯雷、勒萨日等等，都莫不如此。

拉伯雷对整个小说创作，尤其是对幽默小说，产生了极大的影响；而他对几乎一切形式的观念性话语（哲学话语、伦理话语、科学话语、雄辩演说、诗体语言——特别是对慷慨激昂型的诗语。对拉伯雷来说，在慷慨激昂和虚伪谎言之间几乎总是画着等号的）所采取的讽刺模拟的态度，不断深化以至成了对整个语言思维的讽刺性模拟。拉伯雷对充满谎话的人类语言的这种嘲弄挖苦，也还表现在通过讽刺模仿破坏原来的句法结构，把某些逻辑成分和情态语气（如谓语、说明语等）改得荒谬悖理。使人厌恶语言（当然也是用这个语言的手段达到这一目的），使一切观念性话语直接道出的意向和情态都不足凭信（"故作姿态"的严肃），视观念性话语为不真实的虚伪话语、有意歪曲现实的话语——这些在拉伯雷创作中差不多达到了毫无掩饰的地步。然而，与谎言抗衡的真理，在这里却几乎得不到直接的意向表现、语言表现，没有自己的语言。这个真理只能通过讽刺性模拟，在揭露谎言的语气之中体现出来。真理的伸张，只能通过把谎言引向荒谬；真理自己倒不寻求语言，害怕被语言搅得扑朔迷离，害怕栽到慷慨陈词的泥潭中去。

为了说明拉伯雷的"话语哲学"（更多表现在他的话语风格的实际中，而非见诸直接的表述）对后世整个小说创作的巨大影响，特别是对幽默小说伟大杰作的巨大影响，我们引一段斯特恩笔下约利克的剖白，纯粹拉伯雷式的剖白；它对欧洲小说一个极重要的修辞流派的发展历史，提供了画龙点睛的解释。

我甚至琢磨：这份儿 fracas[①]，根源有一部分是不是他那爱俏

---

① 法语：慌乱。——作者

皮的倒霉嗜好。因为说实在的，约利克天生地难以抑制地讨厌庄
重严肃，倒不是那种真正的确有意义的庄严。如果需要那种庄
严，他可以一连几天、几星期成为世上最严肃的人。他讨厌的是
做作的严肃、遮掩无知和愚蠢的严肃。这种严肃不论伪装得多
好，保护得多好，他总是公开宣战，对它绝不留情。

　　有时谈得兴起，他就咬定说：严肃纯粹是由于穷极无聊，并且
是最坏的穷极无聊，是狡猾的表现。他说他深信不疑：严肃这东
西一年之内能把许多诚实好心的人弄得倾家荡产，沿街乞讨；比
所有掏兜撬锁的窃贼七年里害的人还要多。他说过，乐天的人好
心坦诚，对谁也没危险，只可能给自己带来害处。可是严肃从根
儿上就包含一定的意图，所以说就带有欺骗性。这是一种习惯成
自然的方法，靠这个在世上充作远远超过实际的聪明博学的人。
旧时一位风趣机智的法国人曾给严肃下过一个定义，但由于上面
说的原因，严肃这东西尽管百般努力，却从来没有比定义说得更
好些，常常倒是显得更坏些。这个定义就是：严肃是肉体的神秘
行为，它必须能遮盖精神的缺陷。提到这个定义，约利克不假思
索地大胆地表示，值得把它用金字刻出来。

就对整个小说创作所起的决定性影响而论，能与拉伯雷比肩，甚
至在某些方面有所超过的，是塞万提斯。英国的幽默小说，深深地渗
透着塞万提斯的精神。难怪那个约利克临死时引用了桑丘·潘沙
的话。

　　德国的幽默作家，如吉佩利，尤其是让·保罗，对语言以及语言体
裁、职业等不同的分化，基本上也持斯特恩的态度。同斯特恩一样，这
种态度也深化演变成了一个纯粹的哲学问题——文学性言语和观念
性言语的整个哲学问题。作者对自己话语的态度，偏重表现在哲理和
心理方面；至于意向如何利用标准语的各个具体层次（主要是不同体
裁、不同的思想领域），便常常被排挤到次要地位（参看这一点在让·

保罗的美学理论中的反映①)。

由此可见,标准语的分化,它的杂语性,是幽默风格不可缺少的前提条件;这一风格的各种因素应该投射到语言的不同层次上。同时,作者的意向在通过这些层次折射出来的时候,可能不把自己完全融进任何一个层次中去。作者似乎没有自己的语言,但他有自己的风格,有自己独具的统一的规律来驾驭各类语言,并在各类语言中折射出自己真实的思想意向和情态意向。这样驾驭利用各类语言,又常常完全没有直接的彻头彻尾自己的语言,自然丝毫也不会降低总体的深刻的意向性,也就是说不会降低整个作品的思想内涵。

在幽默小说中,杂语的引入和修辞运用,有如下两个特点:

(1)引进的是各种各样的"语言",各种各样话语的、观念的视角,如不同体裁的、职业的、社会阶层的(贵族的语言、农场主的语言、商人的语言、农民的语言)、流派的、普通生活的(流言蜚语、上流社会的闲谈、下房的私语)等等类型;当然,这些类型主要的还是局限在书面和口头的标准语范围内。而且,在多数情况下这些语言并非固定在特定的人物身上(如作品的主人公、叙述人),而是以"作者的话"这种无定形式纳入作品,与直接的作者话语交替出现(但其间没有清晰的形式界限)。

(2)引进的各种语言和各种社会的、观念的视角,虽说自然也用来折射实现作者的意向,却是被作为虚假的、伪善的、自私的、闭塞的、狭隘的、失实的东西加以暴露、加以改变的。所有这些语言,大多是已经定型的、得到正式承认的、占据统治地位的、具有权威性的、注定要衰亡和更替的反动的语言。所以,引进语言主要的方法,是不同形式和

---

① 据让·保罗的看法,体现在观念性言语思维的形式和方法中的理性,亦即正常人理性的语言视野,在理智的思想辉映之下,会显得极端的狭小而可笑。幽默——这是对理性和理性形式的戏弄。——作者

不同程度的讽刺性模拟。在这一类小说最为激进的拉伯雷式的[1]代表（如斯特恩、让·保罗）手里，这种讽刺性模拟已经接近于排除任何的直接表现的严肃（真正的严肃，在于破除任何虚假的严肃，后者不仅包括慷慨激昂的严肃，也包括多愁善感的严肃）[2]，接近于对整个语言采取从根本上加以批判的态度。

小说引入和组织杂语，还有与这一幽默形式极其不同的一些形式；它们的决定因素，是安排一个个性化的具体的假托作者（书面语中），或是一个叙述人（口头语中）。

运用假定的作者，对幽默小说（斯特恩、吉佩利、让·保罗）来说也是典型的手法，还是早自《堂吉诃德》那里继承下来的。不过此处这纯粹是一种布局结构方法，目的在于增加文学形式和体裁的相对性、客观性和模拟的讽刺性。

假定的作者和叙述人也会具有完全另一种意义，那是指引进它们时，把它们看作是独特的语言视角和观念视角的载体，是对世界、对事件一种独特观点的载体，是独特的评价和语调的载体；这里所说的独特，既指不同于作者，不同于真正的直接的作者话语，又指不同于"通常"的文学叙述和标准语。

假定作者或叙述人的这一独特性，它们同真正作者和通常的文学视角的这一距离，程度可能有所不同，性质可能有所不同。但不管怎么说，这一他人的独特视角、他人对世界的独特观点，所以要引进作品来，就是因为这个视角、观点有积极作用，能够一方面使描写对象本身呈现出一种新的面貌（指出它的一些新方面、新因素），另一方面又从新的侧面来展现"通常"的文学视角；叙述人的讲述特点，正是以这个"通常"的视角为背景才显露出来的。

例如普希金选择（实为创造）别尔金作叙述人，是把别尔金视为对

---

① 拉伯雷本人无论从年代上或实质上，自然都不能算作是严格意义上的幽默小说的代表。——作者

② 但终究多愁善感的严肃没有被完全克服掉（特别是让·保罗的作品）。——作者

传统的诗形象、诗情节的一种特殊的"缺乏诗意"的视角(特别典型而且是有意为之的,是《村姑小姐》中"罗密欧与朱丽叶"的情节,或是《棺材匠》中浪漫主义的"死神之舞")。别尔金正如同第三人称的叙述人(他的故事就是由这些叙述人那里听来的)一样,是一个"没有诗意"的人,缺乏诗的激情。圆满而"没有诗意"的情节结局和叙述方法本身,都不会给人以意料之中的传统的诗的效果。别尔金视角的非诗意的积极作用,恰恰在于不懂得诗的那种激昂热烈的态度。

《当代英雄》里的马克西姆·马克西梅奇、《鲁德·潘科》《鼻子》和《外套》的叙述人、陀思妥耶夫斯基笔下的记事人、麦利尼克夫-佩切尔斯基、马明-西比利亚克作品中民间故事型的叙述人和身兼主人公的叙述人、列斯科夫作品中民间故事型和日常生活型的叙述人、民粹派文学中身兼主人公的叙述人,最后还有象征派和后象征派小说(列米佐夫、扎米亚京等)里的叙述人——尽管叙述形式(口语的和书面语的)本身极不相同,尽管叙述语言(有文学性的,有职业性的、社会阶层的、日常生活的、方言俗语的等等)极不相同,但他们都是被用作话语上的和观念上的不同视角;这些视角是很专门又很狭隘的,然而正是这专门性和狭隘性发挥着积极的作用。他们又是被用作各自不同的特殊视野,这些视野同作为理解他们的背景的另一些视野是互相对立的。

这些叙述人的言语,永远是他人言语(对真正的或可能的直接的作者话语来说),永远用的是他人语言(对叙述人语言相对立的那一标准语来说)。

在这种情况下,我们所面对的也是"非直接的话语";这话语不是形诸语言,而是透过语言表现出来,是通过他人语言的语境表现出来。所以这也是作者意向的一种折射。

作者在这里实现自己和自己的观点,不仅是对叙述人的观点、对他的话语和语言的观点(这话语和语言在一定程度上是客体性的,是表现的对象),还有对叙述对象的观点;作者的这种观点同叙述人观点是互不相同的。在叙述人的叙事背后，我们还看得到第二种叙述——作者的叙述，他讲的对象与叙述人是一致的，不过在此之外也还讲到叙述人本身。我们感觉得出每一叙述成分都分别处于两个层次之中。一是叙述人的层次，是他的指物达意表情的层次；另一个是作者的层次，作者利用这种叙述、透过这种叙述，折射地讲自己的话。被收进作者这一视野的，除了全部叙述内容外，同时还有叙述人自己及他的话语。在叙述对象身上，在叙述当中，在叙述过程中展现出来的叙述人形象身上，我们可以捕捉到作者的语调和侧重。感觉不到这第二个表达意向情调的作者层次，就意味着没有理解作品。

　　如我们已经说过的，叙述人或假托作者的叙述语，是建立在通常的标准语的背景上、通常的文学视野的背景上。叙事的每一部分，都同这个通常的语言和视野相呼应，相对立，而且是以对话方式相互对立：观点对观点、评价对评价、语气对语气（而不是两个抽象的语言现象相对）。正是两种语言、两种视野的这一对应关系，这一对话联系，才使作者意向得以如此实现自己，而我们则能在作品的每一因素中都明显感觉得到这种意向。作者不在叙述人的语言之中，也不在与叙述语相对应的那个通常的标准语之中（尽管作者可能接近其中的某个语言）；他是既利用这个语言，又利用那个语言，不把自己的意向完全地交给其中任何一个。作者在自己作品的每一因素中，都利用不同语言的这种相互呼应、相互对话；他自己在语言方面倒仍是中立的，是在两者相争之外的第三者（虽然可能是个有所偏袒的第三者）。

　　引入叙述人或假托作者的所有形式，都在不同程度上意味着作者有自由不拘泥于使用一种统一的和唯一的语言；这就是说标准语的体系也具有了相对性。上述形式还意味着作者有可能在语言方面没有独立的存在，有可能把自己的意向从一个语言体系转到另一个语言体系上，把"真理的语言"同"生活的语言"结合起来，用他人语言讲自己的意思，用自己的语言表达他人的意思。

　　由于在所有这些形式（叙述人、假设作者或某一主人公的叙事形式)中,都折射着作者的意向,这里便也同幽默小说中一样,叙述人语言的各个部分与作者之间保持着大小不等的距离:折射的体现有时多些,有时少些;有些地方不同的声音可能几乎完全融为一体。

小说引进和组织杂语的另一种形式,也是一切小说无例外全都采用的形式,这便是主人公的言语。

小说里在话语和文意上具有一定独立性、具有自己视角的那些主人公,他们的言语是用他人语言讲出的他人言语,但也同样可以折射反映作者的意向,因此在一定程度上能成为作者的第二语言。不仅如此,人物言语几乎还总是给作者言语以影响(有时是很强大的影响),把他人的话语(人物的隐蔽的他人言语)散布在作者言语中,通过这种办法使作者言语出现分化,出现杂语性。

所以,即或没有幽默、没有讽刺模拟,没有讥讽等等的地方,即或没有叙述人、假托作者和叙事主人公的地方,语言的杂语性、分化性也仍然是小说风格的基础。就连初看上去作者语言是一贯统一的、直接表达意向的地方,在这语言统一的光滑表层后面,我们还是能够发现惯常所见的多面性、深刻的杂语性;而且后者是风格提出的任务,又是决定风格的因素。

举例说,屠格涅夫长篇小说的语言和风格,看上去是统一的干净的。可是就连在屠格涅夫作品中,这个统一的语言也远非诗语那样清一色。这个语言的基本部分,被卷进了不同人物之间的观点、评价、语气之争。这个语言充满不同人物相互争斗的意向,到处出现分化;这个语言中星罗棋布地渗透了他人意向的词语、字眼、提法、定义、形容语;作者并不完全同意这些他人意向,但却通过这些他人意向来折射出自己的意向。我们能够清清楚楚感觉到,作者同他语言的各个不同因素,保持着远近不等的距离;这些不同因素体现着不同的社会和世界、不同的视野。我们在作者语言的不同因素中,鲜明地感到作者及其最终的文意有着种种不同程度的体现。语言的杂语性、分化性在屠格涅夫作品中,是一个极其重要的修辞因素;它把全部作者的真理组织成一支合奏曲；作者的语言意识、小说家的意识，在这里具有了相对的性质。

在屠格涅夫作品中，社会杂语主要是用于人物的直接讲话、人物的对话中。不过正如我们说过的，杂语又分布在人物四周的作者言语中，形成了人物所特有的领区。构成这种领区的成分，是半人物言语、各种形式隐蔽表现的他人话语、散见各处的他人言语的个别词语字眼、渗入作者言语中的他人情态因素（省略号、诘问、感叹）。领区是这样或那样附着于作者声音之上的人物语言有效作用的区域。

不过再重申一遍，在屠格涅夫长篇小说中，主题的合奏集中于直接的对话中，人物不在自身周围开拓宽广而密集的领区；修辞上纷繁复杂的混合现象，在屠格涅夫笔下是颇为少见的。

下面我们看几个屠格涅夫作品中散见杂语的例子。

1. "他的姓名是尼古拉·彼得洛维奇·基尔萨诺夫。在离客栈十五俄里的地方，他有块不错的领地，约二百个农奴；或者像他同农夫分开自办了'农场'之后常说的，有块领地约两千俄亩田园。"（《父与子》，第1章）

这里加了引号（或专门作了说明的词语），是那个时代自由主义派典型的新用语。

2. "他开始感到心里暗暗起火。巴扎罗夫的随随便便，满不在乎，激怒了他的贵族个性。这个乡村医生的儿子不但不胆怯，答话反倒冲口而出，一副不大愿意的样子；他那声音里有点粗鲁，甚至有天不怕地不怕的味道。"（《父与子》，第6章）

这段的第三句按形式上的句法标志看，属作者言语的一部分，但从选词（"这个乡村医生的儿子"）和情态结构来看，同时又是隐蔽的他人言语(巴维尔·彼得洛维奇的言语)。

3."巴维尔·彼得洛维奇坐到桌旁。他身着很讲究的英式晨装,头上是顶漂亮的小帽。这平顶小帽和随便打起的领带,暗示着乡间生活的自由。可是衬衫脖领却紧绷绷的,虽说这衬衫不是雪白而是杂色的;晨装正是理应如此,衣领一如平日毫不含糊地紧顶着刮得溜光的下巴颏儿。"(《父与子》,第5章)

针对巴维尔·彼得洛维奇晨装的这一讽刺之笔,恰是用的绅士语调,用的巴维尔·彼得洛维奇的腔调。"晨装正是理应如此"这一论断,自然不单是作者的断语,而是以挪揄口气转达出来的巴维尔·彼得洛维奇一类绅士们的标准。在一定程度上不妨把这句话打在引号里。这是佯装客观的一种说明。

4."马特维·伊里奇待人的温和,只能同他的恢宏气度相媲美。他抚爱所有的人,对其中一些人有点厌恶的味道,对另一些人又带几分敬重;在女士面前像一个真正的法国男子毕恭毕敬,又不停地用一个调门朗声大笑,一位高官也正应该这么笑。"(《父与子》,第14章)

也是从高官本人的视角发出的讽刺性的说明。"一位高官也正应该这么笑"——同样是假充客观的理由。

5."第二天早晨,涅日丹诺夫动身到城里西皮雅金的家里去;那里有间富丽堂皇的书房,摆满了老式家具,整套陈设足以配得上这位自由主义派国务活动家兼绅士的尊严……"(《处女地》,第4章)

同样是假充客观的语句。

6."谢苗·彼得洛维奇在宫廷里供职,是宫中士官。爱国主义妨碍了他,使他没有走上外交仕途,可他身上的一切看来都适合入外交界:他受的教育、社交的习惯、常得的女人青睐,以及本人的相貌……"(《处女地》,第5章)

对放弃外交前途的解释,是貌似客观的解释。整段的说明,用的是卡洛梅采夫本人的语调,是他的视角;说明的结尾,是他的直接话语,从句法特征看是附属在作者言语("身上的一切……离开俄国……"等等)之下的从属副句。

7."卡洛梅采夫来到C城度两个月的假,以便处理家业,也就是'有的该吓一吓,有的该压一压'。要知道不这样是不成的!"(《处女地》,第6章)

这段的收尾,是假客观的论断的一个典型例子。正是为了表面上像作者客观的议论,才没有把这个论断打上引号(不像这句前面嵌进作者言语中的卡洛梅采夫本人的原话),并且有意地紧接在卡洛梅采夫原话之后。

8."卡洛梅采夫却不慌不忙把圆镜片夹到眉毛和鼻头之间,死盯住那个胆敢不理会他的'担心'的小小大学生。"(《处女地》,第7章)

这是典型的混合语式。不仅从属句,还有作者主句的直接补语("小小大学生"),都带着卡洛梅采夫的语调。选词("小小大学生""胆敢不理会")受到卡洛梅采夫愤怒语气的左右。但与此同时这些词语在作者的语境中,又渗透着作者的讽刺意味。所以这是双重语调的语式(是讽刺性的转述,又是对主人公气恼的调笑)。

最后我们再举些例子说明作者言语的句法体系中如何掺进去他人言语的情态因素(省略号、诘问、感叹)。

9."他的心情很奇怪。这两天是那么多的感受,见了那么多新人……他头一回同一个姑娘有了深交,看来他准定是爱上她了。他目睹了自己事业的开端,看来他已经为这个事业付出了一切力量……结果怎样呢? 他感到高兴吗? 没有! 他是不是动摇了? 胆怯了? 不知如何是好了? 当然不是。那么他是否至少会因临近战斗而感到全神贯注,产生冲上前去做先锋战士的愿望呢? 这也没有。说到底,他是否相信这个事业? 是否相信自己的爱情? 唉! 可恶的美学家! 怀疑主义者! ——他的嘴巴悄声自语。——为什么他只要一不叫喊,一不发疯,就感到疲倦,连说话的愿望都没有? 他想用这喊声压下心底怎样的声音呢?"(《处女地》,第18章)

这里我们所见的,实际上是主人公的非直接引语。从句法标志看,这是作者言语;但从情态结构看,这是涅日丹诺夫的言语。这是他的内部言语,然而出自经过调整的作者的转达,其中夹杂着作者的诱发性的问话,以及作者的讽刺揭露性的解释("看来""准定"),不过仍然保留了涅日丹诺夫的情态色彩。

这就是屠格涅夫作品中表达内心言语的常用形式(也是一切长篇小说中表达内心言语的最常见的形式之一)。这种表达形式能够给杂乱间断的人物内心言语以秩序和修辞的严整(如使用直接引语形式则需把这杂乱间断都反映出来);此外,句法标志(第三人称)和基本修辞标志(词汇及其他)又使这一形式能有机地整齐地把他人内心言语同作者语境结合到一起。同时又正是这一形式可以保留人物内心言语的情态结构,保留内心言语所特有的某种含蓄和模糊;而这是干巴巴的逻辑性的间接引语所绝对没有的。上述特点决定了这种形式最适于表达人物的内心言语。这种形式自然是混合型的,而且作者声音的积极程度会很不相同,并会赋予所表达的语言以自己的第二种语调(讽刺的、气愤的语调等等)。

这种混合的情形,不同语调的交错,作者言语与他人言语界限的泯灭,还可以通过别的传达人物言语的形式达到。虽然句法上的表达模式只有三种(直接引语、间接引语、非直接引语),但通过这三种模式的不同组合,特别是依靠作者语境作框架、分层次,就能做到丰富多彩地驾驭多种言语,使它们互相渗透,互相感染。

我们从屠格涅夫作品中摘引的例子,足以说明主人公这个因素对于分解小说语言、引入杂语的作用。如前所述,小说主人公总有自己的领区,有自己的作用于周围作者语境的势力范围;这一范围超出了(常常超出极多)主人公直接话语的界限。重要主人公声音所及的势力范围,无论如何应该大于他直接说出的原话。小说中一些重要主人公周围的领区,在修辞上都有着深刻的特色:在领区内居主导地位的,是各种各样的混合语式;而且这个区域总在不同程度上实现了对话化。这里出现了作者同他的人物之间的对话,但这不是分解为你来我往的语句的戏剧性对话,这是小说中特有的一种对话,外表是独白式的结构。出现这种对话的可能性,是小说作品十分重要的得天独厚之处;这是戏剧体裁和纯诗歌体裁所不可企及的。

主人公领区,是修辞分析和语言学分析的饶有兴味的对象;这里发现的一些语式结构,可以帮助我们对句法问题和修辞问题产生完全新鲜的看法。

最后还要谈一谈小说引进和组织杂语的一个最基本最重要的形式——镶嵌体裁。

长篇小说允许插进来各种不同的体裁,无论是文学体裁(插入的故事、抒情剧、长诗、短戏等），还是非文学体裁（日常生活体裁、演说、科学体裁、宗教体裁等等）。从原则上说，任何一个体裁都能够镶嵌到小说的结构中去；从实际看，很难找到一种体裁是没被任何人在任何时候插到小说中去。镶嵌在小说中的体裁，一般仍保持自己结构的稳定和自己的独立性，保持自己语言和修辞的特色。

不仅如此，还有一些特殊的体裁，它们在长篇小说中起着极其重要的架构作用，有时直接左右着整个小说的结构，从而形成一些特殊的小说类型。这便是自白、日志、游记、传记、书信及其他一些体裁。所有这些体裁不仅能够嵌进小说而成为小说的重要的结构成分，并且本身便能决定整部小说的形式（如自白小说、日记体小说、书信体小说等等）。其中每一种体裁都有自己把握现实各个方面、造语传意的形式。长篇小说之利用这些体裁，正是把它们当作以语言把握现实的久经锤炼的形式。

镶嵌在小说中的这些体裁，其作用之大，会令人觉得小说自己并没有如何用话语把握现实的一个基本角度，所以要靠其他体裁先期把握现实，而它只是兼容这些先期体裁的第二性的混合体。

所有这些嵌进小说的体裁，都给小说带来了自己的语言，因之就分解了小说的语言统一，重新深化了小说的杂语性。嵌入小说的非文学性体裁，其语言可能获得极为重要的意义：某种体裁（如书信体）的插入，不仅在小说发展史上，而且在标准语发展史上，标志着一个新时期的开始。

小说中的镶嵌体裁，既可以是直接表现意向的，又可以是完全客观的，亦即根本不带有作者意向（这种话语不是直说的思想，而是表现的对象）；但多数情况是在不同程度上折射反映作者意向，其中个别的部分可能与作品的最终文意保持着大小不等的距离。

例如插入小说的诗体（如抒情诗），可能是以诗的形式直接表现意向的，传达着完整的意思。比如歌德插入《威廉·麦斯特》的短诗。浪漫主义作家就是这样把自己的诗作镶嵌到小说作品中的。众所周知，他们认为小说夹诗(诗作为作者意向的直接表现)乃是小说体裁的一个基本特征。另一种情况是,镶嵌的诗歌折射反映作者意向,比如《叶甫盖尼·奥涅金》中连斯基的诗句:"你在哪里啊,去了何方……"如果说《威廉·麦斯特》里的诗作可以直接归于歌德的抒情诗(实际上人们也是这么看的),那么连斯基的上面那首诗,便无论如何不能算是普希金的抒情诗。或者最多把它归到一类特殊的诗体——"讽刺性模拟诗"(可以划入这一类的还有《上尉的女儿》中戈里尼奥夫写的诗)。最后一种情形,插进小说的诗歌也可能几乎完全是客体性的,例如陀思妥耶夫斯基《群魔》中上尉列比亚特金的诗作。

小说嵌入各种可能的格言警句,情形也是如此:它们同样介乎于纯客体现象(即作为表现对象的话语)和直接的意向语言之间。这直接的意向语言便是作者本人的含有实在意义的一种哲理语言(直接讲出的意思,没有任何折扣,没有任何保留)。例如在让·保罗的充满名言的小说中,我们可以发现这些名言构成了许多个递进的层次,从纯客体性的名言开始,直到直接表达意向的名言;而后者折射反映作者意向的程度又有千差万别的不同。*

《叶甫盖尼·奥涅金》里的格言警句,或者以讽刺性模拟形式出现,或者带有挖苦的语气,也就是说这些名言中或多或少都折射地反映着作者的意向。比如这样一段箴言:

> 谁经验过生活,长于思索,
> 心底对人无法不起鄙视;
> 谁有过感情,怎能不为
> 无返的去日充满忧思。
> 他从此失去了迷恋,
> 是蛇一般的回忆,
> 是悔恨在他心头啃噬。

＊　福楼拜关于人性愚钝的箴言。《愚人》。他论述普遍见解的问题。

这里有轻微的讽刺模拟的味道,尽管总是感觉与作者意向极为接近,几乎是融为一体的。但紧接着的两行诗:

> 这类话时常出现,
> 使言谈不胜美妙新奇。

(指假托作者和奥涅金之间的谈话)就增强了模仿挖苦的语调,给这句格言罩上了客体的气氛。我们看到,这句格言出现在奥涅金声音的势力范围之内,在奥涅金的视野中,带有奥涅金的语调。

不过,作者意向的折射反映,在这里(奥涅金声音回响的范围,奥涅金的领区)同在连基斯的领区(此处讽刺模仿连斯基的诗,几乎属于客体性语言)是不一样的。

这个例子还可以作为证明,表现出了上文说过的人物言语对作者言语的影响,因为所引的格言渗透着奥涅金的意向(时兴的拜伦式的意向),故而作者不同这句格言完全一致,保留着一定的距离。

当嵌进了对长篇小说至为重要的一些体裁(自白、日志等)时,情况便要复杂得多了。这些体裁同样给小说带来了各自的语言。不过这些语言之所以重要,首先因为它们是看待事物的积极视角,不带有文学的那种假定性而能够扩大文学和语言的视野,有助于文学去开拓那些在其他语言运用场合(指超出了标准语的范围)已有所探索并部分地已被开拓了的用语言把握的种种崭新的世界。

幽默地驾驭各种语言,由"非作者"(叙述人、假托作者、作品的人物)讲述故事,主人公各有自己的言语和领域,最后还有取一些体裁嵌入小说或作小说首尾的框架——这些便是小说引进和组织杂语的基本形式。所有这些形式,都能保证非直接地、有所保留地、保持一定距离地运用各种语言。所有这些形式,都意味着语言意识的相对化,表现了人们语言意识所特有的一种感觉,就是对语言客体性、对语言界限的敏感,包括语言历史的界限、社会的界限,甚至根本的界限(即语言自身的范围)。语言意识的这种相对化,绝不要求思想意向本身也出现相对化,因为即使以小说的语言意识为基础,意向也可能是无条件真实的。不过,正因为小说创作同只能有唯一一种语言(无可争议的无所保留的语言)的想法格格不入,所以小说家的意识必须把自己的思想意向(尽管是无条件真实的意向)改编成合奏曲。小说家的意识要只囿于众多杂语中的某一种语言里,是回旋不开的;仅有一种语言的音色,对他来说是不够的。

我们只提到了欧洲小说一些最重要类型所采用的典型的基本形式,当然这还不能概括小说引进和组织杂语的所有可能的方法。此外,在个别的具体的小说中,所有这些形式还可能结合使用;因此,在这些小说所创造的小说体的类型中,也可能结合使用。这种小说体的一个经典而又纯粹的杰作,便是塞万提斯的《堂吉诃德》,它极其深刻而又广泛地发掘了小说杂语和内在对话性的一切艺术潜力。

引进小说(不论用什么形式引进)的杂语,是用他人语言讲出的他人言语,服务于折射地表现作者意向。这种讲话的语言,是一种特别的双声语。它立刻为两个说话人服务,同时表现两种不同的意向,一是说话的主人公的直接意向,二是折射出来的作者意向。在这类话语中有两个声音、两个意思、两个情态。而且这两个声音形成对话式的呼应关系,仿佛彼此是了解的(就像对话中的两方对语相互了解,相约而来),仿佛正在相互谈话。双声语总是实现了内在对话化的话语。幽默的话语、讥讽的话语、讽刺性模拟的话语就是如此;叙述人的折射话语。人物话语中的折射话语,也是如此;最后,镶嵌体裁的话语还是如此。这一切全是内在对话化了的双声语。它们内部包含着潜在的对话,是两个声音、两种世界观、两种语言间凝聚而非扩展的对话。

内在对话化的双声语,当然也可能出现在一个封闭的、单纯的、统一的语言体系中(这样的语言体系同小说家意识中的语言相对主义是扞格不入的),因此便可能出现在纯粹的诗歌体裁中。不过这里没有双声语获得多少可观的重大发展的土壤。双声语还广泛见于雄辩演说体裁,但即使在这里它仍局限在一个语言体系之中,不会同历史进程中促使语言分化的各种力量产生深刻的联系,最多只能是这一历史进程的遥远的回声,充其量不过是个人的争辩而已。

诗体和雄辩体的这种双声现象,同语言分化过程是隔绝的,能够毫无损害地转变成个人的对话、个人的争辩,也可以是两个人的谈话。但这种对话中双方的对语内在地属于同一个语言:对语可以是相互不同意的,相互矛盾的,却不是杂语,不是不同的语言。这样的双声,既然囿于一个封闭统一的语言体系内,不是社会上不同语言的真正的重要的合奏,在修辞上便只能是对话和辩论形式的无关紧要的附庸①。

满足于同一个语言和独白式风格的这种内在的分化(即双声),任何时候都不可能变得举足轻重;这只是一种表演,这只是杯水的风波。

小说的双声则不是这样。在小说创作里,双声汲取力量,汲取对话化的两重含义,而不是得自个人的歧见、个人的争执和矛盾(尽管这些是悲剧性的,尽管在个人的命运中有其深刻的根源)②;小说的双声,深深植根于社会上至为重要的杂语性和不同语言并存的事实。自然,就是在小说中,杂语现象基本上也总是人物化了的,体现为个人的形象,他们带着个人的争执和矛盾。不过这里的这些个人间意愿和思想上的矛盾浸润在社会的杂语之中,带上了杂语的理解。个人之间的矛盾,在这里只是社会杂语这个海洋上的浪峰而已;是这个海洋滚滚翻腾,使个人间矛盾重重,给个人的意识和话语注入了至为重要的杂语性。

因此,文艺小说双声语的内在对话性,任何时候也不会由于题材内容的缘故而终结(正像语言创造隐喻的能力不会由于题材内容的因

---

① 在新古典主义中,这种双声变得举足轻重也仅仅是在低俗的体裁中,特别是在讽刺作品中。——作者

② 在诗歌世界和这一统一语言的范围内,蕴含在这些歧见和矛盾中的一切重要的内容,都可以而且应该铺展为直接的纯粹的戏剧对话。——作者

素而枯竭一样),也不可能完完全全地铺展为直接的情节对话和议论对话;这后者不会毫无遗漏地把蕴藏在杂语中的内在对话潜力全部调动起来。真正的小说话语中,从分化的杂语有机地滋生起来的内在对话性,不可能在很高的程度上实现戏剧化,不可能以戏剧的形式达到最终完成(真正的结束);这一内在对话性是直接对话的框架、几人谈话的框架所无法完全容纳的,是不可能完全分解为界线泾渭分明的几方对语的①。小说的这种双声性,先前就已然存在于语言本身(同真正的隐喻、神话因素一样),存在于作为社会现象的语言之中;这一社会现象是历史地形成的,并在这一形成过程中承受着社会的分化而肢解。

语言意识的相对化,语言意识在很大程度上对形成中语言的社会性多语杂语的介入,这一语言意识的情思意向和意图在不同语言间的辗转游移(这些不同语言都是为人理解的,也都是客观的),这一语言意识不可避免地要使用非直接的、有所保留的、折射性的话语——所有这些都是文艺小说话语真正双声性的不可或缺的前提条件。这个双声性,是小说家在环绕其周围并哺育着他的杂语和多语现实中先就发现了的,并不是在他个人演说式的与人表面争辩中创造出来的。

如果一位小说家丧失了小说体的语言土壤,不善于达到相对化的伽利略式语言意识的高度,对现实中正在形成的语言所具有的天然的双声性和内在的对话性充耳不闻,那么他永远也不会理解,也不能实现小说体裁的潜力和任务。当然,他可以写出布局结构和思想主题都极像长篇小说的作品,能"作"得同小说一模一样,然而却永远也创造不出长篇小说来。他准得在文体上跌跤。我们便会看到一种自信却幼稚的,或者自信却呆板的统一的光滑纯粹的单声语(或者带着一点极起码的、人为的、杜撰的双声性质)。我们又会看到,这样的作者没费吹灰之力就避开了杂语性,因为他干脆听不见现实语言中至为重要

---

①　一般说来,语言越是完整统一,这种界线泾渭分明的对语便越尖锐、越富戏剧性、越完满。——作者

的杂语事实;决定着词语音质的社会色调,被他当作应当排除的震耳噪音。由于脱离了语言真正的杂语性,长篇小说在多数情况下就蜕化成了夹有详尽而又"艺术"的旁白的只供阅读的剧本(当然是不高明的剧本)。在这种脱离了语言杂语性的小说中,作者语言不可避免地要落到戏剧旁白语那样难堪而且荒唐的境地①。

小说的双声语,是有两重含义的话语。不过,狭义的诗语也是有两重甚至多重含义的话语。这一点恰好是诗语不同于概念话语、不同于术语的一个基本区别。诗语是引申譬喻的话语,正好要求能鲜明感觉出存在两重意思。

但不管怎样理解诗歌形象(譬喻)中几重含义的相互关系,这种相互关系无论如何不是对话性质的;在任何时候任何情况下都无法把譬喻(如其中的隐喻)扩展为一次对话中的双方对语,也就是说无法使两重含义分属两个不同的声音。所以,形象的两重(或多重)含义任何时候也不会引出形象的两重语气。相反,诗语的两重含义,满足于同属一个声音,共有一个语调体系。对形象身上不同含义间的相互关系,可以从逻辑方面解释(如个别或个人同一般的关系,像有的专名获得了象征意义;如具体同抽象的关系,如此等等);可以从哲学本体论方面解释,如一种特殊的代表关系,或是现象和本质的关系等等;也可以突出这种相互关系的情态评价方面。几重含义之间的所有上述各种相互关系,都没有超出、也不可能超出词同自己那个事物的关系、词同那事物的各个方面的关系。诗语形象的一切出神入化,莫不发生在词和物之间。形象并不要求与他人话语、他人声音发生什么重要的关系。诗语形象的多重含义,倒是要求只有一个统一的实实在在的声音,要求这个声音在自己的话语中是孑然一身。只消诗语形象的运用中闯进来他人声音、他人语气、另一种视角,诗歌天地便遭到破坏,形

---

① 施皮尔哈根在关于小说理论和技巧的一些著名论述中,恰恰讲的是这种并非小说的小说,正好忽略了小说体的特有的潜力。施皮尔哈根作为一位理论家,视而不见语言的杂语性以及由此而来的特殊产物——双声语。——作者

象因之转入小说的天地。

要理解诗歌的两重含义同小说的双声性两者的区别,只需随便取一诗语形象,以讽刺的态度理解它,给它以讥讽的语气(当然是在相应的而且是重要的上下文中),换言之,便是融进自己的声音,折射出新的自己的意向①。这样一来,诗语形象自然仍是一个形象,同时却转到了小说领域,成为双声的词语:在词与事物之间闯入了他人话语、他人语调;形象带有了客体的意味(当然这里的双声结构还是很幼稚、很简单的)。

《叶甫盖尼·奥涅金》里有一个诗语形象小说化的极简单的例子,就是讲连斯基的一节:

> 他歌唱爱情,满怀缱绻。
> 清歌是那么明彻,
> 像天真少女的心思,
> 像婴儿的梦,像月色……②

这一节里的一些诗歌形象,同时处在两个层次上。一个是连斯基的赞歌本身的层次,处于"格丁根心灵"的情思里。另一个是普希金语言的层次。对普希金来说,"格丁根心灵"连同它的语言和诗艺,是一个时代的文学杂语中新出现却已具典型性的现象,因为在标准语、在文学的不同世界观以及这些世界观所支配的生活中,它是众多声音中一种新鲜的语调、新鲜的声音。这个文学与生活的杂语之中,还有其他一些声音,那就是:奥涅金的拜伦和夏多布里昂式的语言,塔吉雅娜

---

① 阿列克赛·阿列克山德罗维奇·卡列宁有一个习惯,自己总要同某些字眼及其感情色彩保持一点距离。他说出些双声语句却不借助任何上下文,全靠语调来表现:"你看,一个温存的丈夫,十分温存,结婚一年了,还这么心急火燎地盼着见到你。"他用自己那缓慢尖细的声音说着,带了他同她讲话时几乎总有的嘲笑语调,似乎在讽刺一个真讲了这番话的人。(《安娜·卡列尼娜》第1部,第30章)——作者

② 我们对此例的分析,见论文《长篇小说话语的发端》。——作者

乡间的理查逊式的语言和世界,拉林庄园的县城生活语言,塔吉雅娜在彼得堡的语言和世界;还有其他一些语言,其中包括各种不同的、作品中不断变化的非直接的作者语言。整个这一串杂语(《叶甫盖尼·奥涅金》是一个时代文体和语言的百科全书),合奏出作者的意向,创造出这部作品真正的小说风格。

这就是说,引录的这节诗里的各个形象,在连斯基的意向视野中是双重含义(即隐喻)的诗语形象,而在普希金的言语体系中却成了双声的小说形象。当然,这里是名副其实的小说形象,是在那一时代形成中标准语的杂语基础上升华出来的,不是表面上的演说体中那种模拟讽刺或嘲弄。

文学实践中的双声性同纯诗语形象单声的双重(或多重)含义比较,区别就是这样。双声语的双重含义,带有内在的对话性,孕育着对话;实际上也确能产生出真正不同声音之间的对话来(不是戏剧的对话,而是小说中的没有结局的对话)。但这时诗语性的双声性从不会被这些对话全部囊括;它也不可能被完全地从话语中排除,无论是按事理逻辑原则把独白型的统一语句切分为对话(如雄辩演说中),还是变双声为戏剧中完整对话里界线分明的对语。真正的双声性虽然产生出小说型的对话,却不被这些对话所囊括,依然留存在话语中,仍是作为对话性的取之不尽的源泉留在语言中,因为话语的内在对话性,是必定要随语言的分化相伴而来的,是语言中充塞着杂语意向的结果。而所有词语和形态的这种分化,以及与此相关的多种意向的充斥,又是必定要随语言的充满社会性矛盾的历史发展相伴而来的。

如果说诗歌理论的中心课题是诗歌形象问题,那么小说理论的中心课题,便是多种类型的内在对话化的双声语问题。

小说家面前的对象,被他人评论的话语笼罩着,数落过多次,争论过多次,有过各种各样的理解,也得到过种种不同的评价;它脱离不开各种社会杂语对它的理解。小说家讲这个"数落过多次"的世界,正是用内在对话化的杂语。这样一来,语言也好,对象也好,全是以自己的历史层面,以自己在社会和杂语中的发展过程,展现在小说家的眼前。对小说家说来,世界离开了社会的和杂语的理解,本身便不复存在;而语言离开了促其分化的各种杂语的意向,本身也不会存在。因此,在小说中也同诗歌中一样,语言(确切说是多种语言)同自己的对象、自己的世界,可能达到深刻但很独特的统一。诗语的形象好像是语言本身产生的、从语言中有机地成长起来的,好像是语言里先期就有的。同样,小说的形象也好像是同自己的多声语言有机地结合到了一起,好像是在这个语言中先期就有的,在语言本身天然的杂语性中深藏着的。"数落过多次"的世界和"争先恐后"的语言,在小说中交织起来,形成了世界在社会意识中和话语中透过杂语而形成发展的统一进程。

狭义的诗语要接触自己的对象,也得透过笼罩在对象身上的他人话语。诗语先就发现了杂语事实的存在,而后则应该努力创造出(不是获得现成的)统一的语言和纯净的意向。不过诗语接近自己对象的途径,创造统一语言的途径(在这条道路上诗语不断地遇到他人话语,相互识别)只局限在创作的过程中,后来便终止不见了,正像建筑完成后拆除了脚手架一样。这样完成的诗作,已是一种统一的集中于表现事物的话语——关于"处女"世界的话语。诗作的语言获得这种纯净的单声、毫无保留的坦率意向,是付出了代价的:诗语不能不带有一定的假定性。

如果说在诗歌土壤上产生出一种关于诗体的乌托邦哲理,即这样一种思想:诗语是纯粹属于诗的、同日常生活隔绝的、超历史的语言——上帝的语言;那么文艺小说更感亲切的,是另一种思想,即需要历史上具体存在着的活生生的多种语言。小说要求能特别感觉得到活生生的话语身上那种历史的和社会的具体性和相对性,也就是话语同历史进程和社会斗争的紧密关系。因之,小说采用的话语,是还处于这种斗争和敌对之中而未冷却的话语,是尚无结果而充满敌对语调的话语;小说正是驾驭这样的话语,使其服从自己那不断发展的统一的风格。

第四章　小说中的说话人

我们已经看到,社会性杂语和各种杂语对世界、对社会的把握领会(正是这些一齐合奏来表现小说主题)被纳入小说后,要么表现为对各种体裁语、职业语、其他社会性语言的模仿,虽不点出人称却暗含着说话人的形象;要么便是形之于外的假托作者、叙述人以至主人公的形象。

小说家不知有什么统一的、唯一的、天真到无可争议的语言(或假设其无可争议)。小说家拿到手里的语言,便已是分化的杂语。因此,即或杂语被排除于小说之外,即或小说家用的是统一的完全肯定(即没有距离、没有折射、没有保留)的语言,他也明白:这语言没有普遍意义,不是无可争议的;它处于杂语的包围之中,对它要加以保护,要避免流于芜杂,要用之有据。所以说,就连这样的统一而率直的小说语言,也含有争论、辩护的意味,换句话说它同杂语有着对话的关系。这便决定了话语在小说中一种完全特别的立场(能引起争议、也可以有争议、本身就在争议的立场):它不能忘记或忽视四周的杂语,无论是出于天真,还是有意为之。

总之,杂语或者亲身进入小说之中,在里面物质化而成为说话人的形象,或者只是作为一种对话的背景,决定着直指的小说话语的某种特殊韵味。

由此便产生了小说体的一个异常重要的特点:小说中的人,是说话举足轻重的人。小说正是需要能带来自己独特的论说话语、自己的语言的说话人。

小说体中构成其修辞特色的"能说明问题"的基本对象,就是说话人和他的话语。

为了正确理解这一论断,必须十分明确地强调以下三点:

（1）在小说中，说话人及其话语也是话语的以及艺术的表现对象。在小说中，说话人的话语不是简单地传达出来和复制出来，而恰是艺术地描绘出来；并且和剧本不同，又是靠话语（作者的话语）描绘的。不过，说话人及其话语作为话语表现的对象，应算是一种特殊的对象，因为用话语来表现言语，不同于表现其他的对象（如不能说话的事物、现象、事件等等），为此言语和话语描绘要采用完全特殊的形式手法。

（2）小说中的说话人，是具有重要社会性的人，是历史的具体而确定的人；他的话语也是社会性的语言（即使在萌芽状态），不是"个人独特"的语言。对小说来说，个人独特的性格、个人独特的命运，以及完全取决于它们的个人话语，本身是无足轻重的。主人公话语的特点，总是希图具有一定的社会意义，具有社会的广泛性；这是一些潜在的语言。正由于这个缘故，主人公话语才能成为分化语言、带进杂语的一个因素。

（3）小说中的说话人，或多或少总是个思想家；他的话语总是思想的载体。一种特别的小说语言，总意味着一种特别的观察世界的视角，希冀获得社会意义的视角。正因为是思想的载体，话语在小说中才能成为描绘的对象；也正是因此，小说毫不担心会沦为空洞无物的文字游戏。不仅如此，由于通过对话化描绘着含有充实思想的话语（大多是现实而有效的话语），小说比任何其他文体都更不利于唯美主义，不利于纯粹形式主义的文字游戏。所以，当一位唯美主义者动笔写长篇小说时，他的唯美主义绝不是表现在小说的形式结构上，而是表现在小说中描绘的说话人是个唯美主义的思想家；他揭示出自己的信仰，在小说中经受考验。王尔德的《道林·格雷的肖像》就是这样。早期的托马斯·曼、雷尼耶、早期的于斯曼、早期的巴雷斯、早期的纪德都是这样。这样一来，就连写小说的唯美主义者，在这个体裁中也要变成思想家，他捍卫和考验自己的思想立场，成为辩护人和论争家。

如上所述，说话人及其话语是形成小说体裁特色的最能说明问题的小说对象。当然，小说里描绘的不仅仅是说话人，并且描绘此人时也不只是描绘他的说话。人在小说中的行动,可以并不少于戏剧和史诗;不过他的这些行动总伴随着思想的说明,总伴随着话语(至少是可能有话语),伴随着思想上的解说,体现着一定的思想立场。主人公的行为、行动,无论是为了揭示还是为了考验他的思想立场、他的话语,在小说中都是必不可少的。当然,19世纪的小说创造出了一种非常重要的类型,那里的主人公是光会说话的人,不能行动而注定只说空话,如幻想、说教、训谕、无所作为的反应等等。俄国那种考验知识分子思想观点的小说,也是如此(最简单的例子便是《罗亭》)。

这样的没有行动的主人公,只是小说主人公的一种题材类型。一般说来,小说中主人公的行动不少于史诗。他同史诗主人公的主要区别在于:他不仅行动而且说话,他的行动不具普遍意义,不是无可争议,并且不是发生在具有普遍意义、无可争议的史诗世界中。因此,这样的行动总得需要思想上的说明,它背后总存在着一定的思想立场,这立场又不是唯一可能有的,所以是可以争论的。史诗主人公的思想立场,对整个史诗世界是具有普遍意义的,所以主人公没有什么特殊的思想观点,这观点的周围也不可能存在别的什么观点。史诗主人公当然可以作长篇的讲话(而小说主人公可以沉默不语),不过他的话语从思想观点上看没什么特别之处(只能有外表的特点,即布局和情节上的作用),同作者的话语是融为一体的。就是作者在这里同样也不强调自己的思想观点,他的思想观点是同唯一可能的普遍的思想观点相吻合的。因此,史诗中没有操着不同语言的许多说话人,这里说话的实际上仅仅是作者一人,这里的话语也仅仅是一个统一的作者话语。*

小说里也可能写出这样的主人公:他按照作者的意图,无论思考还是行动(自然也包括说话)都无可指摘,正像每个人都应该做的那样。不过小说里的无可指摘,同史诗的那种天真的无可争议,相去甚

---

* 史诗里是一个统一而且唯一的视域。长篇小说中有许多个视域,主人公一般是在自己特有的视域里行动。

远。如果说这种主人公的思想立场没能与作者的思想立场明确区别开来(即融为一体),那么至少同周围的杂语是突出地区别开来的:主人公的无可指摘同诸多杂语是矛盾对立的,其间含着辩护和争议。巴洛克小说中完美无缺的主人公、感伤主义的主人公如格兰季逊,都属于这一类。这些主人公的行动全伴有思想上的说明,伴有为之辩护和与之争议的话语。

小说主人公的行动,总受到思想观念的烛照,因为他生活和行动在自己拥有的思想世界(不是史诗般统一的世界)中,他对世界有自己的理解领会,这种理解领会便体现在他的行动和话语中。

可是,为什么如果完全不描绘主人公的话语,只在主人公的行动当中不可能揭示他的思想立场以及这一立场的基础——他的思想世界呢?

他人的思想世界,如果不让它自己说话,如果不展示它自己的话语,是无法如实表现出来的。要知道,为了描绘具有特色的思想世界,只有这一世界自己的话语,才是真能如实再现它的话语,尽管这话语不是独自起作用,而是同作者话语合作。小说家也可能不让自己的主人公直接说话,可能局限于只描写主人公的行动。但在作者的这种描写中(如果描写了本质内容,又符合实际),与作者言语一起不可避免地会响起他人话语,即主人公本人的话语(参看我们在前一章分析的混合语式)。

如我们在前一章所见的那样,说话人在小说中不一定非得体现为主人公。主人公只是说话人多种形态中的一种(自然是最重要的一种)。杂语中的各语言进入小说,可以采用无人称的讽刺模拟形式(如英国和德国的幽默作家),可以采用不含讽刺的模拟风格体,可以是镶嵌的文体,能用假托作者的形式,可出之以故事体。最后,就连无条件的作者言语,由于含有辩护和争议的成分,亦即作为一种特殊的语言同杂语中的其他语言相对立,在一定程度上也把精力聚于自身,就是说它不仅描绘他物,也描绘自身。

所有这些语言(甚至当它们没有体现在主人公身上时)都具有社会的和历史的具体性,并且或多或少带有客体性(只有周围没有其他语言而孤身独在的语言,才能具有非客体的性质),所以在所有这些语言的背后,都透露出着了具体的社会服装和历史服装的说话人形象。对小说体裁来说,其特征不是人自身的形象,而是语言的形象。可是,语言要想成为艺术形象,必须与说话人的形象结合,成为说话人嘴里的言语。

如果说小说体裁的特殊对象是说话的人及其话语,而且他的话语作为杂语中一种独特的语言极力要获得社会意义并得以广泛应用,那么小说修辞的中心课题便可概括为:如何对语言进行艺术描绘的问题,语言的形象问题。

应该说这个问题迄今还没有全面地从原则上提出来。所以,小说修辞的特点也一直为研究者所忽略。不过人们对这个问题逐渐有所察觉,随着对小说创作的研究,注意力越来越多地集中到这样一些特殊现象上来:如对各类语言风格的模拟用法,如对语言的讽刺性模仿,如故事体叙述。所有这些现象的共同特点是,话语不仅描绘他物,而且自己也是描绘对象;在其间社会性语言(体裁语、职业语、文学流派语)变成了自由而又艺术地再现的对象、改造的对象、艺术加工的对象,也就是说要选用语言的典型成分,有代表性甚至有重要象征意义的成分。这时,其结果可能距离被描绘语言的实际情况相去甚远,而且这不只是指着意采撷和夸张了这个语言中原有的成分,还指根据这一语言的精神自由独创了这一语言的实际中完全不曾有过的成分。把语言的因素提高为语言的象征——这正是故事体特别典型的特征(如列斯科夫,特别是列米佐夫的故事体作品)。此外,所有这些现象(风格模拟、讽刺模仿、故事体)一如上述,都是双声和双语的现象。

在如此关注风格模拟、讽刺模仿、故事体等现象的同时,还相伴出现了一种极大的兴趣,即探讨如何转述他人言语的问题;这是转述中的句法和修辞形式的问题。例如德国的拉丁德意志语文学,就对此兴趣日浓。它的代表人物虽然把精力基本上集中在这一问题的语言学、修辞学方面(甚至是狭窄的语法学方面),还是直接触及(特别是施皮策尔)艺术地描绘他人言语这一小说创作的中心课题。尽管如此,语言的形象问题在他们的著作中仍没有十分明确地提出来;而且转述他人言语问题的提法本身,还缺乏应有的广度和原则意义。

转述和讨论他人的言语、他人的话语,是人类言语的一个最普遍最重要的话题。我们在所有生活领域和意识形态创造领域里讲的话,充满了他人话语,而转述他人话语时的准确程度和冷静程度又是千差万别。说话者集体的社会生活越是紧张、烦琐、层次高,在他们谈论的对象中他人话语、他人议论占的比重就越大,因为这能唤起人们的兴趣去传播、解释、讨论、评说、驳斥、支持、进一步发挥,如此等等。

说话人及其话语这个话题,无论在什么场合总要求采用些形式特殊的言语表现方法。正像上文中我们已经说过的,话语作为语言的对象,是个 sui generis① 的对象,它给我们的语言提出了一些特殊的任务。

因此,在讨论艺术地描绘他人言语以创造语言的形象这一问题之前,必须先谈一谈说话人及其话语这一话题在非艺术的生活领域和意识形态领域所具有的意义。如果说在小说之外的转述他人言语的一切形式当中,都没有创造语言的形象这一左右一切的目标,那么所有这些形式用在小说中变成一种推动力时,便要得到改造而服务于小说的一个新的统一的目标(反过来,小说也会对非艺术领域中理解和转述他人言语产生巨大的影响)。

说话人这一话题,在日常生活中的分量是极其巨大的。在生活中我们到处可以听到议论某个说话人和他说的话。不妨干脆说:人们在日常生活里谈论最多的,就是别人说的话。人们传播着、回忆着、掂量着、讨论着他人的话、他人的意见、论断、消息,人们由此而愤怒,或是

---

①　拉丁语:特别的。——作者

表示同意,或是争论反驳,或是引以为据,如此等等,不一而足。倘若我们在街上,在人群中,在排队时,在影剧院的休息厅里留心听人们片段的对话,就会发现是多么常用"某某说""人们说""人家说过"这些字眼。当人们迅速交谈时,人群里常听见连成一串的"他说……你说……我说……"。至于在社会舆论中,在社会上的传闻里,在评头品足时,在流言蜚语中,像"人家都说""有人说过"这类词语更是占有极大的比重。还有一点必须估计到:别人怎么议论我们,对我们平时的心理状态有举足轻重的影响;而人们如何理解、怎么解释别人议论我们的话,对我们同样至关重要(《世俗的释义》)。

在较为高级且有组织的生活交际场合,我们所研讨的这个话题,其重要性丝毫也不逊色。任何一次交谈中,总有不少工夫是传递和解释他人的话语。交谈时几乎不停地"引述"或"引证"某个具体人说的话,依仗"人们这么说"或"大家都这么说",引用对方的话,引用自己前面说过的话,引证报纸、规定、文件、书本等等。交谈者传达的大部分情况和意见,一般都不是作为自己的想法直接说出,而是推到含混的泛泛的来源上去:"我听说""人们认为""大家都觉得"等等。举我们生活中一个极为普通的情形:人们谈论某一次会议的情况。这样一场谈话完全是在转述、解释、评价各种发言、决议、提出并采纳或否决了的修正等等。所以说,话题总是围绕着说话人和他的话语,不断地重复着。它或是作为主题直接掌握着谈话,或是伴随着其他生活话题的拓展。

举更多的例子说明说话人这一话题在生活中的意义,恐怕是多余的了。只要留心听一听、想一想各处人们说的话,就会得出这样一个论断:任何一个过着社会生活的人,他的生活语言平均不少于一半是他人的话语(思想上很明确是他人的话),而在转述的时候准确和冷静(说偏颇更确切些)的程度是极其不同的。

当然,远不是所有转述出来的他人话语,在文字上都可以打进引号里去。要求在书面语中打上引号的那种独立和纯粹的程度(决定于说话人的意图,由说话人自己掌握这个程度),在日常生活的言语里远不是那么常见的。

其次,从句法形式来看,转述他人言语也绝不仅限直接引语和间接引语这两种语法程式。引述方法、表现形态和强调手段是十分多样的。只有明确这一点,才能正确评价我们的下述论点:日常生活中的讲话,至少有一半是他人话语。

对日常生活言语来说,说话人及其话语不是艺术描绘的对象,而是具有实际意义的转述对象。所以这里可以说不是描绘方法,而是转述方法。这些方法是极其纷繁多样的;无论是他人话语的语言修辞面貌,还是解说镶嵌、改变原意、更换语气的方法,莫不如此,从直接逐字地转述他人话语,直到对他人话语恶意地歪曲模拟,甚至给以诋毁①。

必须指出:引入语境中的他人言语,不管转述得多么准确,意义上总要发生一定变化。镶嵌他人话语的语境,形成一种促进对话化的背景,而这种背景的影响可能是十分巨大的。通过相应的镶嵌方法,有可能使准确引用的他人表述发生非常重要的意义上的变化。心术不正而又机灵狡猾的辩论家,十分清楚在准确引用对手的话语时铺垫一个怎样的对话质疑的背景,便可歪曲了他的原意。利用上下文语境的影响,很容易就可以提高他人话语的客体性,并且引出由客体性决定的对话反应。比方说,最严肃的表述可以极其容易地变为可笑的话。引入语境的他人话语,同镶嵌它的言语不是形成机械的联系,而是发生化学的化合(在意思和情态上);两者促成对话的这种相互影响,可能是很大的。因此当研究转述他人话语的各种不同方法时,不应该把他人话语本身的表现方法,同上下文镶嵌(促其对话化)的方法分隔开来,两者不可分地相互联系着。用何种形式表现他人言语,如何嵌进说明他人言语(文中可能老早就为引入他人言语做了铺垫),这两方面表现了一个统一的东西,即对他人言语采取一种对话态度;正是这一

---

① 转述他人话语时通过进一步发挥、通过挖掘潜在内容,达到歪曲原意甚至弄得荒谬绝伦,这方法是多种多样的。在这方面,演说术和辩论术均有所论述。——作者

对话态度,决定着转述的整个性质,以及转述时所出现的一切意义和语气上的变化。

前面说过,在日常生活言语中,说话人及其话语是具有实际意义的转述对象,而全然不是描绘对象。实际的用途也决定了日常生活里转述他人话语的所有形式,以及与这些形式相关而引起的变化,从出现意义和语气上的细微韵味,直到外表上大改大换词语。不过,注重转述实际内容的目的,也并不排除描绘的因素。因为平时要评价他人话语,要猜出他人话语的真意,起决定作用的是看话是谁说的、在怎样的具体情况下说的。在日常生活中理解和评价他人言语,是不把话语同说话者其人分开的(在意识形态领域里才可能分开),而且这总是具体的个人。其次,说话的整个环境也十分重要,如有谁在场,说话的表情如何,有何手势,语调带有什么意味。在日常生活里转述他人话语时,话语的整个氛围和说话者个人,都可能被人描绘出来,甚至被人表演出来(从准确地复现到讽刺地挖苦模仿和夸张手势、语调)。但这种描绘总还得服从为了实际目的的转述任务,并且完全取决于这个任务。这里当然谈不上说话人的艺术形象,他的话语的艺术形象,更谈不上语言的形象了。然而日常生活里当连续讲述一个说话人的情形时,就会初露端倪,可以看出用双声甚至双语来描绘他人话语的小说手法。

在日常生活里,讲到说话人、他人话语的那些话,都不超出词语表面的含义,不超出所谓此时此境的重要性,话语比较深层的含义和情态没有动用。但到了我们脑海里的思想意识中,在我们脑海接触思想意识世界的过程中,说话人这个话题便具有了另一种意义。一个人思想意识的形成过程(从这个角度看),就是有选择地掌握他人话语的过程。

语文课的教学中,掌握复述他人言语(课文、规则、范例)有两种学校里常用的基本方法:"背诵"和"用自己的话说出"。这后一种方法,是在很小的规模里提出了一项纯属小说的修辞任务,因为用自己的话复述课文,在某种程度上就是用双声语转述他人的话语;要知道"自己的话"不应该完全淹没了他人话语的特色,用自己的话复述应带有混合的性质,必要的地方还得再现原文的风格和语汇。学校里复述他人话语的这第二种方法,本身便包括了复述他人话语的一系列不同的情形,这是由课文性质不同以及理解、评价课文的教学目的不同所决定的。

掌握他人话语的目的性,在人的思想形成过程中,具有更为深刻和重要的意义。在这里,他人话语已经不是什么信息、指示、规矩、范例等等之类的东西;它要力求规定我们世界观的基础、我们行为的基础,它在这里以专制的话语和有内在说服力的话语出现。

他人话语的权威性和内在的说服力,尽管是有着深刻区别的两种范畴,却可以结合在一个他人话语之中,同时既有专制的力量,又有内在的说服力。不过这种结合是难得见到的。思想形成的过程通常有个特点,就是上述两个范畴截然分离:专制的话语(宗教的、政治的、道德的语言,父亲、成年人、教师的话语等等)对人的意识来说不具备内在的说服力;而有内在说服力的话语,又没有专制的地位,没有任何权威者支撑,常常根本得不到社会的承认(社会舆论、官方科学、评论界),甚至是不合法的。思想话语中这两个范畴的斗争和对话性的相互关系,通常便决定着一个人思想发展的历史。*

专制的话语要求我们接受并且学习,它强加给我们,而不管对我们有多大的内在说服力。它在我们之前就同权威的力量结合起来。

这里我们无法逐一考察种类繁多的专制话语(如专制的宗教定律、公认的科学权威、风行一时的权威书籍),以及它们高低不等的强

---

* 从专制性到内在信服力。与时空域的联系。专制的话语存在于久远的域界里,并有机地与等级制的过去相联系。这可说是父辈的话语。它早在过去就已得到承认,它是先我而在的话语。对它来说,不需要再从地位相当的话语中精选一番。它出现在崇高场合,而不是亲热诙谐的交际中。它的语言是一种特殊的语言(可谓之祭司文字)。它可能成为亵渎的对象。它像是原始宗教的禁忌,是不准随便叫出的名字。

制程度。从我们的研究目的来看,重要的只是传达和描绘专制话语的形式特征,是专制话语的一切类型和不同强制程度的普遍特点。

话语同权威结合(不管这权威是否得到我们的承认),会获得特别的强调,有种特别的独立性。这个话语要求外界同它保持一定距离(这一距离可能带有肯定的色彩,也可能带有否定的色彩;我们的态度既可是虔信的,也可是敌视的)。权威的话语能够在自己周围组织起一些其他的话语(以解释、夸赞权威的话语,或这样那样运用权威的话语,如此等等),却不会同它们融合(如通过逐渐的交往),总是鲜明地不同一般,死守一隅,陈陈相因。不妨说,这个话语不只要求加上引号,还要求更加隆重的突出之法,如采用特殊的字体①。要想借助镶嵌这种话语的上下文,给它带来意义上的变化,是极其困难的;它的语义结构稳定而呆滞,因为它是完整结束了的话语,是没有歧解的话语;它的含义用它的字面已足以表达,这含义变得凝滞而无发展。*

专制的话语要求我们无条件地接受,绝不可随意地掌握,不可把它与自己的话语同化。因此它不能允许镶嵌它的上下文同它搞什么把戏,不允许侵扰它的边界,不允许任何渐进的摇摆的交错,不允许任意创造地模拟。它进入我们的话语意识,是紧密而不可分割的整体,对它只能完全肯定或完全否定。它同权威(政权、机关、某个人物)长到了一起而无法分开,一起存在,也一起倒台。它是不可分的,不能同意一部分,有保留地接受一部分,完全否定一部分。因此,在专制话语存在的整个过程里,同它保持距离这一点是不能变的,这里不允许在这个距离上做文章,例如合流或分道,走近或退远。

所有这一切,既决定了转述时表现这专制话语的具体方法的特点,也决定了上下文镶嵌它的方法的特点。这一点也决定了专制的话语在小说中所能起的作用。专制的话语是得不到描绘的,它只是得到

---

① 专横的话语常常是另一种语言的他人话语(如大多数的宗教文本中的异族语言)。——作者

* 镶嵌它的上下文同样要离它很远才行,亲昵的关系在这里是不可能出现的。接受和理解这话语的人,是久远的后代,不可能发生争论。

转达而已。它的惰性、意义上的完满和凝滞、外表上迂腐的独处、对别人随意模仿和发挥的决不妥协——这一切排除了对专制话语进行艺术描绘的可能性。它在小说中的作用是微不足道的。它无法变成重要的双声语而进入混合语句。当它完全丧失自己的权威时,就干脆成了客体对象,成为遗物,成为东西。它是作为异体物进入文学语境的,在它的周围做不出什么文章来,没有种种杂语的感情色彩,没有紧张而又纷繁的对话生活。它身边的上下文被弄得气息奄奄,词语干瘪无力。所以小说里从来没有写得成功的表现官方专制的真理和善良的形象(如帝王、宗教、高官、道义等)。只要想一想果戈理和陀思妥耶夫斯基所做的徒劳无益的努力,就足以明白了。也正因此,专制的话语到了小说中总要变成与艺术语境格格不入的僵死的引语(如托尔斯泰《复活》结尾处引用的福音书原文)①。*

表现思想观点的他人话语,如果对我们具有内在说服力,得到我们的承认,那它便可能起到完全不同的作用。在个人的思想观念形成过程中,这种他人话语具有决定性的意义。意识为获得独立的思想精神生活而觉醒,要在它周围的他人话语世界中实现。开始时,意识并

---

① 具体分析小说中的权威话语时,应该知道有的权威话语在某一时代中可能是具有内在说服力的。涉及道德伦理时,尤其如此。——作者

* 专制权威的话语有各种不同的类型:专制性、权威性、传统性、普施性、官方性等等。这种话语处于不同的区域(同交际区域保持着远近不等的距离),对设想中的听者-理解者可能处于不同的关系中(可能是话语所要求的统觉背景,也可能是不同程度的回应,如此等等)。

标准语历史上的问题,反对官方性,反对远离交往区域,反对各种类型各种程度的专制性。

话语进入交往的区域,与此相联系出现的语义和情态(语调)的变化,如隐喻的弱化和通俗化,如实物化、具体化、日常生活化等等。

所有这一切,从心理学的角度都曾进行过研究,却没有从另一个角度来探讨:成长中的人在其内心可能出现的独白里,在其一生的独白里是如何用话语表示这一切的。这种独白(对话化的独白)形式所构成的一个极为复杂的课题。(这段文字以加重体打印在页边——俄编者)

历史上中世纪(千年间)学习与排斥神圣拉丁话语的独白。Nemo 的形象。神圣文本的游戏。

不把自己同周围的他人话语区分开来;区分自己的和他人的话语,区分自己的和他人的思想,要在很久之后才出现。当思想开始独立地考察和选择时,首先它就要区别哪些是有内在说服力的话语,哪些是专制的并强加于人的话语,哪些属于大量的与我们无关痛痒的话语。

与外在的专制性的话语不同,具有内在说服力的话语在人们首肯的掌握过程中,同人们"自己的话语"紧密交融①。平时在我们的意识中,有内在说服力的话语,总是半自己半他人的话语。它的创造力就在于能唤起独立的思想和独立的新的话语,在于从内部组织我们的话语,而不落到孤立和静止的状态中。与其说我们阐释这种话语,不如说它是自由地进一步发挥,适应新的材料、新的环境,同新的语境相互映照阐发。不仅如此,它还同具有内在说服力的其他话语,紧张地相互作用,相互斗争。*我们的思想观念形成过程,正是形诸话语的不同思想观点、角度、派别、评价在我们意识中紧张争斗,夺取统治地位的过程。具有内在说服力的话语,它的意义结构是开放而没有完成的;在每一种能促其对话化的新语境中,它总能展示出新的表意潜力。

这一切决定着转述时表现具有内在说服力的话语的方法,决定着上下文镶嵌这一话语的方法。这些方法提供了可能,以实现他人话语和上下文之间最大限度的相互作用,实现它们相互间对话化的相互影响,实现自由地创造性地发挥他人话语,实现渐进的交融结合,实现话语界线的演变,实现语境从远处为引进他人话语预作准备(话语的"主题"可在话语出现前很远处就透露出来),以及实现能反映这种有内在

---

① 要知道自己的话语是从所接受和掌握的他人话语中逐渐缓慢加工出来的,它们之间的界线起初几乎感觉不出来。——作者

* 具有内在说服力的话语,是现代的话语,是在同没有结束的现代打交道的区域里诞生的话语,或者是加以现代化了的话语。因为这种话语是诉诸现代人的;即使诉诸后代,也是把后代当成现代人。对这种话语来说,关于读者、听者、理解者持一种特殊见解,具有决定的意义。每一个话语都包含有关于听者的某一特定的见解,包含有听者的统觉背景,考虑听者的不同程度的回答,并保持着一定的距离。所有这些对于理解话语的历史命运,都是至为重要的。忽视这些因素和细微意味,便会导致话语的物质化(使它失去其天生的对话性)。

说服力的话语同一本质的其他一些特点,如它对我们来说意义上的未完成性,它在我们思想意识的语境中善于进一步创造发挥的能力,我们与它的对话交往的永无止境。我们还没有了解到它所能告诉我们的一切,我们把它引进到各种新语境中,把它应用到新的材料上,把它摆到新的环境中,目的在于得到它的新的回答,使它的含义产生新的光辉,获得自己的新的话语(因为积极的他人话语通过对话关系可使我们产生回报式的新话语)。

具有内在说服力的话语,其表现方法和镶嵌方法可以是非常灵活和富于变化的,可以说这话语在上下文语境中是不折不扣地无所不在,能把自己的特殊语调传染给周围的一切,更能作为特别标出的他人话语不时冒出来,取得充分的物质表现(例如在作品人物的领区内)。涉及他人话语的话题,演绎出上述种种变化,在意识形态的所有创造领域中,甚至在专门的学术领域中,都是屡见不鲜的。在转述具有决定意义的他人观点时,凡是创造性的天才手笔莫不如此:这里总是自由地加给他人话语种种修辞的变化,仿照他人风格来叙述他人思想,使之适用于新的研究材料,适用于研究问题的新角度;用他人话语的语言来质问考验并得到回答。

在另一些不很明显的情况下,我们也看到有类似的现象。这里首先是指他人话语给予该作者巨大影响的各种情形。揭示这种影响,归根结底也就是揭示他人话语在该作者新语境中的这一半隐半显的生活。当上述影响极为深刻并富有成效时,出现的不会是外表的模仿、简单的复制,而是在新语境新条件下对他人话语(确切说是"半他人话语")进一步做出创造性的发挥。

在所有这些情况下,问题已不仅仅是转述他人话语的形式如何了,这些形式里已经有了对他人话语进行艺术描绘的萌芽。只要把意图稍加改变,具有内在说服力的话语很容易便可成为艺术描绘的客体对象。那时,说话人的形象就会同某些类型的具有内在说服力的话语深深地有机地结合起来,例如伦理型(与虔诚教徒的形象)、哲理型

（与哲人的形象）、社会政治型（与领袖的形象）的话语。当通过创造性的仿拟来发挥和考验他人话语时，人们总要努力揣测和设想：在这种情况下权威的人会如何表现自己，他会怎样用自己的话语阐释这种情况。说话人的形象及其话语处于这种考验揣想之中，便成了艺术创作里驰骋想象的对象了①。

富有说服力的话语和说话人形象，由于受到考验而客体化，这在某些场合具有特别重要的意义，例如当对这话语和形象已经展开斗争的时候，当人们企图通过这种客体化摆脱它们的影响，甚至揭露它们的时候。同他人话语及其影响做斗争的过程，在个人的思想形成史上，具有重大的意义。产生于他人话语，或受到他人话语对话式诱发的自己的话语和自己的声音，迟早总会起来挣脱这个他人话语的桎梏。这个过程又因下述缘故而更加复杂了：在个人意识中，多种不同的他人声音为了扩大各自的影响而相互斗争（正如同他们在周围的社会现实中也相互斗争一样）。所有这些也就为他人话语经受考验而客体化准备了有利的土壤。尽管同这种受到揭露的具有内在说服力的话语，仍然继续进行交谈，但交谈的性质已然不同：这里是向它质问，把它置于一种新境地以便揭示它的弱点，找到它的疆界，感觉出它的客体性。因此这样的风格模拟，常常变成讽刺性模拟，不过倒不是笨拙的讽刺，因为曾经具有内在说服力的他人话语，会起而反抗，时常能摆脱任何讽刺性模仿的语调。在这个基础上，产生出深刻的双声性和双语性的小说形象；这些形象体现了同曾经左右作者的有内在说服力的那个他人话语的斗争（例如普希金笔下的奥涅金、莱蒙托夫笔下的毕巧林即是）。"考验小说"的基础，往往就是同有内在说服力的他人话语做斗争，通过客体化摆脱开他人话语这样一个主观过程。另一个能说明上述思想的例子，就是"教育小说"。不过在这里，思想的选择成长的过程是作为小说主题展开的，而在"考验小说"中作者本人的那

① 柏拉图作品中的苏格拉底，就是通过对话加以考验的哲人兼老师的艺术形象。——作者

个主观过程,并不写进小说中去。

在这一点上陀思妥耶夫斯基的创作占据着特殊的不同一般的地位。同他人话语发生尖锐紧张的相互作用,在他的作品中表现为两种情况。第一,在人物的言语中,有着同他人话语深刻而未了结的冲突,涉及生活方面("他人议论我的话")、生活伦理方面(他人的裁决、他人的承认和拒绝),最后还有思想意识方面(即不同人物的世界观构成没有完结也无法完结的对话)。陀思妥耶夫斯基人物的表述,是一个同他人话语在生活和思想各方面进行斗争(永无完结的斗争)的舞台。因此,人物的这些表述都可看作是转述和镶嵌他人话语的多种形式的佳例。第二,就连作品(小说)的整体,作为作者的表述,同样也是那种永无完结、本质上不可终结的对话,包括不同人物(作为不同观点的化身)之间的对话,以及作者与人物之间的对话;人物话语不会被完全地压制下去,它总是自由的公开的(如同作者本人的话语一样)。对人物及其话语的考验,从情节上看是完整结束了的,但在陀思妥耶夫斯基作品中内在地却是没有完成、没有结果的①。*

在伦理和法制的思维和话语领域中,说话人这一话题意义的重大是显而易见的。说话人及其话语,在这里是思考和言语的基本对象。伦理和法律方面的论说和评价,包含有一些最重要的范畴,如良心("良心发现""内心的话语")、悔罪(本人甘愿承认)、真情和谎话、责任、行为能力、投票权等等,全都指的是说话人。讲出独立自主的负责

---

① 见拙著《陀思妥耶夫斯基创作问题》,列宁格勒,激浪出版社,1929 年版(第二、三版改称《陀思妥耶夫斯基诗学问题》,分别为莫斯科,苏联作家出版社,1963 年版和莫斯科,文学出版社,1972 年版)。书中对人物话语进行了修辞分析,揭示出转述和语境镶嵌的多种形式。——作者

* 过去如何处理他人话语,如何判定它的真伪、它的可靠程度等,形成了一套法律(以及伦理)的办法(如公证的工作等)。但是,涉及话语的布局、修辞、语义及其他表现方法的问题,则不曾有人过问。法庭审理中的认罪问题(即迫使和诱导认罪的方法问题),仅仅是从司法、道义和心理等方面做过研究。而为从语言(话语)哲学的角度提出这一问题,是陀思妥耶夫斯基提供了最深刻的材料。真实思想、真实愿望、真实缘由(如伊万·卡拉马佐夫)以及如何用话语揭示的问题,他人的作用、审讯的问题。

任的有效用的话,这是伦理、司法、政治各界人士的一个重要特征。呼唤和激发这种话语,解释和评价它,规定它生效的范围和形式(公民权利和政治权利),对比不同的愿望和话语,如此等等——所有这些行动在伦理和法律领域中所占的比重,是极其巨大的。只需指出一点就足以说明问题了:在专门的司法领域中,对供词、申诉、契约、各种文书和其他类型的他人表述,给以相应的表现形态,进行分析和解释,最后还有法律阐释,这一切都起着重大作用。*

说话人及其话语作为思维和话语的对象,在伦理和法制领域中,自然只从这一领域的特殊兴趣出发来阐释。他人话语转述、变形、镶嵌的一切方法,也都得服从这种特殊的兴趣和目标。然而,就在这里也可能有对他人话语进行艺术描绘的成分,特别是在伦理领域中,例如描写一个人心中良知和其他声音的争斗,又如悔罪中内在的对话性,如此等等。文艺小说的因素在伦理文字中,特别是在自白忏悔中,可能占有很大的分量,如爱比克泰德、马可·奥勒留、奥古斯丁、彼特拉克等人作品中,就已有"考验小说"和"教育小说"的萌芽。

我们所论的这个话题,到了宗教的思维和话语领域中(神话、迷信、巫术领域),所占的比重还要更大些。这种话语所论的对象,主要是说话的主体:天神、魔怪、预言家、先知。神话思维根本就不知有无生命的不能答话的东西。揣测天神和魔怪(恶魔或善怪)的意志,解析喜怒的标志和各种征兆暗示,最后还有转述和解释天神(神的启示)、他的先知、圣人、预言家的直接话语,总之是转述并解释神意的(而不同于亵渎的)话语,这些全是宗教思维和话语的最重要内容。所有的宗教体系,甚至是浅陋的宗教,在转述和阐释各种类型的天神话语(阐释学)方面,都掌握着大量的专门的办法。

科学思维的情形则稍有不同。这里涉及话语的话题所占比重较小。数学和自然科学完全不把话语作为讨论对象。在科学工作的过程中,当然不能不同他人话语打交道,如前人的著述、评论者的见解、

---

    * 米什的材料(米什的悔罪词等)。

大众的意见等等;也不能不使用转述和阐释他人话语的不同形式,如与专制性话语争论,如克服各种影响,如辩论、借助别人观点、引证别人等等。不过这一切只局限在工作的过程当中,同学科的实在内容毫无瓜葛,说话人及其话语自然不属于学科的内容。数学和自然科学的全部方法,目的都在于掌握实物的不会说话的对象,这对象不能通过话语揭示自己,这对象关于自己是一言不发。这里的认知,不需获得并解释认知对象本身的话语或代号。*

人文科学与自然科学、数学的不同之处在于:这里产生一项特殊的任务,即复现、转述、阐释他人话语(例如在各种历史学科的方法中,有一个史料出处的问题)。在各种语文学科中,说话人及其话语便是基本的认识对象了。

对自己认识的对象——说话人及其话语,语文学有着特别的研究目的和态度,后者决定着转述和描绘他人话语的一切形式(比如把话语作为语言发展史的认识对象)。然而在人文科学(以及狭义的语文学)范围内,对作为认识对象的他人话语,可能采取两种态度。

话语可以完全理解为客体对象(实际上是理解为一种东西)。在语言学的大部分学科中,情形正是如此。在这种客体性的话语中,意义也实物化了,对它不可能采取对话的态度。然而任何深刻和实际的理解,都内在地要求一种对话的态度。因此,这里的理解是一种抽象的理解,完完全全摆脱了话语实在的思想内容,它的真与伪、重要与无聊、美与丑。理解这类客体性的、物化了的话语,没有任何可能对话式

＊　这一切(如同以讽刺性模拟转述他人话语的形式,见我在另文中所论)都是为长篇小说做的准备和素材积累(在诙谐作品中戏用他人话语,再以庄严口吻传达出来,并普施于文化和意识形态各领域)。两条路径(庄与谐)交汇于一点——即小说中的语言形象和讲话人形象。

　　对话式的渗入对语文学来说又是必不可少的(要知道没有对话式的渗入便不可能有任何理解),因为这样深入进去才能在话语中揭示出新鲜的因素(指广义上的意义因素);这些新因素通过对话途径揭示出来之后,便发生物化。以话语为对象的科学,在取得任何进展之前,都需经过一个"独创阶段",即同话语采取紧张的对话态度,以便在其中揭示出新的方面。

地深入到要认知的文意中去,同这样的话语也无法进行交谈。

需要的恰恰就是这样一种态度,它比较具体,不摆脱话语实际的思想内容,能把客观的理解和对话式的深入结合起来。在诗学、文学史领域(整个的思想史领域),而且相当程度上在话语哲学的领域中,也不可能有另一种态度。因为在这些领域中只要从事实出发,不管从事实出发的这种态度多么呆板平庸,就不可能无动于衷地轻视话语,把它当成死物,而必然得在这里不只是议论这个话语,还和它对话,以便深入到话语的思想意义中去;这思想意义只能通过对话途径(包括评价和回答)才可理解。实现这种对话式理解的转述并阐释形式,在达到了深入生动的理解时,能在相当的程度接近文艺小说中对他人话语的双声式描绘。必须指出,小说也总包含着对所描绘的他人话语的认知因素。

最后,简要说一说我们所讨论的话题在雄辩演说体裁中的意义。毫无疑问,说话人及其话语是演说言语的一个最为重要的对象(在这里,就连其他话题同样也都不可避免地伴有谈及话语的题目)。例如在法庭演说中,演说词对负有责任的说话人进行起诉,或者为之辩护;此时就要依据说话人的话语,要解释它,同它辩论,创造性地复述被告或受辩护者可能讲出的话语(这样自由地杜撰出并未说过的词语甚至整篇讲话,即被告"可能这么说"或"似乎说"的话,是古希腊罗马演说术中极其常见的手法),力求预先想到他可能做出的反驳,转述并比较证人们的话语。在政治性的演说中,话语可能是支持某个候选人,描写候选人的为人,叙述并维护他的观点、他的书面建议,或者相反是抗议某个决定、法律、命令、声明、讲话,也就是反对他与之对话的特定的话语。

政论的话语同样是和话语打交道,也和作为话语载体的人打交道。政论语要评论讲话、文章、观点,它要辩论、揭露、讥笑,如此等等。它如果分析一种行为,就要揭示诉诸话语的行为成因,揭示构成行为基础的观点,并用话语表现出这个观点,同时赋予相应的语调:讽刺的、气愤的等等。这当然不是说：演说只顾话语而忘记了话语背后的事实、行为、话语外的现实。不过，这演说是同社会的人打交道，而人的每一重要行为，都借助话语经过了思想上的考虑，或者直接体现在话语之中。

他人话语在演说体中作为表现对象，意义是极为重大的，以至于话语常常遮盖和偷换了现实。这时话语本身也变得单薄了，失去了深度。演说讲话常常是单以纯粹言辞上胜过他人话语为能事，那时它便蜕化为形式主义的文字游戏了。不过，我们要再重说一遍，话语脱离现实，这对话语本身来说就是致命的，因为那样它将干枯，失去意义上的深度和活力，失去在新鲜语境中扩大与更新原义的能力，实际上作为话语已在走向死亡；要知道有价值的话语是生存于自身之外的，也就是以指说外物为生命。不过，把他人话语作为对象而专注于它一身，这一点本身绝不意味着要话语同现实脱离。

雄辩演说体裁有着极其多样的转述他人言语的形式，而且大多是获得了尖锐对话性的形式。演说体转述话语时，通过相应的语境镶嵌的办法，广泛采用语气的急剧转换（结果时常完全歪曲了原意）。要研究转述他人言语的各种形式、表现和镶嵌他人言语的不同方法，雄辩演说体是极好的材料。在演说体的土壤上，也可能对说话人及其话语进行艺术描绘，不过演说体的这些形象很少能具有深刻的双声性；这里的双声性不是植根于形成中的语言本身具有的对话性，不是建筑在十分重要的杂语基础上，而是建筑在观点分歧的基础上。这种双声性多是抽象的东西，用形式逻辑就可以完全区分出不同的声音来。所以应该说有一种特殊的演说体的双声性，不同于真正的小说体的双声性；或者说有一种演说体的双声的转述他人话语的方法（尽管这里也不排斥艺术的因素），不同于小说体中双声的描绘；小说的双声描绘，目标是要塑造语言的形象。

说话人及其话语这个题目，在日常生活和思想文字各个领域中具有的意义便是如此。综上所述，可以断言：所有社会的人每一表述的成分中,从日常对话中一句简短的对语到长篇的思想性文字(文学、学术等作品)中,有相当的部分是有意用之的他人话语,以不同的方法或隐或显地转述出来。几乎在每一表述的疆界里,自己话语与他人话语都在紧张地相互作用,相互斗争;都处于相互区分的过程中,或是对话式的相互映照过程中。所以说,表述是一个复杂而且运动着的有机体,比单看它指物叙事的目的和单声直露的情态所得的印象,实际上要复杂得多。

人类言语所述的主要对象之一便是话语自身,这一事实至今未得到足够的注意,它的根本的价值没有得到足够的评价;对所有属于这一类的种种现象,没有从哲学上广泛地给以把握。言语这一对象(它要求转述、复现他人话语)的下述特点没有被人理解:说起他人话语,只能借助他人话语本身,当然同时会把自己的意向强加给它,按自己的意愿安排它的语境。说起话语时把它看成同任何其他对象一样,也就是仅仅当作一种话题而不需对话式的转述——这样做只是在下述情况才有可能:这一话语纯是客体性的,如同一种物件。比方说,语法学里讲到话语时,就属这种情况,这里引起我们兴趣的仅仅是话语那如同物件般的僵化的外壳。

*　　　*　　　*

日常生活里和文学以外的思想交际中形成的对话式转述他人话语的多种方法,用于小说中时全都不外乎两种情形。第一种情形,所有这些形式均可出现、复现在小说人物的表述中(生活的和思想性的表述中),也可见于引进体裁中,如日记、自白、政论文等。第二种情形,对话式转述他人言语的一切形式,又都能直接服务于艺术描绘的任务,即描绘说话人及其话语,以期造成语言的形象。在这同时,这些形式也得到一定的艺术加工。

所有这些非文艺性的转述他人话语的形式,与小说里对他人话语的艺术描绘相比,基本的区别表现在哪里呢?

所有这些形式,甚至当它们十分接近艺术描绘的时候,如某些双声的雄辩演说体(像讽刺性模仿),也全都是用于个人的表述中。这是为了实际用途而转述单个的他人表述,最多不过是把这些单个表述提高概括为他人的一种言语风格,代表某种社会典型或某种性格。这些形式由于专心于转述表述内容(即使是自由的创造性的转述),就不希图在表述背后能发现和认出某种社会语言的形象;这个社会语言体现在上述形式之中,又不局限在这些形式之中。这里讲的恰恰是语言的形象,而不是实际的语言。在真正的小说中,每一个表述背后都觉得出存在着一种社会性语言,连同它的内在逻辑和内在必然性,这语言的形象在这里不仅展示出该语言的现实,还揭示出该语言的潜力,它的所谓理想的极致,它的全部完整的含义,它的实质和它的局限性。

因此,与雄辩演说体及其他形式不同,小说中的双声性总是趋向于形成双语现象,以此作为自己的极致。所以这种双声性既不会拓展为逻辑上的矛盾,也不会变成纯粹戏剧性的对立。这就决定了小说中对话的一个特点:使说着不同语言的人们趋于互不理解。

必须再强调一下,我们所理解的社会语言,不是指决定语言分解为社会方言的那些语言学特征的总和,而是决定着语言的社会分野的那些具体生动的特征。这种社会分野也可能出现在一种统一的(语言学上的统一)语言之内,由文意的不同和词语的选择而决定。这是在一种统一的(抽象意义上的统一)语言内部,有不同一般而独立存在的一个具体的社会性语言视野。这个语言视野常常无法从语言学角度划定严格的界线,但它有可能发展为某种独立的社会方言。这是一个潜在的社会方言,是社会方言尚未成形的胚胎。语言在其历史生涯中,在其发展成杂语的过程中,充满了上述那些潜在的社会方言;它们错综复杂地交织着,没有发展起来便趋于消亡。但其中有一些却生长繁盛而成了真正的语言。我们再重申一句:语言在历史上的真实状况，便是杂语形成的过程，里面充斥着种种未来的和往昔的语言、处于消亡中的古板的语言贵族、语言暴发户、难以数计的寻求自立的语言；这些语言有的成功，有的不很成功，覆盖的社会面有广有窄，应用的思想意识领域也各自不同。

这种语言的形象，在小说中便是社会视野的形象，是与自己话语、语言连成一体的某一社会思想的形象。所以，这样的形象极少可能沦为形式主义的东西；而艺术地驾驭这些语言，也极少可能沦为形式主义的花腔。不同语言、不同派头、不同风格的形式标志，在小说中便是不同社会视野的象征。在这里，外表的语言特点常常用作语言社会分野的补充特征，有时甚至直接成为作者对人物言语的注解。例如在《父与子》中，屠格涅夫有时就点明自己人物用词或发音上的特点（顺便指出，从社会和历史角度看，这些特点都是很有代表性的）。

比方说"принципы"（原则）一词的不同读音，便是区分不同的文化历史环境和社会阶层的一个标志；一个是19世纪20、30年代地主老爷的文化环境，由法国文学熏陶而来，与拉丁语和德国科学格格不入；另一个是19世纪50年代平民知识分子的世界，这里定调子的是受了拉丁语和德国科学教育的师范生、医科学生。把"принципы"一词按拉丁语德语习惯读成硬音，这一点在俄语中取得了上风。但库克申娜不称 человек（人）而称 господин（先生）的用词习惯，却在标准语低俗和中态体裁里固定下来。

这样从外表上直接地观察人物语言的特点，是小说体典型的方法。但自然，不是这些特点在小说中塑造出语言的形象。这些观察纯属客体性的观察；作者话语在这里只不过是表面地涉及一下被观察的语言，把后者视为物件；这里没有内在的对话性，而内在的对话性是语言的形象所特有的东西。真正的语言形象，总有着对话化了的双声和双语的框架（如前一章我们提到的人物领区）。

镶嵌被描绘言语的语境对塑造语言的形象起着头等重要的作用。镶嵌的上下文犹如艺术家手中的雕刻刀，加工他人言语的边缘，在言语现实的原材料上镌刻出语言的形象;雕刻家把被描绘语言自身内在的倾向,同它外在的作为对象的特征结合到了一起。描绘并镶嵌他人言语的作者话语,为他人言语拓宽了前景,分别开了主次,为它的出现创造了环境和一切条件,最后还渗透到他人言语当中,带进了自己的语调、自己的语汇,为它提供了产生对话的背景。

描绘他人语言的语言有这样的能力:既出现于他人语言之外,同时又出现于他人语言之中;既论说他人语言,同时又使用他人语言,且同他人语言对话。另一方面,被描绘的语言能够同时既作描绘的对象,自己又可以说话。正由于上述的缘故,才能塑造出小说中的独具特色的语言形象。因此,从作者的镶嵌语境的角度看,被描绘的语言最不可能成为死物,成为不能说话、不能回答的谈论对象,不可能同任何其他的谈论对象一样不融进谈论的语言中去。

＊　　　＊　　　＊

小说里塑造语言形象的所有方法,可以归结为三个基本范畴:(1)语言的混合;(2)语言对话化的相互关系;(3)纯粹的对话。

这三个范畴三种方法,只能从理论上区别开来;它们在统一的艺术形象中不可分割地交织在一起。

什么叫混合呢? 这是两种社会性语言在一个表述范围内的结合,是为时代或社会差别(或兼而有之)所分割的两种不同的语言意识在这一表述舞台上的会合。

两种语言在一个表述范围内的这种结合,是小说中有意为之的一种艺术手法(确切些说是许多手法构成的一个体系)而并非有意的不自觉的混合,则是语言历史发展和形成的一个极为重要的方法。简直可以说,一种语言或各种语言的历史演变,基本上是通过混合的途径,通过共存于一种社会方言、一种民族语,一个分支或一组不同分支之中的不同"语言"的混合;这不仅指语言的历史发展时期,也指古生物时期。而且,引起混合的导火线,向来就是表述①。

语言的艺术形象,就其本质说应该是语言的混合体(有意的混合),这里必须有两个语言意识:一个是被描绘者的语言意识,一个是属于另一语言体系的描绘者的语言意识。因为如果没有这第二个作为描绘者的语言意识,没有这第二个描绘者的语言意向,那么我们面对的便不是语言的形象,只是他人语言的某个样品,这样品可真可假。

语言的形象作为有意为之的混合体,首先就是人们自觉意识到的混合(不同于历史上自然形成的和混沌模糊的语言混合)。这恰好是一个语言为另一个语言所意识到,一个语言意识为另一个语言意识所映照。要塑造一个语言的形象,必须从另一个语言(公认为规范的语言)的角度出发,才有可能。

其次,在有意为之的自觉的混合体中,交织着的不是两个不知谁人的语言意识(两个相关的语言),而是两个个性化了的语言意识(不仅是相关的语言,且是相关的表述)和两个人的语言意向:一是作为描绘者的作者个人的意识和意向,一是所描绘人物的个性化的语言意识和意向。这个被描绘的语言要用来造出具体的个别的表述,所以被描绘的语言意识也必得化作某个"作者"②;这作者用这个语言讲话,用它组织成表述,于是也给这语言注入自己的有现实意义的语言意向。总而言之,在有意为之的自觉的艺术混合体中,参加进两个意识、两个意向、两个声音,随之也有两种语调。

在指出有意的混合中包含有个人因素的同时,必须再一次有力地强调一点:在小说里塑造语言形象的艺术混合体中,个人因素是确定语调、使语言服从小说艺术整体(语言的命运在这里同谈话人的个人命运交织在一起)所必需的,但这个人因素又是同社会性语言的因素密不可分地联系着。换言之,小说的混合体不仅是双声、双语调的(如

---

① 历史上这类无意间的混合,既是双语性的,又当然是单声性的。对标准语体系来说,这种半自然、半有意的混合,很有代表性。——作者
② 哪怕这种"作者"只是无名氏,只是典型的代表,正像模拟某种体裁语言和通行见解时那样。——作者

同在雄辩演说中),也是双语的;其间不仅仅是(甚至主要不仅是)两个个人意识、两个声音、两个语调,而且是两个社会性的语言意识、两个时代;后者在这里当然不是无意间遇到一起的(如在自然的混合中),而是在表述的范围内特意走到一处互相争斗的。

再次,在小说中有意为之的混合体里,互相混杂的不仅是,而且主要不是两种语言和风格的语言形式、标志,却首先是存在于这些形式之中的对世界的不同观点。所以说,有意为之的艺术混合,是意义上的混合,但又不是抽象的意义混合、逻辑混合(如雄辩术那样),而是具体的社会性的意义混合。

当然,即使在历史上的自然混合中,混杂交织的也不只是两个语言,而且还是两个社会性语言的(也是自然的)世界观。不过这里是不声不响、不知不觉的混合,不是自觉的比较和对立。但必须指出,正是不同的语言世界观在自然混合体中这种不声不响、不知不觉的混杂,在历史上才具有深刻的积极作用;它孕育着新的世界观,孕育着世界上语言意识中新的"内部形式"。

有意为之的意义上的混合,不可避免地会具有内在的对话性(这一点有别于自然的混合)。两种观点在这里不是掺和一起,而是对话式地相反相成。小说中混合体的这一内在对话性,因是各种社会性语言间不同观点的对话,当然不可能发展成为圆满而清晰的个人间意义上的对话;这一对话性本质上便具有一定程度的天然自发性和无法得出结果的特点。

最后,有意为之的双声的和内在对话化的混合体,具有十分特别的句法结构:在它那一个表述的范畴内结合着两个潜在的表述,仿佛是一个对话中的两句对语。不错,这种潜在的对语永远也不可能完全变为现实,变成完整的表述,但它那未臻成熟的形式却在双声混合体的句法结构中明显地透露出来。这里的问题,自然不在于分属不同语言体系的不同句法形式互相混合(在自然的混合体中可能是这样),却恰恰在于两个表述合成为一个表述。这样的结合,也可能发生在单一语言的雄辩演说混合体中（这里的结合在句法上表现得甚至更明显些）。对小说的混合体来说，最典型的是两个社会性不同的表述合成为一个表述。有意为之的混合体，其句法结构被两个个性化的语言意向弄得支离破碎。

总结对小说中混合体的分析，我们可以说：在用历史形成中的语言所表现的生活中的表述里，不同语言不知不觉间交错结合起来（实际上，用活生生语言表现出的任何一个活生生的表述，在不同程度上都是混合体）；与此不同，小说中的混合是不同语言结合所形成的有机的艺术体系，它的目的在于利用一个语言去说明另一个语言，为另一个语言塑造生动的形象。

为艺术目的而有意地混合，这是塑造语言形象最重要的手法之一。必须指出，在发生混合时，作为说明者的语言（一般是现代标准语体系）本身就在一定程度上对象化而成为形象。小说中采用混合的手法越广泛，越深刻，而且不是同一种语言而是同多种语言混合，那么作为描绘者说明者的语言，本身更具有客体对象性，最后变为小说中的一个语言形象。经典的例子，如《堂吉诃德》，如英国的幽默小说（菲尔丁、斯摩莱特、斯特恩），又如德国的浪漫主义幽默小说（吉佩利和让·保罗）。在这些情况下，小说写作过程本身，以及小说家的形象（部分在《堂吉诃德》里，而后在斯特恩、吉佩利、让·保罗作品中），一般都要对象化。

有一种情况应与狭义的混合区分开来。这就是不同语言体系之间，整体上发生内在的对话化而相互说明。这里已经不再是两种语言在一个表述的范围内直接混合了。这里在表述中只有一个语言得以实现，不过它处于另一个语言的映衬之中。这第二个语言不变成现实的东西而落于表述之外。

不同语言通过内在对话化而相互说明的最典型、最清晰的形式，就是风格模拟。

如前所说，任何真正的风格模拟都是对他人语言风格的艺术描绘，是他人语言的艺术形象。其中一定存在两个个性化的语言意识：一是描绘者的意识（即风格模拟者的语言意识），二是被描绘的意识、被人模仿了风格的意识。模拟的风格与本来的风格不同之处，正在于模拟风格中存在着一个现代模拟者及其听众的语言意识，从这一语言意识出发，才复现了被效仿的风格；正是在这一意识的背景上，这风格也就获得了新意。

这第二个语言意识，即风格模拟者及其同代人的语言意识，把被模仿的语言作为材料加以利用。当风格模拟者直接讲到所述事物时，只利用被效仿的这个他人语言。不过，这被效仿的语言本身，是在模拟者现代语言意识的背景上显现出来的。现代语言总要在一定程度上作用于被效仿的语言上：强调某些因素，忽略某些因素，赋予某些语言因素以特别的语调，使被效仿的语言同现代的语言意识产生一定的共鸣，总而言之，是塑造一个他人语言的自由形象；这个形象不仅表现被效仿的意向，而且还表现模拟者语言上和艺术上的意向。

以上便是风格模拟。最接近风格模拟的另一种类型的相互映照，是变体(вариация)。在风格模拟中，模拟者的语言意识，单只利用被效仿语言的材料：它表现这被效仿的语言，把自己的利益即他人语言的利益带进被效仿的语言中；但它却没有带进去自己的现代材料，即就是他人语言的材料。风格模拟作为一种类型，必须把这一点贯彻始终。如果现代的语言材料(词、词形、语汇等)渗进了模拟的风格中，那这要算是它的不足，它的失误，因为这或是时代错乱或是太现代化了。

不过这种不能一贯始终的情况，可能是有意组织的。模拟者的语言意识不仅能表现被效仿的语言，本身也会取得发言权，把自己的主题和语言材料带进被效仿的语言中去。这时我们所面对的便不是风格模拟，而是变体了(这变体又常常转化为混合)。

变体把他人语言的材料，自由地纳入到现代题材中，把被模拟的世界同现代意识的世界结合起来，把被效仿的语言作为考验摆到它不可能出现的新环境中去。

径直的风格模拟也好,变体也好,在小说发展史上的意义都是十分巨大的,仅次于讽刺性模拟。小说是通过风格模拟学习如何艺术地描绘语言的;当然这是已经形成的修辞上定型了的语言(或者干脆称为风格),并非是现实杂语中原始的、常常还只是潜在的语言(它们只处于形成的过程中,尚无自己的风格)。风格模拟所造成的语言形象,是最稳当、艺术上最圆熟的形象,它能在小说所允许的范围内,最大限度地追求美感。所以,像梅里美、法朗士、雷尼耶等风格模拟的大师,都是小说中唯美派的代表(而小说这种体裁所能追求的优美,是很受局限的)。

风格模拟在小说体各基本流派和基本修辞格调形成的时代具有何种意义,是一个专门的问题,我们将在本书最后讲历史的一章里讨论。

不同语言通过内在对话化而相互映照,还有另一种类型:描绘者话语的意向同被描绘话语的意向,互不一致而相互对立;描绘者的话语为了描绘现实的物质世界,不是借助作为一种积极视角的被描绘语言,而是通过改变和揭露被描绘语言的办法。这便是讽刺性的风格模拟。

不过,这种讽刺性风格模拟要能塑造语言形象和相应的世界形象,必须有一个条件:这里,应像在雄辩体讽刺模拟中一样,仅仅是表面地改变一下他人的语言。讽刺模拟必须是模拟某一风格,才会具有重要和积极的意义,换言之,被讽刺模拟而复现的语言,必须是有价值的整体,具有自己内在的逻辑,能揭示与所模拟语言紧密相连的那个特别的世界。

风格模拟和讽刺性模拟好比是两个极端,两者之间存在着语言相互映照和语言直接混合的多种形式;而这多种形式又取决于不同语言、不同语言和话语意向在一个表述中相遇而发生的种种多样的相互关系。在话语内部发生的斗争、被描绘话语对描绘者话语抗拒的程度、被描绘的各种社会性语言外形上的显现程度、它们在描绘中所达到的个性化的程度,最后还有总是起着对话化背景和共鸣器作用的四周的杂语,所有这些就造成了描绘他人语言的多种多样的方法。

不同语言不相混杂而是对话式地相互对立,这在小说中同语言的混合一样,也是塑造语言形象的一个强大手段。不同语言间的对话式的对立(不是一个语言范围内不同意思的对话式对立),有助于划清不同语言的界限,使人们感到这种界限,逼着人们去体会语言可塑的形态。

小说中作为结构形式的对话本身,同语言混合体中和小说对话化背景中的不同语言间的相互对话,是紧密相连的。因此,小说里的对话是一种特殊的对话。首先,正如我们已经说过的,它不可能只局限于小说人物在情节中的实际对话,它孕育着形式繁多的为情节所实际需要的对话性的对立争执。这种对立争执没有也不能完成这个对话,只能援例(作为多种可能中的一种)展示出不同语言之间毫无结果的深层的对话;后者又是由语言和社会本身在社会思想中的发展过程所决定的。不同语言之间的对话,不仅仅是不同社会力量在静态的共处中的对话,也是不同时期、不同年代、不同时日间的相互对话,是消亡、生存、诞生间的对话。共处过程和成长过程在这里具体地不可分地融为一体,其中包含了多种多样的矛盾的和歧义的语言。为情节所实际需要的小说对话,融到了不同语言的对话之中。小说对话从不同语言之间的对话那里,吸收了这样一些特点:没有终结、含蓄不露、互有隔阂、生动具体,还有"一如实际"。是这些特点使它截然区别于纯粹的戏剧对话。

在小说中,各自纯净的语言在作品人物的对话和独白里也都服从于一个任务:塑造语言的形象。

情节本身同样服从这个任务:确定不同语言的相互关系,并使之相互揭示。小说的情节应该组织揭示不同的社会性语言和社会思想,表现它们,考验它们——考验话语、考验世界观、考验被思想支配的行动,或者表现种种社会的、历史的、民族的大小世界的生活(纪实小说、民俗小说、地理小说)，或者表现不同时代的社会和思想世界(回忆录小说、各种历史小说)，或者联系时代和社会思想的世界而表现各种年龄的人们、不同辈分的人们(写人的教育和成长的小说)。总之一句话，小说情节服务于描写说话人和他们的思想世界。塑造语言的形象，是小说体修辞的主要任务。*

*　　　*　　　*

任何一部小说作为一个整体，从其中体现的语言和语言意识来看，都是一个混合体。但我们再强调一次：这里是有意而自觉为之的用艺术手法组织起来的混合体，并不是糊里糊涂的机械的语言混杂(说得确切些，是语言因素的混杂)。塑造语言的艺术形象，是小说中实行有意混合的目标所在。

因此，小说家根本并不追求像语言学那样准确全面地复制他人语言，他追求的只是这些语言的形象在艺术上经得起推敲。

例如阿·托尔斯泰的小说《彼得大帝》是有意的混合现代标准语和彼得大帝时代的语言(小说的构思，是让彼得时代和我们的时代相互阐发)。不过彼得的语言根本没有作为语言学实体准确的复制在这里出现。彼得时代的语言作为时代语言的形象、时代意识的形象，在托尔斯泰笔下体现为一种风格模拟和艺术运作。

艺术的混合需要付出巨大的劳动。这样的混合体充满了风格模拟的现象，经过了深思熟虑，经过了权衡比较，保持着一定的距离。凭这些它就从根本上不同于现代一些平庸小说家作品中的语言混杂；那种混杂是一时兴起，不假思索，毫无系统，常常干脆是由于低能造成的。对此不久前高尔基理所当然地给予了抨击。在这类混用的作品

---

*　在他人语言里找出自己的语言，在他人视野中找出自己的视野。把他人语言所包含的思想演绎出来，克服纯属偶然的、表面的、虚假的他性元素。

历史小说中从积极方面予以现代化，消除时代之间的隔膜，从过去中找出具有永恒现实意义的东西。与去英雄化问题的关系。

里,不是几种一贯始终的语言体系相互结合,而是不同语言的某些因素简单的混杂。这不是杂语的合奏,多半倒干脆是不纯粹的未经加工的作者自己的语言。一定程度上脱离标准语和传统的文学思维,是长篇小说所认可和要求的(如塞万提斯脱离了他那时代的小说语言)。但这从来不是不善运用语言的结果,而是时代特定社会历史发展的结果。

小说非但不取消必须深入精微地掌握标准语的要求,而且要求在这之外还得熟谙杂语的各种语言。小说要求扩大和深化语言的视野,精通不同社会性语言之间的区别。

第五章 欧洲小说修辞的两条路线

小说表现了伽利略式的语言观,后者摈弃了只有唯一和统一的语言这种绝对看法,也就是不认为自己的语言是思想世界里唯一的语言和意义中心,相反意识到存在着众多的民族语言,特别是众多的社会性语言;后者全都同样能够成为"表现真理的语言",又全都同样是属于各社会集团、职业和生活领域的相对的客体性和局限性的语言。小说所必需的一个前提,就是思想世界在语言和含义上的非集中化;文学意识在观念思维中失去无可争议的唯一的语言环境,却陷入一个语言范围内的多种社会性语言之中,一种文化(希腊化文化、基督文化、新教文化)范围内、一个文化和政治世界(希腊化诸国、罗马帝国等等)范围内的多种民族语言之中,因之必须在某种程度上失去语言的依托。

这里说的,是人类话语命运中一次非常重要的、实际上是一次彻底的转折:话语在文化上、含义上和情态上的意向,摆脱了唯一一种统一语言的桎梏,这是至为重要的;由此也就不再把语言理解为至高无上的神话,不再把一种语言看作是思维的绝对形态。为了做到这一点,仅仅揭示文化世界存在着杂语现象,本民族语中存在多种话语的现象,是很不够的。还必须揭示这一事实的巨大意义,以及由此产生的种种后果。而这一点又只有在一定的社会历史条件下才能实现。

为了能够在艺术上深刻地出神入化地利用社会性语言,必须根本改变对话语从一般文字和语言角度得来的感受。必须习惯把话语当成是客体性的、有代表性的、同时又含有意向的现象;必须学会在他人语言中感受出"内部形式"(取洪堡意),并把自己语言的"内部形式"看作是他人的"内部形式";必须学得能够体会出不只是行动、手势和个别词语的客体性、典型性、代表性,还有观点、世界观、世界感受的客体性、典型性、代表性。后者(观点、世界观、世界感受)同表现它的语言,构成为有机的整体。只有同众多语言相互映照的这个宇宙保持着天然的联系,人的意识才能做到上述的要求。为此,在这个与几种语言同样紧密联系着的意识中,必须有几种语言实现至为重要的交织汇合。

小说中表现出来的非集中化,即话语和思想世界不再归属一个中心,作为前提条件要求有严格区分出来的社会集团,它应该同其他的社会集团处于紧张而重要的相互作用之中。然而一个封闭的阶层、等级、阶级,就其内在统一而稳定的核心来说,如果不发生分化也不失去自己内在的平衡和自足状态,就不可能成为小说发展的有利的社会土壤。因为文学意识和语言意识从它们那无可争议的权威的统一语言的高度出发,在这里完全可以把杂语多语的事实,轻而易举地置之不理。处在这一封闭的文化世界及其标准语疆界之外的纷繁的杂语,只能为各种俚俗的体裁输送一些纯客体性的无意向的话语形象、称谓物件的词语,它们不具备有小说体的意向。必须让杂语充溢于文化意识之中,充溢于文化意识的语言之中,钻进它的核心;必须把表现思想和文化的基本语言体系相对化,铲除它那天真幼稚的无可争议性。

但仅仅这些仍不够。即使是充满着社会斗争的一个集体,如果封闭在、孤立于本民族范围内,也不能成为足够充分的社会土壤,以促成文学意识、语言意识深刻的相对化,使其转到新的小说轨道上来。文学语言及其非文学语境所具有的内在杂语性,也就是该民族语整个的方言构成所具有的内在杂语性,应该感觉得到自己是处于杂语海洋的包围之中;而且这杂语海洋极为可观,充分显示出自己的意向性,充分展示着自己神话的、宗教的、社会政治的、文学的以及其他的文化思想体系。即使民族语之外的杂语事实不会渗透到标准语和小说体裁的体系中去(像本民族语的非标准语方言渗进这个体系中那样),这一外在的杂语还是会巩固和深化标准语本身的内在杂语性,会削弱传说和传统的威力(传说和传统仍还拘束着语言意识),瓦解民族神话的体系(民族神话是同语言有机联结在一起的),并且要彻底破坏语言和话语带来的神奇魔幻的感觉。同他族的文化和语言(这两者是互为依存的)密切接近,不可避免地要导致意向和语言的分离、思想和语言的分离、情态和语言的分离。

　　我们所说的分离,是指破坏了思想含义和语言两者间绝对的浑然一体;是这种浑然一体的关系决定着神话思维和魔幻思维。话语和具体思想含义的绝对融合,毫无疑问是神话的一个重要的基本特点;它一方面决定着神话形象的发展,另一方面决定着对语言形式、意义和修辞组合的特殊感受。神话思维受着自己语言的控制,是自己的语言亲自产生出神话的现实,并把语言中的相互联系和相互关系,当成是现实本身一些成分的相互联系和相互关系(语言的范畴和制约性,转化为神话和宇宙间的范畴和制约性)。不过,语言也受到神话思维形象的控制,这些形象约束着语言意向的运动,使各种语言范畴难以获得普遍性和灵活性,较难具有纯粹的形式性质(这是语言范畴同具体的事物联系融为一体的结果),也限制了话语表现情态的可能性①。

　　当然,神话充分控制语言,语言充分控制对现实的理解和思考,是

---

①　这里我们不能深入探讨语言和神话相互关系问题的实质所在。迄今为止有关文献阐述这个问题,都是从心理学角度出发,联系到民间文学,而不涉及语言意识发展史上的具体问题(如施泰因塔利、拉察鲁斯、冯特等人)。在我国,提出这些问题之间重要关系的有波捷布尼亚和维谢洛夫斯基。——作者

发生在史前时期的语言意识中，因此也必然是在假设时期的语言意识中①。就是在这种绝对的控制早已消除之后(那已是语言意识进入有史时期之后了)，在思想领域里的一切崇高文体中，语言的权威性仍有一种神话般的力量，所有意义和情态都直接从属于语言不可争议的统一体，因而没有可能在大部头的文学作品中强有力地艺术地运用语言的杂语性。统一的程式化的语言，由于得到尚未动摇的统一的民族神话的巩固，极力进行反抗，以致杂语还不能使标准语意识相对化、非集中化。话语和思想上的这种非集中化，只是到了后来才出现，即当民族文化不再是封闭的自足的时候，当民族文化通过接触他人文化和语言而认识到自己的时候。这便从根本上打消了语言的神力感，而这种感觉所依赖的基础是思想意义同语言的绝对融合；这也将引起强烈的语言界限感——社会的界限、民族的界限、意义的界限；语言要展示出它自有的人的特性；在语言词语、形式、风格的背后要显露出民族典型的、社会典型的面孔，显露出说话人的形象；而且是指在语言所有层次的背后(无一例外)，包括意向性最强的层次，即在思想领域的一切崇高文体的语言背后。语言(确切说是众多的语言)本身便成为艺术上完整的形象——人们典型的世界感受和世界观的形象。过去语言是思想和真理的唯一的无可争议的体现者，现在只表示几种假设中的一种思想。

同样的情形，还出现在当唯一和统一的标准语是一种他人语言的时候。这里必须是与这标准语相连的宗教权威、政治权威和思想权威发生解体和衰落。在这个解体的过程中，就能形成小说体的非集中化的语言意识，这个成熟起来的语言意识所依靠的，正是民族口头语言中的社会杂语。

这样，在希腊化时代的歧语和杂语世界中，在罗马帝国中，在中世纪的教堂语言思想集中化发生解体和衰落的过程中，就出现了长篇小

---

① 这个假设的领域首先成为科学研究的对象，是在语源统一论者的"古生物学"中。——作者

说的萌芽。在近代亦复如是,小说的繁荣总同下述事实联系着:语言和思想的稳定体系出现解体;与此相反,无论在标准语内外,语言的杂语性又都得到加强和意向化。

古希腊罗马的长篇小说问题,是十分复杂的。真正双声和双语小说的萌芽,在这里并不总是满足于用在长篇小说这一布局和题材的结构中,甚至主要是在其他体裁形式中获得繁荣,如现实主义的短篇故事、讽刺作品①、某些传记体和自传体形式②、某些纯演说体的体裁(譬如刻薄责难的发言)③、历史体裁,最后还有书信体④。在所有这一切场合,有一点已初露端倪:长篇小说通过杂语把思想真正地合奏出来。按照这种双声的、真正小说方式架构起来的,还有流传到我们今天的"说驴小说"的各种变体(假卢奇安体、阿普列乌斯体)和彼特罗尼乌斯的长篇小说。

这样,在古希腊罗马的土壤上便已形成双声和双语小说的一些最重要因素。在中世纪和现代,它们对小说体的某些重要变体给予了强大的影响,如对考验小说(对其中讲述生活忏悔、提出问题、表现惊险的一类,影响一直延续到陀思妥耶夫斯基以至我们今天),如对写人的教育和成长的小说,特别是自传体一类,如对日常讽刺小说等等;总之

① 贺拉斯讽刺作品中讥讽性的自我表露是人所共知的。对自身的"我"所取的诙谐态度,在讽刺作品中总包含风格模仿的成分,以讽刺一般的看法、他人的观点、流行的见解。发禄·马尔克的讽刺作品更接近长篇小说中意义的合奏。从流传下来的片段可以看出,这里有对科学语言和道德劝喻语言的讽刺性模拟。——作者
② 如《苏格拉底申辩论》中已有利用杂语进行合奏的成分,有真正小说体的萌芽。总的说来,苏格拉底及其话语的形象,在柏拉图笔下具有真正小说体的性质。但特别有趣的是希腊化晚期和基督教时期自传的形式,它把忏悔的经历同惊险小说与风俗小说的因素(这些作品本身没流传下来,我们只知道一些情况)结合了起来。例如迪昂、尤斯金(受难者)、基普里安以及所谓克里缅金神话。最后,我们在波爱修作品里也能够发现这样的成分。——作者
③ 在所有希腊化的演说形式中,刻薄责难的发言包含着数量最多的小说体的意向。这一形式允许甚至要求讲话有各式各样的格调,要求戏剧性地讽刺模拟地复现他人观点,允许把诗和散文混淆起来,如此等等。至于演说体各种形式同长篇小说的关系,请参看下文。——作者
④ 只举出西塞罗给阿季克的信就足够了。——作者

是小说体的这样一些类别,它们能直接纳入对话化了的杂语,而且是粗俗体裁的杂语、日常生活的杂语。不过,在古希腊罗马的土壤上,这些因素是散见于众多的体裁中,并没能汇合成统一的波涛汹涌的小说巨流,只可算是这条小说修辞路线(阿普列乌斯和彼特罗尼乌斯)的个别的并不复杂的实例。

所谓"诡辩小说",则完全属于另一条修辞路线①。这类小说的特点是,整个材料表现为鲜明的贯彻始终的风格模拟体,换言之是一种一贯的纯粹独白体的风格(抽象的理想化的风格)。然而,看来正是诡辩小说在布局结构和题材上,能最全面地反映出源自古希腊罗马的小说体裁的实质。诡辩小说对几乎直到 19 世纪初的欧洲小说中崇高体裁的发展,同样产生了极其巨大的影响,如对中世纪的小说、15 至 16 世纪的风流小说(《阿玛基斯》,尤其是牧人小说)、巴洛克式小说,最后甚至于对启蒙作家的小说(如伏尔泰)。也是诡辩小说,在一定程度上还决定了关于小说体裁的理论见解,关于直到 18 世纪末这一体裁中占统治地位的种种要求的理论见解②。

诡辩小说虽是抽象的理想化的风格模拟体,却又允许一定程度上有多样的修辞格调。这一点也是不可避免的,因为小说纳入了极其多样的相对独立的组成要素和体裁,如作者的叙述、人物和目击者的叙述、对国家自然城市名胜艺术品的描述、力求完满并获得一定专门价值的描写、同样力求圆满完成自己学术、哲理、道德课题的议论、箴言、插入的故事、不同形式的雄辩演说、书信、扩展的对话。自然,这些要素在修辞上的独立性,远不如其结构上的独立性、体裁上的完整性。但重要的是所有这些要素看来都同样具有意向性,都

---

① 见 Б.格里弗佐夫著《小说理论》,又见阿克里斯·塔提俄斯小说《列弗基帕克里托封》译本前 A.鲍尔迪廖夫的序言(莫斯科,世界文学出版社,1925 年)。序言中阐述了诡辩小说问题的研究状况。——作者

② 这些见解体现在第一部也是最有权威性的一部小说专论中,即于埃的一本书(1670年)中。在古希腊罗马小说的一些特殊问题上,这本书直到后来才为罗杰的著作所取代,那已是两百年后的事情了(1876 年)。——作者

同样带有假定性,都属于一个话语和意义层次,都同样直接表现作者的意向。

　　不过,这种风格模拟体的假定性,它的极端的(抽象的)一贯性,本身就独具特色。在这背后不存在什么统一的重要而又牢固的思想体系,无论是宗教思想、社会政治思想,还是哲学思想等等。诡辩小说在思想观念上是绝对地反对集中划一(正如"第二诡辩术"的整个雄辩体一样)。风格的统一完整在这里只存在于它自身中,这个统一并没有什么根基,没有一个统一的文化和思想世界做后盾;这种风格的统一完整,是表面上的,是"话语"上的。这种风格模拟体所具有的抽象性、与外界的极端隔绝性,本身就说明存在着至关重要的杂语海洋;这类作品语言上的完整统一是从杂语海洋里提炼出来的;可是这个统一体绝没有因为沉浸于自己的对象之中便排除了杂语事实(像真正的诗作那样)。可惜我们不知道,这个风格在多大程度上需要依靠这一杂语背景才能理解。要知道,完全不应排除这样的可能性:这个风格的一些因素是同杂语中现有的语言相互间存在着对话的关系。我们不知道,充斥在这类小说中为数众多、性质迥异的文学典故,在这里承担什么功能:是如诗里的用典,直接表达意向呢,还是有另一种功能——小说的功能,即这类借用可能构成了双声的话语?难道任何时候议论和格言都是直接传达意向、表示实意吗?它们不是常常带有讽刺性,或干脆就是讽刺性模拟吗?在许多情况下,它们所处的布局位置就使我们做这种猜想。例如:大段抽象的议论为了引起兴趣而在最尖锐紧张的情节处打断叙述,此时议论的不合时宜(特别当故意抓住某一偶然话题大发迂腐冗长的议论时)令人感到这议论具有客体对象的性质,不能不怀疑这是讽刺性的风格模拟①。*

---

①　例如,斯特恩作品中这一手法采取的是极端的形式,而让·保罗作品中讽刺性模拟的程度却有大幅度的摆动。——作者

*　在全世界的文学作品中,无条件直说的话语,纯粹单声的话语,恐怕是为数有限的。可是我们今天看这世界文学,是站在时空受到极大局限的小岛上,是以单语调单声的话语文化为出发点。

讽刺性模拟如果不是用得很粗糙(即恰似小说的写法),当不知道它所源自的他人话语的背景时,当不知道这第二个语境时,一般说是难以辨认出来的。世界文学中大概有不少这样的作品,它们具有的讽刺性模拟的性质,我们如今甚至根本是想不到的。在下文我们将会看到,有这样一些类型的双声语,它们的双声性质在人们理解时很容易丧失;而在赋予它们直接的单声的语调时,它们也并不完全失去其艺术价值(它们同大量的直接的作者话语融为一体)。

诡辩小说中有讽刺性风格模拟和其他类型的双声语,这一点是毋庸置疑的①。但它们在小说中占多大比重,则难以判断。这类小说问世时依托的杂语性的话语和思想背景,也是小说与之形成对话关系的杂语背景,对我们来说在相当程度上已不复存在。这些小说里的抽象而又单纯的风格模拟,我们看来显得过于单调平淡,但是很可能在当时的杂语背景上相当生动而多样,因为同那杂语的某些成分构成了双声现象,如同对话般相互呼应。

诡辩小说为欧洲小说修辞的第一条路线(我们姑且这么区别)开了先河。第二条路线在古希腊罗马时期只是在各种极其不同的体裁里酝酿,还没有形成完整的小说类型(无论阿普列乌斯还是彼特罗尼乌斯的小说,都算不上是第二条路线的完满的类型)。与第二条路线不同,第一条路线在诡辩小说中得到了相当全面相当完满的表现;如上面说过的,这种表现决定了这一路线后来整个的历史发展。第一条路线的基本特征,就是单语性和单一风格(不同程度上严格坚持的特征);杂语被排除在小说之外,但作为对话化的背景,作为同小说的语言和世界相互争论和相互赞扬的背景,对小说起着决定的作用。

在欧洲小说后来的发展历史上,我们也仍然看到这两条基本的修辞路线。第二条路线(小说体裁的一些最伟大代表,包括小说体的某

---

① 例如鲍尔迪廖夫在前面提到的序言中,就指出阿克里斯·塔提俄斯利用传统的梦兆主题造成讽刺性模拟。不过鲍尔迪廖夫认为塔提俄斯的小说偏离开传统类型而接近了幽默的风俗小说。——作者

些变体和个别作品,都属于这一类)把社会杂语引进小说中,利用杂语合奏出自己的意思,常常干脆就不使用直接的纯粹的作者话语。第一条路线受到诡辩小说的影响最大,把杂语(基本上)排除在自身之外,即排除在小说语言之外。这里的小说语言,是一种特殊的遵照小说写法的风格模拟体。不过前面已经说过,这个语言的目标是必须在杂语的背景上理解它,它同这一杂语的各种因素保持着对话的对应关系。因此,这类小说所以要采用抽象的理想化的风格模拟体,不仅仅是由自己的对象和说话人的直接情感决定的(如同真正的诗语那样),而且也还是由他人话语、杂语决定的。这一风格模拟体包含有他人语言、另外的视点、另外的指物表意的视野。这就是小说的风格模拟不同于诗歌的风格模拟最主要的区别之一。

小说修辞的第一条路线也好,第二条路线也好,本身又可分为若干各有特色的修辞变体。最后,两条路线还可以错综复杂地结合起来,也就是材料的模拟风格同材料的杂语合奏结合到一起。

现在简要说一说古典的诗体骑士小说。

这些小说作者和读者的文学和语言意识(广泛些说,是思想和语言的意识)是很复杂的:一方面从社会思想上看它是集中划一的,建立在巩固稳定的阶层和阶级基础之上。就其充分的社会封闭性和自足性来说,这个意识几乎是种性派系的意识。但同时,这一意识又不具有一个统一的语言——那种与神话、传说、信仰、传统、思想体系等统一的文化思想世界有机连接在一起的语言。在文化和语言方面,这一意识根深蒂固地分散而不统一,并在相当程度上是国际性的意识。对这一文学和语言的意识来说,本质的一点首先是语言和材料的脱节,这是一个方面。另一方面,是材料和当今现实的脱节。这一意识过去是栖身于他人语言、他人文化的世界里。在众多他人语言、他人文化的加工同化过程中,在使其服从于统一的阶层或阶级的视角和理想的过程中,最后也是在同周围底层民众的杂语相对立的过程中,形成了诗体骑士小说作者和听众的文学和语言意识。这一意识不断地同他人话语、他人世界打交道;古希腊罗马文学、前期基督教神话、布列塔尼和克勒特的传说(但不是本族的民间故事。本族的民间史诗是同骑士小说同时并行达到自己繁荣期的,不过是独立于骑士小说之外,也未给骑士小说以任何影响),所有这些都是骑士小说所使用的不同性质的材料、杂语(指拉丁语和其他各种民族语言)的材料。骑士小说的阶层或阶级的统一意识,就体现在这个多样的杂语的材料中,同时极力克服这材料身上那格格不入的异体性。翻译、改编、给予新解、变换语调,是同他人话语、他人意向之间多层次的相互作用。这也是骑士小说作者文学意识形成的过程。虽然同他人话语相互作用的过程,并非所有的阶段都是某一骑士小说作者个人意识所实现完成的,但这一过程却是出现在一个时代的文学和语言意识中,并且左右着个人的创作。材料和语言并不处于无条件的统一之中(对史诗作者来说,才是如此),而是被拆散,被隔绝,需得相互寻找。

这一点恰好决定了骑士小说的风格特色。骑士小说里没有丝毫的语言和言语的幼稚感。倘若竟有这个幼稚感,应该说这是由于统一的稳定的阶层语还没有解体。这个统一的阶层语渗透到了他人材料的一切因素之中,改变了一切因素的形态和语气,以至于这些小说里的世界在我们眼里是一个完整的叙事世界。古典的诗体骑士小说,的确处于史诗和小说的交界点上,不过还是明显越过了界线迈上小说的一边。这种体裁最深刻最完美的范例,如沃尔夫拉姆的《帕尔齐法尔》等,已经算得上是真正的长篇小说了。这部作品无论如何也不能归于纯粹的小说修辞的第一条路线。这部小说是德国第一部深刻而又重要的双声小说,做到了既无条件地保有自己的意向,又精明地同语言保持一定距离,使这语言带着轻微嘲笑而多少离开作者之口,获得少许的客体性和相对性①。

----

① 《帕尔齐法尔》是头一部问题小说,描写人物成长过程的小说。这一体裁形式不同于纯粹醒世(雄辩)的主要是单声的教育小说(如《长征记》《杰列马克》《埃米里》);它要求双声的话语。这种体裁的一个特殊类别,便是带有强烈讽刺模拟倾向的幽默的教育小说。——作者

　　最初的散文体长篇小说,在语言方面也出现过类似的情形。翻译和改编的成分,在这里表现得尤为突出明显。简直可以说,欧洲小说是在自由地(改换形态地)翻译他人作品的过程中诞生和形成的。只是在法国小说的产生过程中,严格意义上的翻译成分才不非常典型;这一过程里更为重要的成分是把叙事诗"改写"成小说。至于德国小说的诞生,尤其看得明明白白:这里的途径是德国化了的法国贵族翻译和改编法国的小说或诗歌。这样便开了德国小说的先声。

　　散文体小说作者的语言意识,在相当程度上是分散型的,具有相对的性质。这一语言意识自由地在不同语言间徘徊搜寻自己的材料,能轻而易举地使任何材料脱离任何语言(在力所能及的范围内),再使材料与它"自己"的语言和世界连接起来。而这个"自己的语言",处于形成中的尚不稳定的语言,对翻译者和改编者没有任何的抗拒。其结果,语言和材料两者完全脱节,相互间极端地冷漠。正是从语言和材料的这种相互敌视中,产生出这类小说的独特"风格"。

　　实际上,这里甚至谈不上风格,只不过是叙述的形式罢了。这里恰恰出现了叙述形式取代风格的情形。风格必须要求话语对自己所讲的对象、自己的说话人以及对他人话语采取一种重要的创造性的态度。风格力求使材料有机地归并于语言,而语言有机地归并于材料。风格绝不是在这个叙述之外再讲述些什么业已成熟并形诸语言的东西、已为人知的东西。风格要么直接渗透到对象之中去(如在诗歌里),要么像在小说中那样,折射出自己的意向来(要知道就连小说家也不是直述他人话语,而是塑造他人话语的艺术形象)。譬如说诗体的骑士小说,尽管过去同样具有材料和语言分离的特点,却在克服这种脱节现象,使材料同语言结合起来,创造出一种特殊类型的真正的小说风格①。最初的欧洲小说,就是作为叙事性作品诞生和形成的,这

---

　　① 把他人材料翻译过来并加以同化的这一过程本身,并非发生在小说作者的个人意识中。这个漫长而又多阶段的过程,是发生在一个时代的文学和语言意识中。个人意识既没揭开也没结束这一过程,它只是参与到这一过程中间去。——作者

一点在很长时间里决定了欧洲小说的命运。

当然,决定这种叙事文学的特点的,不单纯是可以自由翻译他人篇章的事实,也不仅是作者们在文化上的国际主义,因为诗体骑士小说的作者和听众在文化上同样够得上是国际主义者。决定其特点的,首先倒是这一事实:这种叙事文学已经失去了统一的坚固的社会基础,失去了从容自信的阶层自足感。

众所周知,在散文体骑士小说的发展史上,书籍印刷起了特别重大的作用,扩大了这类小说的读者群,使社会各种听众混合到一起①。书籍印刷业又促进了对小说体极为重要的一点:话语转移到默默接受的区域。散文体小说失去社会针对性——这一点在它后来的发展中越来越厉害。14 和 15 世纪创作的骑士小说,在社会性方面开始徘徊不定,最终变成为"大众文学",供下层社会集团阅读;之后小说又从这里引入浪漫主义高超的文学意识中。

我们简单谈谈这第一种散文体小说话语的特征。这种话语是同材料脱节的,是没有渗透着统一的社会思想的,周围被杂语包围着,内在没有任何根基和中心。这一徘徊不定、没有归宿的话语,应该具有特殊的假定性;这不是诗体话语那种正当的假定性,这是不可能把话语及其一切因素彻底用于艺术目的、彻底赋予艺术形式的结果。

在同材料脱节、同稳定而统一的思想脱节的话语中,会存在许多不需要的、多余的、无法真正从艺术上理解的东西。话语中所有这些多余的东西,都需设法冲淡,设法处理,使它不起妨碍作用;要使话语摆脱原始材料的状态。正是为了这个目的,才允许用一种特殊的假定办法:凡是无意义的东西,都纳入到假定性的程式中,雕琢加工,多方美化。一切不具有真正艺术含义的东西,都应被约定俗成的通则和美饰所取代。

既脱离材料、又脱离统一思想的话语,怎样处置自己的声音形象,

---

① 在 15 世纪末和 16 世纪初,到那时为止创作的一切骑士小说几乎全都印刷出版。——作者

无比丰富的种种形态、意味、句法和语调,指物叙事和反映社会的许多意思呢? 所有这一切对叙事文学来说都是多余的,因为它们不能有机地同材料合为一体,不能渗透进意向去。由是这一切都得作假定性的外部处置:声音形象要追求空洞的声音美;句法和语调结构要追求空洞的轻松流畅,或者追求同样空洞的高昂繁复、外表的华丽;语义的纷繁要追求空洞的不生歧义。叙事文学自然也可以用诗体的语义辞格来美饰自己,不过辞格在这里失去了真正的诗意。

通过这种途径,叙事文学似乎就把语言和材料的绝对脱节给合法化、定型化了,为这种脱节找到了一个修辞上的弥补办法(这是假定性的、表面印象的弥补)。这样一来,叙事文学如今变得能适应任何来源的任何材料。语言对叙事文学来说成了一个中立因素,而且是一个极力美化了的令人惬意的因素;这种语言可以让人把注意力集中在材料本身的吸引力上、材料外部的重要性上、它的尖锐性和动人性上。

叙事文学在骑士小说中循着这个方向继续向前发展,直到在《阿玛基斯》①中及后来的牧人小说中达到了自己的顶峰。但是在这一发展过程中,叙事文学充实了许多新的重要的成分,使它接近了真正的小说风格,并且确立了欧洲小说发展史上第一条基本的修辞路线。不错,语言和材料在小说中完全地有机地结合并且互相渗透,在这里并没有实现。这一点的实现是在第二条路线中,在能够折射和合奏出自己意向的那种风格中,也就是在欧洲小说史上后来成为基本的和最积极的那条发展途径中。

在叙事型小说的发展过程中,形成了一个特殊的评价范畴——"литературность языка"("语言的文学性"),或者用更接近原意的说法,是"облагороженность языка"("语言的高雅")。这不是确切意义上的修辞范畴,因为它不包含有任何确定的艺术上重要的体裁方面的要求。然而它同时又非语言范畴,不是界定标准语(各社会方言构

---

① 《阿玛基斯》离开西班牙的发源地之后,完全变成了一部国际性的小说。——作者

成的确定的统一体)的语言范畴。"文学性"或"高雅"这一范畴,介乎于修辞要求、修辞评价同语言学的描述规范(即确认某一形式属某种社会方言,并鉴定其正确与否)之间。*

在不同的民族语言中,在不同的时代,这个普遍的似乎超越体裁的范畴——"语言的文学性",有着不同的具体内容,并在文学史和标准语史上都有着不同的意义。但不管何时何地,这一范畴应用的范围都是:富有文化教养的人们(这里是指"高尚的社会")所用的口头语言、他们在日常生活和半文学体裁(书信、日记等)中使用的书面语、社会意识形态各种体裁(各种演说、议论、描写、文章等)的语言,最后还有各类体裁的艺术散文,特别是小说。换句话说,这个范畴目的在于调整标准语和生活语言(社会方言意义上的日常生活语言)中这样一些领域,那里还没有定型的严格的体裁,没有体裁所规定的对语言确定而又有所区别的要求。在抒情诗、史诗、悲剧领域里,"普遍的文学性"这个范畴自然是无事可做的。它的任务是调整从四面包围着稳定而严格的各文学体裁的口头杂语和书面杂语;至于各文学体裁的要求,无论如何也不能用到口头话语和日常生活的书面语里去①。这个范畴极力想整顿杂语,给杂语规定出某种语言格调来。

再重申一次,超越体裁的语言文学性这一范畴本身,其具体的内容会有深刻的差异,其确定性和具体性会有程度上的深浅;它能够以不同的文化思想意向为基础,能够追求不同的目的和价值,如保持特权集团的社会封闭性("高尚社会的语言"),维护民族地域的利益(如在意大利标准语中巩固托斯卡纳方言的统治),保卫文化政治集中化的利益(如在 17 世纪的法国)。其次,这一范畴可能有不同的实现手段,如可以起到这个作用的有规范语法、学校、沙龙、文学流派、特定的

---

* 极力扩展来分析文学性这一范畴。

通俗性与易懂性:源于适应了统觉的背景,在这一背景上所说内容很容易接受而无须将其对话化,不致引起各种对话的杂音。畅达而不生涩。

① "语言的文学性"范畴到了别的时代,其应用范围可能会缩小,例如当某种半文学体裁逐渐形成稳定的特别的程式时(如书信体)。——作者

体裁等等。再次，这一范畴可能追求自己语言上的顶峰，即追求语言的正确性。此时它要达到最大限度的普及性，但这样就几乎失去了任何思想观念的色彩和特点（这时这一范畴会解释说："语言的精神就是这样！""法语的习惯就是如此！"）。不过情况也可能相反，这一范畴又会追求自己修辞的顶峰。这时它的内容在思想观念上也获得了具体化，有了指物表意和传达情态的确定性。它的种种要求能够明确地区别出说话人和写作者的特色（这时它会解释说："任何一个高尚的人，都应该这样思考，这样说和这样写！"或者说："任何一个精明敏锐的人都该如此！"）。在后一种情形中，作用于各生活和实用体裁（谈话、书信、日记）的"文学性"，不能不对生活中的思维，甚至对生活的方式本身，给予影响（有时是非常深刻的影响），以致出现"文学性的人物"和"文学性行为"。最后，这一范畴在历史上具有的有效程度和重要程度，在文学史和标准语史上可能是大不相同的。这个程度可能极高，如在 17 和 18 世纪的法国；但也可能微不足道，例如在另一些年代里杂语（甚至方言意义上的杂语）可以进入最崇高的文学体裁中去。所有这一切，即历史有效性的程度和性质，当然取决于这一范畴的内容，取决于它所依靠的文化和政治力量的强弱和稳定程度。

我们在这里只是附带论及"语言的普遍文学性"这个极端重要的范畴。我们关心的，不是它在整个文学中和标准语历史上的意义，而只是它在小说风格史上的意义。它在这里的意义是巨大的：在第一条修辞路线的小说中具有直接的意义，在第二条路线的小说中具有间接的意义。

属于第一条修辞路线的小说，目标在于组织运用并从修辞上整顿口语中的杂语，还有日常生活的书面语以及各种半文学体裁中的杂语。这一点在颇大程度上决定着这类小说对杂语的态度。第二条修辞路线的小说，则将这经过组织变得高雅的生活语言和标准语，用作自己进行合奏的重要材料，将操这语言的人们（亦即"文学性人物"）连同其文学性思维和文学性行为，化作自己重要的主人公。

为要理解小说第一条路线的修辞本质,不能不顾及这样一个十分重要的事实:这类小说对口语和生活实用文体采取一种特殊的态度。小说中写的话语,同生活中的话语处于不断的相互作用之中。散文体骑士小说本身,在生活的一切方面都同"低级的""鄙俗的"杂语相互对立,并反其道而行之,推出自己独特的一种理想化的——"高雅"的话语。鄙俗而非规范的话语渗透着低下的意向和粗鲁的情态,只有狭窄的实用目的,笼罩着一些庸俗而实际的联想,散发着特定语境的气味。与它相对立,骑士小说使用的自己的话语,却只能引起高尚的联想,充满了取自崇高语境(史籍、文学、学术著作)的典故。在这里,这种高雅的话语与诗语不同,可以代替谈话中、书信中和其他日常体裁中的鄙俗言语,犹如委婉语可以代替粗鲁词句一样,因为这高雅的话语想要施展自己的领域,也正是生活话语应用的领域。

这样,骑士小说就成了超越体裁的语言文学性这一范畴的代表,它企图为生活语言提供规范,教给人们好的格调、好的风度,如该怎样同人交谈,怎样写信等等。在这方面,《阿玛基斯》产生了异常巨大的影响。后来人们编出了一些专门的书,如《阿玛基斯宝库》《客套语汇》,后者从这部小说中摘选出谈话、书信、讲话的片段。这类书籍在整个 17 世纪中广为流传,影响甚大。骑士小说为生活中一切可能的场合和情况提供了话语,到处都与鄙俗的话语连同其粗鲁的举止针锋相对。

骑士小说加工的高雅话语同鄙俗话语在对小说和对生活都至为重要的所有场合中相遇的情形,由塞万提斯给予了天才的艺术描绘。高雅的话语对待杂语,采取一种内在的辩论态度,这一点在《堂吉诃德》中展现于小说的对话(同桑丘和其他代表着杂语的粗俗的生活现实里的人们)中,也展现在小说的情节发展中。潜藏在高雅话语中的内在对话性,在这里变成了现实而形之于外(即表现在对话和情节发展之中)。但是,正如任何真正的语言对话性一样,这里的内在对话性同样不是上述的表现所能完全概括的,也不像戏剧里那样会随话而尽。

对狭义的诗语来说,对非规范的杂语采取这样一种态度,自然是完全没有可能的。诗语本身居然出现在各种生活情境和日常文体中,这是不可思议的,不可能实现的。诗语也不能直接同杂语针锋相对,因为它同杂语没有共同接近的土壤。它当然能够影响到日常文体,甚至影响口语,不过只能是间接地起作用。

为了完成自己的任务——从修辞上组织日常生活语言,散文体骑士小说自然应该在自己的结构中包容所有种类繁多的日常体裁和标准语内各个意识形态领域的体裁。这样的小说与诡辩小说一样,几乎是自己时代的文体大全。所有纳进的体裁从结构上看,都具有一定的完整性和独立性,因此在小说中很容易分出它们来,它们也能单独成立,作为体裁的样品。随着纳进体裁的性质不同,小说的风格当然也有所变化(只是保证符合最起码的体裁要求),不过就一切主要方面而论,小说风格依旧是单调划一的。谈不上有各种确切含义上的体裁语言。在所有的多种多样的纳进体裁中,无不贯穿着一种千篇一律的高雅语言。

这个高雅语言的一致统一的特性,确切说是千篇一律的特性,并不能独立存在。这种统一含有辩论的性质,又是个抽象的东西。作为这种统一的基础,是对卑劣的现实摆出某种始终一贯的高雅姿态。但这个高雅姿态能够统一一致,能够坚持始终,是付出了代价的:那就是这种特性本身为了辩论的目的而变得抽象含混,因此也是因循消极,僵硬而无活力。不过这类小说的统一一致且又贯彻始终,原是势所必然,因为它在社会上无所依托,在意识观念方面也没有根基。这个小说语言的叙述和表情的视野,不是一个活跃好动的人那种不断变换着展向无际现实的视野,却好似一个人十分拘谨的视野;他总想保持同一个姿势不变,要转动也不是要看到什么,相反是要避开什么;他不想看见,不为所动。这个视野不是充满现实的事物,而是充满了来自文学事物、文学形象的文字典故。这些文学事物和形象,同现实世界的粗俗杂语处于争辩对立之中,而且经过仔细净化(为了辩论故意把它净化,因此也非常显眼),排除了可能引起的粗鄙的普通生活中的联想。

第二条小说修辞路线的代表人物(拉伯雷、菲沙尔特、塞万提斯等人),利用这一抽象法进行讽刺性模仿,在譬喻中展开一系列故意夸张的粗鄙的联想,把所比事物降低为极其鄙俗平淡的浊物,这样也就破坏了通过辩论和抽象化所获得的高雅的文学氛围。杂语因为遭到了抽象的排挤,在这里要进行报复(如在桑丘·潘沙的话语中)①。

对第二条修辞路线说来,骑士小说的高雅语言连同它的辩论性和抽象性,只能是不同语言相互对话中的一方参加者,只能是一种散文体的语言形象(而最深刻最充分的语言形象见于塞万提斯笔下),是善于通过内在对话来对抗新的作者意向的语言形象,是激动的双声形象。

到17世纪初的时候,第一条小说修辞路线开始发生某些变化:小说风格的抽象的理想化和抽象的辩论化,开始被现实的历史力量用来完成更为具体的辩论任务和赞扬任务。抽象的骑士浪漫文学本是失去了社会依托的,这时便被巴洛克小说清晰的社会性和政治性所取代。

牧人小说对自己材料的感受,它的风格模拟的方向,就已显著不同了。问题不仅仅在于它对材料采取更加自由的创造性的态度②,而且在于它的功能本身发生了变化。粗略地说是这样:人们不再逃避当今的现实而躲到他人材料中去,人们是把他人材料加到这个现实的身

---

① 德国文学中一个典型现象,是特别爱好通过一些猥鄙的比喻和联想变崇高词语为粗俗词语的手法。自从沃尔夫拉姆·封·埃申巴赫把这一手法引进德国文学之后,它在15世纪左右了民间传教士的风格,如盖勒·凯泽贝格的风格,在16世纪左右了菲沙尔特的风格,在17世纪左右了阿布拉姆布道演说的风格,在18世纪和19世纪左右了吉佩利和让·保罗小说的风格。——作者

② 这同下述事实有关:与骑士小说比较,牧人小说在布局结构上有了重大的进展,即情节更加集中,整体更加完满,模拟风格的景物描写有所发展。同样还需指出,这里引进了(古典)神话,诗句进入了散文。——作者

上,在他人材料中描绘出自己的样子来。对材料的浪漫主义态度,开始为完全另一种态度所取代,就是巴洛克的态度。找到了对材料的一种新型态度,找到了运用材料的新的艺术方法。这一新方法如果也粗略地说明,可以说是给周围的现实穿上他人材料的服装,犹如戴上了一具特殊的人物假面①。时代的自我感受变得强大而崇高,能利用各种他人材料来表现自己,进行自我描绘。在牧人小说中,对材料的这种新感受和运用材料的新方法,还只是初露端倪。小说的天地还太窄,时代的历史力量还没有集中起来。亲密抒情的自我表现,在这些多少带消遣性的小说中,是占主导地位的因素。

驾驭材料的新方法得到彻底的施展和实现,是在巴洛克的历史英雄小说中。那个时代如饥似渴地到一切时期、一切国家和一切文化中去寻找传颂英雄的情节紧张的材料。强有力的自我感受让人觉得有能力同任何传颂英雄的情节紧张的材料有机地结合起来,不管这材料来源于哪一种文化和思想观念的世界。任何异国风味都是求之不得的,因为东方材料流传之广并不亚于古希腊罗马和中世纪的材料。在他人的东西里看出自己并实现自己,利用他人材料把自己和自己的斗争英雄化——这就是巴洛克小说的精神实质。巴洛克的世界感受,连同它完全相反的各种极端,连同它极度紧张的矛盾统一,当渗透到历史材料中时,把其中任何内在独立性的标志都排挤了出来,也排除了他人的文化世界(指创造了这个材料的他人文化世界)任何内在的反抗,把这材料变成了自身内容的外壳——模仿他人风格的外壳②。

巴洛克小说的历史意义是极其巨大的。几乎一切类型的现代小说,本源上都来自巴洛克小说的不同因素。作为此前整个小说发展历史的继承者,由于广泛运用了这笔遗产的全部(诡辩小说、《阿玛基

---

① 典型的事实是流行一种"死人对话",这一形式可以使人们就自己的话题(现代的迫切的问题)同各国和各时代的哲人、学者、英雄人物交谈。——作者

② 具体的同代人在直接意义上的换装,见《阿斯特雷亚》。——作者

斯》、牧人小说),巴洛克小说得以在自身中综合所有这些因素;后来这些因素便发展为独立的类型而分别存在,如问题小说、惊险小说、历史小说、心理小说、社会小说等不同因素。在以后的年代里,巴洛克小说成了材料的百科全书,其中有小说的多种主题,有多样的情节,有各种场景。现代小说的大多数主题在比较研究中会发现它们渊源于古希腊罗马和东方,都是通过巴洛克小说做中介而渗透进来的。几乎一切谱系研究都首先追溯到巴洛克小说,其后才溯源到中世纪和古希腊罗马(再后是东方)。

给巴洛克小说取名为"考验小说"是公平的。在这方面,它是诡辩小说的终结。而诡辩小说也曾是考验小说(考验离别情人的忠诚和贞洁)。不过在巴洛克小说里,对英勇精神的考验,对英雄忠心的考验,对他白玉无瑕的考验,能够更有机地把大量纷繁的小说材料组合起来。在这里,一切全是试金石,是考验巴洛克英雄主义理想所要求于主人公的种种方面和品质的手段;应用考验的思想,深刻而牢固地把材料组织起来。

关于考验这个主题思想,以及小说体中其他一些组织作品的主题思想,有必要专门加以研究。

考验主人公及其话语的这一主题,很可能是小说根本区别于史诗的最基本的一个起组织作用的思想。因为史诗里的主人公,从一开始便都站在所有考验者的一边;对主人公的英雄精神抱怀疑态度,这种气氛在史诗的世界里是不可思议的。

考验的主题,使得人们能深刻而郑重地围绕着主人公组织起各种不同的小说材料。然而考验的思想所包含的内容本身,在不同的时代和不同的社会集团中,却会有很大的变化。在诡辩小说里,形成于第二诡辩派演说诡辩中的这一思想,带有显而易见的形式性质和表面性质(完全缺乏心理的和伦理的因素)。这一思想在早期基督神话、言行录和自传自述中,一般要同危机和蜕化的思想结合在一起,那内涵就大不一样了(这里已是萌芽形态的惊险兼忏悔的考验小说)。一方面是基督的殉难思想(痛苦和死亡的考验),另一方面是诱惑的思想(引诱的考验),在大量早期基督文学和其后的中世纪日常生活文学里,都赋予组织材料的考验思想以特殊的内涵①。同一个考验思想的另一种类型,则是组织古典诗体骑士小说的材料;这一类型的考验思想,把希腊小说的考验特点(考验爱情的忠贞和勇敢)同基督神话的特点(苦难和诱惑的考验)结合了起来。又是这个考验思想,不过是受到削弱和限制的思想,组织起散文体的骑士小说,只是组织得松松垮垮,徒有外表,没有深入到材料的底层去。最后,这一考验思想在巴洛克小说里,通过特别强有力的布局手段,把大量纷繁的材料井井有条地组合了起来。

即使在后来的小说发展中,考验的思想仍然保持着自己头等重要的组织作用,只是随时代不同而包含不同的思想内容;并且还保留着同传统的联系,但占主导地位的只是这一传统中的某一些类型(古希腊罗马型、圣徒行传型、巴洛克型)。有种特殊类型的考验思想是19世纪小说中流行极广的,这便是对天赋、天才、非凡使命的考验。属于此类的首先是浪漫主义型的非凡使命,以及生活对这一非凡使命的考验。其次是法国小说中拿破仑式新贵所体现的非凡使命的一种十分重要的类型(如司汤达的人物、巴尔扎克的人物)。在左拉的作品中,非凡使命这一思想主题变成了人的生活能力、生理健康和适应能力的思想主题。在他的小说里,组织材料是用来考验主人公的生理价值的(结果却是否定的)。另一种类型是考验天才(这一点常常与同时考验艺术家的生活能力相结合)。19世纪里的其他类型还有:考验出于各种原因而同集体相对立的强者个人,这种强者总企望自足和孤傲,或觊觎天生领袖的角色;考验道德革新者或否认道德者;考验尼采学说拥护者;考验解放了的女性,如此等等。所有这些都是19世纪和20

---

① 例如考验的思想非常整齐又始终一贯地组织起了人所共知的旧时法语的诗歌作品《阿列克赛的生平》。在我国可参看费奥道西·别切尔斯基的生平录。——作者

世纪初欧洲小说中十分流行的起组织作用的思想主题①。一种特殊类型的考验小说，是考验知识分子社会用途和价值的俄国小说（"多余的人"的主题），它本身又分为若干类别（从普希金起到考验革命中的知识分子）。

考验主题在纯粹的惊险小说里也有着巨大的意义。这一思想的积极作用，在外表上表现为它能把紧张多样的惊险性同深刻的问题性、复杂的心理在小说中有机地结合起来。一切都取决于组织小说的那个考验主题的思想深度、社会和历史的迫切性、内容的进步性。随着这些特点的不同，小说总在争取最大限度完整、广泛、深入地利用自己的一切体裁潜力。纯粹的惊险小说往往把小说体裁的潜力缩小到最低限度。虽然如此，光凭情节、单纯的惊险故事，本身无论何时都不可能成为组织小说的力量。相反，在任何情节中，在任何惊险故事中，我们总能发现某种起组织作用的主题思想的遗迹；是这个思想塑造出这一情节的肌体，并如灵魂一般赋予这肌体以生命，只是现在失去了自己的意识形态的力量，残存在情节之中。最常见的情形是：惊险情节是由渐趋消失的考验主人公的思想主题组织起来的，不过情形并非总是如此。

欧洲新的惊险小说有着两个极为不同的来源。一种惊险小说渊源于崇高的巴洛克考验小说（这是惊险小说里占统治地位的类型），另一种的来源是《吉尔·布拉斯》和更早的《小癞子》，也就是说同"骗子小说"相联系。我们发现早在古希腊罗马时期就存在这两种类型，一种以诡辩小说为代表，另一种以彼特罗尼乌斯为代表。惊险小说的第一种基本类型如同巴洛克小说一样，是以这种或那种考验思想主题组织起来的，这个思想主题内容已经淡漠，只剩了外形。但不管怎样这一类型的小说总还复杂些、丰富些，多少还保留一些问题性和心理成分，因为在其中仍能感觉得出有巴洛克小说的血统，《阿玛基斯》、骑士

---

① 在二流小说家的众多小说作品中，对一切时兴的思想和流派的类似的考验，占着很大的比重。——作者

小说、更早的史诗、基督神话和希腊小说的血统①。英国和美国的惊险小说(笛福、刘易斯、拉德克里弗夫人、华尔蒲尔、库珀、杰克·伦敦等)就是这样,法国惊险小说和市井小说的一些主要类型也是这样。两种类型混合的情形也相当常见,不过这时起组织整体作用的总是第一种类型(考验小说),它较为强大,居于主导地位。在惊险小说里巴洛克的格调是很强烈的——甚至在格调最低的市井小说中,也可以发现有一些组成成分,经过巴洛克小说和《阿玛基斯》可回溯到早期基督教传记、自传和罗马古希腊神话的形式上去。像蓬松的《洛卡姆波里》这样著名的小说,都充满了最为古老的典故。在这部小说的基础里,就感觉得到有古希腊罗马时期考验小说(带有危机和蜕化的因素)的形式(如阿布列乌斯和早期基督教关于罪人变幻的神话)。我们在其中可以找到一系列这样的因素,它们透过巴洛克小说溯源到《阿玛基斯》,再到诗体的骑士小说。与此同时,小说的结构里又存在第二种类型的因素(《小癞子》《吉尔·布拉斯》),但自然是巴洛克精神在里面起着主导作用。

再谈一谈陀思妥耶夫斯基。他的小说是表现得极为突出的考验小说。我们不准备涉及作为小说基础的一种特殊的考验思想所包含的实质内容,只想简要地谈谈在这些小说中留下了痕迹的历史传统。陀思妥耶夫斯基同巴洛克小说发生联系,有四个渠道:通过英国的"轰动小说"②(刘易斯、拉德克里弗夫人、华尔蒲尔等),通过法国的社会惊险的贫民窟小说(欧仁·苏),通过巴尔扎克的考验小说,最后是通过德国的浪漫主义(主要是通过霍夫曼)。但除此以外,陀思妥耶夫斯基还直接同东正教的世态文学和基督神话联系着,同它们特殊的考验思想联系着。这就决定了下列因素在他小说中的有机结合:惊险、忏悔、问题性、生活、危机、蜕化,也就是已经构成罗马和希腊化时期考验

---

① 自然,包罗如此之广,极难成为它的长处,因为问题性和心理成分在大多数情况下变得庸俗无聊。倒是第二种类型比较清晰,比较单纯。——作者

② 狄贝利乌斯的术语。——作者

小说特点的一整套因素（我们这一判断是根据阿普列乌斯的作品，根据流传下来的有关某些自传和早期基督教圣徒行传的材料）。

巴洛克小说汲取了这一体裁此前发展中的大量材料，研究这种小说对理解近代小说的主要类型具有特殊的意义。几乎所有的发展道路都首先回溯到巴洛克小说，然后才追溯到中世纪、罗马希腊化世界，追溯到东方。

到了18世纪，维兰德、维采尔、布兰肯堡，以及后来的歌德和浪漫主义作家，同考验小说相对立，宣布了一种新的思想主题——"成长小说"，其中还包括"教育小说"。

考验的思想主题，没有可能去考察人的成长过程。考验思想在自己的某些形式中，允许有危机、有蜕化，却不知有发展，有成长，有人的逐渐成熟。这一思想主题是以定型的人作为出发点，并从同样定型的理想角度来考验这个人。在这方面具有典型性的，是骑士小说，特别是巴洛克小说；后者干脆认为自己的主人公们天生的高尚，因循的高尚。

新小说则与此相反，一方面写人的成长过程，另一方面又写人一定程度上的两面性，写活人的并非十全十美，写其中善与恶的混合、强与弱的混合。生活连同它的事件，已不再作试金石，不再作考验定型主人公的手段（在最好情况下，也不再是刺激主人公定型品格的发展的因素）。如今，生活连同它的事件受到成长这一思想主题的光照，展现出来的已是最初形成并表现主人公个性及其世界观的那些生活经历、学校、环境。成长和教育的思想主题，使人能够用新的方法组织主人公周围的材料，并在这些材料间发现全新的方面。

成长和教育的思想主题同考验的思想主题，在新小说中完全不是相互排斥的。相反，两者能够深刻地有机地结合起来。欧洲的伟大小说多数是把两种思想有机地结合起来（特别在19世纪，那时纯粹的考验小说和成长小说是相当少见的）。例如，早在《帕尔齐法尔》里，考验思想（主导地位）就已同成长的思想结合在一起了。古典的教育小说(《威廉·麦斯特》)情况亦复如此,这里教育的思想(在此已居主导地位)也同考验的思想结合到了一起。

菲尔丁创造的、部分地也是斯特恩创造的小说类型,同样具有两种思想主题相结合的特点,而且各占的比例几乎是相等的。在菲尔丁和斯特恩的影响下,便创造出了以下列作家为代表的那种大陆型教育小说:维兰德、维采尔、吉佩利、让·保罗。这里考验幻想家和怪人的结果,不是简单地揭露他们,而是使他们成长为能够比较现实地思考问题的人。生活在这里不仅仅是试金石,而且也是学校。

作为两种小说类型的一种特别结合形式,我们还可举出凯勒的《绿衣亨利》,它就把两种思想组织到了一起。性质相同的还有罗曼·罗兰的《约翰·克利斯朵夫》。

考验小说和成长小说自然不能概括所有的小说结构类型。为了证明这一点,只需指出传记体和自传体小说所提供的崭新的架构思想。传记和自传在自己的发展进程中,形成了由一些特殊的架构思想所决定的一系列形式,例如作为组织传记材料的基础的"英勇和高尚"思想,或者如"事业和劳动",或者如"顺利和失意"等等。

现在我们回到巴洛克考验小说这个被打断的话题上来。在这类小说中话语是怎样的呢?它对杂语的态度如何呢?

巴洛克小说的话语,是高亢激奋的话语。正是在这里创造出了小说的高亢动人的格调(确切说是这一格调得到了充分的发展),与诗歌激情大相径庭的格调。凡是巴洛克小说影响所及的地方,凡是坚持巴洛克小说传统的地方,也就是说主要在考验小说中(还有在混合型里的"考验"因素中),巴洛克小说都散布下了这种高亢激奋的格调。

巴洛克的高亢动人,是受赞扬和争辩所决定的。这是无时不感到他人话语反抗、他人观点反抗的一种小说激情,是一种辩护(自我辩解)和怪罪的激情。巴洛克小说的英雄化理想化同叙事史诗不一样,却如同在骑士小说里那样属于一种抽象的争辩的、主要是赞扬的理想化;与骑士小说不同的是,这里的理想化具有深刻的高亢格调,它的背后存在着现实的自觉的社会文化力量。这种小说激情的特色,有必要略加说明。

高亢激奋的话语,就其本身和自己对象而言,是完全独立的话语。因为在高亢动人的话语里,说话人将自己完全置身其中,没有任何距离,也没有任何保留。高亢的话语似乎是直接表露意向的话语。

不过,激情并非永远如此。高亢感人的话语也可能是有条件的话语,甚至如双声语一样是两重性的话语。小说里的激情,几乎不可避免地正是这样,因为这里的激情没有也不可能有自己的现实的基点,它必须到其他体裁中去寻找自己的基点。小说的激情没有自己的表现话语,这激情必得去借用他人话语。真正能够指物叙事的激情,只能是诗语的激情。

小说的高亢激奋,总是要求在小说中复现某种别的体裁,而这个体裁在其直接和纯粹的形态中如今已失去自己现实的土壤。在小说中,高亢激奋的话语总是仿效那么一种为此时和此社会力量所不再使用的体裁:这是不登讲坛的传教士的话语、是不握有司法和惩处权力的严明法官的话语、是不带有使命的先知的话语、是没有政治势力的政治家的话语、是没有教堂的信徒的话语,如此等等。在所有这些情形中,高亢激奋的话语总同这样一些目标和立场联系着:作者不可能彻底认真而又始终一贯地把握住它们,但同时又必须以自己的话语假定性地复现它们。所有高亢激奋的语言形式和手段,包括词语、句法和布局结构手段,都同这些确定的目标和立场联结到一起,都满足于作为一种组织起来的力量,包含有某种确定的定型的说话人的社会代表性。小说作者纯粹个人的激情,是没有专门语言的,他愿意不愿意总得登上讲坛,总得摆出传教士的姿势,摆出法官的姿势以及其他等等。激情又离不开威胁、诅咒、许诺、祝福等①。在高亢激奋的言语中，如果不假充某种力量、要职、显位等等，是寸步难行的。这一点正是小说中直接的高亢话语的"可恶"之处。正因此，小说中（以至整个文学中）真正的激情怕用直接的高亢激奋的话语，所以也就不脱离开实物实事。*

巴洛克小说的赞扬和争辩激情，是同巴洛克体特有的考验主人公天生不变的完美无瑕这一思想主题有机联系着的。在一切主要的方面，主人公与作者之间不存在距离。小说中话语的基本部分，都处在同一个平面上。例如这个话语在一切方面、在同样的程度上都同杂语保持着对应关系，不是把杂语纳入自身，而是把杂语留在自身以外。

巴洛克小说一身融进了多种多样的插入体裁。它同样希图成为一个时代标准语，一切类型的百科全书，甚至想成为一切可能的知识和材料（哲学的、历史的、政治的、地理的等等）的百科全书。可以说，在巴洛克小说中，第一条修辞路线所特有的百科性达到了顶峰②。

＊　　　＊　　　＊

巴洛克小说的进一步发展，出现两个分支（也是整个第一条路线发展中的两个分支）：一个分支继承了巴洛克小说中惊险和英雄化的成分（刘易斯、拉德克里弗夫人、华尔蒲尔等人），另一个分支是 17 到 18 世纪高亢激情和心理描写的（主要是书信体的）小说（拉法耶特夫

---

① 我们当然只是讲这样一种高亢激奋的语言：它通过争辩和赞扬与他人语言保持对应关系。我们不是讲描绘本身的激情，不是讲纯粹指物叙事的激情；这种激情是艺术性的激情，不需要什么特别的假定性。——作者

＊ 高亢激奋的话语和它的形象性，萌生并形成于久远的形象中，同过去时代的价值等级范畴有机地联系在一起。在未完结的当代生活里那种亲昵不拘的交往领域，是不可能有这种激情形式存在的；它必然要破坏这个交往领域（例如在果戈理的作品中）。话语需要有高低不同的等级立场，但在这个交往领域中是无法做到的（由此也便出现了虚伪和牵强）。

② 尤其是在德国的巴洛克小说中。——作者

人、卢梭、理查逊等人）。关于这后一种小说，我们需要略作说明，因为它对后来的小说发展有过巨大的修辞意义。

感伤的心理小说同插入巴洛克小说中的书信体、同爱情书信的高亢激情有着渊源关系。在巴洛克小说中，这种感伤的高亢激情只是小说的争辩和赞扬激情里的一种因素，而且是个次要的因素。*

在感伤心理小说中，高亢激奋的话语发生了变化：它变成了一种隐秘的高昂，又失去了巴洛克小说特有的广阔的政治和历史规模，而结合于世俗伦理的训教，这后者满足于狭窄的个人生活和家庭生活圈子。高亢激奋成了斗室的情致。与此相关，小说语言同杂语的相互关系也发生了变化：两者更加亲密无间，而且纯粹的日常体裁如书信、日记、日常谈话提升到了首位。这一感伤激情的劝喻含义变得很具体，深入到日常生活、人们之间亲密关系、个人内心世界的种种细节中去。

与旧时的标准语相对立，与保存这标准语的相应的崇高文学体裁相对立，这一点在感伤小说中具有重要意义。与感伤主义以及感伤话语相对立的，除了需要整顿和纯洁的鄙俗粗鲁的生活杂语之外，还有一种貌似高雅的虚伪的文学杂语，后者则需要给以揭露和否定。不过对待文学杂语的这一方针是一个争辩性的方针；遭到否定的风格和语言并不进到小说内部去，而是作为对话化的背景留在作品之外。

感伤风格的一些主要因素，正是受这种与英雄化和抽象典型化的崇高激情相互对立的关系所决定的。描写的细节化、着意突出日常世俗生活的细枝末节、造成直接的实物印象的描绘方针，最后还有弱小无援（而非勇敢有力）的激情、故意缩小视野、故意缩小考验人的场所直至身边极小的世界（到极点时便是私室）——这一切都是同被否定的文学风格相互争辩和相互对立的关系决定的。

然而，一种假定性不存在了，感伤主义只是代之以新创造的另一

＊　伤感的私室激情形成独特的时空域。书信、日记等的领域。人们交往和亲昵（私情）关系的广场和私室领域。宫殿与住房，寺院（大教堂）与新教家庭小教堂。问题不在于规模，而在于空间的特殊组织方法。与建筑和绘画的类比。

种同样抽象的假定性;不同处只在于这一假定性摆脱了现实中的另一些因素。为感伤激情所纯洁化高雅化的话语,企图取代粗鲁的生活语言的话语,就像《阿玛基斯》的高雅话语处于《堂吉诃德》的境遇和对话中一样,不可避免地也要同现实中的生活杂语发生同样毫无结果的对话冲突,发生同样无法解决的对话化了的争执。感伤的话语所内含的单方的对话性,在第二条修辞路线的小说中得以变为现实;这里的感伤激情已是一种讽刺性模拟,是处于其他众多语言之中的一种语言,是个人周围世界周围众多语言对话中的一方①。

直接的高亢激奋的话语,当然并没有随同巴洛克小说(英雄激情和恐怖激情)和感伤主义(私室中的高昂情感)一起死亡。它继续存在,是直接的作者话语的一个重要类型,也就是直接而非折射地表现作者意向的一种话语。它继续生存,然而在任何较为重要的小说类型中,都不再构成风格的基础。直接的高亢激奋的话语无论出现在哪里,它的本质都是不变的:说话人(作者)摆出假定性的姿势,充作法官、传教士、老师等等;或者他的话语以争辩的态度,直录事物和生活的直接印象,不受任何意识形态前提的影响。例如托尔斯泰作品中,直接的作者话语就是在这两个极端之间运动的。不论在什么地方,这种话语的特点都是由与它构成对话关系(争辩地或教训地)的那个杂语(文学杂语和生活杂语)所决定。以"直接的"描绘为例,它其实便是以争辩态度将高加索、战事和军功、甚至大自然,全给非英雄化了。

有人否认小说的艺术性,把小说话语归之于雄辩演说语,只不过表面上加了假诗语形象作为装饰而已。这些人指的主要是小说的第一条修辞路线,因为表面上看这一条路线似乎能证实他们的论点。应该承认,由于这条路线力求达到自己的极致,其中的小说话语便不能

---

① 这种情形以不同形式见于菲尔丁、斯摩莱特、斯特恩的作品;在德国则出现在穆泽乌什、维兰德、米勒等人的创作里。所有这些作者在艺术处理感伤激情(及劝喻)问题上,在感伤激情与现实的关系上,都是师法《堂吉诃德》的,后者的影响是决定性的。在我国试看理查逊的语言在《叶甫盖尼·奥涅金》的杂语合奏(老妇拉利娜和村姑塔吉雅娜)中所起的作用。——作者

实现自己特有的潜力,常常(尽管远非所有时候)滑入空洞无物的雄辩演说语中去,或者陷到虚伪的诗意中去。不过即便在这里,在第一条路线上,小说话语也有着深刻的特色,从根本上既不同于雄辩演说语,也不同于诗语。这一特色是由对杂语采取的重要对话态度所决定的。语言在其形成过程中的社会性分化,即使对第一条路线来说,也是话语的修辞基础。小说的语言,是在同其周围多种语言不断对话化的相互作用中创造出来的。

诗歌同样发现,语言在其充实意识形态内容的过程中遭到了分化,发现它被分解为多种语言。诗歌又看到自己的语言也处于周围多种语言的包围之中、文学杂语和非文学杂语的包围之中。但它追求自己极端的纯洁,所以驾驭语言时把这语言只当成既统一又唯一的一种语言,只当在自己身外再无任何杂语。诗歌似乎固守在自己语言的中心地带,不向边界靠拢;一到边界它必然得和杂语发生对话关系。因此诗歌避免向自家语言的边界张望。如果说在语言危机的时代诗歌语言总要发生变化,那它也会马上把自己的新语言定为不移的规范,看作是一个统一的和唯一的语言,似乎未曾有过别的语言。

第一条修辞路线的小说作品,处于自己语言的边缘地区,同周围的杂语保持着对话的联系,同杂语的一些重要因素发生共鸣,因此也就是参与了不同语言间的对话。小说作品的目标,恰恰就在于要以这个杂语为背景来理解作品;作品的艺术含义,只有在作品同杂语的对话联系中才能揭示出来。这种话语是一种语言意识的表现,而这个语言意识因受杂语事实的影响而深深地相对化了。

小说成了标准语理解自己杂语性的手段。自在的杂语在小说中也借助于小说,变成了自为的杂语:不同语言对话式地相互对应,并开始互为对方而生存(正像一个对话里的双方对语似的)。正是靠了小说,不同语言才相互映照;标准语成了不同语言间的对话,这些不同的语言才相互熟识也相互理解。

第一条修辞路线的小说，是自上而下走向杂语的；不妨说是小说俯就了杂语（感伤小说占的地位很特殊，是处于杂语和一些崇高体裁之间）。第二条路线的小说则相反，是自下而上运动的：它从杂语的深处上升，进入并驾驭标准语的高层次。这里作为出发点的，是杂语对文学性所持的观点。

很难说两条路线在来源上有显著的区别，尤其是在发展的初期。我们已经说过，古典的诗体骑士小说不能全然纳入第一条路线的框架之内；像沃尔夫拉姆的《帕尔齐法尔》，无异已是第二条路线小说的伟大范本了。

但在以后的欧洲小说发展史上，双声语一如古希腊罗马时期，只用于叙事性的小体裁里（短篇故事诗、诙谐故事、讽刺性模拟的各种小体裁），没有涉及崇高的骑士小说这条发展主线。正是在这些小体裁里，形成了双声语的基本类型，它们后来开始决定第二条路线长篇小说的风格。这些基本类型便是各种程度各种色彩的讽刺性模拟话语、讥讽的话语、幽默的话语、故事体话语等等。

正是在这里的狭小范围内，即在鄙俗的小体裁中，在游艺戏台上，在集市广场上，在街头小曲和笑谈中，形成了塑造语言形象的种种手法、话语和说话人形象结合的方法、把话语作为客体与说话人一起加以表现的方法；这时的话语不是大家共有并无人称的语言，而是此人或个性特有的或具社会典型性的语言，是神甫、骑士、商人、农夫、法学家等等的语言。每种话语都有其自己的自私偏心的独占者，话语中不存在普遍重要却又"无主的"语词。民间现实主义讽刺小说、其他讽刺模拟的和诙谐的粗俗体裁，其话语内含的所谓哲理就是这样。此外，这些体裁能够存在的基础，就在于人们对语言的感受，贯穿着对人类话语本身的深刻的不信任。对理解话语来说，重要的不是话语直接的指物叙事和传达情态的含义（这只是话语的虚伪面孔），重要的是说话人在其地位（职业、阶层等）及具体环境的左右下，对这种含义、这种情态在实际上是如何（总是自私地）加以运用的。谁在讲话，在什么场合下讲话——这些才能决定话语的实际含义。任何直接的意义、直接的情态，都是虚假的，高亢激奋的话语尤其如此。

在如何看待直接话语以及一切直接的认真态度方面，酝酿萌生了一种彻底的怀疑主义，它几乎是否定能有直接说出的并不虚伪的话语。这种怀疑态度后来在维庸、拉伯雷、索莱尔、斯卡龙等人的作品中得到了极其深刻的表现。也是在这里，又酝酿形成了一个新的对话性的范畴——用语言有效地回答激昂谎言的一个范畴。在欧洲小说（不仅是小说）的发展史上，这种高亢激奋的谎言曾经起了极其重要的作用。这个范畴就是开心的哄骗。所有崇高、正式、规范体裁的语言里，所有受称赞、好过活的职业、阶层、阶级的语言里，积累了许多激昂慷慨的谎言。与这激昂谎言相对立的，并不是同样慷慨激昂的直说的真理，而是一种开心巧妙的哄骗，犹如用可以谅解的谎话去对付谎言者那样。与神甫和僧侣、国王和领主、骑士和富有市民、学者和法官等人的语言，即与所有掌权者和生活富裕者的语言针锋相对的，是开心骗子的语言。开心骗子在必要的地方，可以讽刺性地模拟任何激昂高亢的语气，同时付之一笑，报以欺骗，使激昂变得无害，并且挖苦谎言，这样遂变谎言为开心的哄骗。谎言为讽刺意识所揭破，于是开心骗子便在嘴上开始讽刺性地模拟谎言。

在第二条路线的长篇巨制的小说形式出现之前，在这些形式的酝酿时期，讽刺故事和讽刺性模拟的故事曾经以特殊的方式组合起来。这里我们无法涉及小说作品组合的问题、这种组合同史诗的重要区别、小说组合的各种类型，以及其他超出修辞学范围的类似因素。

同骗子的形象一起，还出现有傻子的形象，它常常同骗子形象融合到一起。这或者是真的头脑简单，或者是骗子的假面具。同开心的哄骗在一起而反对虚伪激昂格调的，是并不理解这虚伪激昂的一种呆傻的天真（或者是理解得不对，弄反了意思）；呆傻的天真态度，使激昂语言里的崇高现实变得奇突显眼（奇异化）。

小说这样用不明事理的呆傻（单纯幼稚）去映衬凸现故作激昂的

世界(奇异化),这一手法对后世小说发展的整个历史都有极大的意义。如果说傻子的形象在此后的小说发展中丧失了自己重要的组织作品的作用(一如骗子的形象那样),那么,不理解社会假定性(约定性),不理解崇高激昂的称谓、事物、事件,这一事实本身却几乎到处都仍然是小说风格里的一个重要构成因素。小说家或者在描绘世界时使用叙述人的话语,而这个叙述人不理解这一世界的假定性质,不知道这个世界还有自己诗意的、博学的及其他高雅而重要的人物存在;或者引进一个懵懂糊涂的主人公说话;最后一条,或者让直接的作者风格故意装作不懂得(含争论意味)一般人对世界的看法(例如托尔斯泰的作品)。当然,在所有上述三种情况下,都可能同时既利用不理解(糊涂)这一因素,又利用小说里的呆傻这一因素。

有时这种不理解具有根本的性质,并且成为小说风格的基本构成因素(如伏尔泰的《查第格》、司汤达和托尔斯泰的作品)。但常见的情况是:某些语言对生活意义的不理解,仅仅局限于生活某些方面。例如作为叙述人的别尔金就是这样,他那风格的平实,是由他不理解所述事件某些因素的巨大诗意所造成的。不妨说他忽略了所有表现诗意的潜力和效果;最适宜于表现诗意的一切因素,他叙说起来都干巴巴而且简略(有意的)。格里尼奥夫便是这么一位蹩脚的诗人(怪不得他写些差劲的诗)。在马克辛姆·马克辛梅奇(《当代英雄》)的叙述中,突出反映了对拜伦式语言和拜伦式激情的不理解。

理解与不理解的结合,呆傻、单纯、幼稚与聪明的结合——这是小说作品中普遍而有深刻代表性的现象。不妨说,不理解和一种特殊的呆傻(故意为之的),在不同程度上几乎总是左右着第二条修辞路线的小说作品。

呆傻(不理解)在小说中从来都是带有争论性的,因为它同聪明(虚假的聪慧过人)处于对话关系中,同聪明争辩,而且揭露这种聪明。同开心的哄骗一样,同小说一切其他的范畴一样,呆傻也是一个对话的范畴,是源自小说话语一种特殊对话性的范畴。因此呆傻(不理解)

在小说中总是归之于语言,归之于话语,因为它的基础是抱着争论态度而不理解他人话语,也不理解他人高亢激奋的谎言,这种高昂的谎话笼罩着世界,自以为能够领会这个世界;再有是不理解已经司空见惯、习以为常的讲假话的语言,连同它指物叙事的高雅辞藻,这就是诗的语言、学究的语言、宗教的语言、政治的语言、法律的语言等等。由此,小说中便出现了多种多样的对话场景,或是对话式的对立:傻子对诗人,傻子对学究,傻子对道学家,傻子对牧师或伪君子,傻子对法学家(傻子、不懂事的人出现在法庭上、戏院里、学术会议上),傻子对政治家,如此等等。这类场景的多种形式,广泛用于《堂吉诃德》中(特别是桑丘的省长职位,为创造这类场景提供了有利的条件)。再如托尔斯泰作品中也有表现,尽管风格截然不同。那里在不同场景、不同机关里都有不理解的人,例如战斗中的彼尔,贵族选举中、市杜马会议上、科兹内绍夫与哲学教授的谈话中、和经济学家的交谈中等等场合里的列文,法庭上和枢密院里的聂赫留道夫等等。托尔斯泰复现了小说老式的传统场景。*

作者为凸现和衬托(奇异化)高昂激越的世界而塑造的傻子,本身也可能以傻子身份成为作者讥讽的对象。作者不一定同他合作到底。对傻子本人的讥讽,这个因素甚至有可能上升为首要因素。不过作者是需要傻子的,因为傻子通过自己的存在而又不理解,能够突出地表现带有社会假定性的世界。小说通过描绘呆傻,可以学习朴实的聪敏、朴实的智慧。小说家望着傻子或者用傻子的眼睛望着世界,就能够学着对为高亢激奋假象和谎言所包围的世界,有一个朴实的观察。不理解习以为常的似乎所有人都通用的语言,结果就使人学会探索这些语言的客体性和相对性,学会使这语言外表化,勾勒出它们的边界,也就是学会发现和塑造各种社会性语言的形象。

这里我们避开了小说发展过程里形成的傻子的多种类型、不理解的多种情形。不同的小说、不同的艺术流派可能突出强调呆傻和不理

※ 中世纪愚人节的称颂愚傻,以及拉伯雷作品中为愚傻的辩护。

解这些现象的这一方面或那一方面,并据此来塑造自己的傻子形象(例如浪漫主义者笔下的幼稚天真,又如让·保罗笔下的怪人)。被突出强调的各种语言,即与呆傻、不理解的诸方面相互对应的语言,也是各自不同的。呆傻和不理解在整个小说中的功能同样是各式各样的。研究呆傻和不理解的上述这些方面,研究与这些方面相关联的修辞上和布局结构上的变化及其历史发展,是小说史的一项十分重要而且饶有趣味的任务。

骗子开心的哄骗,是对谎言家而发的情有可原的谎言;呆傻则是对谎言的情有可原的不理解。这两条便是对高亢激奋和任何严肃性、假定性所做的朴实的回答。在骗子和傻子之间,作为两者一种特殊的结合体,又出现了小丑的形象。这个小丑其实是骗子戴上了傻子的面具,目的在于用不理解来为揭露性的歪曲和颠倒高昂的语言辞藻作辩护。小丑是文学中最古老的形象之一。受小丑特定社会目标(即小丑的特权)所决定的小丑言语,是艺术中人类话语的一种最古老的形式。在小说中,小丑的修辞功能和骗子、傻子的功能一样,完全决定于对杂语的态度(对杂语中各高级层次的态度):小丑有权用不被人承认的语言说话,有权恶意地歪曲为人承认的语言。

总之,骗子模拟讽刺高昂语言以进行开心的哄骗;小丑狠命歪曲这些高昂语言,使之面目全非;最后是傻子对高昂语言的天真不解——这三个对话性范畴在小说萌芽期组织起了小说中的杂语,到了现代获得了特别鲜明的外在表现,体现在骗子、小丑、傻子这几个象征性的形象之中。在其后的发展中,这几个范畴越来越精细,越来越分明,摆脱开上述几个固定不变的外在象征的形象,但却继续保留了自己在组织小说风格方面的意义。这几个范畴决定了小说中对话的特点。小说对话向来是植根于语言本身内在的对话性上,也就是说来源于操不同语言的人们相互间的不理解。对组织戏剧中对话来说,这几个范畴相反只能起次要的作用,因为它们不包含戏剧完结性这一因素。骗子、小丑、傻子——是一连串并无完结的故事情节里的主人公,是并无完结的对话性对立里的主人公。所以才有可能围绕这些形象组织成系列的小说故事。但正由于这个缘故，戏剧不需要这几个范畴。纯粹的戏剧追求一个统一的语言，只不过让这个统一的语言因剧中人物不同而得到个性化。戏剧的对话是在一个世界和唯一一种语言的范围内由不同个人相遇而产生的①。喜剧在某种程度上应是例外。不过有一点也还是能说明问题的：骗子喜剧远远没有达到骗子小说的那种发展水平。费加罗的形象实际上是这类喜剧里唯一的一个伟大的形象②。

我们分析的三范畴，对理解小说风格具有头等重要的意义。是骗子、小丑、傻子开始了欧洲现代小说的摇篮时期，并且把自己的小帽和玩物丢在了摇篮的襁褓里。其次，对理解史前小说思维的渊源、对理解小说思维同民间文学的联系，我们说的三范畴也具有并不逊色的意义。

骗子形象决定了第二条路线小说的头一种大型形式，即骗子惊险小说。

要真正理解这类小说主人公及其话语的特点，只能是在崇高的骑士考验小说的背景之上，在非文学的雄辩演说体（传记、自白、说教等）的背景之上，以及在巴洛克体裁小说的背景之上。只有在这样的背景上，才会非常清晰地显露出骗子小说中处理主人公及其话语的根本的新颖之处和深刻之处。

主人公，也就是进行开心的哄骗的人，在这里是同任何激情都无缘的，无论是英雄的激情还是感伤的激情；这种格格不入得到了着意的突出的表现。主人公反对高昂激情的本质，是处处可见，从为后来叙述定调的主人公诙谐的自我介绍起，直到结尾止。主人公同考验小

---

① 我们说的当然是纯粹的古典戏剧，是体现这一体裁理想境界的戏剧。现代现实主义的社会戏剧自然可能是杂语性的，包含多种语言。——作者

② 这里我们没有涉及喜剧对小说的影响问题，没有涉及有些类型的骗子、小丑和傻子可能渊源于喜剧的问题。不论这些类型的来源如何，它们到了小说中，功能是要发生变化的；而且在小说的条件下，这些形象会展现出自己全新的能力。——作者

说里作为主人公形象基础的那些范畴(基本上是雄辩演说体的范畴)都不发生关系,例如同任何法庭、任何辩护或起诉、辩解或忏悔都是绝缘的。在这里,写人物的话语获得了根本上全新的语调,它同任何高亢激奋的严肃性都是格格不入的。

然而,正如我们已经指出的,这些崇高激情的范畴却完完全全决定了考验小说的主人公形象和大多数雄辩体里人的形象,如传记体(颂扬、夸赞)、自传体(自我颂扬、自我辩解)、自白体(忏悔)、法庭和政治演说(辩护—起诉)、雄辩体讽刺(高亢的揭露)等等。如何处理人的形象,如何选择特征,如何把特征连接起来,如何把行为事件同主人公形象结合起来——这些完全取决于是要维护他、夸赞他、颂扬他,还是相反要控告他、揭穿他,如此等等。这里的基础,是对人的一种规范的固定不变的认识,这种认识排除了人会有任何重要的发展变化,因此主人公只能得到或者完全肯定的评价或者完全否定的评价。此外,在诡辩小说里,在古希腊罗马的传记和自传体里,后来在骑士小说、考验小说以及相应的雄辩体裁中,那种决定主人公形象的对人的认识理解,主要建立在法庭雄辩诸范畴的基础上。人的统一和他的行为(行动)的统一,带有雄辩的法律的性质,所以从后来的个性心理学的角度看,就显得是外在的统一和形式上的统一了。无怪乎诡辩小说是脱离了雄辩者现实的法律和政治生活,通过法学幻想才产生的。是雄辩演说里对“罪行”“功勋”“建树”“政治真理”等等的分析和描绘,为小说分析和描绘人的行为提供了模式。这种模式决定了行为的统一和行为的无条件的定性。个人的描绘就是建立在这些模式的基础上的。然后,围绕这个雄辩和法制的核心,才分布开惊险的、色情的和(粗糙的)心理分析的作品。

不错,除了从这种外在的雄辩体的角度对待个人的统一和个人的行为之外,有的还从自白、“忏悔”的角度来对待自己本人。这个角度有着塑造人的形象和表现人的行动的自己的模式(从奥古斯丁时代起)。不过,自白体关于人的内心世界的主题(以及相应的塑造内心形象的方法)对骑士小说和巴洛克小说的影响极为有限;这一影响变得强大是在很久以后,已经是现代的事了。

正是在这个背景上,首先鲜明地看出了骗子小说的消极作用,就是破坏了个人、行为、事件的雄辩体的统一性。谁是"骗子"?是小癞子吗?是吉尔·布拉斯?还是别的什么人?这是罪人还是正派人?恶人还是善人?胆小鬼还是勇士?能够说他的建树、罪行、功勋足以形成和决定他的面貌吗?他处于维护和控告之外,颂扬或揭露之外;他不懂得忏悔,也不懂得辩解;他不符合任何的规范、任何的要求和理想。从雄辩体里实有的统一个性角度看,他并不统一,并不始终一贯。在这里,人似乎摆脱了这些假定统一体的任何桎梏,不在这种统一体里形成自己和完成自己;人在这里却要挖苦讥笑这些统一体。

人和行为之间、事件和其参与者之间的一切旧联系全都瓦解了。在人和他的外在地位(职位、尊严、阶层)之间暴露出严重的脱节。在骗子的周围,被人们郑重而又虚伪地占据的高位和尊称,不管是宗教的还是世俗的,全都要变成面罩,变成化装舞会上的服饰,变成道具。处于开心的哄骗这一气氛中,所有这些尊称和高位莫不发生变化,失去分量;它们的情调会从根本上转变。

发生这种根本转变的,如我们前述的那样,还有与人的特定地位融成一体的高雅的语言。

小说的话语正和小说的主人公一样,不把自己束缚在任何一种已有的统一的语调之中,不把自己完全交给任何一个表示评价的语调体系;即使在小说话语不事模拟讽刺、不表讥笑的情况下,它也宁愿完全不带任何情绪,只是冷静地叙述。

骗子小说的主人公同考验和诱惑小说的主人公是相互对立的;他对什么都不讲忠诚,什么都可以背叛,可即使如此他却忠于自己,忠于自己那个反对高亢激奋的少信多疑的特点。这里渐渐成熟了一种新的对个人的认识;这不是雄辩体的认识,也不是自白体的认识。它还正在摸索自己的话语,为自己的话语培育土壤。在确切的意义上说,骗子小说还不能合奏出自己的意向,但在很大程度上为这种合奏作了准备:使话语摆脱了高昂激情的令人窒息的重压,摆脱了所有僵死而又虚伪的语调;使话语变得轻松,在一定程度上也变得空泛。骗子长篇小说的意义就在于此,并以此与下列作品并列一起:讽刺性和模拟讽刺性的短篇骗子故事、模拟讽刺性的叙事诗、围绕小丑和傻子形象的相应的系列短篇小说。

所有这一切就孕育出了《堂吉诃德》这样的第二条路线小说的伟大范例。在这类关键性的伟大作品中,长篇小说体做到了名实相符,调动了自己的一切潜力。在这里,真正的双声小说形象达到完全的成熟,获得充分的特色,深刻地区别于诗歌的形象。如果说被高昂的谎言所歪曲的人物,在模拟讽刺性的骗子小说和小丑小说里,在开心的哄骗这种轻松气氛下,会变成艺术性的直言不讳的半张假面具,那么到了这里半张假面具便要变成真正的小说人物形象。各种语言不再只是纯粹争辩性的讽刺模拟的对象,或自成目的的讽刺模拟的对象。它们一方面不完全丧失讽刺模拟的意味,另一方面又开始实现艺术描绘的功能、公正合理地描绘的功能。小说学会运用所有的语言、所有的姿态、所有的体裁;小说强迫所有老朽过时的世界、所有在社会性和思想性上格格不入和相距遥远的世界都用各自的语言,以各自的风格来讲述自己。作者则在这些语言之上,形成自己的意向和语气,并使这意向和语气同上述语言对话式地结合在一起。作者把自己的思想融进他人语言的形象中去,却不强加于这一语言意志,不强行改变这一语言的自身特色。主人公讲述自己和自己世界的话语,有机地内在地同作者讲述主人公及其世界的话语融于一体。像这样两种观点、两种意向、两种情感内在地结合于一种话语中,这一话语的模拟讽刺性便要获得特殊的性质:被讽刺模拟的语言会对他人的讽刺模拟的意向产生对话式的对立;在形象自身中开始听到一场没有结束的谈话,形象成了不同世界、观点、语气公开而生动地相互作用的结果。由此才可能变换这种形象身上的着重之点,才可能对形象内含的争论采取不同的态度、不同的立场,因之也会有对形象本身的不同解释。形象成为多义的东西,犹如象征一样。这样便塑造出来一些不朽的小说形象,它们在不同的时代有着不同的意义。举例说,堂吉诃德的形象在后来的小说史上,表现过不同的侧重点,有过不同的阐释;而且这样变换侧重,这样阐释纷纭,都属这一形象必不可少的和有机的进一步发展,都属形象内部的未决争论的继续。

不同形象的这种内在对话性,在第二条修辞路线小说的经典楷模中,是同整个杂语的普遍对话性联结在一起的。这里揭示和体现了杂语的对话实质;不同语言相互呼应,相互映照①。一切重要的作者意向全变为合奏,全在不同角度上通过时代杂语的不同语言折射出来。只有次要的、纯粹说明性的、旁白性的成分,才出现在直接的作者话语中。小说语言成了多种语言艺术地组织起来的一个体系。

为了补充和说明我们对小说修辞第一和第二条路线所作的区分,还需要指出两点,以便揭示第一和第二两条修辞路线的小说对待杂语的不同态度。

如上所述,第一条路线的小说引进了众多日常生活和半规范性的体裁,目的在于排挤掉这些体裁中粗鄙的杂语,到处都代之以同一面貌的"高雅化"了的语言。这样,小说就不是众多语言的百科全书,而是众多体裁的百科全书了。当然,所有这些体裁都以相应的杂语构成的对话化背景为基础,杂语中的各语言在争论中或遭到否定或得到净化;不过这种杂语构成的背景却只留在小说之外。

就是在第二条路线里,我们也看到了追求成为体裁百科全书这种愿望(虽然程度较轻)。只要举出《堂吉诃德》就够了。这本书里有十分丰富的插入体裁。但插入体裁的作用在第二条路线的小说中发生了剧烈的变化。在这里它们服务于一个基本目的:把杂语——同时代众多的语

---

① 我们已经说过,第一条路线上高雅化了的语言具有潜在的对话性,这一语言同鄙俗杂语形成了辩论关系。上述的一切都在这里得到了体现。——作者

言引进小说。非规范的体裁(如日常体裁)引进不是为了将它们"高雅化""规范化",倒恰是利用它们的非规范性,可以把非标准语(甚至方言)引入小说。一个时代的众多语言都应该在小说中有所体现。

在第二条路线小说的土壤上,形成了一种要求,它在后来常常作为小说体裁的基本要求提出来(用以区别于其他的叙事体裁),一般表述为:小说应是时代的充分而全面的反映。

这项要求应该用另一种方式来表述:小说中应该体现一个时代所有的社会意识的声音,也就是一个时代所有较有分量的语言;小说应是杂语的小宇宙。

如此表述的这项要求,的确内在地包含在对小说体的一种见解中;正是这种小说观决定了现代长篇小说一个极重要类型的创造性发展,而以《堂吉诃德》为其起点。到了教育小说中,由于反映个人奋斗成长和发展的主题,本身便需要充分描绘主人公经受考验、奋斗成长的那些世界、声音、时代的不同语言,上面说的那项要求又获得了新的意义。自然,不单是教育小说有理由要求这样全面(囊括一切)地反映各种社会性语言,这一要求还能够同其他各式各样的目标有机地结合起来。例如欧仁·苏的小说力求全面地描绘社会上的种种领域。

要求小说充分体现一个时代的社会性语言,是以正确理解小说中杂语的本质为基础的。任何一种语言要充分展示自己的特色,只有当它在同一个对立统一的社会发展过程中,同所有其他的语言相互比较的时候。小说中的每一种语言,都是现实社会阶层及其代表人物的一种观点,一种社会的和思想的视野。如果一种语言不令人感到是那样一个特殊的社会的和思想的视野,它就不能成为合奏的材料,不能成为语言的形象。从另一方面说,小说里任何一种重要的看待世界的观点,都应是具体的、体现于社会之中的观点,而不应是抽象的纯粹的思想立场,因之就应该有自己的语言,同这个语言构成有机的统一体。小说不是建筑在抽象的思想分歧上,也不是建筑在纯粹的情节纠葛上,而是在具体的社会杂语上。因此,小说所追求的充分体现种种观点,指的也不是逻辑上、体系上、纯粹意义上的充分体现各种可能的观点。相反,这是指历史地具体地充分体现实际存在的社会性的和意识形态性的种种语言。后者在这一时代里相互作用着,同属一个处于形成中的对立统一体。任何一种语言,如果处于同一时代其他许多语言的对话化背景之上,处于同其他语言的直接对话式的相互作用之中(在直接的对话中),就会开始变为另一个样子,与作为所谓"自在"之物时(不同其他语言比较时)显然不同。只有处于时代杂语的整体之中,个别的语言,它们的作用和真正的历史含义,才能被彻底揭示出来;正像某段对话中个别对语的最终含义,只有在这段对话已然结束,所有的人都已说完,亦即在整个谈话的上下文之中,才能够揭示出来。比如出自堂吉诃德之口的阿玛基斯的语言,只有在塞万提斯时代各种语言对话的整体中,才能完全揭示自己,充分展现自己的历史意义。

再谈第二点,同样是要说明第一和第二两条路线的区别。

与主张文学性范畴相反,第二条路线的小说提出了对文学语言本身的批评,而且首先是批评小说话语。话语的这种自我批评,是小说体裁的一个重要特点。话语遭到批评的,是它对现实的态度,即它的下列奢望:正确地反映现实,左右和改变现实(这是话语的空想),作为代用品取代现实(顶替生活的幻想和杜撰)。早在《堂吉诃德》中,就已用生活、现实来考验小说的文学话语了。在其后的发展过程中,第二条路线的小说相当大的部分仍然是考验文学话语的小说。这种考验有两种类型。

第一种类型对文学话语的批评和考验集中围绕着主人公——用文学眼光看生活、希图"按照文学样子"过生活的"文学人物"。《堂吉诃德》和《包法利夫人》是这一类型最著名的范本。不过,"文学人物"及与之相关的对文学话语的考验几乎在任何大型长篇小说中都可见到;巴尔扎克、陀思妥耶夫斯基、屠格涅夫等人的所有主人公,或多或少都是这样的;区别只在于这一因素在小说整体中所占的比重不同罢了。

第二种类型的考验小说,把写小说的作者引入作品(用形式主义者术语来说,叫作"手法的暴露"),但不是让他做主人公,而是做这部作品真正的作者。与直接展现生活的小说同时,又出现了一些片段,是"讲小说的小说"(经典的范例自然是《项狄传》)。

其次,对文学话语的这两种考验可能结合成一体。例如早在《堂吉诃德》里就已经有些因素,是讲小说的小说(作者与伪造的第二部的作者进行辩论)。再次,对文学话语的考验形式可以是十分不同的(第二种类型的各种变体特别纷繁多样)。最后,必须特别指出:对被考验的文学话语进行讽刺性模拟的程度有深浅的不同。一般说来,考验话语总与讽刺模拟这个话语结合在一起。但讽刺模拟的程度,以及被讽刺模拟的话语进行对话式抗拒的程度,可能是极不相同的:从外表的粗糙的(无其他目的)文学性讽刺模拟,直到同被讽刺模拟话语几乎完全地结合("浪漫主义的讽刺")。在这两个极端中间,也就是在表面的文学性讽刺模拟和"浪漫主义讽刺"两者中间,则是《堂吉诃德》,连同它那讽刺模拟话语的深刻却不失之偏颇的对话性。作为例外的情形,小说中对文学话语的考验,也可能完全不带讽刺模拟的性质。这种考验的一个有趣的新例,就是普里什文的《大雁故乡》。在这里,文学话语的自我批评(讲小说的小说)演变成了毫无讽刺模拟意味的讲创作的哲理小说。

就这样,第一条路线的文学性范畴(连同它企图起积极作用的武断的要求),在第二条路线小说里一变而为对文学话语的考验及文学话语的自我批评。

到19世纪初,小说两条修辞路线的尖锐对立宣告结束,如《阿玛基斯》对《巨人传》和《堂吉诃德》,崇高的巴洛克小说对《痴儿历险记》、索莱尔小说、斯卡龙小说,骑士小说对讽刺模拟体的叙事作品、讽刺短篇、骗子小说,最后是卢梭、理查逊对菲尔丁、斯特恩、让·保罗等。自然,时至今日仍可以看到两条路线各自多多少少较为独立的发展,只不过这种情况都不属于现代小说的主流。19和20世纪小说中,稀为重要的各种类型全带有混合的性质,而且占主导地位的不言而喻是第二条路线。很能说明问题的一点是,甚至在 19 世纪纯粹的考验小说里,修辞上居优势的也是第二条路线,尽管其中第一条路线的成分还比较有力。可以说,到 19 世纪初第二条路线的特征成了整个小说体裁的基本的决定的特征。小说话语施展出了它自己独有的特殊的修辞潜力,恰恰是在第二条路线中。第二条路线一劳永逸地发掘了深藏在小说体裁中的种种潜力;小说在这条路线中形成了今天这个样子。

第二条修辞路线的小说话语的出现,需要怎样的社会方面的前提呢? 这种小说话语形成的时候,是已经创造出了有利的条件使众多语言相互作用、相互映照,使杂语由"自在的存在"(当语言互不相识或互不理睬的时候)转变为"自为的存在"(当杂语中众多语言相互揭示并相互构成对方的对话化背景之时)。杂语中的各种语言仿佛是相对而挂的镜子,其中每一面镜子都独特地映出世界的一角、一部分;这些语言迫使人们通过它们互相映照出来的种种方面,揣测和把握较之一种语言、一面镜子所反映的远为广阔的、多层次的、多视角的世界。

面对充满天文、数学、地理方面伟大发现的时代(而这些发现打破了旧宇宙的极限和封闭,打破了数值的极限,拓宽了地理学中的旧世界),面对冲破了中世纪话语和思想集中化的文艺复兴和新教时代,唯一可以与之相称的就是伽利略式的语言意识;这样的语言意识恰好体现在第二条修辞路线的小说话语中。

最后,讲几点方法论上的意见。

传统修辞学只熟悉托勒密式的语言意识,面对真正的小说特点显得束手无策。传统修辞学的各种范畴以统一的语言为基础,以这一语言的所有成分都直接地平等地表现意向为基础,所以不适用于这种新的小说;他人话语和假定性的间接话语,对构成风格具有的巨大意义遭到忽视。所有这一切导致了这样的结果:对小说作品的修辞分析被偷换掉了,代之以对这部作品语言(或者更糟些是对这位作者的语言)

进行一般的无关痛痒的语言学描写。

然而这样一种语言描写本身对理解小说风格是毫无裨益的。而且，即使作为语言学的语言描写，从方法上看也是不足取的，因为小说里有的不是一个语言，而是众多语言。它们相互结合，构成一个纯粹修辞的统一体，而绝非构成一个统一的语言（这不像一些方言成分结合之后可以形成一个新的方言统一体）。

第二条路线的小说语言，不是由众多语言混合而成的一种语言；如我们多次指出的，这是属于不同层面的多种语言结合而成的一个特殊的艺术体系。即使我们先不说人物的言语和镶嵌的体裁，仅仅作者言语本身也仍是由众多语言构成的一个修辞体系：作者言语的大部分是效仿（直接师法或为讽刺而模拟，或径直挖苦）他人的语言；作者的话里到处散见他人的话语，根本不加引号，形式上属于作者言语，但显而易见语气是挖苦、讽刺、争辩，或者还带着其他的假定性，所以不会出自作者之口。把参与合奏却分散各处的所有这类词语都归之于这位作者的统一的词汇，把参与合奏的词语和形式的语义和句法特点都归之于作者语义和句法的特点，换言之，把所有这一切都当作某种统一的作者语言的语言学特点来加以描写，是毫无道理的事；这就好像把作为对象描写的某个人物的语法错误，当成是作者本人的语言特征。所有这些参与合奏却分散各处的语言成分当然带着作者的语气，归根结底受到作者艺术意图的决定，完全为作者的艺术责任感所左右，但是它们不属于作者语言，也不能同作者语言平起平坐。提出描写小说语言的任务，从方法论上说是毫无意义的事，因为这种描写的对象（亦即统一的小说语言）根本上并不存在。

小说里存在的是不同语言构成的艺术体系，确切些说是不同语言形象的艺术体系。对小说进行修辞分析的真正任务，在于揭示小说中实际存在的合奏的语言，确定其中每种语言同作品最终文意距离的远近，弄清各种语言折射意向的不同角度，理解不同语言对话中的相互关系。最后，如果作品中有直接的作者语言，还要确定作品以外的使作者语言对话化的杂语背景(这最后一项任务,对第一条路线的小说来说是基本的任务)。

完成这些修辞任务的前提,首先是从艺术上思想上深刻理解小说①。只有取得这样深刻的理解(当然要借助于各种知识),才能把握作品整体的重要的艺术意图,并从这种意图出发去感受一些语言成分在同作品最终文意的距离上存在的细微差别,感受在不同语言及其不同成分上作者语气的细腻意味,如此等等。任何语言学的观察,不论它多么精微细密,永远也不能揭示出作者意向如何在不同语言及其成分之间流动变化。从艺术上和思想上深入领会小说整体,这一点应该始终统率对小说的修辞分析。同时不可忘记,引进小说的不同语言已经转化为语言的艺术形象(这已不是语言学里的那个本来面貌),而这一转化的形式可能有较高或较低的艺术性,可能比较成功或不大成功,可能比较符合或不太符合被描绘语言的精神和力量。

不过当然,光有艺术上的深入体会还不够。修辞分析会遇到一系列的困难,特别在分析久远时代和他种民族语言的作品时,这里的艺术感受不可能依靠现实的语感。在这种情况下,说得形象些,整个语言由于距我们十分遥远,似乎全处于一个平面上,语言里感觉不出第三维,感觉不出层次和距离的差别。这里语言学对该时代各语言体系和语体(社会的、职业的、体裁的、流派的等等分野)所做的语言史研究,会给予重大帮助,会复现小说语言中的第三维,把语言区分开来,间隔开来。当然,就是研究现代作品,语言学也是修辞分析所不可缺少的支柱。

但只说到这里也还不够。如果对那一时代的杂语状况、不同语言的对话缺乏深刻的理解,小说的修辞分析也不会富有成效。可是要理解这种对话,要在这里第一次听得出来这种对话,仅仅熟悉各种语言的语言学面貌和修辞面貌是不行的;还必须深刻理解每种语言的社会

---

① 这种深刻理解也包含着对小说的评价,而且不只是狭义的艺术上的评价,还有思想上的评价,因为离开评价也谈不上艺术的理解。——作者

含义和意识形态含义,必须准确地了解那个时代不同意识形态的所有声音在社会上的分布情况。

分析小说风格又会遇到一种特殊的困难,其起因是任何语言现象都处于迅速发展的两种变化过程之中:一个是规范化过程,一个是语气转换过程。

引入小说的杂语成分,有一些如方言土语、职业技术用语等等,可以用来参加合奏作者的意向(因此是一种假定性的用法,保持一定距离),另一些虽同前者相似,此时却已丧失了自己"舶来"的味道,已被标准语规范化,因此在作者的感觉中它们不属于方言体系或职业行话体系,而属于标准语体系。说它们有着合奏功能将是一大谬误,因为它们已同作者语言处于同一平面上;倘使作者语言不与现代标准语一致,那它们就将处于另一种合奏语言(也是标准语而非方言)的平面上。所以有的时候很难确定哪些成分作者已认为是标准语中的规范成分,哪些成分他还感到是杂语成分。所分析的作品距离现代意识越远,这个困难就越大。恰恰是在杂语最繁复的时代,也就是当不同语言特别紧张而有力地相互交锋相互作用的时候,当杂语从四面八方侵入标准语的时候,换言之是在对小说最为有利的时代,杂语成分极容易迅速规范化,从一个体系转移到另一个体系中去:从日常生活进入标准语,从标准语转入日常语言,从职业语进入一般生活中,从一种体裁转入另一种体裁中,如此等等。在紧张的斗争中,相互间的界线同时既有变得明显的,也有趋向消失的;有时就难以判断它们在何处失去了界线,争斗的一方已经越过敌手的边界。这些便给分析带来了巨大的困难。在较为稳定的时代,语言就偏向于保守,规范化进程比较缓慢而且困难,人们易于发现。不过应该说明一点:快速规范化所造成的困难,只涉及修辞分析的一些细枝末节(主要是在分析散见于作者语言中的他人话语时);至于说理解主要的合奏语言,理解意向流动变幻的基本轨迹,那么规范化是不会起妨碍作用的。

第二个过程即语气转换却要复杂得多,并且能够对理解小说风格造成重大的歪曲。这一过程关系到我们如何感受存在着的距离和作者种种假定性的语气。这一过程会导致我们听不出语气的细微意味，常常又干脆把这些细微意味化为乌有。我们已经说过，某些类型的双声语听起来很容易失去自己的第二个声音，而同单声的直接话语融为一体。举例说，恰是当讽刺性模拟不局限于自身目的而有着描绘功能的时候，这种讽刺模拟在一定条件下能很容易很迅速地从人们的感受中完全消失，或者变得极其微弱。前面我们说过，在真正的小说形象中，被讽刺模拟的话语对讽刺模拟的意向要给以内在的对话式的反抗。这是因为话语并非是攥在艺术家手里的僵死的客体性材料，它是活生生的连贯的对自身始终不渝的话语。它可能变得过时，变得可笑；可能表现出自己的狭隘和片面，但它的含义一经出现便永远也不会彻底消失。当条件发生变化时，这个含义会迸发出新的灿烂的火花，把附在它身上的客体性的表皮烧掉，这样一来也就使模拟讽刺的语气丧失了真正的土壤，把这一语气遮掩起来或完全消除。与此同时，还应记住任何深刻的小说形象都有如下的一个特点：加之于这个形象身上的作者意向，是呈曲线发展的，话语和意向之间的距离总在不断变化，也就是说折射角度在改变。在曲线顶端，作者同自己的形象很可能完全重合，他们的声音融为一体。在曲线的低点上，相反可能出现形象的完全客体性，由此又产生对这一形象的粗糙的缺乏深刻对话性的讽刺模拟。作者意向同形象的融合、形象的完全客体性——这两者可能在不长的一段作品中急剧交替（例如普希金对奥涅金形象以及部分地对连斯基形象的处理）。当然，作者意向的运动曲线，起伏有大有小；小说形象的稳定平衡，程度有深有浅。当感受理解形象的条件发生变化时，曲线可以没有剧烈的起伏，甚至干脆变成一条直线，因为此时形象整个地成为表现直接意向的形象，或者相反变为纯粹客体性的形象、明显的讽刺模拟的形象。

小说中形象和语言的语气转换是受什么决定的呢？是促使它们对话化的那个背景发生变化造成的，换句话说，是杂语成分中发生变化造成的。一个时代各种语言之间的对话关系一经出现变化,形象的语言听起来便要开始变样,因为对它的看法不同了,理解它所依据的促使它对话化的那个背景也不同了。在这种新的对话关系中,在形象身上和它的语言身上,都会加强和深化形象自身的直接的意向性;或者正好相反,形象可能变成完全客体性的东西,喜剧形象会变成悲剧形象,被揭露的形象会变为揭露别人的形象,如此等等。

在这一类语气转换的情形中,倒不见有粗鲁地破坏作者意向的表现。不妨说这个过程是发生在形象自身之中,而不仅仅在变化了的理解形象的环境中。这个环境只是实现了原已存在于形象身上的意向(当然同时却削弱了另一些意向)。在一定程度上有权说,形象在某个方面比过去是理解得更好,听得更清楚了。至少这里是某些不理解同新的深入的理解两者相互结合起来。

在一定的范围内,语气转换的过程是无可避免、合乎规律的,甚至是很常见的。但这个范围很容易被突破,那就是当作品距我们很远,我们开始在同它完全格格不入的背景上来理解它的时候。此时作品可能发生语气转换,因而从根本上遭到歪曲。旧时的小说中,很多很多都是这样一种命运。但特别有害的是一种庸俗化简单化的语气改换,这样改换语气在所有方面都低于作者(及其时代)的理解水平,把双声的形象变为呆板的单声形象,即理解成矫揉造作的勇士形象、感伤动人的或相反幼稚可笑的形象。比方说对连斯基的形象,如果照直地作"严肃"的理解,甚至把他的讽刺模拟诗"何方,你去了何方?"也当真地看待,便是一例。再如把毕巧林完全当作马尔林斯基笔下主人公那种类型的英雄,也是如此。

语气转换过程在文学史上具有重大的意义。每一个时代都依照自己的意思,变换不久前作品的语气侧重。典范作品的存在历史,实际上就是它在社会和思想意识方面不断出现语气转换的过程。它们由于本身蕴含着意向潜力,到了每一个时代都能够在新的促进对话化的背景上,不断展现新的文意。它们蕴含的意思可以说是在继续增加,进一步发展。它们对后世创作的影响,同样不可避免地也包括语气转换的因素。文学中一些新的形象,往往是通过旧形象的语气转换塑造出来的,是通过由一个语气区转到另一语气区塑造出来的,如从喜剧方面转到悲剧方面,或者相反。

狄贝利乌斯在自己的书中举出了有趣的例子说明这种通过旧形象的语气转换塑造新形象的情形。英国小说中各种职业和各种阶层的典型,如医生、律师、地主,最早是出现在喜剧体裁中,然后转入小说里次要的滑稽的层次上,作为次要的客体性人物,而后才移到小说里的崇高层次上,才能成为小说的主要人物。把主人公从滑稽层次转入崇高层次的一个重要方法,就是在不幸和痛苦中描绘主人公。主人公的痛苦可以将滑稽人物转移到另一个区域中,即崇高的层次。举例说,传统的喜剧性的悭吝人形象,一直上升到悲剧性的多姆比形象,便有助于把握新的资本家形象。

诗歌形象向小说形象的语气转换,或者相反方向的语气转换,具有特殊的意义。中世纪讽刺模拟性的史诗就是这么产生的,它在形成第二条路线的小说方面起了重大作用(与史诗同时而完成了这类小说的经典作家,是阿里奥斯托)。形象的语气转换对于文学形象转移到其他艺术(话剧、歌剧、绘画)中去也有着巨大的意义。一个经典的例子,就是柴可夫斯基在《叶甫盖尼·奥涅金》中实现了相当重大的语气转换,因为减弱了小说形象的讽刺模拟性质,从而对庸俗地理解这部小说中的形象给予了重大的影响①。

这就是语气转换的过程。应该承认它在文学史上有过重要而积极的意义。当对遥远时代的小说进行客观的修辞分析时,必须时时考虑到这个过程,把所研究的风格同相应时代杂语构成的对话化背景严格地对应起来。与此同时,要估计到后来这部小说中形象(如堂吉诃德的形象)所发生的一切语气转换也具有巨大的启发意义,能加深和

---

① 歌剧、音乐、舞蹈(讽刺模拟舞)中讽刺模拟的和讥讽的双声语(确切说是语言的类似物)问题,是饶有趣味的问题。——作者

扩大对小说形象的艺术性思想性的理解。我们再重申一次,这是因为伟大的小说形象即使在诞生之后也还继续地成长和发展,在远离初次问世的其他时代能够发生创造性的演变。

*　　　*　　　*

社会性杂语——这在长篇小说这一体裁的整个历史上是小说风格的基础。在它那些最伟大的范本中,杂语性达到了最大和最突出的程度。而这一杂语性的基础,是社会的阶级分化。

我们这里已经有条件,可以从根本上弄清楚这一杂语性的基础所在。到无阶级的社会中,杂语性将不再毫无出路,不再那么严重歧异,不再那么举足轻重,换言之它将失去在长篇小说中帮它建构风格的一切因素。可以认为,在无阶级社会中长篇小说会丧失自我发展的土壤。可以认为,长篇小说将被史诗取代,但这是一种特别的史诗,它建立在无限扩大了的社会基础之上。

有一点毋庸置疑:在无阶级社会中长篇小说应大加改造。它如今就已在改变。长篇小说中语言的无家可归,长篇小说的语言缺失,这些都已在克服之中。开启了有史以来新的最伟大的话语与意识形态生活的集中化。我们确实在走向统一的语言,但不是趋向统治集团的语言,那种以压制和漠视语言中杂语为代价换来的统一,也不是趋向抽象范式的语言统一,而是趋向充盈着思想的语言,趋向统一语调的系统。这种中心化的统一,从里向外渗透到各种话语,改造它们,深化它们,丰富它们,而非抽象地将它们整齐划一。

这个话语和思想意识趋向中心化的过程本身,今天正处在社会性极其尖锐的斗争环境中。杂语还有着充分的生命力。当然,这个杂语中的对话结构,不同语言与声音的相互配置,都从根本上有了改变,因为出现了强有力的中心,在这场对话中出现了决定性的和不容置疑的话语。不过,杂语还在,因此小说体裁的基本前提也还在。

　　小说体裁即便到无阶级的社会里也会存在,因为那里也还会有杂语存在,尽管它将失去自己的阶级锋芒。由于这个原因,如我们所说,小说体裁不可避免地要发生极深刻的变化,不过它的修辞特色——双声语和多语对话机制,杂语合奏同一主题,这些在变化了的基础中依然会得以保留。

1934 至 1935 年

白春仁　译

教育小说及其在现实主义历史中的意义

内容提要

1937 年

目　录

前 言

一、从社会主义现实主义的任务这一观点来看,长篇小说的体裁问题具有特殊的意义。现实主义文学的历史发展与长篇小说的体裁(现实主义可能存在的全部体裁)之间的特殊联系。现实主义是对先前整个人类艺术发展的总结。马克思、恩格斯、列宁和斯大林对现实主义的评价。在新时代,深刻地现实主义地反映现实是在长篇小说这一体裁中实现的。马克思和恩格斯论现实主义小说。历史地揭示和研究长篇小说体裁及其形形色色的不同体裁的变体的必要性,这些变体是现实主义地研究现实时所表现出不同的深刻程度。对历史上长篇小说不同变体的分类所做的最重要尝试的批判性评述。

二、按主要人物的构建原则来划分长篇小说体裁的不同类型:1.漫游小说;2.考验小说;3.传记小说(自传体和自白型小说);4.教育小说(成长小说);5.19 世纪的综合性小说。对构成小说主人公的每一个原则做初步的简短评说。长篇小说具体的历史变体和单独作品,在大多数情况下不会出现某一原则的纯粹形式,但他们总是明显地表现出其中一个原则要优于另一个。因为,小说的所有因素是相互渗透的。占优势的形成主人公的那一原则与一定的题材相联系,与一定的情节类型相联系,与构成主人公世界的一定方法相联系,与布局原则的一定特点相联系。前四类长篇小说对于第五类小说——19 世纪伟大的综合性小说(司汤达、巴尔扎克、狄更斯、萨克雷、托尔斯泰、陀思妥耶夫斯基等人的小说)的发展所具有的意义。

三、主人公形象的构建原则的绝对重要性。在形象中表现出现实主义地认识人的深刻程度,理解人在世界中作用的深刻程度,因而也是理解历史过程与社会联系的深刻程度。人的形象是作家整体艺观的组织中心。

在长篇小说体裁中,这一形象在绝大多数情况下又是作品思想艺术的组织中心。从人物形象的构成原则来对长篇小说的不同变体做分析,最令人担心的是坠入形式主义和单纯技巧性的泥坑,所以,我们在这里要寻找作品思想本身的中心点,与此同时,这一分析不能脱离开作品的艺术特点,思想性分析不能变成抽象的议论。

四、长篇小说的每一种历史变体是在特定的视角下对世界的特定的反映方法。每一种变体的本身所固有的无可置疑的客观性、现实主义程度。艺术上的现实主义深度如何,对我们来说又是评价该变体的以及具体作品的绝对标准。现实主义地反映世界的深度如何不可避免地与该变体的地位以及该作品在阶级斗争中的地位联系在一起,与相应进步思想和艺术家的意愿相联系,与在这些思想和意愿中反映出人民大众的思想和愿望的程度相联系。真正的现实主义和真正的人民性是用马克思列宁主义和斯大林思想的统一标准来理解和评价古典文学遗产的两个方面。对现实主义小说的基本发展阶段的庸俗社会学观点的批判。

第一章　长篇小说的历史类型
(按主要人物的构建原则分类)

第一节　漫游小说

长篇小说体裁第一个最简单的变体是漫游小说。主人公在这里丧失了重要的评述,找不到本身在小说家艺术关注中的中心位置。主人公在空间中的运动是恒常的、本质上说是个中性的范围,是对一系列传奇惊险事件的体验。主人公的活动和遇到的惊险事件使得小说家能够在空间中一显身手——存在着地理上和社会上丰富多彩的世界：国家、城市、民族、文化、形形色色的社会集团以及他们的日常生活。

这一类型主人公的布局以及长篇小说的结构特点，首先表现在古希腊罗马的自然主义小说上：就彼特罗尼乌斯的作品而言（恩科里及其朋友在地理和文化方面的漫游——主要是展现罗马帝国形形色色的社会现象），还有阿普列乌斯的作品（驴子鲁巧的漫游）。

这一类型主人公的布局，形态上稍有不同（与大部分具体的主人公形象结合在一起），却构成了欧洲骗子小说的基础：《托尔梅斯的拉扎里奥》《阿尔法拉切的古斯曼》《弗朗西昂》《吉尔·布拉斯》等等。那一主人公构成原则更为复杂的形式，是笛福的惊险骗子小说（《辛格尔顿船长》《摩尔·弗兰德斯》等作品），也是斯摩莱特的传奇小说（《蓝登传》《皮克尔传》《亨佛利·克林克》）。最后，这一类型与其他最复杂的形式一起成为19世纪传奇小说的基础。这一小说承续着的是一条骗子小说的路线。

世界具有丰富多彩的纯空间性质和静止概念，是漫游小说的基本特征。世界上千差万别的各种现象是在空间上并列毗邻的；而生活则是各种地位差别之间的交替：顺利与挫折、幸福与不幸、成功与失败等等。

时间范围的研究则显得极为薄弱。这一类型的长篇小说的时间，自然而然地丧失了重要的含义和历史的色彩：即使"传记时间"——主人公的成长，他从青年通过成年到老年的过程，要么完全缺失，要么徒具形式。这一类型的小说则对"惊险时间"做了加工，形成最接近时刻之间的毗邻——瞬间、小时、天日——把它们从时间过程的统一体中分离出来。这一小说的一般时间用语是："那一瞬间""下一瞬间""第二天""早晨""黑夜""超越""迟后""早于""晚于"等等（在描写冲突、战斗、决斗、群殴、抢劫、逃跑等等惊险事件时）。像"黑夜"这一惊险时间段具有特殊意义。

由于历史时间的缺失，只存在着差异与对照；一些重要的联系就完全不复存在；作为民族、国家、城市、社会团体、职业等等的社会文化现象的整体性的理解则全然消失。由此，对这些小说极具特色的是，便产生了对别国社会团体、民族、日常生活、"异国风情"等等的青睐，即对赤裸裸的差别、对照、他性的知觉。由此也产生了这一长篇小说变体的自然主义性质：世界被分割成一个个单独的物体、现象和事件，简单的毗邻或交替。小说中人的形象——初具轮廓的形象——却完全是静止不动的，就像其静止的周围环境一样。小说不懂人物的成长和发展。如果说有变化的话，也只是人的社会地位的变化（在骗子小说中，主人公从贫穷变成富翁，从无地位的流浪汉变成贵族），主人公本人在这种情况下依然故我。

与主要人物相遇的次要人物却描写得更为面面俱到。例如，彼特罗尼乌斯小说《萨蒂里孔》中的特里马尔西欧，普通人物的一系列光辉特征出现在西班牙的骗子小说中，在勒萨日的作品中等等。但所有这一切特征鲜明的人物都是静止的、外在的；主人公的"Gesinnung"①在这里还未能成为描绘的对象。

漫游小说的主要人物是孑然一身的个人，只有行动本身，自身不带有，也不具有小说行动时的任何重要的社会联系；他漫步在对比、可笑怪事、出其不意、荒诞不经的松散的世界里。

漫游小说也出现了自然主义风格的简洁扼要特征。这种小说的一切基本特征我们将举例来说明。

第二节　考验小说

第二类型的小说是建立在对主要人物的一系列考验上，考验他们的忠诚、大公无私、勇敢、美德、高雅、圣洁等等。在欧洲文学中，这是

---

① 德语:感情,思想等义。——译者

最广泛的小说变体。长篇小说整体上所取得的绝大部分成果都与它不无关系。

这一小说的世界是主人公战斗和考验的场所;事件、奇遇是主人公的试金石。主人公通常是定型而不变的。他的一切品质都是一开始就给定的,而在小说的整个过程中只是一次次重复,受考验,但本身不会变化。

考验小说也出现在古希腊罗马的大地上,而且有两个基本的变体。一个变体,我们可称它"古希腊小说",如《埃塞俄比亚传奇》《列弗基帕和克里托封》等等。

第二个变体是早期基督教圣徒传,特别是殉教圣徒传。

第一变体的"古希腊小说"是建筑在理想的男女主人公对爱情的忠诚和纯洁的考验基础之上的。几乎全部奇谈怪事,都在企图挑衅主人公的无过错、纯洁和相互忠诚。主人公性格的静止性、一成不变性以及他们的抽象的理想主义排除了任何的成长、发展,抛弃了他们所经历的、所目睹的、所感受到的作为改变和形成他们人生经验的任何东西。

在这类小说中,与漫游小说不同的是人物形象的成熟和复杂,这对随后的长篇小说史起到巨大的影响。这一形象本质上只有一个,但他的统一体是特殊的:它静止不动而且是真实的。古希腊小说是在"第二诡辩学派"影响下产生的,吸收了演说术的强词夺理精神,创造出基本上是雄辩的而又幽默的人物形象。而且在这里,人的形象深深地蕴蓄着法庭雄辩术范畴和有罪–无罪概念的主题,涵盖着诉讼、辩护、公诉、犯罪、美德、功勋,等等题材。这一切如此久久地笼罩着小说,决定了主人公在小说中的布局,是作为被告或辩护人出面的,使得小说成了某种对主人公的审讯。在古希腊小说中,这种类型还带有形式主义性质,但在这里,它已经创造了人物作为审讯、控或辩、罪行的载体或功勋的建立者主体的特殊统一体。在古希腊小说中,主人公的法律、诉讼雄辩术的概念,往往扩散到世俗的世界上,就把事件变成了复杂的案件,而物体就成了罪证,等等。

所有这些原则我们将在分析古希腊小说的具体材料时予以展开来谈。

在古希腊罗马的大地上出现的第二类考验小说的变体中,既作为人物形象,又作为考验思想的意识形态内容发生了巨大变化。这一变体是由早期基督教受难圣徒和其他圣徒(狄奥尼索斯,克雷芒金斯基的传奇故事等)哺育而成。这一变体的因素存在于阿普列乌斯的《变形记》(《金驴记》)中。这一变体的基础是考验圣徒受难的思想或者圣徒过失的思想。这一考验思想已经不带有像古希腊小说的那种外在的形式品格。主人公的内心生活,他的"Gesinnung",成为这一形象的主要因素。考验性格本身做了思想上的深化和明确,特别在描写那些被怀疑的忠诚考验。对这一考验型小说的变体来说,把惊险故事与问题和心理因素结合在一起,一般来说颇具特色。然而在这里,考验是在定型的教条式地传统理想主义观点上完成的。这一理想本身不存在运动,也没有成长。如此的考验型主人公是定型的,预先注定的,考验(苦难、诱惑、怀疑)不会成为主人公的构成经验,不会改变他,而主人公处在这一不变性中——这就是问题的一切。

考验小说的下一个变体是中世纪的骑士小说(很大部分是如此)。毋庸置疑,这种考验小说是受古希腊罗马两种变体的重大影响形成的。在骑士小说的范围中,这种多种多样、形式各别的类型是受考验思想的意识形态内容的细微差别决定的(在这一思想内容中多半存在着艳情的、基督教教会的、神秘论的因素)。12 至 13 世纪的诗体骑士小说和 13 至 14 世纪以及随后的散文体骑士小说(《阿玛基斯》和《帕尔曼里诺夫》之前的作品也应包括在内)的基本建构类型,做一简短的分析。

最后,最有意义的而且历史上最有影响力的考验小说的纯粹变体是巴洛克小说——杜费、斯居代里、拉·卡尔普列涅特、洛恩斯坦等作家。巴洛克小说善于从考验思想中汲取一切其可能存在的情节因素来构建大容量的长篇小说。所以,巴洛克小说比其他类型小说更能揭示出可以用来组织的一切考验思想,与此同时,它也暴露出在现实主义地描绘现实时所出现的局限性与狭隘性。

巴洛克小说是最纯洁、最彻底地表现出英勇主义的小说类型;它揭示出小说英雄化的特征与史诗的不同。巴洛克小说不允许描写任何中间的、正常的、典型的、一般的东西;这里的一切,其范围都是最大的,最宽广的。法庭雄辩术的激情,在这里也表现得最彻底、最鲜明。人物形象的组织,特征的选择,把这些特征联系成一个整体,把行为和事件("命运")塑造成主人公形象的方法,都是由对他的辩护(颂扬)所左右,对他的讴歌所决定,或者相反,也是对他的非难、揭露所制约。

在随后的几个世纪里,考验型巴洛小说的发展出现了两个分支:第一,英勇传奇小说(刘易斯、拉德克里弗夫人、华尔蒲尔等人)。第二,心理感伤主义小说(理查森、卢梭)。这些考验小说的变体之特征已发生重大变化,特别在后一个分支中,这里出现了弱者特殊的英勇主义,"小人物"的英勇化。

在上述考验小说的历史变体各不相同的情况下,还可以提炼出几个重要的共同点,这些共同点决定着欧洲小说史这一类型的意义:

第一,情节。考验小说的情节总是建立在脱离开主人公生活的正常轨道上,建立在如此独特的事件上和状态中,是典型的、正常的、一般人的传记中所不具备的。例如,在古希腊小说中,所描绘的大部分事件是在订婚与婚礼之间或是婚礼与结婚的初夜之间发生的,即这样的事件本该不应发生的。这些事件只把人生传记中两个毗邻的时刻相互之间拉长距离,或是切断正常的生活进程,但不会改变这一生活进程:情人或者未婚夫妇最终成为眷属,传记生活在小说的结尾步入正常轨道。这就决定了小说时间的特殊性质:它丧失了真实的传记时间的绵延。由此得出,既在古希腊小说中,尤其在小说中,偶然性所起的巨大作用。用惊险构筑起来的巴洛克小说中的事件,丧失了任何传记意义和社会意义,丧失了传记的典型性和社会的典型性,这些事件是突如其来的、从未有过的和离奇古怪的。由此也可以看出,在巴洛克小说的情节中,犯罪、任何反常的行为所起的作用,并带有血腥的、往往具有乖戾的(这些特征至今为那一路线上的惊险小说所具有,并通过刘易斯、华尔蒲尔、拉得克里弗夫人与巴洛克小说联系在一起)。

考验小在那些脱离开正常的社会生活和传记生活进程的地方开始自己的故事,而在生活重新步入正常轨道的地方结束自己的故事。所以,考验小说的事件,任凭它们是什么样子的,也不会创造新型生活(例外不能成为规则),不会创造因变化了的生活条件所制约的新人的传记。在小说的范围内,传记和社会生活依然与过去一样,不会更改。

第二,时间。首先我们在考验小说中碰到对惊险时间的进一步加工刻画及细致描写(这种时间是历史和传记所缺失的)。惊险时间在这里揭开了自身特殊的无限广阔性、无穷无尽性:时间中的惊险事件可能相互穿插起来,直至无穷。此外,在这里,特别在骑士小说中,出现了神话时间(在东方的影响下)。这一时间的特点是,正常的时间关系被破坏了:例如,一夜可以完成几年的工作,或者相反,数年时间倏忽而过(魔幻因素)。

因缺失历史和传记进程而构成的情节之特点,决定了考验小说中时间的一般特征:它丧失了真实的时间度量(历史的和传记的),它还丧失了历史的区域性,即与一定的历史时代的紧密铆合,与一定历史事件和条件的联系。历史区域性问题本身不可能在考验小说面前立足。无可置疑,巴洛克小说懂得历史不同变体(例如,斯居代里的《阿尔达蒙或大居鲁士》或洛恩斯坦的《阿尔米尼和图斯涅里达》),但这些似是而非的历史小说和小说中的时间也丧失了真正的历史确定性。

考验小说在加工时间范畴中所取得的重要成就是心理时间(特别在巴洛克小说中)。这一时间具有主观上的可感觉性和长度(在描写危险,苦恼的期待,难以得手的欲念等等)。但做了心理上如此渲染的和具体化了的时间,失去了区域性本质,即使就个人整体人生经历来看,也就不见其历史时间了。

第三,世界的描绘。与漫游小说不同,考验小说把精力集中在主人公身上:周围世界和次要人物大部分成为主人公的背景,成为布景,成为道具。然而,周围事物在小说中占有大量篇幅(特别在巴洛克小说中)。但是,铆合在主人公身上作为他的背景的外部世界丧失了独立性和历史性。再者,与漫游小说不同的,地理上的异国风情在这里已经超越社会风俗的描写。在漫游小说中占有大量篇幅的日常生活,在这里却几乎丧失殆尽(如果它缺失任何异国风情的话)。在主人公与世界之间不存在真正的相互联系:世界无力改变主人公,它只能对主人公加以考验;而主人公也不作用于世界,不改变世界的面貌;主人公虽然经受住考验,击败了敌人等等,但他依然停留在世界上的那块地方,原地不动,他没有改变世界的社会面貌,没有重新去改造它,也不觊觎对它的改造。主体与客体的相互作用问题,人与世界的相互作用问题,在考验小说中并未提出。由此得出,这一小说中英勇主义的性质是脆弱的、无创造性的,即使在描绘历史英雄的地方,亦是如此。

考验小说在巴洛克小说中达到自身的鼎盛时期后,在 19 世纪和 20 世纪则丧失了自身的纯洁性,但在主人公的思想上构建小说这种做法,却继续存在下去,无可置疑,而且更加复杂化了。这是传记小说和考验小说共同创造的结果。考验思想运用自己的布局优势把主人公周围的各种材料安排得丰富多彩且又井然有序,把尖锐的惊险故事和深刻的问题事件与复杂的心理因素融合在一起,这就决定着这一思想在随后小说发展史中的意义。例如,考验思想对陀思妥耶夫斯基的创作产生了巨大的影响力,他的小说是按考验小说这一类型来构建的。

在随后的历史里,考验思想本身因加入形形色色的思想内容而变得充实丰满。例如,对天赋、才能、特殊使命的考验类小说广为流传(特别在晚期浪漫主义小说中)。另一种变体是法国小说中对拿破仑新贵的考验,对身体健康的考验和生活适应性的考验(在左拉的作品以及一般的自然主义作品中），对艺术天才和艺术家类似生活适宜性的考验（Künslerroman），最后，道德改革派、尼采学派、反道德论者、女性解放者的考验以及 19 世纪下半叶和 20 世纪初三等小说作品中所表现出来的一系列其他考验思想的变体。考验小说的特殊变体在俄罗斯小说中是考验人的社会适应性和价值圆满性（多余人的主题）。

上述有关考验小说的全部结论是建立在对具体材料的分析上。

第三节　传记体小说
（自传体和自白型小说）

纯粹传记体小说的出现是一种较晚的现象，而且基本上是现时代的一种综合性小说，但构建主人公形象的传记原则，组织传记、自传、自白的不同形式，这一原则具有深刻的古老性质并对长篇小说体裁以及存在着这一体裁的一切历史时代产生了巨大的影响。

对传记形式在古希腊罗马土地上的发展做一简短的评述：其起始于伊索克拉底的雄辩术自传体（一种辩护词形式），止于奥古斯丁的《忏悔录》。古希腊罗马的历史英勇传记有两种类型：普卢塔克类型与斯维托尼乌斯类型。中世纪的自白和生活传记。文艺复兴时代和 17 世纪的传记形式。对传记小说最重要的变体——家庭传记小说（菲尔丁）的建构做简短分析。

传记形式具有下列基本特征。这一特征对长篇小说的发展以及教育小说，还有 19 世纪的综合现实主义小说的形成产生了重大影响。

第一，情节。传记体小说形式，不同于漫游小说和考验小说；它不是建筑在正常的和典型的生活进程的缺失上，而是以人生道路上经历的基本的和典型的时刻为依据的：出生、童年、求学时代、婚姻、人生遭遇的配置、劳动和事业、死亡，即恰恰是发生在考验小说之前或之后的那些时间段里。

第二，主人公。别看描绘的是主人公的人生道路，但进入纯粹传记形式的主人公形象则丧失了真正的成长和发展:他在变化,在搞建设,成为主人公的生活,成为他的命运,但主人公本人从本质上说,依然一成不变。他的注意力要么集中在事业上、功劳上、功勋上,要么集中在安排主人公的人生命运上,主人公的幸福上。纯粹传记形式只关心主人公唯一的本质的变化——主人公的危机和堕落(特别在中世纪传记生活中和自白里)。生活概念(生活思想)是传记形式的基础,或是受生活的客观成果(作品、功绩、功勋)的制约,或是受到"幸福——不幸"范畴的制约(这一范畴所可能出现的一切变体)。

第三,时间。传记形式的本质特征是在这一形式中出现了传记时间。不同于惊险时间和神话时间,传记时间是完全真实的,他的一切时刻都归于整体的人生过程,并把这一过程描绘成限定的、不可重复的和不可逆转的。每一事件都被置于整体人生过程中,因而不再是惊险的了。瞬时、白天、夜晚、瞬间的直接毗邻,几乎完全失去了在传记形式中自身的意义。传记形式是漫长的时间段——人生整体的有机部分(基本上是指年龄)。无可置疑,在传记形式这一基本时间的背景上建立起的"广阔的场景"中对单独事件和奇遇的描绘,但这一广阔场景的瞬间和时日不再带有惊险性质,而从属于传记时间了,深深植根在传记时间里而表现出圆满的真实性。

传记时间,也像真实的时间一样,不能不进入更加漫长的历史时间进程中;不过,它是萌芽的历史时间。传记生活不可能处在时代之外,超越统一的生活的界限,这一生活的长度首先表现在代辈的形象中。无论在漫游小说中,还是在考验小说中是没有代辈可言的。代辈把崭新的、非常重要的因素带进被描绘的世界里,把不同生活的交叉点带进被描绘的世界里。这里便进入历史的绵延之中。但传记形式本身还不懂得真正的历史时间。

第四,世界。与多样化特征相联系的,传记形式的世界也具有特殊的性质。它已经不是主人公的背景。主人公与世界的接触和联系已不是作为在大路上偶然的、出其不意的萍水相逢,也不是作为考验主人公的手段。一些次要人物、国家、城市、物体等等,按重要的路径进入传记形式,获得了对主要人物的人生整体的联系。这些东西在描绘世界时被克服,不再是自然主义式的各自为政,不再是漫游小说的那种支离破碎,也不再是考验小说的那种异国风情和抽象的理想化。由于同历史时间、同时代的有意联系,更加深刻地现实主义地反映现实就成为可能。社会地位、职业、宗族在漫游小说中仅仅是个面具(例如在骗子小说中)。而在这里,在传记体形式中就具有了一定的人生,具有了本质性。

与次要人物的联系,与社会集团、职业、国家、民族等等的联系,已经不带有表面的惊险的性质,并对主人公的人生起到重大的影响。这些特点特别鲜明地表现在家庭传记的小说中(例如,在菲尔丁的《弃儿汤姆·琼斯的历史》)。虽然传记形式的主人公已不是丧失了重要特征的运动着的点(像漫游小说那样),也不是考验的客体,然而,传记形式的主人公,其中包括家庭传记小说在内,依然丧失了成长和发展。虽然他的形象更为复杂,虽然它被描绘为正面的,也有反面的特征,即它脱离开法庭雄辩术的统一体,不过,这些特征从一开始就被作为硬性的、定了型的特征来表现的。传记小说中的人依然故我,一成不变。事件的构成,不是人,而是他的命运。

第四节　教育小说
(成长小说)

构成小说主人公的基本原则就是这样。这些原则是在 18 世纪下半叶之前形成的,并且一直存在于这一时期;就是说纯粹而又彻底的教育小说的变体也是在这一时期之前形成的。所有这些构成主人公的原则因素为 19 世纪的综合性小说形式,首先是为现实主义小说(司汤达、巴尔扎克、福楼拜、狄更斯、萨克雷)的发展打下了基础,以及为伟大的俄国作家(屠格涅夫、冈察洛夫、托尔斯泰、陀思妥耶夫斯基)的发展奠定了基础。对于理解 19 世纪小说来说，必须要积极评价一切业已分析过的构成主人公的三个原则的重要意义。这些原则或多或少地参与到形成新小说的构建之中。但对现实主义小说的发展来说具有特别重要意义的是第四种类型——教育小说。纯粹而彻底的教育小说这一变体的产生，是在 18 世纪下半叶的德国。对人的现实主义态度首先是由这一小说实现的。况且，对人的现实主义理解的巨大潜在能力也存在于这一小说之中，并在他的最伟大的典范——歌德的《威廉·麦斯特》一书中揭示出来的；只有其中的一部分是在 19 世纪的小说中现实的。这些对人的一切可能存在的全面理解还期待着在社会主义现实主义中得以实现。

我们所分析的三种小说的类型揭开了定型的人物形象。小说的一切运动，一切被描绘在其中的奇遇和事件把主人公置身于空间之中，置于社会等级的阶梯上或人生命运中，让他一显身手，远离目标或者接近目的（未婚妻、胜利、财富）。改变着主人公的命运，改变着他生活中的地位——但主人公本身，他的性格依然故我。小说的情节，布局，小说的整个内部结构要求（注定）这一不变性、主人公形象的坚硬性，其统一体的静止性。主人公是小说公式中的常数。一切坚固的数据——周围空间、社会地位、运气，简言之——主人公人生命运中的一切因素——都可能是变数。

这一常数的内容本身，主人公的恒定性、统一体、自我等同性的一切特征，可能是丰富多彩的、千差万别的，从主人公的徒有其名的等同性（像那些传奇小说的某些变体那样）到复杂的性格，其方方面面只是在整个小说的展开过程中渐渐地加以揭开（如复杂的一类考验小说）。从选择描绘主人公的特征方面也可能是千差万别的（选择那些独一无二的、典型的、外在的、内在的、消极的、具体社会的、抽象理想化的等等特征）。最后，千差万别的可能还在于揭示主人公形象的布局手段（戏剧性表现、肖像、直接的和间接的不同形态）的不同。在上述分析过的三类小说中，特别是在考验小说中，我们捕捉到主人公形象的构成中性格上的千变万化。(这种构成的千差万别在分析长篇小说的具体变体,如古希腊小说、骑士小说、骗子小说等等作品中加以描述。)

但是,上述所指出的一切不同,在人物形象的构成本身中,不见有运动,也不见有重要的变化、不具成长性(运动只能在形象的布局揭示中显现,只能在描述中显现)。相反,主人公只是硬性的、不动的点,小说中的任何运动都是围绕着这个点来完成的。主人公的恒定性以及内心不变性是小说展开的前提条件。对所有这三种类型小说的情节分析表明,所有这些情节要求定型的、不变的主人公,要求主人公的静止统一体;主人公的命运和人生生活的运动构成了情节的内容。但人物性格本身,他的发展以及变化无论何时也不会成为情节。

正是主人公的这一静止的统一体,导致长篇小说出现下列后果:

第一,主人公与世界的相互关系带有外在的、机械的性质(冲突、斗争、控制);人与世界的相互渗透不具内在性、本质性,因为两者都是定型的、硬性规定的东西,只能像物体那样做机械的碰撞。

第二,世界本身在自身的基础上依然是静止不动的,不变化的。描绘在世界中的那一运动,那些变化,都带有表面性质,不触及世界的本质——经济的、社会的,及它的意识形态制度的基础。形形色色的奇遇和事件,人的命运和生活的千变万化,都是作为“世界基石”的不变背景在这些小说中展开的,而这些背景(例如,等级制度)本身根本不会触及。这一“世界基石”的不变背景(犹如棋盘上的棋子所具有的不变的意义),也就是小说的游戏、运动不变的前提,就像不变的主人公一样。所以,这种小说中不存在历史时间,不存在以这一时间来度量的在世界基石这一背景上的运动。也不会存在于这个大时间和不可逆的时间中,因为,对他来说,在整体的地球空间(充满幻想的国家)中,进入一个时间流程就能完成形形色色的无数奇遇和人类命运的变化无常。所以,这种小说的所有事件按本质来说只有一种时间,并未打上历史不可逆的烙印。

在这一背景上,教育小说和人的成长的意义就成为可理解的了。

这一小说拒绝了定型主人公,抛弃了人的静止的统一体。它把情节的先决条件(主人公的性格)做成了小说本身的情节。它把人的成长的动态的统一体作为主人公的形象的基础。因为与人的联系,小说中的世界基石这一背景也积极地运动起来。运动能够变得更加深邃,能够成为历史。由此,教育小说在铸就伟大的现实主义小说的事业中所起的独特作用,也就不言而喻了。

切断与世界基石这一背景的真正联系,在文艺复兴时代以及法国大革命时代(以及对这一革命的酝酿阶段)——是教育小说发展所必须具备的前提条件。我们在分析像《痴儿历险记》,特别是《威廉·麦斯特》的作品时,看得分外清楚。

第二章　启蒙时代前的教育小说史

第一节　古希腊罗马世界教育小说之萌芽

古希腊的"启蒙"思想。诡辩派学者与苏格拉底。古希腊启蒙时代的教育思想。苏格拉底的教育思想。柏拉图有关"人"的思想。柏拉图有关"人的成长"。色诺芬的《居鲁士的教育》。这一作品的特点。教学论的作用。这一早期教育小说与乌托邦(这是第一本乌托邦小说)的本质联系。对任何一本真正的教育小说来说,与乌托邦这一联系都具有本质意义。启蒙时代所固有的进步的教育思想——教育新人的思想(而不是用传统的思想、古老的英勇精神,等等,像古希腊思想的反动学派所做的那样)。新人是未来之人,与未来制度相联系之人。乌托邦未来范畴(乌托邦时间)的出现。它与历史未来之区别:乌托邦未来失去了与历史的现在和历史的过去的联系;必然与自由、现实与应分、理智与历史——都是脱节的。由此可以看出,乌托邦因素在小说中的特点:不存在的国家,不为人知的岛屿,史前的过去或历史的假定性过去,假定性现在等等。古希腊教育思想的伊壁鸠鲁学派和斯多葛学派。

第二节　中世纪与文艺复兴时代和新古典主义的教育小说

沃尔夫拉姆·封·埃申巴赫的《帕尔齐法尔》的教育小说成分。这一小说的双重性:神秘的理想主义与对现实的清醒的民间领悟。文体的双重性:抽象的英勇主义与讽刺性民间幽默。历史时间的萌芽。神话时间与乌托邦时间的特殊雕琢。帕尔齐法尔形象的建构与骑士小说的典型主人公(相比于克雷蒂安·德·特鲁瓦①的皮尔瑟瓦尔)相比较,有着明显的(和原则性的)差异。主人公道路的新概念,作为进入最优秀的乌托邦国家的道路(帕尔齐法尔赶赴蒙萨尔瓦塔的道路)。帕尔齐法尔的人生道路是人的成长道路,是改变他、形成他的道路。沃尔夫拉姆·封·埃申巴赫小说中的象征成分。

意大利人文主义者对人的教育思想。这一思想的不同变体。"新人"思想的反封建和反教权主义倾向。"上流社会风度"的社会思想。政治教育。美学教育。体育。"医生"的人道主义教育理想。人的成长、发展的一般思想及其不同变体。人的天生之善与美德。现存特点之发展。教育家形象。经验和作为经验之生活(生活就是学校)的教育观念。意大利文艺复兴时代艺术描绘人的教育(人的成长)过程的阙如。

法国人文主义与拉伯雷。《巨人传》中的教育小说成分。小说的分析。民间(民众)材料上的乌托邦。小说中存在着教育,但不是人的真正的成长,因为没有历史时间。历史性地、真实地否定过去(否定封

---

① 克雷蒂安·德·特鲁瓦(约1135—约1191),法国诗人,著有诗体骑士小说。——译者

建制度以及封建教会思想),但小说本身是在假定性的乌托邦(在民间故事的材料上)中展开的。在存在着人的教育、存在着人的形成过程中脱离开具体的历史条件的地方,那里就不可能有人的真正的成长。在历史现实的真实条件下"新人"无处可遁:他从否定的垂死的封建形式中只能遁入假定的乌托邦世界。拉伯雷批判现实主义的特点。乌托邦问题的提出。小说史中乌托邦思想的意义。拉伯雷的乌托邦类型。

作为教育和成长小说的格里美豪森的《痴儿历险记》。这一小说的历史文学联系。与民间故事的深层次联系。与民间著作的联系。与中世纪小丑、骗子和傻瓜的讽刺性系列的联系。与德国抽象的讽刺性联系。《痴儿历险记》产生的历史条件。小说的结构。主人公以及围绕着主人公的周围世界形成之新原则,是以旧式的传奇性考验小说为基础的,同时又克服了这一类型(是的,不够彻底)。首先主人公的惊险事件是作为历史事件被描写的,而这一事件点明了一定的时代(30 年的战争①),一定的历史世界。其基础是历史现实的确定概念。对小说中被描绘事件做进一步分析。格里美豪森采用的是揭露性描绘历史现实的方法。对官方历史、战争、功勋的非英勇化。主人公的一切奇遇对他的性格和他的世界观的影响。但小说事件是与历史时间一起发生的,并完成了主人公的成长,保存着小说中的乌托邦时间。在这一时间里只能实现也已形成并已得到净化的主人公的理想(遁世独居,无人居住的国家)。主人公的成长完成后,在历史现实中却无立锥之地,于是主人公不得不去追求乌托邦生活。《痴儿历险记》的人民性。

教育小说在巴洛克小说中的成分。这一成分的薄弱性和偶然性。新古典主义。费纳隆及其《忒勒马科历险记》。费纳隆的教育小说中古希腊罗马传统的贫乏化和简单化。

---

①　1618 至 1648 年间欧洲各国的混战。——译者

第三章　启蒙时代的教育小说
（在列宁评述启蒙思想家的基础上
对启蒙时代及其意义的一般性评述）

第一节　法国和英国启蒙时代的教育小说

法国的启蒙时代。法国启蒙思想家抽象的世界历史主义。"新人"的教育思想。教育脱离历史,脱离具体历史条件对法国启蒙教育具有本质特征。教育思想(以及启蒙教育思想)中具有优势因素的是理智上的信心(以及超信心)。伏尔泰的教育思想。《查诺和克列恩》。伏尔泰哲理小说中的教育成分和乌托邦成分。这些小说的时间范畴。狄德罗的教育思想。《修女》。《拉摩的侄子》中人的成长的某些萌芽。法国启蒙思想家对"经验"的理解。与命中注定思想这一理论的斗争。形成人的经验——就是一切;但在这种情况下,启蒙主义者是外在于历史来思考的。为经验所哺育的"新人"具有世界主义性质和外在于历史性质;他的道路同样是通向乌托邦现实。

卢梭与教育小说。卢梭作品中有关人的思想。人的自然权利和自然的(天生的)善。人的历史规定性和限定性是无关宏旨的。

人的内心生活的新观念。主观性问题。卢梭的教育概念本身。《爱弥儿》。对爱弥儿的分析。与古希腊罗马传统和文艺复兴时代的联系。卢梭《忏悔录》中的教育(和成长)小说的成分。卢梭的乌托邦类型。小说史中这一乌托邦类型的巨大意义。

法国启蒙教育在现实主义小说史中的意义。

英国的启蒙教育与教育小说。英国启蒙教育的特点。笛福、菲尔丁、斯摩莱特作品中教育小说的成分。英国感伤主义小说(理查森、斯特恩、哥尔德斯密斯的作品)。主观性问题。斯特恩作品中的内在世界和外在世界。斯特恩作品中的拉伯雷因素。18世纪英国小说有关年龄的表现。英国新闻业(阿迪松、斯基尔)以及英国感伤主义小说对个人日常生活文件(书信、日记)的加工雕琢。

第二节 德国启蒙时代的教育小说

德国启蒙时代及其特征。启蒙思想与民族统一任务和德国文艺复兴任务的联系;由此得出德国启蒙思想家的世界观和创作中存在着更加重要的及具体的历史性。对中世纪民间文学遗产的正面肯定(不同于法国启蒙思想家对这一遗产的否定)态度。英国启蒙思想的影响。共济会的特殊作用。对德国启蒙思想来说,特殊的"人类的教育思想"。这一思想各种不同的细微差别。这一思想中的反动因素:与教育的对立思想以及对革命运动再教育所持的对立立场。人类再教育思想中的进步因素。德国启蒙思想家教育思想中抽象的理智信念面对情感意志、道德和审美作用的因素而退居后景。把历史作为人类的伟大教育来理解。在"教育经验"这一观念中,在德国启蒙思想家看来,第一位的不是自然科学和生物学的求实精神和"自然"(如同法国启蒙思想家那样),而首先是与人们交际的经验(家庭、友谊、爱情),以及社会历史因素和审美因素。在这里,历史范畴略胜一筹。

莱辛及其对德国教育小说发展的意义。莱辛人文思想的特点。莱辛的历史观。作为历史活动家的人的教育。戏剧的作用。莱辛世界观中的主观与客观、自由与必然、理想与现实问题。民间历史的英勇主义与官方英勇主义的对立。《人类的教育》。《埃尔斯特与法尔克》。莱辛的书信。莱辛的意义。

后期德国的启蒙教育与赫尔德。赫尔德世界观和创作的双重性:它们当中的进步成分与反动成分。赫尔德的历史观。赫尔德对历史创造个性的理解。这一个性与人民(人民大众)的关系。民间创作问题。赫尔德对艺术家创造意识中自由与必然问题的解释。天才问题。天才与现实。天才的权力。对天才个人的创作增长、成长的研究。赫尔德对他的德国文学史概念的应用。赫尔德创作对教育小说发展（吉佩利、让·保罗、歌德）的意义。

维兰德①与教育小说。维兰德创作道路的复杂性。维兰德与法国新古典主义（洛可可式）伊壁鸠鲁分支的联系。维兰德与拉封丹②。维兰德与启蒙思想的联系。维兰德的古典主义。维兰德世界观的历史分析。维兰德作品的洛可可风格（童话集，《奥伯龙》等作品）。维兰德的艺术哲理作品（《摩沙里昂或格拉采女神的哲学》《阿布德拉城居民的故事》等等）。

维兰德的《阿伽通的故事》是第一次创作上自觉的、彻底的及纯粹的教育和成长小说。《阿伽通的故事》的创作历史。《阿伽通的故事》的历史文学联系。教育小说与古希腊罗马传统（古希腊的启蒙教育思想，色诺芬）的联系。与法国新古典主义（费纳隆）的联系。法国的启蒙教育思想。德国的启蒙教育思想。小说的自传体前提。对《阿伽通的故事》的详细分析（小说的构建、人物形象、情节，世界的描绘、修辞）。假定的古希腊是小说活动的场所。主要人物形象的构建。主人公的道路从人生的理想和幻想走向清醒的脚踏实地的世界观。性格的成长与世界观的成长。描绘主人公人生道路上传记时间与历史时间的结合。生活就是学校，就是教育经验。被描绘的对象世界特征的选择和事件的构建。次要人物的描绘。理想与历史现实之间的世界主义思想。它们之间的互相退让。维兰德的现实主义特征。这一现实主义的局限性。《阿伽通的故事》在欧洲小说史中的意义。维兰德与歌德。

维采尔与他的小说《托比阿斯·克纳乌特》。这一小说的分析。维采尔在成长小说史中的地位。作为小说家的布兰肯堡。

吉佩利和他的成长小说。斯特恩对德国小说的影响。吉佩利的教

---

① 维兰德（1733—1813），德国作家，德国启蒙运动后期的重要代表。——译者
② 拉封丹（1621—1695），法国寓言诗人。——译者

育小说中斯特恩的方法占有重要地位。吉佩利的主观性问题。对吉佩利的小说《谱系言行录》(*Lebensläufe in aufsteigender Linie*)的分析。

让·保罗与教育小说。让·保罗继承了斯特恩和吉佩利的传统。让·保罗的哲学观。讽刺理论。让·保罗的田园诗因素。让·保罗作品中的怪人。怪人形象的家谱。让·保罗作品中主客观的妥协和相互谦让思想。让·保罗作品中的自由与必然思想。对让·保罗小说《泰坦神》的详细分析。让·保罗其他作品中的教育和成长因素。

第三节　启蒙时代教育小说的理论

于埃的《小说起源经验谈》(1670)一书是论述小说的第一部历史和理论著作。于埃对教育小说(古希腊小说)的独特见解。静态的惊险爱情小说理论。

对布瓦洛·尼古拉的抽象英勇主义教育小说的批判,他的《小说主人公》的对话。

维兰德给初版《阿伽通的故事》写的序言(1766—1767)是对成长小说的第一篇理论文章。批评定型的静态的主人公。

对维采尔小说的理论见解(他的小说《赫尔曼和乌尔利卡》的序言,1770)。

布兰肯堡的《论小说之经验》(1774)一书是对新型教育小说的最有说服力的理论文章。布兰肯堡的哲学、历史和社会政治立场。布兰肯堡的历史文学视野。布兰肯堡观念的局限性。他的历史观的弱点。人的成长与伟大的历史时代的任务相脱节。布兰肯堡的道德和社会理想的抽象性(《自然与真理》一书)。布兰肯堡此书的意义。

第四节　启蒙时代教育小说发展的总结

（对前面几点的拓展与说明）

　　启蒙时代教育小说的发展,在启蒙思想家的思想中反映得十分鲜明,既有正面的肯定,又有反面的否定。对定型之人的彻底的(在艺术实践中)和深刻的否定,与定型的、做了硬性规定的、天生的性格特征一起,否定定型的、教条主义的、故步自封的世界观。在这一世界观的作用下,人只能是愚忠,而不是批评性的检验和深入的探讨;否定人的等级局限性和规定性,否定人生来具有的和无可争辩的"高贵气质"。早期启蒙教育小说的正面因素,首先就是这样。对教育小说的那种定了型的高贵气质的考验,与人身上人性的成长形成强烈的对比。在这种情况下,问题自然地谈及对"新人"的教育。教条主义的教育思想(成长的目的和终极)的阙如。在这里,人的教育不是为了业已存在的社会制度,教育出来的不是善良的贵族、军人、商人,不是用该等级或该职业的理想教育出来的人。否定的正是这种阶层和职业的教条主义的教育思想。教育以及成长的是人身上的人,而且是一切现存的社会范畴,并与这些范畴相联系的传统和理想方面的人。理想——是人身上的人性表现。

　　再者,启蒙思想家的早期教育小说对小说的情节做了彻底的改造:小说中的事件(爱情、婚姻、社会地位的安排、双亲的身世、遗产的获得、战胜敌人等等)已不是去展开情节,也不是去完善主人公——它们的功能有了明显的变化:它们从情节展开的目的变成教育人的经验的一个节点。世界上形形色色现象,次要人物,物件,财富,贵重珍品(原先情节展开要达到的各种不同的目的)不再是赤裸裸追求、攫取、掌控、占有的对象,而成为"经验"——认知、伦理、审美的经验,而且这一经验具有(按其构思来说)普惠的人性意义。从掌控的客体现象转化成教育人的经验,这样的变化打开了现实主义地理解世界的新可能。

最后，对早期教育小说中的传记时间和历史时间的范畴做了重塑加工，具有了重要的意义。各自孤立的，与统一的具体的历史时间没有联系的惊险时间，几乎全部被克服，从教育小说中消失不见了。主人公的成长过程，就像小说的基石一样，把世界——自足的惊险事件的原先舞台——变成了经验，而且是历史的经验，每一时刻（在广阔的或是遥远的小说层面上都是无关大局的）匆匆地进入人类真实的历史时间（即使带有某些乌托邦的未来也无妨）。——这就赋予了小说的深度与前景。紧接着小说中人的年龄获得了更加深刻的刻画，即传记时间也获得了进一步的镂刻加工、进一步具体化。

与此同时，早期的教育小说也暴露出启蒙思想家的那种特殊的局限性。这首先表现出人性的抽象性质，把人身上的人性与人的具体的历史规定性，与特定的真实的活动，与特定的具体的社会地位结合在一起，则显得无能为力。由此，人性的成长不可避免地误入歧途，步入行为古怪、遁世隐士的境地，变成直接的抽象的田园诗世界（家庭的或是别样的），或者在最好的情况下，人性之人成为艺术家，进入创作的理想世界。人从历史现实遁入乌托邦的未来，随处可见，也不足为奇了。

与此相关的早期教育小说的另一个特点是它的消极的观照性质：受教育的不是活动家（明显的特征是，拒绝青年的激进思想看作是教育的成果之一），在最好的情况下，做一个迷恋于小事的"凡夫俗子"。与教育的抽象的终极目的相联系，早期教育小说的另一个否定性特点是：人身上人性的成长不是导致与某个具体的真实的集体的更加紧密的参与，而是相反，使他更加孤独（要么是乌托邦式的，要么是田园诗式的）。

最后，在歌德之前的教育小说中，主人公的成长过程所导致的结果不是对世界和人的丰富，而是某种贫乏。世界上许许多多的东西看来是不真实的，孤独的；像偏见、幻想、虚构的东西那样虚无缥缈；世界越来越贫乏,而不是它那过去的时代,以及主人公本人的青年时代。主人公有关自身的许多幻想烟消云散:他变得更加清醒,也更加枯燥、贫乏。世界和人所形成的如此贫乏性,对启蒙时代的批判现实主义和抽象的现实主义来说,具有本质特征。现实主义地打开世界和人新的方方面面,不可避免地迟后于用幻景、幻觉和谎言来批评性地揭露空虚的世界——这就是旧时代留给我们的遗产。

第四章　歌德与教育小说

第一节　歌德创作中人物形象构建之特点

歌德的世界观。成长和生长范畴在这一世界观中的特殊意义。歌德的成长、生长、发展的概念。作为丰富性和复杂性的成长。在人的成长概念中传记因素与历史因素的结合。歌德与斯宾诺莎。歌德与启蒙时代。歌德与莱辛。歌德与赫尔德。歌德与温克尔曼。歌德的古典主义。歌德与唯心主义哲学。歌德的积极主义。歌德对历史过程的理解,其中包括对他那一时代的理解。歌德对资本主义的态度。马克思、恩格斯论歌德。

歌德创作中人的形象。从人物形象构建特点的观点上来分析歌德创作道路的基本阶段(构成主人公的原则以及主人公与被描绘世界的关系)。开放性、未完成性主人公类型的创立。在歌德的整个创作中自传因素的特殊作用。利用和加工自传性材料来构建主人公形象的完全特殊的方法。由此可以看出,在创作的早期阶段,主人公不是彻底地由外在完整的情节来构建的:主人公找不到自身的等价物来写尽自己的命运,他总是要多于自身的命运(即在作品中赋予他的那个命运)。情节对主人公的这一非等同性(也是命运与人的非等同性)——是歌德主人公的关键特点,极其鲜明地呈现在 Гец① 中,特别在《维特》②中(《维特》的创作,对传记史和创作史特具特色)。在现存之人的现实背后,歌德总是向我们揭示出并表现出人身上的一切可能存在的东西、生长和发展的潜能、该现实中未实现的东西。而且——这里还包括歌德的非凡的特点和天才——人与自身的非等同性,即与自身已存在的现实的非等同性,几乎不会破坏他在描绘中的深刻的现实主义。而是相反,歌德的现实主义,在描绘人的深刻性与广泛性方面高于司汤达、巴尔扎克、狄更斯、萨克雷的现实主义,有可能与莎士比亚和普希金的现实主义(在描绘人方面)相媲美。人身上的可能性高于其现实性——这是真正的真实之人的可能性;在阶级社会中这种可能性不可能彻底地成为现实。在存在着阶级的社会条件下,人(在自身的圆满性中)不可能找到同等的命运,不可能与自身相吻合,不可能成为彻底的人。但这些人身上的可能性可以成为艺术上令人信服的揭示和描绘,这只能由伟大的艺术家来完成,因为他们善于克服自身阶级的局限性而成为真正的人民艺术家。这些可能性被歌德加以深刻的现实主义地揭示,虽然它们却被包着一层乌托邦主义的外衣(在歌德的时代不可能是其他的)。歌德从来没有脱离开历史现实的土壤(虽然这一历史现实的形式从严格意义上说是非历史的,例如,在《浮士德》一书中)。

　　歌德在描绘开放的未完成的主人公(高于人自身的命运)时是表现出来的真正的现实主义,被浪漫主义作家们在运用歌德所创造的艺术原则(人与自身的不相吻合)的背景上(即在"浪漫主义的讽刺"的理论和实践的背景上),变得尤为鲜明。浪漫主义作家(弗·施莱格尔、诺瓦利斯、蒂克等人)正是为《威廉·麦斯特的学习时代》中所描绘人(开放的主人公)的特点而深感震惊;正是这一描绘特点,在他们

---

① Гец,即歌德的《葛兹·封·贝利欣根》。——译者
② 《维特》,即歌德的《少年维特之烦恼》。——译者

眼里犹如神的启示。但浪漫主义小说家们却把这些原则都给主观主义化了。他们以唯心主义哲学（首先以费希特的哲学）为基础，用主观主义的内在的无限之"我"来偷换人的发展的真实可能性。他们从被描绘的客观的历史现实出发，把这个无限性变成作者本身的主观世界：创造者——作者——的无限性以及创造物、作品的有限性、局限性；由此得出，创造者讽刺性地破坏了自身有限的创作，等等（蒂克的实验，例如，《皮靴里的猫》，还有施莱格尔①的实验，《路清德》）。而人的无限性还存在于作品本身中，存在于主人公身上（例如，在《亨利·封·欧弗特瑾汉》中）的地方，这一无限性是在神话时间里展开的，或者直接进入有意混混沌沌的象征性和神秘论中。然而，需要强调的是，在浪漫主义者那里，这一描绘人的原则本身全然不是反动的（如知之皮毛的庸俗社会学家所说的那样）；例如在蒂克的作品中，完全不是那样的人；在霍夫曼的作品中，同样强调了与人的非等同性原则，不可能把一个精力充沛的活生生的人置于德国现实的真实情节中（置于德国小市民的可能出现的命运中）——霍夫曼幻想的基础有着深刻的进步的反封建和反资本主义的明确目的。

在歌德的作品中，主人公形象的构成原则，深深地植根于他的整体世界观和世界感受中，是组织作品的中心——在人类真实的整体的历史中、大地上、宇宙里，实现着人的真实的成长和发展（这一切为歌德所苦思冥想，并且真实地、具体地、鲜明地、有血有肉地表现出来）。

因而，在他所创造的艺术形象中，一切抽象的意识形态的对人与自身的不相吻合的论述，与歌德本人是格格不入的；因而，没有表现出人的可能存在的品质，且又外在于真实的（物质的）整体世界中，即在愿望中、神话中、自足于内心的无限性的思想中，都是他所深恶痛绝的。

歌德以其主要人物为代表，几乎从不创造完成的、终极的人们。他在创造人们的形象时，像普罗米修斯那样，给他们以自由，孜孜不倦地努力，赋予他们追求无限性的能力，赋予他们追求任何东西也阻挡不

---

① 弗·施莱格尔(1772—1829)，德国文艺理论家、作家、语言学家。——译者

了他们发展的能力。构建如此的普罗米修斯式的主要人物形象,决定了情节的品格,以及描绘主人公周围世界的原则,还有整体作品的布局。

对歌德作品中情节,以及创作道路的不同阶段上情节的简短分析。情节无处不依靠主要人物的坚强和不变的品质,无处不汲取个人为达终极目的所取得的成就。《浮士德》情节的特点是:其基础是主人公的考验思想(在《天堂》里梅菲斯特与天神争论,以及第三幕结尾时浮士德与梅菲斯特争论),但在这里,考验的不是主人公刚强的性格,而是他无须发展和变化的能力,不断追求的能力。这种能力不可能是完成的,安于任何取得的成就,因而,也不可能为情节所穷尽。

描绘主人公周围世界的特点,以及整部作品的布局(简略分析创作道路上的几个阶段)。歌德创作中的乌托邦因素和象征性因素及其意义。偏爱自由结构。体裁的混合。大部分作品结构上的整体性与一般类型的条理性的阙如。大部分作品的写作过程很长(《浮士德》有六十年),存在着巨大间隔(《威廉·麦斯特的学习时代》的第一部与第二部,中间相距二十年)。所有这一切说明了对歌德的作品需要一个完全特殊的统一的接受与感知,说明了在这个统一体中通常静态的完结性和完成性的阙如。像《浮士德》和《威廉·麦斯特的学习时代》(在这里指出了两部)这样的作品、材料、角色,与其作者一起在歌德的几乎全部创作生涯中发生变化。这里,随处是动态的、成长着的、改变着的统一体,另一种质的统一体,例如,与拉辛的传统或司汤达小说不同的统一体。

歌德小说的作品。歌德与长篇小说体裁。成长小说在歌德创作中的地位。

第二节　《诗与真,我的一生》

歌德这一自传体作品中教育小说的成分。他的创作理论。形成世界文学的自传体类型和歌德类型的特点。描绘社会环境和文学环境的方法。如何反映历史时代(历史描绘的方法)。世界观的成长。
世界观的描绘。歌德的社会和历史自我意识。他人生活参与者形象
的结构分析。在描绘时代、描绘那一时代文学活动家,最后,描绘那一
时代的生活参与者时,歌德把那一时代(被描绘的、被记忆的时代)的
观点与他创作自传体作品时的那一时代的观点相结合。歌德的任务
不仅是用现在成熟的认知和理解,丰富了的时间前景来表明他过去的
世界(以及他过去生活的参与者),而且表明他过去的意识和对这一世
界的理解——童年的、少年的、青年的和成年的理解。这是描绘这一
现象的过去意识,就像过去的客观世界一样。这是相隔数十年的两种
意识来观照同一个世界,不会粗鲁地被分解,不会与描绘的客观对象
相脱离:它们使这一对象栩栩如生,把特殊的能动性、时间流程注入这
一对象之中,用鲜活的、成长的人性——童年秉性、青年性格、成年精
神来装饰世界,而且对描绘世界本身的客观性来说,不受任何影响。
相反地,现存的两种观点且使被描绘的世界更加浮雕式地凸显出来。进
入被描绘的世界的主观性,不是意识形态上的毫无血肉的主观性(像诺
瓦利斯那样的小说家一样),而是具体的、充满新鲜血液的、生长着的、成
熟着的、渐渐变老的人的本性。歌德在创造这种自传体方法的技艺极为
高超。通过具体地详细地分析《诗与真》中的单个形象来表明歌德的这
一大师手法。这一作品对理解歌德教育小说所具有的意义。

第三节 《威廉·麦斯特的学习时代》

这一小说在歌德创作中的地位。这一作品的创造性历史,它的历
史条件。历史-文学的联系及影响。与教育小说传统的联系。作品的
体裁和布局的特点。静态情节完成性和结构完成性的阙如。莎士比
亚剧作(主要分析《亨利四世》和《亨利五世》)的构建原则;这些原则
被移植到长篇小说体裁之中(当然,不是机械式的)。动态的生长着的
艺术统一体的类型。详细分析小说的结构。主要人物,他的形象构成

特点。主人公的成长(迈斯特的人生道路)。成长的戏剧时期。莎士
比亚问题,其中包括《哈姆莱特》。这一问题在歌德创作成长小说中的
意义。下一步的成长时期。歌德描述中作为生活类型的市民阶段和
贵族阶段。爱情与婚姻,它们在情节中的地位。小说单独事件的组织。
竖琴家事件与女钢琴家。《美好心灵的自白》。次要人物形象构成原
则。玛丽安娜形象的分析。梅丽娜。佐罗。阿马林。弗里娜。罗塔里
奥。亚尔诺。杰廉扎。娜塔莉亚等人。小说中的乌托邦成分。罗塔里
奥钟楼。教育家协会。偶然事件的作用。对小说的分析做总结。

第四节 《威廉·麦斯特的漫游时代》

这一小说的创作史及其历史的先决条件。与《威廉·麦斯特的学
习时代》的联系。艺术新特点。人的成长思想的深化与激进主义倾
向。漫游思想及其对组织小说的意义。"漫游者协会"。隔离思想。
歌德隔离思想的特点。专业化问题和职业问题。手工业思想。教育
问题(狭义上)。小说的基本事件和意外故事的组织与含义。资本主
义问题。田园诗生活的破坏主题。木匠约瑟夫事件。侨居(移民)主
题。镶嵌故事和议论。小说的乌托邦成分和象征成分。对小说的分
析的总结。

第五节 歌德教育小说的总结

在歌德的《威廉·麦斯特》中,教育小说获得了自身发展的顶峰。
教育小说形式的绝对有效性,在歌德看来,是其开放的、未完成的主人
公以及能动的、成长着的、统一的作品。成长主人公的形象,在这里获
得了最大程度的深刻性和具体性。

首先,歌德的构建主人公形象的理论完全彻底地克服了法庭雄辩
术范畴。这一范畴长期以来困扰着小说和小说主人公。歌德的主人

公站在任何一个公诉、辩护和判决一方：他成长着，并超越自身。他的统一体是成长过程的统一体，而且是历史的和具体的成长过程的统一体。这一成长的指向性（目的指向）已经不是抽象的人性和天才，而是人的全部可能性和能力的全面发展。人的社会历史规定性不单单是否定，而是要在有利于人的成长的观点上予以评价（与《威廉·麦斯特的学习时代》中的市民阶段和贵族阶段相比较的评价）。接着，成长着的人摒弃了早期教育小说中所具有的那种消极性。他是积极的，他的成长不是高傲自负的，囿于自身的过程（如浪漫主义小说家那样），成长与对世界事业的积极干预相联系，与创造性地改变世界相联系。所以，积极主人公的成长，很少导致田园诗。歌德作品中的田园诗，作为与忙忙碌碌的人的积极性相敌对的东西，命中注定总是走向毁灭（《赫尔曼与多罗泰》除外）。例如，浮士德与赫列特汉（《浮士德》第一部）的可能存在的田园诗遭到破坏；菲列蒙与巴弗济迪的田园诗（《浮士德》第二部），威廉与玛丽安娜（《威廉·麦斯特的学习时代》）的可能存在的田园诗，木匠约瑟夫（《威廉·麦斯特的漫游时代》）的田园诗，都遭到同样可悲的下场。所以，《威廉·麦斯特》的结尾（但不是完成）是以威廉以及其他主人公在美国或者在欧洲未开垦的土地上的新生活为开始的。与主人公的积极成长相联系，像爱情和婚姻这种因素的情节意义起了急剧的变化。它们消弭了任何完成的意义。在它们那里很少发现主人公的积极性的结束和消除：它们从情节的中心主航道移向小路便道。相反地，像职业（职业的选择，学习，取得大师成就）那样的积极因素，具有了重要的情节意义（《威廉·麦斯特的漫游时代》）。主人公世界观的发展，在其成长中占有特别重要地位。世界观不再是在小说中作为某种定了型的和不变的东西，即只有通过危机、蜕化或（充其量）是逻辑上放弃自己的主张的手段来表现。在歌德的作品中，世界观是在他的成长和在漫长的人生经验的改变中表现出来的。在这种情况下，描绘世界观的艺术方法本身也不可避免地发生了变化。作品的思想内容已经脱离不开其载体的具体形象，脱离不开作品的其他形象——物体世界、景色、事件。思想内容不再是阐释性说明，不再是抽象的议论，不再是由作者对被描绘的事件或主人公所做的评论；它摒弃了教条主义以及在教条主义安排下的不可避免的抽象性。作品的思想内容被做了人化处理，与一定的社会的和历史的条件生长在一起，与人的年龄，与人的社会地位生长在一起，进入具体的历史的成长过程之中。此外，在歌德的作品中对思想的描绘，渗透着他的特殊的"实用性"，渗透着从这一思想内容出发对生活的有效性和有益性的评价。

时间范畴在歌德的教育小说中被做了深刻的研究雕琢。小说的一切行动都被置于具体的历史时间里。但歌德的这一历史时间是做了深刻的人化处理，它与主人公的生活时间融为一体，年龄的增长交替与历史时代的交替结合在一起；每一事件、每一现象、每一件物体都是建筑在历史过程与具体主人公的个人生活的交叉点上；结果，个人生活的这一事件和现象便具有了历史意义，而历史也就具有了个人生活的私密性，人性。

与我们所研究的特点相联系的，是歌德对社会上纷繁复杂的世界的描绘。这一纷繁复杂和形形色色（在歌德在小说中是极其广阔和多样的）的现象消除了自身的粗放性和简单的毗邻，消弭了空间上的共存差异与对照，它具有了历史深度和动态性（在《威廉·麦斯特的漫游时代》中表现得特别明显）。

必须指出描写次要人物的特点。在早期的教育小说（歌德之前的小说）中，次要人物仅仅是主要人物的一个"经验"；他们的存在只是在这个主要人物的视野中，他们没有自身的视野。在歌德的作品中，次要人物具有了深刻的独立性：他们每个人有自己的视野，自己的经验。这就十分清楚地区分出歌德的教育小说与浪漫主义小说的不同，也与心理小说的差别。

或许，《威廉·麦斯特》一书中最明显的特点是，对历史中的自由与必然问题的深层次的布局。这一问题的深刻的艺术上的加工雕琢只能置于人物成长小说这块园地里。这一问题出现之萌芽已经在维兰德、吉佩利和让·保罗等人的作品中做过介绍。在这里,这一问题的解决是在主人公的主观思想(他的自由)与现实的必然性之间达成的相当简单的妥协这一基础上的。对于歌德这位接受过斯宾诺莎的辩证思维之熏陶的作家来说,分外清楚的是不仅是矛盾性,而且是人的自由与历史的必然(对此他从来不作机械地思考)之间的联系。歌德从来不认为自由与必然之间只有赤裸裸的敌对矛盾,它们之间存在着"悲剧性的不可调和";但他同时又与庸俗的"amorfati"(法西斯理论家这么称谓它)格格不入:对歌德来说,这个问题的复杂性是显而易见的。积极的成长,这就是基础;对歌德来说,自由与必然就是在这一基础上辩证地融合在一起的。诚然,问题的实质,不是对它的清晰的哲学上的解决,而是自由与必然这一综合在艺术形象上的表现。在《浮士德》第二部分末尾作了特别具体的展现,同时在《威廉·麦斯特》中变得更加复杂了。对这些作品形象的深度和现实主义性质的衡量标准,正是视它们的人性自由与历史的必然融合得程度如何。但融合不可能是圆满的(在阶级社会的条件下),可以用乌托邦因素来弥补这一不足(由此得出,歌德因此也是不自由的)。

鉴于上述观点,我们详尽地分析了歌德作品中的小说形象,并在《威廉·麦斯特的学习时代》和《威廉·麦斯特的漫游时代》中给这些问题提出了剀切中理、细致入微的解决办法(这里出现了孤立自身的思想,战胜自我的思想)。

与早期教育小说(启蒙时代的)不同,歌德在自己的作品中把深刻的批判主义与丰富世界扩大世界的范围结合起来。在歌德所描绘的世界中充满了可能性、种子、幼芽,孕育着未来发展的新形式。世界在质上向全方位发展,就像人一样,是未完成的、难以穷尽的。但歌德的这个未完成的,难以穷尽的世界与浪漫主义的对任何秘密的、奇异的和神秘主义的可能性(诺瓦利斯,早期的蒂克、布列塔诺)的预感,相差不啻万里。在歌德的作品中,世界具有未完成性是历史的、现实主义的,以及无处也不能脱离开成长着的历史之人的自由和清醒的积极性。

第五章　后歌德时代教育小说

第一节　19世纪和20世纪初的教育小说

德国大地上后歌德时代教育小说的贬低与贫乏化,小说的急剧心理化。在浪漫主义者(蒂克①、阿尔尼姆②、布伦坦诺③、艾兴多尔夫④)作品中的教育小说成分。乡土派教育小说(拉伯雷等人)。凯勒的《绿衣亨利》是后歌德时代伟大的德国教育小说。对这一小说第二版的分析。施皮尔哈根、冯塔纳⑤等人作品中教育小说的成分。托马斯·曼的《布登勃洛克一家》以及《魔山》。

德国教育小说(歌德之前的小说和歌德的小说)对法国和英国现实主义的发展起到卓有成效的影响。司汤达、巴尔扎克、狄更斯、萨克雷等人作品中教育小说的成分。在描绘人的积极成长领域中,歌德的现实主义依然是无出其右的,他所开创的描绘人的艺术可能性因素,在许多方面已经不可能作进一步的有效能的发展了。歌德对欧洲自传体小说罗曼·罗兰的《约翰·克利斯朵夫》的影响(简短分析)。

---

① 蒂克(1773—1853),德国早期浪漫派作家。——译者
② L.A.阿尔尼姆(1781—1831)和B.von.阿尔尼姆(1785—1859)是一对夫妻。两人均为德国作家。前者为海德尔堡浪漫派主要代表人物。——译者
③ 布伦坦诺(1778—1842),德国诗人,海德尔堡浪漫派主要代表人物。——译者
④ 艾兴多尔夫(1788—1857),德国诗人。——译者
⑤ 冯塔纳(1819—1898),德国作家。——译者

第二节　俄国的教育小说

冈察洛夫前教育小说成分的发展。冈察洛夫是俄罗斯教育小说最伟大的代表人物。《平凡的故事》和《奥勃洛莫夫》。冈察洛夫使教育小说中的维兰德传统起死回生。俄罗斯经典小说（屠格涅夫、托尔斯泰、陀思妥耶夫斯基的作品）中教育小说的成分。对19世纪俄罗斯教育小说发展的总结。

苏联时代的教育小说。普里什文①的《恶老头的锁链》。费定②的《兄弟们》。这些作品的瑕疵。索波列夫③的《大修》。法捷耶夫④的《最后一个乌兑格人》。

第三节　高尔基与教育小说

《三人》。《福马·高尔杰耶夫》。《阿尔塔莫诺夫家的事业》。在高尔基这组小说中人和社会成长的描写。作为第一部无产阶级教育小说的《母亲》。自传体教育小说系列:《童年》《在人间》《我的大学》。作为教育小说的《克里姆·萨姆金的一生》。高尔基作品中对人的成长做现实主义描绘的特点。对人的未完成性的信赖,对自由之人成长的无限可能性的信赖。高尔基的马克思列宁主义的历史观。对人的无限性成长的条件与人的腐朽和死亡的条件所做的深刻的历史性理解。阶级意识的教育。高尔基作品中的时间。高尔基作品中积极成长着的人物形象中所具有的自由与必然的辩证法。

---

① 普里什文(1873—1954),苏联作家。《恶老头的锁链》为自传体长篇小说。——译者
② 费定(1892—1977),苏联作家。——译者
③ 索波列夫(1898—1971),苏联作家。长篇小说《大修》是他的成名作。——译者
④ 法捷耶夫(1901—1956),苏联作家。《最后一个乌兑格人》计划写6部,只完成4部。描写少数民族乌兑格人在十月革命影响下的觉醒。他的作品几乎全部被介绍到我国。——译者

第四节　社会主义现实主义与教育小说

社会主义现实主义问题。斯大林和高尔基论社会主义现实主义。社会主义现实主义与批判现实主义。未来作为现实主义描绘的对象。在现实生活中生发出来的并且在现实生活中成熟起来的历史未来与旧小说中的乌托邦未来之区别。社会主义新人的教育与成长问题。人身上可能的现实主义新概念。未完成的、积极成长着的社会主义人物形象的构建——是社会主义现实主义的基本任务之一。过去的经典遗产,特别的歌德的创作遗产,对完成这一任务所具有的意义。

（巴赫金签字）
莫斯科。1937 年 9 月 20 日

卢小合　译

论教育小说 *

鲍里斯·格里弗佐夫。长篇小说理论。1927 年

作为功能的小说与作为现实主义系列画面的小说。长篇小说的功能和相对性(表现力)。

杜克罗-杜美尼尔的《谢丽娜或神秘之女》。

蓬松·杜-杰拉伊。

于埃(扈厄特)及其论说体书信:"长篇小说是传奇事件的杜撰,是为读者的娱乐和训诫而描写的小说。爱情应该是长篇小说的主要情节。"

叔本华论长篇小说(《帕雷尔加和帕拉利波梅》第 2 卷,第 228 页):长篇小说的极品及高雅的评判标准是它多多益善地描写内心生活,而较少地涉及外部生活。

《埃塞俄比亚传奇》①,《赫列和卡里罗》②,《列弗基帕和克里托封》③。

格里弗佐夫准确地阐明,六个世纪以来,不确定的日期表明了这

---

* 本文由巴赫金的三个读书笔记组成,题目为俄文版《巴赫金文集》编者所加。——译者
① 《埃塞俄比亚传奇》系古希腊作家赫里奥多罗斯的小说。——译者
② 《赫列和卡里罗》系古希腊作家哈里顿的小说。——译者
③ 《列弗基帕和克里托封》系古希腊作家阿克里斯·塔提俄斯的小说。——译者

些长篇小说对时代的反映微不足道。没有一个国家被做了准确的描写:国家、城市、景色都统统是抽象的(第23页)。

古希腊艺术的整体性、封闭性以及局限性。在希腊化时代里,这个小小的世界的消失和断层。开放的世界不可企及,而且无边无涯。在这个世界里,具体之人的空间和时间的度量范围化作泡影。由此便出现了抽象的异国风光。由此也生发出世界的特殊性,旅行遍及这个世界各地。漫游类长篇小说也因此而诞生。

作为最终没有解决依然成为问题的地位之争论。难以解决的利益之间的碰撞。

有关长篇小说的匿名雄辩术:"这一叙述的种类应该归为:讲述的欢快语调。形形色色的性格,严肃,轻浮,希望,恐惧,怀疑,忧愁,装假,同情,事件的多样化,命运的乖舛,偶然突发的灾难,突如其来的欢乐,事件的快乐结局"(第30—31页。引文同样出自博尔德列夫①)。

吕齐乌斯·安涅·塞涅卡②的《论争》。言语——训诫——Suasoria。

希腊小说情节的分析。它的典型结构。

小伙子和姑娘(谈婚论嫁的年纪)。神秘的出身(长篇小说要描写的家族,长篇小说固定描述的人物——他是谁?),不为人知的双亲(不存在代辈问题),美貌(脑子里充满抽象的想入非非:放荡不羁的主人公,往后——在雨果的作品中出现,例如——将被理解为对典范的彻底的破坏),事出偶然的萍水相逢(不是青梅竹马)并且迸发出一见倾心的爱情火花。接着便是婚姻受挫:游历,风暴,海盗,俘虏,监狱,贞洁几乎遭受蹂躏,梦谶,偶然地相遇,相认,改头换面,忠诚和贞洁的考验,法庭,辩护演说,忠诚和贞洁的铁证。"情节变幻无常",

---

① 博尔德列夫,苏联东方学家,研究波斯、塔吉克等民间创作。——译者
② 吕齐乌斯·安涅·塞涅卡(前4—65),古罗马政治活动家、悲剧作家。著有《变瓜记》及9部悲剧。斯多葛学派代表人物。——译者

"灾祸降临和消除",爱情、忠诚和贞洁的至死不渝、海枯石烂。其他的鲜明对照:高贵的身世与奴役地位和贫穷,贞洁与昏头昏脑地被人诱惑,恪守贞洁(拔剑出鞘之情节)的爱情和必要性(婚礼前),假死,假背叛,等等。在与自然界(景色)、国家、城市生活、性格等等的关系上同样存在着对照。

"战争是一切变故之母。"旅行因素,民族风俗因素,乌托邦文学因素。

古希腊小说中的诉讼程序《埃塞俄比亚传奇》,《列弗基帕和克里托封》。

阿克里斯·塔提俄斯小说(《尼罗河河马》)中罕见动物之描写,同样还有他的鳄鱼,赫里奥多罗斯小说中的奇怪动物。

两个重要的节点:初次相会与婚礼的结局描述。在这两者之间是长篇小说的惊险时间。这种时间没有任何真实的生物学时间和传记经历(主人公不会变老,也不会成长,他们的爱情是永远不变的,也缺乏内心的变化和经验的异同),以及不具历史的进程(世界依然一如故我),所有这些战争、战斗等等都不会改变世界的面貌。

不同的长篇小说类型中单独情节主题的分析。例如,监狱的主题(特别是在漫游小说中):菲尔丁、斯摩莱特、狄更斯等人小说中的监狱(参看狄贝利乌斯及其对长篇小说中的监狱功能的解释)。初次相会的主题(参看《威廉·麦斯特》一书)。强盗的主题。卢梭小说中监狱和强盗的主题,卢梭小说以及18世纪英国小说中对这些主题的哲学社会学认识。法庭主题的分析。

"情节逆展开"的建构理论。随后的长篇小说史是统摄整个人生事件在内的情节选择。这一统摄事件的选择原则。节日和节庆情节。阐述小说史前情况的必要性。格里弗佐夫作品中对《埃塞俄比亚传奇》的构建原则的分析(第42—44页)。

埃及人,埃塞俄比亚人,希腊人,波斯人,等等。

格里弗佐夫认为，长篇小说的未来任务是把外在事件和挫折转化为人的隐秘的内心情感和感受。

约瑟夫·贝迪耶①完成的《三个营垒》的重构。

"传奇"概念准确意义的确立（参看格里弗佐夫，第59—60页）。

个体小说（理查森②、哥尔德斯密斯③）与传奇小说（笛福、菲尔丁）。笛福和菲尔丁小说的传奇概念与中世纪小说（骑士小说）相比，有着天壤之别。传奇的和惊险的（中世纪的）小说。"惊险（авентура）"一词的首要意义是——诡异的故事，不明原因的事件，某种奇妙的、突如其来的、没有任何道理的事件。"惊险"小说建筑在故事的突发性上。新的传奇小说（笛福、菲尔丁的小说）是建筑在英勇坚强的性格上的，其主人公是利用一切手段来获得成功，是幸福生活的探索者，他们往往机智敏捷，实践上稳健诚恳（是传奇人物）。

乔治·杜亚美在其《长篇小说经验谈》一书中指出，传奇小说与地域的联系，比起以历史题材的历史小说来，更为广阔：一是带领我们漫游世界各地，二是时间中的漫游，经历更长的时间。

空间与时间在事件（被描绘的形象）中的比重。传奇故事具有的空间品格，这里的时间安排手段高超，是可逆的，没有局限性。然而，传奇故事的空间不是现代真正意义上的地理学概念。传奇故事对待具体的唯一性空间（Localität——歌德语）持冷漠态度：传奇故事既可移植到时间里，也可存在于空间中（空间位移：《埃塞俄比亚传奇》的那些传奇性可能不是发生在埃及，而是在波斯，或者相反）。这里不存

---

① 约瑟夫·贝迪耶（1864—1938），法国研究中世纪的语文学家，由于改编中世纪长篇小说而闻名于世。——译者

② 理查森（1689—1761），英国作家，欧洲描写家庭生活小说的创始者。作品崇尚理性而不相信感情，有人称他为感伤主义者。——译者

③ 哥尔德斯密斯（约1730—1774），英国感伤主义作家。——译者

在的正是时空体("хронотоп")①。由此出现突发性奇妙的因素,说不清道不明的因素。空间不与历史生长在一起,而世界本身在空间上还未完成。

传奇(同样是奇妙的、突发的、说不清道不明的传奇)的另一个特征是把乌托邦时间加入真实时间中。《威廉·麦斯特》一书中的传奇故事正是如此。《阿玛迪斯·哈里斯基》首次出了四部,另一位作者补充了第五部有关阿玛迪斯的儿子——埃斯普兰笛安的故事,第六部是关于侄子弗罗里萨多的故事,第七部是描写孙子里苏阿尔特(他是埃斯普兰笛安的儿子),等等。法国翻译家把所有这些小说汇编成二十四卷,命名为"浪漫派小说"。

《帕尔曼林·欧里夫斯基》。

这些西班牙传奇小说的特点。主人公们的神秘出身。帕尔曼林寻找女皇母亲。

格里弗佐夫:"那些巴比伦人、埃费斯人和埃及人,古希腊小说家赋予他们以行动,或者在19世纪开始编入的那些异国风光的国家,与阿尔卡吉亚田园小说,原则上不分轩轾。长篇小说需要在别的国家里,在特殊的习俗里,在异国的风情中——这是小说叙述不变的途径之一,它以此表明,这种小说的体裁是十分特殊的。它是建立在十分

---

① 巴赫金使用的术语"хронотоп",在本文集各卷中统一译为"时空体"。此词巴赫金借用自生物学家乌赫托姆斯基1925年的报告,是由拉丁语"时间"与"空间"两词组合而成。在《长篇小说的时间形式和时空体形式》等文中,巴赫金对这一术语有过明白的阐释:"文学中已经艺术地把握了时间关系和空间关系相互间的重要联系,我们将之称为时空体(直译为'时空')。这个术语见之于数学科学中,源自相对论,以相对论(爱因斯坦)为依据……我们把它借用到文学理论中来,几乎是作为一种比喻(说几乎而非完全)。对我们来说,重要的是这个术语表示着空间和时间的不可分割(时间是空间的第四维)。我们理解的时空体,是形式兼内容的一个文学范畴……在文学中的艺术时空体里,空间和时间标志融合在一个被认识了的具体的整体中。"根据巴赫金的阐释和分析,时空体这一文学范畴揭示着艺术世界中时空维度的交叉和融合,互补与互证,构成作品整体的鲜明特征。不仅如此,时空体的丰富形态反映和标志着各个时代文学体裁及其历史演变。也可以说,通过对艺术世界的时空化阐发,能够宏观地历史地把握文学的演变和发展。——译者

特殊的规律上的。"(第 65 页)

接下去是更加深刻地分析异国风情及其形形色色的功能,与乌托邦因素的结合革新了异国风情。

《托尔梅斯的拉扎里奥》(1544)(译者格里文科,潘杰列耶夫出版社,1897 年)。长篇小说的主要人物:盲人-流浪汉,乡村神父,破落贵族,骗子拉扎里奥本人。长篇小说只有三个完整的场面和五个简要的概述。

马杰奥·阿列曼的《阿尔法拉切的古斯曼》(1599)。古斯曼一以贯之:厨童,邮递员,后来是小偷,士兵,再次成为小偷。投靠红衣主教,后又投靠驻外公使。此书第二卷有伪作,也有真本。

17 世纪长篇小说的三种类型(第 66—67 页):(1)爱情(巴洛克)小说——德·尤尔佛的《阿斯特列娅》(1607—1627)和斯居代里的《阿尔达蒙或大居鲁士》(1649—1653),归于这一系列的小说应该还有德·拉法耶特夫人①的类似长篇小说;(2)喜剧小说——索莱尔的《弗朗西昂》(1622)和斯卡龙的《幽默小说》(1651—1657);(3)研究型小说——德·拉法耶特夫人的《德·克莱芙王妃》(1672)。

巴洛克小说的基根也是忠诚,矢志不渝的爱情与爱情所碰到的阻扰挫折之间的对照。把行动放到异国他乡和杜撰的国度里(《阿斯特列娅》中的加利亚)。瑟拉东在节日时遇到年轻的阿斯特列娅。神奇的泉水证实了忠诚和纯洁。《阿斯特列娅》的副标题是"高尚爱情之不同后果"。这里出现了改头换面和假死。

《阿尔达蒙或大居鲁士》。劫持,假死,角逐。小说以五次婚姻告终。阿尔达蒙爱上曼达娜。她被劫持。船难。阿尔达蒙被关入监牢。无数次战斗。

对巴洛克小说的讽刺性模拟:《古怪的牧童》(索莱尔)。《忧郁骑士》。《古怪的加斯科涅茨》。

---

① 拉法耶特夫人(1634—1693),法国女作家。除了长篇小说《德·克莱芙王妃》外,还著有《回忆录》等。——译者

《弗朗西昂》——画面和人物形象的组合。《幽默小说》。与意大利即兴喜剧的类似性。"夜战",拳击,扇耳光等等,不愉快的生活困境。

长篇小说中的相会及其功能之分析。这一范畴内小说之哲学的历史社会学的意义。道路是斗争的汇合处。幸福—不幸—相识。为什么相会范畴在其他体裁中没有意义。

小说以婚姻收场。这是准则。菲雷蒂尔①把"资产阶级小说"里的主人公引导到婚姻时,结尾是这样的:"他们生活在一起,是幸福还是不幸,关于这点,大概,你们一定会晓得的,如果描写已婚女人的时髦生活降临的话"(格里弗佐夫,第 76 页)。

德·拉法耶特夫人的《德·克莱芙王妃》。婚后女人的爱情依然忠诚于自己的丈夫。拉罗舍夫科的参与。无咎无誉忠诚之胜利。这里存在着考验因素。德·拉法耶特夫人的《任达》。苦行僧,从抽象的西班牙云游到抽象的希腊,海难,星象家的预言,情敌,幸福的结局。于埃的论文,作为序言附在这部长篇小说上。格里弗佐夫认为,在拉法耶特夫人的小说(《德·克莱芙王妃》)中,已经存在着粗放的惊险性质被集约的矛盾所取代(第 80 页)。数目繁多的原则被多结构所取代。

18 世纪长篇小说史中的事件。安都昂·布拉沃的《马侬·列斯科》(1728—1732。《一位离世名人的回忆》)。伏尔泰的《查第格》(1759)。狄德罗的《修女》(完稿于 1760 年,出版于 1796 年)。卢梭的《新爱洛伊丝》(1761)。拉克洛的《危险的关系》(1782)。

《查第格》作为对传奇小说的讽刺性作品,取得预期效果。

《吉尔·布拉斯》结构之分析。格里弗佐夫把完成主人公的静态小说与动态的行为及行动进入主人公的内心世界、内心充满争论的小说对立起来。但他不知道目的在于使人成长的心理上的发展。所以,

①　菲雷蒂尔(1620—1688),法国作家。著有《资产阶级的爱情》长篇小说,并编有《通俗词典》。——译者

他所确立的方针是布拉沃和卢梭(情感小说 эмотивный роман)(第86页)。他把"情感"小说,即内心的动态小说,与静态小说对立起来。

对于长篇小说理论来说,卢梭所作的《新爱洛伊丝》的序言以及附加在小说中的"论小说"一文具有重大意义。卢梭与本事事件(传奇的)小说的斗争。直白小说,这里的一切都可预见,这里的事件明白无误。本事事件小说:"平常百姓,但有着不平常的罕见的故事。"卢梭恰好喜欢倒叙。长篇小说的目的是习俗的简朴,美好的行为取代美丽的交谈,温情脉脉,而不是尖酸刻薄,自然性,热爱平和的普通人的生活,热爱幽居简朴生活和秉承顺从心态。不是那种娱乐性小说,而是崇尚道德的小说。圣-普寥的旅行全然不作描写(小说第三部与第四部之间的"长时间而充满惊险故事的旅行")。除了出场人物外,还有行动的力量(自然界,人的情感本身)。更加深入分析自然界如何成为推动力量(在卢梭的作品中,此外,还有歌德的作品)。在卢梭的作品中,自然界的描写履行着那一功能(悖论),即履行着次要出场人物的功能(第90页)。卢梭作品中的议论不是起孤立与隔离小说的作用,而是小说的推动力量。最后,在主人公之外的情感也在起着作用(主人公是情感的载体),它是推动力量。卢梭作品中的情感不是个性化的,是静止的。在整个小说中,圣-普寥的感情是一成不变的。

狄德罗的《修女》。此书的发端。苏三娜·西蒙涅的人生经历,她因被剥夺神父职位的诉讼而上了法庭。书信好像由她的名义发出。小说的论题是:"人为社会而生,隔离他,孤立他,与思想的联系的中断,性格被扭曲,千百种可笑的感觉从他的心中涌现。"心理扭曲与其慢慢瓦解的原因和过程一同被呈现出来。

司汤达的小偷情结(воризм)。路线:拉法耶特夫人(《德·克莱芙王妃》),狄德罗,拉克洛,司汤达。

长篇小说的感化手段:情欲上的利害关系,对漫游和惊险故事的好奇,悲剧性。现在在"黑色小说"中,把害怕和恐惧的情感糅合在一起。

欧拉斯·华尔蒲尔(1717—1797)的《奥特朗托城堡》。主题:篡位犯罪者的后代为他的罪过赎罪(罪行、氏族、复仇),命运注定。矗立在台座上的雕像,引起前辈的反抗,幽灵的反抗,等等。主要人物明显地分成罪犯和道德高尚者两派。城堡以其可怕和神秘性成为小说唯一的主人公。瓦尔特·司各特的"哥特小说"。罗迪克里弗的"林场小说"(1791),《山谷秘密》(1794)。刘易斯的《修道士》(1796)。把恐怖情感和漫游结合在一起。故事发生在西班牙,在德国,在寺院里,在宗教裁判所的监狱里,在神秘的强盗出没居民众多的森林中。出现了宗教裁判官的形象("大宗教裁判官"原型)。浮士德题材的出现。

马秋龙的《梅里蒙特·斯基塔里茨》。主题是犯罪欲望。

在黑色小说的氛围中巴尔扎克、雨果、乔治·桑都在成长。

只是从 19 世纪 30 年代起,长篇小说成为主要体裁。在这之前,长篇小说还不是"真正的"文学。官方历史的抵牾。风俗史。"私人生活的舞台"。按照格里弗佐夫的观点,巴尔扎克"是史诗作者。他作品中初始的静态部分是最强有力的。这里的人物形象都呈现出来了,而环境和原初状态也在这里表现出来,但一切都被呈现出来,而且什么也都寸步不前"(第 111 页)。巴尔扎克开创了"猜测"小说之先河:《毕拉茨女继承人》(城堡、骷髅、匕首、敌人、尸体等等)。《阿尔登的助理主教》(对妹妹的犯罪之爱)。《搓纹革皮》(1831)的前言是对黑色小说的批判。《令人怀疑的事儿》(1841)中的城堡故事。《朱安党人》(1829)。《卡捷丽娜·美迪奇》(1843)。巴尔扎克的叙事模式:(1)行动场所(城市、街道、楼房、楼房外面);(2)可能的总结("人生中的事件都与建筑物……相联系");(3)对楼房和房间的更为详细的描写;(4)行动的时间和人们的最初姿态。小说的开头就是如此。小说的结尾是坟墓或婚姻。小说的中间部分:相会情节,爱情上的纠葛缠绵,以及钱财上的阴谋诡计。互为截然比对:母狮与受害者,投机倒把者与幻想家。

乔治·桑:《列迪亚》(神秘的人们,修道院,宗教裁判所法庭,冒险的爱情,自杀和凶杀)。《加布里埃尔》(城堡小说)。《蒙拉》(盗贼小说)。动因无处不在:暴力,高傲的独居修道士,被禁止的情爱,对自负的强盗世界的挑衅,等等。

建立在"突然性"原则上的惊险小说。

陀思妥耶夫斯基创造了心理环境中的惊险小说。

格里弗佐夫有关教育小说与《约翰·克利斯朵夫》①相联系的评论。他把《绿衣亨利》②和亨里克·彭托皮丹③的《幸儿彼尔》归于教育小说。格里弗佐夫认为,"这种教育叙述式样,在本质上说,不无争论地可归于长篇小说"(第131—132页)。"雄踞首位的不是题材间的相互关系,而是简单明了的时间连续性"。事件改变着主人公的生活,但主人公本人依然是一如故我。

普鲁斯特作品中全部感觉的变化(生活视觉本身)。

小说素材的分类(米尔克与何曼的小说):骑士小说,匪盗小说,传奇小说,骗子小说,历史小说,民族志小说,地理志小说,风景小说,异国小说,海事小说,军事小说,刑事小说,侦探小说,体育小说,航空小说,事务性小说,生产小说,区域性小说,乡村小说,城市小说,女子小说,青年小说,哲理性小说,传记体小说,个体小说,等等(第142页)。

格里弗佐夫准确地表明,以文学流派的变化来区别(分类)长篇小说是不可能的和不准确的(第140—141页),以及按素材的特征来区分长篇小说同样是不可能的和不准确的(第142—143页)。在这里,单独的小说类型从来也不可能是互为排斥的。哲理-个体-女子-区域性长篇小说或者是风景-体育-乡村-青年小说,是完全可能的(第142页)。按素材方法来分类长篇小说(构建原则):自白体长篇小说,书信体长篇小说,镶嵌故事体长篇小说。批评(第145—146页)。

---

① 《约翰·克利斯朵夫》系法国作家罗曼·罗兰(1866—1944)的小说。——译者
② 《绿衣亨利》系瑞士作家凯勒(1819—1890)的小说。——译者
③ 亨里克·彭托皮丹(1857—1943),丹麦作家。——译者

安德烈·勒·布列东①区分了两种长篇小说类型:杜撰型长篇小说与现代现实画面型长篇小说。

根据格里弗佐夫的观点,在长篇小说里必须区分出本事与内心题材。长篇小说的粗放性与集约性倾向的矛盾,丰富多彩的本事往往与贫乏的主题结合在一起。一般来说,主题是通过对出场人物性格的描写而抽取出来的(更准确地说是从行动力量抽取出来的)(第147页)。"长篇小说是以观点的争论而生存的:争吵,斗争,利益上的矛盾,愿望与已实现的对比"(第147页)。第一个特征就是如此。长篇小说的第二个特征是:广泛的内容,多主题,多层面。第三个特征是:无限制的容量,摆脱对称的自由,这种小说能够传达"运动中的性格——小说的动态,效能,戏剧性"(第147—148页)。

职业、行业、工作、事务性的主题。它们在骗子小说中的功能。《吉尔·布拉斯》小说中职业的分析(在水疗医生处工作,艺人职业,写作者)。第一次重要的事务,创造,作品出现在传记体小说的形式里。表明在传记体形式的范畴中传奇小说的主题是如何变化的(与空间和时间、时空体的改变相联系):道路、相会、爱情等等。出其不意的,奇妙的,幸福与不幸在传记体小说的体裁中是如何变化的。

我们的题材(教育小说)与无产阶级利用过去文学遗产问题的联系。

青年席勒作品中的法与个体、法与创作(《强盗》)和歌德的(《葛兹·封·贝利欣根》)。对18世纪下半叶小说中的这一主题的研究。在魏玛时期的古典主义作品中以及在成熟的歌德的作品的法与个体合题思想(部分主题是谈及艺术家的创作自由和艺术的规则和必然性)。

"一年四季"主题,是指把自然界具体化和自然界中的时间(自然时间)具体化这一意义上的主题的意义。在先前时代的长篇小说(以

①　安德烈·勒·布列东(1896—1966),法国作家,超现实主义创始人之一。——译者

及通常意义上的文学)中,在抽象的风景、抽象的日期以及抽象的春天背景上,有必要对其做出评价。

一个人(教育工作者)对另一个人的教育作用。这种人与人之间的关系,在文艺复兴时代之前的小说中并未被描绘。这种关系是由各种各样的可能性孕育而成的。这种关系可以渗透到整个世界,转化为经验、自然界、人的命运、历史等等。而从自身方面来说,它把这一切又翻了过来,以另一面来面向人。事件和人们不再对人的生活和命运产生作用,不再改变生活,还有命运,但却开始改变人自身(让他远离外在目的、应分、幸福——慢慢地接近自身,成为他应该成为的人)。但为此人就需要大量的新思想和革命思想。在实证主义理想和评价土壤中,在实证主义的教育思想的土壤里,不可避免地出现教条主义思想——长篇小说在这种环境中是不可能形成的。

教育上的训诫("从父亲到儿子"等等)。这些训诫的教条主义思想。

＊　　　　＊　　　　＊

欧洲新小说是与那一时代相联系的历史小说,与拿破仑相关的历史小说(瓦尔特·司各特)。引文出自什克洛夫斯基①的《马尔米欧》。

作者小说中对主人公的配置:年轻人,走出家门,偶然彳亍到一条正在发生着历史性事件的大道。他为那个历史上的人物出力效劳。那位对他产生好感。故事就这样进入古老的历史。

在司汤达、萨克雷、托尔斯泰的小说中,其建构原则略有不同:主人公是以个人的视点来观察世界,用的是旁观者的视角。

历史小说的工作尚未完结。必须对历史作进一步的洞察研究,用心理描写方法予以改造,让历史进入现实主义行列之中。人的劳动(以及创作)活动不会进入小说之中。古老的历史小说是描写爱情和

---

① 什克洛夫斯基(1893—1984),苏联作家、文艺评论家,俄国形式主义首领。——译者

战争的小说。

日常生活,个人生活的心理状态、风景在古老的历史小说(例如,在托尔斯泰的小说)中,有着某种不变的东西,永恒的东西。

出自萨克雷的引文:绝大部分人的生活——他们的职业性日常生活——被排除在小说之外。小说家在描绘人们的行为时,不是描写他们的职业状况;他描写他们的欲望、爱情、娱乐、仇恨。作家在这些主人公(劳动的和事务缠身的人们)空闲歇息时,便把读者引荐给自己的主人公。

托尔斯泰日记中的记事:钱是我们生活中的主要动因之一。文学则是绕过这个动因,绕过财钱问题。但在这些问题中,存在着人生主要的和真正的利害关系,一个人的性格最好在这里表现出来。

高尔基作品中有相近的思想。

匹克威克①是每天都过着节假之人。

巴尔扎克扩展了长篇小说所蕴含的生命长度。

长篇小说建构在主人公与历史的矛盾之中。描绘现时代人以及欣赏他与假定性历史环境之间的矛盾。

为了改变长篇小说,就应该改变对生活的关系。

创造性劳动应该进入长篇小说之中。长篇小说中存在着地理世界的边界感觉。

历史背景、历史条件以及不同于这些条件的主人公。所有这一切不是由一块东西做成的。

历史小说和传记体小说在苏联文学中的重要意义。

现实主义类型。文艺复兴时代的现实主义。启蒙时代的现实主义。19世纪三四十年代的批判现实主义。实证主义的现实主义。现实主义历史中长篇小说体裁的形形色色变体的作用。

两种硬性的出发点。人和历史。人的形象和历史进程的形象。

按照高尔基的说法,与民间底层的联系。人的形象与历史进程的

---

① 匹克威克系英国作家狄更斯的小说《匹克威克外传》中的主人公。——译者

形象是不可割裂的。它们只是外表不同而已。进步的,或者相反,落后的,是相互联系在一个不可分割的整体中。它们的相互制约以及相互作用决定着现实主义的程度和性质。理解的深刻程度和进入人物身上的程度和进入历史进程的程度,是相互联系在一起的,是不可分割的。

对问题的阐释,基本上具有英勇主义的品格,是以历史主义研究为基础的(也就是以放之四海而皆准的马克思列宁主义理论为基础的)。我们不去追求圆满的历史事实,一切次要现象我们统统予以弃之如敝屣。

布瓦洛①要求社会心理的具体化(公爵之爱不同于牧人之爱),但历史的具体化对他来说是格格不入的。

地点、时间、社会条件的具体(即历史)的含义。对于人及人与人之间的关系的空-时特殊性的表现。

德国启蒙运动对法国文化所持的论战性立场。由此产生对德国历史的关注。民族复兴思想。

拿破仑时代。历史对民间日常生活的干预。历史的具体化。对民族的、文化的和语言的界线的直接感觉。为民族的独立而斗争。

正统历史主义的特殊性。

启蒙者对进步的理解:人文主义者的理性反对封建的绝对的非理性主义的斗争。这一理解是非历史的。

革命是进化的基本的必不可少的一部分(黑格尔)。革命是"度量关系的主线"。

对于启蒙主义者来说,人的本质是某种不变的东西。人在历史中的变化是外在的变化。一成不变的人在道德上的升华或堕落。人是永恒的和一成不变的自然界的产物。在黑格尔看来,人是人本身的产物,即是他自身历史活动的产物。与卢梭相比较(I' homme de I' homme)。

---

① 布瓦洛(1636—1711),法国诗人、文学理论家。《诗艺》是他的代表作。——译者

司各特主人公的特性和布局。长篇小说构建是围绕着非英勇主义的中间人物的命运进行的。

在资本主义的日常生活小说中,人的最优秀属性(他们的"英勇主义")是多余的,没有必要的,他们变成插科打诨的人,变成恶魔,等等。

史诗中的民族典型性格。这一性格是综合性顶峰(黑格尔)。

瓦尔特·司各特中间人物的任务将成为历史诸极点之间的中介。历史极点之间的斗争充盈着长篇小说的内容。

主人公是历史发展的产物和活动家。他是作为他那一时代的人呈现出来的(从服装到世界观),而他积极地参与到时代的事件之中。但在这种情况下他本人一成不变,内心也不运动;也不表现出那些他本人积极参与其中的历史事件对他的反作用(不是指他的人生命运的配置,而是指他本人)。他自身在历史上的成长不作描绘,他作为历史上的人是他本人自身的产物,是他本人活动的产物,也均不作呈现。所有这一切,在这里可以归入主人公一生中的婚前事件(把婚姻复杂化,迟缓化)。

卢卡契①指出,他小说中的主要人物把英国在一个世纪发展中的恒定的东西人格化了,把日常生活中的劳动、婚姻、生子都给人格化了,这种生活在历史上最残酷的战争时期也从不间断。

瓦尔特·司各特准备了历史个性的莅临(他们使命的社会-历史的先决条件),而他们本身的出现则是设定好了的、已然成型的(第66页)。

司各特表明,时代是如何产生伟大的个性的,但他从来不在那一时代伟大的代表人物当中概括出时代的性格。历史中的自由与必然问题。

历史与个人命运的重新编码。

历史事件描绘中的代表化和集约化(第70—71页)。

历史主人公的"虚假意识"(第73页)。

---

① 卢卡契(1885—1971),匈牙利哲学家、文艺评论家。——译者

论民间性(第76—77页)。"高位"与"底层"的相互关系。概括性的历史认识是在高位,为历史权利而斗争的真正的英勇主义——则在底层。

历史唤醒了的人身上沉睡的英勇主义(卡列尔汗、多罗泰)。来自民间的人士迸发出崇高的伟大的英勇主义热情。

历史揭开了民间一切可能存在的沉睡的英勇主义精神。这些英勇主义精神在完成了自身的使命之后又回归到日常生活之中。

史前的过去带给现在的朝气勃勃、欣欣向荣(第80—81页)。

司各特的爱国主义是与过去相联系的力量。

艺术家的现实主义战胜了个人的观点(恩格斯论巴尔扎克)。

18世纪末偏爱荷马而不喜欢维吉尔。

瓦尔特·司各特作品中的历史必然性(第84页)。

历史的现代化及其类型:17至18世纪幼稚的现代化以及浪漫主义的现代化(第86页)。

历史上艺术形象的过时问题。出自黑格尔的引文(第87页)。被描绘的(形象的抽象因素)依然是原先的(历史上存在过的),但成长和形成原则(哪怕是修辞上的)自身包含着(?)现代意识。

歌德是如何解决问题的(第87页)。

物质文化在地理上传播的伟大事业(高尔基论库珀①)。

歌德与瓦尔特·司各特(第91页)。

巴尔扎克与瓦尔特·司各特(第103页)。

把现代性作为历史来描绘。

偶然性之网是必然性存在之形式。

现代性的历史化之描绘。

历史之人的问题。

私人和私人生活问题。个人生活与个人生活情况。什么对象可以进入个人生活环境中。自然界作为窥视私宅窗口的一道风景可以

---

① 库珀(1789—1851),美国作家,师承启蒙传统,间有浪漫主义风采。——译者

被引入。个人景色的特殊类型。

绘画中的个人生活。

对史诗来说,特别是对长篇小说来说,人对物体、对外部世界的关系以及外部世界和物体对人的关系具有本质特征。但这种关系的类型随时代而急剧地变化。黑格尔的定义。

客观现实的整体画面。应该表现出绝对圆满的生活(由此生发出代表性一语)。"Totalität der Objekte",按照黑格尔的说法,是史诗的特征。但物体与人的联系是必不可少的条件。物体与人相联系的不同类型。从这一角度来分析长篇小说的情节。

对人类社会发展的特定的历史阶段做整体性的把握。必须描绘自然界,它是构成人类活动的基础和客体。

安提戈涅①或者罗密欧避免不了戏剧性的死亡,但弥留之际的安提戈涅以及弥留之际的罗密欧,比起先前的她们,其人的天性被表现得更加伟大和淋漓尽致。

人与他自身事业的联系。这一联系与其家庭、爱情以及与其他人之联系的冲突。

世界历史个性问题(黑格尔)。他们的私人目的包含着实体性因素。私人目的与社会意义的目的在爱情、婚姻、家族、生子、选择职业等等中的吻合。

历史上的官方代表人物与非官方代表人物。

正常的生活态度,在史诗中要比戏剧中更加准确地传递出来。在长篇小说中,主人公可以是中间人物,但在戏剧中是不允许的。对世俗社会中生活俗事的描绘。

戏剧的目的是人和人民,是人的命运和人民的命运(普希金)。

在资本主义社会里,公众事业不同于私人事业。公众的可以成为抽象的,而成为狭隘的个人。文学是作者和读者共同耕耘的园地,它成为窥视私人的"私密"生活的地方。原先的秘密(秘传的、禁止涉足

---

① 安提戈涅,希腊神话中底比斯王俄狄浦斯的女儿,因违反叔父禁令而自杀。——译者

的〈?〉)成为暧昧的秘闻(绝大多数情况下带有色情性质)。需要观察研究,出生和身世的秘密如何成为神秘(并不知晓父亲的情节成为私生子的情节)。

如何把个人的与公众的结合在一起?如何在个人中揭示出公众的东西?时间问题。个人密室时间与历史时间。

长篇小说中的他人问题。他人与自己人、实在人、平常人、普通人的对立比较。作为理想的他人或作为异国风情的他人。

理想与本民族的过去(民族历史长篇小说)相结合;理想与家乡的现在(区域性)相结合。

*　　*　　*

人生道路的自传体图式,是由柏拉图创造的(在苏格拉底的形象中:《苏格拉底申辩篇》《斐多篇》等等)。

个体从属于特定的,对大家又具有普惠意义的道德准则。个体不是作为普通生活的人,而是作为探索、"寻求真理"的人来对待。对如此探索真理的人的生活又可准确地被限定在时代里或者阶段上。作为基础的是针对真理性认知的发展水平。纯粹日常生活因素被剔除,剩下的就是结构。只有探索者的道路配置得井井有条。这里存在着新的十分重要的道路范畴。道路的隐喻化类型。探索真理性知识的途径,它与祭祀献词的等级和形式相联系。

通过自以为是的无知,通过怀疑,通过认识自我的方法,而获得真理性知识(数学、音乐)。有时通过具体的哲学学派的途径而获得。

参看:这就是《阿伽通的故事》中所描写的线路图(包括人生遭遇在内)。

基督教神秘论中"心灵史"模式具有类似性质。

早在中世纪两种模式并驾齐驱,而且交织在一起。

甚至莱布尼茨按照这个模式对自身精神上的升华做出评说。

第三类模式，"吁请史"与它相近。危机和再生因素具有本质特征。这个因素在柏拉图模式中不太明显（神谕与苏格拉底人生道路的转折）。狄奥尼索斯的呼吁史。

对柏拉图模式来说，人类本性的双重性以及升华到理想的途径具有本质特征。在这里，真实的传记时间与理想化的祭祀时间结合在一起（马戈梅特作品中数千年与不流水的瓦罐）。

与这种哲学和哲学的神秘论形式的传记图式和自传图式比肩而立（有时则与它们交织在一起）的，还有公开-演说术图式。它是以"葬礼颂歌（энкомион）"，以公民墓志铭和荐亡词形式表现出来，取代了葬礼中的哀歌（Threnos）。

演说术的葬礼颂歌之特点：出发点是具有一定的人生形式的理想形象——统帅、帝皇、政治活动家；那一理想形式是对统帅的抽象的愿望（理想的统帅应该是什么样子的）、属性和美德的总和。所有这些属性和美德是在伟大人物的生平中被揭示出来的。葬礼颂歌是胪列伟大人物的属性和美德的清单。与哲学模式不同，这里不存在变化和形成，这里只列出伟大人物已然成熟的完成了的完美的个性。理想的展现是以死者的光辉业绩为基础的。葬礼颂歌中的教育-诲人因素。抽象的普惠因素（"理想"）具有而不具现真正的个人形象；葬礼颂歌中的个人，本质上说，只是伟大人物的一个名称而已。个人生活因素几乎全部地避而不谈。人生中的一切则毫无保留地、完全彻底地被公之于众。

这一图式的基础是伊索克拉底的自传体辩护词。这一图式对世界文学的巨大影响（特别经过英国和意大利的人文主义者的努力）。争论与辩护。伊索克拉底有关物质地位和工作的论述。他在演说活动中的出色表现是人生活动中的最高形式（与中世纪和文艺复兴时代有类似现象）。教育性质。最终教育和教学思想的提出。（在《阿伽通的故事》一书中用吉尼亚的话作了讽刺性再现。）

在这里，具体的活动性职业思想和教育教学理想极具本质特征。

在这一图式中,一切同样是公开的。但这里的公开性带有命运演说术性质,而不是哲学上的忏悔性质(像苏格拉底那样)。秘密的隐私,个人的秘事在这里是不存在的。这些形式还不晓得封闭的、转向自身的思想和感受,不晓得封闭的私房密室中的事儿,这里的一切整个儿自始至终都是公开的。在这里,"自为之我"还不存在。

参看:卢梭的激情奔放把人生最秘密的最隐私的感受和事件改造成国家的公开的(而不是忏悔的神秘性的)感受和事件。与陀思妥耶夫斯基相对照。

古希腊罗马的传记体形式和自传体形式中的人是全方位公开的,他整个儿向外的,里面没有任何东西,以至于不值得作公开的国家稽查和解释。他身上的一切,从一开始就建立在公开性上。一切力求展现在广场上,而广场并不是我们那样的广场,这里有普通老百姓,农贸集市,民间戏场,这里的广场就是国家,是最高权力机构,是法庭,是科学,是艺术。文学中(类似于道路上)广场的进化和隐喻作用。广场,是具体化了的国家思想,作为开放和重新审视整个生活的具体而规模宏大的时空体,作为国家公开查验这一思想的地方。(试比较:拉斯柯尔尼科夫在广场上的忏悔)。文学中的古老广场和人民大众戏台。"到人民法庭上去申诉"。

在启蒙时代里,与其全人类幻想结合在一起的,变成了人再现公民公开性的严肃追求。卢梭。这一追求的绝望。马克思论"资产阶级与公民"。

人整个儿是公开的,整个儿是国家的,原则上具有整体普惠意义的。

回忆录体裁和日记体裁(Ephemerides)在希腊化时代的产生。这一体裁的宫廷性质,与波斯宫廷的传统和最古老的东方传统的联系。第三人称或者第一人称复数(Pluralis majestatis)。托勒密①回忆录。

---

① 这里可能指托勒密二世(前285—前246在位),著有《亚历山大大帝传》。——译者

赫罗迪①回忆录。

罗马的自传体小说和回忆录。这里人的自我开放性范围缩小了。罗马自传体小说的生活土壤是家庭和家族文献。传统从父辈传到子辈。自传体小说是家庭-宗族自我意识的文献。但家庭和宗族深深地潜藏在历史之中、深入历史时间之中和代辈交接的具体时间之中。

我们从古希腊的广场转到对罗马家庭(贵族家庭)的论说。但古希腊广场不是资产阶级-资本主义的(也不是中世纪的)城市广场;作为广场,它与普通的平民百姓、民间戏台(普希金论及莎士比亚的戏剧时,指出了这点)联系在一起,还有罗马的家庭也不是资产阶级的家庭,不是那种完全个人的秘密的象征。

(为什么揭示和描述人的自我开放环境是如此的重要呢?这是因为人在这一环境中,他的形象的界线受到限制,要知道,他可以在外部加以揭示,而这个外部的东西渗透到其内心里,使他定了型,赋予他形式和形象。)

罗马的家庭,作为家庭,直接地与国家相关连,国家权力机构的著名人物信任的是古罗马家庭的家长。家庭的宗教仪式,其作用是极其巨大的,是对国家宗教仪式的直接延续。祖辈们是国家民族理想的代表。自我意识直接面向宗族和祖辈的具体记忆。这就让意识成为史上公开的和按罗马方式铸就的国家意识。

不同于古希腊人公开的自我意识。在希腊,自我意识定位在理智思想之中。整个历史被压缩在十分狭窄的有限的空间(国家-城市)里和时间片段中,并在这种空间和时间片段中加以表现。在具有神话性质的始祖主人公出现之前,是一种近身描绘(就如伸手可触及的国家的界限,这往往是目所能及的界限),而未来直接与乌托邦理想相衔

---

① 即赫罗迪一世(约前73—前4),从公元前40年起(实际是从公元前37年起)在罗马军队的帮助下,取得皇位。惧怕耶稣转世,转世那天对婴儿大开杀戒。故此词亦有"残暴"之义。——译者

接,这就是乌托邦的未来——心灵之祖国——通过隐喻与神话的过去融合在一起(为了表现这一理想,他们利用了神话形象。参看柏拉图的隐喻手法、品达罗斯的隐喻手法。品达罗斯把神话的过去、英勇的现在以及乌托邦的未来融合在一个具体可视的栩栩如生的河流形象、高山形象、树林形象之中)。由此,自我意识的公开性在这个小世界里被揭示了出来,它的公开性是一种纯粹民众的公开性,而不是历史的公开性,它所诉诸的是活生生的当下的现代人,以及直接诉诸民众理想和哲学上的理想。从需求思想这一观点上说,把自己呈现给活生生的现代人,而不是子孙。

罗马的家庭宗族上的自我意识把自己囿于历史时间之中。历史性变得更加深刻和具体,但公开性和国家因素却更加抽象了。

斯考鲁斯、卢浮斯、苏拉①、恺撒②、瓦罗③、提比略④、克劳狄安⑤、安德里安努斯⑥、塞普提米·塞维鲁⑦等人。

中世纪意大利和德国城市(古罗马城市贵族)与(资产阶级的)城市贵族家庭里存在着类似现象(参看歌德的父亲及其档案文献)。

罗马官长的自传性演说词承续着(带有某些特殊的罗马特征)伊索克拉底的演说术传统。

塔西佗有关罗马政治自传体小说的言论。允许活动家在自我意识的道德基础上颂扬自己的美德(viritus)。普林尼乌斯⑧亦是如此。

传记体墓志铭(颂歌),取代古老的哀歌(naenia)。

---

① 苏拉(前138—前78),古罗马统帅。——译者
② 即朱理·恺撒·盖(前102或前100—前44),古罗马统帅,政治家和作家。著有《高卢战记》等。——译者
③ 瓦罗(前116—前27),古罗马作家、知识渊博的学者。——译者
④ 提比略(前42—37),公元14年起为罗马皇帝。——译者
⑤ 克劳狄安(约375—404后),古罗马诗人。——译者
⑥ 安德里安努斯(76—138),公元117年起为罗马皇帝。——译者
⑦ 塞普提米·塞维鲁(146—211),公元193年起为罗马皇帝。——译者
⑧ 普林尼乌斯(61或62—约114),古罗马作家。——译者

但罗马家庭-宗族传统决定着自传性自我意识,把古希腊及希腊化时代的传统也给复杂化了。而希腊化时代的传统决定着罗马自传的形式,并把希腊哲学中的个性思想复杂化。修辞因素。

罗马自传(以及传记)的一个特点是"prodigia"作用,即一切征兆及对征兆的解释。在这里,这些征兆不是外在的情节特征(像 17 世纪的小说那样),而是认知和构成自传素材的重要原则。而在 prodigia 中,就像在古希腊世界的所有范畴里一样,个体-私人的东西与公开国家的东西不可分割地融合在一起。prodigia 是国家的一切活动和开创事业的重要因素。不经过惊涛骇浪之征兆(продигиа)的考验,国家就会寸步难行。征兆是国家命运的风向标,预示着它的幸福或不幸。由此得出,这些征兆转化为个体的个性,转化为专制者(幸福的专制者),他的命运不可分割地与国家的命运联系在一起,因而也成为个人命运的范畴。出现了幸福之手的专制者(苏拉),幸福之星的专制者(朱理·恺撒·盖)。幸福与不幸之范畴在这片土地上具有特殊的生命力。不是思想(不是苏格拉底的魔鬼)具有力量,而是幸福成功具有力量。苏拉的自传体小说就是这样。但在苏拉的这一幸福中,在朱理·恺撒·盖的幸福中——是国家的与个人的命运融合在一起。它不是新时代个人狭隘的、私人的家庭幸福。(席勒作品中华伦斯坦的形象以及歌德作品中的魔鬼。)此外,这一幸福不可能与事业(国家的创造性劳动)割裂开来。如此一来,这里的幸福概念包含着那一"天才"概念(个人的天才概念),即它在 18 世纪末获得的哲学和美学中的那种意义(如扬格①、哈曼②、赫尔德、狂飙式天才等等)。在资产阶级资本主义的土地上,我们对这一"幸福"概念可进行细化、退化、个人化和碎片化处理。

西塞罗③在有关英勇传奇的历史长篇小说形式中,如何创造自传

---

① 扬格(1683—1765),英国诗人。作品《哀怨》是感伤主义经典之作。——译者
② 哈曼(1730—1788),德国评论家、作家、非理性主义思想家。——译者
③ 西塞罗(前 106—前 43),古罗马演说家、修辞学家、政治活动家。在罗马文学史上地位极高。——译者

体小说(体现在致阿吉克的书信中)的思想。西塞罗论及他当政时代的诗体史诗。

奥古斯丁的 Res gestae——是回忆性自传体的典范。个体对历史事业保持沉默,而事业本身为自己代言。

我们现在转向谈谈成熟的传记体小说形式。除了上述已经指出(评述的)之外,我们应该注意到亚里士多德对古希腊罗马传记作者的性格学方法的影响。亚里士多德把隐得来希作为终极目的之学说,与此同时又是发展的首要动因提出来的。由此得出,成熟的完美的性格是发展的真正要素。在这里,又成为特殊的"性格学上的逆向描述"之动因。这种逆向描述给随后文学的命运起到极其巨大的影响。它(逆向描述)首先确立了自传体时间和历史时间的特点。这一时间是压缩了的,本质上说,是丧失了发展变化。自传体小说赋予弥留之际成熟了的波澜壮阔的个人行动场面。整个青年时期仅仅是作为成熟期的预演而已。变化和动态因素的加盟,仅仅是作为爱好与恶习的斗争(同样是在亚里士多德的影响下),作为美德的陶铸以便赋予它恒定的性格。这是教育的变化,本质上说,是 repetitio——是对已然存在的固化。其基础依然是已完成之人的坚如磐石的本性。

古希腊传记小说的两种类型。第一种类型是能量型(其基础是亚里士多德的能量概念):人的完美存在和本质。这不是状态,而是行动、运动的力量("能量"),性格是在行为中、在表现中展开的。这些行为、话语及表现完全不是表现在外部(为了第三者),不是把某种内在的性格本质在外部表现出来,外在于他们,并且不经过他们的存在。不是的,这是性格本身之存在,外在于自身的能量这一性格是不存在的:在外部表现自身之外,表现自身的话语、视力和听力之外(就像古希腊罗马的世界常有的那样,在公开的国家的性格之外),性格不具有现实的圆满性,存在的圆满性。所以,描绘一个人的一生(生物学上的)应该不是通过胪列性格学属性(美德和恶习)的方法,不是通过分析这些硬性特征的方法来构成人,而是通过描绘人的行为和其他表现人的方法。普卢塔克①的传记小说就是这样的。这种传记小说对世界文学的影响是绝无仅有的。决定传记框架类型的传记时间是独具一格的。这是揭示性格的时间,但不是性格的形成和成长的时间(无可置疑,在这一揭示之外,就不会有人物的栩栩如生)。这一时间在人生事件(还有历史事件,因为人生事件不会与历史事件割裂开来)的关系上持不可逆态度,但在性格方面它又是可逆的:这一特征或那一特征可能会以早些或晚些标记出来,它丧失了时空体,不再位移,因为性格本身不会成长。

传记体小说的第二个类型是分析型。其基础是由确定栏目组成的图式。根据栏目来配置全部传记素材:社会生活,家庭生活,战争中的行为,对朋友的关系,对女人的关系,事业,值得的记忆,箴言,美德,恶习,外部面貌,habitus,等等。性格的不同特征和属性分别从不同的奇闻趣事中挑选,按照栏目来分门别类,对于每一个特征举出该人物一生中的一两个例子作为证据来表明。对如此学究式的分析型传记体小说,其主要代表人物是斯维托尼乌斯②。如果说普卢塔克对文学产生了巨大影响,特别是对戏剧的影响(只要提一下莎士比亚就足矣),那么,对传记体裁的影响,非斯维托尼乌斯莫属了,特别是在中世纪。分析性报告在这里比之描绘(即形象的展示)是占有优势的。

文学肖像与自画像。引自布伦斯③。这里已经不是揭示,也不是对特征系列作分析,而是对相互交织在一起的特征作压缩性综合。综合联系的形式形形色色。要么是本质特征的模式,要么是把整体的人在他一生中最紧张的时刻表现出来。

后希腊时代占星术文学的性格类型(占星图,参看彼特罗尼乌斯④的作品)。

---

① 普卢塔克(约46—120或127),希腊传记作家,柏拉图派哲学家。——译者
② 斯维托尼乌斯(约70—约160),古罗马作家。他著述很多,包括历史、文学、语言、民族等。——译者
③ 布伦斯(1848—1919),德国天文学家、大地测量学家、数学家。——译者
④ 彼得罗尼乌斯(? —66),古罗马作家。巴赫金对他在作品中作了详细分析。——译者

与拉瓦特①作品中面部肖像的对照。

书信集,也与自传体小说的形式一样(西塞罗、人文主义者等作品)。贺拉斯,奥维德,普洛培提乌斯②中的诗体自传体小说。这些小说中出现了幽默和讽刺。

论自述(собственные писания)的自传体著作。

本人作品的目录,作品的题材,公众对它们的认可,自传体小说对它们的评论。西塞罗、格林等人。本人作品系列,对于自传体小说描写本人生活的思想来说,是真实的、客观的支柱。在这一形式里能够触摸到探索性认知柏拉图图式的路径。这点在格林的著作中表现得特别明显。这里描绘了他的方法,是通过哲学学派和等级达到数学(几何)认知的可信度。这一形式的基础是奥古斯丁的 *Retractationes*。他在自己的系列作品中,揭开了作者内心成长的路径。归于此列的还有笛卡尔的 *Discours de la methode*。最后,歌德在他的《编年史》中以及《诗与真》中创作的出发点亦是如此。

哲学作为安慰者的形象以及与它的对话。首次出现在西塞罗的作品中。没有最终完稿的 *Consolatio*(女儿死后辍笔),*Hortensius*。这一作品对奥古斯丁的影响。这里基本的东西是与哲学的对话,以及关注自身。处在这一路线上的有奥古斯丁、波爱修③、彼特拉克④。

在这里,我们转向对人的自传体自我意识新形式的发端作一论说。这一新形式的初期,其特点是演说术的华丽辞藻略显不足。我们在这里,在古希腊的大地上,发现了孤身一人这一问题的端倪。这是后希腊罗马时代世界文学最伟大的问题之一。这一问题(主题)的宽

---

① 拉瓦特(1741—1801),瑞士作家,有长篇小说《邦季·皮拉特,或小圣经》等。——译者
② 普洛佩提乌斯(约前50—前15),古罗马诗人。他的诗大多用哀歌格律写成。——译者
③ 波爱修(约480—524),基督教哲学家。著有《哲学的安慰》等。——译者
④ 彼特拉克(1304—1374),意大利诗人。用拉丁文写作,作品用对话体形式写成。——译者

泛表达方式,是包含着多余人的主题,社会上和政治上不需要的人的主题,不明事理的,不被认可的,内心十分自负的人的主题,等等(卢梭、拜伦等人作品中的人物)。

开始进入文学的有"荒蛮之地",外在于国家的、外在于公众的人生和人的心灵的区域(从个人隐私到原则性抗衡)。揭示了新的个性,转向自身内心的个性;这一个性与劳动一起,经过演说术的华丽辞藻,与公开的官方的人的存在形式一起进入的。人本身成长了,被复杂化了,而这些形式却被瓦解了,成为非官方的具有意义雄辩术的形式。

出现了对自己内心,对自身之我的关系,没有见证人,无须顾忌"第三者"(不管他是什么人)说话的权利。

在西塞罗作品中,这种对自我关系的早期形式,较为薄弱。除了上面提到过的作品,写给阿吉克的书信外,可谓寥寥无几了。原始的非文学的私人信件,谈话体形式,是在与官方的、崇高的、理想化的形式相对立中出现的。私人友谊之氛围。这里渗透着个人的生活,隐秘的心灵。它还十分贫乏、薄弱和无基根。在绝对的孤独中还不需要它(带有绝望的谎言,自我欺骗。试比较:陀思妥耶夫斯基作品中的人物)。人的形象开始走向封闭的私人空间:安宁幽静的个人房间,以及舒适而庸俗的自我陶醉的生活或者悲剧性的孤独和走投无路,诸如此类。在这些个人的空间里,这个形象失去了自身的可塑性人格、雄才大略、戏剧性和整体可视性形象。

与自身谈话(对话)形式。柏拉图提示我们,思维是人与自身的交谈(《泰阿泰德篇》,《智者篇》)。默不作声的思维概念第一次具有神秘论依据。与自身对话在古希腊大地上十分流行。但在这种思维-认知式对话中不存在对自身之我的对话,就像对一个特殊的实体那样。

塞涅卡的书信集还是雄辩术性质的,并未表现出内心的成长。马可·奥勃留①。与屈辱情感的斗争。"他人"之排除。与此同时，自尊感以及对那些为自尊而斗争的人们和命运的嘉奖也出现了。

在交谈(вдиатрибах)形式中，在讽刺性诗体自传性小说中，揶揄地表现自身的现实主义形式。现实主义长篇小说的根源。

乔叟的自传体小说，讲述他成为作家的道路。

长篇小说中获得社会认可或不认可的主题。

对话性传记与回忆录(柏拉图和色诺芬)。

人的发现与人们的相互矛盾的多样性(苏格拉底与诡辩论者)。

布兰肯堡认为，我们文学中的长篇小说带有长篇史诗的功能。

法庭演说术。公开公民性的人物形象的统一体。但这种公开性与公民性在古希腊长篇小说形成时代就瓦解了，成为僵死的演说术形式。

在西塞罗的创作中以及他创造的个性中，要研究与人的垂死的以及不符合公开的国家的统一体的这一斗争，是饶有兴趣的。无论内在之人还是外在之人都涂上一层外部公开的和外部国家的现实色彩，在人身上出现了不屈从于公开的自我意识范畴(以及演说术理想形式)的复杂性与矛盾性。

在致阿吉克的信件的那种私人友情的(真真假假的友情)氛围中，揭示出人具有了新的个人秘密的自我意识。人的一系列自我意识范畴和自传性生活的构成——幸福、成功、功勋等等——开始向个人秘密层面转移。自然界本身被描绘进这一新的个人秘密世界后，就开始了实质性变化。风景退化了，即自然界完全作为个体的(而且，实际上是孤独的消极的)人的视界(视觉对象)和环境(背景、布景)，而不是古希腊罗马时期公开的国家一词意义上的主人公，不是半神化的氏族祖先。在这一自然界里，没有什么东西能提供给奥林匹亚之神灵，这

---

① 马可·奥勃留(121—180)，自161年起为罗马安东尼皇朝的皇帝，晚期斯多葛学派的代表人物，著有《忏悔录》。——译者

里只有德列阿得斯①、俄瑞阿得斯②等神灵活动的场所。这是亚历山大的画师们笔下的大自然,进入对人的全然崭新的关系之中(参看罗杰的论述)。比较一下史诗中(荷马作品中)对自然界的描写,以及悲剧中对自然界的描写(例如,那一自然界的描写是在"普罗米修斯"的合唱中进行的,这一悲剧的主人公是适应于这一自然界的)。游手好闲的人的自然界。

在悲剧中,整个人生一览无余地呈现出来了。这一人生的精义是在参与合唱中揭示出来的。

彼特拉克笔下对人和自然的揭示(是在西塞罗的基础上)应该在这一层面上加以重新审视。在这里,以中世纪为背景,被解放的不是私密之人,而是揭开了社会新人可能存在的公开属性,揭示出心灵-肉体之人可能存在的公开属性。

他人世界的题材(更准确些说是范畴,因为这一题材有着深刻的建构意义)的出现,是与长篇小说("古希腊长篇小说")一起的。与孤独之人的题材-范畴结合在一起,这一题材决定着欧洲长篇小说的不同类型。

惊险——这是他人世界的事件。这一事件是与没有任何使命的个人一起完成的。长篇小说的情节与其海难、海盗、劫持、改头换面一起,浓缩在延缓的婚姻中——不可能成为公众的国家之人的生活情节。这是个体人的命运在他人世界里的情节。但他的统一体形式中——是公开的演说术形式,而且是垂死的外部形式。

不存在对过去的记忆(活生生的记忆)以及没有未来的预见性的现在,是空洞无物的自然主义的现在。

没有一件物品不与自身等同。

菲沙尔特是拉伯雷的译者。

人(还有他的心灵)以及他的事业(创造行为)的同一性。

---

① 德列阿得斯,古希腊罗马神话中的树神。——译者
② 俄瑞阿得斯,古希腊罗马神话中的山岳诸女神。——译者

A.别列茨基[①]论性格构成手段(参看No1a[②]):(1)人物是动态情节的无主见的载体;(2)偏重心理概括性描写和公式化性格(古典主义);(3)自画像和典型的日常小人物(果戈理、冈察洛夫、奥斯特洛夫斯基);(4)心灵体验类型。

莱辛有关主人公外貌的描写(文学肖像)。诗应该描写主人公的外貌,不是直接的,而只叙述这一周围环境里的行动,即在时间序列里主人公的动态行为(例如,荷马作品中艾伦的美色)。

莱辛的时间序列(通常指莱辛作品中的时间)是叙述时间和事件流动时间,但不是形成世界和人的历史时间。这一时间揭开了以及发现了世界和人的特征的这一或那一方面,或者在事件的进程(情节的展开)中,或者在叙述的过程中(报道,由作者做结构上的配置安排),但这些特征本身及方方面面是设定好了的,是早已存在的。

文学肖像。

肖像的抽象-隐喻形式:描绘或胪列因外貌激发出观察者的情感(《雅歌》)。栩栩如生的肖像。可塑性肖像。身份证肖像。从一个人的印象描绘出来的肖像。主旋律肖像(狄更斯、托尔斯泰)。资料参看No1a。

关于长篇小说主人公外貌的功能问题,及人物形象中外貌功能问题之原则性提出。这些功能决定着肖像特征的描绘手法。

长篇小说主人公之美。无形象主人公之出现。外貌之完成功能("从此人脸上能期待什么?"他整个儿摆在这里了,他是预设好了的,限定好了的)。一个人脸上的过去和未来(拉法特的脸部画像)。古老世界的占星图肖像。从人的外貌读出他的命运遭遇。外貌在情节中的作用(例如,美貌或丑陋)。外貌在人的性格中的作用。桑丘和堂吉诃德的外貌。外貌与外部性格的其他特征的同质性。起封闭人作

---

① 即 A.И.别列茨基(1884—1961),苏联文艺学家,科学院院士。从事俄国、西欧、古希腊罗马文学和文学理论的研究。——译者

② 指 A.别列茨基笔记本的编码。——译者

用的肖像。寓意深远的、难以猜度的、矛盾重重的起开放人作用的肖像(乔治·桑、莱蒙托夫)。

开放主人公的两种类型:为圆满的自传体小说而尽力的开放性以及为他人的权威而效力的开放性。形象之特殊的完成的开放性(歌德作品中像古希腊罗马雕像那样精美绝伦的艺术造型)。

托尔斯泰为自身而思考和为公众而思考的话语(列夫·舍斯托夫[①])。

性格及其界限问题。隶属于人的人物话语、思想、行为的问题。责任能力问题。类似性:话语的意义是受语境决定的,与语境不可分割。

从"第三者"的视角来看情节。作为主人公环境的风景、物品、事件不可能与主人公直接相提并立,因为它们是作为主人公(而不是作者)的视野出现的,而主人公是作者的视野所赋予的。两种视野的结合、碰撞和转换的原则。统一的客观现实之先决条件(置于作者之上和置于主人公之上,这里的视野具有类似性,都置于现实的视野之上)。史诗中不存在这些问题。

典型人物的英雄化(乌托邦主义)。

描绘的层面(与长篇小说的时间相关)。层面的简明化处理("鸟瞰")——时间和空间的最大限度概括(整个时代的评述,数十年来的概述——在托尔斯泰的《两个骠骑兵》中,在陀思妥耶夫斯基的《卡拉马佐夫兄弟》里均有如此描写)。宏大布局。与此相关的是作者立场的改变。作者视野与主人公视野的相互关系(宏大布局赋予何人)。

在19世纪三四十年代的西方和俄罗斯,自传体形式的广泛传播(作为伟大的俄罗斯长篇小说的前期准备)。德·昆西[②]。拉马丁[③]的《自白》。

---

① 列夫·舍斯托夫(1866—1938),俄国哲学家、作家,非理性主义者,生存主义者。——译者
② 德·昆西(1785—1859),英国作家,颓废派文艺先驱。——译者
③ 拉马丁(1790—1869),法国浪漫主义作家,政治活动家。——译者

德鲁日宁论自传体小说及其意义的论文（1850 年以来，№11）①。希里维欧·佩利科②。卢梭。阿尔菲耶尔。歌德。切里尼③。夏布多里昂④。拉马丁等等。

作为作者话语问题的叙述问题。这一叙述问题与他人个体的关系，包括个体的本人视野以及他本人论及自身和世界时的话语。

18 世纪的时评性游记——拉季舍夫⑤。

帕尔齐法尔走着一条从 *Gottferne zur Gottnähe* 开始的道路。列姆判定它的系列归属:《痴儿历险记》《威廉·麦斯特》《绿衣亨利》。

戈特舍德在初版的 *Kritische Dichikunst*（1730）中全然未提及长篇小说，只有到了第四版（1751）他补入论长篇小说一章。在他看来，长篇小说是爱情史，而他竭力反对小说可能对风俗的卑劣影响。

布兰肯堡（1774）是在维兰德的《阿伽通的故事》和菲尔丁小说的基础上建立了他的长篇小说理论。一部好的长篇小说，对于有独立思考之欠的头脑来说，长篇小说能够成为现时代的长篇小说，而不是古希腊那一时代的长篇史诗。他批评了理查森的那种预设好的主人公，要求主人公有"成长"，有他们的心灵史。他表明这一思想:"主人公是如何变得头脑清醒和心灵的纯洁"。他要求长篇小说不是抽象的道德说教（像在理查森作品中那样），艺术家不能从属于艺术外的道德目的，而是要表现出大写之人的心理，永恒之人的心理，"纯粹的人性"；长篇小说应该追求"真理和大自然"。

"Soliloquia"是奥古斯丁的术语。

普卢塔克论自颂自夸形式。他收集了从荷马以来的资料。他确

---

① 　德鲁日宁（1824—1864），俄国作家、文艺评论家。据俄文版《巴赫金文集》编者注，在德鲁日宁的文学遗产中未能找到该文。——译者
② 　希里维欧·佩利科（1789—1854），意大利作家、自传体回忆录作家。——译者
③ 　切里尼（1500—1571），意大利作家、雕塑家，其回忆录闻名于世。——译者
④ 　夏布多里昂（1768—1848），法国作家。擅长回忆录，写景能手。——译者
⑤ 　拉季舍夫（1749—1802），作家、俄国革命思想家。《从彼得堡到莫斯科旅行记》是其代表作。——译者

立,自我颂扬应该在什么形式中进行,以便避免引起他人的反感。

里托尔·阿里斯梯德也是从荷马开始选择资料,并做出结论说,高傲的自我颂扬纯粹是希腊人的特点。米什在指出奥古斯丁的《忏悔录》一书中的演说术品格时,强调说,"对它不能阅读,而只能是朗诵"(第96页)。把自传体小说作为孤独的内心活动的观点,完完全全是在中世纪形成的。而希腊化时代仅仅是它的萌芽状态而已(同上)。

安德里安努斯的 *Vita*。

《金驴记》自传体小说的结局。(第11册)。《格林论自身书籍的著作》。马可·奥勃留。所有这一切是发生在公元2世纪。苦命人佩尔涅土伊的梦幻。诡辩家尤斯金和基普里安·卡尔法汉斯基的《呼吁史》。

在戈特舍德看来,史诗是最高一级的诗,而长篇小说是最低一级的诗。

歌德把长篇小说称作"个人长篇史诗"(见 *Maxuhe und Kellexionen*一书)。席勒在1797年10月20日给歌德的信中,认为长篇小说的形式不是诗歌。

布兰肯堡:史诗描绘公民,而长篇小说描写的是人。在史诗中允许神奇的东西,而在长篇小说里不允许存在这种东西。

西姆梅尔①把歌德与席勒对立起来的观点。引文出自 K.弗里德曼,第147页。

歌德有关《威廉·麦斯特》的言论。*Keiter und Kellen*,c.30.

同上,第36页,教育小说,与 Künstlerroman'om 的结合。

K.弗里德曼论叙述人在史诗体裁中的作用。歌德——席勒把史诗作为某种绝对的过去的观点。"绝对过去"是史诗事件的时间。作者的讲述本身(行吟诗人之歌)是处在现在之中(戏剧的行为亦是如此)。希尔德布兰德②的术语——"古远(далевой)形象"在文学中的应用。大量被描绘的事件以"古远形象"在行动。作者(行吟诗人)的

---

① 西姆梅尔(1858—1918),德国唯心主义哲学家,生命哲学代表人物。——译者
② 希尔德布兰德(1838—1925),瑞典气象学家。——译者

人物是动态的:它从现在的叙述走向古远形象,后又返了回来。作者对被描绘事件的干预,等等。

把视度问题与时空体问题结合起来。

史诗叙述的不同时间(tempora)。史诗叙述的不同固化("Dichte")程度:一般性时间长度(时间范围)与直接描绘状态和行动本身的交替。

叙述时间的变化(动词的tempora)是用来表达叙述者对被叙述故事的一种变化着的(动态的)关系。

叙述的全部过去时是处在被叙述事件的层面上(在史诗的绝对过去里),因为这一层面本身又可细分为过去的不同层面。在叙述的现在时间(戏剧时间)层面(这是作者与听众相会的时间)上,作者直接发表议论——出面干预(讨论被叙述故事的意义,思考和对叙述手法表示歉意,等等)。这是作者的自我表现。它处在第一(纯粹戏剧的)古远的层面上。为了阐明这点,需要分析《奥涅金》的动因。

作者与第三个出场人物的表演,在"Icherzähiung"①中是融合在一起的。他们处在同一个表现古远的层面上。

史诗叙述允许时间等级的巨大深度和多样性,时间间距的不同跨度与戏剧时间的千篇一律相矛盾。

时间梯度之游戏,在时间里进行自由的、有意义的运动。针对现在的定位,就要求运动在时间中进行。时间流的任意切割和其不可阻挡的自然力量的构成。

描绘时间流动的娴熟技巧,时间细分成不同的单独时间层面,以及叙述者在时间中的运动。这种技巧具有"Icherzähiung"的复合技巧,故事框架的雕琢,直接引语,praesens historicum,作者出面表演,等等。

空间,同时性,并列,共存,把一切连接在一起的、联系在一起的因素,在肉眼看来,是把星空与大地连接成世界的统一体,城市里数以千计的高楼大厦,城乡中生活着无数人们的命运组成一个世界的统一

----

① 德语:第一人称。——译者

体。这是通过统一的和唯一的空间联系。

空间,具体区域,作为历史的舞台,创造着活生生的色彩鲜明的时间联系:过去留下的足迹,现在的步伐,未来的种子和可能性("这里曾几何时有过伟大的城市";"这里将会崛起一座城市")。

与他人世界相对立的是祖国(区域主义)。把他人世界变成自己亲爱的祖国(歌德的《威廉·麦斯特》第 2 部)。

只有戏剧行动不可分割。史诗是可以分割的。它在直接引语(对话)中才能是不可分割的。描绘时间与被描绘时间的吻合。这里的现实达到了绝对的浓缩的密度与厚度。由作者出面的叙述,发生着对现实材料的精雕细刻与轻描淡写。现实渗入作者的主观意识之中。

与时间的细化(时间层面)交织在一起的是叙述的情态性(conjunctivus)。

要特别关注教育小说的类型。类型学原则。

在史诗中一切都是同等重要的;在长篇小说中存在着重要的与不重要的、真实的与虚假的、主要的和次要的区别。这里出现了真实性的程度问题。

报道(Bericht)与描绘(Darstellung)的交替进行。它表明,如何从广泛的一般的报道中生发出栩栩如生的情景,并再次转化为(专心于)报道。遥远的神话时间的消除。

作为一部史诗的《威廉·麦斯特》,这里的一切都是同等地重要的。

吉尔特加以准确地分析的那一时间,是史诗形式的一种技巧性的形式时间。对时间作一定的技巧性形式的加工手段,其选择和运用是受作者生活在其中的真实历史时间的感觉如何而定的。这一真实时间的方方面面,对作者来说,都是开放的,就像他感觉到自身的历史那样,就像他存在于他生活(人类生活)的时间里那样。在这一长远的时间里,对他来说,是在多大程度上以及如何将这一长远时间划分为时代、时期,等等。他是如何感觉到结尾和开头的;他把什么样的时刻、什么样的世界作为不受制约的时间、一成不变的和永恒的时间来思考,或者在无论什么情况下又是如此的漫长,以至于要窥视猜测它们背后是什么,就没有多大意义了("世纪之磐石");要么相反,在这里,时间的权力胜于一切,时间的这一权力程度高居于形形色色的物体之上,高居于历史生活与个人生活的关系之上;在生与死的范围里,感觉到自身的生物学生命和传记性生活的张力程度和整体性程度是如何的;要感觉到年龄和这一生命的其他人生阶段(小学时代、青年、成年、大学时代)是细分到何种程度的;个人的这一生活又是如何紧密地交织在宗族的生活里(活生生地、具体地感觉到自己的祖先,以及作为同一事业的承续者面对祖先和孩子的责任,这一承续又是如何直截了当地加以思考;例如,罗马家庭以及家庭宗族传统);事业和关系在个人生活中具有什么样的地位;这种关系所构成的地位显然不能囿于他生活的时间框架中,显然不能成为他本人盖棺论定的东西,这么说吧,成为全部的需求。换言之,他时刻不停地,大量地种植那些果树,而这些果树结出的果实明显地不是他所梦寐以求的(而是为了孩子和孙子);而他又如此活生生地感觉到他自己从他祖辈们种下的果树上摘下果子。要知道,由此决定了家庭宗族和时间的历史长度(要求代代相传的事件)的程度、力量、具体性。他如此鲜活地感觉到自然界中的时间,从一年四季的交替到地质学时期的变化(歌德在观察大自然时,处处读出了时间);树木的年轮,森林、高山、岩石、河流等等的年代。在他看来,这一切就是活生生的时间统一体,活生生的时间尺度(每一时代有着自身的尺度):18世纪大自然的时间问题有着重要的意义,歌德善于看到时间,不仅在空间里,而且在时间中。他不仅在空间里看到绿树葱葱,而且在时间里看到,确定它的树轮以及今后成长的可能性,特别重要的是要强调一点,即感觉到历史时间的不可逆转的程度,或者,相反,鲜明地感觉到在重复时间的过程(循环时间)中的时长;他看出"时间的意义"在何处,通常对他来说,意义是否存在;他善于看到物体中的时间,以及社会关系中的时间,等等。简而言之,这里所说的是时间的哲学;这一哲学决定了艺术家在他的作品中对世界的视度以及他对时间(时间范畴)的加工。但是,诚然,谈及的是具体的工作的时间哲学,它在艺术家那里完全没有达到多少明确的理论认知。我们之所以对它做出决定,是因为时间范畴如何渗透进他所描绘的世界中,以及他如何与史诗形式的时间因素打交道。该时代的时间哲学同样地可以在哲学家、历史学家、政治家的作品中发现明确的哲学认知(就像它在启蒙时代占有某种地位一样)。诚然,每一时代有着自身的社会区域性时间哲学。公元前14世纪雅典演说家以自身的方式来感觉时间。撰写了第一部欧洲自传体小说的伊索克拉底;他与希腊化时代(公元前2世纪和3世纪)古希腊长篇小说的创作者,对时间的感觉迥然不同,也与沃尔夫拉姆·封·埃申巴赫对时间的感觉判然有别。文艺复兴时代对世界中的时间完成了新的伟大的发现。启蒙时代等等的代表人物的时间有着自身的特殊的感觉。这些特殊的时间哲学(时间感觉)被置于某种进步的(然而是断断续续的进步)序列:向时间里的渗透,深化了、扩大化了、碎片化了,变得越来越具有历史性了,越来越真实了。历史时间随后所取得的成就,渐渐地变得更加圆满和更具复杂的辩证法——成为现实主义历史的重要因素,其中包括艺术现实主义历史的重要因素。从现实主义发展史这一角度上来看,时间问题对于理解长篇小说史具有不可估量的重要意义(诚然,是与空间和其他的现实情况联系在一起的)。

在极具创造性和进步性的时代里——文艺复兴时代和启蒙时代里——历史哲学问题以及艺术中的时间问题如此有效地和深刻地交织在一起,既在艺术创造者的意识(但丁、彼特拉克、莎士比亚、拉伯雷、伏尔泰、卢梭、歌德)中,又在哲学家和理论家的意识(维科、摩尔、贝孔、莱布尼茨、牛顿、赫尔德、莱辛)中,并非空穴来风;人物形象和概念作平行性重新审视和深化研究。

史诗,包括长篇小说在内,是与"完成的过去"打交道的,这是彻头彻尾的完成时间,作家能够全方位地去观照它,就像雕塑家对待自己的雕像一样。但这个完成的过去只是形式上的完成，精选了的事件和被描绘的事件是作为过去的叙述因素而表现出来的，动词用的是过去时形式（这与戏剧大相径庭）。这是史诗体裁的形式上的过去。但至于艺术家把什么东西用于"完成的过去"这一形式中——那是另一个问题。他在真实的统一的时间里如何精细地选择区域性事件，他是如何考虑它与这一真实时间的关系。鉴于这些问题，我们在"完成的过去"的时间里转向对时间层面作形式上的分析研究。

惊险时间，生物学时间，传记体时间，历史时间。

艺术家在世界里只与现成的资料——事体、人们、人们之间的关系等等打交道。对歌德来说，世界上不存在现成的东西：一切都处在自我更生的状态中。

家族的教育思想。赫尔德作品中家族的年轻化思想。与语言问题的联系。

历史时间的发现。由此开创了观照时间的非同一般的清新性与鲜明性，无比的勇敢行为，表现在针对一切事物。现象和世界的关系这一广泛传播的历史视觉里。

个人与家族的联系是通过教育思想来实现的。对教育的最宽泛理解，它包含着传统。从一个人向另一个人的传承为的是进一步积累知识。个人死了，这无关宏旨，他所积累的以及所获得的知识为了自我的完善，不会白白地丢失的，它会作为教育继续传承下去，通过语言和文化的媒介。个体的变化、成长中断了，没有达到顶峰，但在家族中，这一成长还在继续。

莱辛是如何解决这个问题的。完美的人道主义理想只有在个体形式中才能实现。但个体的成长因死亡而中断，他从来也不会达到完美的程度。由此为了拯救教育成长过程中的连续性，出现了重塑形象的学说，以及心灵迁移的学说。具有本质特征的是，成长过程应该纳入全球范围来考量。

按照赫尔德的说法，心灵的青春焕发与老气横秋。

莱布尼茨①的单子论同样渗透着完美思想;个体单子在和谐的整体世界中的相互作用和相互完善。

恩格斯在论及巴尔扎克的信件中说道,"现实主义的意思是,除了细节的真实外,还要真实地再现典型环境中的典型人物"②。

长篇小说家是"个人生活"的历史学家。文艺复兴时代的现实主义小说把广阔的历史视界狭隘化了。菲洛斯特拉特③的哲理小说《阿波洛尼亚·基恩斯基的一生》。

诡辩学派的爱情长篇小说:

(1)哈里顿的《赫列和卡里罗》(11世纪)。在18世纪此书的俄文版就印刷了3次(1763年,1766年,1793年)。

(2)《艾芬斯中篇小说》(11世纪)。俄文译于1793年。扬布里科④的《巴比伦中篇小说》(复述性译文及片段)。

(3)《埃塞俄比亚中篇小说》(11世纪)。俄文版,1769年。

(4)《列弗基帕和克里托封》。

在希腊文学的古典主义时期(不依赖于时代)中人物形象公开的国家型性格多多少少地排除了爱情题材的重要意义。然而,在亚历山大大帝执政时期,这一题材又被提到首位。

个人-个性人物的出现。但他丧失了尚还重要的新的统一体。把个人私生活特征硬说成是垂死的纯粹形式上的古老的演说术核心。

以爱情题材及新型的个人隐秘的方方面面及其生活为宗旨,改造了古老的神话遗产。阿西尔成为温柔的情侣。波吕斐摩斯爱上咖拉杰娅女神。描绘爱情上的怆然悲痛。精美细腻的心理描写。这种再

① 莱布尼茨(1646—1716),德国自然科学家、唯心主义哲学家。单子论是其理论核心。——译者

② 恩格斯:《致玛·哈克奈斯》(1888年4月),《马克思恩格斯选集》,第4卷,第46页。——译者

③ 菲洛斯特拉特(祖孙),均为古希腊作家,写过论述希腊化时代和古希腊的绘画著作。——译者

④ 扬布里科(约283—约330),古希腊罗马唯心主义哲学家,新柏拉图主义叙利亚学派创始人。——译者

现神话的形象在罗杰的作品中有着出色的描绘。

帕尔斐尼的文集《论爱情之痛苦》(公元前 1 世纪)。奥维德的爱情学说是在这块沃土上诞生的。

罗杰强调了与亚历山大的爱情哀诗的联系:隆重节庆上的首次相会;主人公高傲的洁身自好,却为女主人公所俘获;男女主人公的绝世美色,对美色的描写,美色对周围人的影响(美色是主人公遭受灾难的基本祸根);激情的突然迸发以及爱情上的痛苦是可怕的难以医治的疾病;饮酒、符号语言、情歌。

按照罗杰的观点,一切爱情-哀歌因素是与地理学上的漫游长篇小说结合在一起的。这一小说源于《奥德修记》。在希腊化时代它得到哲学上乌托邦思想的熏陶,成为表达作者的社会历史观点和宗教哲学观点的形式。然而,存在着此类作品以及情节上纯粹幻想的小说(异国情调)。

按照罗杰的看法,爱情因素,从技术性手段上说,是与(设定的)地理学长篇小说的模式联系在一起的。

2 世纪,安东尼·第欧根尼的《弗拉的难以置信的惊险故事》,由佛提乌①改编后保留了下来。罗杰把这本书看作是这类小说的最早最具表现力的现象之一,因为爱情与地理学部分还没有完全融合在一起。

当今特别强调演说术在古希腊长篇小说形成过程中的意义。

漫游以及描写大自然绮丽风光的因素,在地理学长篇小说中具有与爱情小说别样的意义,参看 R. Heinze. *Petron und der griechische Roman*. Hermes,XXXIV,1899,508c.

演说术——这是诞生出长篇小说的自然力量。它对古希腊罗马文学的所有体裁产生着巨大的影响力。

长篇小说的最早样本,保存在残缺的纸莎草纸中,带有纯粹的演

---

① 佛提乌(约 810 或 820—890),君士坦丁堡宗主教。著有多种神学著作和书信集。——译者

说术性质：出场人物对称配置,大量言语采用学校讲课风格。

情节的跌宕起伏以及认知是舞台表演的重要因素。

演说术的演说题材是 progymnasmata。

(1)mythikon diegema 是讲述神话故事(采用散文形式来讲述神话故事,以及采用聚合体方式);(2)historikon diegema 是用演说方式来叙述历史事件;(3)dramatikon diegema 是对虚构事件的叙述,讲述戏剧。

演说家的艺术技巧——把形成强烈对比的各种感受结合在一起。

源于戏剧的长篇小说,但不是直线式的,而是旁敲侧击式的。

与古希腊罗马的历史文献的联系,这是由爱德华·施瓦茨阐明的:长篇小说激情澎湃的品格,命运的作用(图切语)。演说家自身决定古希腊罗马的历史文献:因为历史是属于庞大的演说术体裁的。

主人公的言语是古希腊罗马文学的惯用手法,可上溯到荷马作品中。这一手法特别为古希腊罗马的历史文献所具有。人物形象与公开的国家品格相联系。

这些言语在古罗马的长篇小说中有时采取书信形式。

对城市、令人惊叹的建筑物、古老的动物、奇妙的大自然、艺术作品的描写。对绘画的描写占有特殊地位。

在描绘女主人公之美貌时不厌其烦地凸出其接吻之甜蜜因素(这一因素在随后的文学中得到非同一般的广泛流行)。

在头两章里由作者本人来叙述。然后与克里托封相会,接着叙述由主要人物来进行(Icherzählung)。框架不是闭合的(结尾时作者再也没有出现)。与《菲德尔》相比较。看来,这一手法对地理学长篇小说以及对风俗喜剧长篇小说(阿普列乌斯以及彼特罗尼乌斯的作品)来说,都具典范性质。

出场人物的对称配置。空间戏剧性原则。他对演说术方式的再加工。

在克里托封那里是父亲,在列弗基帕那里则是母亲。他们双双反对婚姻。在克里托封身边又出现未婚妻（卡里戈娜），在列弗基帕处则是爱上她的卡利斯封。这一对情人联起手来，障碍被消除。虚假的几对情人以及他们重新配置力量——是最典型的手法（参看歌德的作品）。

男主人公手下的仆人，女主人公那里是女佣。此外，还有两个人物：一个对男女主人公持敌视态度，另一个持友好态度。

引入另一对男女（费尔桑德尔与梅里塔）。这一对男女与主要人物的命运交织在一起。

错综复杂的扑朔迷离的遭遇以及对列弗基帕和梅里塔清白无辜的考验。

假死（列弗基帕和费尔桑德尔）。

两个过程以及通过超自然力量的干预而得到完美结局。

事件的理论依据是由命运的干预提出来的。

存在着一定的离奇情节的硬性路线图，坠入情网的男女必定要经受这一离奇惊险。

"劫持欧洲"画面的描写，是长篇小说的序曲。

梦幻幽灵的作用。

对"统治着大地、天空和水域"的无所不能的厄洛斯爱神的故事和议论。

女主人公被认为是一个死人，但竟然活了过来（这一题材在歌德的作品里被应用到玛丽安娜身上）。

第六部长篇小说中有关眼泪的议论。

克里托封的多次被谋杀。主要人物的多次杀戮是喜剧小说的准则要求的。

古希腊长篇小说中其中一个情人的背信弃义，具有理想因素。

古希腊长篇小说的女主人公往往是纯洁的牺牲品，她的被救都是因为偶然性因素（在色诺芬的作品里，在赫里奥多罗斯的作品中，在塔提俄斯的作品中均能见到这种情况）。

2 世纪文明的世界性和民主性。罗马行省的意义,特别是非洲的意义。

对日常琐碎小事的青睐以及自然主义把天马行空式的幻想与神秘论结合在一起。

第一诡辩派学说与第二诡辩派学说。

第一诡辩派学说。在苏格拉底与普罗塔戈拉①、高尔吉亚②等人的斗争时期,话语是"启蒙"的强大武器。斗争是为争夺对青年人的教育影响力。封建贵族秩序的瓦解。商人和手工业者的代表人物地位的提升。

第二诡辩派学说。其代表人物是希罗多德·阿吉克、科尔涅尔·弗朗彤(他的日记)。

阿普列乌斯自传体辩护词。阿普列乌斯《论宇宙》的地理志一书。

劫持驴子鲁巧的强盗把婚礼前夜抓走的姑娘带到山洞里。这里便引进有关阿穆尔③和普叙赫的神话故事(由贼窝里老太婆厨子讲述的)。参看《吉尔·布拉斯》中有类似情节。

驴子扮演了皮卡罗的角色。接着他身处逆境:入伙强盗,去过被他救过命的姑娘的庄园(《吉尔·布拉斯》情节),当过仆人,园艺工,厨师,沦落为流浪汉和骗子,当过兵,获得自由的奴隶,爱上城里有钱人家的小姐,最后,成为剧院里的演员。小说的结尾是:宗教游行,坐车去罗马,皈依上帝和成为行为端正的人。

驴子鲁巧人生道路之分析。道路与相会。这一道路与相会在随后文学中的演变。《金驴记》的情节线条与系列骗子小说《托尔梅斯的拉扎里奥》《阿尔法拉切的古斯曼》《吉尔·布拉斯》情节的比较。

有关变形的众多传奇故事。这些传奇故事的源泉是阶级出现前的民间口头创作。变形,改变形式,变样,再生 implicite,包含着历史时

---

① 普鲁塔哥拉(前 481—约前 411),古希腊哲学家,古希腊最著名的诡辩学派哲学家。——译者

② 高尔吉亚(约前 483—约前 375),古希腊智者派哲学家。——译者

③ 阿穆尔,即丘比特。——译者

间进程的思想处在萌芽状态中。但这一思想将会发展成熟,但不会很快地变得如绘画般的鲜明。

变形的宗教形式(厄琉西尼亚神秘宗教仪式的传统)。赫拉克利特①作品中的成长形式。成长的辩证法思想,古希腊的世界观懂得这种辩证法思想,它按照厄琉西尼亚宗教神秘剧路线进入文学艺术之中,进入悲剧之中。在希腊化罗马时代,这一思想被外来的东方元素变得复杂了,被作了歪曲和碎片化处理,并以变形的情节形式给长篇小说的体裁产生巨大的影响。在《变形记》残留的片段(从宇宙的起源到朱理·恺撒·盖)中,存在着一种特殊的企图,就是把死气沉沉的发展成长思想用阶级出现前民间故事的神话外壳包装起来,以便创造一种世界史的画面。奥维德《吉日》中的时间因素。

赫西奥德和奥维德作品中有关世纪的神话。

圣经的类似事件。参看歌德(一般是18世纪)。有关变形的神话宝库。

假冒卢奇安的作品《鲁巧或驴子》。

阿普列乌斯的作品中有着十二篇镶嵌式故事。

奥维德的作品中,变形思想被包裹在神话的外壳中。当这一潜在的思想突破神话外壳时,就成为现实主义的产品。

民间故事神话中变形的成长,及其对随后长篇小说形式的影响。狄更斯小说的英国童话。变形:从乞丐变成富翁,从居无定所的流浪汉成为演员——骗子长篇小说就是如此。

在驴子身上看到变形的讽刺性双重性格。

主人公的社会经济地位(等级)的外部变形,幸运的变形。然而,主人公本人是停滞不前的,一成不变的,还有社会范畴(在其界线内发生着变形),同样被看作是一成不变的,永恒的。

关于菲尼斯特·亚斯内·索科尔(俄罗斯的)的童话故事。当凶

---

① 赫拉克利特(约前540—约前480与前470之间),古希腊唯物主义哲学家,爱非斯学派创始人。著作有《论自然》等。——译者

狠的姐姐拔出小刀割伤了亚斯内·索科尔翅膀后,他就飞走了,被遗弃的姑娘,在世界的尽头找到自己相爱人之前,吃了三块石头做的圣饼,穿坏了三双石头做的鞋,使坏了三根石头做的拐杖。

独特的童话形象性质。这一动因如何展开成为长篇小说探索爱情的情节。

分析神话《阿穆尔和普叙赫》,作为爱情-惊险情节的特殊变体。变形思想。时间序列。人生的整体性。路径。遥远的乌托邦王国。爱情和离别。赎罪。比这一神话故事更加古老的变体,我们还不得而知。

弥留之际,地狱之行和复活。这是最古老的民间故事的核心内容。

幸福——命中注定阿穆尔和普叙赫结合在一起。战胜死神。新生活的诞生。代辈问题。神话情节的展开和变换而进入现实主义行列。

早期爱情故事的传统因素与女仆情爱有关。

强盗窝里的鲁巧。牧场上的鲁巧(被解救的姑娘)经受牧童的侮辱,受牲口贩子恶妻的欺凌。鲁巧在叙利亚女神仆人家。鲁巧在磨坊主家,在凶狠的磨坊女主人那里。第九个故事是由老媒婆讲述的(《弗朗西昂》)。鲁巧成为园艺工。鲁巧参军。鲁巧在两兄弟家做厨师,烤制面包。鲁巧与富姐的关系。鲁巧成为半圆形剧场的演员。

驴子在获取信息上的优势(第9册第163页)。当着驴子的面可以无话不谈。驴子有一双长耳朵,什么都能听见(第265页)。鲁巧主人们的遭遇。磨坊主的遭遇。

鲁巧在有钱人家里。修道院西厢房(?)。获得自由的农奴教他变魔术。

漫游长篇小说情节的分析。情节的时间序列。从统一的真实时间中划分序列之原则。时间序列的结构和修辞加工的原则。这一序列针对的是人的整体生活。路径路线图是人生之道路(人生道路之变形)。但这一因素是抽象的、象征性的。不具历史时间。人们命运之变化(命运之一波三折考验了所有次要人物——鲁巧的主人们),但人们之间的社会关系、日常生活、社会制度依然丝毫不变。

彼特罗尼乌斯作品里出现了历史因素,长篇小说的时间序列摆脱了与主人公整体人生的本质联系(像鲁巧那样的主人公,是彼特罗尼乌斯作品里所不具备的)。但这一题材在目前保留的残篇上看,是难以再向前发展的。

在《萨蒂里孔》这一漫游长篇小说中,道路已经不是人生命运之变化,"人之变形"。斋期(?)情节的讽刺性模拟(《奥德修记》)。相近的社会长篇小说(*Nebeneinander*)。具有历史色彩,微弱的漂移不定历史运动的对比和矛盾。彼特罗尼乌斯作品中的空间地域世界。

艺术家的时间感及他的时代(与社会制约性相一致),进入文学(特别是长篇小说)时遭遇到在另一种时间感觉的条件下形成的体裁传统的强烈反抗。对这种反抗不能低估。但,对时间的新感觉克服了守旧的体裁传统,对其因素进行再思考,让这些因素更加深刻地、现实主义地适应变化着的现实的要求。当新的时间感积累多了,变得厚实了,当新的及重要的方面在变化着的现实中被揭示时,不符合时代要求的守旧的体裁就会瓦解,各种新的重要的体裁形式就诞生了。

形成个体人的结果。完美的个性或为社会斗争做准备。

"社会革命只能从未来汲取自身的诗意"(马克思)。这一未来,未来的社会主义现实主义,是与文艺复兴时代和启蒙时代的那种乌托邦的未来和乌托邦的过去迥然不同的。

启蒙主义者清楚地懂得,由发展("Bildung")的理想来提出完美的个人,绝无可能。同样地把具有如此个性完美的人限制在一成不变的未完成的现实中,也是绝无可能的(出路只是一片荒漠,田园诗)。但,此外,个人自身包含着对社会、对公共事业的必然关系,不可能对其无动于衷。个人,孑然一身时是不圆满的,他会安于现状,而对社会的恶放手不管(他应该成为斗士)。最后,对圆满性的人文主义理解本身是一件极其严肃的事儿，以便思考为了取得成就个人的一生能做什么。由此出现莱辛的灵魂转世、赫尔德的永生观念等。

必须强调一点，"天才的人"，如扬格、哈曼、赫尔德，狂飙式天才人物，是创造的个性。由此得出（从个人生活的欠缺来理解），赫尔德的心灵年轻化思想。

隐喻：全然预设好的，未竣工的，以及正在建设中的大厦。

卢梭的矛盾思想："自然人（естественный человек）"与"大自然之人（человек природы）"。教育理念之矛盾。

教育小说的类型取决于发展的方向性，它的最终目的，还取决于与周围环境的联系程度，取决于这一环境本身的变化程度。

古典现实主义（司汤达、巴尔扎克）是更合乎逻辑的、更具实践的，也是更具唯物主义的。歌德的现实主义更具辩证法。

自由与必然问题。历史的必然性及其对人的积极性的关系。

创造历史的主人公之波拿巴思想①（在拉萨尔②作品中）。

德国意识形态发展中的"波扎侯爵夫人时期"（卢卡契）。

在黑格尔著作中，个人是一定历史集团（民族等等）的代表；他的"欲望"通过"睿智的诡谲"与历史过程中的一般必然性联系在一起。他的"欲望"与历史上的集团（民族、阶级）"利益"联系在一起。

"这一私人的内涵与人的意志如此同一，致使它形成了人的整体规定性并且不可分离：由于这一内涵人就是他实有的那个人。"（Hegel.*Die Vernunft in der Geschichte*. Leipzig, 1917）

根据黑格尔的说法，"思想"与"欲望"交织在一起，创造着历史的联系。

"如此一来，历史上的伟大个人，只有在他自己的位置上才能被人

---

① 波拿巴思想，亦称拿破仑主义，产生于拿破仑一世，是资产阶级专政形式之一，以全民性为幌子，随机应变为方法来欺骗人民。列宁认为它是一种反革命的"统治形式"。——译者

② 拉萨尔（1825—1864），德国小资产阶级社会主义者，接受黑格尔哲学。发表过《工人纲领》等，对革命持悲观态度。——译者

所理解。"

"全世界历史上的个性,首次向人们阐明,他们想要什么。让人们晓得你想要什么,这不是件轻松的事儿。实际上,可以这么说,你想要什么东西,却总是不敢面对,心里充满着的只有怨恨;即使有着正确的目的之意识,在这种情况下也会丧失殆尽。"

"全世界历史上的个人是这样的人,只是因为他表达了客观历史上群众的某些需求,表达了社会发展的倾向性。"

而拉萨尔把个人的决定和行为脱离开真实的根基,把它们与必要性对立起来,即他用康德和费希特(还有席勒)的道德精神来训谕(этизирует)他们。

格·凯勒与无神论。无神论是私事,是秘密世界观。道德独立于宗教,可以成为无神论,与此同时又是一个有道德的人,在《绿衣亨利》中与人的教育和成长问题相联系。

凯勒是"自然唯物论者",因为他把他的主人公的道德从他们具体的实际的行为中区分出来,把他们的天性从他们生活的客观社会条件的相互作用中区分出来。

瑞士国家民主的"人民性",与它的旧传统相联系,与它的外省狭隘性相联系,与它的小资产阶级的农民品格相联系,与资本主义的微弱发展相联系,就像凯勒现实主义的基根一样。他善于把他主人公的命运置于这一联系之中,置于鲜明的深思熟虑的与社会生活的联系之中,善于把单独人们的行为从他们的存在中分离开来。

但凯勒不是与那散发着乡土气息的民主的宗法制世界的模糊意识格格不入的,在资本主义的挤压下这一宗法制世界命中注定要走向灭亡。由此得出,他的无神论观点具有听天由命的思想和别具一格的特色。

瑞士民主的人民性决定着凯勒现实主义的具体性和高度,但在这一乡土气息的小世界里孕育出来的狭隘的和众所周知的落后品格,使得他在共同的世界观问题上失去了广泛的思想内容和勇往直前的精神。

意识上神话成分的程度如何,按照马克思的观点,总是属于过去的历史阶段(……)。

欧洲一体化运动是由启蒙哲学向人民性哲学的转化。这一转化的不同类型(普希金类型、歌德类型、席勒类型)。"应顺现实"。

从"人的规范"("自然人")向社会历史区域化之人的演进路径。

"人过于宽泛,我要缩小他。"(陀思妥耶夫斯基语)

"莎士比亚化"的含义和意义。人物性格的多面性、复杂性和内在的矛盾性(虽然人物性格中没有内在发展与成长)是它的历史性。这是性格中历史时间运动留下的足迹。

果戈理作品中"人的崇高意义"。莎士比亚化和道德说教。

果戈理作品中形象的肉身和物体面具。

《奥勃洛莫夫》一书中领地决定人。

托尔斯泰作品中主人公的身体、肉身形象。善于在这一形象中表现出人的命运和未来(在女孩的孱弱的形象中可见有机的未来,成熟的健康的母亲形象)。

托尔斯泰(通过干预途径)对主人公的内心独白进行修正:"他们实际上感觉到和想到什么。"托尔斯泰作品中对杜撰的和臆想的东西的揭露。与歌德相对照。

人物形象作为对现实的艺术把握。继承性与变异性的结合。形象(和情节)的多义现象。

人的资产阶级理想形式是形形色色的,但从其基础上说是统一的,解释人的手段也是形形色色的,但从其根子上说也是统一的。对人整体建构的理解——从启蒙时代的人到帝国主义时代的人。

人物形象之建构,在苏联文学中整体上是由为社会主义,为社会主义的关系以及为社会主义的人而斗争的具体任务决定的(是否表现出历史的过去或者苏联的现实,是否描绘了阶级敌人或者真正的布尔什维克,都是无所谓的)。这一任务决定着对一些特征的选择和评价,对特征之间的联系和对它们的理解。

主人公的基本特征是把社会内容注入个人的目的之中。在高尔基的作品中,这样的主人公(巴维尔·弗拉索夫)是通过对他的出现和成长过程的描写而展现出来的。形象是作为为社会主义新人而斗争的工具。"灵魂工程师"。是在社会主义劳动突击队和社会主义劳动竞赛的基础上对人们的再教育。组织者的形象。在《恰巴耶夫》①这一小说中,是对农民自发势力的再教育。

世界的两面性与等级制度依然存于喜剧性长篇小说中。

高层人士的意识形态生活和历史生活以及低层人物的相互攻讦和群殴。取代心灵的交际只能是愚蠢的肢体之间的蛮力对抗(奥布洛米耶夫斯基②语)。

只有高层人士作为积极的个性(情人、朋友、庇护人、敌人)才能成为情节功能的载体。最高层的情节联系与无情节相矛盾,与区分成单个事件和被孤立的人物的底层世界的存在相矛盾。独立的情势和舞台,故事和事件,是相互割裂的,是脱离开紧张的情节的。在这里,人们是客体,是恒定的品格的载体,是物体对象的载体。他们的仇恨、友爱、妒忌都带有喜剧性质,不具有情节构成之意义。造成对它的干扰是他们对狭隘的阶层职业圈子的过分依赖。只有从琐碎小事的关怀和焦虑不安中解放出来才能保障对情节的参与(奥布洛米耶夫斯基语)。

受到实实在在的殴打的主人公,他没有自己的情节(更准确些说,没有自己正常的浪漫爱情的情节,而有特殊的情节),但他参与到自己主人的情节之中,则少得可怜,如驴子鲁巧。由此可以看出,斗殴与主人命运的特殊关系,已成为刻板的公式。但这个"喜剧"情节在这里已经进入变形情节之中,接下去这个外壳被抛弃。由此得出,主人公的

---

① 《恰巴耶夫》系苏联作家富尔曼诺夫(1891—1926)的作品。小说中塑造了一个被革命唤醒的人民英雄的典型形象。——译者

② 奥布洛米耶夫斯基(1907—1971),苏联文艺学家,以研究法国象征主义、浪漫主义,以及巴尔扎克等人见长。——译者

软弱无力和客体性质,对他们作了阶层职业上的再思考。由此得出,对独立的情景和舞台缺乏热情和作碎片化处理。情节具有隆重的节日氛围和理想的气息。

勒萨日引起的变化。地位低下的主人公参与了情节运动。主要的手段是:从主人公的形象(性格)中分离出来的喜剧成分转化为情景和状态。喜剧不再依附于阶层职业的规定性。喜剧主人公成为情节行动的主体,成为人。

在崇高层次的长篇小说——巴洛克长篇小说——中情节的特点。等级获得最高力量的支撑,它是永恒的。对情节来说,它是坚如磐石的世界背景,是情节不可触及的背景。神灵和巫师。命运的权力(古希腊长篇小说的"马大哈")。对爱情的迷狂。运动情节的力量向低层位移,而不是诞生自主人公性格本身。负责情节位移的是命运、神灵、巫师等等。

人的积极性不可能让情节的时间序列充实圆满。在这一形成长篇小说的时间片段中,操纵的并非人的积极性。人物形象丧失了首创精神;与他一起的只是偶然发生的现象;他在搏斗,他赢得王国,但首创精神却不属于他。

在早期资本主义长篇小说里,情节的积极性开始诞生于主人公本人,诞生于他的性格。首创的(肇始的)积极性开始进入主人公形象之中。

在理查森的作品中,出现了资产阶级抽象的个性来取代按阶层划分的主人公。作为规范的理想的道德状态。平等带有纯粹形式上的抽象品格。这是道德上的公设,而不是世界的物质存在。封建主义神秘的必要性是与理智的必要性格格不入的。喜剧性狂躁性格变成抽象的道德性格。情节最终形变的结果:情节成为抽象的,它失去了丰富多彩的真实世界。私人时间序列的情节是闭合的,脱离了时间的共同进程。从结局观点上看,所有情节事件获得了自身的含义和意义。一切与结局无关的东西都被清除殆尽。这点在理查森的作品中尤为典型。全部人物只是"剧情"的参与者,剧情之外他们全不存在(奥布洛米耶夫斯基语)。

主人公形象在何种程度上脱离开具体的情节呢?这一形象有可能转化到别的情节,有可能在生活中发现。例如,果戈理的主人公是绝对分离的。对于拜伦的主人公来说,存在着十分狭隘的情节素材。

结局对情节的影响以及通常对时间序列的影响。情节作为时间序列的特殊性。情节如何从共同时间中分离出来。在史诗中以及在长篇小说中的总体性要求、整体性要求、描绘世界的要求。如何感觉到留在被描绘的生活界限之外的东西(另一种生活以及"未提及的"不重要的事物与日常生活等等,形成鲜明的对照)。

只要情节的"剧情"在延续,正常的、普通的日常生活仿佛就停滞不前了。主人公正常的日常生活的功能只是在开始前和结束后这段时间里起作用。在情节运动时刻,主人公脱离开形形色色的具体现实情况而变得抽象。主人公高踞于自身有限的个人存在之上。情节运动便进入间接的日常生活的外部现实世界。恶人是情节的首创者(奥布洛米耶夫斯基语)。

恶人在情节中的一般作用。

在情节、人物性格与现实之间的关系是脱节的。

寻找形形色色的丰富多彩的存在,寻找另一种新的最好的东西不是在时间中,而是在世界的空间里。而存在实际上充满着神秘和猜测。

人的形象与时间的角色。

人物形象的深度与美之间的脱节,现实主义地描绘社会关系(巴尔扎克作品中资本主义制度的偶像是非人的力量)与情节之间的脱节。

菲尔丁作品中情节产生于故事开始前最安静的时刻。运动在这里是由环境的内部矛盾生发出来的。情节的时间序列并非孤立于共同时间之外;情节的运动触及现实的一切因素和层面。积极的首创精神进入主人公身中。被描绘的世界消除了抽象性,充满了形形色色的和丰富多彩的事物。

长篇小说中的喜剧范畴引起急剧的变化。它完全失去了阶层意义,扩展到所有人物身上。与此同时,它也丧失了蔑视-屈辱的性格。它不再是反面人物的特征,并丧失了战败恶的色彩。旧时代小说的喜剧因素变成了幽默。

喜剧范畴获得了肯定含义:它成为主人公具体化的手段,它把主人公与有着真实关系的世界接近起来。

人物肖像。人物躯体的描写。狂饮、斗殴和吵架,与学者们的辩论、争论形成鲜明的对照。

菲尔丁作品中情节的变化。脱离开道德的情节与复杂的、内部矛盾重重的主人公性格的格格不入,与现实的多样化格格不入。情节出自主人公预设的出场前的存在。主人公是不受结尾束缚的个人,并获得自身圆满的意义。主人公把自身所有的具体的东西带进情节之中。在主人公身上,不存在没有情节中与情节外之间的界限区分。出现了大量的出场人物,他们是不受情节中的角色所制约。

古希腊长篇小说固定了崇高小说的情节角色,给予他们以对称的配置,同时性地存在于舞台上的空间的图式,优于以时间的图式出现和完全消失。

主人公是私密之人,他周围的世界是个人生活的世界。

对启蒙时代的评述。发现物质的(静止的)世界统一体(牛顿)。"经验"的发现(基本上是个人的经验)是作为获得整个东西(认知和道德)的唯一方法,而不是对人的控制(洛克)。在洛克的作品中是未定论之人(tabula rasa)的思想,此人所面对的依然是通过在时间的流逝中所积累的经验而获得一切。

惊险时间是被使用的时间——来得及,超得过,赶得上,是偶然巧合的时间:偶然相遇(好像无意中走到一起),偶然见到某人(意想不到而相逢),等等;参看伏尔泰作品中对它的讽刺性模拟;偶然制动的时间(抢劫恰好在举行婚礼的前夜)。《金驴记》的例子,古希腊小说的例子,《吉尔·布拉斯》的例子。这是所有时间的"意外怪事",几乎是意想不到(?)。时间的游戏,时间的魔术,它们恰好构成情节时间。从这些偶然的巧合(突如其来的碰到一起的偶然的同时性)以及偶然的脱节(偶然的异时性——"当强盗进攻时,未婚夫恰好有事临时不在"等等)中不能形成变化,不仅是历史的变化,而且是传记的变化。如果早一分钟出现,或者晚一分钟出现(即没有偶然的同时性以及偶然的异时性),那么就不会存在这一情节,那么小说也就不会写到这一件事了。"恰逢其时"和"突如其来"。这一情节时间——"事故时间"是非理性力量对主人公生活的特殊的干预所形成的时间:命运的干预,神灵的干预,巫师的干预,最好的情况是恶人的惠顾。他们"作为恶人"正是把偶然的同时性和偶然的异时性作为武器来运用,"窥视",等待时机,"突然地"和"恰逢其时地"发起进攻。这就是那些时间因素,当事件的正常进程,正常的、人类的以及此岸的时间序列被打乱了,给予非人为力量的干扰机会。在更加人化的序列里,这些因素成为内心危机的因素,而在完全人化的序列里,就成了决定的因素,真正的人类(和历史)首创的因素。这是时间的因素,不是理性分析、研究、睿智的先见之明、经验等等所预见的因素,而是猜测、预兆、prodigia等等所预料的因素。这一时间的最有趣的历史文化哲学是:它的根子可上溯到阶级社会出现前的民间故事中,它在宗教仪式的不同阶段中所具有的祭祀意义。它的作用在于创造人物形象的永恒的分类:"幸福之人"—"不幸之人","成功者"—"失败者"。

在这一时间里,情节诞生了(开头),情节完成了(结尾)。如果小说的整体现实视情节而定(主人公及世界之存在是以他们的情节存在为限定),为结尾的视点而定的话,那么,长篇小说的现实主义是最低程度的现实主义。情节序列是最大限度地被孤立于真实的生活时间之外。描绘材料被置于这一情节之外。

如此一来,这一情节时间是稳固的,是合乎规范的,那么,这一时间对长篇小说史、对现实主义发展史来说具有重大意义。与体裁传统的斗争,对这一传统因素的再思考,引入外在于情节的出场人物及外在于情节的庞大材料(如在阿普列乌斯和彼特罗尼乌斯作品中所做的那样)。日常生活与这一时间的结合问题。日常生活的时间问题。

把人民的命运、王国的命运、文化的命运吸引到这一时间之中。偶然事件在历史中的作用。普希金论卢克莱修(与构思《努林伯爵》有关)。个性在历史中的作用(幸运的统帅、不幸的统帅等等)。自由之人的决定在历史中的作用。

把生活和历史的内在因素转移入传奇-神话时间的"情节剧情"中。乌托邦时间所招致的修正。

主人公形象的首创性问题。主体与客体、人与世界的重要相互关系问题。这一问题在该情节时间的条件中是不可能被提出来的。人物行为与现实重要的方面不会相接触,不会涉及它们。人物行为只是恢复被偶然事件破坏了的平衡,把一切回归到自己开始时的那个样子,"一切都各得其所"。*Der langen Rede kurzer Sinn*——有情人终成眷属。被描绘在小说中的主人公的一生时间,究竟给世界带来什么样的变化呢?主人公的积极性所影响的现象和事物,其范围是极其狭隘的;主人公通常在行动中才接触到这些现象和事物,而这些现象和事物也作用于他。在世界上没有留下一丁点儿印记。情节千方百计地把应该变化——应作消灭、改造、创造的变化——的事物限制起来。社会关系、经济关系、政治关系全然进不到这一狭隘的界限里(歌德在其作品中是如何无限地扩展这一界限的)。一般来说,进入长篇小说的大量材料(国家、城市、稀奇古怪的现象等等)成为背景、环境,并未触及主人公的积极性(即使作为经验也未对他产生影响)。

长篇小说的素材可以区分成以下几种形式:(1)是长篇小说情节展开后所造成的那些东西的变化——消失、改变、创造,因为是主人公的积极性对其施加影响的结果,这就是长篇小说所描绘的事件留在世界上的痕迹(这一痕迹或多或少具有深刻性、原则性);(2)是那些自身依然不变的东西,却对主人公本人产生作用,像经验、理想或者典范等等;(3)是那些既对主人公本人有着任何积极性,又对世界保持中立的东西(从对主人公起作用这一意义上说,是背景、环境、自我陶醉的好奇材料)。

毋庸置疑,这是从积极性观点上的分类,而不是从理由、从参与事件等等的观点上进行分类("应是能射击的火枪")。

时间序列的涵盖一切而又广阔的层面:生活时代(全部行为)以及在这些时代里(这里出现天日,甚至钟点)发生的单个(重要)事件。

世界现象是教育主人公的武器。

一般来说,在长篇小说中什么在运动,在思考(在变化?需弄清楚!),以及什么依然不动,议程不变。

主人公在空间中的位移,按社会等级阶梯的位移。

在伏尔泰的小说中,对长篇小说时间(非真实的、孤立的、丧失了积极之人的度量)的深刻讽刺性模拟(《查第格》的主要方式)。

长篇小说的恒定不变因素与变化因素。

长篇小说主人公的积极性是机械的积极性。

历史时间是以世界基石为背景的运动时间。这一时间是唯一的而且是不可逆的。

对于传奇小说来说,需要空间上的粗放性,为运动所需的一切时间可以置于世界历史的一天之中。历史上的所有事件不具局限性,可以转移到任何时代中去。

这一偶然的同时性和异时性(脱节)的时间,其空间应是如何的呢?不能把空间与时间割裂开来(时空体)。空间成为有条件的(无论是他人的还是自己的,一视同仁),它存在着远处与近身(相应的同时性与异时性)以及它们的不同程度(所以长篇小说是在广阔的空间中展开的)。空间自身也打上偶然性的烙印。道路作为长篇小说最简单的时空体(基本上是相会的场所),这里,时间成为空间的第四维。道路与相会(同一地点的同时性)是最简单的时空体。分离(不同地点的同时性）、劫持、追击、逃跑等等。情节的基本因素具有时空体性质。孤立—监狱—时空体是抽象的。

人的成长与世界的变化是不可分割地联系在一起的。

早在古希腊时期，在苏格拉底看来，人是教育和重塑的对象。对教育的教条主义理想的否定。

情节与主人公的非等同性，命运与人的非等同性。

歌德作品中统一体的能动性类型（以及浪漫主义者作品的"讽刺性类型"）与对情节孤立的封闭性的破坏相联系，与作品在生活中的新定向相联系，作品的时间序列与不可逆的生活时间之间的直接联系。

论历史长篇小说史。早期历史长篇小说（17 世纪和 18 世纪，通常在瓦尔特·司各特之前）的历史主人公以及历史事件进入考验型旧式长篇小说的情节和结构之中；这里，他们处在惊险–神话时间的环境中，与其偶然的同时性和偶然的异时性结合在一起，与其命运、神灵、巫师和恶人（是这一时间的有机产物）结合在一起；人民的命运、王国的命运和文化的命运也被卷入到这一时间之中。这些长篇小说中历史上个人的"欲望"，远不是黑格尔所理解的全世界的历史个性或歌德的"魔鬼主义"那样的欲望——这些欲望直接诞生于古希腊小说中对上帝的痴迷之爱。处在这一惊险–神话时间之中的情节，除了上帝赐予的疾病外，绝不可能是另一种欲望。而空间也不可能是历史空间。这一时间序列的铁一般的逻辑重塑了历史，创造了这些小说的特殊的"历史哲学"（参看，例如，拉·卡尔普列涅特的作品），在这里历史中的基本角色偶然性事件、情欲、女人、神秘的恶人的"期望和窥视"，等等。

19 世纪"宫廷秘事"（例如，《土耳其宫廷的秘事》）。

由此可以明白，历史长篇小说应该寻找另外可能存在的体裁。日常生活时间和家庭传记时间是重要的体裁变体（日常生活时间是在骗子小说的路边侧道上诞生的），是属于个人私密生活的时间。所以，历史长篇小说利用历史戏剧（莎士比亚，《葛兹·封·贝利欣根》），沿着一条复杂的道路走过来的。"哥特"传统的崇高型考验小说（现存小说中的一个十分重要的时空体就是"城堡"),以及家庭传记与日常生活时间。基本的时间序列取自家庭传记的变体,由此得出,长篇小说的主人公是"中间人物",是一个过着家庭传记的个人日常生活的人。历史人物被置于后景,通过中间人物与这一真实的时间相联系;但他们本人却长期地为惊险-神话时间所困扰。由此可以看出,瓦尔特·司各特等人的作品中,出现了神秘的恶人、暗中秘密的力量以及欲望等等(参看,对这些因素的详细分析)。他们还存在于普希金的作品中(道路、相会、恶人、欲望——施瓦布里和玛莎,直到玛莎与叶卡捷琳娜的相会,但所有这些间接的传统因素被作了重新思考、重新加工)。在我们的历史长篇小说中"主导"的时空体依然是道路,因为我们已经没有"城堡"了。(在司各特的作品中,还保留着封建式作坊的城市——佩尔特)官方历史与"风俗历史""私人生活的舞台"形成鲜明的对照。

善于看到、读出历史时间,看到、读出历史时间在世界的物体和现象中的流动。看到时间流动这一能力的成长。

塞万提斯作品中令人最感兴趣的时间问题。

用过去对历史作特殊的限制。现在在历史上是不可感觉到的(有时它被披上一件漂亮的历史外衣);而未来是个人的私生活范畴(未来的幸福和顺利,不幸,"什么在前方期待着我这个人")和个人家庭生活(孩子和孙子的幸福)。

在什么样的时间里,首次为长篇小说揭示这样的现象,如劳动、职业、创造(在歌德的作品中,手工作坊是在瑞士的田园诗般的环境中出现的)。

歌德作品中从体力劳动向国家的和世界的建筑升华。

在但丁和陀思妥耶夫斯基的作品中,时间的中断:一切存在物都是同时性的,本质上说,都是外在于时间的。

创作过程中艺术上的启发式意义(由时间孕育而成的处所——是歌德创造性想象的出发点)。

长篇小说步入心理时间(主人公内心生活时间,主观时间)。如何让外部东西更少,如何让内部东西真正重要的东西更多。叔本华给长篇小说所做出的界定。

时间与空间在事件中和形象中的比重。空间与时间在时空体的比重。

二项式分类法:意志(волевой)小说与心理小说。

格里弗佐夫关于历史存在的观点,对长篇小说来说,小说的惊险性被内在矛盾(不同观点的争论转向内部)所取代。他在拉法耶特夫人的《德·克莱芙王妃》一书中看到这一因素。

现在谈谈从惊险时间向主体内心生活的心理时间的转化问题。这一时间需要作实质性的区分。这是个体内在之人的时间,闺房里的时间。它可能是被弱化了问题的心理时间,是与个人家庭自传体长篇小说结合在一起的时间(是在爱慕之人、痛苦之人、思考之人的密室中的私人时间)。(在卢梭的作品中)。在问题的参与下,这一时间脱离了任何日常生活,和家庭自传体的具体性,追求非时间性的极限。这一极限为陀思妥耶夫斯基所破获。在陀思妥耶夫斯基那里,存在着密室里个体之人的危机,存在着内在的个体之人的危机。这样,需要区分出"情感(эмотивный)小说",即内心动态的长篇小说。

传奇小说的秘密(还有"神秘")与出其不意。出其不意的激情作为惊险时间的重要的相关概念(从读者观点出发)。18世纪对这一观点的批判(卢梭、狄德罗、莱辛、维兰德)。

影响长篇小说的手段:情爱,好奇,意外事件。

情感小说的动人精神。"黑色"小说中恐惧和呆吓情态。

道德因素(犯罪,奇遇,祖辈犯下不可饶恕的罪行,犯罪性欲念)的出现,而且处在惊险时间中,即处在命运、神灵、巫师、恶人的时间里。巴洛克长篇小说心理主义的独特发展道路。心理道德因素和问题因素与惊险时间(命运和神灵的非真实时间)结合在一起,便使小说步入心理问题长篇小说;这是由陀思妥耶夫斯基来完成的。但在这里,出现了大有成效的时空体——"城堡"。它使历史小说更富成效。

在哥特小说的氛围中,强盗、监狱(《修道院》中的宗教裁判所监狱)因素发生了急剧的变化。

情节传统的坚守(巴尔扎克的主要内容)。

乔治·桑作品中的强盗(带有很强的感召力)。监狱某种程度上为修道院所替代。

把未来推向彼岸世界以及把过去理想化使得地球上的空间显得毫无生气,丧失了它的紧张性。紧张性赋予他的只能是象征形式。参看:骑士小说,长篇小说《玫瑰之歌》《农夫彼得之幽灵》《神曲》。注意对《帕尔齐法尔》的分析。

古希腊史诗中不存在这种不同,因为它发端于阶级出现前的民间故事——"人类之童年"。在人物形象中肉体的粗放性与心灵的紧张性之间的脱节:内心充满理想的,充满非此地的东西,而肉体却因未来、因整体的理想而干瘪空虚。

在拉法特的作品中,通常在18世纪的作品中,未来使得肉体生气勃勃。

在舍弗茨别尔①和卢梭的作品中,心灵之美的发现。肉体与心灵在时间感觉的觉醒状态下互为接近。

18世纪的自然崇拜与大自然中时间的觉醒相关联。

在现实主义时间序列里历史还没有在历史小说中呈现出来。

历史时间的真实性与历史未来的真实性之发现。

即使在古希腊人的抽象思维中,也不存在世界历史的思想。对未来的真实的思维,很少触及具体的真实的政治图谋和预见的界限,而这一具体地进入政治未来之中的空间范围不具什么意义(国家、城市,以及所有它与之有关的一切都可进入物质联系之中)。在希罗多德的作品中,希腊人和异乡人(东方人)的历史统一体思想非常单薄。

历史思维在18世纪的觉醒:歌德与黑格尔,历史长篇小说(瓦尔特·司各特),三四十年代的现实主义小说(司汤达、巴尔扎克),世纪

---

① 舍弗茨别尔(1671—1713),英国哲学家、美学家,自然神论代表人物。——译者

末前的历史唯物主义。

官方的历史环境(帝皇、统帅、历史事件、政治事件、战争)与个人生活环境相矛盾。前者的环境是在惊险神话时间(命运时间和神灵时间)中揭示出来的,而后者环境的揭示是在个人时间中——日常生活时间中,在心理心灵时间中,在家庭传记时间中(最后,在静态生活方式的普通人的时间中,其觉醒是对事件的如此渴望,以及并非一般地满足于对长篇小说的阅读,满足于惊险时间——《包法利夫人》,契诃夫)。霍夫曼①和渗入普通人日常生活时间中的幻想作品;在这一时间中人的形象(果戈理);这一时间在某种程度上存在于陀思妥耶夫斯基的作品中(在陀思妥耶夫斯基的作品中,时间序列通常是中立的)。

力求把历史转入第二个私人的但真实的环境中——是风俗史、个人生活史。把历史转入真实的,适用于人居住的,具体的,人化了的时间——是日常生活的、个人心理的、家庭传记的,甚至普通人的生活时间;历史是在私人密室里、在炉火旁、在个人的秘密感受中、思考中和愿望中、在家庭的日常生活中、在个人的命运中等等感受到的。这些时间序列被作了现实主义的把握,与真实的空间融接在一起("被作了时空体化"),被活生生的人类生活范围加以区分、细化,加以色彩变换,加以测定度量。

注意到战争("凝固的"历史)是如何强拽入这些现实主义地把握时间序列中的,令人颇感兴趣。革命战争以及拿破仑战争在唤醒群众历史意识和创造历史长篇小说过程中的意义,是卢卡契作了出色的揭示(什克洛夫斯基同样谈到这点)。在这里,战争被看作是历史对人们个人生活的干预(进入长篇小说的第二个环境之中),干预打破了历史和个人生活的界线,把个人吸引到历史生活的旋涡中,把王国的命运和人民的命运与个人的命运交织在一起。战争(还有革命)形象的历史进入宜人居住的个人生活空间,进入闺房密室,进入炉灶旁。历史

———————————————

① 霍夫曼(1776—1822),德国作家。文学创作受浪漫派影响,具有神秘怪诞色彩。——译者

时间潜入私人日常生活的时空体中。战争(还有革命)是把崇高的历史时间序列(命运、神灵和英雄的时间)与日常生活的、心理的和家庭的传记时间的现实主义序列交织在一起的最适合的因素(现象)。

但是,这些序列达到圆满地相互渗透,在现实历史条件下(通常在阶级社会的条件下),显然是无能为力的。将家庭传记体裁小说中的个人,尤其是把描写个人日常生活心理体裁的小说人物作为历史上的人物,更是不可能的。(在该历史条件下)彻底克服命运、英雄、神灵和恶人的崇高时间传统的顽固不化,克服其内在固有的偶然性、排他性、威严性,以及特殊的抽象性,也是不可能的。这一时间本身带有自己的时空体——"城堡""道路"——以及伴随而来的因素——情欲、女人、秘密、预言等等,历史长篇小说(无论是瓦尔特·司各特,还是雨果,无论是维尼①,还是萨克雷、狄更斯、加乌法、普希金、托尔斯泰等等作家的作品)没有发现,也不可能发现自己的时空体;这里,一定会艺术上令人信服地、现实主义地展现出作为历史主人公的个人形象,会展现出作为整体的、圆满的、具体的人并具有日常生活和真实的心灵的历史人物。崇高的时空体——"城堡""道路"——以及私人住宅,炉灶,孑然一身之人所感受到的装饰性空间,依然是各行其是,不能相互渗透。个体的中间人物,中间圈子里的人,被战争拖入历史,成为历史主人公,自身带有朴实而真诚地完成自己的职责,成为"忠心耿耿的战士",不过问政治,在政治上严守中立,甚至在政治上无所用心(某种程度上为此而需要他的"中立"),他感受到了历史,而不是去干预历史,所以他没有创造历史。

从这一观点上看,狄更斯的《双城记》颇具特色。在描绘家庭传记时间以及在这一时间里完成的事件的领域里,狄更斯是最伟大的大师之一。上面提及的小说(远不是狄更斯最优秀的作品,甚至也不是他众多〈?〉历史中篇小说、长篇小说中最优秀的小说),极为鲜明地,甚

---

① 维尼(1797—1863),法国浪漫主义作家。著有剧本《夏特东》,长诗《狼之死》。——译者

至尖锐地揭露了不同时间交织在一起的情况:狄更斯式舒适的适宜的家庭传记时间,家庭炉灶时间,"炉灶上的蟋蟀"①时间,茶壶开水可计数的沸腾时间和期待丈夫归来的时间,与法国大革命的时间,白色恐怖时间,九月的血腥屠杀时间交织在一起。千百万人的脚步声,在桥面上响着隆隆回声的主旋律形象,搅乱了男女主人公安逸舒适的生活。在这里,"街道"的令人感兴趣的而有实际效果的时空体在表现圣·阿图安庄园时初具雏形(不错,只是初具雏形),由此,千百万人的脚步闯入男女主人公的生活。在白色恐怖时期的随后大逮捕中,全副武装的公民迈着沉重的脚步,响彻巴黎的上空。这是历史的步伐。

在世界文学中,滑铁卢②战斗是幸运的。拜伦笔下的滑铁卢(《恰尔德·哈罗尔德游记》)。拜伦的时间是孤独人的私人时间,但又处在思维之人的世界范围内。一种特殊的,但(?)又是抽象的时空体——"整个世界"作为讽刺而悲伤的沉思对象;拜伦式的个人与整个世界是相应的,他应该是流浪汉,而他的主题是四海漂泊的流浪。但拜伦是这一历史长篇小说所描写的英勇时代的同代人,他善于用肉眼看历史,而且不是民族的历史,而是世界的历史。但拜伦写的不是长篇小说(此词的严格意义上说),所以,在这里不是分析拜伦作品中最令人感兴趣的和特殊的时间与空间的感觉以及构建人物形象的地方。它对世界文学产生着巨大的影响。

司汤达的滑铁卢是在教育长篇小说的层面上来描写的;对那些法布里齐乌斯③的痴迷的幻想家来说,这是"历史的教训";这是企图把这一战争放在日常生活和私人时间中来展开(带有骗子小说那种轻松的旅行成分),摒弃了一切与崇高时间相联系的英勇主义的时间。在这里,并没有克服历史的(抽象理想的)与私人的(现实主义的)不谐

---

① 指温暖舒适的时间。——译者
② 滑铁卢,地名。位于比利时布鲁塞尔以南,于1815年6月18日击败拿破仑而出名。——译者
③ 法布里齐乌斯(1622—1654),荷兰画家,他的肖像画以揭示人物内心世界而出名。——译者

调现象:这里不存在拿破仑。

最后,谈谈萨克雷。这是对滑铁卢因素的强有力的应用。历史(有关拿破仑的突然到来的消息),就像飓风一样闯进布鲁塞尔的富丽堂皇的私人家庭和锦衣玉食的日常生活之中,闯入充满阴谋诡计和小恩小惠,还有上流社会的灯红酒绿,重新编码和混乱的个人命运的世界(充满尔虞我诈的世界)之中,与这一世界相结合的是作者独有的现实主义描绘。现实主义地表现混乱的悲喜剧状态,在历史主义的初起之微风渐渐地掠过这一世界时,这风好像来自另一个世界、另一个命运的世界(神灵的世界和英雄的世界);但这另一个历史世界和拿破仑本身的人物,完全没有表现出来。现实主义地表现出他的主人公的行动,有时一个历史主人公的名字加倍地影响着私人隐秘的小世界,但他本人以及他的军队并不展现出来。在萨克雷的长篇小说展开的那一时间里,要令人信服地、现实主义地描绘出拿破仑和他的军队的形象,是不可能做到的,而且对这一时空体来说,也没有出现过这种现象。萨克雷的做法是正确的,他排除了世界文学中多条拿破仑形象(而在世界文学中这种东西多如牛毛)。然而对这一历史人物的感觉,却没有像他那样的睿智。因此,在这里,历史时间序列与现实主义时间序列鲜明地、有棱有角地比肩而立,但没有融合在一起,内部依然是各自独立的。

巴尔扎克的时空体。时空体的定义。从 18 世纪末开始,小说中铸造了司汤达和巴尔扎克的作品中成熟起来的新的时空体——沙龙、客厅——作为完成长篇小说事件的重要区域:阴谋诡计在这里秘密策划,变故的节点在这里发生,结尾也往往在这里完成。而主要的一点——这是对话的舞台——它在长篇小说中具有绝对的重要意义;在这里,在这些对话中,揭开了人物的性格。在这里,在七月君主立宪王朝的客厅里威望在创造,在消失,官运一路亨通或屡遭挫折;在这里,发生着崇高政治命运的解决,部长地位的确立;在这里,所有时间都是有目可睹的,而人生活动的主人——钱却无处不在。

巴尔扎克企图把现代性理解为历史,即在现代性中看到过去的业绩和未来的萌芽,看到现在作为历史变化的过度时刻,这点极具本质。但他没有发现人——这个历史的活动家:他只看到"人际关系"的分化,私人生活范畴的瓦解。他发现了取代人的力量的非人力量——操纵人生的钱财、黄金、商品、土地(作为商品)。创造者人的形象,在他的作品中是乌托邦式的(以及有点古里古怪,怪人是乌托邦人士的重要变体,他希望成为真实的日常生活时间和家庭传记时间环境中的人:在斯特恩、吉佩利、让·保罗的作品中)。不得不高扬英勇主义化,但不是人们,而是技术进步本身,是其物质方面的生产力的增长;却把人的形象歪曲了、破坏了,就像纯粹的人际关系一样(引自《共产党宣言》)。

普通人的生活时间,日常生活时间,细微的阴谋诡计和诽谤的时间。这里起主宰作用的同样是偶然事件。由此得出的是与幻想相接近(霍夫曼),因为在这一时间里,人们喝酒、吃饭、打牌(甚至"鸡毛蒜皮的事儿")、耍耍小滑头、搬弄是非,这里没有完成事件,没有人类尺度的活生生的事件;这里开始建立统治地位,开始出现的是盲目的偶然性(索洛古勃①)。果戈理这一时间里绝望的企图是表现出人们正在实现着"人的崇高意义"的形象。

必须明白抽象地认知和思考时间关系是一回事儿,而用鲜明的感性的艺术形象来表明这种关系又是另一回事儿。谈论事件(给予它一个应有的准确的概念)是一回事儿,而描绘这一事件则又是另一回事儿。对此必须揭示它身上在确定的地点完成它的非偶然性、偶合性,完成时间和地点的有机一致性。事件是有局限的;事件的时间因素是具体的、有目可睹的,时间的特征与可视的特征有机地结合在一起,与整体的空间结合在一起。时间在空间中留下的足迹以及为时间的集约化、为时间所充实的空间,如此具体的空-时整体获得了重要的情节意义,人物形象和事件形象在其身上都被具体化了:"宽阔大道"与它

---

① 索洛古勃(1863—1927),俄国画家,俄国象征派代表人物之一。——译者

的相会和偶然性结合在一起,"城堡"与它的历史结合在一起,与世纪和代辈的交替结合在一起;还有生活主宰者的驻足地,描写复辟和七月君主立宪王朝的长篇小说的客厅-沙龙,狄更斯的家庭炉灶,雨果的修道院,等等。完成重要事件的地方,被艺术上作了加工、区分,充满补充性语义特征,为传统所固化,有能力把人们和事件的形象加以具体化。为体裁传统所浓缩和固化的时空体(《监狱》,参看狄贝利乌斯)。

引入长篇小说中的大块材料,被作了描绘的大量物体和现象,但并非一切都是同等重要的(因为,长篇小说不是史诗,在史诗中一切都是重要的,而且是同等重要的)。在古希腊长篇小说中,描绘了数量庞大的物体,奇异的东西,稀世珍宝,它们引起人们的浓厚兴趣或者本身就足以垂询教益,但,对于情节运动、情节事件来说,它们不具重要性,或者甚至完全没有任何关系。例如,作为描绘的和起情报作用的材料,在自然主义长篇小说中是伟大的。这一整体材料不具时空体特征。

"由人民构成人的族类;不属于它的部分,是如此的微不足道,以至于不值得一提。"(《爱弥儿》,1,V)

我们说,真正的历史时间的时空体,这里的个人会成为历史主人公,而历史主人公(官方的)成为整体的、圆满的、艺术上具体的人,无论是启蒙主义者的长篇小说,无论是古典现实主义,无论是历史长篇小说统统都没有发现这种时空体。然而,我们的这种论断需要加以严格的限制。这种时空体依然被揣摩出来。这一时空体就是人民大众。

卢梭的言论我们已经引用过了,当他写小说时,也像其他所有的小说家一样,谈及人的族类时,把"如此微不足道的,不值一提的少数人"的代表人物,作为主人公来描绘。在长篇小说领域里,卢梭是一位创新大师。但在这一方面,他没有打破体裁的传统,也不可能打破传统。

卢梭的时空体是德·埃塔日的一家的城堡(是地主的城堡,不是

历史的城堡)以及大自然。这个时空体——大自然——是卢梭发现的
(诚然,是孕育了几个世纪的发现,就像一切严肃的发现一样)。卢梭
对大自然的定义持否定态度:没有纳入任何一个被长篇小说所创造的
时间序列的东西。这不是景色,不是背景,不是留在情节行为之外、时
间之外的环境,没有渗透着时间的运动、渗透着事件的环境。卢梭的
大自然渗透着时间,这是真正的时空体。卢梭描绘大自然的生活,虽
然与歌德不一样的另一种生活。大自然自荷马之后首次进入文学(我
重复一遍,这是由几个世纪孕育而成的)。有关大自然感觉史写过许
多书籍和文章,列出大量的事实材料,对大自然感觉史却取其具体的
表现形式和思维(体裁)的条件之外,与历史和历史(在文化史层面
上)之人并无本质的联系(因为作者们不具有唯物主义的历史世界
观)。18世纪自然时间史。一年四季的时间。大地和农夫的劳动。
自然的节奏。人和自然在劳动中的相互作用。自然的产儿和生产劳
动的人,自然之人。由此得出这一时空体把握自然有三种方法:歌德
的方法——变化的、历史的自然;接着是雪莱①的方法以及某种程度上
拜伦的方法——思维的、睿智的(比人更加公正的)自然(我国有丘特
切夫②,以及更接近于第一源头的卢梭、托尔斯泰);最后,劳动和日常
生活的田园诗自然——在田园诗作家和乡土作家的作品中。对于西
欧长篇小说来说,对于小说中长篇小说时间新形式的发展来说,对于
来自民间的人物形象的出现来说,这最后一种方法(田园诗式的劳动
方法)具有最重大的意义。

田园诗时间:纯粹自然季节时间(非地质学)时间,循环时间(在
这里,存在着对所有这一类型时间来说会产生的致命的后果;导致对
时间的限制)与生物体存在的时间——梦幻、亢奋、劳动、进餐、休息、
出生、人的成长、婚姻、生育子女、成年、老年、死亡——结合在一起的
时间,与农业劳动过程的循环时间——播种、发芽、成熟、收割等等结

---

① 雪莱(1792—1822),英国浪漫主义诗人。——译者
② 丘特切夫(1803—1873),俄国诗人。诗歌创作被视为"纯艺术派"。——译者

合在一起,与所有循环劳作结合在一起的时间,最后,与祭祀时间——节日——家庭日常生活(命名日、生日、洗礼、亲人葬后宴等等)的时间,宗教仪式和历史节庆时间结合在一起的时间;这也是循环时间,但它的日期,即回想起来的事件,指向不可逆时间(历史时间)的时刻:在个人层面上——生日,族人的祭日属于不可逆时间(年龄的计算是从出生那一天开始的),世俗史上和宗教史上的事件。

古希腊罗马的传统(赫西奥德,维吉尔的《农事诗》和《牧歌》,奥维德的《吉日》),可能存在着城市手工业田园诗时间(在歌德和席勒的作品中亦有存在)。

卢卡契出色地描述了历史长篇小说(还可更宽泛一些)中民间人士的意义和性格;他表明,历史如何唤醒沉睡在民间的可能性、力量、英勇主义,民间人士如何出现,建立自己的功勋,并再次回归到自己劳动的日常生活之中。(参看:对多罗泰形象、克拉丽莎形象的分析,对瓦尔特·司各特的女主人公的分析。)

他们从何而来、向何处而去? 他们的形象在历史长篇小说中的何处得到圆满的描绘? 在大多数情况下,是在田间地头的劳动时间里。田园诗作家的分析。盖斯纳,某种程度上的克洛卜施托克①、黑贝尔②、福斯③等人。乡土作家的长篇小说。作为顶峰之一伊默尔曼④的《工长的院子》。英国田园诗(汤姆逊、哥尔德斯密斯等人)。田园诗与乌托邦时间的结合:让·保罗的田园诗。

瓦尔特·司各特艺术想象的地域性。特威德河。苏格兰风景作为其历史形象的祖国。大自然中的历史时间。

莎士比亚、席勒、瓦尔特·司各特等人的作品中的群众性历史舞台——作为特殊的时空体。因为在这里,为了表现复杂的(杂语区域上)群众的意志力,把直接地与劳动和普通日常生活联系在一起的人

---

① 克洛卜施托克(1724—1803),德国启蒙运动诗人。——译者
② 黑贝尔(1813—1863),德国戏剧家、小说家。——译者
③ 福斯(1751—1826),德国启蒙运动作家,以翻译荷马史诗见长。——译者
④ 伊默尔曼(1796—1840),德国戏剧活动家、作家。——译者

们，与他人时间序列格格不入的长篇小说或戏剧的人们，与不参与、不纠缠在这些时间序列里发生的阴谋诡计的事件结合在一起，然而，又与命运、神灵和英雄（以及恶人）的崇高而抽象的时间格格不入的人们联系在一起，而且又同私人密室的心理时间和家庭传记时间的人们结合在一起。他们来自他人时间，来自以劳动和普通的日常生活为尺度的时间，一贯以节日和节庆为情节的长篇小说类型，还没有一篇达到这等程度的。

作为伟大力量与过去相联系的爱国主义。没有真正的爱国主义精神是看不见未来的，也看不见时间。

偶然性是必然性存在的形式。

在什么样的时间里建立人的躯体形象和人的外貌。人所表现的肉体性存在于普通人的日常生活时间里。真实未来的缺失导致躯体成为一个空壳。

对一个人来说，时间首先应该在自然界中揭示出来——日转星移，公鸡啼鸣——白天和黑夜的交替，一年四季的可感可视的特征，树木、牲畜的长大，人的年龄的成长是较长时段的可视特征，历史时间的更为复杂的可视特性，对于艺术家来说，特别是要看到现实中存在着的未来，这里，需要阅读时间的思维认知过程，要以它的社会经济的、政治的、文化历史的特征做出判断，还需要对它有深刻的哲学研究，但这一深刻的认知过程，对艺术家来说，不应把它与明显的可感觉到的资料割裂开来，而应总是去惠顾它们，在它们身上感觉到时间，仔细辨认空间上可睹的现象，"时空体"，建立对历史现实的描绘。具体分析瓦尔特·司各特、歌德、卢梭作品中的历史性的艺术描写（田园诗时间及自然景色）。顺便批判一下粗俗的反动的感悟概念。第二点：人类历史的大自然是人创造的可视成果，是人的双手和智慧的结晶。

在独立时代的希腊，历史是建立在一块狭小的空间上。整个情况——从起源到阿克曼——这里全都是具体可视的。历史的策源地离我们已经久远了（歌德与意大利）。

叙述的时间层面：报道与描绘；时间的浓缩程度以及明显可感性程度；简明化与特写；与时空体学说的联系(分析奥涅金)。

简明报道式的时间描绘与描绘性的时间描绘(戏剧性描绘)的不同。

哲学可以注意到："一切在流逝"，"不能两次踏进同一条河里"。但对于艺术描绘来说，世界可能是完全不变的、不动的和永恒的，他只在时间的控制下看到现象的一小部分。时间权力的界线以及对这一权力、目的及流派的理解界限。各种不同现象相对稳固性的程度。

时间的视觉和时间的艺术表现十分重要。我们从"时间哲学"转向对未来的观察。

资产阶级革命的思想家们不可能依靠真实的资产阶级个人：由此得出，抽象的私有个人、自然人、人的模式、满脑子非真实想法的人等等。历史倒序。与未来的联系。开始时就要提及。

描绘未来的必要性、必然性程度就是它的真实性程度。

人物形象的首创性(起始)。从未来开始转向人物形象中的未来。通过苏联人的形象把首创问题转向教育问题。时间问题的一般评述。

历史时间在空间中的最重要标志是人类活动的可感可视的产物，是集体之人积极思维打下的烙印。

惊险的未来的重要特征是它的突然性。这一未来全然丧失了任何必要性因素、任何必然性因素；在现在的时间里对它一无所见。

对于拿破仑这一形象来说，时空体是军队以及参加伟大革命时还活着的人们，《九三年》和雅各宾主义的人们，还有拿破仑——茹尔恩和法布尔齐娅，他们生得恰逢其时(是作者的同龄人)，还有不同阶级、不同民族的代表，人民的代表。

*　　　*　　　*

我们所说的话犹如一缕阳光照亮了长篇小说史中把握历史时间

问题的特殊重要性。这一问题触及现实主义历史最重要的方方面面，照亮了至今还处在黑暗中的一系列因素（而且是主要的因素）。

但论述这一问题必须还得从另一方面入手。

人的形象是文学(乃至是整个艺术)的中心形象。除了人之外，其余的一切都是"原始材料"（歌德语）。要使这一原始材料具有艺术意义，只有当它与人相联系，只有与人保持直接关系方能具有构形功能。人是艺术世界观的组织中心，是艺术家的"世界画面"的组织中心。他也是单部艺术作品的组织中心（诚然，不是在抽象的形式主义这一意义上的）。但在史诗中，因而也在长篇小说中"客观世界"有着更重要的意义（不同于戏剧和抒情诗）：第一，存在着姹紫嫣红的大好河山；第二，存在着由人本身创造的历史的、文化的、社会的最为形形色色丰富多彩的客体世界——祖国（作为文化的地理的统一体）、国家及其机构、社会制度、城市、广场、街道、楼房、劳动工具、机器、艺术作品、日常生活用品等等。史诗（以及长篇小说）给以这一客观世界一个整体画面（"Totalität der Objekte"，按照黑格尔的说法）。无可置疑，只有在与人的直接联系中，只有围绕着人来展开这一"客观整体性"。但人以及纯粹的人之关系不是从它（这个整体性）派生出来的，像戏剧和抒情诗中的那样；而是它们不可分割地与这一客观世界交织在一起，在与这一世界最紧密的相互作用中展现出来的。

人以及人周围整体的客观世界，在长篇小说中是作为时代的统一体被揭示出来的，是作为人类历史发展的一定阶段的统一体，即作为具体历史时间中完全具体的时刻这一统一体揭示出来的。这里我们再次涉及把握长篇小说的时间问题。

人周围整体的客观世界以及这一世界所形成的统一的时代（作为历史时间的一个时刻）在长篇小说中是被描绘出来的。一切都是开放的，都以栩栩如生的感性形象呈现出来。在这里，问题不是谈及时代概念的统一体（虽然带有最具体的和辩证的统一体）以及不是谈及人与客观世界和时代的抽象联系。这一统一体和联系应该用栩栩如生的感性艺术形象描绘出来(诚然,不无概念的参与,而形象本身应该具有深刻的认知意义)。时间关系、时间联系、时间进程应该被描绘出来,被展示出来,而且显然不是单独的,不是脱离开人和物体世界,而是与这一世界一起,在这一世界中被描绘、被展现出来。而那一具体的媒介(环境),人与处在时间中的客观世界是在这里汇合在一起的,而且实实在在地充满了时间,这就是史诗事件(它不同于戏剧里的行为,在戏剧里,只有人,而时间的长度及范围在这里是相当狭小的)。人在事件中积极地行动或者保持克制,而参与到这一行动或者保持克制的客体——自然风光、工具、设施等等——这一切都在时间中流动,而且与人类生活和社会生活的真实时间具有某种本质的关系。

一个人坐着小船漂浮在大海上。他与来袭的风暴搏斗。小船被风暴摧毁。他忍受着海难的煎熬。海浪把他卷到异国的海岸。一个姑娘出现在岸边。她是这个国家国王的女儿,与女友和渔夫们一起洗衣服。他们在岸边踢球玩耍。昏倒在岸边的主人公苏醒了,接着就发生了他们的相会,等等。在这一小段的史诗情节里,一个行动的,忍受着痛苦的人,是在与客观世界的最紧密的作用中被描绘出来的:与大自然——海洋、风暴、海浪、岸边一起;与文化历史的客体和日常生活的客体——小船、他国、王国、衣服、球一起呈现出来。所有这些客观事物是具体的,是被描绘的、被表现出来的,它们全都置于与人的直接关系之中,它们全都参与到人类生活的事件之中(风暴摧毁了他的小船,海浪把他推向岸边)。事件是在时间中流逝。史诗事件就是如此。

正如我们所说,事件是用故事来描绘的。是的,在庞大的史诗形式里,特别是在长篇小说里(在这里我们对它感兴趣),不是所有事件都用故事来描述的,有些事件是用报道、消息(有时囊括很长的时间段)的形式来说明的,但这些报道和消息只在极少数情况下(取决于体裁的形式变异和风格)可以成为某种长篇文本段落的(就像我们如何讲述史诗一段情节的形式一样)干巴巴的和概念性东西;而在大多数情况下,这些报道是具有充分的具体的空间和时间特征的。这种描绘首先要求具体的空间区域,事件在一定地点内完成;事件的空间评述同样需要必不可少的事件时刻,就像对它的时间评述同样需要空间因素一样。尤其是在文学作品的事件形象中,时间与空间不是各自为政的。空间作为完成的地点以及它流逝的时间构成了事件形象的不可分割的统一体。空间被描绘成时间特征,而时间也被描绘成空间的有目可睹的特征——这是时间的标记。这一标记有机地与空间的整体特征结合在一起。在我们所引用的一小段史诗情节中,其最耳熟能详的事件是男女主人公的相会——它的空间与时间定位是不可分割的。这里它们是融合在一起的:空间—共存—共时性。而当风暴把主人公卷上岸边的那一时刻,恰好姑娘来到那一岸边,他们的相会就实现了。而"相会"是构成史诗情节的最古老、最重要的事件,特别是长篇小说。而相会这一事件仿佛是处在空间序列和时间序列的交叉点上:同一地点决定了这一相会,就像同一时间一样。两个人(男女主人公)的空间和时间道路走到一起,交叉在一个点上,同一空间点,又是同一时间时刻。"相会"就是如此。

另一类似的事件,就其在长篇小说史上的意义而言,稍逊"相会",这就是"离别"。"离别"是两个人(男女主人公)同时的行为,被遥远的空间隔开。而需要长时间的和空间的方法来克服这一遥远路途,男女主人公才能再次相互发现,即在同一时间同一地点走到一起。在一个广为流传的俄罗斯寓言故事(有关菲尼斯特·亚斯内·索科尔的故事)里,姑娘在天边再次找到自己的"亚斯内·索科尔"之前,"吃了三个石头圣饼,穿破三双石头靴子,用坏了三根石头手杖"。这些著名形象具有隐喻特征,空间和时间的特征是同时的。他们在时空不可分割的统一体里,花了多大力气来克服遥远的空间和长远的时间。我们只是顺便地指出,为了描绘遥远的空间和长远的时间,统一的尺度是这些形象中人的奋发图强,艰苦卓绝,锲而不舍。

在我们初步涉及的例子中,我们有意不去分析事件,有意把它抽象化,并发现了时间和空间序列。对我们来说重要的是,在最抽象的形式中揭开了时间和空间序列在事件形象中的这一必不可少的交织,时间与空间特征在形象中的融合。在更为复杂的和重要的形象中,这一序列的交织和融合的结果便产生了集约化、栩栩如生,以及用时间来对空间作历史性思考,时间的物质化,时间足迹,"历史足迹"在空间中的固态化。我们所涉及的"事件",是"相会",是"离别",诚然,情况要更为复杂得多,这就是为什么它们能在长篇小说史里获得如此重要的意义。例如,"相会"(在情节构成意义上说)总是带有偶然性质。意识形态上的偶然范畴决定着相会。它赋予"相会"以重要的世界观品格,深入到遥远的过去,而不是彻底忘却在长篇小说发展史的阶段上(还可谈及更远)。我们所谈及的"离别"同样是如此;它只与长篇小说中两个重要的范畴有关:第一,同"一无所知"有关(有情人,男的或女的,你们在何处),因此也与"寻找"有关(一直在寻找,"找遍整个世界"),由此出现这一范畴的特殊的空间范围;第二,与"罪过"和"赎罪"范畴有关(虽然不总是如此)。

　　在"相会"和"离别"事件的形象中时间色彩占有很大优势。这些事件通常持开放的、完成的,或者处在长篇小说时间情节序列的节点上(这里所说的时间情节多半具有时间色彩)。但长篇小说的相会通常发生在"道路"上。"道路"是偶然性相会的最佳地方。在途中(或者在路上),形形色色的人们——一切阶层、社会地位、宗教信仰、民族、年龄等等的代表人物——的时间和空间的路径交织在一个时空点上。这里,可能偶然相遇的是那些因社会等级差异而失去联系以及那些天各一方难以见面的人们;这里,可能出现各种不同命运的人们的任何对比、碰撞和交织。人们的命运和生命的空时序列的特殊结合,把社会地位复杂化和具体化,却在这里得到了克服。这是完成事件的地方(事件发生的点);在这里,时间仿佛进入空间,在空间中流动(形成道路)。由此得出道路-行程的丰富而深刻的隐喻:"人生道路""踏上新行程"(开始新生活)和"历史道路"等等。道路的隐喻形形色色,层面多,但基本的中心点是时间的流程。

道路对于描绘由偶然性控制的事件(并不都是为此)来说,特别有效。由此,道路在长篇小说史上所起的重要情节作用,显而易见。道路穿过古希腊罗马日常漫游长篇小说——彼特罗尼乌斯的《萨蒂里孔》和阿普列乌斯的《金驴记》,一路走来。中世纪骑士小说的主人公踏上征途,小说的一切事件的展开往往是要么在路上,要么集中在路旁(更加确切地说,在路两旁)。像在沃尔夫拉姆·封·埃申巴赫《帕尔齐法尔》这样的小说中,主人公的真实行程在去蒙萨里瓦特的途中不知不觉地流露出来,并转化为道路的隐喻,变成人生的道路,变成袒露心灵的路径,忽而趋近上帝,忽而又远离他(视他在真实的人生道路上遭遇的事件而定)。道路决定 16 世纪西班牙骗子小说的情节(《托尔梅斯的拉扎里奥》《阿尔法拉切的古斯曼》)。在 16 与 17 世纪交替时期,堂吉诃德踏上征途,为的是在路上与整个西班牙相会,以从公爵到船上的苦役犯的全部社会阶层的代表人物出现。这一道路已经被历史的时间流、时代进程的脚步和标记、时代的特征,深深地打上了集约化的烙印。在 17 世纪的百年时间里,痴儿西木踏上被三十年战争的事件浓缩了的道路。道路延长得更加遥远,保持着自身的巨大意义,经过长篇小说史上的如此重要的作品,像索莱尔的《弗朗西昂》、勒萨日的《吉尔·布拉斯》。道路的意义还保留在笛福的长篇小说(骗子小说)中、菲尔丁的长篇小说中(虽然有所弱化)。道路及在路上的"相会"依然在《威廉·麦斯特的学习时代》和《威廉·麦斯特的漫游时代》里保留着自身的情节意义(虽然,正如我们所指出的,其意识形态含义做了重要的改变,因为"偶然事件"和"命运"发生了本质变化)。亨利·封·奥弗特丁根(诺瓦利斯作品的主人公)以及长篇小说的其他主人公步上一条半真实、半隐喻的道路。

最后,"道路"和"相会"的意义,以弱化形式保存在历史长篇小说中,某种程度上存在于瓦尔特·司各特的作品里,但在俄罗斯的历史长篇小说中颇为特殊。例如,扎戈斯金①的《尤里·米洛斯拉夫斯基》是设置在"道路"及路上相遇的;道路从小说开始一直持续到结尾,主人公与扎波罗热哥萨克人基尔沙一开始就见面了,然后在旅店里与科佩奇斯基相会,这里,描绘了米妮娜-苏霍鲁卡这一"历史人物",等等。在《上尉的女儿》里"道路"与"相会"的意义是众所周知的(格里涅夫与普加乔夫是在旅途中和暴风雪中相遇的)。

这里,不涉及我们上述所列举的不同类型的长篇小说中"道路"与"离别"的功能变化问题,我们只是顺便指出道路的一个十分重要的特征,对上述列举的不同类型的所有长篇小说的一个共同的特征是:道路遍及整个祖国,而不是异国风光的他人世界(《吉尔·布拉斯》作品中的西班牙是象征性的,而痴儿西木在法国的临时逗留不具重要性,因为这里是虚假的他性,异国风光荡然无存);揭示并描绘这一祖国的社会历史的多样性(因为如果这里可以谈及异国风光的话,那么仅仅谈到"社会上的异国风情"——描绘了"贫民窟""败类"和盗贼世界)。"道路"的这一功能的利用,不在小说之中,是一种非情节体裁,就像18世纪的政论游记(经典的例子是拉季舍夫的《从彼得堡到莫斯科的旅行记》),以及19世纪上半叶的政论旅行随笔(例如,海涅的作品)。上述不同变体的长篇小说,其"道路"的这一特点区别于另一条路线上的漫游小说,此类长篇小说,如古希腊罗马的漫游小说、古希腊的诡辩小说、巴洛克小说(17世纪)等等。在这些长篇小说中,其类似道路的功能带有"他人世界"的色彩,与自己的祖国不一样的大海和广袤的陆地(由此可以看出,大海和海洋事件——风暴、海难、海盗的袭击在这类长篇小说中的意义)。"他人世界"以及与它判然有别的大海同样是空间序列和时间序列相交织、相融合的地方(而且,如我们所见,这里更加抽象,更具非历史性质)。

接近18世纪末的英国,在所谓"哥特"小说或称"黑色"小说里,形成了完成小说事件的新区域,并且得到日益的巩固。在这一区域

---

①　扎戈斯金(1789—1852),俄国作家。——译者

里,时间与空间特征作了有限的相互渗透,如"城堡"(在这一意义上说,欧拉斯·华尔蒲尔[①]的《奥特朗托城堡》初现端倪,然后才在拉德克里弗夫人、刘易斯等人的作品中出现)。城堡饱含时间,而且是狭义上的历史时间,即历史过去时间。城堡是封建主生活的地方(所以,也是过去历史人物生活的地方)。在城堡里,形成了几个世纪以来代代相传的引人注目的瑰宝,形形色色的建筑构件,家具,武器,祖辈肖像画廊,城堡文献,人与人的特殊关系,皇宫宝物,遗产权的传承。最后,神话和传说以对过去事件的回忆方式使得城堡的角角落落及其领地跃然纸上、栩栩如生。这些创造了城堡的特殊情节在"哥特"长篇小说中得到广泛应用。

城堡时间的历史性使得它在历史长篇小说的发展史上扮演了相当重要的角色。城堡来自过去的世纪,而且转向过去。时代在城堡中留下足迹(丝毫不错),带有某些稀少而珍贵的古色古香的品格,但瓦尔特·司各特善于用城堡的奇妙神话来克服这种老古董所带来的危害,把域堡与历史上通俗易懂的自然景色联系起来。在"城堡"里(与其周围区域一起),空-时因素特征的这种有机的融合,它在历史上的这种集约性决定了城堡在历史小说发展的不同阶段上富有成果的表现力。

在司汤达和巴尔扎克的小说中,出现了新的重要的完成事件的区域——"沙龙-客厅"(此词的广义理解)。诚然,并非在他们的作品中首次出现,然而,在他们的作品中它具有了圆满的意义,就像长篇小说的空-时序列的交汇地一样。从情节和结构观点上看,这里发生着相会(已经不具有原先在"路上"或"他人世界"里那种特有的偶然性品格),开始了阴谋诡计的筹划;发生了情节的突变,往往完成着故事的结局。最后,特别重要的一点是,开始了对话这一长篇小说所具有的绝对重要的意义,揭示主人公的性格、"思想"和"欲望"。

这一情节构成意义是完全无须多言的。在这里,在波旁王朝复辟

---

① 欧拉斯·华尔蒲尔(1717—1797),英国小说家,其《奥特朗托城堡》是英国第一部哥特小说。——译者

时期的沙龙-客厅里,以及稍后一点的七月王朝,是政治生活和事务性工作的晴雨表,这里,创造着并毁灭着政治的、事务的、社会的和文学的威望,开始着和毁灭着升官发财的梦想,决定着高层政治家和金融家的命运,决定着法律草案得到顺利的通过与失败,决定着书籍、话剧、部长或歌女交际花的命运;这里,十分圆满地呈现出(归于同一地点和同一时间)新的社会等级的界线。最后,在这里,新生活的主人——金钱——这一无处不在和万能的权力,也被具体地、一清二楚地揭示出来了。

　　所有这一切,主要的一点是:历史的,社会的公众生活,与私人的,甚至加倍私密的,色情的生活交织在一起,个人生活上阴谋诡计与政治金融上的尔虞我诈,国家秘密与个人隐私,历史序列与日常生活和传记序列交织在一起。在这里,既作为历史时间的明显可视的特征,又作为传记和日常生活时间被加以浓缩、聚集,而与此同时他们以最紧密的方式交织在一起,凝聚成时代的统一的特征。时代就成为明显可睹的及情节描绘的对象。

　　诚然,在伟大的现实主义作家——司汤达和巴尔扎克——的作品里,时间和空间序列的交织地,时间在空间中流动足迹的浓缩地,不仅是沙龙-客厅。这仅仅是一个地方。巴尔扎克在空间中"看出"时间的能力是绝无仅有的。哪怕是我们提一下在巴尔扎克的作品中把楼房作为物质化历史的高超描绘,在其加工时间、历史的平台上对街道的描绘,城市的描绘,乡村景色的描绘就足矣。

　　我们还要涉及空-时序列交叉配置的一个例子。在福楼拜的《包法利夫人》这一小说里,故事发生的地点是"外省小城"。外省小城的市侩恶习及其死气沉沉的日常生活,是19世纪长篇小说最为普遍流行的故事发生地(在福楼拜之前及其之后均是如此)。这个小城过着几种不同形式的时间,其中包括最重要的一种——田园诗时间(在乡土派作家那里)。我们只谈福楼拜的小说时间形式的变体(显然,它不是福楼拜创造的)。这种小城过着的是循环的日常生活时间。这里没有事件,只有重复着的"生活"。时间在这里丧失了顺序渐进的历史步伐,时间在这里沿着一个小圈子运动:一天,一星期,一月,整个生命。天从来不是天,年不是年,生活也不是生活。日复一日地重复同样的日常行为,同样的谈话主题,同样的话语,等等。在这一时间里人们吃饭、喝酒、睡觉、玩女人、谈恋爱(毫无浪漫情趣),人们玩弄着小小的阳奉阴违,坐在小酒店里或者办公室打牌,搬弄是非。这是普通人日常生活循环时间。它的不同变体为我们所熟悉,如果戈理、屠格涅夫、格列布·乌斯宾斯基①、谢德林、契诃夫等作家作品中的时间。这一时间简单明了,被作了深刻的物质化处理,与日常区域紧紧地结合在一起:与小城的楼房和房间,阳光明媚的街道,尘土和苍蝇,俱乐部,台球等等结合在一起。时间在这里不具事件性,所以看起来几乎停滞不前。这里,没有"相会",也不会有"离别"。这是厚重的、黏着的、在空间中爬行的时间。所以,时间不可能成为长篇小说的基本时间。长篇小说把它作为次要的时间来对待,与其他时间交织在一起,不是循环时间序列,或者被分割成一块块,它常常成为事件和强有力的时间序列相对照的背景〔在新时代(?)被事件、历史、事业(?)等等"唤醒的城市"的主题,《巴黎史记》(?),共同精神论中的《阿纳托里之城》等等〕。

我们所举的空-时序列交叉的例子——"相会""离别""道路""他人世界""城堡""沙龙-客厅""小城"——是我们有意用简化形式和抽象形式加以阐释的。我们认为,重要的是引进一个概念,为此而需要对它们作预设的特征描述。在作了上述研究之后,空间和时间的特征融合成一个被认知的和具体的整体就烘托出来了。时间在这里作了浓缩、夯实,成为艺术上栩栩如生的东西;空间则作了集约化处理,进入时间、情节、历史的进程。时间的特征在空间里得到广延,而空间被时间所认知,所度量。我们把时空体这一术语应用于此类现象,意味着是对它的直译"时空"(或者"空时")。这一术语应用于数学自然科

① 乌斯宾斯基(1843—1902),俄国作家。——译者

学中，是以相对论（爱因斯坦的相对论）为依据而引入的。对我们来说，重要的不是它在相对论中的含义，我们把它移译到这里，进入文艺学中，几乎是作为隐喻（几乎，而不是全部）而言的。对我们来说，重要的是在这一术语中表达了空间和时间的不可分割性（时间作为空间的第四维）。这一不可分割性我们已经在"相会"中，在"道路"上，在"城堡"里得到阐释。时空体就是如此。

我们所分析的时空体的意义何在？首先呈现在眼前的是它们重大的情节意义。时空体是小说事件的组织中心。情节的节点是在时空体中系结上的，又在它那里解开。可以无须掩饰地说，基本的情节构成意义属于时空体。

从另一方面而言，映入我们眼帘的是时空体的描绘意义。时间在时空体中具有感性直观品格。情节事件在时空体中被作了具体化处理，成了有肉有血的活生生的形象。有关事件的事儿，可以通知、报道，可以给出它们完成的精准地点和时间。但事件不能成为形象。时空体也只能给予展示描绘事件的重要环境。而这正是特殊的浓缩和具体化的结果，时间特征——人的生活特征，历史时间特征——是处在确定的空间区域的。这就创造了在时空体之中（在其周围）建立可能的描绘事件。它是展开长篇小说"舞台"重要的点，与此同时，又把远离其他事件"联系"在一起，赋予一个干巴巴的报道和通知的形式。〔在司汤达的作品中，通知和报道占有很大比重；描绘被集中、被浓缩在不多的舞台上；这些舞台照射出具体化了的表现之光，照亮了小说报道之处（形成反射的表现力）；可参见，如《阿尔芒斯》的结构。〕如此一来，时空体作为时间在空间中的优先物质化是整个长篇小说具体化的表现中心。长篇小说中的一切抽象因素——哲学的和社会学的结论、思想、因果的分析等等——都进入时空体，并且通过它而变得有血有肉，变成了艺术形象。时空体的描绘表现意义就是如此。

那么，文学艺术中的时空体的本质又在何处？是什么把空间和时间不可分割地变成事件的统一的艺术形象呢？

　　时空体被作了深刻的人类中心说描绘。在它的中心存在着人及人与人之间的关系,在它那里并且通过它空间和时间被加以思考和组合。这就是人化的空间和人化的时间,是以劳动、勤奋、努力、人的生命为尺度的时间和空间,以人的积极性、人的需求、人的实践为考量的时间和空间。人把"整体的客观世界"整合在空间和时间之中。大自然是人的积极作用的对象,而其余的客体则是他的活动、他的劳动、他的积极创造性的成品。把人的积极性理解得越广阔越本质,那么,他的活动的前景就越光明,未来的范围就越宽阔——时空体也就越本质,越具历史性。下面我们还要回过头来谈谈时间在时空体中的圆满性,谈谈它充满真实的必不可少的未来的程度。

　　这里要赶快做个重要的补充说明。我们所分析的时空体带有典型的体裁品格。它们是长篇小说在其多个世纪的过程中形成和发展的特定的不同变体的基础(不错,时空体的功能,例如,"道路"上的时空体的功能,在这一发展过程中的变化)。但,实际上,任何文学上、艺术上的形象都被时空体化了。作为形象宝藏的语言也被作了重要的时空体化。话语的内在形式也被时空体化了,即是那一借助它把第一位的空间意义转化为时间关系(此词的广义理解)的间接表现出来的特征。这里不涉及这一更加专业的问题。我们只要引证一下卡西尔①著作中的有关章节就够了,那里有着丰富多彩的实际材料对语言中的时间反映(时间为语言所把握)做出分析。

　　文学艺术形象具有原则性的时空体性质,是莱辛第一次极其鲜明地在《拉奥孔》一书中提出来的。他确立了文学艺术形象的时间品格。一切静止空间的应作非静止的描述,把他展现在行为中、行动中,即应该置于被描绘的事件以及叙述描绘者本人的时间序列中。于是,在莱辛举出的著名例子中,海伦之美不是荷马描述而成的,而是她通过对特洛伊诸长老的行动表现出来的,而且,这一行动的揭示是在诸长老

---

　　① 卡西尔(1874—1945),德国哲学家、美学家,新康德主义马堡学派 20 世纪代表人物,西方美学中符号论美学创始人。——译者

的一系列行动、行为中展示出来的。这样一来,美就被引入被描绘事件的链条之中,与此同时,又不成为静止描绘的对象,而成为动作感强的故事的对象。

然而,莱辛在谈及时间的整体重要性和有效性过程中,提出文学中的时间问题(我们不得不在自身的立场上谈一谈这个问题),他提出的这一问题基本上是在形式技术层面上的(当然,不是形式主义的含义)。文学把握真实时间问题,即在诗歌形象中把握历史现实问题,他并未直接地开门见山地提出,虽然在他的著作中有所触及(不过话又说回来,在他那一时代也只能是如此)。

我们还要顺便地指出,在阶级出现前民间故事的形象所具有的时空体性质,在文学发展的历史时代中,这些形象对体裁的发展有过重大的影响。

在诗歌形象这一共同的(形式上是物质的)时空体背景上,就像时间艺术的形象一样,描绘着空间的感性现象的行动和变化,阐明了我们之前说过的那些典型体裁的情节构成的时空体的特点。这就是特殊的史诗长篇小说的时空体,用来把握真实的现实时间(在历史范围内),反映了这一现实的重要因素并把它们引入长篇小说的艺术层面。这些时空体与把握真实的历史时间的过程中的一定时期相联系,而把握的这些时期反过来又是受历史现实本身变化的一定时期所制约。

这样的时空体,如"道路""城堡""沙龙""小城",显然,不是小说家杜撰的,也不是被他们置于"内在论艺术"的框架之中。这样的时空体是社会历史生活本身创造的:现实本身把时间记号浓缩在它们当中,而生活本身则把它们造就成更加鲜艳的时代反映物。现实在生活中的过去与未来倾向也就联系在一起了。但作为长篇小说家的艺术家剔除了时空体中的一切偶然的东西和不重要的东西,把时间特征凝固在时空体之中,并加以强化,在其周围凝聚起一切历史上重要的东西,用艺术概括因素来充实它们,并使它们成为有组织的描绘中心。

典型体裁的时空体是由体裁传统形成的,也是由它巩固起来的。当它们把握真实的现实这一含义说成果颇丰之际,体裁传统还是十分孱弱,飘忽不停,允许功能上的多种变体的存在,随心所欲地把生活现实带进长篇小说之中。但在随后的发展过程中,这样的时空体不再是变化着的现实的等价物,变成了消极的保守的死板模式,阻碍了进一步现实主义地把握历史现实;形成了新的更加现实主义的形式来把握时间,摧毁了旧的模式,创造了长篇小说体裁的新形式。

诚然,这一过程是十分复杂的:单个的时空体深深地陷入共同的为时代所接受的(在时代最进步的社会阶层中)真实的时间感觉中,而这个后者是受整体复杂的社会经济、政治、共同文化和文学艺术的条件所制约。

对文学中这一共同的真实的时间感觉,首先是在那些循环和非循环的"时间"中揭示出来的,我们对此已经作了部分的介绍,我们在下面还要作更详细的研究:在惊险时间中,在传记时间中,在家庭传记时间中,在田园诗时间中,在日常生活时间中,等等。这些时间的任何一种都有自身的人的尺度(人类形形色色的生活形式、活动形式、斗争形式、工作和劳动的形式),有自身的记号和"特征"。每一种时间是在自身的特殊的时空体中揭示的。对所有这些"时间"的理解和评价,应该受制于它们对统一的真实的历史时间的关系。所有这些"时间"是长篇小说把握(以时间的共同感觉为基础)真实的历史时间的不同阶段,是把握部分的、囊括这一具体时间的方方面面的不同阶段;与此同时,它们又是进入(部分地进入)人以及描绘展示人的形形色色的艺术手段。与所有这些时间相适应的是一定的人物形象的结构。所有这些时间都是以人的生活和行动来度量的。这些时间的任何一种时间过去具有(而且现在还具有)某种程度的现实主义效能;它们全部坚实地建立在体裁传统的基础上,对随后长篇小说的发展,既产生有效的影响,也出现制动的作用。现实主义作为人类艺术发展的最高总结,能提供一个标准来对长篇小说发展阶段上这些时间的作用,做出一种灵活的而又剀切中理的评价。

善于在世界的空间整体中看到时间、读出时间,另一方面又能不把充实的空间视作静止的背景和一劳永逸的定型的实体,而是看作成长着的整体,看作事件——这就意味着在一切事物之中,从自然界到人的道德和思想(直至抽象的概念),都善于看出时间进程的征兆。时间首先是在自然界中显现出来的:星移斗转,鸡鸣乌啼,一年四季可感可视的特征;所有这一切与人的生命、日常生活、活动(劳动)中相应的因素联系在一起——这就构成了不同紧张程度的循环时间。树木、牲畜的成长,人们的年龄是较长时段的可睹特征。再者,历史时间(本身含义上的)复杂而可见的特征是人们创造能力的可睹结果,人的双手和智慧的结晶:城市、街道、楼房、艺术作品、机器、社会组织等等。艺术家依据这些东西洞察到人们、代代辈辈、不同时代、不同民族、各个社会阶级集团最复杂的宏图大略。肉眼的工作在这里与最复杂的思维过程结合在一起。但尽管这些认知过程是如何的深刻、如何充满最广泛的概括,它们终归不能彻底摆脱眼见目睹,摆脱具体的感性特征和活生生的形象话语。最后,则是社会经济矛盾——这是发展的推动力,从直接可见的明显的对比(故乡大路上形形色色的社会现象)直到这些矛盾更加深刻和细腻地表现在人与人之间的关系和观念之中。这些矛盾必然地把可视的时间推向未来。这些矛盾揭示得越深刻,那么,在小说艺术家所描绘的形象身上,可见的时间的圆满性程度就越具本质,也就越广阔。

世界文学中审视历史时间而达到顶峰的作家之一的,便是歌德。对历史时间作探讨并描绘的在启蒙时代已见端倪(在这一问题上对启蒙时代极不公正)。在这里,首先是人们观察研究了循环时间(自然界的、日常生活的和农业劳动田园诗的循环时间)的特征和范畴(毋庸置疑是经过了文艺复兴时代和 17 世纪的准备,也不无古希腊罗马传统的影响)。"一年四季""农业周期""人的年龄变化"等题材贯穿整个

18 世纪,并在它的诗歌作品中占有极大的比重。然而,这些主题(这点特别重要)不是处在单一的题材层面上,而是具有重要的布局意义、组织意义(在汤姆逊①、盖斯纳②以及其他田园诗人的作品中)。名噪一时的启蒙时代的非历史性,应从根本上重新认识。第一,要知道,19世纪前三分之一年代的历史性(它曾傲慢地把启蒙时代讥为反历史主义的)是由启蒙主义者锻铸而成的(而且恰恰被看作是这一历史性的健康的、进步的因素);第二,衡量历史上的 18 世纪,不应只从后来的历史性(我们再说一遍,这一历史性是由 18 世纪启蒙主义者锻铸而成的)这一观点出发,而应与先前的时代相比较。如果采用这种方法,那么 18 世纪乃是时间感获得巨大觉醒的时代,首先是对自然界和人类生活中的时间感的觉醒。在 19 世纪后三分之二的时间里,占绝对优势的是循环时间。它自身虽具有局限性,却还是以时间之犁翻耕了先前时代那不动的世界。正是在这一循环时间翻耕过的土地上,人们开始解释历史时间的特征。当代生活的矛盾,失去上帝赋予它的绝对的永恒性,揭开了当代生活中的历史的不同时间——旧时代的残余和未来的萌芽和倾向。与此同时,人的年岁主题转变成几代人的主题,开始失去自身的循环性而转向开始酝酿历史的前景。揭示历史时间的这一酝酿过程,在文学创作中,较之于启蒙主义者的抽象的哲学观以及意识形态历史观本身,来得更迅猛,更圆满,也更深刻。

在这一方面,歌德是启蒙时代的直接继承者和集大成者。他对历史时间的艺术观照,如我们所说,已达到了顶峰(我们在下面将会看到,在某些方面尚无出其右也)。

在这里,我们只涉及歌德的时间感受的某些特征和特点,以此来阐明我们所说的文学中的时空体问题和对时间的把握。首先我们要强调的(这是众所周知的),是可视性对歌德所具有的特殊意义。其余

---

① 汤姆逊(1700—1748),英国诗人。——译者
② 盖斯纳(1730—1788),瑞典诗人、艺术家。——译者

一切的外部感觉、内心感受、种种思考和抽象概念,都聚合在作为自身中心,作为原始级也作为终极级的可视之目周围。一切重要的东西,都能够而且应该能够是可视的;一切不可视的东西都是不重要的。众所周知,歌德赋予了目视文化什么样的意义,而且他对这一文化的理解是多么得深刻、多么得广阔。在理解目视和可视性方面,歌德距原始粗俗的感觉论和狭隘的唯美主义是同样的遥远。可视性对他来说,不仅仅是首位的,而且是终极一级的。在这里,可视的东西因其含义和认识的全部复杂性而变得丰富多彩和充实深厚。

歌德对那些身后没有可视经验的空洞话语,甚为鄙视。他在访问威尼斯后赞叹道:"啊,感谢上帝! 威尼斯对我已不仅仅是个词儿,已不再是令我感到恐惧的空洞名称,我最反感空洞无物的词语(徒有外表的空皮囊)。"(《意大利游记》①)

一些最复杂的和最关键的概念与思想,在歌德看来,总是能用可视的形式表现出来,总可以借助于示意图表或符号图表、模型或相应的图画展示出来。歌德本人的全部学术思想和理论,他都用准确的图式、插图、素描的形式来表示。而对他想掌握的他人理论,也给包上一层可视的形式。他与席勒交往的第一个夜晚,在向席勒讲述他的《植物变形》一书时,只用寥寥数笔便在对方面前勾勒出象征性的花朵(《编年史》②,第 1122 页)。后来他们一起思考《论自然、艺术和习俗》一书时,两人感到迫切需要用表格和示意图来帮忙("die Notwendigkeit von tabellarischer und symbolischer Behand lung")。他们编辑"气质图"、辑录浮浅态度的利害表、绘制歌德花卉理论示意图——*Farben-lehre*③(《编年史》,第 1131 页)。甚至哲学世界观理论基础本身,也可以用简单明了的可视形象来揭示。当歌德乘船从那波利向西西里岛

---

① 《歌德全集》(13 卷本)第 11 卷,莫斯科,1935 年,第 75 页,《意大利游记》以及《诗与真》为 H.A.霍洛特科夫斯基所译。凡引自这一版本的,我们只在引文后注明卷数和页码。——原编者

② *Goethe sämtliche Werke*.Jubiläums–Ausg.Bd 30.Stuttgart–Berlin,1930,S.391.——原编者

③ 德语:《色彩学》。——译者

进发时,第一次置于大海之上,地平线在他周围合拢消失了。他大声疾呼:"谁若不置身于大海之中,谁就不会有世界的概念,不会知道自己与世界的相互关系。"(第11卷,第935页)

对歌德来说,话语兼容着最明确的可视性。他在《诗与真》中告诉我们他常常使用一种"令人惊叹的辅助手段"。他在纸上画上几条线,勾勒出他感兴趣的物体或地方,细节则用语言来补充,写到这张草图上。这些令人惊异的艺术混杂体,帮助他准确地回忆起他逗留过的任何地方(Localität)。这对他的诗歌或小说的创作大有裨益。(第10卷,第834页)

如此一来,歌德总是追求并且用眼睛来看待世界。对他来说,目所不及的东西是不存在的。但同时,他不愿意(也不能够)把任何东西看成是完全定了型的,又静止不动的。他的眼睛不承认物体和现象只是简单地在空间中毗邻、单纯地存在。在任何静止不动、纷繁多样的事物背后,他都能看到不同的时间的存在,因为,在他看来,不同的东西是按照不同的发展水平(时代)展现的,亦即各自具有时间的含义。在《今后我与席勒的关系》这一篇篇幅不大的笔记中,歌德作了这样的界定:"我掌握了揭示发展的进化论方法(die entwickelnde entfaltende Methode),但这绝不是通过对比来认识的方法;对平行并列的现象,我不知道该如何打交道,相反,我到能研究这些现象的发展。"(《编年史》,第1230页)

各现象间单纯的空间毗邻(nebeneimmder)是与歌德格格不入的。他用时间去充实这种毗邻关系,贯穿于其中,并揭示出它生成和发展的过程。他把空间并列的东西分别归属于不同的时间阶段,不同的成长年代①。现代性(在自然界和人们的生活中)在他看来,本质上说都是异时性:是过去的不同阶段的残余或遗迹,是或远或近的未来之萌芽。

---

① 歌德的创作视觉不同于陀思妥耶夫斯基的视觉。他们之间的对比分析,见《陀思妥耶夫斯基诗学》一书。——原编者

歌德为把成长、发展的思想引入自然科学而做的英勇斗争,是众所周知的。这里不是讨论他的学术著述实质内容的地方,我们只是指出,在这些著作中具体的可视性不再是静态的,它与时间结合在一起。这里,明察秋毫的眼睛无处不在查找并发现时间,即发展、成长、历史。他在完成定型的事物背后辨别得出正在成长着的、酝酿着的东西,而且这一切看得十分清楚。他坐车经过阿尔卑斯山时,目睹山上雾气缭绕,于是便提出了天气生成的理论。平原地区的人们只认好天气或坏天气,是定了型的,而山里的人们却经历着天气形成的过程。下面摘自《意大利游记》的一段描绘(通俗易懂的一小段),可以说明这种"生成的视觉"。

"我们举目仰望山上,无论远近,只见山峦叠嶂,时而在阳光下金光闪烁,时而雾气弥漫,时而雷雨浓云,暴雨倾盆,时而又被积雪覆盖——我们总把这一切看作是大气影响的结果。因为,我们清楚地看到大气的运动和变化。相反地,山峦对我们的外部感官来说,是静止不动的,不会变化的。我们认为它们一旦凝固,就是死物。我们认为它们对天气不会有什么影响,因为它们处在恒久不变之中。可我长期以来,按捺不住要说,大气层所表现出来的绝大部分的变化,正是由于山峦本身内在的、悄然不会被我们所觉的、神秘的作用力所致。"(第11卷,第28页)

接着,歌德便大力发挥自己的一种假设:地球质体的引力,特别是它的凸出部分(山脉)不是某种恒定不变的东西,而是相反,在多种原因的作用下,时而在缩小,时而在增大,永远在"搏动"。正是山脉这一质体的搏动,给大气层的变化产生重大的影响。山脉本身这一内在的活动,结果便形成了天气。平原地区的人们则获得了它的定型形态。

这一假设是否具有科学性,对我们来说,是无关宏旨的。重要的是在这里表现出歌德观察事物的本质特点。因为,山峦对一般观察者来说,是静态的,意味着不动,不变化。而实际上,群山不是死物,它们只不过是凝固而已;它们全然不是无所作为的,只是让人觉得如此而已,因为它们在安睡,在歇息("sie ruhen")。物体的引力本身也不是恒定不变的、永远是个常数;它在变化、在搏动、在振荡。所以,这一引力在群山中仿佛浓缩了。山脉内在地变动不止,它在活动,在创造着天气。

其结果是,歌德开始勾勒出的那一画面,发生了显著的、原则性的变化。因为,开始时大气层的剧烈变化(阳光闪烁、山雾重重、雷雨浓云、大雨滂沱、白雪皑皑),是以永远不变的山脉为静态背景展现出来的,到最后却完全消失了这静止不变的背景,开始了更重要更深入的运动,超过了大气层那种鲜明的,但在表层上的活动。背景开始活动起来了,而且,真正的运动和活动转移到这个背景之中。

从我们所举的不大的例子中揭示出歌德看待事物的特点,以不同的形式(视材料而定),不同的鲜明性程度,无处不在地表现出来。那些在他之前似乎无处不表现为任何运动和变化的背景的东西,在歌德看来,却进入生成过程之中,为时间所渗透,甚至恰恰成为创作上最重要的活力。接着,我们将会看到,在分析《威廉·麦斯特》时,小说中通常用作情节运动的那些牢固的背景、恒定的常数、静态的前提的东西,在这里恰恰成了运动的主要载体、肇始者,成为情节运动的组织中心,由此长篇小说的情节本身就发生了根本的变化。对于"伟大的天才"歌德来说,重要的运动恰恰发生在那个固定不变的世界基础(社会经济的、政治和道德的基础)的背景中;这个背景却常被"目光短浅的庸人"歌德亲自宣布为不变而永恒的东西。在《威廉·麦斯特》中,这一世界基础的背景开始"搏动",就像前例中的山峦;这种搏动决定了人物的命运和人们观念的更加趋向表层的运动和变化。关于这点我们将在下面再谈。

如此一来,我们就转向谈谈歌德具有在空间中看出时间的非凡能力问题。这样的时间观照(其实18世纪的作家都是这样,对他们来说,时间仿佛全是初次揭示出来的)十分新颖而鲜明,令人大为惊讶;尽管这种新颖的鲜明性相对地说尚属简单而浮浅,但是却因此具有更强烈的感性直观效果。对自然界中时间的一切可见的特征和标志,歌德有着一双明察秋毫的慧眼。例如,他善于凭肉眼一瞥便知树木的年轮,他熟知不同树种生长的速度,善于辨别地质学年代和年龄。特别对人类生活中的一切眼睛可见的时间特征,从凭阳光和人们日常起居的每天日常时间,到人的生命的整体时间,即人的成长阶段和整个时代,他都有着敏锐的洞察力。对歌德来说,后者的传记时间至关重要,而且他对这一时间有着深邃的观照能力,能证明这点的,首先是他的自传和传记体著作(这些作品在他的创作中占有极大的比重)以及他与他的时代共有的对自传和传记文学的一贯兴趣(歌德的自传体的创作方法,我们将作专题来讨论①)。

至于歌德作品中的每天日常生活时间,我们不妨回忆一下他在《意大利游记》中所作的多么深情而又尽心地分析、描绘意大利人的日常生活时间。

"白天让你流连忘返的国度,夜晚更加使你着迷。在夜色降临的时刻具有特别重要的意义。那时,一天的劳作结束了,游玩的人们也纷纷回家,父亲想在家里见到自己的女儿;白天消逝了,但我们这些基米里人,刚刚懂得了白天为何物。在永恒的夜色朦胧之中,雾气弥漫之际,此刻白天还是夜晚,对我们来说不是一样的吗? 的确,我们何尝

---

① 与《诗与真》相关的歌德自传体创作方法问题,在《教育小说及其在现实主义历史中的意义》一书的纲要中有如下的描述:"在描绘一个时代,描绘那一时代的文学活动家,最后在描绘那一时代生活的参与者的时候,歌德把那一时代(被描绘、被追忆的时代)的观点同他创作自传体作品的时代的观点结合了起来。歌德的任务,不仅是以现在成熟的认识和理解(由时代前景丰富了的认识和理解)来描写自己过去的世界(以及自己过去生活的参与者),而且要描写自己过去对这一世界的认识和理解(童年的、少年的、青年的理解)。这种过去的认识,就如同过去的客观世界一样,也是描绘的对象;相隔数十年的这两个意识,注视着同一个世界;它们之间不能简单地分割开来,它们也不能脱离开描绘的客观对象。这两个意识使这一对象栩栩如生,给它注入了特殊的生命力,注入了时间的运动,以活生生的成长着的人(童年、青年、成年)来美化这一世界,但又不损害被描绘的世界的客观性。相反,两个角度的存在,能更加突出地表现出被描绘的现实的客观性。这种渗透于被描绘世界的主观性,不是诺瓦利斯那种浪漫主义的没有血肉的主观性,而是具体的、有血有肉的、成长着的、会衰老着的主观性。"——原编者

有那么多时间心旷神怡地在茫茫的苍穹下游玩？当夜色来临时,我们在这里,在意大利,只知傍晚和清晨的一天真的消逝了。一天二十四个小时结束了。新的一天开始了。钟声当当地响起,开始做晚祷了。侍女们端着烛台走进房间,道声'Felicissima notte!'(晚安!)这一时刻随着一年四季的不同而做相应的改变,而充分融入当地人的生活。人们对这一时间的判断是不会出错的,因为,令他赏心悦目的每一件事儿不是依附在(归于)一定的钟点上,而是与确定的一天时间相联系。如果把德国人的计时法硬加在他们(意大利人)身上,那么,他们就会手足无措。因为他们的计时方法紧密地与他们的环境捆绑在一起。在夜色降临前的一小时或一个半小时,显贵们就驾车出门了……"(第11卷,第58页,第60页)

接着,歌德不厌其烦地发挥了他所创造的把意大利人所习惯了的时间转换成德国人的时间,即普通计时法,并附了一张图表,借助于同心圆形象鲜明地画出了不同时间的相互关系图。(第11卷,第59页)这种意大利人所习惯了的时间(从实际的日落时开始计时,当然一年四季的计时钟点大不相同),与意大利的日常生活不可分割地联系在一起。后来,歌德也曾多次注意到这一时间。他对意大利人的日常生活的描写,渗透着按日计算的时间感,这一时间是以人们对鲜活的生命享受和劳动来度量的。它深深地贯穿在对罗马狂欢节的著名描写之中①。(第11卷,第510—542页)

在这些自然界的、日常生活的以及生命的时间背景上,还有在某种程度上属于循环时间的背景上,并且与这些时间交织在一起,歌德揭示出了历史时间的特征;这是改造大自然的人们用双手创造的重要成果和智慧的结晶,也是人类活动以及人类所形成的整体风俗习惯和世界观的一种逆反映的产物。歌德首先探索并发现了历史时间的明显的可见的运动,这种运动与自然环境(Localität)不可分割,以

---

① 对这段描写的详细分析,可见巴赫金的《拉伯雷的创作与中世纪和文艺复兴时期的民间文化》一书。——原编者

及与这一自然环境有着本质联系的人所创造的全部客体事物不可分割。歌德在这里同样表现出他具有极其敏锐的目光和明察秋毫的能力。

下面是歌德偶一为之的一个例子，它表明歌德目光所固有的历史洞察力。歌德顺着大路经过小城艾恩贝克到皮尔蒙特去，便一眼发现这座小城大约在三十年前有过一位出色的市长（《编年史》，第76页）。

他看见了什么特别的情况呢？他看到大片的绿地、树林，他看到这不是偶然之举，而是出自人的统一意志的、有计划地行动的结果，又根据目测得出树木的年龄，当这一有计划的行动意志得以实现之时，他看出了时间。

不管我们所引的观照历史的事实本身有多大的偶然性，不管它所涉及的范围是多么的狭小，也不管它是多么的简单，事实本身鲜明而清晰地揭示出这种历史视觉的结构。我们现在来谈谈这个问题。

这里首先存在着过去保留在现在之中的重要而活生生的遗迹。我们再强调一次：重要而活生生的，因为这里展示的不是死物，哪怕是美丽如画，不是与周围活生生的现代失去任何本质的联系和任何影响的遗迹。那种纯粹由过去装扮起来的，存在博物馆里的古董遗物，歌德不太喜欢，称之为"幽灵"（"Gespenster"），唯恐避之不及。① 它们作为异体进入现在，而现在既不需要它们，也不理解它们。把现在与过去做机械的混合，割断不同时代的真正联系，是歌德所深恶痛绝的。所以他也不喜欢那些观光者对历史遗迹所作的无聊的历史回顾；他厌恶导游讲述这里曾几何时发生过什么事件。所有这些都是与周围生动的现实失去必然而明显的联系而成的幽灵。

在靠近巴勒莫②的西西里岛上，有一片富饶无比的谷地。有一天，

---

① 歌德对当代人迷恋于古董与考古学的态度，只需提一下巴尔德列密的"考古式"小说《青年阿纳罕尔西斯的希腊之行》（1788）所获得的世界声誉，就足以说明问题了（它创造了一种考古式体裁）。——作者

② 巴勒莫是西西里岛西北部主要港口城市。——译者

向导向歌德讲起汉尼拔①曾经在这里打过一场恶战,并建立了卓越的功勋。"我严厉地制止了他,"歌德说,"这是在向消失了的幽灵招魂。"确实,这富庶的种植场同回忆汉尼拔用大象、战马践踏这块土地有什么必然有益的(对历史有创造作用的)联系呢?

向导对歌德如此无动于衷地对待经典式回忆的态度大为惊讶。"可我无论如何也不能向他解释明白,"歌德说,"我对过去与现在的这种混杂是一种什么样的感受。"

使向导尤为惊异的是,这个对"经典式回忆无动于衷的"歌德,却精心地采集河岸上的一种小石子。"我无法再次对他解释,"他接着说,"了解多山地区的最好手段,就是研究河水冲刷下来的矿岩碎石;由此可以提出一个任务,是根据个别残片来获取地球古代这些著名山峰的地貌信息。"(《意大利游记》,第936页)

这里所引的片段是很有代表性的。对我们而言,重要的不是存在着某种卢梭主义的成分(把自然界的时间同创造者的时间对立起来,把地球古代这些著名山峰和富饶的谷地同人类的战争和破坏的历史对立起来)。重要的是另一种东西。第一,这里表现出歌德特有的一种态度,即他不喜欢与世隔绝的过去,不喜欢囿于自身、只为自身的过去;而这一过去恰好为浪漫主义者所津津乐道。他希望看到这一过去与活生生的现在有必然的联系,希望理解这一过去在历史发展的长河中占据应有的地位。一个孤立的隔绝的小段过去,对他来说,不啻是一个令人深恶痛绝的,甚至可怕的"幽灵"。所以,他把河岸的碎石与那个"消失了的幽灵"相抗衡,因为,凭这些碎石就可以完整地看出整个山地的性质和地球必然的过去。他十分清楚导致这些碎石今天必然出现在这里、在河岸上的那一段漫长的过程。他熟悉这些矿石的种

---

① 汉尼拔(前247—前183或前182),迦太基统帅。前218年春率兵数万人,翻越阿尔卑斯山,秋,进入意大利北部,在波河支流特来比亚河附近,初战告捷,后几次重创罗马军队,大获全胜。战后因统治集团内部不和,亡命叙利亚。后自杀于俾提尼亚。——译者

类、地质年代,了解它们在地球持续发展中的地位。过去与现在两者之间的那种偶然的机械的混合已不复存在,因为一切在时间中都占有其牢固和必然的地位。

第二,也是歌德的历史时间视觉所具有的非常重要的特征,即过去本身应是有创造力的,应是在现在中起着积极的作用的(哪怕是对现在起着消极的作用,起着不希望出现的作用)。这种积极的、有创造力的过去决定着现在,并与现在一起给未来指明了一定的方向,在一定程度上预先决定着未来。由此而达到时间的圆满性,而且是明显可见的圆满性。他在小城艾恩贝克附近看到的,正是这种小范围的过去。这种过去(有计划地植树造林)继续积极地活在现在之中(对此作直义理解,因为所植之树还活着,在继续生长,决定着现在,为艾恩贝克小城创造着一定的面貌,自然在一定的范围内影响着未来)。

我们在这一不大的例子中,还应强调一点,歌德的历史视觉向来是以对地域(Localität)的深刻、精细、具体的感知为基础的。创造性的过去,应视为在该地域条件下必然而有效的东西,就像对这一地域的创造性人化一样,把大地空间的这一小块地方变成了人们历史上生活过的地方,变成了历史世界的一隅。

一个地方,一处景色,如果没有人及其创造活动的地位,如果不能栖身生息,不能建楼造房,因而也就不能成为人类历史的舞台,那么就与歌德格格不入,为他所不齿。

众所周知,歌德所处的时代,无论是文学还是绘画,都有一个共同点,就是迷恋于野生的自然界,迷恋于人迹难及的原始景致,歌德对此淡然处之。

后来,歌德对此类倾向,即使以现实主义为基础而表现出这种倾向时,也依然采取否定态度。

1820 年,弗里特里希·格曼林①把为维吉尔·阿尼巴尔·卡波的

---

① 弗里特里希·格曼林(1745—1820),德国版画艺术家。——译者

《埃涅伊达》豪华版①所制作的插图铜版画送到魏玛。艺术家用现实主义手法表现了罗马的坎帕尼亚空旷的沼泽地。歌德给艺术家的天才作了应有的评价,但同时对他的创作倾向提出了批评。他说:"有什么能比表现荒漠之地来帮助诗人(维吉尔)这种企图更可悲呢? 这种地方不能使人想象得出如何建楼造房、栖身生息。"(《编年史》,第1202—1203 页)

歌德的创造性想象施于任何地方,首先是要它能建楼造房,利于栖身生息。歌德观察任何地方,都只能取这个可称为建筑和生息的视角。任何地方,倘若脱离开人与人的需求,脱离了人的积极性,对他来说,便失去了任何明显可视的含义和意义。因为,要理解评价某一地方的标准,评价的尺度,理解这地方人们的活动范围,只能采取建设者的视角,只能从如何把这块地方变成历史生活一部分的观点出发。我们在分析《威廉·麦斯特》时,将会看到这一视角得到一以贯之的在艺术上的应用。

歌德对历史时间的观照,正如我们引用的例子所表现的那样,它的结构特点就是如此。现在,我们用较为复杂的材料把我们的论点予以具体化和深化。

在《诗与真》中,歌德有一段自白对理解这个问题十分重要:

"有一种感觉强烈地控制了我,以至于我不可能找到如何去表现这种奇怪的感觉——那就是觉得过去与现在结为一体(过去与现在融为一个整体的感觉)(die Empfindung der Vergangenheit und der Gegenwart in Eins);把某种类似于幽灵的虚幻的东西带进了现在的感觉(eine Anschauung, die etwas Gespenstermässiges in die Gegenwart brachte)。它在我的大大小小的作品(著作)中都有表现,对诗歌的写作也大有裨益,尽管它在生活本身中直接表现出来的那一瞬间,显得古怪、不可思议,令人不快(unerfreulich)。

---

① 《埃涅伊达》的意大利语译本,由意大利诗人阿尼巴尔·卡波于 16 世纪完成。——原编者

　　"科隆①这地方恰恰就是这样。古老的建筑风格给我一种难以名状的印象（unzuberechnende Wikung）。教堂的断垣残壁（因为一些没有完工的建筑物，也同样遭到破坏），在我心中唤起了自斯特拉斯堡时代②起就习惯了的那种感觉。"（第798页）

　　这段精彩的表白，对于我们上面提到的歌德讨厌浪漫主义态度感受过去、讨厌"过去的幽灵"扰乱现在，是作了某种修正。看来，他本人对这种感受也颇为认可。

　　歌德在自白中所表现出的过去和现在融成一体的感觉，是一种复杂的感觉。它包含了"浪漫主义"成分（我们姑且这么称呼它）、"幽灵"的成分。在歌德创作的早期阶段（首先是斯特拉斯堡时期），这一成分尤为强烈，几乎给整个感情定下了基调。这就形成了歌德相关作品（首先是短小抒情诗）的一定的浪漫情调。

　　在过去与现在融为一体的情感中，与这个假定的浪漫主义成分一起，从一开始就存在着现实主义成分（我们姑且也这样命名之）。正是由于从一开始就存在着现实主义成分，我们在歌德的作品里未能发现一处是纯浪漫主义的时间感觉。在歌德后来的作品中，现实主义成分越来越强烈，排挤了浪漫主义成分，故在魏玛初期便已取得完全的胜利。就在这里他便表现出对浪漫主义成分的深恶痛绝，这一点在意大利旅行期间表现得尤为强烈。歌德时间感受的进化，可以归结为对浪漫主义成分的不断克服和现实主义成分的完全胜利；这从他早期走向晚期时所写的作品中，首先在《浮士德》以及某种程度上的《埃格蒙特》一书中，可见一斑。

　　在这种时间感受的发展过程中，歌德克服了虚幻（Gespenstermässiges）、可怖（Unerfreuliches）而又难以名状（Unzuberrechnendes）的因素，这些因素在他最初把过去和现在融合在一个整体的感觉中表现得十分强

---

① 科隆，德国古城，位于莱茵河流域，是金融贸易中心。以哥特式大教堂、罗马教堂闻名于世。——译者
② 指歌德年轻时在斯特拉斯堡大学求学时代，约在1770至1775年。——译者

烈。然而,融合之后的时间感本身依然充实、强劲、清新,直至他生命的完结,绽放出时间真正圆满性的花朵。那些虚幻、可怖、难以名状的东西,已为我们所揭示的构成他的时间视觉的结构因素所克服。这些结构因素是:过去与现在之间的本质联系,过去的必然性以及它在不间断的发展中所占有的必然性地位,过去所具有的能动的创造性,以及最后还有过去和现在与必然到来的未来相联系。

清新的未来之风越来越强劲地吹进歌德的时间感受之中,驱散了他的一切阴暗的、幽灵般的、难以名状的东西。或许,这股未来之风我们在《威廉·麦斯特的漫游时代》中(以及在《浮士德》第二部最后几个场面上)感受得最为强烈。如此一来,从歌德那混沌不清,连他自己都害怕的过去与现在的融合感觉中,产生出现实主义的时间感。这一时间感就其力量及鲜明程度来说,在世界文学中是绝无仅有的。

我们现在来谈谈歌德对地方和景色的观照中所蕴含的时空体的性质问题。他那明察秋毫之眼是地方充满时间,而且是创造性的、有历史意义的时间。正如我们之前所说,是一个建设者的视角决定着歌德对景色的观照和理解。在这种情况下,他那创造性的想象控制着自身,使自己服从于该地方的必然性,服从于其历史地理所固有的铁的逻辑。

歌德首先力求深入到这一地方所固有的历史地理的逻辑之中,而且让这一逻辑自始至终应是视而可见的、通俗易懂的。为此,他采用了一种原始定位法。

在《诗与真》中,他谈到自己在阿尔萨斯①旅行时写的日记:"我游历世界次数不多,但我已经明白,在旅行时弄清河水的流向是多么的重要,哪怕是一条小溪亦是如此。由此我们能对所在的流域获得一个整体的认识,了解高原与平地的相互作用,并且凭借这一水流加强我们的目力和记忆,使得我们更容易摆脱地理疆域和政治版图的混淆。"(第11卷,第437页)《意大利游记》的开篇是这样记述的:"地势越来

---

① 阿尔萨斯,法国东部的历史行省,位于莱茵河流域。——译者

越高,直至蒂尔申罗伊特①,河水迎面而来,流向埃格尔河和易北河。从蒂尔申罗伊特开始,河水向南奔腾而下,最后注入多瑙河。我在任何地方都能立即辨明方向,只要能判定哪怕是一条小溪的流向或者这条江河流域的走向。用这种方法你就会在脑海里确立山脉和盆地之间的联系,哪怕你对这地方不能一览无余。"(第866页)歌德在《编年史》中也谈及自己观察地形使用的这一方法(第1157页)。

波涛汹涌的大河和流水潺潺的小溪,以其鲜活、灵动的幽灵般的姿态,描述了一个国家的水域、地貌、自然疆界和天然的联系,描述了水路、陆路和山口、富饶之乡和贫瘠之地的特征等等。这不是抽象的地质学和地理学景观,对歌德来说,这里揭开了历史生活的潜能。这是历史事件的舞台,这是历史时间流经的空间轨道所留下的明确无误的疆界。这山山水水、盆地河谷、边界道路,构成了一幅幅生动的、鲜明的、直观可见的体系。历史上积极创造的人们被置于这一体系之中:你来建房办厂吧!来排干沼泽吧!来铺路造桥吧!来开采矿石吧!来耕种灌溉谷地吧!人的历史活动的重要性和必然性得到了保证。即使人要进行战争,那也会明白该如何打这场战争(即这里也存在着必然性)。

在1817年的《编年史》中歌德说:"我弄清了地质和地理领域的东西,多亏索里奥绘制的欧洲地形图②。例如,我一下子就弄明白了,西班牙对统帅(正规军的)来说,形势多么险恶,而对义勇军方面,又是多么有利。我在自己的西班牙地图上标出它的基本分水岭,于是便清楚,也懂得了每一条行军路线、每一次出征以及正规军与义勇军(regelmässig)的每一次军事行动。"(第1193页)

歌德不希望,也不可能把某一地方、某一自然景色看作是抽象的东西,某种自足的自然性;应该通过人的活动及历史事件来阐释它。地球上的一块空间就应融入人类的历史之中;离开这一历史,它是僵

---

① 蒂尔申罗伊特,山名,位于德国巴伐利亚州内。——译者
② 指《欧洲山脉水系全图》,系索里奥于1816年绘制。——原编者

死的,不可理解的,也就不屑一顾了。但是,从另一面来说,历史事件、抽象的历史回忆,倘若不把它置于地球的空间里,不明白(不理解)它发生在一定时间和一定地点中的必然性的话,也是不值得刮目相看的。

歌德正是企盼揭示人类创造和历史事件的这一具体可见的必然性。任何幻想、虚构、空泛的回忆和抽象的议论,都应予以限制、遏抑、取消,应让位于肉眼的观察——观察在确定的地点、确定的时间内从事创造与建立伟业的必然性。"我只是睁大眼睛观看,把一切特征铭记于心。假如可能的话,我会全然不去思考。"(《意大利游记》,第901页)稍后一点,他指出根据保存下来的遗迹,对古希腊罗马的认识是多么的困难之后,补充道:

"至于人们称之为'经典的立场'(classischen Boden)的东西,则完全是另一码事儿。如果不把它当成一种幻觉,而是如实地看待它,那么,这终究是决定性地创造伟大业绩的舞台;所以我一贯从地质地形(landschaftlicher)的角度来遏制想象力和情感,保留对一个地方(der Localität)的自由而直入直出的观察。那时与这个地方一起,会突然浮现出历史来,一种栩栩如生的历史;你简直弄不明白自己何以会如此。此刻你会感觉到有一种强烈的欲望,想读一读罗马塔西佗[①]的著作。"(第11卷,第134页)

这样,在予以正确理解的、客观上目睹己见的(不混杂着幻想成分)的空间中,揭示出明显的历史内在必然性(即一定的历史过程、历史事件的内在必然性)。

在歌德看来,古希腊罗马各族人民的创造同样也具有这种内在必然性。"我登上斯波莱托[②],到了引水渠(高架引水渠);它当时是用作两山之间的通道……这是我亲眼目睹的古代人的第三件作品;这一创造蕴含着丰富的内涵。服务于公众目的的第二自然:半圆形剧场也

①　塔西佗(约55—约120),古罗马历史学家。——译者
②　斯波莱托,山名,在意大利境内。——译者

好,寺庙也好,引水渠也好,都是古代人创造的艺术杰作。只在此刻我才意识到,我心中对一切任意为之的东西(如魏森斯泰因①城楼上的'冬匣子',某种完美而毫无用处的东西,巨大而豪华的糖果包装盒,以及千百种形形色色的类似物品),令我所产生的憎恶,是多么的公正啊! 所有这些都是天生的死物,因为任何事物,如果没有真正的内在的必然性的话,那它就无生命可言,于是它不可能变得伟大,无论何时也是不可能变得伟大(强大)。"(第11卷,第133页)

人类的创造具有自身内在的逻辑性,他应该成为人性的创造(合乎公众的目的),但他又应与自然界一样,是必然的、合乎逻辑的、具有真理性的。任何的任意性、虚构性、抽象的幻想,全是歌德所深恶痛绝的。

不是抽象的道德规范(抽象的公正性、抽象的思想性等),而是创造的必然性和任何历史事业的必然性,在歌德看来,才是至关重要的。这就使他与席勒,与启蒙时代的大多数代表人物判然有别,后者坚持的是抽象的道德标准或抽象的理念准则。正如我们所指出的,必然性成为组织歌德时间感的中心。他希望用必然性的链条把现在、过去和将来连接在一起。歌德的这一必然性,既与劫运的必然性,又与自然界的机械的必然性(自然主义这一含义上)相去甚远。歌德的必然性是明显可视的、具体的、物质的必然性,又是创造材料的、历史的必然性。

艺术创造中的必然性,首先指的就是这个。有一次讲起温克尔曼②的意大利书信时,歌德说道:

"自然界整个是真实可信的、合情合理的,除了自然界的创造物之外,最令人信服不疑的,莫过于智者贤人的遗产(die Spur eines guten verständigen Mannes),莫过于真正的艺术;真正的艺术如同自然界一样的合情合理。这里,在罗马,穷奢极欲,无所顾忌,权力和金钱世世代代成为多少蠢事之源。只因为如此,上面一点在这里就觉得特别明

---

① 即现在的帕伊杰市,在爱沙尼亚境内,1917年改的名。——译者
② 温克尔曼(1717—1768),德国艺术史学者,古典主义美学奠基人。——译者

显。"(第11卷,第161页)

真正的遗迹具有历史的特征,总是人化了,且具必然性;在这一遗迹中,空间和时间纠缠成一个不可分割的结。在歌德的整体而具体的视觉中,地球的空间与人类的历史不可分离。这就使得历史时间在歌德的创作中变得如此充实,如此的物质化,而空间则获得了人类的含义,变得实在了。

正是在罗马,歌德特别尖锐地感到了历史时间的这一令人惊讶的浓缩,感到了它与地球的空间浑然一体:

"特别是在这里阅读历史,与世上的任何其他地方都不一样。在其他地方,你是从外部接受读到的东西,而在这里,你仿佛是从内部来阅读:这里写的一切都在我们周围展开,同时,又仿佛出自我们的身上。而且这不仅是说罗马的历史,涉及世界史也是如此。因为我可以由此寻觅征服者的足迹直到威悉河①、幼发拉底河②……"(第11卷,第166页)

又如:"我遇见了与自然科学领域同样的情况,因为这个地方同整个世界历史联系着。所以,我认为,当我踏上罗马土地的那一天,是我的再生之日,我的真正的降生。"(第11卷,第160页)

在另一处解释他访问西西里岛的意图时,歌德写道:"西西里岛向我展现了亚洲和非洲,能亲身来到世界历史诸多轨迹的神奇交汇点上登高远眺,就远不是一件小事。"(第11卷,第239页)

罗马这一隅之地的历史时间所具有的本质,不同时代在这里共存是有目共睹的,这些使得观照者仿佛成了世界命运裁决会议的参与者。罗马是人类历史的伟大的时空体:"当你眼前所见的生活已持续了两千多年,并且在时代的嬗变中不止一次地发生过根本的变化,今天,在你眼前却依然保留着同一土地、同一山峦,往往还有昔日的城垣和柱廊,而人民则像过去一样保存着古老的秉性。每当此时你似乎成

① 威悉河,流经德国,注入北海。——译者
② 幼发拉底河,西亚最长河流,流经土耳其、叙利亚、伊拉克等国。——译者

了左右命运的共同参与者；而且作为一个观照者，你开始很难弄明白，一个罗马如何接替了另一个罗马，还不是简单地交替，而是形形色色新旧时代的嬗变（自我嬗变）。"（第 11 卷，第 143 页）

共时性、不同时代在一个空间点上、罗马的空间点上的共存，为歌德揭示出"时间的完整性"，正像他在古典时期（意大利旅行是这一时期的巅峰）所感觉的那样：

"在我看来，这是交往（' Umgang' 与罗马的艺术和建筑的交往），它产生了（唤醒了）一种感觉、一个概念、一种观照，从最高意义上说，可称之为经典立场之现实。我把它理解为既是感性的又是精神上的信念，即坚信这里过去、现在、将来都有伟大的东西的存在。即使最伟大的东西和最美好的东西，也不能永驻常在，这一点是由时间的本质决定的，是永远处在敌对中的道德因素和自然因素的本质决定的。当我们游目四处，走过断垣残壁时，我们不觉得有悲伤之感；相反，我们想到现在还保存了这么多东西，修复得比过去更精美更宏伟，甚至感到喜悦。①

"毫无疑问，圣·彼得大教堂②就是以如此宏伟的规模设计的，它比古代任何寺庙都更雄伟，更富独创性；所以在我们面前的，不仅是两千年间所湮灭了的东西，而且同时是昭示更高级的文化的东西。

"即使艺术趣味本身变化不定，但对简朴宏伟的追求，对丰富多彩（玲珑剔透——' Vervielfachten kleineren'）的回归——这一切都意味着生命和运动，艺术史和人类史呈现在我们面前是共时的。

"一切伟大的东西不过是暂时的——这是我们难以回避的结论，不应使我们怆恨伤怀，而是相反，如果我们认为过去是伟大的，这应激

---

① 与此不同，旧版本的开头是这样的："无论如何，每一个人都应有充分的自由以自己的方式来感知艺术作品。在我们旅行期间，我产生了一种感觉、一个概念、一个具体的认识，从最高的意义上说，这可称为经典土地的存在。我把它叫作感性–超感性信念……"（参见：《巴赫金全集》第 3 卷，河北教育出版社，2009 年，第 250 页）——译者

② 圣·彼得大教堂在梵蒂冈，是世界上最大教堂之一。始建于 4 世纪 20 年代，1506 年扩建，1626 年完工。堂内有米开朗琪罗、拉斐尔等人的大量壁画和雕刻。——译者

励我们奋起创造某种更有意义东西;即使它随后变成断垣残壁时,也能激发我们子孙后代从事崇高的事业,如同我们的先辈所做的那样。"(第11卷,第1005页)

我们引用了这一大段文章,为的是用它对我们一系列引文作一总结。令人遗憾的是,歌德在总结罗马印象时没有重申必然性主题;而对他来说,这个主题本来就是实际维系诸种时间的一个环节。所以,引文最后一段提出了历史上几代人的关系(对这个新主题更为深刻的阐发,我们将在《威廉·麦斯特》中看到),有些失之简单化,降低了(采用赫尔德《思想》①中的观点②)歌德的历史视觉的价值。

我们现在总结一下对歌德的时间视觉的初步分析。这一视觉的基本特征是:不同时间(过去与现在)的融合,空间中时间的视度所具有的完整性和鲜明性,事件时间与完成这一事件的具体地点的密不可分("Localität und Geschichte"),不同时间(现在与过去)之间有目共睹的重要联系;时间(存在于现在中的过去和现在本身)所具有的积极创造性品格,贯穿于时间之中的、连接时间与空间、连接不同时间的那种必然性,最后,以贯穿着局部时间的必然性为基础,还必然包括将来时间,这样就在歌德笔下的形象身上实现了圆满的时间。

必须特别强调并区分时间的必然性与圆满性两个因素。时间感觉醒于18世纪,而在德国的莱辛、温克尔曼、赫尔德的作品里达到了自己的顶峰,与这一时间感有着紧密而重要联系的歌德,在上述两个因素中克服了启蒙时代的局限性,启蒙时代的抽象道德论、唯理性和空想主义。另一方面,由于把这个必然性理解为人类创造的必然性、历史的必然性("第二自然"是充当两山之间桥梁的通道,参看:第11卷,第133页),歌德便与霍尔巴赫③以及其他人的机械唯物主义划清

---

① 赫尔德:《关于人类历史哲学的思想》(第1—4卷,相应出版于1784年、1785年、1787年、1791年),头两卷是赫尔德与歌德的密切交往中完成的。——原编者
② 歌德恰好在意大利时读到这部著作的相关部分。——译者
③ 霍尔巴赫(1723—1789),法国启蒙主义思想家,唯物主义哲学家。——译者

了界限(参看他的《诗与真》第11部中对《自然界的体系》一书所作的评论)。这两个因素也使歌德与他随后的浪漫主义的历史性迥然不同。

上述所说的一切向我们揭示了歌德在其众多方面活动的所有领域中,他的视觉和思维所具有的一种特殊的时空体性质。他观察他看到的一切,都不是像他的老师斯宾诺莎那样,取"sub specice aeternitatis"("永恒的视角"),而是在时间中观察,在时间的统摄中观察。而这一时间的统摄力是充满积极创造性的统摄力,一切事物——从最抽象的思想到河岸上的碎石子——本身都打上了时间的烙印,充满时间,并在时间中获得了自己的形式和含义。所以,在歌德的世界里一切都变得充实强烈:那里没有僵死的、静止不动的、凝固的地方,没有固定不变的背景,没有不参与行动和变化(在事件之中)的布景和环境。从另一方面来看,这个时间及其所有重要的因素,都限定在具体空间里,都打上了空间的印记。在歌德的世界里,不存在对确定的、空间发生地毫无联系的任何事件、情节和时间因素,也不存在可以发生在任何地方的事件、情节和时间因素(即"永恒的"情节和因素)。在这一世界中,一切都是"时空",是真正的时空体。

由此可见,存在着一个不可重复的、具体的、有目可睹的世界,人类空间和人类历史的世界,歌德的创造性想象中所有形象都属于这一世界。它是歌德艺术观照和艺术描绘的动态背景和取之不尽的源泉。在这一世界中,一切都是可见的,一切都是具体的,一切都是有形的,一切都是物质的;同时一切又都是集约的、可思考的、创造所必不可少的。

恢宏的史诗形式(大型史诗),其中包括长篇小说在内,应该描绘出世界和生活的整体画面,应该反映出整个世界和整个生活。在长篇小说中,整个世界和整个生活是在时代的整体性观点上展开的。长篇小说中所描绘的事件,应该在某种程度上以自身来卷入每一时代的整个生活。能够卷入整体的真实生活,这是长篇小说的艺术本质决定的。根据这一本质的不同程度,因而,长篇小说的艺术意义也是千差万别的。长篇小说所具有的不同的艺术意义,首先取决于它对这一真实的整体世界的现实主义的开掘深度,在于长篇小说整体上摆脱这一整体世界所形成的本质上的抽象程度。"整个世界"及其历史,作为与艺术家中的长篇小说家相对立的现实,在歌德的那一时代已经发生了深刻而重要的变化。仅在三个世纪前,"整个世界"还只是一种特殊的象征符号,它不可能用任何模型、任何地图或地球仪做出同等的反映。在这个象征性的"整体世界"中,目力所及和已经把握了的真实可靠的东西,仅仅是地球空间里一个孤立的小碎块,也只是从真实的时间中分割出来的同样不大的一个片段,其余的一切都影影绰绰地消失在迷雾之中,与"彼岸世界",与孤立-理想的、幻想的、乌托邦的世界纠结交织在一起。问题不仅是彼岸的和幻想的东西填补了贫乏的现实,把现实的碎片组合、形成一个圆形的神话整体。彼岸的东西更使这一现存的真实解体,使它变得空洞无物。与彼岸混杂导致世界丧失了真实的整体性,妨碍了真实的世界和真实的历史汇集成一个统一、完整、充实的整体。彼岸的未来,脱离了地球空间和时间的水平线,作为彼岸的垂直线扶摇直上而到达真实的时间流。同时把真实的未来和地球空间,这个作为真实的未来活动的舞台变得空洞无物,给一切都披上一层象征的外衣,凡是不能作为象征意义来理解的东西,则全部失去价值而被弃置脑后。

步入文艺复兴时代,"整个世界"开始浓缩成一个真实而紧密的整体。地球日见坚实浑圆,在真实的宇宙空间里占据了一定的位置,而它本身开始获得了地理上的规定性(远不是充分的规定性)和历史上的理解(更加不具充分性)。于是,我们在拉伯雷的作品中,还有在塞万提斯的作品中,看到了现实已得到极大的浓缩,但已经不是用彼岸的虚幻来充实的那种空洞无物的现实了,而是登上了整体世界和人类历史为背景的现实,不过这一背景还是十分脆弱和模糊罢了。

现实世界的形成,充实以及整体化过程初步完成于 18 世纪,正是歌德即将步入的时代。地球在太阳系中的位置以及它与太阳系中其他行星的关系确定下来了,地球的面积、海洋和陆地、地质成分、地球上的国家、岩层、通航路线也确定下来了;地球成了可理解的、有了真实历史的地球了。问题不在于完成了多少次伟大的发现,多少次新的航行,获得了多少知识,问题在于对现实世界的理解具有了新质。这种新质源于以下事实:新的真实的完整统一的世界,从抽象的意识、理论原理和深奥的书籍的事实,变成了具体的(一般的)的意识和实际追求的事实,变成了通俗知识和每日思考的对象,并且与一些稳定的可视的形象联系在一起,成为直观可见的统一体;而那些不具直接可视性的东西,则可找到直观的替代物。在这个具体化和直观化的过程中,几乎同整个地理世界之间的急剧增长着的现实的和物质的联系(经济的联系以及以经济为基础的文化联系),还有与复杂的自然力之间的技术联系(应用这些自然力所取得的明显效果),起着极为巨大的作用。像牛顿引力定律这样的东西,除了自身直接的自然科学的和哲学的意义外,还对世界的直观化产生了特殊的促进作用;它使得现实世界的统一体以及这一统一体具有的新的自然规律性变得几乎直观可见、可以触摸了。

最抽象的和反历史的 18 世纪,实际上是现实的新世界及其历史获得具体化和直观化的时代。它从哲人和学者的世界演变成先进人物的日常工作意识的世界。

启蒙主义者反对宗教和一切彼岸与权威(这些思想渗透到世界观、艺术、日常生活、社会制度等方面)所进行的哲学的和政论性的斗争,在上述的净化现实与浓缩现实的过程中,起到巨大的作用。由于启蒙主义者的批判,世界仿佛在质上直接变得贫乏了,真正现实的东西远比从前设想的要少;现实因素、实际存在的因素,其绝对量似乎减少了,压缩了,世界变得更加贫乏和干枯①。然而,启蒙主义者这种抽象的否定性批判,却消弭了彼岸和神话整体的残迹,有助于现实凝聚和浓缩成一个完整可视的新世界。在浓缩的现实中,显露出一些新的方面和无限的前景。启蒙时代的这一积极有效的作用,在歌德创作中达到顶峰。

现实世界的这一不断进行着的圆形化和整体化过程,可以从歌德的创作历程中观察出来。这里不是详谈这一点的地方。在他看来,一张出色的欧洲山脉分布图就已是一个事件。游记、其他地理书籍(地理书在歌德父亲的书房里已相当丰富)、考古书籍以及历史书籍(特别是艺术史书籍),在歌德的工作图书室中所占的比重是相当可观的。这一具体化、直观化、整体化过程,我们重复一遍,才刚刚结束。因此,这一切在歌德的作品中才显得惊人的新颖和鲜明。从罗马和西西里岛拓展开来的"历史轨迹"是全新的东西,世界历史给人的充实感本身,是新颖的、鲜活的(赫尔德语)。

在歌德的长篇小说(《威廉·麦斯特的学习时代》和《威廉·麦斯特的漫游时代》)中,世界整体性和生活整体性,第一次在时代的高度上反映出这一新的具体化、直观化、整体化了的现实世界。在长篇小说的整体性背后屹立着世界和历史所具有的这一巨大的现实整体性。任何一部长篇巨著,在其发展的一切时代里,都具有百科全书性质。

① 启蒙思想家的哲学思想造成了使世界变得"贫乏"的结果,以及启蒙思想家的现实主义对现实持一种"狭隘的观念"(在这里,启蒙者的现实主义与歌德的现实主义之间存在着质的差异),这些巴赫金在此书的提纲中作了特殊的强调:"最后,在歌德之前的教育小说中,主人公成长过程导致的结果,不是使世界和人变得丰富了,反而变得更加贫乏。世界上有许多东西原来不是真实的,原来是一种幻觉,于是像偏见、幻想、杜撰一样失去声誉;世界原来比过去时代所认为的、比年轻主人公当时所认为的要贫乏得多。主人公关于自身的许多幻想化为泡影;他变得清醒、枯燥,而且贫乏。世界和人的贫乏化,在启蒙时代的批判现实主义和抽象现实主义中,是很典型的现象。"试比较草稿中如下的记述:"18世纪对现实(存在、实在)的狭隘观念。'Et voila tout'(法语,意为'那就是全部东西'。——译者)是一种典型的思想倾向,这一倾向使现实变得狭小、贫乏,它给现实留下的东西要比原来少得多。"——原编者

《巨人传》是百科全书式的,《堂吉诃德》是百科全书式的,巴洛克的卷帙浩繁的长篇小说也是百科全书式的(更不用说《阿玛基斯》和《帕尔曼里诺夫》了)。不过在文艺复兴时代的长篇小说中,在后期的骑士长篇小说中(如《阿玛基斯》)以及巴洛克长篇小说中,这种百科全书性恰恰带有抽象的书卷气,在它背后不存在一个整体的世界模式。

所以,无论是选择本质的要素,还是把它圆形化为长篇小说的整体,在 18 世纪中叶前(在菲尔丁、斯特恩、歌德之前),其性质是不同的。

诚然,长篇小说(以及一切大型史诗)对生活整体所应作的至关重要的浓缩,完全不应是对这一整体作提纲挈领的概述,不应是对所有各部分的摘要。对此绝无可言,无可置疑。

歌德的长篇小说绝不是这样的。这里,故事是在地球上一块有限的空间里发生的,所包容的历史时间也是十分短暂的片段。但尽管如此,在长篇小说的世界背后,总还是存在着一个新的完整的世界;这个新世界把自己的代表派进长篇小说里,让他们反映出世界新的和现实的充实性和具体性(地理的和历史的具体性——此词最广泛意义上)。远非一切东西都在小说中出现,但真实世界所具有的严密整体性却可以在它的每一个形象中感觉出来;每一个形象都是生活在这一世界中,并在这里获得自己的形式。真实世界的完整性决定了其本质的面貌。不错,长篇小说蕴含着一些乌托邦的因素、象征的成分,但这些因素和成分的性质和功能已完全不同了。长篇小说形象的整个秉性,是由这些形象同新的已属真实的整体世界之间的新关系决定的。

我们在这里以歌德的创作构思为材料简略地谈谈同这一新世界所产生的新关系(至于对长篇小说的分析,则是以后的事)。

在自传性作品中——在《诗与真》《意大利游记》《编年史》中——歌德详尽地讲述了他的一系列艺术构思;这些构思有的完全没有在"纸上"实现,有的仅仅只是部分地实现了。例如:《马科曼特》《永恒的犹太人》《纳芙济卡娅》《威廉·退尔》《毕尔蒙特》(我们姑且这样称它),最后,还有儿童故事《新帕里斯》,以及为儿童写的多语言书信体长篇小说。我们从中选择几篇对歌德的艺术思维的时空体特性最有代表性的作品谈一下。

儿童故事《新帕里斯》(见《诗与真》,第 2 卷)就有一个特征很具代表性的。这个特征就是确切地标出所写童话事件发生的真实地点:法兰克福的一段城墙,号称"坏墙"。这里真的有带喷泉的壁龛,一块字匾嵌在墙上,城墙后面是一片榛树林,古木参天。童话除了这些真实的特征外,还给这个地方加上了一扇神秘的栅门,并把带有喷泉的壁龛、榛树林和字匾彼此接近了些。后来这三个东西仿佛活动起来,忽而挨近,忽而彼此又疏远。现实的空间特征与童话的空间特征相互混合,创造出童话的一种特殊的魅力:童话情节融进直观可见的现实之中,仿佛是直接来自这堵古老的"坏墙"。这堵"坏墙"、壁龛中的喷泉、古老的榛树林以及镶嵌在墙壁上的石匾,全都笼罩着某种神秘的气氛。童话故事的这一特征,给歌德的小听众们以特殊的影响:每个孩子都去围观这堵"坏墙",前去朝圣,仔细观察真实的壁龛、喷泉、榛树林。歌德通过这则童话,仿佛创造了一种"地域神话",在这一神话的基础上似乎形成了一个小小的"地域崇拜"(去"坏墙"朝圣)。

这则童话故事是歌德在 1757 至 1758 年间创作的。经过三四年(1761—1762)后,这种"地域崇拜"在更大规模上已见诸日内瓦湖湖畔,这是卢梭的《新爱洛伊丝》故事发生的地方。类似的"地域崇拜",较早的有理查森的《克拉丽莎》,后来又有维特的"地域崇拜";在我国的文学作品中,同此类崇拜相关的有卡拉姆津的《苦命的丽莎》。

由文学作品所创造出来的这种特殊的"地域崇拜",是 18 世纪下半叶的一个典型特征。它表明了艺术形象仿佛感觉到了一种本能的追求,要以一定的时间,特别要以一定的具体而明显可见的空间地域来维系。这里的问题不在于形象本身要求有艺术的现实性(这一点,当然完全不需要非有准确的地理位置不可,非有行动地点的"非杜撰性"不可)。这个时代的一大特点,正是形象要直接指出其所处的真实的地理位置;重要的不是形象内在地如何符合真实,而是把形象看作是实际存在过的事件,即在真实的时间里完成的事件(由此得出感伤主义的一个特征:把人的艺术形象作为活生生的人来看待,塑造形象以及观众接受形象所遵循的艺术上有意为之的"幼稚的现实主义",也出于此)。艺术形象与地理上和历史上具体而直观的新世界之间的关系,在这里是用极简单但又明确而同样直观的形式表现出来的。这种"地域崇拜"首先证明了对艺术作品中的空间和时间的全新感觉。

对具体的地理限定性的追求,也表现在歌德稍晚些时所创作的多语言儿童长篇小说中(见《诗与真》,第4部)。"我为这个令人惊奇的形式(即书信体多语言长篇小说)寻找内容。"歌德说,"为此研究了我的主人公们生活过的那些地方的地理状况,并且设计出符合人物性格与职业的人际关系,以活跃环境的枯燥描写。"(第9卷,第139页)正如我们所见,这时地理上的具体地点出现了人化,这同样很有代表性。

歌德在《意大利游记》中讲述了剧本《纳芙济卡娅》构思的缘起和特点。这一构思是在西西里岛上形成的,在这里,《奥德修记》的形象直接从这个国家的海岛景色中涌现到歌德眼前。"这个故事本来很简单,设想用丰富的次要情节,特别的视角,以大海和岛屿为背景的独特环境来把故事写活。"(第957页)稍后一点他又说:"如今,我仿佛在眼前又看到了所有这些海岸和滩头,海峡和港口,岛屿和海岬,岩石和沙滩,长满灌木的山冈,泥泞的草地,富饶的田野,五彩缤纷的花园,郁郁葱葱的树木,低垂的葡萄柔枝,白云缭绕的群山和永远生机勃勃的平原,礁岩和海岸,所有为千变万化、五光十色的大海所拥抱的这一切,只有如今,《奥德修记》对我来说才成为一个有生命的字眼。"(第964页)

在这一点上,《威廉·退尔》的构思更具代表性。这一构思中的形象,直接产生于对瑞士相应的历史圣地的生动直观之中。歌德在《编年史》中写道:"在往返的途中(指1797年的瑞士之行),我再次自由地放眼四望,考察了菲尔瓦尔特湖、施维茨、菲吕埃伦和阿尔特多夫;

它们促使我把人物安排在这些地方。这是一片宏伟(ungeheure)的美景。再也没有什么别的形象能比退尔及其勇敢的同时代人更快地呈现在我的想象之中了。"(第1152页)歌德认为退尔本人是人民的化身(eini Art von Demos),是体现搬运工的巨大力量的形象。他一生做的事,就是把沉重的兽皮和其他货物运出家乡的大山。

最后,我们谈谈歌德在毕尔蒙特①逗留期间产生的构思。

毕尔蒙特是个充满历史时间的地方。古罗马的作家们多次提到它。罗马的先遣军曾到过这里,歌德从罗马观照到的世界历史轨迹,其中之一便是经过这里。此处还保留着古代的土城遗址,冈峦和峡谷残存着这里发生过战争的遗迹,古代遗迹也保存在各种地名和山名的词源中以及居民的习俗里,无处不是渗透着空间的过去历史的见证。"在这里,你会感到自己仿佛置身于封闭的魔圈里,"歌德说,"你可以把过去与现在等同起来,透过最近的这个空间氛围的三棱镜,观照到空间的共性,以及最后,你会有一种心旷神怡之感,因为你不时觉得,连最难捉摸的东西也可以成为直接观察的对象。"(《编年史》,第1135页)

于是,在这里,在这些特殊的条件下,一部作品的构思就产生了:这本书应该写成16世纪末的风格。歌德拟出的整个情节脉络都精确地与这个地方及其历史变迁交织在一起。书中要描写民众向毕尔蒙特的奇妙策源地自发迁徙的情况。率领迁徙的首领是位骑士,他组织民众,并将其带到了毕尔蒙特。要表现民众的众多社会阶层和众多的性格差异。一个重要的因素,是描写新村落的建设和与之并行的社会分化,而且要凸出显贵("高尚的人")。基本的主题是要描写人的意志对民众自发运动这种粗糙材料所作的创造性组织工作。其结果就是在毕尔蒙特这块古老的历史领地出现了一座新城。结尾归结到毕尔蒙特的宏伟的未来,采用三个古怪的外来人——青年、壮汉和老者(历史代辈的象征)分别预言的形式。整个这一构思不外乎是试图把

---

① 毕尔蒙特(巴特–毕尔蒙特)是德国西北部的一座城市,位于瓦尔特克–毕尔蒙特公爵领地上。——原编者

历史创造意志、民众自发意志、领导人物的组织意志变成为一种情节；而毕尔蒙特便是上述意志直接可视的遗迹。或者，这一构思就是试图把握住"最难捉摸的"历史时间流，并用"直接观照"把它记录下来。

　　这就是歌德未能实现的一些创作构思。所有这些构思具有深刻的时空体性质。在这里，时间和空间无论是情节本身，还是在各个形象中，都融合为一个不可分割的整体。在大多数情况下，创作想象的出发点是确定一个完全具体的地方。不过，这不是贯穿着观照者情绪的抽象的景观，绝对不是。这是人类历史的一隅，是浓缩在空间中的历史时间。所以，情节（所写事件的总和）与人物不是从外部进入场景的，不是凭空硬加上去的，而是原本就在其中而随后渐渐展开的。这是一种创造力，能赋予景致以形态和人格，使场景成为历史（历史时间）运动会说话的见证，并在一定程度上决定历史的未来进程；或者，情节和人物是这一地方所需要的一种创造力，是体现在这一地方上的历史进程的组织者和承续者。

　　对地点和历史所取这一视角，地点和历史所以能融为一体而不可分割，它们所以能相互渗透，皆因地点已不再是抽象大自然之一隅，已不再是不确定的、时断时续的、只是象征性圆形的（充实的）世界的一部分；而事件也已不再属于那种不确定的、无处不在的、能够逆转的、只是象征性圆满的时间。地点已经成为地理上和历史上确定不移的世界里不可取代的一部分。就是这个世界，完全真实的原则上可睹可见的世界，人类历史的世界。事件则成为这一确定不移的人类历史中一个重要的、不可能在时间里移动的因素；而这个人类历史又只能发生在地理上确定不移的这个人类的世界上。由于这种相互具体化和彼岸渗透的结果，世界和历史非但没有贫乏和缩小，相反变得丰满、充实，为进一步获得无限的切合实际的发展而积蓄起创造的潜力。歌德的世界，是生根发芽的种子，是彻底现实的、确实可见的种子，同时又是充满了不断发展的真实的未来的种子。

　　正是这种时空的新感觉，导致了艺术形象定向的重大改变：艺术形象在这个确定不移的、现实的世界中,感到了一种不可克服的吸引力,要求一个确定的地域和一个确定的时间。而这个新的定向既可采取简单(但明确)的表现形式,即文学作品人物身上的幼稚现实主义的"地域崇拜",又可采取较为深刻和复杂的表现形式,如在《威廉·麦斯特》这类介乎长篇小说和新的大型史诗之间的作品中所做的那样。

我们还要谈一下体现在卢梭作品中的 18 世纪时间感受的一个稍早的发展阶段。

卢梭的艺术想象同样带有时空体性质。他为文学(恰恰是长篇小说)发现了一个特殊的、十分重要的时空体——"自然"(不错,这一发现,也像所有真正的发现一样,是经过了此前几个世纪的准备的①)。他善于深刻地感受自然中的时间。自然的时间和人类生活的时间在他那里进入了最紧密的相互作用和相互渗透之中。不过时间中的真实的历史性这一因素还十分薄弱。对他来说,从自然的时间的循环中分解出来的,只有田园诗时间(仍然是循环时间)以及已克服了循环性的传记时间,但还没有彻底进入实际的历史时间。所以,创作中的历史必然性因素几乎全然为卢梭所排斥。

卢梭也像歌德那样,在观察景致时,也把人物形象纳入其中,把景致人格化了。但这些人不是创造者,也不是建设者,他们是过着田园生活和个人传记生活的人。由于这个原因,他的情节较为贫乏(大多数情况是描写爱情的痛苦与欢乐,以及田园诗般的劳动),他作品中的未来带有"黄金时代"的乌托邦性质,历史逆转②缺乏创作上的那种必然性。卢梭在徒步去都灵旅行时,一边欣赏着乡村的景色,一边安排着自己的人物的生活。在《忏悔录》中写道:"我想象农舍中的乡村用餐,草地上的嬉闹玩耍,水塘边的游泳、散步、垂钓,树上令人馋涎欲滴的果实,树荫下对对情侣的幽会,山上桶桶牛奶和凝乳,欢乐的节日气

---

① 在此书草稿中,谈到彼特拉克的特殊作用,他对"人和自然的发展的发现"(其中包括对"独游的发现")。——原编者

② 有关"历史逆转",可参看《长篇小说的时间形式和时空体形式》。——原编者

氛,宁静、纯朴、悠闲信步,连自己也不知走向哪里。"(第1部,第1册)在写给马尔泽尔布①的信(1762年1月26日)中,歌德艺术想象里的乌托邦成分表现得更为明显:

　　"我很快给它(即美丽的自然界——巴赫金注)安排上我称心的人物……我把那些值得在大自然中栖息的人们移入自然界幽静清净的地方。我构建了一个美妙的社会……我的想象力再现了黄金时代。我把我生活中留下的甜美回忆的一切场面都安插在这美好的时光里,再加上我心中还能企盼的一切东西,此时此刻,我激动得热泪盈眶:我思考着人类真正的欢愉,他是如此的迷人,是如此的纯洁,但此刻离人们又是如此的遥远。"②

　　卢梭这段自白本身就很能说明问题,但把它与我们上面所引述的歌德的相应自白加以比较,问题就更加醒目了。

　　这里的人不是创造者和建设者,这里出现的是耽于欢愉、嬉闹和爱情的田园诗式的人。自然仿佛绕过了历史,绕过了历史的过去和现在,直接提供了一个"黄金时代",即把一个空想的过去移入空想的未来。纯粹而又悠然自得的自然,给纯粹而又悠然自得的人们提供了一隅之地。在这里,希望的和理想的东西脱离了真实的时间,脱离了必然性:它不是必然定有的,它只是希望能有的。所以,这些嬉戏、乡村用餐、情意绵绵的幽会等等的时间,都不具有现实的绵延性和不可逆转性。如果说在田园诗般的日子里,内部还有早晨、傍晚、夜间的更替,那么,所有田园诗式的日子却彼此相似,彼此重复。同样完全不难理解的是,这样的一种观照丝毫也不妨碍在观照物中掺杂进自己的主观愿望、情感、个人回忆、幻想,总之是歌德在自己的观照中极力要遏制的一切;因为歌德希望看到不依赖于他的意愿和情感而完成的必然性。

----

① 马尔泽尔布(1721—1794),法国国务活动家。——译者
② 转引自 M.H.罗扎诺夫著《卢梭与18世纪末和19世纪初的文学运动》,第1卷,莫斯科,1910年,第50页。——作者

诚然,卢梭对时间感受的特点,即使是对自然时间感受的特点,也远不仅限于所说的这些。他的长篇小说和自传性作品揭示了时间感中另一些更加深刻和重要的方面:他既熟悉劳动的田园诗时间,也熟悉传记时间、家世传记时间;在对人们年岁的理解上,他也加进了新的、重要的因素。所有这些我们将在后面涉及。

众所周知,18 世纪下半叶,英、德两国对民间文学表现出来的浓厚兴趣,甚至有一定的根据可以说:这一时代为文学发现了民间创作。这里首先指的是民族的和地方的(在民族范围内)民间创作。民歌、童话、英雄传说和历史传说、传奇故事等,首先成了促进家园空间的人格化和凝聚力的强有力的新手段。与民间文学一起闯入文学之中的,是民众历史时间的强大而又十分有益的新潮;这一时间对历史的发展,包括对长篇小说的发展,都产生了巨大的影响。一般地说,民间创作充盈着时间。它的所有形象都具有深刻的时空体性质。民间创作中的时间,这一时间的充实性,民间创作中的未来时间,民间创作中人物的时间度量——所有这些都是十分重要而且本质的问题。当然,我们不可能在这里讨论它们,尽管民间创作的时间对文学产生了巨大而有效的影响。

在这里,我们关注的是问题的另一方面,即在历史小说的孕育过程中,利用地方的民间创作,特别是利用英雄传说和历史传说、传奇故事,使故乡土地的空间获得集约化。地方的民间创作在努力地理解空间时,给空间充填上时间,并把空间纳入历史之中。

在这一方面,古希腊罗马时期的品达罗斯①对地方神话的运用是很有代表性的。他把地方神话与希腊全民神话复杂而巧妙地糅合起来,通过这种方法,使希腊的每一个角落连同其全部地方特色都进入古希腊世界的整体之中。每一泉水、山峦、小丛林、海边水湾都有自己的传说、回忆、事件,都有自己的主人公。品达罗斯借助于巧妙的联

---

① 品达罗斯(约前 518—前 422 或 438),诗人。——译者

想、隐喻的呼应、总谱上的联系①，把这些地方神话与希腊全民神话结合起来，形成了一个统一而牢固的整体；它覆盖了整个希腊大地，仿佛以民间歌谣来补充政治统一的不足。

我们在瓦尔特·司各特的作品中也能发现对地方民间创作的类似运用，尽管是在另一种历史条件下，为了另一目的。

瓦尔特·司各特的特点，正是对一处一地的民间创作感兴趣。他的足迹遍及家乡苏格兰大地，特别是与英格兰接壤的各个州；他熟悉特维德②每一个海湾，城堡的每一处残垣断壁，而且所有这些在他看来同传说、民歌、巴拉达诗③相联系。每一寸土地对他来说都是充满地方传说的特定事件，深深地凝聚着传说时间；而另一方面，所有事件又严格限定在、凝聚在空间的特征上。他的眼睛善于捕捉空间中的时间。

但这一时间在司各特早期的创作中，即当他创作《苏格兰边区歌谣集》以及叙事史诗时（《最后一个行吟诗人之歌》《玛密恩》《湖上夫人》等），其性质尚属封闭的过去。在这一点上，他与歌德大相径庭。司各特在残垣断壁之处，在苏格兰景致的种种细微之中，看到了这一封闭的过去，它在现在起不了创造的作用，只能囿于自身，是过去的一种特殊的封闭神话；而目睹可见的现在，只能是唤起对这一过去的回忆；这个现在不是储存过去自身生动积极的形式，而只是贮存着对过去的回忆。所以，即使在司各特最优秀的民间叙事诗中，时间的充实性也是微不足道的。

司各特在随后的长篇小说创作期间克服了这一局限性（的确，依然不够彻底）。他从前一时期继承了艺术思维的深刻的时空体性质，继承了在空间中读出时间的本领，继承了时间（民众历史时间）的民间

---

①　向四面辐射的各种联想和联系中心或核心，在品达罗斯的埃毕尼基（埃毕尼基是古希腊齐唱抒情诗体裁，是全希腊竞技中称颂胜利者的赞歌。——原编者）中常是被讴歌的主人公本人，即游戏的优胜者，以及他的名字、他的宗族、他的城市。——作者
②　特维德，苏格兰一地名。——译者
③　巴拉达诗是一种抒情叙事诗，自中世纪起十分流行。——译者

创作,这些因素对历史小说来说都是十分富有成效的。

与此同时,他还吸收了掌握长篇小说此前发展中积累的体裁类型,特别是哥特式小说和家庭传记小说;最后,还有历史题材的戏剧,正是在这个基础上克服了过去的封闭性,达到了历史小说所必不可少的时间充实性。

我们简略地描述了文学把握真实的历史时间方面一个最重要的阶段。这一阶段的代表,首先是歌德这位强有力的人物。与此同时,我们认为,把握文学中,特别是长篇小说中的时间问题本身具有的特殊重要性也得到了澄清。

为了更加深刻地研究现实主义历史,在我们看来,对时间问题的把握将是大有作为的。资产阶级文艺学,即使它能提出这个问题,也仅仅是在形式层面上而已。更难涉及对真实的时间及其真实的必然的未来的艺术把握这一问题了。未来是由历史唯物主义揭开的,也是由它来认识的。

至于资产阶级文学本身的发展,在现实主义发展中的三四十年代达到了顶峰之后,对真实时间的把握便离得越来越远了;可以这么说,文学对时间恐惧,不仅不去寻找这一真实时间的特征,而是相反,竭尽全力去抹杀它,或者完全从其艺术视野中排除出去。

但时间问题对这一文学来说,依然是衡量其现实主义的试金石以及远离现实主义的尺度。

在这一方面,像马塞尔·普鲁斯特现象最具说服力。时间是他多卷本长篇小说的主要人物。而这点极具特色。时间脱离开自身真实的历史的充实性,变成纯主观的绵延,历史事件与最细小琐碎的、最隐秘的密室里的感受有着同等的分量。这一主观时间可以放入核桃壳里,也可以展开在任意卷数的小说中。它本质上具有那种蹩脚的无穷无尽性,同样,对他的"多卷本"惊险时间这一对映体来说,这种无穷无尽性也是极具特色的。

　　像詹姆斯·乔伊斯、海明威，以及全部所谓"意识流文学"这样的小说，这种现象有过之而无不及。詹姆斯·乔伊斯，他的小说脱离开现实的时间以及这一时间全部真实的历史尺度，几乎无出其右。与乔伊斯相比较而言，即使某个反动的乡土派作家的循环时间也似乎是历史理性思维的顶峰了。乔伊斯证实了，空虚的一天实际上等于空虚的永恒。

　　从另一方面来看，约翰·多斯·帕索斯力求摆脱"意识流文学"那种无出路的时间，去接近真实的历史时间，这一企图具有高度的表现力（参看他的《北纬四十二度》和《一九一九年》）。

　　从把握时间这一观点上看，所有这些文学现象一定会找到在长篇小说发展的历史进程中适合于自己的评价和应有的地位。

　　揭示文学中的时间问题，我们至今有意没有谈及文学的另一个巨大现实——人的形象，一个思考和度量空间与时间（更准确地说，是时空，即时空体）的人的形象。与此同时，时间与人的形象全然不可分离。艺术地解释时间的任何变化，都不可避免地与构建人物形象的相应变化联系在一起。所以，把握真实历史时间的路径也就是通往塑造历史之人的真实形象之路。

　　只有在真实的历史时间中才能揭示出丰富多彩的历史之人，揭示人身上一切内在的无限发展和完善的可能性；与此同时，揭开了在历史发展该时刻对人的真实限制。所以，只有在这一时间中，才能深刻地提出和解决自由与必然问题——当然是在艺术层面上的。在更加正确地理解人的历史局限性（这么说吧，它的历史贫乏性）与内在于人身上的进一步发展的可能性（人的潜在的丰富性）的相互关系的情况下，本质地和深刻地描绘人的变化，人的成长（以阶级社会为限）才有可能。最后，只有在真实的历史时间里，才能在人物形象中揭示出创作上的首创精神（在这一时间之外，人要么缺乏积极性，要么任性专横）。

　　我们指出的上述所有艺术问题——可能性与现实性，自由与必然,创作上的首创精神——最紧密地与艺术家所要实现的时间的圆满性联系在一起,与艺术家所要理解的历史必然性,以及与人物形象中真实的(必然的)未来的存在程度联系在一起。从另一方面来看,在没有提出这些问题以及没有实现所指出的条件下(时间的圆满性程度、认知的必然性、真实的未来),不可能创造出深刻的、强有力的和现实主义的人的真实形象,这点是不言而喻的。所有这一切对人物形象所具有的基本的艺术说服力来说,也是某种最少的必备因素。

若要完全实现上述指出的条件,因而也是完全清楚地提出和圆满地艺术地解决这些问题,只能在社会主义现实主义的基础上,只能在我们这一时代里,而且只能在艺术家彻底把握辩证唯物主义方法论的情况下才有可能,这点也是不言而喻的。只有社会主义现实主义才能创造合乎历史伟大时代要求的真正的现实主义形象。社会主义现实主义优越于其他任何现实主义,这种优越性不是相对的(在某种程度上),而是绝对的。

但任何现实主义称之于现实主义,正是因为它在某种程度上把握了真实的历史时间(历史的现实性,岂有他哉),因而,现实主义提出了并在某种程度上艺术地令人信服地解决了所指出的问题。它所创造的现实主义的人物形象所具有的深度及重要性程度,也是由它决定的。

在仔细阅读、分析与研究马克思和恩格斯论埃斯库罗斯、但丁、莎士比亚、塞万提斯、歌德、狄德罗(《拉摩的侄儿》)、巴尔扎克的著作之后,方能十分清楚地看到,马克思和恩格斯正是采用这些标准来评判这些经典作家的艺术作品中的艺术形象所具有的说服力及其重要性。

只有在现实主义衰微和它蜕变为自然主义的时代里,人们会认为,作品中愈是不去提出问题,而被描写的人物越愚蠢、越琐碎、越消极,那么这样的作品就越是具有现实意义。

把握真实的历史时间越深刻、越本质,那么,时间中历史之人的形象就会越深刻、越具本质性。在这一时间里就能够揭示出人的方方面面,其实,只是在这样抽象的和个人的时间里,又在惊险的、田园诗式的、日常生活的、传记的等等的时间里,仅仅揭开了人的本性的一些单独方面,而深度也是浮浅的。

这就特别关系到人的创造积极性问题。作为活动家的人的形象,作为创造者的人的形象,是在其活动中、在其工作中表现出来的(别的无从表现),也就是说只有在历史时间中才能表现出来。所以,这种形象在文学史上属实凤毛麟角。

毋庸置疑,不能认为人物形象和时间可以割裂开来,不能认为艺术家开始时把握着历史时间,然后只在这一时间上塑造人物形象,或者反其道而行之。不能如此提出问题。相反地,时间(更确切些说,时空)以及时间中的人物是同时地被揭示出来的,并且表现在不可分割的联系之中。因为文学中(一般地说,艺术中)的时空只有通过人、人的生活、人的活动、人的需求、人的联系和关系才能被具体化、被思考、被度量。我们在歌德的作品中已经清楚地看到这点,稍后,我们在长篇小说中将处处可以见到时空与人物形象的这一相互渗透和相互制约。

上述所说的一切使得我们现在能更加圆满地揭示并阐明本著作的任务。

本著作的基本主题是长篇小说的时空和人的形象。我们的准则是考察长篇小说如何把握真实的历史时间和历史的人。这是文学理论的基本任务。但任何一个理论问题的解决,只能是在具体的历史材料上(马克思诗学只能是历史诗学)。此外,这一任务本身又过于宽泛,需要加以某种限制,而且,既是理论方面的限制,又是历史方面的限制。由此得出,我们的更加具体的和专门的任务是长篇小说中成长着的人的形象。

但这一专题本身也需加以限制并廓清。

长篇小说体裁中存在着一种特殊的变体,我们可以称之为"教育小说"("Erziehungsroman"或"Bildungsroman")。属于这一体裁变体的,是指以下一些基本的作品(按创作时间先后胪列):色诺芬的《居鲁士的教育》(古希腊罗马),沃尔夫拉姆·封·埃申巴赫的《帕尔齐法尔》(中世纪),拉伯雷的《巨人传》,格里美豪森的《痴儿历险记》(文艺复兴时代),费纳隆的《特勒马科斯历险记》(新古典主义),卢梭的《爱弥儿》(因为这篇教育论文有很大的小说成分),维兰德的《阿伽通的故事》,维采尔的《托比阿斯·克纳乌特》,吉佩利的《谱系传记》,歌德的《威廉·麦斯特》(两部小说),让·保罗的《巨神》(以及他的其他几部小说),狄更斯的《大卫·科波菲尔》,拉贝的《饥饿牧师》,高特弗利特·凯勒的《绿衣亨利》,彭托皮丹的《幸运儿彼尔》,托尔斯泰的《童年》《少年》和《青年》,冈察洛夫的《平凡的故事》和《奥勃洛莫夫》,罗曼·罗兰的《约翰·克利斯朵夫》,托马斯·曼的《布登勃洛克一家》以及《魔山》,等等。

某些研究家遵循纯结构原则(即把情节都集中在主人公的教育过程上),对上述系列予以极大的限制(如把拉伯雷排除在外)。相反地,另一些研究者,只要小说中有主人公的发展成长的因素,从而极大地放宽了这一系列的范围,把诸如菲尔丁的《弃儿汤姆·琼斯的历史》,萨克雷的《名利场》等等这样的作品也包括在内。

从上面所列出的书目中一眼便可看出,无论从理论角度,还是从历史角度(特别是后者)上看,它们包含着过于悬殊的不同现象。一部分小说具有明显的传记和自传性质,而另一部分小说则没有;一部分作品中,组织作品的基础是培养人的教育思想,而另一部分作品则不存在;一部分作品严格按照时间顺序来描写主要人物的教育发展过程,而另一部分作品则相反,具有复杂的传奇情节。至于这些小说同现实主义的关系,特别是同真实的历史时间的关系,相互间的区别就更是显而易见的了。

所有这一切要求我们不仅对这个系列,而且对所谓"教育小说"的整个问题,按另一种方式来梳理。

首先必须严格地区分出人的成长这个重要的因素。大部分长篇小说(以及小说变体)只掌握定型的主人公形象。长篇小说的整个运行,它所描述的全部事件及奇遇,全在于使主人公在空间中位移,在社会等级的阶梯上活动;他从乞丐变成富翁,从四处漂泊的流浪汉变成名门望族;主人公距离自己的目标——未婚妻、胜利、财富等等,时而偏远,时而靠近。事件改变着命运,改变着他的生活状况和社会地位,但他本人在这种情况下却一成不变,依然故我。

在大多数长篇小说体裁的各种变体中,小说的情节、布局以及整个内部结构,都从属于一个先决的条件,那就是主人公形象的确定不变性,它的统一体的静态性。主人公在小说的公式里是一个常数;而其他因素,如空间环境、社会地位、命运,简言之,主人公生活和命运的全部因素,都可能是变数。

这个常数(即定型不变的主人公)的内涵本身以及它的统一体、恒定性和自我等同性的特征本身,可能是极不相同的:这可能是主人公一个空洞的同一个名字(在传奇小说的一些变体上),也可以是一个复杂的同一个性格;这一性格的某些侧面,只能逐步地,在整个小说的进程中刻画出来。在选择性格特征时所遵循的重要原则可能各自不同,以及这些特征在联系和组合成一个统一的主人公形象时的原则各不相同。最后,这一形象的布局方法也是多种多样的。

但是,尽管在建构方法上可能存在着差异,主人公形象本身却不运动,没有成长的过程。主人公依然是固定不变的点,小说中的一切运动都是围绕着这个点展开的。主人公的恒定性和内心的静态不变是长篇小说运动的前提。我们对典型的长篇小说情节的分析,表明了这些情节要求定型不变的主人公,要求主人公的静态的统一。这种定了型的主人公的命运和生活运动构成了情节的内涵;而人物性格本身、它的变化和成长则不会成为情节。占统治地位的长篇小说类型就是如此。

除了这一占统治地位的、数量众多的小说类型外,还存在着另一种鲜为人知的小说类型,它塑造的是成长着的人物形象。与第一类长篇小说相反,这里的主人公形象不是静态的统一体,而是动态的统一体。主人公本身、它的性格在这一小说的公式里成了变数。主人公本人的变化具有了情节意义,而与此相关,小说的整体情节也从根本上得到了再建构、再认识。时间进入人物内部,进入形象本身,极大地改变了主人公的命运和生活的全部因素所具有的意义。这一小说类型,从最一般的意义上说,可称为"人的成长小说"。

然而,人的成长过程,可能是形形色色的,一切取决于对真实的历史时间的把握程度。

在纯粹的惊险时间里,自然不可能有人的成长(对此我们将在后面论述)。但在循环时间里,人的成长是完全可能的。例如,在田园诗的时间里,可能展现出人从童年开始通过青年、成年步入老年的历程,同时揭示出人物性格及观点随着年龄的变化而发生的重要而内在的改变。人的这种发展(成长),带有循环的性质,重复着每一人生中的东西。这种纯粹的循环(即纯年龄的循环)型成长小说还没有人写过,但它的一些成分却散见在 18 世纪田园诗作家以及 19 世纪乡土派和"Heimatkunst' a"①的代表人物的作品里。此外,在吉佩利和让·保罗(某种程度上还有斯特恩)所代表的教育小说(狭义上的)的幽默分支中,田园诗式的循环成分有着巨大的意义。这种成分在其他的成长小说中也或多或少地存在着(托尔斯泰与 18 世纪的这一传统有着直接的联系,在他的作品中,类似成分表现得十分强烈)。

另一种与年龄保持着联系(虽然不太紧密)的循环型成长小说,勾勒出某种典型的重复出现的人的成长道路,从青年时的理想和幻想转变到成熟时的清醒和实用主义。这条道路最终因种种不同程度的怀疑和听天由命的思想而变得复杂了。这类成长小说的特点,是把世界和生活描写成每个人都要取得经验,都要通过学校,并且从中达到同一种结果——人变得清醒起来,但又存在着不同程度的听天由命思想。这一类型最纯洁的形态,是 18 世纪下半叶出现的古典教育小说,

---

① 德语:地方主义。——译者

首先是维兰德和维采尔的作品。凯勒的《绿衣亨利》很大程度上属于这一类型。这一类型的成分在吉佩利、让·保罗,当然还有歌德的作品里也不乏其例。

成长小说的第三类是传记(以及自传)型小说。这里不存在循环性。人的成长发生在传记时间里,通过一些不可重复而纯属个人的阶段。这个成长过程可能是典型的,但它不具循环的典型性。成长在这里是变化着的生活条件和事件、活动和工作等的总和之结果。这里形成着人的命运,与这个命运一起也创造着人自身,形成他的性格。人生命运的生成与人自身的生成融合在一起。菲尔丁的《弃儿汤姆·琼斯的历史》、狄更斯的《大卫·科波菲尔》就是这样。

第四类长篇小说是训谕教育小说。这一小说以某一种教育思想(较为广义的理解)为基础,所描绘的是严格意义上的教育过程。诸如色诺芬的《居鲁士的教育》、费纳隆的《特勒马科斯历险记》、卢梭的《爱弥儿》等就可归于这类小说中较为纯粹的一种。但这一类型的成分也见之于成长小说的其他变体,其中包括歌德、拉伯雷的作品。

最后,第五类成长小说是最为重要的一类。在这类小说中,人的成长与历史的形成不可分割地结合在一起。人的成长是在真实的历史时间中实现的,与历史时间的必然性、圆满性,它的未来、它的深刻时空体性质紧紧地结合在一起。在前四类作品中,人的成长被置于静止的、定型的、基本上十分坚固的世界的背景上。在这一世界上即使发生了变化,那也只是周边上的变化而不触及其基根。人是在一个时代的范围内成长、发展、变化的。实有的且又稳固的世界,要求人在一定程度上适应这个世界,认识和服从现存的生活规律。成长着的是人,而不是世界本身。相反地,世界对发展着的人来说,只是一个静止不动的定向标。主人公的成长,不妨说是他的私事,而生成的果实也同样是属于个人传记的东西;世界上的一切依然原地不动。教育小说把世界视为经验,视为学校这一观点本身,是富有成效的;它使世界的另一侧面转向了人,而这个侧面恰好是长篇小说此前所不熟悉的。这导致对小说的情节要素进行彻底的再思考,为长篇小说开辟了看待世界的富有现实主义的新视角。但作为经验、作为学校的世界,则基本上还是静止不动的、已然就绪的现实,因为它只是在受教育者的学习过程中有些变化(在大多数情况下,它变得更加贫乏,更加枯燥干瘪,而不是他们开始时想的那样)。

但在诸如拉伯雷的《巨人传》、格里美豪森的《痴儿历险记》、歌德的《威廉·麦斯特》这类小说中,人的成长带有完全不同的性质。这已不是他的私事。他与世界一同成长,反映着世界本身的历史变化。他已不在一个时代内部,而处在两个时代的交叉处,处在一个时代向另一个时代的转折点上。这一转折是寓于他自身,并通过他来完成的。他不得不成为前所未有的新型的人。这里所谈的正是新人的成长问题。所以,未来在这里所起的组织作用是十分巨大的,而且这个未来当然不是私人传记中的未来,而是历史的未来。发生变化的恰恰是世界的基石,于是,人就不能不跟着一起变化。显然,在这样的成长小说中,会尖锐地提出人的现实性与可能性问题,自由与必然问题,首创精神问题。成长中人的形象开始克服自身的私人性质(当然是在一定的范围内),并进入完全另一种广阔的历史存在的领域。最后一种现实主义的成长小说就是如此。

人在历史中如此成长的成分几乎存在于一切伟大的现实主义小说中;因而,凡是出色把握了真实的历史时间的地方,都存在着这种成分。这种成分存在于塞万提斯、司汤达、巴尔扎克、狄更斯、萨克雷的作品中。但在这里,仅仅是成分而已;人的成长在这里不是小说的头等任务,如歌德或拉伯雷的作品那样。这最后一类的成长小说,正是本著作的一个专门性议题。通过对这类小说素材的分析,可以鞭辟入里地阐明并揭示出本书更为概括的理论任务——研究长篇小说的历史时间及其所有重要的因素。

但是,毋庸置疑,对第五类成长小说的理解和研究,倘若切断它与其他四类成长小说的联系,就无从谈起了。这特别是涉及第二类——

准确含义上的"教育小说"(维兰德是其奠基人),是它直接孕育了歌德小说。这一小说是德国启蒙时代最典型的现象。在这类小说中,人的可能性与现实性问题,首创精神问题便以萌芽形式提了出来。另一方面,这一教育小说又直接地与早期的传记型成长小说相联系,如菲尔丁的《弃儿汤姆·琼斯的历史》(维兰德在自己著名的《序言》中,直接把自己的《阿伽通的故事》纳入《弃儿汤姆·琼斯的历史》创造的那一类小说中,更确切地说,那一类主人公中)。对于理解如何把握人物成长时间的问题,循环式田园诗的成长型小说(如吉佩利和让·保罗所描写的)同样具有重要的意义(因为在维兰德和歌德的影响下,成长过程出现了较为复杂的因素)。最后,启蒙时代形成的教育思想,特别是这一思想的一种特别的变体,即我们在德国大地上看到的莱辛和赫尔德的"教育人类"的思想,对理解歌德的成长中的人的形象来说,也具有重要意义。

因此,我们的任务虽然局限在第五类成长小说的研究上,仍然不得不涉及这一小说的其他类型。不过这里我们绝不追求历史材料的面面俱到(因为我们的基本任务是理论的任务),也不谋求揭示所有的或哪怕是基本的历史联系和相互关系。我们在研究问题时全然不觊觎历史的一应俱全。

在现实主义成长小说的发展中,拉伯雷(某种程度上还有格里美豪森)占有特殊地位。他的小说是以民间文学中民众历史时间来构建成长着的人的最伟大的尝试。这一点反映了拉伯雷对把握小说中时间的整体问题,特别是成长中人的形象问题具有重大意义。所以,在本著作中,他将与歌德一起受到我们的特别青睐。

在19世纪下半叶和20世纪,成长小说依然十分活跃。在20世纪归入这类小说的有:罗曼·罗兰的《约翰·克利斯朵夫》、杰克·伦敦的《马丁·伊登》、托马斯·曼的《魔山》。还必须把普鲁斯特的《追忆逝水年华》也归于此类。在本著作的结尾部分,我们将十分简略地谈谈这些现象。无论是19世纪(下半叶),还是20世纪,并无什么重要的新东西进入我们这个问题。基本上说(稍有例外),我们在这里所谈的对真实的历史时间的把握,是在不断地退步。歌德的成长小说所达到的顶峰,难以超越。

然而,在我们这里,有关人的成长的现实主义小说,伟大的无产阶级作家高尔基开辟了一条完全崭新的道路。这种新型的成长小说,首先指的是他的自传体三部曲:《童年》《在人间》和《我的大学》。成长小说的另一类型也是他创造的,如这样的作品:《三人》《福马·高尔杰耶夫》和《阿尔塔莫诺夫家的事业》。著名的第三类型是《母亲》。最后,第四类型是《克里姆·萨姆金的一生》。高尔基在开拓成长小说方面表现出绝对的深度、丰富性和多样化。在上述小说中,他向我们揭开了社会主义现实主义成长小说的辉煌图景。

研究高尔基的成长小说是一项特殊的、具有极大责任心的任务。诚然,这一任务已经超出本著作的范围。但,对由高尔基创造的新型(准确地说,多种新型)成长小说作一篇幅不大的预先分析,作为本专著的结尾,还是必要的。

我们认为,成长小说在苏联文学中是属于伟大的未来。在这种情况下,我们要指出的是,广义上的成长小说,没有特殊的情节结构的限制是这类小说(准确地说,还有它的某些变体)本身所固有的。目前,这类小说在我们的文学中,占有重要的地位。存在着属于此类小说发展的旧路线的长篇小说(是属于《绿衣亨利》《约翰·克利斯朵夫》《马丁·伊登》这一路线的),只要提一下普里什文的《恶老头的锁链》、费定的《兄弟们》、索波列夫的《大修》就足矣。新人的成长是下列小说的重要因素,如列昂诺夫的《斯库塔列夫斯基》和《通向海洋之路》,如法捷耶夫的《最后一个乌兑格人》。在我们最著名的历史小说中,阿·托尔斯泰的《彼得大帝》,其历史主人公的成长最具表现力。特尼扬诺夫的历史传记体长篇小说也可以称作成长小说(特别是《普希金》)。最后,极其新颖的,颇具特色的成长小说是奥斯特洛夫斯基的《钢铁是怎样炼成的》。

我们再重复一遍,成长小说不在于它的结构和情节的特殊,而在于成长着的人物形象本身,以及在苏联文学中所具有的特殊意义。人的再教育和再改造发生在我们这里前所未有的范围里。我们参与到社会主义新人的教育和成长之中。给人的全面发展开创了无限的可能性。我们生活在最终意识到真实的历史时间里。我们目睹时间的运动,时间在所有方面留下的特征,从我们伟大的建设到我们日常生活的琐碎小事,因为它们具有历史性。未来以特殊的浓缩形式、有计划的明确的形式存在于我们的现实之中。未来组织人,迫使人成长。在我们这里不可能存在定了型的人。在这一方面,可以说我们没有衰老。年龄上的成长模式,对我们来说不合适。这就是为什么在我们这里,"重返青春"的主题(无论在文学中还是在社会生活中)如此地受人青睐。我们的作家是"人类灵魂的工程师":他不会描绘定了型的心灵——他帮助人的心灵成长。

所以,我们的主题——长篇小说中成长着的人的形象,具有巨大而迫切的意义。小说中描述成长着的人物形象的经典性遗产是我们需要潜心研究的课题。

卢小合　译

论情感和家庭传记小说

　　把小人物塑造成道德上高尚的人物。抛弃空间的广延性和时间的绵延性,放弃遥远的地方,拒绝异国他乡,避开熙来攘往的地方,回避创造世界、各族人民、城市、文化的问题。封闭的密室小世界,一切都是自己熟悉的东西,是自己最亲近的人,tete-a-tete①,近身的,要不是自己的东西和这一亲近小世界的特殊的人际关系。这里所说的自己的东西,不是我们的,而是我的。

　　亲近的小世界、城市、楼房,一切都是定了型的、熟知的、古旧的。不存在(一词不清)对新事物之恋,对不熟知的物体之爱。对人如此地限制,如此地与人交往,同样受制于时间。出现了楼房的、双人间卧室的、花园的时空体。一切都显得平平凡凡,但人不是平凡普通的人(参看卢梭的《对话长篇小说》)。在这个空-时小天地里揭开了具有内心情感的人。

　　早期家庭传记小说(菲尔丁)的时空体的复杂性:基本上是骗子小说的道路,巴洛克小说在某种程度上说是外人的世界,但位于中心的以及作为目的的是情感小说的那种坚固而宜人居住的大厦。

　　思维之人的时空体。要不就是他漫游的他人世界,要不就是家乡的道路,要不就是情感小说的大厦。

---

　　① 法语:面对面。——译者

个人的可笑性格,他不是私人的(?)理想(菲尔丁)。

卢小合　译

长篇小说的时间形式和时空体形式

——历史诗学概述

文学把握现实的历史时间与空间,把握展现在时空中的现实的历史的人——这个过程是十分复杂、若断若续的。在人类发展的某一历史阶段,人们往往是学会把握当时所能认识到的时间和空间的一些方面;为了反映和从艺术上加工已经把握了的现实的某些方面,各种体裁形成了相应的方法。文学中已经艺术地把握了的时间关系和空间关系相互间的重要联系,我们将称之为时空体。这个术语见之于数学科学中,源自相对论,以相对论(爱因斯坦)为依据。它在相对论中具有的特殊含义,对我们来说并无关紧要;我们把它借用到文学理论中来,几乎是作为一种比喻(说几乎而并非完全)。对我们来说,重要的是这个术语表示着空间和时间的不可分割(时间是空间的第四维)。我们所理解的时空体,是形式兼内容的一个文学范畴(这里我们不涉及其他文化领域中的时空体)①。

在文学中的艺术时空体里,空间和时间标志融合在一个被认识了的具体的整体中。时间在这里浓缩、凝聚,变成艺术上可见的东西;空间则趋向紧张,被卷入时间、情节、历史的运动之中。时间的标志要展现在空间里,而空间则要通过时间来理解和衡量。这种不同系列的交

---

① 本书作者 1925 年夏天曾听过 A.A.乌赫托姆斯基的一个关于生物学中时空体的报告。报告中还涉及一些美学问题。——作者

叉和不同标志的融合,正是艺术时空体的特征所在。

时空体在文学中有着重大的体裁意义。可以直截了当地说,体裁和体裁类别恰是由时空体决定的;而且在文学中,时空体里的主导因素是时间。作为形式兼内容的范畴,时空体还决定着(在颇大程度上)文学中人的形象。这个人的形象,总是在很大程度上时空化了的①。

如上所述,文学对现实的历史的时空体的把握,经历了复杂和断续的过程;人们学着掌握了在当时历史条件下力所能及的时空体的某些特定方面,为艺术地反映现实的时空体仅仅创造出了某些特定的形式。这些开初颇为积极的体裁形式为传统肯定下来,在后来的发展中尽管已经完全丧失了自己的现实的积极意义,丧失了原来的意义,却仍顽强地存在。由此,文学中才有分属极其不同的时代的现象共存;这就使文学历史发展过程变得十分复杂。

在这篇历史诗学的概述中,我们正是要以欧洲小说各种不同体裁的发展为素材,努力揭示这一过程,上自所谓的"希腊小说",下迄拉伯雷的小说创作。在这几个时期里形成的各种小说时空体,可区分为相对稳定的类型;这就使我们又有可能向前探望,看一看在那以后的各时期里某些类型小说的状况。

我们并不企求我们的理论表述和定义全面而准确。只是在不久以前,人们才开始(在我们这里和在国外)认真研究艺术和文学中的时间和空间形式。这项工作在其今后的发展中,将会充实,也可能在很大程度上修正我们在这里对长篇小说时空体所作的说明。

---

① 康德在其《先验美学》(《纯粹理性批判》的一个基本部分)里,把空间和时间界定为任何认识(从起码的知觉和表象开始)所必不可少的形式。我们采纳康德对这些形式在认识过程中的意义的评价;但同康德不同的是,我们不把这些形式看成是"先验的",而看作是真正现实本身的形式。我们将试图揭示这些形式在小说体条件下的具体艺术认知(艺术观察)过程中所起的作用。——作者

一 希腊小说

早在古希腊罗马的土壤上,就创造出了三种重要类型的小说统一体,因此也就创造出了艺术地把握小说时空的相应的三种方法,或者说得简单些是三种小说时空体。这三种类型非常有效而且灵活,并在很大程度上决定了整个传奇小说的发展,直到 18 世纪中叶。所以必须从较为详尽地分析古希腊罗马的三种类型入手,以便随后按顺序展示这些类型在欧洲小说中的种种变体,并且揭示出已在欧洲土壤上创造出来的新东西。

在以后的所有分析中,我们将把注意力集中在时间(这个在时空体中居主导地位的因素)问题上,以及一切与这一问题有直接关系的问题(也仅仅是与此有直接关系的问题)。属于历史渊源方面的所有问题,我们几乎一概存而不论。

古希腊罗马小说的第一种类型(不是时间顺序上的第一种),我们姑且叫它"传奇教喻小说"。我们归于这一类的有全部所谓"希腊小说"或"诡辩小说",它形成于公元 2 至 6 世纪。

流传至今而完好无损,且有俄文译本的范例有:赫里奥多罗斯的《埃塞俄比亚小说》或称《埃塞俄比亚传奇》,阿克里斯·塔提俄斯的《列弗基帕和克里托封》,哈里顿的《赫列和卡里罗》,色诺芬的《艾费小说》,隆格的《达弗尼斯和赫洛雅》。某些有代表性的作品,只留下了一些片段或转述[1]。

在这些小说里,我们发现了一种运用得巧妙精细的传奇时间[2],它带有自己的许多特点和细微变化。这一传奇时间的把握,以及在小说

---

① 第欧根尼的《弗拉对岸的奇遇》,以及讲述尼娜的小说,讲述公主赫奥娜的小说,等等。——作者

② авантюрное время,直译为惊险时间,本文均译为传奇时间。——译者

中运用的技巧,已经达到如此高超和全面的程度,致使纯粹传奇小说在其后直至我们今天的发展中没做出任何重要的建树。因此,传奇时间的特点,在这些小说的材料中显示得最清楚。

所有这些小说(正如它们最近期最直接的继承者——拜占庭小说一样)的情节,都有极多的相似之处,实质上是由相同的一些成分(故事)组成的。在每部小说中,这些成分的数量是变化不定的;它们在整个情节中的比重,它们的相互组合,也是变化的。可以很容易地编出一个综合的典型的情节公式,并且能指出一些较为重要的破例和变体。这个公式是这样的:

一对婚龄男女。出身不详,带点神秘(不总是如此,如塔提俄斯作品中就没有这一点)。两人都美貌异常,又纯洁异常。他们不期而遇,一般是在喜庆佳节。两人一见钟情,势不可遏,如同命运,如同不治之症。可是他们不能马上完婚。男青年遇到了障碍,只得延缓婚期。一对恋人各自东西,互相寻找,终于重逢。而后又失散,再相聚。恋人们常见的障碍和奇遇有:结婚前夜新娘被抢,双亲(如果有的话)不同意婚事,而给相爱之人另择配偶(虚设的对偶),恋人双双出逃。他们启程旅行。海上起浪,船舶遇险。人奇迹般得救,复遇海盗,被掳关入囚室。男女主人公的童贞遭到侵犯。女主角经受战争和战斗作为赎罪的牺牲。被卖做奴隶。假死。换装。认出或认不出。虚构的变情。破坏纯洁和忠贞。横加罪名。法庭审理。法庭查验恋人的纯洁和忠诚。主人公们找到自己的亲人(如果他们还未出场)。同突如其来的朋友或敌人相遇、占卜、预言、梦魇、预感、催眠草药。小说以恋人完婚的圆满结局告终。基本情节的公式便是如此。

这个情节展开在非常广阔多样的地理背景上,一般是在大海相隔的三五个国家里(希腊、波斯、腓尼基、埃及、巴比伦、埃塞俄比亚等等)。小说中要(有时是很详细地)描写不同国家、城市、各种建筑、艺术作品(如绘画)、民俗习惯、异乡奇兽和其他稀世之珍的某些特点。与此同时,小说还引进在各种宗教、哲学、政治、科学题目上的议论(有时是长篇议论,如关于命运、征兆、爱神的威力、人的欲念、眼泪等等)。在小说中人物的语言(辩护以及其他内容的语言)占有很大比重,而且结构完全符合后来的雄辩术的规则。因此,就内部成分来说,希腊小说力求达到一定的百科性,而后者是这一体裁本来所固有的特点。

我们所列举的小说各种成分(指其抽象的形式),不管是情节方面的还是描绘和雄辩方面的,无一例外全都不是什么新东西,因为它们在古希腊罗马文学的其他文体中都可以见到,而且得到了很好的运用,例如爱情的情节(初识、突然钟情、相思)在希腊化时代的爱情诗中就得到了运用。其他情节(海浪、轮船遇险、战争、抢人)在古希腊罗马的史诗中广为应用。个别情节(如认出故人)在悲剧中起过重要作用。描写性的成分见古希腊罗马的地理小说和史料作品(如希罗多德)。议论和演说出于雄辩体裁中。在希腊小说的诞生过程中情歌、地域小说、雄辩体、戏剧、史料体裁各自具有何等意义,对这一点可以做出各种不同的评价,但是希腊小说在一定程度上混合了各种文体的成分,则是不能否认的事实。它在自己的结构里利用和改造了古希腊罗马文学的几乎所有体裁。

不过所有这些杂体成分,在这里重新熔铸成了一个新的独具特色的小说统一体,其中的一个基本因素便是传奇的小说时间。在这个全新的时空体——"传奇时间中的他人世界"里,各种体裁的成分具有了新的性质和特殊的功能,因此已不再是其他体裁中的旧物了。

希腊小说的这种传奇时间,本质何在呢?

情节展开的出发点,是男女主人公的初遇和互相爱恋之情的突然爆发。情节的终结点,是圆满地成婚。在这两点之间,展开了小说的全部情节。这两个点(这是情节术语),是主人公生活中最重要的事件。它们本身具有传记的意义。但是小说不是建立在这两点之上,而是建立在这两点之间(发生)的事情上。从实质上说,这两点之间完全不应该有什么事,因为男女主人公之恋从开始就无可怀疑,在小说的整个过程中绝对地毫无变化;两人都保持了童贞;结尾的成婚同小说开头的一见钟情直接呼应,似乎在这两者之间什么都没发生,似乎婚礼是在相识的第二天大功告成。传记生活中的两个相邻之点,传记时间中的两个相邻之点,直接结合到一起。在这两个直接相邻的传记时间点之间所出现的间隔、停顿、空白(整个小说恰恰就是建立在这些之上),不能进入传记时间的序列中去,而是置身于传记时间之外。它们不改变主人公生活里的任何东西,不给主人公生活增添任何东西。这也正是位于传记时间两点之间的超时间空白。

如果是另一种情况,比方说经过许多奇遇和考验之后,主人公们一开始突发之情得到了巩固,事实上真的受到考验并取得了新的品格,变成了牢固的经得起风险的爱情,或者主人公们自己变得成熟了,互相有了更好的了解,那么我们所面对的就是很晚以后的一种欧洲小说了,这已完全不是传奇小说,尤其绝不是希腊小说。这是因为尽管情节的术语依然是一样的(开头的初恋,结尾的成婚),但延缓婚事的那些事件本身却具有了一定的传记意义,或者起码是心理的意义;它们要被卷进到主人公生活的真实时间里;而这个真实的时间会改变主人公本人以及他们生活中(重要)的事件。可是在希腊小说中,恰好缺少这个东西;这里介乎传记时间的两点之间的,是纯粹的空白;它在主人公们的生活里和他们的性格中,不会留下任何痕迹。

小说中所有填补这一空白的事件,都是脱离开正常生活轨迹的旁岔,这些旁岔实际上不能延长传记生活的时间。

希腊小说的这种时间,也不能增加起码的生理上的时间长度,年龄的时间长度。主人公们是在适于婚嫁的年岁在小说开头邂逅的;他们又同样是在这个适于婚嫁的年岁,依然是那么年轻漂亮,在小说结尾结成了夫妻。他们经过难以计数的奇遇的这一段时间,在小说里是没有计算的。这里只简单地说是有些天,有些夜里,某些时刻,某些瞬间,仅仅在每一次奇遇的范围内作些技术上的计算。这种在传奇中十分紧张却捉摸不定的时间,是完全不计入主人公们的年岁中去的。在这里,在产生恋情和满足恋情两个生理时间点之间,同样是超时间的空白。

当伏尔泰在其《查第格》中讽刺模拟统治于17至18世纪的希腊型传奇小说(所谓"巴洛克小说")时,他倒没有忘记计算小说里一般写出的主人公奇遇和"命运的乖戾"需要占去多少实际的时间。他的男女主人公(查第格和库尼贡达),在小说的结尾克服了一切乖谬,结成应得的幸福的姻缘。可这时他们都已经老了,美丽的库尼贡达活像一个丑陋的女妖。满足接近了恋情的时候,这种满足在生理上已成为不可能的事。

不言而喻,希腊小说的传奇时间不具有任何的自然界中和日常生活中的周期性。如果有这种周期性,它就会给这一传奇时间带来时间的顺序和人类的计算单位,就会把这一时间同自然界和人们生活中不断重复的时光联系起来。当然就更谈不上把传奇时间从历史阶段上加以界定。在整个希腊小说的世界里,包括涉及的所有国家、城市、建筑、艺术品在内,完全没有任何的历史时间的标记,没有任何的时代印迹。这就说明了为什么希腊小说的系年问题学术界至今没能准确地解决,就在不久以前研究者对某些小说问世时间的见解,相差竟达五六百年之多。

这样一来,希腊小说的整个情节,情节中的一切事件和奇遇,全都既不进入历史时间,也不进入日常生活的时间,又不进入传记时间和起码的生理上年岁上的时间。它们置身于这些时间之外,置身于这些时间所固有的规律之外,以及人类的计算单位之外。在这个传奇时间里,什么都不发生变化:世界依然如故,主人公们的传记生活依然如故,他们的感情也依旧不变,人们在这个时间里甚至都不衰老。这一虚空的时间无论在哪里也没有留下任何痕迹,没有任何标志保存下来说明它过去的存在。我们重申一次,这是在现实时间(此处为传记时间)的两点之间所产生的超时间的空白。

传奇时间从总体上来说就是这样。那么它内部的情形又如何呢?

它是由一系列短暂的与各次奇遇相对应的时光组合而成的。在每一回这样的奇遇内部,时间是用外在方法组织起来的,这里重要的是诸如是否来得及逃跑,是否能够追上、抢在前面,是否能够准时到达某地,能不能相会,等等。在每一奇遇的范围内,每天每夜每时,甚至每分每秒,都是要计算的,好像在任何的争斗角逐中,在任何一件积极的外在的事情中一样。这些时光段落引入小说,借助特殊的"突然间"和"无巧不成书"相互交错组织起来。

"突然间"和"无巧不成书",最贴切地说明了整个这种时间,因为这一时间开始时或产生作用时,一般总是正常的用常理和原因能够解释的情况被打断而中止,出现了纯粹的偶然性及其独特的逻辑。这种逻辑就是偶然的巧合,也就是偶然地同处一时和偶然地分离,即偶然地各处异时。而且,在这偶然地同处一时或"各处异时"的"以前"和"之后",同样也有着重要的决定性的意义。如果某种情况早出现一分钟或晚出现一分钟,也就是说如果没有某种偶然的同处一时或各处异时,那么情节就要完全不存在了,小说里也没东西可写了。

"当命运开始作怪的时候,我年方十九,父亲准备让我第二年结婚。"克里托封这样讲起来(《列弗基帕和克里托封》,第 3 册,第 3 章)①。

这种"命运的作怪",命运里的"突然间"和"无巧不成书",恰好构成了小说的全部内容。

富拉基亚人和拜占庭人之间突然爆发了战争。关于战争的起因,小说中一字未提,但由于有了这场战争,列弗基帕进到了克里托封父亲的家中。"我一眼见了她,马上全完了。"克里托封这样叙述说。

可是,克里托封的父亲为他物色到了另一个未婚妻。父亲开始忙着安排婚礼,选定次日完姻,并已带来预先备好的供品。试看:"我一听这个消息,认为自己全完了,就开始琢磨要个滑头,借口把婚礼推迟。正当我寻思这事的工夫,突然间男房一边腾起喧哗声。"(第 2 册,

---

① 阿克里斯·塔提俄斯的《列弗基帕和克里托封》是按以下版本引用的:阿克里斯·塔提俄斯·亚历山大斯基,《列弗基帕和克里托封》,莫斯科,1925 年。——作者

第 12 章）原来是一只鹰偷走了父亲备好的供奉用肉。这是个不吉之兆，于是婚期不得不推迟几天。恰恰在这几天里，由于偶然的原因，给克里托封挑选的新娘被人抢走，因为误把她当成了列弗基帕。

克里托封决定潜入列弗基帕的卧室。"我刚刚进到姑娘的闺房，她的母亲就出了这么件事。母亲被噩梦惊醒。"（第 2 册，第 13 章）她进了闺房正堵上克里托封，但他没等被认出是谁就溜走了。不过第二天就可能真相大白，所以克里托封和列弗基帕只好逃跑。整个逃跑的故事，建立在一连串的有利于主人公们的"突然间"和"无巧不成书"等偶然性上面。"需要说明一下，看管我们的柯玛尔，这一天偶然出了门，去给自己的女主人办件什么事……我们很走运：到了贝鲁特港之后，我们找到了一条起航的船，人们已经在准备起锚。"

在海船上："出于偶然，我们身边坐了一位男青年。"（第 2 册，第 31—32 章）他成了朋友，在以后的奇遇中起了重大作用。

随后是传统的暴风雨和海船遇险。"我们航行的第三天，突然晴朗的空中出现一片黑影，遮住了日光。"（第 3 册，第 1 章）

海船遇险时，几乎所有的人都蒙难身亡，只有主人公们却由于偶然的幸运得免一死。"在船身断裂时，是某种神力给我们保全了一部分船头。"他们被浪抛到岸上。"到傍晚时分，我们偶然地给冲到了彼露西，高兴地上了岸……"（第 3 册，第 5 章）

后来才知道，原以为海船遇难时已经死去的其余人，由于偶然性也都幸免于难。接着当主人公们需要紧急援助的时候，他们恰逢其时、恰到其地地出现了。克里托封相信列弗基帕被海盗们做了祭品，决心自杀："我举剑打算在列弗基帕罹难之处结束自己的生命。可突然间我看到，当时是月光之夜，有两个人……直冲我跑来……原来那是梅涅拉和萨季尔。我虽然出乎意料地看见了朋友们还没死，却没有拥抱他们，也没有感到惊喜。"（第 3 册，第 17 章）朋友们自然阻止他自杀，并告说列弗基帕还活着。

小说快结束时，克里托封因遭诬告判了死刑，执刑前还要受到拷打。"我被加上镣铐,衣服剥光,吊到了架子上。刽子手拿来鞭子,另一些人准备好绳套,点起了一堆火。克里尼嚎叫起来,呼唤神祇。忽然间大家看见祭司阿尔捷米达走过来,头上戴着花冠。他的到来,标志着庄严的祭神队伍将要光临。每逢这种情形,执刑处死都得推迟几天,等祭礼参加者结束祭奠。就这样,我当时又给解下了镣铐。"(第7册,第12章)

在推迟的几天中,一切真相大白,情况急转直下,当然这里难免又有不少新的偶然巧合和偶然不合。列弗基帕原来没有死。小说以完满的婚姻收场。

由此我们可以看出(其实我们只举了极少的例子来说明偶然性的共处一时和各处异时),传奇时间在小说中过着相当紧张的生活。一天、一小时,甚至一分钟的迟或早,到处都起着决定命运的作用。而奇遇本身则一件摞一件,组成一个超时间的实为无限长的系列。因为这个系列可以无限地延长,本身不受任何内部的重大的制约。希腊小说比较来说篇幅多不长。到了17世纪,照此架构的小说,篇幅增加到十至十五倍①。这种增长是没有任何内在限度的。在每次奇遇中计算的那些日夜、时辰、分秒,却并不综合起来形成现实中的时间进程,不能变成人们生活中的日夜时分。传奇中的日日时时,留不下任何痕迹,所以无论有多少都可任意安排。

无限的传奇时间里的一切时间点,全是受着一种力量的支配,这就是机遇。因为正如我们看到的那样,整个这种时间都是由偶然的同时性和偶然的异时性组成的。传奇里的"机遇时间",是非理性力量干预人类生活的一种特殊的时间。这是命运"马大哈"、天神、魔鬼、术士的干预;在晚期传奇小说中,则是小说中的恶人的干预。这类恶人把偶然的同时性和偶然的异时性作为自己的武器来使用,他们守候着,

---

① 17世纪最有名的小说,篇幅如下:杜费的《阿斯特雷亚》共5卷,在6000页以上;卡尔普列涅特的《克列奥帕特拉》12卷,5000页以上;洛恩施坦的《阿尔米尼和图斯涅里达》两大卷,3000页以上。——作者

窥视着,会"突然间"和"无巧不成书"地扑过来。

传奇时间里的各个点,都处于正常事件进程、正常生活、因果或目的发生停顿的地方,处于这一进程中断而闯进命运、天神、恶魔等非人力量的地方。在传奇时间里,全部主动性都掌握在这些力量的手里,而不在主人公们的手里。主人公自己在传奇时间里,当然是要行动的,他们逃跑、自卫、战斗、得救。不过,他们行动可以说是作为血肉之躯;主动权不属于他们。就连爱情也是万能的爱神突然赋予他们的。在这个时间里,人们什么事都能干得出来(有时人们竟能占领整个国家)。纯粹传奇性的人,是机遇之人。他作为有了某种机遇的人,进入到传奇时间中去。这个时间里的主动性却不属于人们。

完全可以理解,传奇时间里各个点,所有这些"突然间"和"无巧不成书",是不能靠理智的分析、研究、英明预见、经验等等预先规定出来的。然而所有这一切,却可借助占卜、兆头、神话、卦书的预言、梦兆、预感等获知。

希腊小说就充斥着这些东西。命运一"开始戏弄"克里托封,后者便得到一个梦兆,暗示他将来会遇到列弗基帕,两人将有种种奇遇。其后在小说里也充满了这一类现象。命运和上帝手里握着左右情节的主动权,并把自己的意志通知给人们。"天神时常喜欢在夜间向人们显示未来的情形,"阿克里斯·塔提俄斯借自己的人物克里托封之口这么说,"倒不是为了让人们逃避苦难,因为他们无力抗拒命运的安排,而是为了让人们能最轻快地经受自己的痛苦。"(第1册,第3章)

在后来欧洲小说的发展中,凡是出现希腊传奇时间的地方,小说里的主动权都交给了机遇,由机遇控制事物现象的同时性和异时性,这时它或者作为小说中不属于任何人的一种力量,或者作为命运,或者作为天意,或者作为小说里的"恶人",或者作为小说里"神秘的恩人"。要知道这后者早在瓦尔特·司各特的历史小说中就已出现。与机遇(它戴着不同的面具)同时,小说中不可避免地还会出现各种不同的预言,特别是梦兆和预感。当然,不一定是整个小说建筑在希腊型传奇时间的基础上；只消把这一时间的某些成分掺到其他类型的时间里去，就会出现必然与这一时间相伴而来的种种现象。

到了17世纪，就连各个民族、国家、文化的命运，也被纳入到这一传奇时间及其特殊的逻辑之中，即机遇、天神和恶人的时间中。这出现在欧洲第一批历史小说中，如斯居代里的《阿尔达蒙或大居鲁士》，洛恩施坦的《阿尔米尼和图斯涅里达》，卡里普列涅特的历史小说。于是形成一种贯穿于这些小说之中的特殊的"历史哲学"，它把一些历史命运的解决，安排给实际时间中两个点之间形成的超时间的空白。

巴洛克历史小说的一系列因素，通过"哥特式小说"的中介环节，也渗透到瓦尔特·司各特的历史小说中，决定了小说的某些特点：神秘的恩人和恶人在幕后的活动，机遇的特殊作用，各种预言和预感。当然，这些因素在瓦尔特·司各特的小说中绝非占据主导的地位。

我们得赶快声明，这里说的是希腊传奇时间里那种特殊的具有主动精神的偶然性，不是一般的偶然性。一般的偶然性是必然性的一种表现形式；作为这种表现形式，它能够出现在任何的小说里，正如它能出现在生活中一样。在较为真实的人类时间序列里（带有不同程度的真实性），能与希腊的具有主动精神的偶然性相互对应的（自然根本谈不上什么严格的对应），是人们犯错误、有罪过（部分地已是在巴洛克小说中）、动摇、选择、主动决定问题等等的时刻。

当结束我们对希腊小说的传奇时间所作的分析时，我们还应该讲一个较为一般性的问题，也就是构成小说情节要素的个别情节问题。像相逢—分手（离别）、散失—复得、寻找—发现、辨认—不识等等细节，不仅仅成为不同时代、不同类型小说的情节要素，而且是其他体裁（史诗、戏剧，甚至抒情诗）文学作品的情节要素。这些情节就其本质来说就是已经时空体化了的（自然，不同体裁中的情况也不相同）。这里我们只讲一个、但可能是最重要的一个情节——相逢。

不论怎样的相逢（正像我们分析希腊小说时已经揭示的那样），时间定规(即"在同一时间")是离不开空间定规("在同一地点")的。在相反的情节(即"未曾相见""各自分手")中,也保留下来了时空体的性质,不过时空体的某一成素要遭到否定:相逢未成,原因是双方没有同时到达同一地方,或者是双方在同一时间里分处不同地方。时间定规和空间定规不可分割的统一(但并不融合),在相逢这一时空体里,具有十分清晰的、形之于外的、几乎是数学的性质。不过当然,这性质是抽象的。要知道,相逢的情节是不能孤立存在的,它总是作为全书情节的一个组成要素,进入整个作品的具体的统一体,因此也就进入了能够涵盖它的具体的时空体,在我们这里便是传奇时间和他乡异国(是异国不是异己之国)。在不同作品里,相逢情节具有不同的具体意味,其中包括不同的感情评价意味(相逢可能是人们渴求的,也可能是不合心愿的;或者令人欣喜,或者引人哀伤;有时叫人吃惊,还可能唤起矛盾错综的心情)。自然,在不同的上下文中,相逢情节会获得不同的语言表现。它可能获得纯粹隐喻或一半隐喻的意义;最后还可能成为一种象征(有时是很深刻的象征)。十分常见的情形是,相逢时空体在文学中实现着布局结构的功能,即作为开端,偶尔是作为高潮,或者甚至作为情节的收尾(结局)。相逢——这是史诗里最古老的组织情节的一个事件(尤其是在长篇小说里)。特别需要指出,相逢情节与同样具有统一的时空定规的近似情节有着紧密的关系,如离别、出逃、寻获、失散、结婚等。意义特别重大的,是相逢情节与道路("大道")时空体的紧密联系。这是指在道路上的各种相遇的情形。在道路时空体里,时空定规的统一,同样显示得十分清晰明了。道路时空体在文学中的意义是巨大的,很少有作品能够回避任何形式的道路情节,可却有大量作品直接就建筑在道路以及途中相逢奇遇的时空体上面①。

相逢的情节同其他的重要情节也紧密地联系着,其中如辨认—不识的情节;后者在文学中(如在古希腊罗马的悲剧里)起过巨大作用。

---

① 对这种时空体比较详尽的说明,我们将留到本文的最后一部分。——作者

相逢会晤情节是一个出现最广泛的情节;不仅在文学中如此(很难找到一部完全没有这一情节的作品),在其他文化领域中,以至于在社会生活、日常生活的各种领域中,都是如此。在科学技术领域中,由于纯概念思维占主导地位,这样的情节本身便不存在了。不过"接触"这一概念成了相逢情节的某种代用品(在一定的程度上)。在神话和宗教领域中,相逢情节当然起着一种主导的作用,如在宗教神话里,在经书里(无论是圣经、福音书还是佛教经文),在宗教仪式中。在宗教领域,相逢情节是同别的情节(如显现——"эпифания")结合在一起的。在不具有严格科学性质的某些哲学流派中,相逢情节也有一定的意义(如在谢林、席勒,特别是在布别尔的著作中)。

在组织社会生活和国家生活中间,总存在现实的相逢时空体。所有各种可能的有组织的社会性会见相逢是人所共知的,它们的意义也是人所共知的。在国家生活中,会见相逢同样是至为重要的,起码可以举出外交会晤。这种会晤总要严肃宣告;会晤的时间、地点及参加会见者都要根据会见对象的级别来确定。最后,相逢会面在任何个人的生活和日常活动中所具有的重要性(有时直接决定一个人的整个命运)也是尽人皆知的。

构成时空体的相逢情节就是这样。至于有关时空体和时空体性质的一些总的问题,我们在本文最后还要涉及。这里,我们还是回过来继续分析希腊小说。

希腊小说里的传奇时间是在怎样的空间里实现的呢?

希腊的传奇时间,需要一种抽象的空间上的离散性。自然,希腊小说里的世界也有一个时空体,不过那里面时间和空间的联系可以说不是有机的联系,而纯粹是技术上的(也是机械的)联系。传奇故事要能展开,就需要空间,而且需要很多的空间。各种现象的偶然共时性和偶然异时性,都不可分地同空间联系着,而衡量这空间,首先看它的远近(以及各自远近的程度)。为了使克里托封的自杀得以被制止,必须让他的朋友们恰巧赶到他准备自杀的那个地方。为了不误事,也就是说赶在其时其地,朋友们就得跑步,即需克服遥远的空间。为了在小说结尾处能实现救活克里托封,以阿尔杰米达祭司为首的队伍,应在绞刑实施之前赶到行刑地点。劫持的前提,是要迅速把被劫持者带到遥远的不为人知的地方。追赶则要求走远路并且克服空间上的障碍。俘获和监禁意味着把主人公孤立地关在某个特定的空间点上,而这种孤立关押便阻碍了向目的地的进一步空间移动,即阻碍了进一步的追捕和搜寻,如此等等。劫持、逃跑、追赶、搜寻、监禁,在希腊小说里起着巨大的作用。因此这种小说就需要有巨大的空间,需要有陆地和海洋,需要有各种不同的国度。这些小说的世界,是博大而多样的。不过这博大和多样完全是抽象的东西。要翻船,得有大海,至于这大海在地理上和历史上是哪一个,完全无关紧要;为了逃跑,重要的在于越境去他国,劫持者也得把猎获物运去他国,但这个他国是哪个国家,也同样完全无所谓。希腊小说中的传奇事件,同小说所写各个国家的特点,同其社会政治制度,同文化和历史,没有任何重要的联系。所有这些特点根本不作为传奇事件的特定成分而寓于其中,因为传奇的事件完完全全只取决于机遇,也就是说取决于此一空间里(在这一国家或城市等等)偶然的同时性和共时性。至于这一地点的性质如何,并不作为构成因素而进入事件。地点在传奇之中,仅仅是一个抽象而粗略的空洞场所而已。

所以,希腊小说里的一切传奇故事,都具移易性:巴比伦发生的事,也可以出现在埃及或拜占庭,反之亦然。一些完整的传奇片段还可以易时而出,因为传奇的时间是留不下任何痕迹的,所以实际上可以转换。传奇的时空体特点也正在于时间与空间两者只有机械性的抽象的联系,时间序列可以移易,空间上也可以改换地方。

在这个时空体里,主动权和决定权只属于机遇。因此,这一世界确定性和具体性的程度只能是极为有限的。要知道任何的具体化,在地域、经济、社会政治、生活习俗方面的具体化,都会束缚传奇的自由和随意性,都会限制机遇的绝对权力。任何的具体化,即便是生活习俗的具体化,都会带来自己的规律性、自己的规矩、自己的必然联系,把这些加到人们的生活中去;同时也带进来这一生活的时间。这样一来,事件便同这种规律性扭结到一起,在一定程度上纳入了这种规矩,产生了这种必然的联系。这要大大地限制机遇的权力,传奇故事在时间和空间上要同某一局部有机地联系起来,故事的发展要受到局限。不过,这样的确定性和具体性,在描写自己亲近熟悉的世界时,在描写家乡的周围现实时,是完全不可避免的(在某种程度上)。希腊小说传奇时间所需要的那种抽象程度,在描写自己亲近熟悉的世界(不管是什么样的世界)时,则是根本无法实现的。

　　所以说,希腊小说的世界,是别人的世界;那里面的一切全是不确定的,不熟悉的,别人的东西;那里面的人物,也是头一次出现的人物;人物同这一世界没有任何实质性的联系和关系;这一世界的社会政治、生活习惯等方面的规律性对人物来说是陌生的,人物不了解这些规律性。因此对人物来说,这一世界中只存在偶然的共时性和异时性。

　　不过,这一世界的异己性在希腊小说里并不受到强调,所以也用不着称这个世界是异国风情的世界。所谓异国风情,是指有意地拿别人同自己对比;其中要强调别人的异国风情,以不言而喻的自己平时熟悉的世界为背景,不妨说是着意渲染。希腊小说里没有这种情形。这里的一切都是别人的东西,就连人物的祖国亦复如此(男主角和女主角的祖国往往不是同一个国家)。这里又不存在那个不言而喻的自己平时熟悉的世界(作者及其读者的祖国);而没有这个背景,就不能清晰地衬托出别人世界的奇特和格格不入。当然,不言而喻的自己平时熟悉的世界、正常的世界(作者和读者的世界),在最起码的程度上倒也呈现于这种小说之中;为了感受到这一别人世界的种种奇特和稀罕,也还有某种余地。尽管这样,呈现的程度是如此之低,学术界几乎完全不可能通过分析这些小说,来揭示那个不言而喻的"自己的世界",作者的"自己的时代"。

希腊小说的世界,是抽象的别人的世界,而且是彻头彻尾的他人世界,因为其中任何地方都没有作者家乡世界的影子,没有作者当作出发点的那个世界形象。因此就没有什么东西会限制机遇的绝对权力,于是这种种劫持、逃跑、俘获、解救、假死、复活以及其他传奇事件,就能以惊人的快速和轻巧一幕接一幕展现过去。

不过正如我们已经说过的,在这抽象的他人世界里,许多事物现象得到了极其详细的描写。这一点又怎么同它的抽象性协调起来呢?原来,希腊小说所描写的一切,全被看成是几乎孤立的东西,是唯一仅有的个别现象。希腊小说里,从来不描绘整个的国家、它的特点、它不同于其他国家的所在、它的种种联系。这里描写的,仅仅是与大千世界的整体毫无瓜葛的个别的建筑,是个别的自然现象,如在该国出没的奇特的动物。从来没有地方描写人民的整个习俗生活,而只是描绘与什么都没有关系的某一个别的奇怪习惯。小说里描写的一切事物都具有这个特点:孤立而毫无联系。所以,全部这些事物总括起来,并不能点明所描绘(确切说是所提到的)国家的特点,每个事物都是自满自足的。

小说里描写的所有这些孤立事物,都非同一般,奇怪罕见,正因为这样才要描绘它们。例如在《列弗基帕和克里托封》中描写了一种怪兽,称作"尼罗河马"。"有一次,士兵们捉到了一只很有名的河中之兽。"这段描写就是这样开始的。接着讲到大象,讲到大象出世时"令人惊讶的事情"(第4册,第2—4章)。另一处则描绘了鳄鱼:"我还看见了尼罗河里另一种怪兽,据说比河马力气还要大。它的名字叫鳄鱼。"(第4册,第19章)

由于没有标准来衡量所有这些被描写的事物,如我们说过的,没有自己习惯的世界作为较为鲜明的背景来认识这些不同一般的事物,结果这些事物不可避免地获得了奇珍的性质。

如此一来,希腊小说里他人世界的空间,就充满了孤立的互不联系的奇物珍品。这些自满自足的新奇珍贵之物,正如传奇本身一样是偶然的出乎意料的东西。它们同样是用那种材料构筑起来的,这是些凝固了的"忽然",变成传奇的奇物,是那种机遇产生的结果。

结果,希腊小说的时空体(即传奇时间里的他人世界)便具有了特殊的稳定性和统一性。它有着自己的贯穿始终的逻辑,这逻辑决定着它的一切成素。虽说希腊小说里我们已经提及的那些抽象情节并不新鲜,是其他文体早已写过的东西,但它们到了希腊小说的新时空体中,遵从新时空体始终一贯的逻辑,获得了全新的意义和特殊的功能。

在其他文体中,这些情节是同另一些较为具体和浓缩的时空体联系在一起的。爱情情节(初识、一见钟情、爱情的折磨、初吻等等)在亚历山大诗歌里,主要是出现在牧歌田园诗的时空体中。这是一种规模不大的十分具体和浓缩的叙事抒情时空体,曾经在世界文学里起过不小的作用。这里是一种特有的循环化了的(但不是纯粹循环性的)牧歌时间,它由自然时间(循环性时间)同假定性牧歌生活(部分地说广义上说是农业生活)的日常时间结合而成。这一时间具有特定的半循环性的节奏,它同一种特别的仔细描绘的岛上田园风光紧密联结到一起。这是为写短暂情爱场面,为抒发感情而使用的芬芳浓郁如蜜的时间,这一时间弥漫于严格区分开来和封闭的、完全模仿他人风格的一小块自然空间里(这里我们且不谈希腊化诗歌包括了罗马诗歌中爱情田园时空体的种种不同变体)。这个时空体在希腊小说中自然已经毫无踪影。只有一部孤立存在的小说《达弗尼斯和赫洛雅》(隆格)可以说是例外。小说的中心,是牧歌田园诗的时空体,不过已在解体;它那高度的封闭性和局限性受到破坏,四周被他人世界所包围,自己也有一半变成他人的世界了。自然田园时间已然不那么浓缩了,被传奇时间所冲淡。把隆格的田园诗无条件地划归希腊传奇小说这一类里去,无疑是不行的。即使在其后的小说发展中,这类作品仍然有它自己的演化道路。

希腊小说里与周游他国相联系的那些情节和布局因素,在古希腊罗马的地域小说中就已出现,但地域小说里的世界完全不像希腊小说中的他人世界。首先,那里世界的中心,是自己的现实的祖国,是它决定着视点、尺度、角度和评价,是它统率着对别国及别国文化的观察和理解(这里对自己祖国的评价并不一定是肯定的,然而却一定以自己的东西作为衡量的尺度和背景)。仅此一点(即祖国是组织观察和描绘的内在核心)便从根本上改变了地域小说中那种他人世界的整个图景。其次,这类小说中的人物,是古希腊罗马时出现于公众前的政治性人物,遵循的是社会政治的、哲学的和乌托邦的利益。再次,游历旅途这一因素,本身便具有实在性,为这类小说的时间序列规定了一个重要的组织一切的实在的中心。最后,生平经历的因素,对组织这种小说的时间来说也是一个重要的原则(这里我们同样不涉及地域游记小说的不同变体。其中有一种变体便带有传奇因素;不过传奇因素对组织小说来说不是主导的原则,其性质自有不同)。

这里不宜深入探讨古希腊罗马文学其他文体中的时空体,包括大型叙事诗和戏剧。我们只想指出,它们的时空体是以民间神话时间为基础的;是在民间神话时间的背景上,才开始形成独立的古希腊罗马的历史时间(它受到一些特殊的限制)。这些时间是深深地区化了的时间,根本不可能脱离开希腊故国的具体风光特色,不可能脱离开"第二自然"的特色,即出身省份、城市、国度的特色。希腊人在故乡大自然的每一现象中,都看得出来神话时间的遗迹,在这现象里发现浓缩的神话事件,而神话事件完全能铺展成一场神话戏或一幕剧。类似这样十分具体、十分地区化了的时间,还有历史时间,它在史诗和悲剧中还是同神话时间紧密交错的。上述这些古典的希腊时空体,同希腊小说中的他人世界,几乎是完全相反的。

综上所述,出现并流行于其他古希腊罗马文体中的种种情节和因素(指情节和布局因素),在各自原来的文体中表现出来的性质和功能,与我们在希腊传奇小说里看到的,也就是在其特殊时空体的条件下看到的,是并不相似的。在这里,上述情节和因素融进了一个崭新的、完全独特的艺术整体中;自然,这与各种古希腊罗马文体的机械糅合,是相去极远的。

我们现在既然把希腊小说的特殊性搞得更清楚了,便有可能提出希腊小说中人的形象问题了。与此同时,又可以弄清楚小说所有情节因素的特点。

那么,处于我们上文分析过的传奇时间的条件下,考虑到这一时间里的偶然共时性和偶然异时性,考虑到它绝对不留痕迹,考虑到机遇在其中具有的特殊的主动权,人应该是一种怎样的形象呢?十分明显,在这样的时间里人只能是绝对消极的,绝对不变的。如我们已经讲到的,在这里只能是一切事情发生在人的身上,人本身却没有任何的主动性。人只不过是行为的实物主体而已。不难明白,人的行为主要得具有起码的空间性。的确是这样,希腊小说主人公的一切行为,只能归结为在空间中的被迫移动(逃跑、追赶、搜寻),亦即归结为空间地点的改变。正是人的空间运动,给希腊小说的空间和时间,即它的时空体,提供了基本的测量标准。

然而,运动于空间之中的终究是活的人,而非直接意义上的肉体实物。诚然,他在自己的生活中是完全消极的,左右他的是"命运",但他承受住了命运的摆布。岂止承受住了,而且保全了自己;经过命运的捉弄,经过命运和机遇的波折险恶,竟能绝对完好如初,毫无改变。

这种特有的一如故我的性质,是希腊小说中组织人物形象的核心因素。对人物一如从前这个因素,切不可贬低它的意义及其含义的特殊深刻性。希腊小说在这一点上,是同阶级社会前久远的民间创作相联系的,具有民间关于人的观念中的一个重要因素;这一观念流传至今,存在于各种类型的民间文学中,特别是在民间童话中。不论人的保存自我的特性在希腊小说中表现得多么淡薄,多么单调,希腊小说还是保留下了民间人的观念中最可珍贵的一点,传达出一种信念,相信人在同自然的斗争中,同一切非人力量的斗争中具有不可摧毁的力量。

经过对希腊小说情节和布局因素的细心观察,我们可以相信如下一些因素在小说中起着十分巨大的作用：认知、化装、换衣（暂时的）、假死（其后又复活）、假变心（后来证明是始终不渝）；最后则是一个基本的布局（组织作品）情节，即考验人物的不变性、始终如一性。所有这些因素，都是通过情节直接表现人的始终如一的特征。就连基本的情节线索，即相逢—分手—搜寻—找到，也不过是用情节表现人的始终如一性的另一种形式而已。

让我们先看一看考验主人公采取的布局结构因素。我们在开头把古希腊罗马小说的第一种类型称作考验传奇小说。"考验小说"（Prüfungsroman）这一术语，早已被文学理论家用来称谓巴洛克小说（17世纪），而巴洛克小说正是希腊型小说在欧洲土壤上的进一步发展。

在希腊小说里，考验的思想在布局结构方面的意义表现得极为鲜明。并且，这一考验的思想在这里甚至还得到了法律上的表现。

希腊小说的大部分传奇故事，正是为了考验男女主人公。首先是考验他们相互的忠贞，但除此以外，也还考验他们的高尚、勇敢、力量、无畏，有时是考验他们的智慧。机遇不仅排除了主人公道路上的危险，也打破了各种可能的诱惑，使主人公处于最棘手的境地，可他们总能体面地摆脱这些困境。在巧妙地编织极其曲折惊险的遭遇方面，表现出了第二诡辩学派的纯熟精湛的诡辩术。因此，就连这些考验表面形式上也多少带有法庭雄辩的性质。

不过，问题并不仅限于如何组织某些传奇故事。从整体上来理解，小说恰恰就是对主人公进行考验。我们知道，希腊的传奇时间在世界中、在人们身上是不留任何痕迹的。小说中所有事件发生之后，结果并不产生任何多少能留存一些的外部和内在的变化。小说到了尾声，仍然恢复起曾被机遇破坏了的原来的平衡。一切又回到开头，一切都返回原位。一部很长的小说结束时，主人公迎娶自己的未婚妻。而且一切人、一切物都有了一番经历，只是这经历没有改变他们。但也正因此可以说这番经历肯定了他们，检验了他们，证实了他们始终如一,确定了他们的稳定性、不变性。事件的大锤,既不打碎什么,也不锻造什么;它只是检验成品的牢固程度。成品也经得住考验。这便是希腊小说艺术思想的内涵所在。

任何一种艺术体裁,都不能单单靠一个纯粹的趣味性支撑。即使为了具有趣味性,它也应该涉及某种本质。要知道,能够引起趣味的也只有人的生活,或者至少是同人的生活直接相关的事物。所以,这种与人相关的东西,必须多少表现出某个本质的方面,换言之,必须在某种程度上具有生动的实在性。

希腊小说是一种非常灵活、具有强大生命力的文体类型。在小说史上,生命力特别旺盛的,恰好是在布局上起着组织作用的考验这一思想。我们可以在中世纪的骑士小说中见到这一思想,包括早期小说,但特别是在晚期小说中。这一思想在颇大程度上也起了组织《阿玛基斯》和《帕尔曼里诺夫》的作用。至于它在巴洛克小说中具有的意义,我们已经指出过了。这一思想在这里充实增添了一定的思想意识内容,形成了一些理想人物的形象,而体现这些理想的恰是被考验的主人公们,是"既无畏惧又无怨言的骑士"。主人公们的这种绝对的无可指摘蜕化为一种矫揉造作,引出了布瓦洛在其卢奇安式对话《小说主人公》中至为重要的尖锐抨击。

到了巴洛克时期以后,考验思想的组织作用便急剧减少了。不过,考验思想并未死亡,在其后的所有时代里,都还作为组织小说布局结构的一种思想保存了下来。它获得了各种各样的思想内涵,考验本身也常常引出消极的结果。在19世纪和20世纪初,我们看到了以下一些类型的考验思想。广为流行的一种,是考验禀赋、使命、天才;其中一个变体,就是法国小说中考验拿破仑式的新贵。另一种是考验生理上的健康和适应生活的能力。最后,在第三流的小说创作中,晚些时候还出现了某些类型的考验思想,即考验道德改革家、尼采主义者、无道德论者、解放型妇女等等。

所有这些出现于欧洲的考验小说类型,不管是纯粹的还是混合的，都已不同于希腊小说中对人的始终如一的考验，后者虽然形式上很普通很简单，却也很有力量。自然，通过认知、假死等情节揭示出来的人的始终如一的特性，还是保存了下来，不过变得复杂了，失去了原来简洁有力的特色。这些情节因素同民间文学的联系，在希腊小说中是比较直接的联系（尽管希腊小说也与民间文学有了相当大的差异）。

为了完全弄清希腊小说中人的形象，以及人的始终如一的特点（随之而来的还有考验这一始终如一性的特殊方法），不能不估计到这样一点：在这里与在古希腊罗马文学一切其他古典文体里不同，人是*私自的人，是独自的人*。人的这一特征，是与希腊小说中抽象的他人世界相符合的。在这样的世界里，人也只能是孤立的独自的人，同自己的国家、自己的城市、自己的社会集团、自己的宗族，甚至同自己的家庭，都没有任何重要的联系。他不感觉自己是整个社会的一部分。他是被遗忘在他人世界里的孤独的人。而且在这个世界里，他没有任何使命。独自性和孤立性是希腊小说中人的形象的重要特征。这个特征同传奇时间、抽象空间不可避免地联系在一起。在这一点上，希腊小说的人与古希腊罗马文学此前的诸文体里那种公共的人有截然的原则上的不同，其中也不同于旅游地理小说里公共性、政治性的人物。

与此同时，希腊小说里的独自孤立的人，单从外表上看许多地方表现得像一个公共的人，恰似雄辩体和历史体著作中那种公共性的人。这种人可以发表长篇的雄辩讲话，不是以隐秘的自白而是以公开的报告形式，讲述自己爱情、行动和奇遇的私人隐秘细节。最后，在大多数小说中，法庭审判占有重要的地位。通过法庭审理，总结主人公们的经历，对他们始终如一的特性给予法律上的肯定；特别是要肯定他们身上的主要之点：对相互的爱情始终不渝（其中包括女主人公的保持贞节）。其结果，小说所有主要的因素，都获得了公开的雄辩的说明和证实（得到辩护），从整体上获得了最终的法律上的鉴定。不仅如此，如果我们问一句：归根结底是什么决定着希腊小说里人的形象的始终如一？那我们就应该回答：这种始终如一恰恰带着法庭雄辩的性质。

然而，这种公共场合的法庭雄辩因素是一种外表的性质，不符合人的形象所具有的内在的实际内容。形象的这一内在内容，却完完全全是私下独自的东西，因为主人公基本的生活状况、他追求的目的、他的一切感受和行动，具有完全个人的性质，没有任何社会政治意义。要知道这个内容的基本核心只是主人公们的爱情，以及这爱情经受的内在和外在的考验。而所有其余的事件在小说中所以还有意义，只是因为它们同这一内容核心有关系。很能说明问题的是，甚至像战争这样的事件能具有自己的意义，完全是由于同主人公们谈情说爱有关。例如，《列弗基帕和克里托封》这部小说中的情节，是从拜占庭人和法兰克人发生战争开始的，由于有这一场战争，列弗基帕才来到克里托封的父亲家里，他俩得以初识。小说结束时又提到这场战争，因为战争结束了才举行宗教仪式来纪念阿尔杰米达，是这场仪式使得折磨和绞杀克里托封的行动停了下来。

这里很能说明问题的一点是：并非个人生活里的事件服从社会政治事件，而且依靠社会政治事件才为人们所理解；相反，社会政治事件在小说里所以获得了一定意义，就是因为它同个人生活事件有关联。而且小说里也仅仅描写它与个人命运的关系，至于它本身的社会政治实质，却被排除在小说之外。

这样，人物形象在公共雄辩体中的统一性，便同它的纯属私自的内容产生了矛盾。这个矛盾对希腊小说来说是非常典型的。下面我们可以看到，就是对后来的某些雄辩体来说（其中也包括自传体），这个矛盾也是很典型的。

古希腊罗马时期根本没有为私自的人及其生活创造出恰当的形式和统一体。当生活变成了个人的生活，人们相互孤立起来，而这个私自的内容开始充塞文学的时候，这一内容仅仅在小型的叙事抒情体裁里，在小型的生活体裁（生活喜剧和生活故事）里，为自己创造了恰当的形式。在各种大型体裁中,孤立之人的私下生活被装进了外在的并不恰当的形式里。这形式因此是一种假定性的和形式主义的东西,或者表现为公众的国家的形态,或者表现为公共雄辩的形态。

到了希腊小说中,人及其所经历事件在公共雄辩体中的统一性,同样具有外的形式主义的和假定的性质。总的说来,我们在希腊小说中发现的所有种种不同成分(包括来源不同和本质不同),能够汇合成几乎百科性的大型体裁,只有靠极端的抽象化,靠描写得笼统,舍弃一切具体的和地域性的东西。希腊小说的时空体在各种大型的小说时空体中是最为抽象的。

这一最抽象的时空体同时又是一种最静止的时空体。在这个时空体里的世界和人,是绝对现成而毫无变动的。任何形成、成长、变化的意向,在这里都找不到。小说描写的情节发展到结尾,世界本身没有任何东西会被消灭,或者被改造,或者起了变化,或者重新建立。这里只是证实了原来的一切一如过去。传奇时间不留痕迹。

古希腊罗马小说的第一种类型便是这样。它的有些方面,当我们论及把握小说时间的方法如何进一步发展时还要谈到。我们已经指出,这一小说类型,特别是它的某些因素(例如传奇时间本身),在后来的小说发展史上具有巨大的生命力和灵活性。

二 阿普列乌斯和彼特罗尼乌斯

现在来看第二种类型的古希腊罗马小说,我们姑且称之为"传奇世俗小说"。

属于这一类的,严格说只有两部作品:彼特罗尼乌斯的《萨蒂里孔》(现仅存一些片段)和阿普列乌斯的《金驴记》(保存完整)。不过这一类型的重要因素在其他不同文体中也有体现,主要是在讽刺作品里(以及在希腊化时代的刻薄责难的发言中),此外还在早期基督教生活言行录文学的某些变体里(充满诱惑的罪孽生活,而后是危机和人的堕落)。

我们以阿普列乌斯的《金驴记》作为分析第二类古希腊罗马小说的基础,然后我们还将论及这类小说流传下来的其他变体的特点。

第二类中首先引人注目的,是传奇时间和世俗生活时间的结合;这也正是我们在"传奇世俗小说"这个名字里所要反映出来的。不过,这里当然不会是两者机械的结合(相加)。传奇时间也好,世俗生活时间也好,在这种结合中处于这类小说所创造的完全新型的时空体条件下,都要发生重要的变化。于是这里形成一种新型的传奇时间,它与希腊小说截然不同,又是一种特殊的世俗生活时间。

《金驴记》的情节,绝不是现实生活中两个相邻时点之间的那种超时间的空白。恰恰相反,正是主人公(鲁巧)生活道路的主要关节成了这部小说的情节。但这一生活旅程的描绘,有着两个特点,这两点正好就决定了这部小说里时间的特殊性质。

这两个特点是:(1)鲁巧的生活旅程以"变形"为其外表;(2)生活旅程本身便同现实中鲁巧借驴形流浪的历程融为一体。

以变形为其外表的生活道路,在小说中既体现在鲁巧生活道路的基本情节之中,又体现在插入的关于小爱神和普苏克的故事中;这个故事是与基本情节意思相同的并行不悖的变体。

变形(转化)——基本上指人的变形——与同一(也基本上指人的前后一致),属于阶级前社会世界民间文学的瑰宝。在民间文学里人的形象中,转化和同一实现了深刻的结合。这种结合的特别清晰的形式,保留在民间童话中。童话中人的形象(不管民间童话是多么纷繁多样),总是建筑在转化和同一的情节之上(同样也不管这一情节包含着怎样不同的具体内容)。转化和同一的情节,从人身上转移到整个人类世界中,即大自然和人们自己创造的事物上。在民间童话的时间里,通过人的形象揭示出这种转化和同一。这个民间童话时间的特点,我们将在下面讲到拉伯雷时再作分析。

变形思想在古希腊罗马的土壤上经历了非常复杂的繁衍发展的道路。这条路线的一个分支,就是希腊哲学。在那里,转化思想与同一思想一道①,起着巨大的作用;而且这些思想寓身于重要的神话外壳中,一直流传到德谟克利特和阿里斯托芬时代(即使在他们作品中也未能完全克服)。

另一分支是变形(转化)思想向宗教方面发展,表现在古希腊罗马的宗教神秘剧中,首先是埃莱夫西诺斯(地区)的神秘剧中。在其后的发展中,古希腊罗马的宗教神秘剧越来越多地受到东方宗教的影响,受到东方宗教特殊的变形形式的影响。基督教里最初的变形形式,也出现在这一发展过程中。属于这一类的,还有公元1至2世纪异常普及的粗俗的魔幻变形形式,它们被各种巫师利用,成了一个时代经久不衰的生活现象。

第三个分支是变形情节在民间文学自身中的进一步发展。这种民间文学作品自然没有流传到我们今天,但我们从它们的影响、它们在文学中的反映,可以感到它们过去的存在(如在小爱神和普苏克故事中的反映)。

最后则是第四个分支,是变形思想在文学中的发展。在这里与我们有关的,正是这第四个分支。

不言而喻,变形思想在文学中的这一发展,不可能不受到上述变形思想发展的所有其他道路的影响。只要指出埃莱夫西诺斯的宗教神秘剧传统对希腊悲剧的影响,就可以说明问题了。自然,哲学中的变形形式给予文学的影响,还有我们已经指出的民间文学的影响,都是毋庸置疑的。

在变形(转化)的神话外壳中,包含着发展的思想,而且不是直线的发展,是跳跃的发展,带有跳跃的集结点;于是也就包含着时间流动

---

① 赫拉克利特作品中蜕变思想占主导地位,在埃莱夫西诺斯作品中则是同一思想占主导地位。在法列斯、安纳西曼德、安纳西门的作品中,变形是以首要因素为基础的。——原编者

的某种特定形式。不过这一发展的思想内容十分复杂,所以才引发出来不同类型的时间序列。

如果我们考察一下这一复杂的神话的变形思想在赫西奥德作品里艺术上如何产生了分化(根据《工作和时日》,也根据《神谱》),那么就可以看到从这一思想里衍生出一个特殊的物种起源的时序,即不同时代和世代交替的特殊时序(神话中说有五个时代:黄金时代、白银时代、青铜时代、特洛伊时代和黑铁时代);还衍生出自然界变形的不可逆转的时序、种子变形的循环时序、葡萄藤变形的类似时序。不仅如此,农业劳动生活的循环时序在他的作品中同样是作为某种"农夫变形"来组织的。就这样,我们仍未能数遍在赫西奥德作品中发展着的所有时序,亦即把变形当作最重要神话现象而从中衍生出来的各种时序。所有这些时序的一个共同点,是同一事物的相互完全不同、完全不像的形式(或形象)在交替(或是在接续)。例如,在系谱形成过程中,赫罗诺斯①时代为宙斯时代所取代;不同时代和不同时代的人们绵延不绝(如黄金时代、白银时代等等);一年的四季不停地循环。

不同时代、不同世代、不同季节、不同的农事气节的诸多形象,相互间有着深刻的区别。但在所有这些区别之后,却保存了系谱形成过程的统一、历史过程的统一、大自然的统一、农事活动的统一。

赫西奥德对变形的理解,正像在早期各种哲学体系和古典宗教神秘剧中一样,是相当广泛的;"变形"一词在他的作品中,也绝非专门只指一种事物一次神奇地(近乎魔幻地)转化为另一事物;这样一种理解是属于罗马和古希腊时期的。这个名词在前面所说的意义上,只是当变形思想发展到晚期的一定阶段上才出现。

对晚期的这一阶段来说,有代表性的是奥维德的《变形记》。这里的转化几乎已经成了个别孤立事物的局部变化,具有了突然神奇地改变外形的性质。从整个宇宙演化和历史过程(从在混沌中创造宇宙,直到恺撒变为星辰)的角度来进行描绘——这一思想保留了下来;但

---

① 古希腊语词,意为时间。——译者

实现这一思想的途径，却是从全部神话和文学遗产中抽取一些个别的互不相关的但有鲜明外在表现的变形事例(狭义的变形)，把它们摆成一个没有任何内在统一性的序列。每一个变形都是自满自足的，构成一个封闭的艺术整体。变形的神话外壳，已经无力把不同的巨大而重要的时间序列结为一体。时间瓦解成了一些孤立而自足的时间片段，它们被机械地组合成一个序列。同样的情形，即古希腊罗马时间序列的神话统一体遭到瓦解，还可见于奥维德的《吉日》中(这部作品对于研究罗马和希腊化时代的时间感受具有巨大意义)。

在阿普列乌斯的作品中，变形具有了更加个别而孤立的性质，已经可以直说是魔幻的性质。变形过去具有的那种广阔含义、那种巨大力量，几乎是踪迹全无了。变形成了理解和描绘脱离开宇宙和历史整体的个别人命运的形式。但即或如此，特别是借助于直接的民间文学传统的影响，变形思想还保持着足够的力量，足以把握住人的生活命运的整体，以及这一命运中基本的转折关头。这一点恰恰是变形思想在小说体裁中的意义所在。

至于说到变形的特殊形式本身(指鲁巧变驴，又变回人形，还有他那宗教神秘剧似的净化)，那么这里并不是对它深入进行实质性分析的地方。从我们的任务来看，这种分析是并不需要的。再说，人变驴形的来由本身就极其复杂。阿普列乌斯对这一变形的理解如何，也很复杂，至今没有完全弄清楚。所有这一切，对我们的论题来说，不具有重要意义。我们感到重要的，只是这种变形在构筑第二类小说中的功能。

这里以变形为基础，形成了一种描绘方法，即表现整个人生时只描写它那基本的转折性的危机的时刻，就是人怎么变成了另一种人。同一个人以不同的、截然不同的形象出现，并在这个人身上结合起来，代表着他生活旅程上的不同时代、不同阶段。这里不见严格意义上的成长过程，有的只是危机和再世为人。

这一点就决定了阿普列乌斯情节不同于希腊小说情节的主要区

别所在。阿普列乌斯描写的事件,决定着主人公的生活,而且是他的整个生活。当然,这里不是描绘从幼年到老死的整个一生,因此这里没有完整的传记性的生活。在危机型小说里,仅仅描绘决定一生命运、决定生活整个性质的一点或两点。与此相对应,小说给同一个人塑造两个或三个不同的形象;这不同的形象既是被人物的危机和变样所分隔,又为它们所连接。阿普列乌斯在情节主线中写出了三个鲁巧的形象:变驴前的鲁巧、驴形的鲁巧、得到宗教神秘剧似的净化和新生的鲁巧。在辅助的情节线索中,有两个普苏克的形象:经受赎罪的苦痛得到净化之前,和在这之后;这里写了女主人公蜕化的循序渐进的道路,但这个过程并没把女主人公分解成三个截然不同的形象。

在也属上述类型的早期基督教的危机型言行录中,一般也是只将一个人塑成两个形象——被危机和再生所分割和连接的形象:一个是罪人形象(变样前),一个是皈依教规的圣人形象(在危机和再生之后)。有时也出现三个形象,那就是在特别突出和描绘这样一个生活片段的时候:经受净化的苦痛、禁欲、自我斗争的时候(相当于鲁巧人身变驴形的阶段)。

由此可见,这种类型的小说不是在严格意义上的传记时间里展开。它只描绘人生中特别的完全异常的一些时刻,而这些时刻同整个漫长的人生比较起来,是极其短促的。然而恰是这些时刻既决定着此人最后的形象,也决定着他后来整个生活的性质。但最为漫长的生活,充满他生平经历和事业劳动的生活,将在再生之后出现,因而也就超出了小说的范围。例如鲁巧在经过三次授职之后,走上了教师和祭司的传记性的生活道路。

这就决定了第二种传奇时间的特点。这不是希腊小说的那种不留痕迹的时间。相反,这种时间在主人公身上和他的整个一生中,要留下深刻而不可磨灭的印记。可与此同时,它又是传奇时间;这是特殊的异常事件的时间,而这些事件是受机遇决定的,其特点就是偶然的同时性和偶然的异时性。

但这个机遇的逻辑在这里要服从另一个涵盖它的最高的逻辑。的确也是这样。女术士的女仆弗季达(亦译福娣黛)偶然地拿错了药盒,把变驴子的外敷药误当作变鸟儿的药交给了鲁巧。恰巧这个时候,家里偶然地没有了能使驴变回人的玫瑰花。赶巧这天夜里偶然来了强盗,把驴子赶走。在后来驴子自身的一切奇遇以及它那些不断变换的主人们的奇遇中,机遇继续在起作用。偶然性一次又一次妨碍驴子变回人形。然而,机遇的威力和它的主动权是有限度的,它只能在限定的区域内起作用。不是机遇,而是好色、是青年的轻浮、是"不当的好奇",促使鲁巧去玩可怕的巫术。这是他自己的过错。是他出于不当的好奇心,使机遇得逞。因此,最早的主动者是主人公自己,是他的性格。这种主动性当然不是积极的创造性的(这一点十分重要);这是做错事、入歧途、犯错误的主动性(在基督教言行录中,还是犯罪的主动性)。同这一遭到否定的主动性相对应的,还有主人公的第一个形象,即年青轻浮、放荡好色、玩乐好奇的人。他把机遇的威力招惹到自己身上来。由此可见,传奇序列中的头一个环节不是由机遇决定的,而是由主人公自己和他的性格决定的。

就是最后一个环节,即整个传奇序列的结尾,也并非机遇决定的。鲁巧是被爱希斯女神救的,她给他指出要怎么做才可能恢复人形。爱希斯女神在这里不是"幸运的机会"(如希腊小说中的天神)的同义语,而是鲁巧的导师;她引导鲁巧净化,要求鲁巧完成完全确定的一些净化仪式和禁欲。有一点很说明问题:阿普列乌斯作品中的幻象和梦境,比起希腊小说来具有另一种意义。它们在那里把上帝意志或机遇意志传达给人们,不是为了让人们防止命运的打击,采取一定的对策,而是"为了让他们能轻松地经受自己的痛苦"(阿克里斯·塔提俄斯)。因此在阿普列乌斯作品中,梦境和幻象不能够激励主人公们去从事任何活动。相反,梦境和幻象昭示主人公们,要改变自己的命运他们应该做些什么和怎么做,换句话说是强迫主人公们去完成一定的行动,表现出积极性来。

这样一来，传奇链条里的第一环和最后一环，都不在机遇的控制之下。由于这个缘故，整个链条的性质也就发生了变化。它变得作用显著，既改变了主人公其人，也改变了他的命运。主人公经历的一系列奇遇，不仅仅证明了他的一贯统一，而且塑造出净化和再生的主人公的新形象。因此，在各次奇遇的范围内起主宰作用的偶然性，也获得了新的意义。

在这方面，鲁巧复现人形之后爱希斯祭司的话是很有代表性的："你看，鲁巧，经过命运给你安排的那么多不幸，担了那么多风险，你终于得到了平静的生活，找到了仁慈的上帝。出身、地位、你的那些学问，对你都没有用。因为由于你的年轻，欲望成了淫色的俘虏之后，还是受到了命运的报复，惩罚你不适宜的好奇心。不过，盲目的命运在用种种险恶折磨你的时候，自己无意之中把你引向了真正的幸福。让这种命运去发怒吧，它得另找一个牺牲品肆虐了。因为在献身于我们最高女神的人们当中，没有给致命的偶然性以立足之地。命运让你同强盗、野兽打交道，让你当奴隶，四面八方全是严酷的经历，每日每时都等待死神，可它自己得到了什么好处呢？如今你得到了另一种命运的保护，这个命运已是看得见的，而不再是盲人；它的光芒甚至普照着其他的天神。"（《金驴记》，第 11 卷）

这里明确指出了鲁巧自身的过错，是这一过错使他沦于机遇（"盲目的命运"）的控制之下。这里还明显地表现出对立，一方是"盲目的命运""致命的偶然性"，与之对立的另一方是"看得见的命运"，也就是拯救了鲁巧的女神的指引。最后，这里还清楚地揭示出"盲目的命运"的含义；这种命运的神通，一方面受到鲁巧本人过错的局限，另一方面也受到"看得见的命运"即女神祖护的局限。这个含义就是"命运的报复"和通向"真正幸福"的道路；是这种"盲目的命运""自己无意中"把鲁巧引上这条道路。所以说，整个的传奇序列可以理解为惩罚和赎罪。

在平行的情节（小爱神和普苏克的故事）中，传奇和神话的序列也完全是这样组织起来的。作为序列里第一环的,这里也是普苏克本人的过错;最后一环则是天神的保佑。普苏克的奇遇和神话般的考验,被看作是惩罚和赎罪。机遇的作用、"盲目的命运"的作用,在这里受到更多的限制和控制。

总而言之,传奇序列连同它的偶然性,在这里完全服从于一个涵盖它、阐释它的序列:过错—惩罚—赎罪—幸福。这个序列已经完全受另一种逻辑(不是传奇的逻辑)所支配。这一序列积极有力,首先就决定着蜕变本身,即一个主人公身上多个形象的更替:轻浮玩乐好奇的鲁巧—受难的驴形鲁巧—净化和醒悟的鲁巧。其次,这一序列还具有一定形式和一定程度的必然性(而在希腊的传奇序列里,连一点必然性的影子也没有):在过错之后,是带有必然性的报复;而在承受报复及其必然性之后,则是净化和幸福。再次,这个必然性又是人类的必然性,不是在人类之外的机械的必然性。这个过错是由其人的性格引起的,而报复作为净化人、改善人的一种力量,同样是必然得有的。做人的责任心,是整个这一序列的基础。最后,同一人不同形象的更迭,使这一序列在写人方面具有了重要性。

所有这一切决定了这一序列较之希腊传奇时间有着不容置辩的优越性。这里在蜕变的神话基础上,做到了能把握时间的某些较为重要和现实的方面。时间在这里不只是个技术问题,这不是把可以转换倒置的、内在没有限制的日子、时辰、瞬息简单地排列起来。在这里,时间序列是一个重要而不可颠倒的整体。结果也就失去了为希腊传奇时间所固有的那种抽象性。相反,这个新的时间序列要求叙述的具体性。

不过除了这些积极方面以外,也还有很大的局限。这里的人如在希腊小说中一样,是独自的孤立的个人,因此,无论过错、报复、净化、幸福,无不带有独自的个人的性质;这是个别人的私事。这样的人,他的积极性也缺乏创造的成分,只有消极的表现,如鲁莽的行为,如错误,如过失。所以,整个序列能起的效用,也只局限在这个人的形象和他的命运上。如同希腊传奇序列一样,这个时间序列在周围的世界里也不留下任何印记。这样一来,人的命运和世界之间的联系只具表面的性质,人的变化、人经受的蜕变完全与世界无关;世界自身是不变的。因此蜕变带有局部的非创造的性质。

由于这个缘故,小说中基本的时间序列,尽管如我们所说是不可颠倒的,是完整的整体,却又是封闭的孤立的,没有受到历史时间的限定(即是说没有进入不可颠倒的历史时间序列,因为小说还根本不知有这种历史时间序列的存在)。

这部小说中的基本的传奇时间就是这样。然而小说里又有世俗生活时间。它的性质如何?在小说整体中是如何与我们分析过的特殊的传奇时间结合起来的呢?

小说首先的一个特点,是人的生活道路(指其基本的转折关头)同他的实际的空间旅程即他的流浪,融合到了一起。这里把"人生道路"这个隐喻变成了现实。这条道路处于自己熟悉的祖国领土上,丝毫没有异乡情调,没有格格不入的异邦事物。于是形成了一种独具特色的小说时空体,它在这一体裁的发展史上起过巨大的作用。它的基础是民间文学。人生道路这一隐喻以各种形式变成现实,这一点在一切民间创作中都起着重大作用。简直可以说,在民间创作中道路从来不只是简单的道路而已,它要么是整个的人生道路,要么是人生道路的一部分;选择走的路就是选择人生道路;十字路口总是民间创作中人物一生里的转折点;离家上路和返乡,通常就是人生中不同的年龄段(出门是青年,返乡是成人);路上的标记便是命运的标记,如此等等。所以小说中的道路时空体才那么具体,那么自然而然,那么深刻地渗透着民间文学的情节。

人在空间中的移动,人的流浪漫游,在这里失去了我们在希腊小说里看到的那种抽象的纯技术的性质;那里只是为了把空间标志和时间标志结合起来(近——远,同时——异时)。空间在这里变得具体了,并且充塞了更为重要的时间。空间充满实在的生活意义,变得对主人公及其命运至关重要。由于这一时空体内涵充实,所以像相逢、分别、相遇、逃跑等因素在其中都具有了新的意义,比过去远为具体的意义,远为深刻的时空体的意义。

正是道路时空体的这种具体性,才使在这时空体中广阔展现日常生活成为可能。不过这个生活可以说处于道路的旁边,处于道路的支岔上。主要的主人公本人和他生活中的基本转折关头,都远在这个日常生活之外。主人公只是观察这个生活,偶尔作为异己力量闯入其中,偶尔自己戴上日常生活的假面具,但从本质上看他同日常生活无关,也不由日常生活所决定。

主人公自己经历的,是超日常生活的非常的事变;这些事变是由过错—报复—赎罪—幸福的序列所决定的。鲁巧便是这样一个主人公。但在报复—赎罪的过程中,即正是在蜕变的过程中,鲁巧被迫沦入底层生活,在里面扮演了一个最低下的角色,甚至不是奴隶的角色,而是一头驴子的角色。作为一头干活的驴子,他沦落到最低贱的生活中;他跟着赶牲口的人,他在磨坊主那儿转圈推磨,他给菜园主人干活,给大兵干活,给厨师干活,给面包师干活。他经常忍受毒打,被那些狠心婆娘(赶牲口人和面包师的妻子)虐待。但他做这一切都不是作为鲁巧,而是作为驴子。到小说结尾,他摆脱驴形,在庄严的行列里重新回到超出日常生活的崇高的人生领域。不仅如此,鲁巧身处日常生活中时,是他的假死期(亲人以为他已死去),而脱离日常生活则是他的重生。要知道鲁巧蜕变所包含的古老民间文学的内核,就是死亡、下地狱和复活。这里的日常生活正相当于地狱、坟墓(《金驴记》的所有情节,都可以在神话中找到对应的故事)。

主人公同日常生活的这样一种关系,是第二类古希腊罗马小说的一个极其重要的特点。这一特点也保留在这类小说后来的整个发展历史中(当然有所变化)。其中的主要人物,实质上总是不参与日常生活,他像是另一世界的人超越着日常生活领域。多数情况下这是个骗子,他不断变换各种日常生活的假面,在日常生活中并不占有任何确定的位子,是在戏弄日常生活而非认真对待。这或者是流浪演员,是化装的贵族,或者是一个生来高尚却不知自己出身的人("拾来的孩子")。日常世俗生活是一个低下的生存领域,主人公在那里面一定力图解放,他内心无论如何不能同这个领域融合。他有着不寻常的超越世俗生活的人生道路,其中只有一个阶段是通过日常生活领域的。

当在低下的日常生活里扮演最下贱角色的时候,鲁巧内心里是没有参与世俗生活的,正因此才能更好地观察和研究这一生活的全部奥秘。对他来说,这是研究和认识人们的经验。鲁巧说:"忆起当驴的时候,我自己怀着一种强大的感激之情,因为在这张皮的掩护下经受了变化多端的命运,我变得如果不是更理智了,至少是更有经验了。"

要察看日常生活的隐秘,毛驴的地位特别有利。毛驴在场时,谁也不会难为情,能完全地表现自己。"在痛苦的生活中,我唯一的一点慰藉,就是靠了我天生的好奇心,观赏人们如何不顾忌我在场而自由地说话行动,为所欲为。"(第9卷)

此外,毛驴在这方面的优越之处还在于它的耳朵。"我虽然很生弗季达的气,是她犯了错误,把我变成了一头驴而不是一只鸟,可我在这痛苦的化身里有了唯一的安慰:由于双耳很大,我能把远处的声音听得清清楚楚。"(第9卷)

小说里对毛驴的这种特殊处理,是具有重大意义的一个特点。

鲁巧观察和研究的那种日常世俗生活,完完全全是个别的私人的生活。从实质上看,其中没有丝毫可公之于众的成分。那里的一切事件,都是孤立的人们的个人私事,因为这些事不可能发生在"世人"面前,不可能在大庭广众之中,不可能在人群之中。这些事不能在广场上公之于众,公之于民。除非这是刑事犯罪,才会对公众有一种特殊的作用。私人生活中有一种因素,会迫不得已地公之于众,这就是刑事犯罪。其余的则都是床帏的隐秘("狠心婆娘"的偷情、丈夫的阳痿,等等)、发财的秘密、生活中的小骗术等。

这样的私人生活就其本质来说,是不能留一席之地给观察者、"第三者"的，不能使外人有权经常地观看、议论、评价。这生活只关在四壁之中，只现于两双眼睛。而公开的生活、任何有某种社会意义的事件，本质上就倾向于公之于众，一定要求有观众在场，有评说的裁判者在场。事件中总有他的位子，他是事件必需的(不可少的)参加者。公开的人总是生活和行动在世人面前，他生活里的每一个因素本质上原则上都是可以公之于众的。公开的生活和公开的人，就其本性说就是开放的、可闻可见的。公开的生活还具有极其繁多的形式来公开自己，介绍自己(在文学中也是这样)。因此这里完全不会出现这样的问题：特别安排一个观察倾听这个生活的人("第三者")，用特殊形式使这一生活公之于众。由于这个原因，古典的古希腊罗马文学(这个文学写公开的生活和公开的人)根本就提不出这样的问题来。

可是当私下的人和私下的生活进入文学之后(希腊化时代)，这类问题就不可避免地要提出来。文学形式自身的公开性和它内容的私人性两者之间产生了矛盾。于是开始了形成私人体裁的过程。在古希腊罗马时代，这个过程没有完成。

当关系到大型史诗形式("长篇史诗")时，这个问题就变得特别尖锐了。正是在解决这个问题的过程中，才出现了古希腊罗马的长篇小说。

写进小说的那种纯粹私人性的生活，不同于公开的生活，从本质上就是封闭的。对它事实上只可能是窥视和偷听。私人生活的文学，实际上是窥视和偷听的文学，想知道"别人是怎么生活的"。这个生活要么可以在刑事案审判中披露出来，或者干脆把刑事审判(以及侦察形式)写进小说，而把刑事犯罪写进私人生活中；也可以采取间接和假定的办法(半隐蔽的形式)，利用证人的证词、被告的供词、审讯文件、罪证、侦察的推理等形式。最后还可以利用私人生活中和日常生活中形成的私下交流和自我揭示的形式，如私人书信、隐秘的日记、自白。

我们已经看到希腊小说是怎样解决描绘个人生活和描绘私下之人这个问题的。希腊小说使用外在的并不符合实际的当众雄辩体的形式(这形式当时已失去了生命力),来表现私下生活的内容。这一点也只有在希腊传奇时间的条件下,在整个描绘具有极端抽象性的条件下,才可能做得到。此外,希腊小说在这种雄辩体的基础上,又引进了刑事审判,后者在小说中起着十分重要的作用。希腊小说部分地还利用了日常的交往形式,如书信。

即使在那以后的小说发展史上,直接和间接形式的刑事审判,以至刑事法庭的各种范畴,也都起过巨大的组织作用。相应地,在小说的内容中,刑事犯罪也起着巨大的作用。小说的不同形式和不同变体,以不同方式利用各种法庭审讯的范畴。为了说明这一点,只需指出两种小说:一是传奇侦探小说(侦察、犯罪痕迹、案情推理),一是陀思妥耶夫斯基的小说(《罪与罚》《卡拉马佐夫兄弟》)。

法庭刑事的诸范畴在小说中(作为揭示和公开私人生活的特殊形式)的意义和不同的运用方法,是小说史上一个有趣而又重要的课题。

在阿普列乌斯的《金驴记》里,刑事犯罪的因素起着重大作用。某些穿插其中的故事,直接就是讲刑事犯罪的(故事第六、第七、第十一、第十二)。但对阿普列乌斯来说,基本的材料不是刑事犯罪,而是能揭露为人本质的私人生活中的日常隐秘,也就是只能窥视和偷听的一切。

正是为了窥视和偷听私人生活,鲁巧变驴的地位才是特别有利的。因此这种地位便成为一个传统,我们在其后的小说史上见过它的各种各样的变体。由人到驴的蜕变,恰好就是留传下来的一种处理主人公的特殊方法,即让主人公在私人日常生活里做"第三者",使他能够窥视和偷听。骗子和冒险家的写法,就是这样处理的;他们内在地都不参与日常生活,在日常生活中没有确认的固定位置,同时却又经历这个生活,被迫研究这个生活的内幕,它的一切隐蔽的动机。但采取这种处理办法,最典型的是取代各种主人的仆人。仆人在主人的私人生活里永远是个"第三者"。仆人主要是个人生活的见证者。对仆人几乎同对驴子一样,是不大顾忌的,同时仆人又理应参与私人生活中一些隐秘的方面。因此在第二类传奇小说(即传奇世俗小说)后来的发展中,仆人取代了驴子。仆人的地位在骗子小说中得到了广泛的利用,从《小癞子》到《吉尔·布拉斯》。在这一经典的(纯粹的)骗子小说的类型中,还继续保留下来《金驴记》的一些其他因素和情节(首先是保留了那种时空体)。在传奇世俗小说的一种复杂化了的不很纯粹的类型中,仆人形象退居第二位,不过它的意义仍然保留着。就是在其他类型的小说(甚至其他体裁)里,仆人形象也具有重要的意义(如狄德罗的《宿命论者雅克》、博马舍的悲剧三部曲等)。仆人是特殊的形之于外的对私人生活世界的一种视点;离开他,私人生活的文学就无法存在。

在小说里与仆人地位相仿的(以功能论),是妓女和交际花(例如笛福的《摩尔·弗兰德斯》和《罗克萨娜》)。她们的地位同样极便于窥视和偷听私人生活,探听它的秘密和隐私的念头。在小说中具有同样意义,却属于次要人物的,还有拉皮条的女人;她通常以讲述人面目出现。如《金驴记》中插入的第九个故事,就是一个拉皮条老妇讲出来的。还可以举出索莱尔的《弗朗西昂》中拉皮条老妇的精彩叙述;这故事就其表现私人生活的现实主义力量来说,几乎可同巴尔扎克媲美(远远超过左拉作品中的类似现象)。

最后如我们说过的,在小说中具有相似功能的,尚有一切冒险家(广义的),包括"暴发户"新贵。冒险家和暴发户在生活里还没占据确定的牢靠的位子,正在寻求私人生活的如愿以偿,如飞黄腾达、发家致富、名声显赫(从"为己"的个人利益出发而扬名)。这样一种地位就促使他们研究这个私人生活,揭示它隐蔽的内幕,窥视和偷听它隐藏最深的秘密。他们是从底层开始走上自己的道路(在这里同仆人、妓女、拉皮条女人打交道,从她们那里知道了生活,"实实在在的生活");然后上升(一般是通过交际花)达到私人生活的顶峰,或者中途失败,或者最终仍是底层的冒险家(贫民窟世界的冒险家)。他们的这种地位非常有利于揭示和表现私人生活的所有阶层和等级。因此,冒险家和暴发户的地位,决定着复杂型传奇世俗小说的结构。从广义上说,索莱尔作品中的弗朗西昂(见同名小说)也是一个冒险家(当然不是暴发户)。斯卡龙《幽默小说》(17世纪)的主人公们,也被置于冒险家的地位上。笛福的骗子小说(名称不很确切)(《大尉辛格里顿》《上校杰克》)的主人公们,属于冒险家。暴发户最早见于马里沃的作品(《农民暴发户》)中。斯摩莱特的主人公们,也是冒险家。特别深刻地体现了和凝聚了驴子、骗子、流浪者、仆人、冒险家、暴发户、演员所处地位的整个特色的,是狄德罗作品中拉摩的侄儿;他提出的,恰是深刻有力、十分精彩的私人生活中"第三者"的哲学。这是这样一个人的哲学:他只知有私人生活,只渴求私人生活,但又不参与私人生活,在其中不占有位置,所以能锐敏地看到它的全部,暴露无遗,能扮演它的一切角色,但不同其中任何一个角色融为一体。

在伟大的法国现实主义者(司汤达和巴尔扎克)作品中,在他们复杂的综合性小说中,冒险家和暴发户所处的地位,仍然保留着自己的组织作用。在他们小说里的次要地位上,也还活动着私人生活中所有其他"第三者"形象——交际花、妓女、拉皮条女人、仆人、公证人、高利贷者、医生。

冒险家、暴发户在英国古典现实主义中(狄更斯和萨克雷)作用不那么重要。他们在这里只是次要角色(一个例外是萨克雷的《名利场》里的蓓基·夏泼)。

需要指出,在我们分析过的所有这些现象中,在某种程度上以某种形式也还保留着蜕变的因素:骗子改变着角色和面具,穷人变成了富翁,无家可归的流浪汉变成了富有的贵族,强盗和小偷变成了忏悔的慈悲的基督徒,如此等等。

除了骗子、仆人、冒险家、拉皮条女人以外,为了窥视和偷听私人生活,小说还发明了其他的辅助方法,有时是十分聪明而精巧的方法,却没有获得典型的和重要的意义。例如勒萨日笔下的跛子魔鬼(见同名小说),掀开房顶,在不允许"第三者"出现的时刻揭露了私人生活。

在斯摩莱特的《亨佛利·克林克》里,主人公同一个完全聋了的英国人结识。有这个英国人在场时,任何人都可毫无顾忌地谈论一切(正和当着驴子鲁巧的面一样)。后来发现,这个凯杜奥列杰尔根本不聋,只是戴上了聋子的面罩,以便偷听私人生活的隐秘。

作为私人生活的观察者,驴子鲁巧占据的异常重要的地位就是这样。那么,这一私人的日常生活是在怎样的时间里揭示出来的呢?

在《金驴记》和古希腊罗马的其他传奇世俗小说里,日常生活的时间绝不是往返循环的时间。一般说在这里看不到同一些因素(现象)的重复,定期地循环。古希腊罗马文学只知道有理想化的日常农事的循环时间,这个时间与自然的和神话的时间交织在一起(后者发展的几个基本阶段就是:赫西奥德—忒俄克里托斯—维吉尔)。小说的日常生活时间同这个循环时间(以及它的一切变体)有着显著的区别。小说生活时间首先完全脱离开了自然(也脱离了自然和神话的系列)。日常生活这样脱离大自然,甚至得到了突出的强调。大自然的主题,在阿普列乌斯笔下只出现在下面的系列里:过错—赎罪—幸福(例如在鲁巧变回人形前海岸上的一幕)。日常生活——这是地狱、是坟墓,这里没有太阳,也没有星空。因此,日常生活在这里被当作真正生活的对立面。日常生活的核心是淫秽,也就是性爱的反面,性爱脱离开了生儿育女,脱离开了世代的接续,脱离开了家庭和家族的建立。日常生活在这里是淫乐的生活,它的逻辑就是淫秽的逻辑。但围绕这个性欲的核心(偷情、情杀等),还安排有日常生活的其他因素:强奸、偷窃、各种欺骗、打斗。

在私人生活的这种世俗旋涡中,时间失去了统一性和完整性。时间被分裂为个别的段落,每个段落只包含个别的世俗情节。一些个别情节(尤其在插入的世俗故事中)也是完整的,有头有尾,但却是孤立的、自足的。日常生活的世界是个分散的支离破碎的世界,其中没有多么重要的联系。这个世界没有贯穿一个具有自己特殊规律性和必然性的时间序列。因此,世俗情节的各个不同时间段,与小说基本的核心序列(过错—惩罚—赎罪—净化—幸福),可说是垂直相交的关系(也就是同惩罚—赎罪这一点垂直相交)。日常生活的时间同这个基本的序列不是平行的关系,也不是交叉的关系;这一时间的各个段落(即日常生活时间分裂而成的时间段)垂直相交于基本序列上,形成直角关系。

尽管这个日常生活时间支离破碎而且非常实际,它却不是绝对的毫无作用。从整体看,这个时间可以理解成是使鲁巧心灵净化的惩罚,而它的个别段落个别情节对鲁巧来说却是向他披露人们本性的一种经验。在阿普列乌斯笔下,世俗生活的世界本身就是静态的,其中没有成长的过程(所以也没有一个统一的日常生活时间)。可是在这个世界里却展示出了社会的多样性。在这个多样性中,还没有揭露出社会的矛盾,但已在孕育这种矛盾。假如这种矛盾揭示出来了,世界就会活动起来,就会获得走向未来的推动力,那样时间就能获得完整性和历史性了。可在古希腊罗马时期,在阿普列乌斯的作品中,这一过程并没有完成。

不错,这一过程在彼特罗尼乌斯作品里向前推进了一些。在他的世界里,社会的多样性几乎已是矛盾的多样性了。相应地在他的世界里也出现了历史时间的萌芽痕迹,即时代的标志。不过即使在他的作品里,这个过程同样远远没有完成。

彼特罗尼乌斯的《萨蒂里孔》,如我们已经说过的,也属于传奇世俗小说中的这一种类型。但传奇时间在这里是同日常生活时间紧密交织在一起的(所以《萨蒂里孔》比较接近欧洲型的骗子小说)。主人公们(恩柯尔皮乌斯等)的流浪和奇遇,不是以明显可见的蜕变为基础,不是以过错—报复—赎罪这一特殊序列为基础。这些在此处被震怒的普里阿波神不断追踪的情节所取代;这个情节与原来的确实极其相近,但程度却变弱了,且又带有讽刺模拟的性质(针对奥基西雅、爱尼流浪的史诗性起因)。不过,主人公们对私人生活的日常行为所取的态度,同驴子鲁巧是完全一样的。他们经过私人生活的日常活动领域,但内心并不参与这一生活。这是一些骗子——暗探、招摇撞骗者、寄生虫,他们窥视和偷听私人生活中一切不顾羞耻之事。私人生活在这里则更加淫荡无度。但我们要重说一遍:在私人生活这一世界的社会多样性中,还不时可见历史时间留下的模糊的痕迹。在对特里玛尔奇奥的筵席的描绘中,在他本人的形象中,已经展示出时代的一些特征,也就是某一个时间整体的特征,这一整体时间能够囊括和组合各个日常生活情节。

在传奇世俗型的传记作品中,蜕变因素上升到了首位(罪过的生活—危机—赎罪—圣洁)。传奇世俗的内容以揭露罪孽生活的形式或忏悔自白的形式出现。这些形式(特别是后一种)已经同第三类古希腊罗马小说毗邻了。

三 古希腊罗马的传记和自传

转到第三类古希腊罗马小说上来,首先必须作一个十分重要的说明:我们所说的第三类,是指传记小说,但只是大型的传记作品,用我们的术语来讲是长篇小说;不过它在古希腊罗马时还没有创造出来。然而古希腊罗马时期已经形成了一系列极其重要的自传和传记形式。这些形式不仅对欧洲传记和自传的发展,而且对整个欧洲小说的发展,都产生了巨大的影响。作为古希腊罗马这些形式的基础的,是一种新型的传记时间,和经历了自己生活道路的特殊结构的新人形象。

下面我们就从这种新型时间和新人形象的角度,来简要分析一下古希腊罗马的各种自传和传记形式。因此我们的综述既不求材料的完全,也不求兼顾所有的方面。我们只谈谈与我们的任务直接有关的问题。

在古典的希腊创作中,我们只举出两种重要的自传。

第一种我们假定称作柏拉图型,因为这个类型最鲜明也最早表现在柏拉图的《苏格拉底申辩论》和《斐多篇》一类作品中。这种自传式人的自我意识的类型,是同严格的神话蜕变形式联系着的。而神话蜕变的基础,是这样一个时空体——"寻求真知者的生活道路"。这种寻求者的生活,分解成准确限定的不同时代和不同阶梯。道路通过自以为是的无知,通过自省的怀疑和认识自己,引向真正的认知(数学和音乐)。

这个早期由柏拉图描绘的寻求者的道路,到了希腊化和罗马时期变得复杂了,因为这个模式增添了十分重要的一些因素:寻求者要通过一系列的哲学学派并要经过考试,道路在作品中要分成不同的时段。这个具有十分重要意义的复杂模式,我们在下面还要谈到。

柏拉图的模式中,也还含有危机和蜕化的因素(先知者的话就是苏格拉底生活道路的转折点)。寻求者的道路如能同灵魂上升去洞察思想的道路模式(《宴饮篇》《斐德罗篇》等)相比较,则它的特殊性会更鲜明地揭示出来。这里明白显露出这一模式的神话和宗族神秘剧的基础。从这又可清楚地看到,前一章我们讲到的"蜕变的故事",也同这一模式有亲密的关系。苏格拉底的道路,从《苏格拉底申辩论》揭示的情形看,就是同一种蜕变通过公开演说体而表现出来。现实的传记时间,在这里几乎完全溶解在这一蜕变的理想时间,甚至抽象的时间里了。苏格拉底形象的重大意义,不是在这一理想的传记模式中展现出来的。

第二种希腊类型,是雄辩体的自传和传记。

这一类型的基础是"Энкомион",即取代了古代哀泣词的安葬词和悼词。追悼词也决定了第一部古希腊罗马的自传——伊索克拉底的辩护词。

讲到这一古典类型,首先必须指出这样一点。这些古典形式的自传和传记,不是书面文学作品,没有脱离开公开发表它们的具体的社会政治行动。相反,它们完全是受这一行动左右的,它们是现实中的人们公开赞扬或公开自我介绍的形诸文字的民众政治行为。因此,这里重要的不仅仅是,甚至主要不是它们内在的时空体(即所描绘生活的时间与空间),而首先是外部的现实的时空体;在这个时空体中,作为公开赞扬或自我介绍的民众政治行为,对自己或他人生活的描绘得到了实现。正是在这个现实的时空体条件下,在这个揭示(公开)自己或他人生活的时空体条件下,人的形象和他生活的形象才可脱颖而出,也才能得到一定的阐发。

这个现实的时空体,便是广场("aropa")。最早在广场上展示和形成了人及其生活的自传式(传记式)自我意识,还是属于古希腊罗马的古典时期的事。

当普希金说舞台艺术"产生于广场"时,他指的是"老百姓"、市场、戏台、酒店汇集的广场,亦即 13、14 世纪及以后几个世纪欧洲城市的广场。其次,他还以为,官方的国家、官方的社会(即特权阶级)以及它们官方的科学艺术(基本上)处于这个广场之外。然而古希腊罗马的广场,本身便意味着国家(而且指整个国家,包括所有的机构)、最高法庭、全部科学、全部艺术;而来到这广场之上的,是全体民众。这是一种令人惊讶的时空体;在这里,从国家到真理的一切高级层次,全都得到具体的体现和表现,全都举目可见。就是在这个具体的、可以说无所不包的时空体里,揭示了考察了公民的整个一生,民众对其进行了公开的检验。

完全可以理解,在这种传记人(人的形象)身上,没有也不可能有任何私下的隐情,任何个人的秘密,任何自我内向的东西,任何纯属个人的东西。在这里人是坦荡无私的,是完全外向的;他身上绝无"仅为一己"的东西,绝无不受公众国家监督和考察的东西。这里一切的一切全是公开的。

完全可以理解,在这种条件下,对他人生活的态度同对自己生活的态度,亦即传记的眼光和自传的眼光,两者之间不可能存在任何原则的区别。后来到了希腊化和罗马时期,当公开的人的统一性解体之后,塔西佗、普卢塔克和一些演说术教师专门提出了一个问题:是否应该允许赞扬自己。这个问题得到了肯定的答复。普卢塔克搜集了自荷马(他的人物就是自我赞扬的)以来的材料,论证了允许自我赞扬的根据,并指出应采取怎样的形式以免引起反感。一位二流的演说术教师阿里斯梯德,同样搜集了有关这一问题的大量材料,得出结论说:骄傲的自我赞扬纯属希腊特征,自我赞扬是完全允许的也是正确的。

不过,很能说明问题的一点是:居然会提出这类的问题。要知道,自我赞扬只不过是最突出最醒目地表现出:传记和自传两种看待生活的态度实际上是一回事。因此,在是否应允许自我赞扬这个特殊问题的背后,还潜藏着一个更具普遍性的问题:对待自己的生活和他人的生活,对待自己和他人,是否应允许采取同一种态度。这个问题的提出,说明了人的古典的整体公共性已经解体,开始从根本上区分传记和自传两种形式。

在人开始萌生自我意识的希腊广场上,还谈不到产生上述的区别。当时还没有内在的人,即"为己之人"(为己之我);没有一种特殊的对自己的态度。人的统一性,他的自我意识,全然是公开的。人整个是由内向外的,这一点丝毫也不夸张。

这种完全的外在化,是古典艺术和文学中人物形象的十分重要的一个特点。它的表现方法极其多样,不一而足。这里想举出一种众所周知的表现方法。

文学里的希腊人,是非常不知节制的(早在荷马作品中就这样)。荷马的主人公们十分强烈十分高声地抒发自己的感情。特别令人惊讶的,是主人公们那么爱哭,又哭得那么响。阿克里斯在同普里阿姆一道的著名一幕中,在帐篷里放声大哭,他的号啕传遍了整个希腊兵营。对这个特点有过不同解释,或者说这是因为心理简单,或者说是文学程式要求的,或者说是荷马词汇的特色所决定的,因为不同程度的感情只能通过指出它外在表现的不同程度来传达;或者说对感情的表达普遍都不很当真(比方大家都知道,18 世纪的人们身为启蒙主义者,却经常地说哭就哭)。问题在于:这一特点在古希腊罗马的主人公形象身上,绝不是孤立存在的;它同主人公形象的其他特点和谐地结合成一体,它有着比一般人们所想的更为坚实的基础。这一特点是公开的人全面外在化(我们在前面已经论及)的一种表现形式。

任何存在对古典时期的希腊人来说,既是看得见的,也是听得到的。从原则上(实质上)说,希腊人不知道有看不见的和无声息的存在。这涉及整个的存在,首先是人类的存在。无语的内心生活,无语的悲痛,无语的思索,这同希腊人是格格不入的。所有这一切(即整个内在的生活)只有形之于外,获得有声的或可见的形式才能够存在。举例说,柏拉图就把思维理解成是人同自己的谈话(《泰阿泰德篇》《智者篇》)。沉默思维的概念,只是在神秘主义的土壤上,才首次得以出现(这一概念溯源于东方)。与此同时,思维作为柏拉图所理解的人同自己的谈话,绝不要求对自己采取一种特殊的态度(不同于对待别人的态度)。同自己的谈话可直接变成同别人的谈话,这里没有任何原则的界限。

人的本身并没有任何听不到、看不见的核心,因为他整个是可以看见可以听到的,整个是外向的。而且根本就没有那种有人参与并且左右着人的但却听不到也看不见的生存领域(柏拉图的思想王国,也整个是看得见听得到的)。至于把统率人生的基本核心归之于不可闻不可见的核心,这同古典的希腊世界观就相去更远了。这一点也就决定了古典的人及其生活具有惊人的完全的外在性。

只是从希腊化和罗马时代开始,人的身上和人身以外的一系列生存领域,才转入无声区,才变得从根本上不可能看见。这个过程在古希腊罗马的土壤上,同样远未完成。很典型的是,怡然自得的奥古斯丁所写的《忏悔录》,在当时都不能"默读",而是要当众宣读,说明希腊广场精神在忏悔形式中还颇有生命力,正是在这一广场上才第一次形成了欧洲人的自我意识。

当我们说希腊时代的人具有完全的外在性时,自然这里采用的是我们自己的观点。希腊人恰恰不懂得我们所作的外在和内在(即听不见看不到的)的区分。由希腊人看来,我们所称的"内在"因素是在人的形象中同人的"外在"因素连成一体的;换句话说,它同样是看得见听得到的,它在自己看来是外在的,别人看来同样是外在的。在这一点上,人物形象的一切因素,性质都是相同的。

但是人的这种完全的外在性,并非是在空白的空间("星天之下,空地之上")里实现的,而是在人类有机的集体中、"在民间"实现的。因此,整个人生存并自我揭示的那个"外在"场所,并不是什么异己的冷漠的地方("世界的荒漠"),却是自己的人民。生存于外在,便是为别人、为集体、为自己的人民生存。人是在人类这个领域中,在人类中一个民族的区域里,完全外在化了的。所以,人这个外在整体的统一性,就具有公共的性质。

所有这一切决定了人的形象在古典艺术和文学中那种独有的特色。所有肉体的和外在的东西在人身上都有了灵性,得到强化;一切精神的和内在的东西(从我们的观点看是内在的),都物质化外在化了。如同歌德的自然一样(对这一自然来说,人的形象恰好是"第一现象"),人"既没有内核,也没有外壳",既不是外在的,也不是内在的。这一点正是他与以后各时代人物形象的深刻区别所在。

在以后的时代里,人开始参与其间的那些听不到看不见的领域,歪曲了人的形象。哑默和隐匿渗入到人的内心,相伴而来的是孤独。个别而又孤立的人,即"自为的人",丧失了公共原则带来的那种统一和完整。他的自我意识失去了广场的民众时空体,再也找不到那么现实的统一而完整的时空体了。所以他就瓦解分裂了,变成了抽象的理想的人。私下的人和他私下的生活中,出现了许许多多领域和对象是根本不可公开的(性领域及其他),或者只能关起房门在亲密者之间表露,只能用假设性的表现形式。人的形象变成了多方面的多因素的人。在他身上区分出了内核和外壳、外在和内在。

下面我们将要证明,世界文学中重新把人完全外在化的尝试,而且是不模仿古希腊罗马形象的尝试,做得最精彩的,要推拉伯雷。

还有另一种尝试，即完全在另一种基础上复现古希腊罗马的完整性和外在性，是歌德做出的。

我们再回来看希腊哀悼词和第一部自传。

我们在前面分析过的古希腊罗马时期自我意识的特点，决定了对传记态度和对自传态度的一致性，决定了这种自我意识的一贯的公共性。不过哀悼词中人的形象是极为简单和美好的，那里几乎不写形成发展的过程。哀悼词的出发点，是一定生活形态、一定地位（统帅、皇帝、政治家）的理想形象。这种理想的形象，是对特定地位所提出的一切要求的总和，要回答统帅应该是怎样的，要遍数统帅的品格和美德；之后在赞颂人物的一生时，恰恰就得揭示所有这些品格和美德。理想同死者形象融为一体。被颂扬的人物形象极其美好，而且一般正是取他成熟和精力充沛的阶段。

就在运用纯熟的哀悼词传记模式的基础上，出现了辩护词形式的第一篇自传——伊索克拉底自传。它对整个世界文学产生了巨大的影响（特别是通过意大利和英国的人道主义者们）。这是向公众所作的关于自己一生的颂扬性报告。这里塑造自己形象的原则，同在哀悼词中塑造故去人物的形象是一样的。基础都是雄辩术教师的理想。雄辩活动本身，就被伊索克拉底称赞为最高形式的生涯。伊索克拉底这一职业性的自我意识，具有十分具体的性质。他说明了自己的物质生活状况，提到了自己作为雄辩术教师的工资。纯属私人生活的因素（从我们的观点来看），狭隘职业的因素（也是从我们的观点看），社会国家的因素，最后还有哲理的思想，在这里都是具体并列、紧密结合的。所有这一切因素全被看成是同一性质的，共同组合成完整统一的美好的人物形象。人的自我意识在这里仅仅是依靠自己个性和自己生活里那些外向的因素，它们的存在既为自己也同样是为他人。自我意识只能到这种因素中去寻求自己的支柱、自己的统一。至于其他的个人隐秘的因素，"一己"的因素，个人独特的因素，自我意识是完全不予考虑的。

这第一篇自传就是由这里获得了一种特殊的规范和教育的意义。结尾处则直截了当地提出了品格教育和文化教养的理想。其实，自传的全部材料都贯穿着规范的教育的角度。

可是不应忘记，创作这第一篇自传的时代，已经是人的那种希腊式公共的完整性开始解体的时代（正如这个时代在史诗和悲剧中所表现的那样）。由于这个缘故，这部作品多少带有了雄辩的形式及抽象的性质。

罗马的自传和回忆录，用的是另一种现实的时空体。它们所依托的生活的基础，是罗马家庭。这里的自传，正是家庭家族自我意识的记录。不过，以家庭和家族为背景的自传体自我意识，并不会变成私下的、个人隐秘的自我意识。它仍保持着深刻的公共性质。

罗马的家庭（贵族家庭）不是资产阶级家庭，后者是全部私下隐秘生活的象征。罗马家庭作为家庭，是同国家直接融为一体的。家长握有一定的国家权力。具有巨大作用的家庭宗族偶像，是国家偶像的直接继续。祖先就是民族理想的代表。自我意识要具体地指向家族和祖先，同时又以后代为目标。家庭和家族的传统必须一代一代传下去。家庭有自己的卷房，保存着家族各代的案卷。自传就是为了使家庭宗族传统世代相传，写好收入卷房里。这就赋予了自传体自我意识以公共历史的性质和国家的性质。

自传体自我意识的这种独特的罗马时期的历史性，使自我意识有别于希腊时期；希腊的自我意识，是以也在广场上的活着的同代人为目标。罗马的自我意识，首先感到自己是已故先辈和尚未进入政治生活的后代之间的一代人。所以它还不那么成形，可却深深地渗透着时代感。

罗马自传（和传记）的另一独特之点，就是 prodigia 的作用，亦即各种征兆及其释义的作用。在这里这不是表面的情节的特点（如在17 世纪的小说中），而是一个十分重要的理解和组织自传素材的原则。与这一特点密切相关的，还有同样十分重要的纯属罗马时期的一个自传体范畴——"幸福"的范畴。

在 prodigia 即命运的种种预兆中,不管这预兆涉及的是人的某件事情或创举,还是整个生活,个人独特的因素总是同公共国家的因素不可分割地结合在一起。prodigia 是国家一切创举和行动在起始和完成时十分重要的一个因素。没有取得征兆,国家是一个步骤也不会采取的。

prodigia 是国家命运的标志,它预示着幸福或灾难。这种标志由此又转移到统治者或统帅的个人身上,因为他们的命运同国家命运密不可分;这种标志同他们个人命运的标志结合了起来。于是出现了手气好的统治者(苏拉),福星的统治者(恺撒)。幸福的范畴在这个土壤上,能够构成生活的内容。它成了个性及其生活的存在形式("相信自己的福星")。这一基础决定了苏拉在其自传中的自我意识。不过我们重复一遍,苏拉或恺撒的幸福就在于此,因为国家命运同个人命运已融为一体。这最不像是狭隘个人的私下的幸福。要知道这是事业中、国家创举中、战争中的幸福。它同事业、同创造、同劳动及其客观的公共的国家的内容是完全不可分割的。因此,幸福的概念在这里还包含我们的"才干""本能"等概念,以及在 18 世纪末的哲学和美学中(荣格、加曼、赫尔德、激情的天才们)表示这一意义的一个特殊概念——"天才"[①]。在以后的年代中,"幸福"这个范畴化整为零,并且私人化了。所有创造的因素、公共的国家的因素,都脱离了幸福范畴。这个范畴成了个人私有的和与创造无关的概念。

与上述这些罗马时期特点并存而且在发挥作用的,还有希腊和希腊化时期的自传体传统。在罗马的土壤上,古代的哀泣词同样为追悼词所取代。这里占主导地位的,是希腊和希腊化时期的雄辩体模式。

在罗马和希腊化时期,一种重要的自传形式,是"关于自己著述"的作品。这一形式如我们已经指出的那样,接受了柏拉图作品中认知

---

① "幸福"的概念中,融合了天才和成功。未被承认的天才,是一个自相矛盾的说法。——作者

者生活道路模式的巨大影响。不过在这里为这一形式找到了完全另一种客观的依托。这里提出了自己作品的目录,阐释了作品的主题,说明了作品在公众中取得的成功,为作品作出自传性的注释(西塞罗、格林等)。一系列的自己的作品,为理解自己一生的时间过程,提供出现实的牢固的基础。通过把自己作品依次排列,反映出了自传时间的重要轨迹,反映出了这个时间的客观化。与此同时,自我意识在这里不是揭示给任何什么人看的,而只是揭示给自己作品的一定范围的读者看的。自传就是为他们写的。自传把注意力集中于自身,集中于自己的生活上,这一点在这里获得了某种起码的完全新型的重要的公共性。属于这一类自传体的,有奥古斯丁的《否认》。到了现代,可以归于这一类的有人道主义者(如乔叟)的一系列作品。不过在其后的各个时代里,这一类型仅仅变成了创作性自传(如歌德)里的一个因素(当然是十分重要的因素)。

以上就是古希腊罗马的几种自传形式,可以称它们是人的公共自我意识的形式。

现在来简单谈一谈罗马和希腊化时代成熟的传记形式。这里首先必须指出亚里士多德对古希腊罗马传记作家们描绘人物方法的影响,具体说是他的隐得来希理论,即最后目的同时亦为发展的最先起因。亚里士多德把目的和开端等同起来的这一原理,不可能不给传记时间的特点以重大的影响。由此得出结论:性格的完全成熟,才是发展的真正开端。这里实行了一种特别的"描绘性格的颠倒法",它排除了性格的真正的成长过程。人的整个少年时期,被说成仅仅是成熟的先兆。只是爱好与效果的矛盾斗争,只是演习美行以使其获得经常性,才给少年时期增添一定的活动因素。这种争斗和这种演练只不过是巩固了性格中已有的品格,却没有创造任何新东西。这里作为基础的,仍然是性格成型的人所具有的稳定不变的本质。

在这个基础上形成了古希腊罗马传记的两种写法。

第一类可称作唯能型。它的基础是亚里士多德对"能"这一概念的理解。完全的生存和人的实质,不是一种状态而是一种行动,一种活动的力量(即"能")。这个"能",就是个性在行动和表现中的展开。而且,人的行动、话语及其他表现,不仅仅是个性某种内在本质的外露(为了他人,为了"第三者"表露);这种个性并非脱离这些表现而独立存在,并非存在于这些表现之前和这些表现之外。这些表现正是个性本身的存在,个性在自己的"能"之外根本便不会存在。离开了自己外在的表现,离开了自己的外露性、成熟性和可闻性,个性便不能成为充分的现实,不能有充分的存在。表现得越充分,存在也就越充分。

因此,要描绘人的生活和性格,不应当靠分析性地罗列人的个性特征(美德或恶行),然后用它们构成一个人稳固的形象;倒是应该靠描绘人的行动、言语及其他的表现。

这种唯能型的传记,以普卢塔克为代表。他对世界文学的影响(还不仅是对传记文学)是异常巨大的。

普卢塔克作品中的传记时间是很特别的。这是揭示性格的时间,却绝不是人的成长和发展的时间①。当然,离开了这种性格的揭示、"示威",人也就不复存在了。不过作为隐得来希,性格是先已确定了的,只能朝着一定的方向展示它。实现性格展示的那个历史现实本身,只是这种展示所处的环境,只是为了人在行动言语中表现性格提供机会,却不能给性格本身以决定性的影响,不能形成性格,不能创造性格,仅仅是实现性格。历史的现实,是揭示和展现人们个性的舞台,仅此而已。

如果就一生中与历史事件不可分离的那些人生经历来说,传记时间是不可倒转的。但如果就性格而言,这个时间是可以倒转的:这个或那个性格特征可以出现得早些或晚些。性格特征本身是没有时序的,它们的种种表现在时间上是可以互换位置的。性格本身既不会长大,也不会改变;它只能是充实,从开初不完整、没显示出来、支离破

---

① 时间是一种现象,而性格的实质存在于时间之外。性格的物质性不是时间赋予的。——作者

碎,最后变得充实完整。由此可见,揭示性格的道路,并不会导致为适应历史现实而改变性格和形成性格;这条道路只能导致性格的完成,也就是说只能充实从一开始就已确定了的性格。这就是普卢塔克型的传记。

第二类传记可称作分析型。它的基础是包含一些特定项目的一种模式,全部传记材料分配在这些项目之中:社会生活、家庭生活、战时表现、对朋友的态度、值得记录的名言、美德、罪过、外貌、风度等等。个性的不同特点和品格,取自主人公一生中不同性质和不同时间的事件经历,分门别类列入上述的各个项目中。每一个特点,都举其人生活中一二事例加以证实。

这样一来,传记的时间序列在这里就被打乱了,因为一项之内列举着一生中不同时刻的事。这里的主导原则,同样是性格的整体性;从这一整体观点来看,整体中这一部分或那一部分表现于何时,排在何时,是无关紧要的。只需开头处写出几笔(性格的头几种表现),就可给这个整体勾勒出明确的轮廓;其余的一切便都安排在这个轮廓之内,或者按时序(第一类传记),或者按系统(第二类传记)。

这第二类古希腊罗马传记的主要代表是斯韦托尼。如果说普卢塔克给了文学特别是戏剧以巨大影响(要知道唯能型传记实质上是戏剧性的),那么斯韦托尼的影响主要是对狭义传记体的,特别是在中世纪(按项目写传记这种类型一直流传到我们今天,如作为人如何,作为作家又如何,作为家庭成员、作为思想家又是如何,如此等等)。

到此为止所分析的所有形式,包括自传体和传记体(在对人所取的态度上,这两类形式之间那时并无原则的区别),都具有至为重要的公共性。现在我们应该看看另一些自传体形式了,那里人的这种公共的外在性已经显出解体之势,孤立个人的私下自我意识开始崭露头角,个人生活的私下领域也开始展现。在古希腊罗马的土壤上,我们在自传方面还只能发现人及其生活私人化的进程刚刚开始。因此,用自传体表现单个人的自我意识,在这里还没有形成新的形式。只是在现有的公共雄辩体形式的基础上,创造出了一些特殊的变体而已。我们看到的基本上有三种变体。

第一种变体是讽刺挖苦地或幽默地描绘自己和自己的生活,采用讽刺体和刻薄责难的讲话体。特别值得举出贺拉斯、奥维德、普洛培尔提乌斯写的广为人知的诗体讽刺自传和自述,其中还包含有对公共的英雄颂赞体形式的讽刺性模拟。在这里,个人的私下的因素披上了讽刺和幽默的形式(因为找不到肯定自己的表达形式)。

第二种变体(从其历史反响来看,是十分重要的变体)可由西塞罗致阿季克的书信来代表。

反映人物形象统一性的公共的雄辩形式日趋衰亡而变成了假定性的官样文字,英雄化和赞扬(及自我赞扬)变成了公式化和装腔作势。此外,现有的公共雄辩体形式实际上没有为描写私下生活留下余地,可私人生活却越来越向纵深发展,越来越闭锁。在这种情况下,私室的雄辩体形式,首先是友好书信便开始获得重大的意义。在友善亲密的氛围里(当然带有一半的假定性),开始展现人们新的个人私室的自我意识。有关对传记生活进行自我意识和表现传记生活的一系列范畴,如成功、幸福、功绩,开始丧失自己原有的公共和国家的意义,转到个人私下的方面来。被纳入到这个新的个人私室世界中的大自然,本身也开始发生重要的变化。于是产生了"风景",也就是作为视野(观察对象)和环境(背景、氛围)的自然;这是完全私下的而且孤单无为的人所面对的视野和环境。这个自然与田园诗或稼穑诗的自然截然不同,更不用说史诗和悲剧里的自然了。大自然进入个人私室的世界,只是作为优美的片段,在人们散步、休憩的时刻,当人们偶然一瞥眼前景物的时候。这些片段的美景融进了有教养的罗马人私下生活的不甚稳定的统一体之中,但却不能像在史诗中和悲剧中那样(如《被缚的普罗米修斯》里的自然)进入大自然的统一强大、灵秀独立的整体中去。这些片段的美景,只可能一幅幅单独地嵌进形诸语言的封闭的景致里去。其他的范畴在这个新的个人私室世界中也都发生了类似的变化。人在其私下生活的细节中感到如鱼得水,他的私下的自我意识也开始依赖这类细节。私下生活的众多细节都开始获得了意义。人的形象开始移向私人生活的闭锁的空间,几乎是幽室隐秘的空间;在这里人的形象失去了庄重的仪态和完全的公共外在性。

写给阿季克的书信就是如此。尽管这样,其中还是有不少公共雄辩体的成分,有的已经僵死只徒有其形了,有的还有生命力,还很重要。在这里,似乎是把未来完全私下的人的一些成分,嵌进(融进)旧的公共雄辩体的统一的人物形象中去了。

最后的第三种变体,可以假定称为斯多葛型自传。首先应把所谓"консолация"(劝慰)归于这一类。它的形式是同劝慰哲学的对话。首先就应该举出没有流传到今天的西塞罗在女儿死后写的 *Consolatio*。属于此类的还有他写的 *Hortensius*。在其后的年代中,我们发现奥古斯丁、波爱修以及彼特拉克都写有这类"консолация"。

其次应归于第三种变体的,有塞内加的书信、马可·奥勒留的自传书(《致本人》)、奥古斯丁的《忏悔录》和他的其他自传性作品。

所有上举作品共有的特点,是出现了对待自己的新态度。这种新态度用奥古斯丁的一个术语来说明是最好不过了——"Soliloquia",也就是"独自对语"。劝慰体里与劝慰哲学的对谈,自然也属于这种独自对语。

这是对待自己本人、对待自身之"我"的一种新态度;它不要见证人,不给"第三者"发言权,不管这第三者是何许人。单独之人的自我意识,在这里寻找支柱和最高的裁决,只能是在自己身上,并且直接在思想领域——哲学当中。这里甚至会出现反对"他人"看法的斗争,如马可·奥勒留的作品。这种"他人"对我们的看法(我们要考虑这个看法并以此来评价我们自己),就是产生虚荣心、沾沾自喜的根源,或者是委屈不快的根源。这种看法搅乱了我们的自我意识和自我评价,应该摆脱开它。

第三种变体的另一特点,是个人隐秘的生活事件所占比重急剧增加。这些事件对本人的个人生活具有巨大意义,对他人的意义则微乎其微,而且几乎全然不具有社会政治意义,例如女儿的死(西塞罗的 *Consolatio*)。在这一类事件里,人似乎从根本上就觉得自己是孤独的。不过,就在公共性质的事件中,也开始强调这些事件的个人方面。与此相关联,富贵如梦、人终一死的问题便突出起来。总的说来,人的生死主题以种种变体形式,开始在人们的自传体自我意识中发挥重要作用。在公共的自我意识中,它的作用自然(几乎)等于零。

尽管有这些新的因素,就连第三种变体在相当的程度上也依旧是公共雄辩体的。到了中世纪才出现的、并在其后的欧洲小说中起到如此巨大作用的那种真正单独的个人,在这里还没有。这里的孤单还是极其相对的、简单的。自我意识在这里还有着相当稳固的公共基础,尽管这个基础部分地已经僵死了。马可·奥勒留是排斥"他人看法"的(在同屈辱不快情绪作斗争时),但他又强烈地感受着自己优越的公共地位,并且骄傲地感谢命运和人们让他有了如此的美德。就连第三种变体的自传形式本身也带有公共雄辩体的性质。我们已经说过,连奥古斯丁的《忏悔录》都要求高声诵读。

上述这些便是古希腊罗马自传和传记的几种基本形式。它们对自传传记形式在欧洲文学中的发展,对小说的发展,都给予了巨大的影响。

四 历史倒置和民间文学时空体问题

在结束对古希腊罗马长篇小说形式的综述时,我们还要谈一下这些小说形式把握时间的共同特点。

在古希腊罗马小说中时间因素的完备情况如何呢?我们已经指出,在任何一个有时间性的形象里(文学中的种种形象,都是有时间性的),时间必须有起码的完备程度。所以更不用说离开时间的进程,脱离与过去和未来的联系,没有完备的时间性,而居然能反映一个时代了。哪里没有时间的进程,哪里也就没有充分意义上和重要意义上的时间因素。如果现今时代脱离开同过去和将来的关系,它就要丧失自己的统一性,就要分裂成一些个别的现象和事物,使它们变成抽象的杂乱无章的堆积物。

一定程度的完备时间,在古希腊罗马小说中也是存在的。它在希腊小说中可以说是不能再少了,在传奇世俗小说里则要多一些。在古希腊罗马小说中这个完备时间有两重性。一方面,它植根于民间神话的完备时间上。不过民间神话这种特殊的时间形式那时已处于瓦解状态,在当时剧烈的社会分化已然来临的条件下,自然不可能包容和如实地表现新的内容。尽管如此,民间文学中完备时间的形式,在古希腊罗马小说里仍在起作用。另一方面,古希腊罗马小说又有新型的完备时间的萌芽,这种完备的形式是同揭示社会矛盾相关联的。对社会矛盾的任何揭示,不可避免地要把时间推向未来。社会矛盾揭示得越深刻,因此也越成熟,那么在作家创造的形象身上时间的完备性也越重要、越广阔。这种现实存在的时间的统一,我们在传奇世俗小说中已见端倪。但它的萌芽是极嫩弱的,不可能完全防止大型史诗的形式瓦解成一个个短篇故事。

这里必须讲讲感受时间的一个特点,它对文学形式和文学形象的发展产生了巨大的决定性的影响。

这一特点首先表现在所谓的"历史倒置"上。这种倒置的实质在于:神话思维和艺术思维把下列范畴限定到了过去的时间里,如目的、理想、正义、完美、人和社会的和谐状态等等。关于天堂、黄金时代、英雄时代、古代真理的神话,后来关于自然状态、自然天生的权利等的认识——这些全是这种历史倒置的表现。如果下个简单些的定义,可以这么说:这里把实际上只在将来能够或应该实现的事,把绝非过去的现实而只是目的和应该实现的事,当作过去已经发生的事来加以描绘。

时间这种独特的"换位""倒置",为人类发展中不同时代的神话思维和艺术思维所共有。它是受一种特殊的时间观念,其中包括未来观念所决定的。要借助未来以丰富现在,尤其是丰富过去。只是现在和过去,才具有实际的现实的力量,才能证实现实。将来的实际则是另一种性质的实际,可以说是变幻无常的实际。"将来时"没有现在时、过去时所特有的那种物质性、坚实性、实在的分量。未来同现在、过去有着不同的性质,不论把未来想象得多么长,它不包含什么具体的内容,它是空泛的、零碎的。因为一切积极的、理想的、应有的、期望的东西都可以通过倒置法转向过去或部分地转到现在,这样一来所有这一切就会变得更有分量,更现实,更令人信服。为了赋予这个或那个理想以现实性,人们便想象它在黄金时代的某个时刻,曾以"自然状态"出现过一次,或者想象它现在就在遥远的某个地方,在远隔重洋的地方;如果不在地上,那就在地下;如果不在地下,那就在天上。人们宁愿把现实(即现在)纵向地向上和向下延长,也不愿时间横向地向前推移。即便这种纵向的延长被宣布为是阴间的理想,是永恒的东西,是超越时间的东西,那也还是要把这超越时间的永恒的东西,想象为与此时此刻、与现在同时存在的东西,即当代的东西,已有的东西。这总比将来要好,比现在尚没有而且过去从未有过的东西要好。确切含义上的历史倒置法,从现实性的角度出发,认为那样的未来不如更有分量、更加牢靠的过去。纵向的彼世的存在,则认为那样的过去不如超越时间的永恒,把这永恒的东西看成是真实的,仿佛已是现代的东西。这两种形式中的任何一种,都以自己的方式抽空和割裂了未来,使未来变得贫血而苍白。在相应的一些哲学理论中,与历史的倒置法相呼应的,是宣扬诸"元素"为全部存在的纯粹本源,宣扬永恒的价值,宣扬理想的超越时间的生存形态。

对未来表现出同样态度的另一种形式,就是世界末日论。这里是用另一方法抽空了未来的内容。未来在这里被想象为一切存在物的终结、生存(包括过去和现在各种生存形式)的结束。在这种态度之下,是把终结想象成惨祸和完全的破坏,想象成混乱、上帝的黄昏,还是想象为上帝天国的来临,那是无关紧要的。要紧的只是:一切现存的东西都要终结,而且末日相对说已经不远。世界末日论对这个终结的看法,总是使得从现在到这个终结之间的这样一段未来时光,变得毫无价值,失去了意义和吸引力,因为这是现在时光的完全无意义的长短无定的延续。

以上就是神话思维和艺术思维对未来态度的特殊表现形式。在所有这些形式中,现实的未来变得空泛而苍白。不过在每一种形式的范围内,可能有价值不等的各种具体的变体。

在考察个别的变体之前,必须明确所有这些形式同现实的未来是什么关系。要知道对所有这些形式来说,整个问题最终还是归结到现实的未来上,也就是归结到现在没有但却应该有的未来上。从实质上说,这些形式是力图把应有的和真正的东西变为现实的东西,给它们以存在,把它们纳入时间之中,把它们当作的确存在而且真实的东西去对抗眼前的现实;这眼前的现实虽然也是存在着的东西,可又是不好的不真实的东西。

这种未来表现为形象,必然只好局限于过去之中,或远移到爪哇国,到大洋彼岸去。它区别于严酷的现今的程度,决定于它在时间或空间上的距离远近。然而这一形象没有脱离开时间本身,没有离开这里实有的物质的现实。相反,倒不妨说,人们所期望的未来,以其全部力量深刻地强化了这里的物质现实的形象,首先强化了活生生的血肉之躯的人的形象,因为人靠着未来而成长,变得比现代人强壮无比("力大无穷的——不是你们"),具有前所未见的体魄、劳动能力;人同自然的斗争被英雄化了,人的冷静现实的头脑被英雄化了,甚至他的良好食欲和饥渴都被英雄化了。人的理想身高和力量,人的理想价值,从来都不脱离开空间的宽度和时间的长度。大人物就连体魄上也是高大的,高视阔步,气宇轩昂,要求有广阔的空间,并以实在的躯体长期生活在时间之中。不错,有时这种大人物在民间文学的某些形式中发生蜕变;这时他变得瘦小,不能在空间和时间里表现出自己的意义所在(他像太阳一样升起,却落进地狱,落入地下),然而最后他总还能在空间和时间里充分实现自己的意义,又成了高大而且长寿的人。我们在这里把真正民间文学的这一特点多少有些简单化了。不过我们是想着重指出:民间文学里没有与时空格格不入的理想境地。一切重要的东西归根结底能够也应该成为空间里和时间里重要的东西。民间文学里的人物,为了实现自己就需要空间和时间。人物整个处于时空之中,在那里怡然自得。任何有意地把理想中的显要同体魄壮硕对立起来的做法,将这理想的显要故意压缩在极小的时空形式里以贬低整个时空的意义——这些同民间文学都是根本格格不入的。同时,还应强调真正民间文学的另一特点:作品中的人本身就是伟大的,不是靠了别人才伟大;他自己就高大有力,一个人能胜利地打退全部敌军(如库忽林在乌拉德的冬眠期),他直接表现出自己截然不同于统治强大人民的瘦小国王,他正是这个强大的人民,这强大是靠的自身的力量。他只是奴役自然,而为他本人服务的只有野兽(野兽也不是他的奴隶)。

人在时空之中的这种成长,以这里讲的(物质的)现实形式出现于民间文学中。但这不仅仅是通过我们上面分析的外形的成长和力气来表现,还采用了非常多样的细腻的形式。不过,这种成长的逻辑,到哪里都是不变的;这是人凭着自己的力量在这个现实世界里直率而诚实的成长,没有任何歪曲贬低,没用任何理想的东西弥补弱点和穷困。关于表现人的各方面成长的其他形式,我们在分析到拉伯雷天才小说时再专门讨论。

所以说,民间创作的幻想是现实的幻想。这个幻想从不越出这里现实的物质的世界,它从不用任何理想的彼世的东西来修补这个世界的不足,它在时间和空间中展开,它能感觉到这广阔的时空并且广泛而深刻地加以利用。这个幻想依靠人类发展的实际可能性,这里的可能性不是指近期实际行动计划,而是指人的潜力和需要,指现实中人的本性所具有的任何时候都不会取消的永恒的要求。这些要求是会永远存在下去的，只要有人在，只要无法压制这些要求。它们是现实的，就像人的本质是现实的一样。所以它们或迟或早不能不为自己打通道路以求完全的实现。

因此，民间口头创作的现实主义，就是对整个书面文学，包括长篇小说来说，也是现实主义取之不尽、用之不竭的源泉。这个现实主义源泉曾经有过特殊的意义，那是在中世纪，又特别是在文艺复兴时代。不过这个问题我们在分析拉伯雷作品时再回过来研究。

五　骑士小说

我们非常简要地谈一谈骑士小说中时间的特点，随之还有时空体的特点（对个别作品我们只好不作分析了）。

骑士小说用的是传奇时间，而且基本上是希腊型的，虽然某些小说又接近阿普列乌斯型的传奇世俗时间（尤其是沃尔夫拉姆·封·埃申巴赫的《帕尔齐法尔》）。时间分割成了一系列的传奇片段。在这些片段内部，时间是抽象的，是从技术的角度组织起来的。时间同空间的联系也是技术性的。这里我们所见的，也是不同事物的那种偶然共时性和异时性，也是那种远近的运用，也是那种卖关子的延缓法。这类小说的时空体，同样也接近希腊型。这个时空体就是多样的他人世界和多少有些抽象的世界。考验主人公（及事物）的统一性（基本上是对爱情的忠贞和对骑士风范的恪守），在这里也起着同样的组织作用。不可避免地又要出现与统一性思想相关联的一些因素：假死、认出与未认出、更名改姓等等（以及利用统一性的更复杂的例子，如《特利斯坦》里的两个伊佐尔达，一个受宠，另一个不受宠）。这里还出现了（最终）与统一性相关联的东方童话式的情节：各式各样的诱惑把人从情节事件中拉出，引他进入另一个世界。

　　与此同时,在骑士小说的传奇时间里(相应地也就在小说整个的时空体里),又有某种很新的东西。

　　在一切传奇时间里,都存在有机遇、命运、上帝等的干预。要知道这个时间本身就出现在正常的现实的符合规律性的时间序列发生断裂的地方(在形成的空隙中)。在那里,这一规律性(不管它是怎样的)突然受到破坏,事情发生了突然的始料不及的转折。在骑士小说里,这样的"突然间"似乎变成了正常的事,成为某种决定一切的因素、几乎是司空见惯的因素。整个世界变得很奇特,而奇特本身变成了常轨(还继续表现着奇特)。总是出人意料,这一点本身便不再出人意料了。人们等待出人意料的事,也仅仅等待出人意料的事。整个世界都归结到"突然间"这一范畴上,归结到奇特而出人意料的偶然性这一范畴上。希腊小说的主人公极力要恢复规律性,把生活常规里被拆散的链条重新连接起来,摆脱机遇的左右,回到普通的正常的生活中来(这当然已经超出小说的范围)。他经历了各种奇遇,把奇遇看作是给自己安排的飞来横祸。然而他不是一个冒险家,自己没去寻找奇遇(在这方面他同样没有主动精神)。骑士小说的主人公热衷于探险,把奇遇看成是自己最如意的环境。对他来说,世界的存在仅仅是以奇特的"突然间"为标志的。这是世界的正常状况。他是个冒险家,但却是无私的冒险家(说他是冒险家,当然并非指是后来意义上的冒险家,换言之不是指在不一般的生活旅程中清醒地追求一己私利的人)。他就其自身的本质来说,仅能够在这个充满奇特偶然性的世界里生活,并且在奇特的偶然性中保持自己的统一性。就连衡量主人公统一性的"法典"本身,也正是为这个充满奇特偶然性的世界准备的。

　　机遇的色彩本身,即所有这些偶然共时性和异时性的色彩本身,在骑士小说中也不同于希腊小说。在希腊小说里,是把时间上的离合完全机械地组合在充斥着奇事笑谈的抽象的空间里。这里的机遇则有着奇特和神秘的巨大吸引力,机遇人格化而体现为或善或恶的美女形象,或善或恶的魔法师形象,在迷人的树丛里和阁楼里伺伏。在多数情况下,主人公经历完全不是只有读者感兴趣的"灾祸",而是他本人也感兴趣(对他也有吸引力)的"奇遇"。传奇受它所在的这一奇特世界的影响,自己也获得了新的情调。

其次,这个奇特的世界里正建立功勋,主人公自己以功勋扬名,又以功勋赞颂别人(自己的君主,自己的女人)。功勋这一因素使骑士传奇截然有别于希腊传奇,而接近了史诗传奇。声名、赞颂的因素同样与希腊小说完全格格不入,同样使骑士小说向史诗靠拢。

与希腊小说的主人公不同,骑士小说的主人公都是有个性的,又是有代表性的。不同的希腊小说,其主人公相互间很近似,却有着不同的名字。每个主人公只够写一本小说。围绕一个人不可能由不同作者写出一套、一系列、不同变体的小说。每一主人公都在其作者个人的掌握之中,像东西似的属于作者所有。如我们已经看到的,所有这些主人公不代表任何东西任何人,他们是"孑然独立"的。骑士小说里的不同主人公,相互间毫无相似之处,不管外貌还是命运。兰谢洛特完全不像帕尔齐法尔,帕尔齐法尔不像特利斯坦。然而关于他们之中的每一个人,都已写成了几部小说(而且严格地说,根本就没有独个的封闭的个人骑士小说)。这里都是系列性的小说主人公。这种主人公当然不属于个别的小说家,不是他们私有的财产(问题自然不在于没有著作权,没有与此相关的一些观念)。这种主人公如同史诗主人公一样,属于公共的形象宝库。当然这里说的是世界的宝库,而不像史诗那样只是属于民族的宝库。

最后,主人公和他所活动的奇特世界似乎是用一块整料雕出的,两者之间没有裂痕。不错,这个世界并不是祖国,它的任何地方都一样是他乡(但并不强调这一点),主人公从一个国家转到另一国,与不同的君主见面,涉洋渡海。但不管到了什么地方,世界却是统一的,到处都尊崇同一种荣誉,对功勋和耻辱都有相同的认识;主人公能够在整个这一世界里赞扬自己和别人,到处颂赞的都是同一些光荣的名字。

　　主人公在这个世界里如同"在家里"（但不是在故乡），他和这个世界一样的奇特：他的出身奇特，诞生的环境、童年少年奇特，他的生理素质奇特，如此等等。他同这个奇特的世界血肉相连，也是这个世界最好的代表。

　　骑士传奇小说的所有这些特点，使它截然有别于希腊小说而接近于史诗。早期的诗体骑士小说实际上处于史诗和小说的交界线上。这就决定了它在小说发展史上的特殊地位。上述特点还决定了这种小说的特殊的时空体——传奇时间里的奇特世界。

　　这个时空体有它自己的高度的必然性和稳定性。它已并非充斥着奇闻笑谈，而是充满了奇异的怪事。那里的每一件东西，如武器、衣服、泉眼、桥等等，都有某种奇异特征或者干脆带有魔力。这个世界里又有许多象征物，不过不是粗糙的字画谜一类东西，而是接近东方童话里的象征。

　　由此又形成骑士小说自己的传奇时间。在希腊小说里，在每次奇遇的范围内，时间机械地等同于现实，一天等于一天，一小时等于一小时。在骑士小说里，连时间本身也在某种程度上变得奇特了。出现了童话或夸张的时间，一个时辰拉得很长，一天缩成瞬息；时间本身也能附上魔力；这里还出现了梦对时间的影响，也就是出现了梦境所特有的颠倒时间的特殊情况。梦已经不只是内容的一个因素，而且开始获得创造形式的功能，正如和梦境相似的"幻觉"一样（幻觉在中世纪文学中是非常重要的组织形式）①。总的说来，骑士小说里就有主观地摆布时间的情况出现，为了传达抒情而抻长和压缩时间（除上述童话和梦境里的用法之外），一系列事件只当未曾有过而消失了（如《帕尔齐法尔》里，在蒙萨里瓦尔发生的一件事就消失了，似乎从未有过：主人公没有认出国王）等等。这样主观地摆布时间，是古希腊罗马所完

① 自然，古希腊罗马时也有以梦和梦境作为组织作品的外在形式的。只需指出卢奇安和他的《梦景》（以梦的形式自述一生中转折关头）就够了。不过梦在这里没有特别的内在逻辑。——作者

全不能接受的。在希腊小说里,在个别的奇遇范围内,时间是严肃、清醒而又明确的。古希腊罗马对时间怀着深深的尊敬之情(这是受神话影响所致),不允许自己主观地摆布它。

在奇特世界的时空体里,与主观地摆布时间、破坏起码的时间比例相对应的,还有同样主观地摆布空间、同样破坏起码的空间关系。与此同时,在多数情况下这里能见到的,绝不像民间童话里那样,人在空间享有积极的自由;倒常是带着感情色彩,主观地,有时且是象征性地歪曲空间。

骑士小说便是如此。奇特世界时空体的几乎史诗般的完整性和统一性,到后来发生瓦解(已是在晚期的散文体骑士小说中,那里增强了希腊小说的因素),而且再也没有完全恢复起来。不过,这一特殊时空体的个别因素,其中包括对时空配置的主观摆布,在后来的小说史上不止一次复苏(当然,功能有了些变化):如在浪漫主义者的作品中(如诺瓦利斯的《亨利·封·奥弗特丁根》),在象征主义者的作品中,在表现主义者的作品中(如迈林克《戈列麦》里以非常细腻的心理来摆布时间),部分地还在超现实主义者的作品中。

中世纪末期出现了一种特殊类型的作品,内容是百科性(和综合性)的,形式是"幻景"。我们指的是《玫瑰传奇》(吉利翁)及其后继者(让·敏),《农夫皮尔斯》(兰格伦),最后还有《神曲》。

从时间问题上看,这些作品都是极有意义的,但我们只能谈谈最一般的和基本的方面。

中世纪的彼岸因素在这里产生了十分强烈的影响。整个时空世界在这里获得了象征的意义。这里的时间在作品的情节当中,不妨说是完全被排除了的。因为这是在现实时间中极为短促的一种"幻景",而幻象的含义又是超越时间的(尽管同时间有关系)。在但丁作品中,幻景的现实时间以及这一时间同传记时间(人生时间)、历史时间里一定时点的契合,带有纯粹象征的性质。一切带时空因素的成分,既包括人与物的形象,也包括情节,要么有寓意的性质(主要是《玫瑰传奇》),要么有象征的性质(部分地在兰格伦作品中,最多是在但丁作品中)。

这些作品最精彩之处,在于它们(尤其是后两部)的基础是十分尖锐地感觉到时代的矛盾已经完全成熟了,实质上是感觉到了时代的末日。由此也就产生了综合地批判时代的愿望。这种综合要求作品能相当充分地表现出时代纷繁多样的矛盾,而且这纷繁多样的矛盾要放在一段时间里加以比较表现。兰格伦先在草地上(流行鼠疫时),后在农夫皮尔斯形象周围集合了封建社会所有等级和阶层的代表,从国王到乞丐,集合了所有职业、所有思想派别的代表。他们全都参加了象征性的表演(向农夫皮尔斯求真理,帮助他的农事活动,等等)。无论在兰格伦作品还是但丁作品中,这样错综的矛盾实质上都有其深刻的历史根据。可是兰格伦,尤其是但丁却把这些矛盾上下移动,纵向地把它们抻长。简直可以说但丁是以天才的韧性和力量,把这个世界(本质上是历史的横向发展)朝上朝下纵向地拉长了。他绘制了惊人的栩栩如生的世界图景,这个世界紧张地生活着,上下纵向地运动着:地下有九层地狱,上面有七层炼狱,再上面有十层天。下面是人和物的粗俗的物质,上面则只是光辉和语声。这一纵向世界的时间逻辑,就是万物的完全共时性(或者叫作"万物在永恒中的共存")。一切在地上被时间分割开的东西,在永恒中聚合于共处的完全共时性里。时间带来的这些间隔,这些"从前"和"后来",都是无关紧要的,应该剔除它们才能理解世界;要把一切摆在同一时间里即在一个时间断面上加以比较,应该把整个世界作为一个共时世界来观察。只有在完全共时的情况下,或者在超越时间的情况下(实质上是一样的),才能够揭示出过去、现在、将来一切事物的真正意义。因为分割它们的因素(指时间),没有真正现实的存在,没有思索理解的能力。将异时的东西变为共时的东西,将一切时间的历史上的间隔和联系换成纯粹意义上的、超时间层次上的间隔和联系——这就是但丁在形式创造上的追求,它决定了要纯粹纵向地塑造世界形象。

可与此同时,充斥(栖居)这一纵向世界的人物形象,又有着深刻的历史性;时间的标志、时代的烙印留在了其中每个人的身上。此外,纵向的层次还包容了但丁的历史观和政治观,他对历史发展中进步势力和反动势力的理解(十分深刻的理解)。因此充塞这个纵向世界的形象和思想,又充满强烈的愿望,想挣脱这一世界,转成富有效益的历史的横向,不是向上撺起而是向前排去。每一形象都有历史的潜能,所以一心想参与到历史事件中去,参与到历史时间的时空体里去。可是艺术家以强有力的意志,给它规定了永远不动的超时间纵向里的位置。这种时间潜能在个别的完整的故事中部分地得以实现。这些故事,如弗兰齐斯嘉和保罗的故事、公爵乌格里诺和大主教卢吉耶利的故事,好像是但丁世界里超越时间的纵向所派生的一些分支,是横向的充溢着时间的分支。

因此,整个但丁的世界是异常紧张的世界。这种紧张性是活生生的历史时间与超时间的彼岸理想相互斗争造成的。纵向似乎把奋力前冲的横向压缩了起来。在整体的构形原则和个别形象的历史时间形式之间,存在着矛盾和对抗。得胜的是整体的形式。但这场斗争本身和艺术上解决这场斗争时的极度紧张性,使但丁作品成为他的时代,确切些说是两个时代交替期的异常有力的表现。

在后来的文学发展史上,但丁的纵向时空体再也没有如此首尾相贯、始终如一地复现过。但是,用超时间的所谓纵向办法解决历史矛盾,否定"从前""后来"所提供的至为重要的理解力、亦即否定时间的间隔和联系所提供的理解力(从这种观点出发,一切重要的东西都可以是共时的),在完全共时和共存的断面上揭示世界(不采用历史的"不晤面"的理解方法)——这些办法人们都不止一次地尝试用过。这类尝试在但丁之后做得最深刻而一贯的,要数陀思妥耶夫斯基。

六 骗子、小丑、傻瓜在小说中的功用

在中世纪与各种形式的正宗文学兴盛的同时,还发展起了小型的

讽刺性和讽刺模拟性的民间创作和半民间创作。这些形式有一部分倾向于形成系列作品，出现了讽刺模拟的史诗。在中世纪社会底层的这种文学中，推出了对后来欧洲小说的发展有重要意义的三个人物，这就是骗子、小丑、傻瓜。这三个人物当然远不是新形象，古希腊罗马和古代东方早已有之。如果朝这些形象里投进历史的测铅，那么测铅在哪个形象中也够不着底，其深浅程度也就可想而知了。古希腊罗马相应的角色所获得的宗教意义，距今尚较近，完全能得到历史的说明；更早时期他们已属阶级前社会的民间创作了。不过这里和全篇中一样，渊源问题不是我们关心的内容。我们认为重要的只是他们在中世纪以后文学中具有的特殊功用和这些功用后来对欧洲小说发展产生的重大影响。

骗子、小丑、傻瓜在自己周围形成了特殊的世界、特殊的时空体。在我们已经剖析过的时空体和时间里，所有这些人物都没有多么重要的一席之地（只是部分地在传奇世俗时空体里有一点地位）。第一，这些人物带给文学的，是同广场戏台、同广场游艺假面的重要联系；他们是同民众广场上某一特殊而十分重要的地段联系在一起的。第二（这当然与第一条有联系），这些人物的存在，本身便具有转义而不是直义：他们的外表、他们的所为所说，表现的不是直截了当的意思，而是转义，有时是相反的意思，不可照字面理解；他们是表里不一的。第三（这又是从前面引申出来的），他们的存在是另外某种存在的反映，并且不是直接的反映。这是生活的演员，他们的存在同他们的角色是一致的，离开了这一角色他们也就不存在了。

他们有着独具的特点和权利，就是在这个世界上做外人，不同这个世界上任何一种相应的人生处境发生联系，任何人生处境都不能令他们满意，他们看出了每一处境的反面和虚伪。因此他们利用任何的人生处境，并将其只作为一种面具。骗子同现实还有一点联系的纽带，小丑和傻瓜则"非我辈中人"，所以有一些特别的权利。这些人物不仅自己在笑，别人也笑他们。他们的笑声带着公共的民众广场的性质。他们恢复了人们形象的公共性,因为这些人物的全部生活可以说百分之百地外向,他们简直把一切都亮在广场上,他们的全部功用就归结于外在化(自然不是把自己的生存外在化,而是把所反映的他人生存外在化;其实他们也不再有别样的生存了)。这样便创造出了一种特殊方法——通过讽刺模拟的笑声把人外在化。

在这些人物还留在真实的戏台上的时候,他们是完全可以理解的,也是人们习以为常的,不会引起任何问题。可是他们从戏台上走进了文学,并且带来了我们所指出的所有自己的特点。在这里,即在文艺小说里,他们自己既发生了一系列的变化,也改变了小说中某些重要的因素。

我们这里只能部分地揭示这个非常复杂的问题,以适应下一步分析某些小说形式,包括拉伯雷(部分地还有歌德)小说形式的需要。

我们所分析的形象,从两个方面产生了促进变化的影响。首先他们影响到在小说中该如何处理作者本人(还有作者的形象,如果这形象在小说中得以揭示的话),影响到作者的视角。

要知道小说作者对所写生活的立场,与史诗、戏剧、抒情诗比较,一般都是十分复杂而且颇可争议的。个人作者这个广泛的问题(这完全是个新问题和特殊的问题,因为"个人作者"的文学比之民间非个人作者的文学,目前还只是沧海一粟)在这里变得复杂了,因为需要有一个某种重要的非杜撰的面具,它既决定作者对所写生活的立场(即他作为个人是怎样、从哪里观察并揭示全部这种个人生活的),又决定作者对读者对公众的立场(即他以什么人的名义站出来"揭露"生活,如作为法官、检察官、"书记员"、政治家、传教士、小丑等等)。当然,这些问题对任何的个人作者都是存在的,而且这些问题从来都不是用一个"职业文学家"的名词所能解决的。不过对于其他文学体裁(史诗、抒情诗、戏剧)来说,这些问题是从哲学、文化、社会政治的角度提出来的;为组织材料所必需的作者最直接的立场、视角,是体裁(戏剧、抒情诗及其变体)决定了的。在这里,这个最直接的创作立场是体裁本身内在具有的。小说体则没有这样一种内在的立场。可以把自己真实的日记拿出来发表，称它为小说；可以同样以小说的名义发表一摞公事文件；可以发表私人的书信（书信体小说）；可以发表"不知何人为何而写的、不知何处为谁发现的"手稿。因此就小说来说，作者问题的提出，不仅仅是从与其他体裁共有的那个一般的角度，而且还着眼于体裁形式的方面。在分析窥视和偷听私人生活的不同形式时，我们已经多少涉及了这个问题。

小说家需要某种重要的形式上体裁上的面具，它要能决定小说家观察生活的立场，也要能决定小说家把这生活公之于众的立场。

恰是在这里，小丑和傻瓜的面具（自然是以不同方式加以改造了的面具）帮了小说家的忙。这些面具不是杜撰出来的，它们有着深厚的民间根基，通过小丑的神圣特权（小丑本人的生活与民众无关，小丑的话语不容侵犯）与民众联系在一起，也同民众广场的时空体和戏剧舞台联系在一起。所有这一切对小说体裁来说是异常重要的。这样就为不关痛痒的生活参与者、为永远的生活窥视者和反映者找到了一种生存形式，也找到了反映这一生活、将它公之于众的特殊形式（而且同样把特别不可公开的领域公之于众，例如性领域。这一点是小丑自古以来的功用。试比较歌德对狂欢节的描写）。

这其中有一个非常重要的因素，就是整个人物形象具有非直接的意义，具有转义，完全表示一种寓意。这个因素当然与变形有关。小丑和傻瓜是皇帝和天神死后在地狱里的蜕变（试比较在罗马农神节和基督受难日里的类似因素：天神和皇帝蜕变为奴隶、罪犯和小丑）。这里人是处于譬喻之中。对小说来说，这一譬喻状态具有巨大的构形意义。

所有这一切由于下面的原因获得了特殊的重要性。这原因是：小说要负担起的一个最基本的任务，就是戳穿人与人一切关系中的任何成规、任何恶劣的虚伪的常规。

浸透人们生活的这种恶劣常规，首先就是封建制度和封建的意识形态,还有封建思想带来的一切时空观念的贬值。虚伪和谎言充斥了人们的一切关系。人们本质上的健康的"自然"的功能,可以说是通过走私和野蛮的途径才能得以实现,因为得不到意识形态的尊崇。这就使人的整个生活有了虚假的两面的成分。意识形态的一切形式、制度变得伪善虚假,而现实生活得不到思想上的理解,变得牲畜般的粗野。

在故事短诗和诙谐故事①中,在滑稽剧和讽刺模拟的系列作品里,进行着反对封建环境和恶劣常规的斗争,反对浸透在所有人们关系中的谎言的斗争。作为揭露的力量而同它们相抗争的,是骗子清醒、风趣而狡黠的头脑(表现的形象为农人、城里的小帮工、流浪青年、僧侣和一切脱离了劳动阶级的流浪汉),是小丑讽刺模拟式的嘲弄,是傻瓜心地忠厚的不解。对付可怕的弥天大谎的,是骗子风趣的小骗局;对付利己主义的假造和伪善的,是傻瓜并无私心的天真和正常的不理解;对付一切陋习和虚伪的,是小丑(通过讽刺模拟)进行揭露的综合形式。

小说则在更为深刻和原则的基础上,继续着反对陈规陋习的这场斗争。这时,第一条发展路线,即作家施加变化而运用的路线,采用小丑和傻瓜(代表不理解陋习的天真)两个形象。在反对所有现存生活形式的虚礼、在反对违拗真正的人性方面,这些面具获得了特殊的意义。它们给了人们权利,可以不理解,可以糊涂,能够耍弄人,能够夸张生活;可以讽刺模拟地说话,可以表里不一,可以在戏剧舞台的时空体里过生活,可以把生活描绘成喜剧,把人当成演员;能够撕去别人的假面,能够以严厉的(几乎是宗教的)诅咒骂人;最后可以有权公开个人生活及其一切最秘密的隐私。

变化运用骗子、小丑和傻瓜形象的第二条路线,就是把他们当作重要的人物写进小说内容(原样直接写入或者加以改变)。

十分常见的情况,是运用这些形象的两种道路结合在一起;而且大凡重要人物几乎总是表示着作者的观点。

---

① 原文为 фабльо、шванки,是欧洲中世纪的文学体裁。——译者

我们上面分析的所有因素,都以不同形式、不同程度表现在"骗子小说"、《堂吉诃德》这些作品中,并表现在下列作家的作品中:凯维多、拉伯雷、德国人道主义的讽刺作品(鹿特丹、布兰特、穆尔涅尔、莫舍罗什、维克拉姆)、格里美豪森、索莱尔(《古怪牧人》,部分的还有《弗朗西昂》)、斯卡龙、勒萨日、马里沃。在后来的启蒙时期有:伏尔泰(特别鲜明的是《老实人》)、菲尔丁(《约瑟·安德鲁传》《大伟人江奈生·魏尔德传》,部分的还有《汤姆·琼斯》),部分的有斯摩莱特,独具特色的有斯威夫特。

值得注意的是,就连内在的人,即纯粹"自然"的主观精神,也唯有借助小丑和傻瓜的形象才可能揭示出来,因为人们没能为内在的人找到恰当的直接的(从实际生活的观点看是不含寓意的)生活形式。由是出现一种怪人形象,它在小说史上起过非常重要的作用,如斯特恩、哥尔斯密、吉佩利、让·保罗、狄更斯等人的作品。一种特殊的怪癖、"项狄主义"(斯特恩语),成了一种重要的形式,用以揭示"内在的人""自由又自足的主观精神",正如"庞大固埃主义"在文艺复兴时代用来揭示完整的外在的人。

"不理解"这一形式(这种不理解,从作者方面说是有意安排的,在主人公身上则是出于忠厚和天真),每当揭露陋习时,几乎总是一个起组织作用的因素。描绘这种被揭露的成规,指日常生活中、道德中、政治中、艺术中等等的成规,所取的角度一般都是不参与其中也不能理解的人。"不理解"的形式在18世纪广泛用来揭露"封建的愚昧"(它在伏尔泰作品中的应用是人所共知的。还可指出孟德斯鸠的《波斯人信札》,它创造出了类似的风情书信的整个体裁,以无法理解的异邦人眼光描绘法国的制度。这一形式被斯威夫特十分多样地运用在自己的《格列佛游记》中)。托尔斯泰也十分广泛地使用了这种形式,如描写波罗基诺战斗就是以不理解这一战斗的彼尔眼光出之(受到司汤达的影响);描写贵族选举或莫斯科杜马会议,以无法理解的列文眼光出之;又如写舞台演出,写法庭,写宗教仪式的著名段落(《复活》);等等。

骗子小说采用的基本上是传奇世俗小说的时空体,是在自己的世界里活动。对骗子的安排处理,如我们已经说过的,类似对驴子鲁巧的安排处理①。这里的新鲜之处在于:揭露陋习和整个现存制度的因素得到了显著的加强(特别是在《阿尔法拉奇的古斯曼》和《吉尔·布拉斯》中)。

对《堂吉诃德》来说有代表性的是:骑士小说中"他人奇特世界"的时空体同骗子小说中"自己世界里的大道",两者通过讽刺模拟而交织起来。

在努力把握历史时间的历史过程中,塞万提斯的小说有着巨大的意义。这种意义当然不仅仅是由我们熟悉的两种时空体汇合交错而决定的。况且在这种交织汇合中,它们的性质产生了根本的变化:两个时空体均获得了非直接的含义,从而与现实世界形成了全新的关系。但这里我们无法分析塞万提斯的小说。

在现实主义的历史上,与改变骗子、小丑和傻瓜形象相关联的一切小说形式,都有过巨大意义;但这一意义的实质何在,至今仍未完全得到理解。为了更深入地研究这些形式,必须首先从来源上分析世界性的骗子、小丑、傻瓜形象,分析他们远自阶级前社会民间创作直到文艺复兴时代所包含的意义和所起的功用。必须估计到这些形象在人民意识中所起的巨大作用(实际上是无与伦比的作用),必须研究这些形象的类别,即民族的和区域性的形象(地方性的小丑恐怕不少于地方性的神灵),以及他们在民族的和地域的自我意识中所起的特殊作用。

其次,一个特别困难的问题,是当这些形象进入整个文学(不只是戏剧文学),特别是进入小说时,他们所发生的变化。有一点一般不为人们重视,就是这里通过特殊的途径恢复了文学与民众广场之间被割断了的联系。此外,这里还有着用来公开人类生活所有私下和禁忌领域,特别是性生活和酒食领域(性交、食物、酒)的形式;这里并且剖析

① 当然在情节上也有很多相同之处。——作者

了掩饰这些形象的相应的象征物(日常生活的、礼仪上的、正式宗教的象征物)。最后,特别复杂的一个问题,是这些形象给文学带来的那种散文体的寓意,愿意的话可以称为散文体的隐喻(尽管这完全不像诗的隐喻)。这种隐喻甚至都找不到一个贴切的术语("讽刺模拟""笑谈""幽默""讥讽""怪诞""夸张"等等,都只是这种隐喻的狭窄的语言上的变体和细类)。要知道这里说的是整个人(直到他的世界观)的寓言性的生活,这个生活绝不与演员表演角色一致(尽管也有交叉点)。像"小丑行为""扭扭捏捏""装疯卖傻""怪僻行为"等词语,全都获得了特别的狭窄的生活含义。所以这种散文寓意的伟大代表,为这一含义创造出了自己的术语(根据自己主人公的名字):"庞大固埃主义""项狄主义"。与这种寓意同时进入小说的,还有一种特殊的复杂性和多面性,出现了中介型的时空体,如剧场时空体。公开引进这种时空体的最鲜明的例子(许多例子中的一个),是萨克雷的《名利场》。木偶戏的中介时空体以隐蔽的形式成了《项狄传》的基础。斯特恩的特点,是乡间木偶戏的风格,由作者指挥和说明(例如果戈理《鼻子》《彼得鲁什卡》里隐蔽的时空体也是如此)。

在文艺复兴时代,上述的小说形式破坏了向彼岸的纵向发展;而这种纵向发展当初曾经瓦解了时空世界的形式及其生动的本质的内容。又是上述的小说形式准备了条件,以便在新的更加深刻和复杂的发展阶段上恢复世界时空的物质的完整性。它们准备了条件,以便使小说能够把握那个此刻正在发现美洲大陆和通往印度的海路的世界,那个为现代自然科学和数学敞开大门的世界,同时也酝酿着在小说中观察和描绘时间的全新的方法。

我们打算通过分析拉伯雷的小说《巨人传》,具体地说明本节论及的所有基本观点。

七　拉伯雷型的时空体

我们在分析拉伯雷的小说时,与前面的所有分析一样,不能不抛开有关作品渊源的一切专门问题,只在最需要的时候有所涉及。我们将把小说看作是体现了思想和艺术方法相统一的一个整体。当然,我们分析的所有基本观点,是以前四部为依据的,因为第五部在艺术方法上同整体终究有很大的差别。

首先必须指出拉伯雷小说中十分引人注目的不同寻常的时空规模。这里问题还不仅在于小说的情节还没有集中到个人家庭生活的私室空间里,也依然发生在蓝天之下,移动在大地之上,表现为征战和旅行,遍及不同的国家。这一切我们在希腊小说和骑士小说里尚可以见到,在 19 和 20 世纪资产阶级传奇旅行小说中也可以见到。问题在于人以及他生活中一切行为、一切事件与时空的世界有着一种特殊的关系。这一特殊的关系我们可以归结为:质量水准("价值")同时空规模(量)是相符的,形成正比。这当然不是说在拉伯雷的世界里,珍珠宝石还不如鹅卵石,因为比石头小得多。这是说:如果珍珠宝石的确好,那就应该尽量多些,到处都有。每年都有七条满载黄金、珍珠、宝石的船只派往德廉美修道院。修道院里有九千三百三十二个厕所(每室一个),每个厕所里都有一面镜子,是纯金镜框,镶着珍珠(第 1 部,第 55 章)①。这意味着:一切有价值的东西,一切优质的东西,应该把自己的优质体现在时空的优势上,应该尽可能扩展,尽可能存在得长些;而且真正优质的东西必然会有力量在时空上扩展;一切劣质的东西(小的、可怜的、无力的),就应该完全被消灭,应该无力抗拒自己的灭亡。在价值(不管是什么样的价值,如食品、饮料、真理、善良、美丽)和时空规模之间,没有相互的敌视,没有矛盾;它们互相构成正比

① 《巨人传》一书的引文均据 B.A.皮亚斯特俄译本。——原编者

关系。所以一切善良的东西都要成长，在所有方面成长，也向所有方向成长。它不能不成长，因为它的性质本身决定了这一点。相反，恶劣的东西不会成长，而是退化、衰竭、死亡。不过它在这个过程中用虚假的彼岸的理想来补偿自己实际上的萎缩。成长的范畴，而且是现实中的时空上的成长范畴，是拉伯雷世界最基本的范畴之一。

我们讲成正比，绝不是说在拉伯雷世界里品质及其在时空中的表现先是分开的，而后才结合成一体。相反，两者在它们的不可分割的统一形象中，一开始就是联系在一起的。不过这种形象被拿来特意与封建宗教世界观里的不协调现象加以对比。在这种世界观里，时空的现实被看作是庸庸碌碌的浮生和罪恶的本源，同价值是格格不入的；这里以小象征大，以软弱象征有力，以瞬息象征永恒。

以上述正比关系为基础，便产生了对人世时空的特别信任感，产生了追求邈远广阔时空的激情。这些特点不仅为拉伯雷所有，而且为文艺复兴时代的其他伟大代表（莎士比亚、卡蒙斯、塞万提斯）所共有。

但是，追求时空要同品质相称的激情，在拉伯雷作品里绝不带古代史诗和民间创作的那种天真性质。我们已经说过，这种激情是同中世纪的纵向发展相对立的，同它进行着尖锐的辩论。拉伯雷的任务，是使时空世界摆脱彼岸世界观中那些瓦解它的因素，摆脱对它按照纵向发展所作的象征式的和等级式的理解，摆脱渗进其中的"安提菲齐斯"的感染。这样一项论争性的任务，在拉伯雷作品里同一项正面的任务结合在一起，那就是再现同品质相称的时空世界，作为描写新型和谐而完整的人和描写人与人新的交往形式所必需的新的时空体。

论争性任务同正面任务的这种结合，即净化和再现现实世界与人的两项任务相结合，决定了拉伯雷艺术方法的特点，决定了他的现实主义幻想的特色。这一艺术方法的实质，首先就可以归结为破坏一切习惯的联系、事物间和思想间普通的毗邻关系，归结为建立意想不到的毗邻关系、意想不到的联系，其中包括最难预料的逻辑关系（"不合逻辑的现象"）和语言关系（拉伯雷所特有的语源、词法、句法）。

在这里的世界上,在各种美好事物之间,已形成虚假的歪曲事物真正本质的联系;这种联系被传统所巩固,又得到了宗教和官方思想的推崇。种种事物和思想由虚假的同它们本质格格不入的等级关系连接起来。它们又被种种臆想出来的彼世的高低层次所分割,致使事物互相远离而无法直接接触。烦琐的思维、神学和法学的骗人诡辩,最后还有浸透了千百年谎言的语言本身,都把美好的称物词语之间、真正人的思想之间那些虚假的联系肯定了下来。必须破坏和改建世界这一整个虚假的图景,必须切断事物和思想间一切虚假的等级关系,必须消除它们之间起着割裂作用的臆想出来的层次。必须解放所有的事物,让它们自由地顺应本性地结合起来,而不必管这类组合从传统习惯联系来看是多么奇特。必须让事物能以活生生的肌体和多样的品格互相直接接触。必须在不同事物和不同思想之间建立新的毗邻关系,以期符合它们真正的本质;必须把错误地分割开来的、相距很远的事物摆到一起,组合起来;而错误地聚拢在一起的东西,应该重新分开。以事物间这种新的毗邻关系为基础,应能揭示出一个新的世界图景,它要贯穿内在的现实的必然性。这样一来,在拉伯雷作品中,破坏世界旧图景和正面地建设新图景,便不可分割地交织到了一起。

为了解决正面的任务,拉伯雷依靠的是民间创作和古希腊罗马文学;那里面事物的毗邻关系比较符合它们的本质,而且不喜欢虚伪的假定性和彼岸的臆想。但在解决否定的任务时,起主导作用的就是拉伯雷式的笑声了。这种笑声同中世纪小丑、骗子、傻瓜体裁直接联系着,又深深植根于阶级前的民间创作中。不过拉伯雷的笑不仅仅是要破坏传统的联系和消除臆想的阶层,它还揭示出:被人们用法利赛谎言分割开来的东西,本来是有着显见的直接的毗邻关系。

把传统上联系着的东西分割开,使传统上远离的分割着的东西接近,这在拉伯雷作品中是通过组织各种各样不同系列实现的,这些系列有的是相互平行的,有的是相互交错的。正是利用这些系列,拉伯雷既可组合事物,又可分割事物。组织各种系列是拉伯雷艺术方法的独具的特色。拉伯雷作品中的所有各种系列,可以归纳为以下几个基本类别:(1)生理解剖学角度的人体系列;(2)人的服饰系列;(3)食物系列;(4)饮酒和醉酒系列;(5)性系列(性生活);(6)死人系列;(7)大便系列。这七个系列里每一个都有自己特别的逻辑,每一系列中都有自己的重点。所有这些系列交织在一起;它们的发展和交错,使拉伯雷在需要时能够聚合或者分割事物。在拉伯雷这部篇幅巨大、题材丰富的小说中,几乎所有的题目都贯穿着这些系列。

我们举些例子。写到人体及其各部分和四肢、它的所有器官和所有功能,拉伯雷在整部小说中全是从解剖学、生理学和自然哲学的角度上加以叙述的。对人体的这种不同一般的艺术表现,是拉伯雷小说一个十分重要的因素。他特别想表现出人体及其生命的不同寻常的复杂性和深刻性,揭示出人的躯体在现实的时空世界里具有的新意义、新地位。与人的具体躯体相对应,就连整个其余的世界也获得了新的含义,获得了具体的现实性、物质性,与人发生了物质的而非象征的时空联系。人体在这里成了世界的测量尺度,成了判定世界对人具有何种现实的分量和价值的衡量尺度。这里第一次一贯到底地尝试围绕着人体建立起一个世界图像;不妨说是在人同世界的血肉联系中(不过在拉伯雷看来,这个联系的范围是极其广阔的),建立起世界的图像。

这个新的世界图像同中世纪的世界处于争论中,互相对立着;因为在中世纪,人们思想上看待人体,只注意到它年久易朽,所以极力排斥它,然而在那时的生活实际中居统治地位的是粗野污秽的放荡不羁。意识形态不阐发不思考肉体生活,否定这种生活。因之,不得文字表现、失去意义的肉体生活,只可能是放荡的、粗野的、肮脏的,是自我毁灭。在文字和肉体之间隔着一个深渊。

所以拉伯雷才用人体(及与人体联系着的周围世界),不仅同中世纪禁欲主义的彼岸思想相对立,而且同中世纪放荡粗野的实际相对立。他想给肉体恢复文字表现和意义,恢复古希腊罗马精神,同时又给文字和意义恢复它们的真实性和物质性。

人体在拉伯雷作品中是从几个方面进行描绘的。首先是生理解剖的科学角度，其次是小丑的寡廉鲜耻的角度，再次是幻想的怪诞类比的角度(人是小宇宙)，最后才是真正的民间文学的角度。这几个方面相互交错起来，很少的情况下才各以纯粹的面貌出现。不过，解剖学和生理学上的细节化和精确化，则是随处可见的，只要一提到人体，莫不如此。例如以小丑的无耻眼光描写的高康大的降生，就包含了生理学和解剖学上的准确细节：高康大的母亲吃下水过量，引起腹泻(接连出恭)，直肠脱落，随即分娩。

"由于出了这件不幸的事，母亲十分虚弱。婴儿顺着输卵管钻到腔静脉，攀着隔膜到了肩头。这里静脉粗了一倍，婴儿转向左边便从左耳爬了出来。"(第1部，第6章)这里怪诞的幻想同生理解剖分析结合到了一起。

所有对战斗和殴打的描写，除了怪诞的夸张之外，都准确地从解剖学角度记述人体遭到的残害和死伤情形。

例如当描写修士约翰击打潜入修道院葡萄园中的敌人时，拉伯雷具体历数了人体各部分和器官："他捣碎了一些人的脑袋，打断了另一些人的胳膊和大腿。有的被他扭断了颈椎骨，有的被扭了腰；有的给打掉了鼻子、打出了眼珠，有的给打碎了下巴被牙齿活活憋死，有的打坏了脚，有的被翻出了肩胛骨、胯骨、膝盖骨。谁若是想在葡萄藤下躲起来，他就打断那人的骶骨，砸坏他的腰，像打狗一样。谁若是想逃跑，他就从背后猛击人字缝，打碎脑壳。"(第1部，第27章)

也是这个约翰修士杀死了卫士："……他突然拔剑向在右面抓着他的卫士砍去，完全切断他的喉静脉和颈动脉以及小舌，直到淋巴腺；然后又是一击，刺出了第二和第三根脊椎骨之间的脊髓。卫士倒地身死。"(第1部，第44章)

他又杀死了第二个卫士："他一剑刺透那卫士的脑袋，戳破了颞颥骨上部的头颅，使两块顶骨脱离了后脑壳，还戳坏了大部额骨及箭形齿桥。这一剑还戳穿了两层脑髓膜,脑室暴露了出来;头盖骨的后部搭在了肩上(很像博士冠,外面是黑色的,里面是红色的)。卫士立即仆倒身亡。"还有一个类似的例子。巴奴日讲一个怪诞故事,说他在土耳其被架到铁叉上用火烤,后来得救。叙述中同样如解剖学那样细致精确:"他(房主人。——本书作者)跑来拿起铁叉,就是刚才架着我的铁叉,一叉打死了折磨我的人,那人因逃跑不及被击毙了。他这一叉刺进肚脐的右上方,戳破了肝脏的三分之一和隔膜。叉尖穿透心脏,在左肩胛骨和脊椎骨之间的肩上捅出来。"(第2部,第14章)

在巴奴日这个怪诞的故事中,人体(解剖学角度)系列、食品烹饪系列(巴奴日浑身被抹上油,作为热餐架火烤)和死亡系列(这一系列的分析见下文)交错结合在一起。

所有这些解剖学似的分析,都并非静止的描写,而是纳入情节生动的展现之中,如战斗、厮打等等。人体的解剖结构在情节中得以揭示,仿佛成了一个特殊的小说人物。不过这个小说人物,并不是个人不可复现的生命系列里的某一个人的躯体,而是一个无名氏的躯体,是人类的躯体;它降世,生活,以多种方式死去,而后又一次降生;它在被揭示过程中展现了自己的结构和自己生活的一切过程。

拉伯雷又以同样精确而鲜明可见的笔墨,描绘人体的外表行为和动作,例如对体操家马上特技的描写就是(第1部,第35章)。人体动作和手势的表情潜力,异常细致而生动地体现在英国人塔乌马斯特和巴奴日的无声(通过手势)争论中(这里的生动表情并不表示特定的意思,只图满足自身而已)(第2部,第19章)。类似的情形又如巴奴日(就结婚问题)与哑子纳斯捷卡布尔的交谈(第3部,第20章)。

在描绘人体及其内在过程方面的怪诞幻想,表现在对庞大固埃生病的描写上。给他治病时,向他胃里送进拿着铁锹的工人们、拿着铁镐的农夫们,还有七个人带着筐准备清除胃里的污秽物(第2部,第33章)。与此性质相同的,还有"作者"到庞大固埃嘴巴里的旅行(第2

部,第32章)。

当以怪诞幻想来描绘人体时,人体系列吸收了大量的各类东西、事物。它们在这里沉浸在人体和躯体生活的环境里,同躯体的各种器官、各种过程发生了新的出乎意料的毗邻关系,在这个人体系列中低俗化也物质化了。前面引的两个例子,便是这种情况。

比如为了清洗胃脏,庞大固埃像吞药丸一样吞进了大铜球,"犹如罗马城维吉尔塑像上的球一般"。铜球里面装着手持工具和筐子的工人,以便清扫胃脏。清胃结束时,庞大固埃一阵呕吐,铜球都蹦了出来。等工人们从这些铜球里走出之后,拉伯雷想起了希腊人当年是如何从特洛伊木马中出来的。这些铜球中有一个可以在奥尔良的十字架教堂钟楼上见到。(第2部,第33章)

作者去庞大固埃口腔之游这一怪诞的解剖系列,容纳进了更加广泛的事物现象。口腔里发现了整整一个新世界:有高山(牙齿)、草地、森林、一些设防的城市。其中一个城市里正流行鼠疫,是由于庞大固埃胃里冒出的恶浊气味引起的。口腔中有二十五个以上住人的王国。居民分为牙齿"这边"和"那边"两类,好似人世上在大山的"这边"和"那边",如此等等。描写庞大固埃口腔里发现的世界,占了大约两页的篇幅。整个这一怪诞形象以民间文学为基础,是显而易见的(参见卢奇安的类似形象)。

如果说在庞大固埃口腔之游的情节里,人体系列吸收了地理和经济世界,那么在巨人布兰格纳伊尔的故事中,人体系列便吸收了日常生活和农业的世界。"布兰格纳伊尔这个可怖的巨人,由于他平时果腹的风车磨盘不够吃,就吞噬了所有的煎锅、大锅、小锅、饭盆,甚至岛上的大小火炉。因此到早晨煮饭的时候,他得了肠胃不消化的重病,原因(据医生们说)是他那胃的消化能力天然地只适于消化风车磨盘,不能完全消化火炉和火盆。铁锅和饭盆他消化得相当好,这从他今天早晨两次排出的盛在四个大桶里的尿水可以判断出来。"(第4部,第17章)

布兰格纳伊尔在"风岛"上疗养治病。他在这里吞食了风磨。人们根据当地肠胃病医生的建议,在风磨里给他装进了公鸡和母鸡。它们在他腹中鸣叫乱飞,闹得他肚子绞痛,浑身打战。此外,岛上的狐狸跑到他的咽喉里追赶飞禽。这时为了清洗肠胃,他只好用粮食和黍子实行灌肠术。母鸡纷纷奔过去吃粮食,狐狸在后面追母鸡。他还口服了由猎犬组成的药丸。(第4部,第44章)

这个系列的这种特殊的纯粹拉伯雷式的组织逻辑,是很具代表性的。消食过程、治疗措施、日用什物、自然现象、农业和狩猎现象等等,在这里组合成一个生动变化的怪诞形象。事物现象间形成了意料不到的新的毗邻关系。自然,作为这种拉伯雷式怪诞逻辑的基础的,是民间文学中现实主义幻想的逻辑。

在关于布兰格纳伊尔的不长的故事里,人体系列正像拉伯雷通常写的那样,同排泄系列、饮食系列和死亡系列(见下文)组合交错在一起。

更加怪诞、格外离奇的,还有对克塞诺玛恩的讽刺模拟性的解剖学描写;这在第四部中占了三章篇幅(第30—32章)。

克塞诺玛恩是个"严格持斋者",是天主教持斋和禁欲的荒诞不经的化身,是中世纪思想中一切反自然倾向的怪诞的化身。对卡列姆普列楠的描写,是以庞大固埃关于安提菲齐斯的著名议论结束的。安提菲齐斯的所有产儿——畸形与不协调——都是模仿人体进行讽刺性描写的。"这些新生婴儿的脑袋,都是滚圆的球形,像圆球而不像两边微扁的人头。双耳高竖,其大如驴。眼珠凸出,没有睫毛,硬邦邦贴在骨头上,像是蟹眼,圆滚滚的腿像是线团。双手反剪在背后。他们走路总是以头作轮,双脚朝天。"(第4部,第32章)接着拉伯雷罗列出一串安提菲齐斯的另一些产儿:"这之后她又生了些皮相论者、伪君子和教皇主义者。再后生了毫无用处的躁狂者、日内瓦加尔文教的骗子、发疯的家伙们、装假者、噬人者以及一切饭桶僧侣,还有其他违背自然、面目可憎的怪物,目的是气一气自然界。"(同上)这个系列里包括了彼岸世界观的一切思想畸形者。他们属于一个包罗万象的人体畸形和倒错的系列。

第三部第三至四章巴奴日关于债户和债主的议论，是怪诞类比的一个精彩例子。这里仿照债户和债主的关系，描绘了人体作为小宇宙的和谐构造："这小宇宙的奠基人意图所在，是维护他放入其中作客人的心灵，维持其生命。生命是由血构成的，血就是心灵的存在。因此在这个世界里唯一的劳作便是不停地造血。在这个铁匠炉里，所有器官都完成自己特有的使命；它们之间的等级关系是这样的：一些器官不停地向另一些器官借债，一些又不停地向另一些放债。能够变成血的材料和金属，都是自然赐予的，这就是粮食和酒。一切种类的食物，无不包含在这两者之中……为了找到、准备和煮烧食品，需要双手的活动，需要腿走路带着这架机器。眼睛呢，管指引方向……舌头会品尝，牙齿会咀嚼，胃会吸收、消化、排泄……营养物进入肝脏，肝又把它加以改造，从中制出血来……然后血被送到另一个实验室，进行更细致的加工，即送入心脏；心脏以其舒张和紧缩动作使血精粹，使血激奋；结果在右心室里血达到了完美的程度，然后经过静脉流向所有的部分。每个器官都把血引向自己，按照各自的要求吸收血液营养，如脚、手、眼等等。现在它们已然变成了债户，而从前曾做过债主。"

也是在这个怪诞的系列中（与债户债主类比），拉伯雷还描绘了宇宙的和谐和人类社会的和谐。

所有这些怪诞的、讽刺模拟的、丑角式的人体系列，一方面揭示了人体的构造及其生活，另一方面使事物、现象、思想的多样世界同人体并列为邻；而在中世纪的世界图画上，这个多样世界同人体相距不啻十万八千里，完全属于另一种词话系列和事物系列。所有这些事物现象能同人体发生直接的接触，首先是靠在语言上毗邻，在语言上结合于一个语境里，在一个句子中，一个词组中。有时拉伯雷甚至不怕写出毫无意义的词组，只求能把这样一些词语和概念并排摆到一起（使之毗邻）；这些词语和概念，人类话语在特定制度、特定世界观、特定评价体系的条件下是永远也不可能用在一个语境里、一个体裁里、一个风格里、一个句子里、一种语调中的。拉伯雷不怕采用下面谚语所表现的逻辑:"驴唇不对马嘴"。他经常采用亵渎行为的逻辑,一如中世纪摒弃上帝、摒弃耶稣的一些说法,鬼魅逞凶的一些说法。他广泛采用詈骂的特殊逻辑(详见下文)。具有特别重要意义的,是那种不可遏制的幻想;它使作者有可能创造出指物含义不难理解,但十分奇特的语言系列(如在讲布兰格纳伊尔吞噬风磨的故事里)。

然而这时拉伯雷绝非变成了形式主义者。他的所有词组,甚至在看来似乎毫无意义的情况下,首先是力求打破规定的价值等级顺序;把高的压低,把低的提高;破除世界及其一切角落的习以为常的图景。但同时他还要解决正面的任务,这一任务为他所有的词组和怪诞形象规定了一定的方向,亦即把世界躯体化、物质化,使一切均参与时空系列,用人体的尺寸去衡量一切;以新的世界图画来取代遭到破坏的世界图画。最奇特最出人意料的词语组合,都无不渗透着拉伯雷这种统一的思想意图。而且不仅如此,在拉伯雷的怪诞形象和系列背后,还隐藏着另外一层更深刻更特殊的意思。

在这样荒诞不经地从生理解剖角度利用人体以使整个世界"躯体化"的同时,拉伯雷作为一位人文主义医生和教育家,还直接宣传肌体的文明和肌体的和谐发展。例如拉伯雷反对开初对高康大实行的轻视人体的经院式教育;与之相对立,他主张后来包诺克拉特实行的人文主义教育;后者十分重视生理解剖知识、卫生及各种体育活动。针对中世纪那种粗野的咳嗽干呕、哈欠不停、到处唾吐、说话口吃、连撺鼻涕、没完没了嚼东西饮酒的人体,这里提倡人文主义者的通过体育锻炼和谐发展的健美文明的人体(第1部,第21—24章)。德廉美修道院里也十分重视身体的文明(第1部,第52、57章)。对拉伯雷世界观里这种和谐的积极方面,这种和谐人体的和谐世界,我们在下文里还将讨论。

下一个系列是饮食和醉酒的系列。这一系列在拉伯雷小说里占有重要地位。几乎小说里的所有题目都贯穿着这个系列,几乎小说中任何一个情节都离不开这个系列。世界上多种多样的事物现象,其中包括精神上的极崇高的事物,都同食物和酒直接联系起来,相互为邻。"作者前言"直接从与醉鬼谈话开始,作者的作品就是为他们而写的。也是在这篇前言中,作者强调这部书他全是在吃饭喝酒时写成的:"这时是写这种崇高题材和深刻学理的最恰当不过的时刻了,就像一切语文学家的典范荷马那样,也像拉丁诸诗人之父埃尼乌斯那样;这一点有贺拉斯的证明,尽管某位外行硬说他的诗作给人的不是精神的慰藉,而是一股酒味。"

在这方面尤其生动的,是第三部的前言。这里在饮酒系列中增添了昔尼克派第欧根尼的大桶,后来它变成了酒桶。这里重提了边饮酒边创作的事,而且遍数喝酒时写作的作家,除荷马和埃尼乌斯还举出了埃斯库罗斯、普卢塔克和卡顿。

拉伯雷的主要人物,姓名本身从词源上看就属于饮酒系列。高朗古杰(高康大之父)原意是"大口吞食"。高康大降世时死命大叫:"喝呀,喝呀,喝呀!"高朗古杰说:"你这可够大的呀。"他指的是口大。就因为父亲说了这句话,便利用这开头话音给婴儿起名叫高康大(第1部,第7章)。至于"庞大固埃"的名字,拉伯雷从词源上解释为"总是嗜酒"。

一些主要人物的诞生,也以饮食醉酒为标志。高康大出世,就在他父亲举行大宴酗酒的日子,恰好他母亲吃多了下水。新生婴儿马上也给灌了个醉。庞大固埃出生前,时值大旱,因此人们、动物和土地本身都干渴难挨。干旱情景是用圣经风格写的,充满着来自圣经和古希腊罗马的引文典故。这一崇高的层次被生理系列所打断;在这个系列里,对海水发咸作了怪诞的解释:"大地晒得滚烫,所以大汗淋漓,由此大海也浑身是汗,变成咸味,因为任何汗水都是咸的。你要是尝尝自己出的汗,或是花柳病人就医时被迫出的汗(这对我来说是无关紧要的),那你便会相信这一点了。"(第2部,第2章)

　　盐的题目如干旱题目一样,作用是准备和加强干渴这个主要题目;正是在这个主题下面,诞生了庞大固埃——"干渴人之王"。在他出生的那一年、那一天、那个时辰,世上的一切都感到干渴。

　　盐的题目还以新的形式纳入庞大固埃降生一事中。在他出世前,从母亲肚子里"跑出六十八个赶骡人,每人牵着一头驮了盐的骡子;后边跟着九只单峰骆驼,背上的大包里装了火腿和薰舌;又有七只双峰驼背着鳗鱼包;再后面是二十五辆大马车载着韭菜、蒜和大葱"。过完了这些咸味的令人干渴的食物系列,才生出庞大固埃。

　　就这样拉伯雷创造了一个怪诞的系列:干旱、炎热、汗水(热时出汗)、盐(汗水含盐)、咸味食物、干渴、喝酒、醉酒。这一系列顺便还吸收进来花柳病人的汗、圣水(干旱时使用圣水是教堂规定了的)、银河、尼罗河源头以及一系列圣经上和古希腊罗马的典故(提到了关于拉扎尔的寓言、荷马、费柏、法埃顿、尤诺那、赫拉克利、塞内加)。所有这一切出现在描写庞大固埃降生的一页半里。这就形成了拉伯雷的一个典型特点:在一般文章里互不相容的事物现象,组成了新的奇特的毗邻关系。

　　高康大的家谱是在饮酒的象征物里找到的:在地下室九个酒坛中间一只高脚杯下,发现了它,杯上挂了一个字牌"Hic bibitur"①(第 1 部,第 1 章)。请注意,地下室和饮酒作为词语和实物在这里相互为邻。

　　小说中几乎所有重要情节,都卷进了饮食和醉酒的系列中去。基本上占据了第一部书的高朗古杰王国和毕可罗寿王国之战,就是由带葡萄的面饼引起的;这面饼被当作是医治便秘的药物,同详尽的排泄系列结合交叉(见第 25 章)。约翰修士和毕可罗寿的士兵之斗,起因是争夺修道院的葡萄园;这园子是给修道院提供果酒的(不是为圣餐之用,更多地是为了让修士们痛饮)。占了整个第四部(还有第 5 部)书的庞大固埃著名的出游,从"神瓶的占卜"开始。所有出航的船只,

―――――――――

　　①　拉丁语:饮酒地。——原编者

都装饰上饮酒的象征物作为标志:瓶子、坛子、罐子(双耳瓶)、带盖木罐、酒杯、碗、花瓶、盛葡萄的篮子、小酒桶(每只船上的标志,拉伯雷均有详尽的描写)。

饮食和醉酒系列(如同人体系列一样)在拉伯雷笔下得到了细节化和夸张。所有场合都十分详尽地列举各式各样的吃食,确切地指出了夸大的数目。例如描写战斗后在高朗古杰城堡中进晚餐,作了如下的列举:"送上了晚餐。别的且不说,烤熟了十六头牛、三只幼鹿、三十二只牛犊、六十三只乳羊羔、九十五只山羊,三百只崽猪,放上了精美的佐料,还有二百二十只沙鸡、七百只田鹬、四百只柳久努阿种和柯尔瓦利种的阉鸡、一千七百只其他品种的肥鸡、六千只子鸡和同样数量的鸽子、六百只松鸡、一千四百只兔子、三百零三只鸨和一千七百只小沙鸡。野味一下子不可能找到那么多,有十一只野猪,是修道院长从丘尔佩奈送来的;十八只贵重的野兽,是格朗蒙先生馈赠的礼品;然后还有一百四十只野鸡,是捷杰萨尔先生送的;几打野鸽子、河禽、小水鸭、麻鸭、麻鹬、千鸟、河沙鸡、海雁、海鸭、凤头麦鸡、大小野鹅,还有竖毛白鹭、仙鹤、草原鸨、红羽火烈鸟、红颈鸟、母火鸡。外加几种汤菜。"(第1部,第37章)特别详细地列举多种菜肴和小吃的,是在描写加斯捷尔岛(肚子岛)时,这里用整整两章(第4部,第59—60章)在列举食物。

被纳入饮食和醉酒系列的,如我们已说过的那样,有各式各样的东西、现象和思想。这些东西、现象和思想,用占统治地位的观点(在思想领域、文学、话语的实践中)和普通的观念来判断,同所述的系列是完全格格不入的。纳进的方法,与人体系列里的别无二致。下面举几个例子。

天主教同新教包括加尔文教的斗争,被描绘成是克塞诺玛恩同住在荒野岛的香肠人之间的斗争。香肠人的故事占了第四部的八章(第35—42章)。香肠系列自始至终以怪诞形式细节化并不断展开。拉伯雷从香肠形状出发,引证不同的权威之论,要证明咬了夏娃的蛇原是一根香肠,而攻打奥林匹斯山并把帕利翁竖在欧萨山的古代巨人,一半也是香肠。美露西娜同样一半是香肠。一半是香肠的,还有发明大板车和四轮马车的埃里克托纽斯(为的是把自己的香肠腿掩盖起来)。为了同香肠人斗争,修士约翰和厨师们结成了联盟,制作了像特洛伊木马一般的一头大猪。作者用讽刺性模拟的荷马史诗风格,对这头猪进行了描写,并且用了几页的篇幅列举了藏入猪身的厨师战士们的名字。战斗开始了,在紧要关头约翰"打开猪门,与自己优秀的士兵一起走了出来。一些人拖着铁叉,其他人拿着煎锅、烤盘、铁片、火盆、铁锅、小锅、钳子、炉叉、罐子、研钵、槌子,全像灭火队似的站成一排,又喊叫又骂街:'尼布萨当,尼布萨当,尼布萨当!'他们又叫又气,攻向大馅饼和小灌肠"。香肠们被击溃。战场上出现了飞翔着的"密涅瓦的野猪",往下扔装着芥末的木桶。芥末是香肠们的"圣血",它能医香肠的伤,甚至使死者复生。

有趣的是饮食系列同死亡系列的交叉。在第三部第四十六章中,鬼魂有一段很长的议论,讲人们心灵的各种不同的味道。拨弄是非者、公证人、律师的心灵,只是刚腌上不很咸的时候才好吃。小学生的心灵早饭时吃着香,律师的心灵午饭吃好,晚饭时宜吃用人的心灵。吃了种葡萄人的心灵,肚子里要发生绞痛。

另一处讲到,恶魔早饭时吃了用军士心灵做的肉丁,得了闹肚子的重病。这个系列还吸收了宗教裁判的篝火;这篝火能够使人们丢弃信仰,以此保证鬼魂们能吃上用鲜美心灵做成的菜肴。

饮食系列与死亡系列结合交错的另一个例子,是第二部第三十章里爱比斯德蒙逗留死人王国的卢奇安式的情节。复活的爱比斯德蒙"马上开始说话。他讲看见了鬼魂,同路西菲尔很随便地交谈过,并且在地狱和极乐世界里吃了一顿好饭"。饮食系列随着整个情节继续发展:在死后的世界里,德谟斯芬是酿酒人,伊尼斯是磨坊主人,非洲的西庇翁贩卖酵母,汉尼拔卖鸡蛋。艾比克台图斯在枝叶低垂的树下,同许多少女饮酒、跳舞,找各种名目大喝不止。尤里神父卖馅饼。克塞尔克塞斯卖芥末,因为他要价太高,维庸就朝他的芥末包上撒了些尿,"就像巴黎卖芥末的人常干的那样"(这是与排泄系列交叉起来)。爱比斯德蒙讲的地狱里的故事,被庞大固埃打断了。庞大固埃请大家吃饭喝酒,以此结束了死亡和死后世界的话题:"现在嘛……咱们应该吃菜喝酒啦。请用餐吧,孩子们,因为整个这个月都该是喝酒的时候!"(第2部,第30章)

　　特别常见的是拉伯雷在饮食和醉酒系列中,紧密地融进宗教概念和象征:僧侣的祷告、修道院、罗马教皇的法令等等。中餐大吃一顿之后,年轻的高康大(那时还受经院哲学家的教育)"十分艰难地咀嚼一段谢恩祷词"。在"巴皮曼岛"上,人们建议庞大固埃和他的一行参加"纯粹的祈祷",即不唱教堂歌曲的祈祷,而巴奴日宁愿"先喝了安茹美酒"再去祈祷。在这个岛上人们请他们进餐,每一道菜"不管是狍子、腌鸡、猪(这些在巴皮曼岛上不可胜数)或是鸽子、兔子、火鸡之类,里面都添了'不少聪明才智'"作馅。由于吃了这种"馅",爱比斯德蒙患了严重腹泻(第4部,第1章)。"修士在厨房"这一题目专门占了两章:第三部第十五章"讲述修道院关于腌牛肉的卡巴拉哲理",还有第四部第十一章"为什么修士愿意待在厨房"。下面是前一章里最典型的一段:

　　"你喜欢青菜做的汤(巴奴日说。——本书作者),我最喜欢放桂皮的汤,甚至带上一块庄稼人的肉,要腌到第九个小时的。"兄弟约翰回答说:"我理解你,你是从修道院的饭锅里得到这个隐喻的。农工你指的是牛,它是耕地的;腌到九个小时,意思是煮得稀烂。我们善良的精神之父,遵循著名的古代卡巴拉(犹太神秘哲学)的规定(不是成文的而是口头相传的),在我那个时代于晨祷前起床,进教堂前要做一定的至为重要的准备。往痰盂里吐痰,往该呕吐的地方呕吐,往能幻想的地方幻想,往便池里撒尿。这些全为的不把什么脏东西带到宗教仪式上去。做完这些事,他们才虔诚地进入神圣的小教堂(他们用自己的习惯语这样称呼修道院的厨房),虔诚地关切是不是马上把小牛犊架到火上烤制,好给我的弟兄们准备早餐。他们常常亲自在锅下生火。因为晨祷上要念九个小时,他们起身很早,所以念的时间越长,他们就越饿越渴;比只念一个或三个小时要难受得多。像卡巴拉说的那样,起床越早,烧牛肉也越早;肉在火上时间越长,就烧得越烂;烧得越烂,肉就越软,牙也容易咬,味道也香,胃也越好消化,对善良的修士们越有营养。而这一点是修道院创始人的唯一目的和首要任务,因为他们认为他们绝不是为了活着才吃饭,而是为了吃饭才活着;他们仅仅为了这个目的才生活在这个世界上。"①(第3部,第15章)

这一段对拉伯雷的艺术方法来说是十分典型的。首先我们在这里看到了修道院日常生活的现实主义的图景。但这个小说体的图景,同时又是对修道院(修士们)一个习惯用语的揭示:"腌上九个小时的一块庄稼人的肉。"在这个用语的寓意背后,掩盖着肉("庄稼人")和礼拜(九个小时即晨祷礼拜时诵经的九个部分)的紧密的毗邻关系。诵读经文的数量(九个小时)对烧烂牛肉和准备胃口是很有利的。这一礼拜和饮食系列,同排泄系列(唾吐、呕吐、撒尿)以及人体生理系列(牙齿、口腔、胃的作用)结合交错起来。修道院的礼拜和祈祷,作用在于填补做饭菜和准备胃口所需的时间②。由此得出概括的结论:修士们吃饭不是为了能活着,而只是为了吃饭。下面我们再讲到拉伯雷组织不同系列和不同形象的原则时,将以所有这五大系列为材料详加论述。

这里我们不想涉及渊源问题、与来源和影响有关的问题。不过在这种情况下我们要先说几点总的看法。饮食、醉酒、排泄和性行为的系列,在拉伯雷作品中引入了宗教的概念和象征,这当然算不上什么新东西。我们知道中世纪晚期有各种各样形式的讽刺模拟的亵渎文学,有讽刺模拟性质的福音书,有讽刺模拟的弥撒(13世纪的《醉酒弥撒》),有讽刺模拟的节日和仪式。不同系列的这种交错结合,对(拉

① 译文转译自俄语版,与译自法语版的《巨人传》稍有出入。——编者
② 拉伯雷用了修道院一个口头语:"从祷告到中餐。"——作者

丁的)流浪者诗歌来说是有代表性的,对他们特殊的黑话暗语来说也是有代表性的。最后,我们还可以在(与流浪者有联系的)维庸的诗歌里看到这种情形。同这一讽刺模拟的亵渎文学一起,具有特殊意义的,还有广泛流传并闻名于中世纪后期和文艺复兴时代的亵渎型妖法形式(无疑拉伯雷也是知道的);最后是淫秽的骂人"格式",这里面尚未完全消失古代的宗教意义。这些淫秽的骂人话广泛流行于非正式的日常语言中,构成了非正式生活语言的修辞特色和思想特色(主要是社会底层的语言)。亵渎的魔法形式(包括淫荡行为)和日常淫秽的骂人话,两者有着亲密关系,是一棵树上的两个分枝,而这树是植根于阶级前的民间创作中的;当然这两个分枝深深地歪曲了这棵树本来的高尚品格。

除中世纪的这一传统外,还必须指出古希腊罗马的传统,特别是卢奇安的传统。他始终如一地采用神话中淫荡故事和日常生活故事(如阿佛罗狄忒与战神的交媾、雅典娜从宙斯的头里诞生等),从世俗和生理方面加以细节化。最后还必须指出阿里斯托芬,他对拉伯雷(特别是拉伯雷的风格)颇有影响。

后面我们还要回过来讨论拉伯雷作品中对这一传统的改造,正如要谈谈更为深刻的民间文学传统如何决定了他那艺术世界的基础。这里我们对这些问题只是先提一提。

现在接着讨论饮食和醉酒系列。如同在人体系列中一样,这里除了怪诞的夸张之外,也表现了拉伯雷对酒食的意义和卫生所持的正面看法。拉伯雷绝不是鼓吹无度的贪食酗酒。但他肯定酒食在人类生活中的崇高意义,力求从思想上赋予它高尚的内容,调节它,使它文明卫生。彼岸的禁欲世界观否定酒食的积极价值,认为这只是罪孽肉体的一种可悲的需求,而且只知道一种调节的模式——斋食;而斋食是与酒食格格不入的否定形式,是由敌视而非喜爱引起的(如"克塞诺玛恩"作为严格持斋者,是"安提菲齐斯"的典型产物)。但是,酒食如果遭到思想的否定,得不到高尚的评价和意义,必然在现实生活中流为种种粗野的贪食和酗酒。由于禁欲世界观不可避免地具有虚伪性,贪食和酗酒恰恰在各修道院里十分盛行。在拉伯雷的作品中,僧侣主要是饭桶和酒鬼(特别见第2部,第34章)。我们前面已指出的几章,就是讲修士们同厨房之间的特殊联系的。荒诞不经的幻想的饭桶形象,见于庞大固埃一行游览卡斯台尔岛的情节中。这一情节占了第四部书的六章(第57—62章)。这里以古希腊罗马的材料(基本上是诗人珀西)为基础,发展起来整个一套卡斯台尔岛(腹岛)的哲学。正是人腹而非火,人腹才是一切艺术的第一个伟大的老师(第57章)。是人腹发明了农业、军事、交通、航海等等(第56—57章)。这是一种学说,认为饥饿作为人类经济和文化发展的原动力是威力无穷的。这一学说具有半讽刺模拟的性质,具有半真理的性质(这一点同拉伯雷大多数类似的怪诞形象是一致的)。

在高康大受教育的情节中(第1部),酒食的文明卫生是同贪吃无忌相对立的。饮食的文明节制这个题目,联系到精神的作用,曾在第三部的第十三章中讨论过。对这一文明,拉伯雷并不只是从医学卫生方面来理解(即作为"健康生活"的一个因素),而且也是从烹饪艺术方面来理解。以多少有些讽刺模拟性质的形式出现的约翰修士的自白,讲到了"厨房里的人道主义",这无疑也反映了拉伯雷本人注重烹调的倾向。"慈悲的上帝啊,原谅我发问。我们为什么不把我们的人道主义也带到上天精美的厨房去?为什么不在那里用铁叉烤肉?为什么不在那里欣赏哐哐的烤肉音乐?为什么不在那里看到烧肥肉块,看到烧汤,看到做甜食,看到送上美酒?'一路上不沾泥污者最幸福!'这是圣礼书上写的。"(第4部,第10章)对酒食的加工烹调感兴趣,当然同拉伯雷下面的理想毫不矛盾;这就是精神和肉体和谐发展的完整的人。

庞大固埃式的饮宴在拉伯雷小说中却占着完全特别的地位。庞大固埃主义意味着能做到乐天、英明、慈善。因此,善于愉快而且明智地饮宴,也属于庞大固埃主义的本质内容。庞大固埃派的吃喝,绝非游手好闲者和贪食者的吃喝;后者是无时无刻不在宴饮。实则宴饮只应在晚上空闲时,在一天的劳动结束之后。午餐(在一天劳动的中间)应该短暂,而且不妨说应该立见效果。拉伯雷从原则上就主张把饮食的重心移到晚餐上。人文主义者包诺克拉特的教育体系中,就是这样规定的:"高康大的午餐,请注意是很有节制很简单的,因为进食只是为了抑制腹饥。但晚餐却极丰盛而持久,因为这时卡冈都亚吃得很多,以便补足体力和营养。这才是慈善精确的医学艺术所规定的真正的节食制度……"(第1部,第23章)出自巴奴日口中的关于晚餐的一番特别的议论,见之于前面引用过的第三部第十五章中:"如果我能及时吃到早餐,之后腹中变得空空如也,在需要和不得已时,我恐怕可以不吃午饭。可要说不进晚餐,那可真见鬼! 那可是大错特错,那可是违反自然! 自然创造了人类,是叫人们使用自己的力量,叫人们工作,各自干自己的事。可为了干活方便,自然供给我们烛火,也就是快乐喜人的阳光。到晚上它取走了阳光,仿佛以此对我们说:'孩子们,你们是好人。你们干得够了! 现在到了夜里,应该收起活计吃点好饭好酒、各种美味了;然后你们欢乐一会儿就躺下睡觉,明早起来好能像前一天一样神清气爽,精力充沛。'"

就在这庞大固埃的"晚会"上,人们一边吃饭饮酒、品尝其他美食(或在这之后),一边进行庞大固埃式的交谈,谈话充满机智,充满笑声和猥亵。这类"晚会",拉伯雷给柏拉图式"饮宴"增添的这种新因素,其特殊的意义何在,我们将在后面讨论。

总之,饮食系列在其怪诞的发展中,同样服务于破坏事物现象间旧时虚伪的毗邻关系,建立使世界紧密化物质化的新型毗邻关系。这个系列发展到积极的顶点,能以思想上抬高饮食地位,使之文明节制而结束;这个结束点,是和谐而完整的新人形象的一个重要特征。

现在该谈排泄系列了。它在小说中的地位也是不可忽视的。安季菲齐斯的传染,要求有巨量的解毒药。有一系列的出恭,基本上为的是使事物现象和思想形成最出人意料的毗邻关系,这种毗邻关系要能打破原来等级,使世界和生活的图景物质化。

作为创造出乎意料的毗邻关系的例子,可以举出"擦屎主题"。小高康大讲到他试用过的各种擦屁股的方法,讲到他找到的一种最好的方法。在他列举的荒诞不经的系列中,有下面一些擦拭的工具:一位小姐的围巾、围脖、缎布耳套、侍卫的帽子、(用爪子挠过他屁股的)叫春的猫、薰上安息香的母亲手套、鼠尾草、莳萝、马约兰、白菜叶子、生菜、莴苣、菠菜(可食型)、玫瑰、荨麻、被子、窗帘、餐巾、料草、稻草、羊毛、枕头、布鞋、猎袋、篮子、帽子。最好的擦法是用嫩羽毛的鸭雏。"让人感到分外的舒适,因为绒毛柔软,雏身温暖,这股暖意顺着直肠传到其他器官去,直到心脏和大脑。"之后高康大根据"苏格兰依约骑士团长的意见",肯定地说:极乐世界田野上的英雄们和半神人所以心旷神怡,就是因为他们用小鹅擦屁股。

在教皇派岛上进午餐时,有过一番"赞颂敕令"的谈话,把罗马教皇的敕令书同排泄系列结合了起来。约翰修士有一次把敕令当擦屎纸用了,结果得了痔疮。巴奴日因为念了敕令书,闹得严重便秘。(第4部,第52章)

在六香客那段故事里,人体系列同饮食系列、排泄系列交织到一起。高康大吃拌沙拉时吞进去六个香客,用一大口白酒想送下去。开始香客们躲到牙齿后面,之后险些被卷进高康大深渊般的肚子里。多亏有拐杖,他们才爬到牙齿上面。他们碰疼了高康大一颗病牙,就全被他从嘴里扔了出来。可等香客们飞跑逃命时,高康大撒起尿来。一泡尿切断了他们的逃路,他们不得不泅过他尿出的洪水。最后脱险之后,一位香客说他们的一切灾难在大卫的赞美诗中早有预言。"'当人们起来反对我们时,可能活活把我们吞食'——他说:这是指把我们当沙拉子同盐一起吃进嘴里。'由于他们对我们大发怒气,我们可能被洪水吞掉'——这是说他喝进了一大口酒……'也许我们的心灵正渡过不可遏制的水流……'——是指我们被他切断逃路,只好横渡他尿水造成的泥泞地带。"(第1部,第38章)

这样一来,大卫的赞美诗在这里便与吃喝撒尿的过程交织起来。

很有代表性的一段,是讲"风岛"的;岛上居民只靠吃风维持生命。"风"的题目以及文学、诗歌中与"风"题相连的一串崇高的物象,如徐徐西风、海浪飓风、吞吐呼吸、心灵的呼吸、气息等等,借着"吹出风来"而同饮食系列、排泄系列、生活系列联系起来(例如"空气""呼吸""风"——是一些崇高词语、形象、题目[生命、心灵、精神、爱情、死等等]的固定代表和内部形式)。"在这个岛上人们不吐痰,不撒尿,但却吹出大量的风和臭气……最流行的疾病,是腹胀和绞痛。为了医治就吃下大量的风轮,用拔火罐,给胃肠通风。所有的人都像得水肿似的,由于腹胀而死;死时男人排出风来,女人排出臭气。这就是说,他们的灵魂是从肛门跑出来的。"(第4部,第43—44章)这里排泄系列与死亡系列交叉起来。

在排泄系列中,拉伯雷编出一连串的"乡土神话"。乡土神话能解释地理空间的来龙去脉。每个地方从名字直到地貌、土壤、植物等特点,都需要用当地人的故事——决定这地名和面貌的故事来加以说明。每处地方都是开发它的那一事件的遗迹。一切乡土神话,都是用这种逻辑,透过历史来理解空间的。拉伯雷也同样用讽刺模拟体写出了这样的神话。

举例说,拉伯雷是这样解释巴黎城的名字的。高康大来到这个城市时,他周围聚起了人群。他为了"开个玩笑"(在法语中,'开个玩笑'与'巴黎'一词谐音。——译者),"解开了自己漂亮的前裆,从上往下狠狠浇了人们一顿,不算妇孺共淹死二十六万零四百一十八人……城市从此便得名为'巴黎'。"(第1部,第17章)

法国和意大利的热泉浴疗地是怎么来的呢?书中解释说,庞大固埃生病时,他的尿滚热烫人,直到今天还没冷却。(第2部,第17章)

圣维克多旁边的溪水,是狗尿流成的。(第2部,第22章)

以上举出的例子,足可以说明拉伯雷小说中排泄系列的功用了。现在来看性行为(一切性猥亵)系列。

性猥亵系列在小说中占很大篇幅。这一系列有各种不同的表现形式，从露骨的淫秽到双关的暗示，从下流的笑谈逸闻到医学的和自然主义的议论，大谈性能力、精子、生殖力、婚姻、血缘的意义。

毫不掩饰的淫猥词语和趣闻，在拉伯雷这部小说里到处可见。尤其时常出自约翰兄弟和巴奴日之口，不过其他人同样也不忌讳。当庞大固埃一行旅途中发现一些冻僵的词语，其中有些是淫猥用语时，庞大固埃拒绝保存几个冻僵的脏词儿："他说保存这些东西是愚蠢的，因为俯拾即是，一点不缺；就好像所有愉快善良的庞大固埃派人们，都是满口脏话一般。"（第4部，第56章）

在拉伯雷笔下，"愉快善良的庞大固埃派"在整部小说里始终遵循着这样的用词原则。不论讨论什么题目，猥亵成分总能在语言里找到一席之地，或者靠奇特联想把不同事物聚到一起，或者纯粹靠词语的联系和相似。

小说里各处散见不少短小可笑的猥亵故事，常常取自民间创作。例如第二部第十五章中讲的狮子和老太婆的故事，还有"小鬼如何被老太婆帕涅菲加欺骗"的故事（第4部，第47章）。这些故事的基础，是古代民间创作中一个比喻：把女人生殖器说成是撕裂的伤口。

按照"乡土神话"格调写的，还有一个著名故事，说的是"为什么法国的一里地那么短"：原来距离大小是按性交频繁程度测算的。法拉蒙国王在巴黎选出了一百美男一百美女，给每个男青年配了一个姑娘，命令他们成双地各奔东西；在男女青年每次交媾的地方，国王命令设块石桩作为一里地的标记。一对对伴侣走在法国境内时，男女经常交欢，所以法国的一里很短。后来他们身体疲惫，精力将尽，就减少到一天只性交一次。因此在布里塔尼、郎德、德国等地一里便很长（第2部，第23章）。

另一个例子是把世界地理空间同淫猥系列结合了起来。巴奴日说："有一天最高天神朱庇特，同整个世界的三分之一，指牲畜、人、河流、山脉等性交了一次，也就是同欧洲性交了一次。"（第3部，第12

章）

巴奴日有段大胆而荒诞的议论，已经属于另一种性质了。那是说在巴黎周围建城墙用什么方法最好。他说："我看到这城里女人比石头还便宜，正应该用女人筑墙，而且要把她们完全按照建筑的对称法排列：高个子站前排；中等个在后面的坡地上，高出两阶；最后是小个子。再像布尔日的巨塔一样，把储存在修道院前裆里的坚硬的东西插到里面去。试看哪个恶魔能够毁坏这样的城墙！"（第 2 部，第 15 章）

议论罗马教皇的生殖器，采用的是另一种逻辑。人们认为，用吻脚的方法表现对教皇的尊崇是很不够的。他们回答说："我们要表现出更多的崇敬，一定的。这一点我们已经决定了。我们要吻他的屁股和别的地方！因为神圣的教皇确实有这些地方。这在我们极好的教会书中已有记载，要不然他就不成其为教皇了。所以教会书的精辟哲理，不可避免地引出这样的推断：他既是教皇，就有这个器官。世界上要没有这种器官，也不会有教皇。"（第 4 部，第 48 章）

我们觉得以上的例子足以说明，拉伯雷是用怎样不同的方法引入和发挥猥亵的系列（详尽地分析这些方法，当然不属于我们的任务）。

在小说全部素材的组织中，一个属于猥亵系列的题目有着重大的意义。这便是"绿帽子"题目。巴奴日想娶妻却下不了决心，害怕戴上绿帽子。几乎整个第三部书（从第 7 章开始）全是写巴奴日商议婚事：他同自己所有的朋友商议，他用维吉尔占卜，他用梦境推断吉凶，他与女预言家庞祖斯特·西卜拉交谈，他找哑巴，奄奄一息的诗人拉米那格罗比斯、阿戈里帕·涅捷斯哥、神学家希波塔泰乌斯、医生隆底比里斯、哲学家特鲁优刚、小丑特里巴等等商量。

所有这些情节、座谈、议论中间，都存在一个绿帽子的题目、贤妻的题目。这一题目本身又由于意义和语言上的相近而吸取了淫猥系列里种类繁多的题目和情节。例如大夫隆底比里斯的话里，就有关于男性交媾能力和女性持续性兴奋的议论，或者从男人戴绿帽子和女人不贞的角度评论古希腊罗马的神话（第 3 部，第 31—32 章）。

小说的第四部,写的是庞大固埃一行旅游去求得"神瓶的卜示",以使巴奴日完全解除关于结婚和戴绿帽的疑虑("绿帽题目"本身在第四部中倒几乎根本没有出现)。

性猥亵系列同我们前面分析过的那些系列一样,通过把词语、事物、现象组成新的毗邻关系,来打破原来的价值等级。这个系列重新组织世界图景,使这幅图景物质化并凝聚起来。文学中人的传统形象,也从根本上改观,而且是由私下的不可言传的生活领域引起的。人实现了外在化,并完全彻底地被言传出来,表现出生活的全貌。可同时人却不发生非英雄化,不变得低下,绝不沦为"下流生活"的人物。倒是可以说,肉体生活如饮食、排泄、性领域等,它们的一切功能在拉伯雷作品中都发生了英雄化。这些行为都以夸张之笔出之,这本身就促进了它们的英雄化,消除了它们的平庸性、它们的生活色彩和自然主义色彩。下文我们还将谈到拉伯雷的"自然主义"。

性猥亵系列也有它的积极方面。中世纪人们露骨的淫猥,是对禁欲理想丑化性领域的反动。拉伯雷通过德廉美修道院的形象,写出了性领域的和谐安排。

我们分析过的四个系列,还不能包括使小说物质化的所有系列。我们只举出了主要的定基调的系列。还可以提出衣服系列,它在拉伯雷手中也得到了详尽的表现。这个系列里特别强调了前裆(裤上遮盖男性生殖器的部分),通过它使衣服系列同性猥亵系列联结起来。也可以举出日用品系列、动物系列。所有这些接近人体的系列,同样是服务于这样一些功能:把传统上联结一起的东西分割开来,使不同等级相距很远的东西相互接近;还有一个功能就是逐步实现世界的物质化。

讨论了这些促进小说物质化的系列之后,我们来看一看在小说中功能迥然不同的最后一个系列——死亡系列。

乍一看会觉得死亡这类系列在拉伯雷小说里完全不存在。个人死亡问题,这一问题的尖锐性,同拉伯雷那个健康、完整、英勇的世界,根本是格格不入的。这个印象完全正确。而在拉伯雷破坏的那个等级制的世界图景中,死亡却占据着主导的地位。死亡使人世生活失去了价值,成了某种过眼云烟似的易朽之物,使这一生活失去了自身的意义,变成一个准备阶段,好迎接死后灵魂的不朽命运。这里不是把死亡看作生活本身的必然因素,不认为死亡之后又有新生命诞生和延续(这是指生命的一个重要方面——集体的或历史的方面)。这里把死亡看成是边缘现象,处于这一短暂易朽世界和永恒生活之间截然的分水岭上;很像朝别一彼岸敞开的大门。死亡被认为不处于无所不包的时间系列之中,而是处于时间的边缘上;不处于生命系列之中,而是处于这一系列的边缘上。在破坏等级制的世界图景并创造新图景来取代它时,拉伯雷不能不重新评价死亡,使它在现实世界里获得应有的位置,并且首先表现出死亡是生命本身的必然因素,表现出死亡处于生活的无所不包的时间系列之中;生命会继续向前,不会被死亡绊住脚,不会陷入彼世的深渊;生命整个都要保存下来,留在这个时间和空间中,沐浴这里的阳光。最后还应表现出:死亡即使在这个世界里,对任何人任何事来说也都不是什么至关重要的终结。这便意味着,要在包含死亡在内的、永远胜利的生命系列中,表现出死亡的物质面貌(当然这永远胜利的生命系列中,不带任何同拉伯雷绝不相容的激昂诗情),不过要表现得毫不经意,绝不能过于突出。

除少数例外情况,死亡系列在拉伯雷笔下总以怪诞和可笑的形式出现。这个系列同饮食系列、排泄系列、解剖系列等相互交织着。死后世界的问题,也均以上述的形式表现出来。

死亡见于怪诞的解剖系列的例子,我们已经讲到了。这里有对致命一击的详尽的解剖分析,又表现出生理上的必然死亡。这时死亡是作为纯粹的解剖和生理事例,写得十分清楚明确。作战中死亡的情形就全是这样描绘的。这里的死亡,是人体生理解剖系列中无名氏的死亡,而且又总是发生在交锋的过程中。总的情调是怪诞的,偶尔强调一下死亡中某种可笑的细节。

例如特立佩之死就是这样写的:"他(体操家。——本书作者)迅疾转身朝特立佩扑去,跑着顺势刺过一剑,趁对方护住上身时一下切开了他的胃、结肠、半个肝脏。特立佩立刻倒地,倒下时吐出有四盆之多的菜汤,最后一口气也随着一起泄了出来。"(第1部,第35章)

这里,生理解剖的死亡形象纳入人体搏斗的变化图像之中,结尾还同饮食形成了直接毗邻的关系(吐出菜汤和最后一口气)。

死于战斗的解剖形象,我们在前面已经举出不少例子(修道院葡萄园中打击敌人、刺杀守卫等)。这些形象都很相近,把死亡表现为人体生存战斗的系列中并无具体所指的生理解剖现象。死亡在这里并不破坏人类生命不断斗争的系列;它是作为这个生命中的一瞬,不违背这个(肉体)生命的逻辑。这种死亡与这个生命同是一条藤上的瓜。

排泄系列中的死亡则具有另一种性质,荒诞可笑,不含生理解剖的分析。比如高康大撒尿淹死了"二十六万零四百一十八人,不算妇孺"。这类"大量死亡",在这里不仅具有直接的荒诞意味,而且是讽刺模拟那些关于自然灾害、弹压起义、宗教战争等等的冷漠无情的公告(从官方公告的观点看,人的性命是一钱不值的)。

高康大用马尿淹死敌人的描写,也直接带有怪诞的性质。这里的形象得到了细节化。高康大的同伙们需要通过一条溪水,小溪是尿水淌成的,中间堆积了溺水者的尸体。大家都顺利通过了,"只剩一个爱德蒙。他的坐马右腿膝骨以下陷进一个淹毙仰卧着的肥胖坏蛋的肚皮里,怎么也拔不出来。高康大用手杖的尖头把这个坏蛋的下水挑到水里去,马才拔出腿来,并且(简直是马学中的怪事!)因为接触了胖子的内脏,马腿上的肿瘤竟然平复了。"(第1部,第36章)

这里具有代表性的,不只是溺尿的死亡形象,也不只是描绘尸体的语调风格("肥胖坏蛋""下水""胖子""肚皮"),还有因接触尸体内脏而治好腿病。这类事在民间创作中比比皆是,依据的是民间文学中一种普遍看法:死亡和新尸(受伤的肚子)很有效应,一人之死可医他人之病。这里，民间创作中的那种死亡与新生毗邻的关系，当然因为胖尸内脏治愈马腿这个怪诞形象而大大削弱了，但这一形象中为民间文学所特有的逻辑，却是清晰可辨的。

这里重提一下死亡系列与排泄系列结合的另一个例子。当"风岛"居民死亡的时候，他们的灵魂同风(指男性)或同臭气(指女性)一齐从后门发泄出来①。

在怪诞地(可笑地)描绘死亡的所有情形中，死亡形象具有了可笑的特征：死直接与笑为邻(当然还没有同事物系列联系起来)。在大多数情况下，拉伯雷描写的死亡都要引人发笑，也就是说他尽描绘快活的死。

在"巴奴日畜群"一节里，就是以诙谐之笔写死亡的。羊商乘船运羊，巴奴日想对他报复，就买下了领头羊，然后把它扔到海里。跟着其余的羊也都奔过去投水。羊商和他的伙计们拖住羊不放，想阻止羊群，结果自己也被带进了海水之中。"巴奴日手执一只桨站在厨房旁边，不是为救援牧人们，而是防止他们爬上船来得救；一边还按照雄辩术的一切规矩，慷慨激昂地向他们宣讲这个世界的所有不幸，夸耀另一世界的种种幸福，最后得出结论说到那里去的人比生活在这灾难之地的人会幸福得多……"(第4部，第8章)

这里死亡的情景所以可笑，是因为有巴奴日的赠别说教。整个场面是一种辛辣的讽刺模拟，模拟对象则是中古的彼岸世界观关于生与死的观念。在另一个地方拉伯雷讲了一群修士的故事，他们见人落水不马上去救，却先得为溺水人的灵魂永生负责，要求这个人忏悔，结果人便沉入水底。

写爱比斯德蒙暂驻死人王国(这个情节我们在前面提到过)，也是以讽刺模拟的精神描绘的，为的是打破中世纪关于灵魂和死后彼岸的观念。属于此类的还有一种怪诞的议论，认为死人的灵魂极为可口，

---

① 在另一处，庞大固埃用自己排出的风制造出一些小男人，用自己的屁做成了一些小女人(第2部，第27章)。这些小人的心脏离肛门不远，所以脾气暴躁。——作者

具有美食的价值;这一点我们同样已经说过。

我们不妨提醒一下巴奴日讲他土耳其之难的故事,他愉快地描绘了饮食致死的情形。这里是死亡的外部情景可笑,死亡与饮食直接相连(铁叉上烧烤,用铁叉子穿透)。巴奴日被烤得救的整个离奇情节,以赞叹铁叉烤肉香美而告结束。

死与笑、死与吃、死与喝,在拉伯雷作品中经常相遇为邻。死的场景到处都令人快活开心。第四部的第十七章中写了一系列奇怪的死亡,其中最多的是可笑的死亡。这里讲到阿纳克利翁之死,他是被葡萄核噎死的(阿纳克利翁—酒—葡萄核—死亡)。大法官法比乌斯是因奶杯里落进羊毛饮后致死的。还有个人是当着克罗丢斯皇帝的面不好意思放屁,闷在肚里憋死的,如此等等,不一而足。

如果说在上面列举的情形中,只是外部情景使死亡变得可笑,那么克拉伦斯公爵(爱德华四世之弟)之死,几乎对死者本人来说也是一种快活的死:他被判死刑,但由他自己选择执刑方法。"他选择了在葡萄酒桶里淹死的办法……"(第 4 部,第 33 章)这里的快活之死,是直接与酒为邻。

拉伯雷在诗人拉米那格罗比斯的形象中描绘了一个快活的垂死者。当巴奴日一行来到垂死的诗人跟前时,他已快咽气:"可他的样子很快活,面部表情舒展,眼神清澈。"(第 3 部,第 21 章)

在前引的所有快活之死的事例中,笑意体现在语调里、风格里、死亡的描写方式里。但到了死亡系列的极端,笑也还会与死亡发生实物上和语言上的毗邻关系。拉伯雷在书中两处地方列举了一串由笑致死的事例。在第一部的第二十章里,拉伯雷举出克拉苏斯和菲勒蒙:前者看到驴子吞食蒺藜秧,一笑致死;后者看见驴子大嚼无花果,也大笑而死。在第四部的第十七章,拉伯雷提到画家修克西斯,他是看了一眼自己画的一位老妇的肖像,就大笑死去。

最后,死亡与新生命的诞生相邻,同时又与笑相连接。

庞大固埃出生时又大又重,真要出世不能不把母亲憋死(第 2 部,

第 2 章）。婴儿庞大固埃的母亲就这样死去,他父亲高康大陷入了窘境:他不知自己该哭还是该笑。"令他犹豫不定的是,他不知该为妻子哀伤而泣呢,还是该为见到儿子高兴而笑。"他无法消除自己的犹疑,结果是同时既哭又笑。一想到妻子,"高康大像头牛一般呜呜痛哭,可是突然想起了庞大固埃,又像牛犊一样笑了起来。"(第 2 部,第 3 章)

　　在死亡系列里,在这一系列同饮食系列、性系列的结合点上,在死亡与新生命诞生的直接联系中,最清晰不过地展现出拉伯雷之笑的本质,也展示出这种笑的真正来源和传统。而当这种笑应用在社会历史生活的广阔世界中("笑的史诗"),应用在时代上,确切些说是应用在两个时代的交接点上,那时则可能揭示出这种笑的发展前景,它在以后历史上的效用。

　　在拉伯雷作品里,"快活之死"不仅同高度评价生命、同要求为这一生命斗争到底相结合,而且它本身正是这一崇高评价的表现者,是永远胜过任何死亡的生命之力的表现者。在拉伯雷式的快活之死的形象里,当然不存在任何颓废主义的东西,没有任何死的追求,没有任何死的浪漫。如我们说过的那样,死亡题目本身在拉伯雷作品里绝非占显著地位,绝非受到强调的笔墨。在写到这个题目时,他使死亡的清醒而明确的生理解剖方面,具有了巨大的意义。而笑在他的作品中绝不同死亡的恐怖相对立,这里根本就没有这种恐怖,因之也没有任何尖锐的对比。

　　死亡同笑、同饮食、同性猥亵直接为邻,这种情形我们在文艺复兴时代的其他代表人物那里也可以找到,如薄伽丘(在作为框架的故事中,以及在一些故事的素材里)、普利奇(描写龙谢洼战斗中的死亡和天堂,巴奴日原型马尔古特因笑而死)、莎士比亚(在法里斯塔弗的场次中,《哈姆莱特》里快活的挖墓人,《麦克白》里喝醉酒的快活的看门人)。这里所以相近,是因为属于一个时代,有着共同的来源和传统;而不同之处在于表现这类毗邻关系的广度和全面的程度。

　　在后来的文学发展史上,这类毗邻关系有力地再现出来是在浪漫主义和以后的象征主义中（我们略过了一些中间阶段），不过这里的性质完全不同了。这里已经失去能囊括死、笑、饮食、性行为的完整而又无往不胜的生命。对生与死的理解，只局限在闭锁的个人生活范围内（这里人的生命是不可再得的，死则是无可挽回的终结），而且这生活又是指人的内在主观的方面。由于这个缘故，这种毗邻关系在浪漫主义者和象征主义者创造的艺术形象身上，就变成了尖锐而又静止的对立关系、矛盾关系；这种对立和矛盾要么根本无法得到解决（因为没有囊括一切的实实在在的一个巨大整体），要么只好用神秘主义的方式解决。为了说明这一点，只需指出某些从外表上看最接近拉伯雷式毗邻关系的现象。爱伦·坡有一篇不长的文艺复兴式的小说《阿芒提拉多的酒桶》。主人公在狂欢节时杀害了自己的竞争对手。那对手喝醉了酒，穿了件带铃铛的丑角上衣。主人公劝说对手一同到他的酒窖（长形地洞）去，目的是确认一下他买的一桶阿芒提拉多的酒是真是假。就在这里，他把对手活活塞进了壁龛。最后他听到的是笑声和小丑铃铛的摇响。

整篇小说建立在尖锐的却完全静止的对立之上：欢乐快活、灯火辉煌的狂欢节对阴森的地洞；对手身上有趣的小丑服装对他面临的可怖的死亡；一桶阿芒提拉多的酒、小丑铃铛的快活鸣响对将被活活憋死的恐怖；可怕的背信弃义的谋杀对叙述主人公时镇静认真、冷淡无情的语调。这里依据的基础，是极古老极可观的一组事物（毗邻关系）：死亡—小丑面具（笑）—酒—狂欢节的欢乐（瓦克赫的酒神）—坟墓（地洞）。然而能解开这组事物关系的金钥匙丢失了，因为没有了健康完整的包容一切的无往不胜的生命力，只剩下无法解决的因而是阴森可怕的对立关系。当然，在这种对立的背后，也还感觉得到存在模糊不清、被人遗忘的紧密关联，存在取自世界文学艺术形象的长长一串典故（在这些典故里，上述那些因素也是结成一体的），不过这种模糊的感觉和典故，只能影响到整篇小说给人的单纯艺术上的印象。

　　著名小说《善终的面具》就是以薄伽丘式的毗邻关系为基础的,这便是鼠疫(死亡、坟墓)与节日(欢快、笑、酒、色情)。但这里的这一毗邻关系同样变成了单纯的对立,它创造出悲剧的气氛,而绝非薄伽丘式的气氛。在薄伽丘作品中,向前迈进、无往不胜的生命,作为包容一切的整体(这当然不是狭隘的生理学上的生命),消除了所有的对立关系。在爱伦·坡的作品里,对立关系是静止的,整个形象的重心移到死亡身上。同样的情形,我们还可在《鼠疫王》这篇小说中看到(醉醺醺的水手们在海港城市的鼠疫区里大吃大喝),尽管这里酒和健康肌体的酗酒,在情节发展中(也仅仅是在情节中)战胜了鼠疫和死亡的幽灵。

　　我们再举象征主义和颓废派之父波德莱尔作品里出现的拉伯雷式情节。在《快活的死人》这首诗(结尾向蛆虫呼喊:"看哪,一个自由快活的死人朝你们走去")和长诗《游历》(最后几节有对死亡——《老船长》的呼唤)中,还有在《死亡》组诗中,我们看到了一组事物分裂开来(远非全面的毗邻关系),以及重心移向死亡(维庸主义和"恐怖学派"的影响)等同样的情形[①]。死亡在这里如同在所有浪漫主义者和象征主义者作品中一样,不再是生命本身中的一瞬,它重新成为边缘现象,介乎这里的生活和可能有的另一生活之间。整个问题集中于个人的封闭的生活系列之中。

　　回过来再谈拉伯雷。死亡系列在他笔下又有积极的一面,这里讨论死亡题目几乎没有任何怪诞成分。我们指的是写英雄之死、伟大畜神之死的章节,以及老高康大写给儿子的著名信函。在写英雄和伟大畜神之死的那些章里(第4部,第26—28章),拉伯雷根据古希腊罗马的材料,几乎毫无怪诞之笔地讲到历史上英雄人物死时的特殊环境;那些英雄的生与死对人类来说绝非无关紧要。高尚人物、英雄人物之

[①]　试看诺瓦利斯作品中的类似现象(整个一组诗色情化了,特别在圣餐诗中);又如雨果作品(《巴黎圣母院》);再如兰波、黎施潘、拉弗格等作品中拉伯雷式的语调。——原编者

死,常常相伴有自然界里的特殊现象,后者是历史剧变的反映,例如暴风雨大作,天上出现彗星,星石陨落。"天空沉默着,用彗星轻飘的示意说话:'噢,凡人哪,如果你们还打算从垂死之人口里了解社会福利和效益情况,那就请赶快去找垂暮之人,听听他们的劝告。喜剧的尾声和结局已经临近。如果你们放过机会,以后也就悔之莫及了!'"(第27章)在另一处地方,"如同火把和蜡烛一般,燃烧的时候四射发亮,照亮周围的一切,给所有人带来欢乐,用光明为所有人服务,不给任何人造成损害和不快。可一旦熄灭了,那烟和灰就会污染空气,给所有人带来危害和不快。这些高尚美好的灵魂也是这样。当它们生活在躯体中的时候,它们的状况是稳定的有益的,愉快而且光荣。可到它们完结的时刻,在岛屿和大陆上空气中会同时发生巨大的震动:黑暗、暴风雨、冰雹都要颤抖;大地会哆嗦不停;海上掀起暴风巨浪;人民中间怨声沸腾,怒气冲天;宗教要改变,国王要垮台,共和国要被推翻"(第26章)。

从前引的几段中可以看出,写到英雄之死,拉伯雷用的完全是另一种语调和风格:不是怪诞的幻想,而是出现了英雄化的想象,部分地是采用民间史诗格调,但主要是再现古希腊罗马原作的相应语调和风格(拉伯雷的转述是很接近原作的)。这证明拉伯雷高度评价历史上的英雄主义。很能说明问题的是,大自然中和世界历史上用来对英雄之死做出反应的事件,如暴风雨、彗星、地震、革命,尽管"违背所有的自然规律",本身却是完全自然的。这些事就发生在英雄们生活和活动的此一世界。这种共鸣的反应,如史诗般地英雄化了,连大自然也参与了这一过程。即使在这里,拉伯雷所写的死亡也不是属于个人生命系列(封闭和自足的系列),而是属于历史中的世界,是社会历史生活中的现象。

伟大畜神之死也是用这种格调叙述的(确切些说是根据普卢塔克作品复述的)。庞大固埃在叙述中把与这一起死亡相关的事件归结为"教徒们的伟大救星"之死,但同时又赋予这一救星形象以纯粹的泛神论的内涵(第28章)。

所有这三章的目的,就在于表现出历史的英雄主义,把它看作是在统一的现实世界(自然界和历史的世界)中保留下来的十分重要而不可磨灭的遗迹。这三章的结尾,对拉伯雷来说不太寻常。庞大固埃讲完,出现长时间的沉默。"过了不一会儿我们看到泪水从他眼里滴下来,硕大的泪珠像鸵鸟蛋。"

"如果我有一句谎话,让上帝把我杀死!"

荒诞不经的语调,在这里同拉伯雷作品中极为少见的严肃口吻结合了起来(关于拉伯雷对严肃的理解,我们还要专门讨论)。

占了第二部整个第八章的高康大写给庞大固埃的信,不仅仅对死亡系列来说很重要,对拉伯雷小说的整个正面描写(非怪诞的和非揭露性的描写)也至为重要。在这一点上,这封信很像德廉美修道院那段情节。因此我们后面还要谈到它(正如要谈到德廉美修道院的情节一样)。这里我们只讲讲它同死亡题目有关的地方。

这里展开了一个传宗接代、延续历史的题目。尽管由于时代的限制不可避免地掺杂着正统天主教的观点,这里还是发展起来一种与这些观点相对立的学说:人可以有人世间的生理上和历史上的相对不朽(生理上的不朽和历史上的不朽当然不是相互矛盾的),即人种不死、姓氏不死、事业不死。

"在万能的造世主从世纪初以来赏赐给我们并以之美化了人之本性的各种礼物、恩典、优惠当中,我觉得最美妙的一点是:人的必死的本性获得了某种不朽的因素,并且在短暂的人世生活中能够使自己的姓氏和人种永世长存。达到这一点,靠的是后代,即我们通过合法婚姻所生出的孩子。"高康大的信便是这样开头的,"靠了种族的接续,儿子身上会有父母渐渐失去的东西,孙子身上会有儿子身上消失的东西……因此我有充分的理由颂扬上帝——我的救星,是他给了我可能,让我在你的青春年华里看到我的老朽变成了正茂的风华。这是因为当我的灵魂遵从判定一切、主宰一切的上帝意愿离开自己的躯体时,我不会完全死去,而只是从一个地方移到了另一个地方。要知道我通过你还将留在这活人的世上,还将有举目可见的自己的形象,辗转在正直的好友之间,一如我过去习惯的那样。"

虽说几乎所有信函开头和结尾都使用这类虔诚的语句,信里所发挥的关于人世相对的不朽的思想,却是有意地全面地同基督教灵魂不死的教义相对立。拉伯雷根本不赞成让来自衰竭躯体的衰老灵魂到彼岸世界中获得静止的永存;灵魂到了那里得不到进一步的人世间的那种成长和发展。他希望在自己儿孙和重孙的新的青春中,看到自己的老朽重变风华;他很珍视自己在人间的举目可望的形象,这一形象的特点将保留在他的后代身上。他想以自己后代的面貌长留在"这活人的世界"上,以后代的面貌出入于好友之间。这里说的恰好是有可能使人世间的东西永存于人世间,保护人世生活的一切价值——美好的体态、烂漫的青春、善良的朋友;最主要的是使人继续人世间的成长和发展,使人进一步完善起来。他最不满意的,是让人停留在某一发展阶段上永存不变。

还有一个特点需要特别强调一下:对高康大(拉伯雷)来说,重要的绝不是使自我永存,使生物的人、自己的躯体永存而不论自己的价值如何。对他来说重要的是使自己美好的愿望和追求永存(说得确切些,是使其进一步发展)。"由于这个缘故,即使你的身上有着我的肉体的形象,但如果你内心表现不出同样的善良,那么人们就不会认为你是我家不朽精神的捍卫者和继承者,我看到这一切不会得到很多的快慰。因为我将发现我只留下了一小部分,即我的血肉,而最好的一部分——我们一家借以被人们传颂赞扬的我的心灵,却退化而似乎成了非法的私生儿。"

拉伯雷把后代的成长同文化的发展和人类历史的发展联系起来。儿子接续父亲,孙子接续儿子,都是在文化发展的更高层次上实现的。高康大指出他一生中经历的伟大变革:"在我这一代,光明和荣誉重新归还给了科学。如今发生了巨大的变化,我现在恐怕只能勉强地上小学一年级,可当我成年时被人们认为(并非没有根据)是那一代人中学识最渊博的。"再往后一些又说,"我看到现在的强盗、刽子手、冒险家和马夫,比我那个时代的医生和传教士都更有学问。"

自己时代最有学问的人,到了后代(下一代)连小学一年级都读不了——这样的进步高康大是欢迎的;他不妒忌自己的后代,虽然后代人胜过他只是因为生得比他晚。他将以自己后代的面貌、以别人(与他同一人种的人们)的面貌,参与这种进步的过程。在人类生命的集体世界和历史发展的世界上,人的死既没有开创什么的意义,也没有什么了不起的结束的意义。

我们在下面可以看到,众多的问题集中起来以十分尖锐的形式提出来,是在 18 世纪的德国。个人独自的完善和成长问题,人类的完善(和成长)问题,人世上的不朽问题,人类的教育问题,在新一代的青春期文化年轻化的问题——所有这些问题是在紧密的相互联系中提出来的。它们不可避免地会导致更加深刻地提出历史时间的问题。为解决这些问题(在相互联系中解决),曾经提出过三个基本方案:莱辛的方案(《人类的教育》)、赫尔德方案(《论人类历史哲学的思想》),最后是歌德的特殊方案(主要在《威廉·麦斯特》里)。

我们前面分析的所有系列,在拉伯雷作品中都服务于一个目的:破坏垂死时代所创造的旧的世界图景,建立以体魄和精神浑然一体的人为中心的新图景。在破坏事物现象、思想词语间传统毗邻关系的同时,拉伯雷通过别出心裁的荒诞奇幻的形象以及形象的组合,达到揭示世界一切现象间的新的、真实的、合乎"自然"的毗邻关系和相互联系。在拉伯雷笔下众多形象这一复杂而又矛盾(矛盾却有积极作用)的合流中,恢复了事物间非常古老的毗邻关系;形象汇合一起流入文学题材的一个最基本的航道之中。这个航道里汹涌澎湃的形象、故事、情节,都是以阶级前时期的民间创作为源泉,从中汲取营养的。饮食、死亡、交媾、(小丑的)笑、出生等,在形象中、故事中、情节中相互间直接为邻,是这一文学题材巨流的外在标志。无论是形象、故事、情节整体中的各个成分,也无论是整个这一毗邻关系所起的艺术和思想作用,在不同的发展阶段上都要发生剧烈的变化。在作为外在标志的这种毗邻关系背后,首先就隐藏着感受时间的特定形式,以及时间与空间世界的特定关系,换言之就是特定的时空体。

拉伯雷的任务,正是在新的物质基础上把分裂的世界(这种分裂是中世纪世界观瓦解的结果)组织到一起。中世纪世界的那种完整浑成(这还存在于但丁的综合性作品中)遭到了破坏。对中世纪的历史阐释也被破除了,如创世纪,如陷于罪恶,如一次降世,如赎罪,如二次降世,如可怖的审判。在这种解释中,现实的时间完全失去价值,溶解在一些超时间的范畴中。在这种世界观里,时间仅仅是一种破坏、毁灭的因素,是毫无创造力的因素。新的世界用不着这样一种时间感受。必须找到一种新的时间形式,找到时间与空间、与新的人世空间的新关系("旧 orbis ferrarum① 的界限已被打破;只有现在才发现了地球……"②)。需要有一个新的时空体,它应能把现实生活(历史)同现实地球连接起来。应该用积极的创造性的时间、用创造、成长而非破坏的时间,去同世界末日论相对立。这一创造性时间的基础,是在民间创作的各种形象各种故事中奠定的。

八　拉伯雷时空体的民间创作基础

有效的生产的时间所具有的一些基本形式,渊源可以追溯到人类社会发展的阶级前农业阶段。更早的一些阶段,不利于产生对时间的区分感,不利于在仪式和语言形象中反映出时间来。强烈的时间感和对时间的区分感,最初只可能产生在集体劳动的农事基础上。正是在这里形成的时间感,为区分和表现社会日常的时间,为区分和表现与

---

① 拉丁语:宇宙。——原编者
② 俄语版《马克思恩格斯全集》,第 20 卷,第 346 页。——译者

农事劳动周期、四季、一日中的时辰、动植物生长阶段相联系的节日礼仪，打下了基础。又是在这里，这个时间得以体现在语言之中，体现在最古老的故事和情节之中。这些古老的故事和情节，反映着不同性质的事物在成长过程中的时间关系，以及它们时间上的邻近（以统一时间为基础的毗邻关系）。

这一时间形式的基本特征是怎样的呢？

这是一种集体的时间，区分和测定这种时间只能用集体生活里的事件。生存于这一时间里的一切，只能是为集体而生存。生活里的个人系列还没有分解出来（个人生活的内在时间尚不存在，个人只有外表的生活，只生活在整个集体中）。劳动也好，消费也好，都是集体的。

这是一种劳动的时间。日常生活和消费不能脱离劳动和生产过程。时间是用劳动事件（农业劳动的阶段以及阶段内的工序）测定的。在同自然界斗争的集体劳动中，形成了这样一种时间感受。是集体的劳动实践产生了这一时间，时间的区分和表现又服务于这一实践的目的。

这种时间是有效生长的时间。这是发芽、开花、结果、成熟、增产、繁殖的时间。时间的流程不是消灭和减少价值，而是增加、扩大价值的数量；种下一颗种子，生出许多颗粒；繁殖总能超过个别的死亡。而且这些死亡的成分不具备个性特点，没有突出之处；它们消失在不断成长和增加的大量新生命之中。死亡被看作是播种，播种之后随之而来的是数量超过种子的青苗，其后是收获。时间的流程不仅标志着数量的增长，也标志着质量的提高，如开花、成熟。由于个体没有分解出来，所以像衰老、解体、死亡等因素只可能是服从于生长、繁殖的因素，是有效生长过程中不可或缺的成分。只有从纯粹的个体角度看，才会揭示出这些成分的消极方面，它们具有的纯粹破坏的性质、终结的性质。有效的时间，是妊娠、孕育、生产、再次妊娠的时间。

这是最大限度地向往未来的时间。这是以集体劳动致力于未来的时间，因为播种是面向未来，收获果实是着眼未来，积攒是为了未来。一切劳动过程都寄念于未来。消费(最倾向静止、最倾向现时的因素)没有脱离生产劳动,不是作为个人自足地享用产品而同生产劳动相对立。总起来看,对时间还不可能有清晰明确的区分,如分为现在、过去和将来(这种区分的前提,是应该有意义重大的个体作为计算单位)。时间的特点,就在于普遍地趋向前进(指劳动行为、运动、行动)。

这个时间具有深刻的空间性和具体性。它没有脱离大地和自然。如同人的整个生活一样,它也完完全全是外在的。人们的农事生活和自然界的生活(地球的生活)是用同一的尺度衡量的,是用同一的事件测定的,有着同样的间距,相互不可分割,体现在劳动和意识的(不可分割的)统一行为中。理解人的生活和自然界,用的是同样一些范畴。一年四季、不同年龄、昼与夜(及其进一步的划分)、交媾(结婚)、妊娠、成熟、老与死——这一切范畴和形象,都同样既服务于通过情节描绘人的生活,也服务于描绘大自然的生活(从农事方面进行描绘)。所有这些形象都带有深刻的时空体的性质。时间在这里深入地下,被播种到地里,并在地下成熟起来。在时间的运动中,人的劳动双手和土地结合起来;时间的流程是人们创造的,人们触觉到它,闻到了它(生长和成熟中不断变化的气味),看到了它。这个时间是紧缩的,是不可倒转的(指在一个圆周之内),是现实的。

这种时间是完全统一的时间。这一完全的统一性得以揭示出来,需要靠同后世文学中对时间的种种理解(以至整个意识形态里对时间的理解)相比较。到了后世,个人事件、日常事件、家庭事件的时间变成了个别的时间,脱离了整个社会集体的历史生活的时间;衡量个人生活事件和衡量历史事件,出现了不同的尺度(两类事件开始分属不同的方面)。尽管抽象地说,时间仍然还是统一的,但从情节的角度看,时间已经一分为二了。个人生活的情节不能推广、不能转移到整个社会(国家、民族)的生活中来。历史的情节(事件)因其某种特点而有别于个人生活的情节(爱情、婚姻)。两者交叉相遇,只能是在某些特殊之点上(战争、国王结婚、犯罪),离开这些地方便又各自东西(如历史小说的双重情节:一是历史事件,一是历史人物作为个人的生活)。形成于阶级前民间文学的统一时间里的那些主题,在多数情况下都被纳入个人生活的情节中,此时它们当然发生了重大的变化,获得了新的理解,进行了新的组合。不过这些主题在这里依然保存了自己的实际面目,虽然压缩到了极点。但这些主题要想进入历史情节中去,那只能是部分地,而且完全以升华的象征形式出现。到了发达的资本主义时代,社会的国家的生活就变得抽象了,而且几乎没有了情节。

在后来的时间和情节如此一分为二的背景上,民间文学时间的完全统一性,就变得不难理解了。那时个人的生活系列还没有独立出来,没有私人的事,没有个人生活的事件。生活只有一个,它整个都是"历史性"的(且用这个后来才出现的范畴)。饮食、交媾、诞生、死亡在这里都不是个人日常生活的成分,而是公共的事情,是"历史性"的事件,是同社会劳动紧密相连的,是同与自然界的斗争、同战争紧密相连的,并且用同一些范畴和形象表现出来,描绘出来。

这种时间把一切都吸收到自己的运动中来,它不知有任何的稳定不动的背景。所有的事物——太阳、星辰、大地、海洋等等——都不是给人作为个人直观("诗意的"直观)的对象,或作为冷静思考的对象;相反它们完全是在集体劳动过程中、在同自然的斗争中提供给人们的。人唯有在这一过程中才和它们相遇,也唯有通过这一过程才能意识到它们,理解它们(这种认识较之空泛的诗意直观,要更加现实、更加客观、更加深刻)。因此,所有事物都被卷进生活的运动之中,卷入生活事件中作为生机勃勃的参与者。它们参加到情节之中,而不作为映衬事件的背景。后来,当形象和情节进入了文学的发展时代,整个素材便发生分化,区别出了情节和它的背景,即自然景色、社会政治制度的稳定基础、道德制度的稳定基础等等,不管这是永远不变的稳定背景,还只是这一情节脉络的背景。在后世文学的发展中,时间的威力一向受到限制,随之情节性也受到了限制。

民间创作的上述时间特点,都可称为是积极可贵的特点。但我们现在要谈的这一时间的最后一个特点,即它的循环性,却是一个消极的特点,它限制了这一时间的力量和思想效能。在这一时间的所有事件上,都留着循环的印记,也就是循环往复的印记。这一时间的前进倾向,受到了循环性的限制。所以这里的生长发展,也不成其为真正的成长。

在人类社会发展的阶级前农事阶段上形成的对时间的感受,其基本特点就是这样。

我们对民间文学时间的说明,当然是以我们的时间意识为背景的。我们不把民间创作的时间看作是原始人意识的表现。我们是用客观的材料来揭示这一时间的,我们认为这一时间是在相应的古代故事主题里展示出来的,是这一时间把这些主题连缀成情节,是这一时间决定着民间创作中形象展开的逻辑。这一时间使事物现象间我们所研究的那种毗邻关系,变得可能并且可以理解(我们还将讨论这种毗邻关系)。也是它决定了宗教仪式和节庆的特殊逻辑。过去人们就是在这个时间里劳动和生活的,但当然它没有可能得到抽象意识的理解和强调。

完全不难理解,在我们所分析的民间文学的时间里,事物现象的毗邻关系应当具有完全特殊的性质,根本不同于后来阶级社会文学中以至整个意识形态思维中的毗邻关系。在个人生活没有分离出来、时间完全统一这种条件下,从生长和繁殖的角度看,应当直接毗邻的有如下的现象:交媾和死亡(大地的播种、受孕),坟墓和女人受孕之怀,饮食(大地的果实)和死亡、交媾,如此等等。属于这一系列的还有太阳活动的不同阶段(昼与夜的交替,四季的交替);太阳在这里和大地一样,是生长、繁殖事实的参加者。所有这些现象都卷入一个统一的事件中,只是各自从不同角度来说明同一个整体事物,即生长、繁殖和体现生长繁殖的生活。我们要重复一遍:大自然的生活和人的生活,是交融于这个综合体中的。阳光照在大地上，照在消费的食品上，人们吃这阳光、喝这阳光。人的生活里的事件，同自然界生活里的事件同样宏大（表现它们时使用相同的字眼、相同的语气，而且绝不是打个比方而已）。这时，毗邻关系中的所有成员（整体的所有成分）都具有同等的价值。在这一系列中，饮食同死亡、诞生、太阳光照的阶段等等同样具有重大意义。生活（兼指人的和自然的生活）这个统一的伟大的事业，是通过自己的不同方面和成分展现出来的；所有这些方面和成分全都同样需要，而且都具有重要意义。

我们再强调一次：我们前面分析的毗邻关系为原始人所掌握，并非在抽象的思维和审视之中，而是在生活本身当中——与自然斗争的集体劳动、劳动果实的集体消费、对整个社会成长更新的集体关注之中。

如果以为毗邻的成分中有一个居于整体中的主导地位，那就完全错了。说性因素占主导地位，便尤其不对了。性因素本身还根本没有分立出来，与其相关的一些因素（人的交媾）在人们的理解中是同毗邻的其他因素别无二致的。所有这些都只是一个统一事件的不同方面，可以等量齐观的不同方面。

我们分析毗邻关系，是取它最单纯的形式，取它基本的粗线条。但有不断出现的大量新成分被吸收到毗邻关系中来，它们使主题复杂起来，使情节的组合变得相当多样。整个可以囊括的世界，随着自己的扩大而进入了这个毗邻综合网络，并在这个综合体中、通过这个综合体得到人们的理解（这是一种有效的实际的理解）。

随着整个社会的阶级分化，上述综合体发生了重要的变化，相应的主题和情节获得了新的理解。渐渐分出了不同的意识形态领域。宗教脱离了生产。消费领域开始独立出来，在一定程度上个人化了。综合体中的各种成分经历着内在的瓦解和变化。像食品、饮料、性行为、死亡等毗邻成分，已经归属到个人化了的日常生活中去。从另一方面说，它们又属于仪式的系列，在这里获得了神奇的意义（总的说是一种特殊的宗教意义、典礼意义）。仪式和日常生活相互密切联系着，但内在的界线已经出现：仪式上的食品已非现实生活里每天进餐的食品了。这个区别越来越明显清晰。在意识形态上的反映（话语，描写）便获得了神奇的力量。个别的东西变成了整体的代表。供物祭品由此获得了替代象征的功能（供奉用的果实代表整个的收成，作祭品的牲畜代表整个畜群或幼畜，如此等等）。

在生产、仪式、生活分离（渐进的分离）的这一阶段上，出现了这样一些现象：仪式上的污言秽语，进一步则又有仪式上的笑、仪式上的讽刺模拟，还有小丑行为。这里同样是表现生长和繁殖的那种综合体，但已属社会发展的新阶段，因而也获得了新的理解。毗邻关系（在古代基础上扩展了的毗邻关系）的各种成分依然如过去那样紧密结合到一起，不过已是从仪式和神力的角度来理解领会了；它们一方面脱离了社会生产，另一方面也脱离了个人的生活（尽管同社会生产和个人生活都还交织在一起）。古代的毗邻关系到了这一阶段（确切说是到了这一阶段的末尾），在罗马的农神节上得到了详尽的揭示；因为在农神节里奴隶和小丑变成了死后国王和上帝的代表，出现了讽刺模拟的仪式形式，"磨难"与笑声、欢快混合到了一起。类似的现象还有：婚礼上的秽语和对新郎的嘲笑，罗马士兵对凯旋罗马的统帅进行的仪式上的嘲讽（祭品替代的逻辑就在于：用虚假的耻辱来防止真实的耻辱，后来又被理解为是防止"命运的妒忌"）。在所有这些现象中，笑（以其种种不同的表现形式）与死亡、与性领域，以至于与饮食领域都牢固地融合到一起。笑同宗教饮食、同猥亵和死的这种交融，我们还可以在阿里斯托芬喜剧的结构本身找到（参看欧里庇得斯《阿尔克斯特》中题材上这种综合体）。在最后举出的这些现象里，我们所分析的古老的毗邻关系，已经纯粹只起文学的功用了。

随着阶级社会的进一步发展，随着意识形态领域越来越多地区分开来，毗邻关系中的每一成分就更加深化了内在的分裂（一分为二）。饮食、性行为在现实中归入了个人的生活，变得主要是个人的日常生活的事,获得了特别的狭隘日常生活的色彩,成为小事和世俗的粗事。可是从另一方面看,同样是这些成分在宗教仪式上(部分地也在文学及其他意识形态的崇高体裁里)得到了极度的升华(性行为升华并常为婉语遮掩得不可辨认),获得了抽象的象征性质;在这里具有了抽象象征意义的,还有综合体内各要素之间的联系。这些联系在这里似乎要同粗鄙的日常生活实际不发生任何瓜葛。

古代阶级前综合体里的价值不等的重大现象,相互间分割开来,经受了内在的分解,并在等级关系上获得了截然不同的新理解。在各种意识形态和文学当中,相邻的成分从不同方面分裂开来,或是分为崇高与低俗,或是分为不同的体裁、不同的风格、不同的语气。它们已不能再汇集到一个语境中了,不能再毗邻而处,因为失去了涵盖一切的那个整体性。意识形态反映的,已是在生活中破裂分解了的东西。像性领域这样的综合体成分(包括性行为、性器官、与性器官相联系的排泄),在现实的和直接的意义上,几乎完全被赶出了各种正式的体裁,赶出了社会统治集团的正式讲话。综合体的性成分,在自己升华的意义上作为爱情象征,进入了崇高体裁,并在这里形成了新的毗邻关系,产生了新的联系。在婚姻、家庭、生育这类人们日常生活的含义上,性领域进入了中性体裁,在这里也同样形成了新的稳固的毗邻关系。饮食领域在自己现实生活的意义上,以较为笼统的形式生存于中性体裁和低俗体裁中,作为个人生活中第二位的日常细节。被理解为个人生活系列的死亡,同样分解为不同的方面,在崇高体裁(文学及其他意识形态)中有一种特殊的生活,而到了中性体裁(半日常生活和日常生活的体裁)则是另一种生活。死亡进入了不同的新的毗邻关系。它同笑、性行为、讽刺模拟等的联系中断了。综合体的所有因素在自己新的毗邻关系中,都失去了与社会劳动的联系。与此相呼应,综合体中各种成分的不同方面,便分别有了不同的语气和修辞形式。由于各种成分之间和自然界各种现象之间总还保留着某些联系,这些联系在多数情况下就获得了隐喻的性质。

当然,我们这里论述古代阶级社会的综合体种种不同成分的命运,是极为粗略和笼统的。我们关心的只是时间的形式,这时间形式是后来情节得以发展(以及毗邻情节的发展)的基础。上面分析的民间文学的时间形式,发生了巨大的变化。这里我们就来谈一谈这些变化。

具有重要意义的是,古代毗邻关系的所有成分,在人们集体生活的统一时间里,都失去了实在的毗连的关系。在抽象的思维中和在具体的纪年体系中(不管这是怎样的纪年体系),时间总是保持着自己抽象的统一。然而在这种抽象的日历上的统一范畴内,人们生活的具体时间却是分裂了的。从集体生活的共同时间中,分解出来了个人的生活系列、个人的命运。起初,它们尚未从整个社会的生活中截然区分出来,只像浅浮雕那样凸出着。社会本身分化为阶级和阶级内部的不同集团,个人的生活系列就是同它们直接联系着的,并且与它们一起同整体相对立。例如在奴隶社会的早期和封建社会中,个人生活系列还相当密切地与相近社会集团的共同生活交织在一起。尽管如此,它们在这里就已区分了出来。个人生活的进程,集团生活的进程,整个社会国家的生活进程,三者不是汇合而是分流,出现间隔,有着大小不同的价值标准;所有这几个系列各有自己的发展逻辑,有着自己的情节,各自独特地运用古代的主题,并赋予它们新的理解。在个人生活系列的范围内,揭示出了时间的内在方面。个人生活系列从整体中分解和脱离的过程,在奴隶社会金钱关系发展的条件下和在资本主义制度下,达到了顶点。这里个人系列获得了特殊的个别的性质,而共同的东西则具有了最大限度的抽象性。

古代主题转用于个人生活系列的情节之中,在这里发生了特别的退化。饮食、交媾等等在这失去了自己古代的"激情"(即自己同整个社会劳动生活的联系和统一),变为私人琐事,似乎它们的意义只限于个人生活的范围里。由于脱离整个的生产活动,脱离同自然界的集体斗争,它们同自然界的生活削弱了或者完全断绝了实际的联系。上述这些成分因是孤立的、单薄的、现实中是微不足道的,为了在情节中保持住自己的价值,就得这样或那样地提炼升华,通过隐喻方法扩大自己的意义(依靠过去曾经有过的实际联系),借助模糊不清的典故来丰富自己,最后或者是从生活的内在方面获得意义。属于这一类的,例如在歌颂享乐生活的诗歌(指最广义上的这种诗歌)中酒的主题,又如古希腊罗马的美食长诗中食品的主题(尽管这类长诗有着实用倾向,偶尔干脆带着烹调术的倾向,食品在这里并非只有美食的美学意义,也还有着升华的方面,也不乏古代的典故和扩展的隐喻意义)。在个人生活系列的情节中,爱情,亦即性行为和繁殖的升华含义,成为中心的和基本的主题。这一主题为一切角度的升华,提供了最广阔的可能性,例如从种种不同方面隐喻地扩大含义(语言为此准备了最有利的土壤),例如借助典故丰富自己,最后如进行内在的主观心理的分析。不过,这一主题所以能获得中心的地位,是靠了它自己在个人生活系列里占有的实际地位,是靠它自己同婚姻、家庭、生育的联系;最后是靠了有一些重要的渠道,这些渠道通过爱情(婚姻、生育)把个人系列同其他的个人生活系列(不论是同时的还是子孙间那种接续的个人生活系列)、同最接近的社会集团(通过家庭和婚姻)联系起来。在不同时代、不同社会集团的文学中,在不同的体裁和风格中,自然要利用爱情在现实方面和升华方面的各种不同因素,而且利用的方法也各自不同。

死亡主题在个人生活的封闭时间序列里,发生了深刻的变化。这一时间序列在这里获得了重要结局的意义。个人生活系列越是闭锁,它脱离整个社会的生活越远,那么这个意义就越大、越重要。死亡割断了同繁殖(播种、母亲怀孕、太阳)、同新生命的诞生、同仪式上的笑、同讽刺模拟、同小丑等的联系。这些联系、死亡在古代的这些毗邻关系,有一些也还保留、固定在死亡的题目之中(死亡—割麦人—收割—日暮—夜—坟墓—摇篮等等),但它们已有隐喻的性质,或是宗教神秘的性质(表示这种隐喻性质的,还有如下的毗邻关系:死亡—结婚—新郎—新婚之榻—死亡之榻—死亡—诞生，如此等等）。但不论在隐喻意义上或宗教神秘意义上，死亡主题都只取个人生活系列和 morituri①本身的内在方面（后两者在这里具有"安慰""和解""领悟"的功能），而不是取其外部，不是取其在整个社会中集体劳动生活的方面（在这一方面，死亡同大地、太阳、新生命诞生、摇篮等的联系是真正的现实的联系）。在个人封闭的意识中，在将死亡用到自己身上时，死只不过是终结而已，不涉及任何现实的有效的联系。新生命的诞生和死亡两事，分属于不同的个人生活系列。死亡了结一个生命，而降生则开始全新的另一个生命。个人的死亡是不能用新生命的诞生来补偿的，是不能用顺利的成长来补偿的，因为实现事物成长的那个整体，已经从自身中排除了死亡。

与这些个人生活系列并列，在其之上而非在其之中，又形成了历史时间的系列，民族、国家、人类的生活流贯其间。不管总的采取怎样的意识形态立场、怎样的文学观念，不管理解接受这一时间及其中的事件采取何种具体的形式，这个历史时间终归不会同个人生活系列融合到一起，衡量它有另外的价值尺度，其间发生的是另外一类事件，它没有内在的方面，不存在从内部理解接受它的角度。无论怎样理解和描写它对个人生活的影响，它的事件起码有别于个人生活的事件，它的情节也同样是另一类情节。对小说的研究者来说，这个问题是由历史小说问题引起的。在相当长的时间里，战争题材成了纯历史情节的中心题材、几乎是唯一的题材。这一纯粹的历史题材（可附属于此类的还有征服、政治罪行——觊觎者的企图、朝代的更迭、王国崩陷、新朝建立、审判、绞刑等等），同历史人物的个人生活情节（中心情节是爱情）交错而不融合。现代历史小说的基本任务，就是克服这一两重性：作家们努力要为私人生活找出历史的侧面，而表现历史则努力采用"家庭的方式"（普希金语）。

在完全统一的时间分裂以后，在个人生活系列分解出来之后（这

---

① 拉丁语：注定要死的人。——原编者

时共同生活里的重大现象就变成了私人小事），在集体的劳动和与自然的斗争不再是人与自然与世界交往的唯一舞台之后，这时自然界也便不成其为生活事件的活生生的参加者，它基本上变成了"行为的处所"和行为的背景，变成了风景，碎裂成为各种隐喻和比喻，而后者的功用在于使实际上与自然界关系不大的个人私事和感情得到升华。

在语言宝库中，在各种形式的民间创作中，当用集体劳动的眼光看待世界和它的种种现象时，时间还保持着完全的统一性。这里是保存了古代毗邻关系的现实基础，保存了形象与主题最初结合的真正逻辑。

但即便在文学里，当它接受了民间文学较为深刻和重要的影响时，我们也可发现更加真实、思想上更加深刻的古代毗邻关系的遗迹，发现在民间文学的统一时间的基础上再现古代毗邻关系的尝试。我们在文学中能区分出这类尝试的几种基本类型。

我们不拟讨论古典史诗这个复杂问题，只想指出下面一点：这里以民间文学完全统一的时间为基础，能够独一无二地深入渗透到历史时间中去，不过这种渗透只是局部的、受到限制的。在这里，个人生活系列犹如在共同生活的无所不包的强大基座上刻下的浅浮雕。个人应是整个社会的代表，他们的生活事件同整个社会生活的事件相吻合；并且这些事件无论对个人还是对社会，都具有相等的意义。内在的方面同外在的方面相融合，人完全是外向的。不存在私人小事，不存在日常生活；生活的一切细节，如饮食、日用品，都与生活中的重大事件同样有分量，一切都同等地重要。不存在风景，不存在静止不动的背景；一切都在活动，都在参与整体统一的生活。最后，隐喻、比方和所有的语义辞格，在荷马的风格中还没有彻底失去自己的字面意义，还不是服务于升华的目的。例如，取来作对比的形象，同譬喻的另一成分具有同等价值，具有自身的意义和自身的现实。因此打比方在这里几乎变成了插入的情节、一段插话（如荷马作品中扩展的比方）。这里的民间文学时间所处的社会条件，很接近于产生它的那种社会条件。它的功能在这里还是原有的功能,它在这里还不需要以另一种分裂了的时间为背景来加以揭示。

不过从整体来看,史诗时间本身是一种"绝对的过去时",是祖宗和英雄们的时间,与现今实际时间隔着不可逾越的鸿沟(现今是指史诗歌谣作者、表演者、听众的现今)。

在阿里斯托芬作品中,古代综合体的各种成分,则具有另一种性质。它们在这里决定了喜剧的形式基础、喜剧的根基本身。饮食的礼仪、仪式(祭祀)上的猥亵、仪式上的讽刺模拟、笑——这些作为死亡和新生的面具,在经过文学加工的宗教祭祀表演即喜剧的基础上,无须费力就可以感觉出来。

以此为基础,日常生活和私人生活的一切现象,在阿里斯托芬的喜剧中便都全然起了变化:它们失去了自己的私人生活的性质,尽管以滑稽的面目出之,却成了对人类普遍有价值的东西。这些现象的规模,被神奇地夸大了。可笑的事物也形成了一种特殊的英雄精神,或者说得准确些是出现了可笑的神话。象征性的性格在其多种形象中,把自己社会政治上的巨大概括性同个人可笑的日常特点有机地结合起来。然而这些特点由于同自己的象征性的基础融为一体,由于获得了宗教仪式的笑声,便失去了自己固有的私人琐事的性质。在阿里斯托芬笔下的各种形象中,从个人创作的角度看,是简洁扼要地反映出了古代圣礼面具的进化过程,从纯粹的宗族仪式意义一直到私人日常生活型的假面喜剧(某个潘塔伦或医生)。因为我们在阿里斯托芬作品中,明显地看到了滑稽形象尚保留有宗教仪式的基础;我们还看到在这个基础上又添加了日常生活的色彩;但这色彩还清晰明澈,基础尚能透视出来并且改造这个色彩。这样的形象很容易同尖锐的政治现实和哲学现实(世界观)结合到一起,而同时并不成为昙花一现、轰动一时的现象。经过这番改造的日常生活,不会束缚幻想,也不致贬低形象的深刻的问题性和思想性。

可以说在阿里斯托芬的作品里,死亡的形象(这是宗教仪式上滑稽面具的基本含义）上面添加了需要以笑声禁绝的个人特点和典型的日常特点，不过这些特点并不能完全地遮蔽死亡的形象。这种快活的死，被饮食、猥亵、受孕和繁殖的象征所包围。

由于上述缘故，阿里斯托芬对后世喜剧的发展（喜剧走上了基本上写纯粹日常生活的道路）所起的影响，是微不足道又很表面的。不过，中世纪那种讽刺模拟的把戏，证明了同阿里斯托芬有着极大的相似处（通过阶级前的民间文学为媒介）。耶利扎维塔悲剧中滑稽可笑的场面，尤其是莎士比亚作品中的场面，则证明了同阿里斯托芬有着深刻的相似点（通过同一媒介）（如笑的性质，与死亡及悲剧气氛为邻，宗教仪式上的猥亵，饮食）。

在拉伯雷作品中，阿里斯托芬的直接影响同深刻的内在的相似（通过阶级前的民间文学）结合了起来。我们在这里看得到（在另一个发展阶段上的）同样性质的笑，同样的荒诞奇幻，一切个人的和日常的事物同样的改头换面，一切滑稽可笑事物同样的有了英雄气概，同样性质的性猥亵，同样的与饮食的毗邻关系。

对拉伯雷同样给予了重大影响的卢奇安，在对待民间文学里那种综合体的态度上，则完全代表另一种类型。包括饮食、性关系在内的个人日常生活领域，卢奇安使用时恰是取其特点，即作为低俗的私人琐事。他需要这个领域起内幕作用，以揭穿那些虚假无力的崇高思想（那一个思想领域）。神话中既有"色情"因素，也有"日常生活"因素。但它们能成其为一种特别的因素，只是在后来人们生活和意识的时代里，在个人日常生活分解出来之后，在色情领域分立出来之后，在这两个领域获得了一种低下猥琐而不能登大雅之堂的特殊意味之后。在神话当中这些因素原也是很重要的，同所有其他因素具有同等的价值。但神话死亡了，因为产生它的那些条件死亡了（即创造神话的生活死亡了）。不过神话还以僵死的形式，继续存在于崇高思想的那些矫揉造作、毫无生气的体裁里。必须给神话和天神一击，令它们"可笑地死去"。在卢奇安的作品里，恰好是实现了天神最终可笑的死亡。

卢奇安摄取神话中与后世个人日常生活和色情领域相对应的那些因素,用故作卑下的格调和"生理"的角度,把它们淋漓尽致地发挥出来,使它们细节化;天神降到了可笑的世俗生活和色情领域里。总而言之,卢奇安采用古代综合体的成分,是有意利用这些成分的一个新侧面。它们是在卢奇安时代才获得这个新侧面的,是在古希腊罗马社会瓦解的条件下,是在发达的货币关系的影响下。那时的环境与神话形成时的环境几乎是截然相反的。作品表现了这些成分与当时现实间滑稽可笑的不相一致。卢奇安虽然认为这样的现实不可避免而只好接受,但现实本身却绝没得到肯定(这是塞万提斯解决对立的办法)。

卢奇安对拉伯雷的影响,不只是表现在某些细节的处理上(如爱比斯德蒙逗留死人王国的情节),而且表现在通过把崇高思想纳入物质生活的系列,用讽刺模拟的方法破坏崇高思想的领域。不过这些物质系列的利用,并非取其个人生活的世俗方面,即不是照卢奇安的办法,而是取其在民间文学条件下那种对人来说的重要性,换言之更接近阿里斯托芬的方式。

又一种特殊而且复杂的类型,体现在彼特罗尼乌斯的《萨蒂里孔》中。在小说中,饮食、性猥亵、死亡、笑,基本上出现在日常生活的方面,但这个日常生活(主要是帝国底层脱离劳动阶级的日常生活)充满了取自民间文学的典故和遗迹,特别是在小说的惊险部分。而且尽管有极端的放荡和粗俗,尽管小说显得厚颜无耻,作品中仍感觉得出处于瓦解中的繁衍仪式、婚礼上圣洁的无耻、小丑的讽刺模拟性的死人假面、葬礼和悼念时圣洁的淫荡。在同样著名的一段插入故事《贞洁的以弗所贵妇》里,出现了古代综合体的所有基本成分,用一个精彩而简练的现实情节串在一起。墓穴中的丈夫尸棺,痛不欲生的年轻寡妇由于痛苦和饥饿准备伏棺而死,年轻快活的军团士兵守护着钉死强盗的十字架,士兵的热恋摧毁了年轻寡妇禁欲的痛苦决心和速求一死的渴念,在丈夫墓地上的饮食,两人在墓穴中棺旁的交媾(在直接与死亡为邻处,"挨着棺木入口",受孕怀上了新生命),交欢时一个十字架上的强盗尸体被偷走,士兵因爱得祸,受到死亡的威胁,丈夫尸体被钉上十字架(寡妇愿意如此)顶替被偷的强盗尸体,快近尾声时的协议:"让活人去死,不如把死人钉上去"(寡妇语),结尾时路人又惊奇又感到滑稽:死者尸体自己爬上了十字架(即笑的结尾)。这些便是故事的细节,被一个完全现实的而且从各方面看都是必然的(即无任何牵强之处)情节连接起来。

这里毫无例外地出现了一个古典系列的所有基本环节:棺材—青春—饮食—死亡—交媾—新生命的萌发—笑。这个简短的情节,是生命战胜死亡的从无间断的系列。生在这里四次战胜死:生的欢乐(吃、喝、青春、爱情)战胜了寡妇的绝望和死念,在尸体旁进饮食是生命力的恢复,棺旁萌生新生命(交媾),把尸体钉上十字架救活士兵一命。这个系列中还增加了同样属于古典主题的偷盗一事,即死尸的失踪(尸体不见了就是死亡不见了,这是复活在人世上留下的痕迹);也增加了直接表现出来的复活题材,即寡妇从无限悲哀和死亡的黑暗中复苏过来,扑向新的生活和爱情;又增加了尸体复活的假象,这已是笑的幽默一面。

我们还要指出,整个这一情节系列异乎寻常的简练,因此也就紧凑。古代综合体的诸成分,处于直接的密切的毗邻关系中。由于密集,它们几乎相交相叠,没有任何使它们间隔开来的次要线索和迂回情节,没有任何议论、抒情插话、隐喻的升华。有了这些就会破坏故事中平淡现实的统一性。

如果我们能回忆一下,古代综合体诸成分以其全部细节,但在升华和神秘的意义上,在彼特罗尼乌斯时便已用于希腊化时代东方神秘剧的仪式里,其中也用在耶稣教的仪式中(棺木祭台上的酒和面包,象征死后复活的十字架上钉着的神秘躯体,通过饮食得到新的生命和复活),那么彼特罗尼乌斯对古代综合体进行艺术处理的特点,就会变得完全清楚了。在这里,综合体的一切成分都不是用在现实的意义上,而是用在升华的意义上;把它们连接起来的,不是现实的情节,而是神秘和象征的联系和相互关系;生战胜死(复活)是在神秘的意义上实现的,不是在现实的意义上、人世的意义上实现的。此外,这里没有笑,交媾也升华得几乎辨别不出。

在彼特罗尼乌斯作品中,也是综合体里的这些成分,却通过罗马帝国一个省的完全现实的生活事件,连接到一起。这里不唯没有一点神秘色彩,就连一点象征色彩也没有,甚至没有一个成分是用在隐喻意义上的。这里一切都是完全现实的;通过饮食,在兵士年轻强壮的身体旁边,寡妇完全现实地萌生了念头,在受孕行为中生命现实地战胜了死亡,死者完全现实地假作重生,爬上了十字架,如此等等。这里没有任何升华的迹象。

但情节本身却获得了特殊的重要性和深刻的意义,这是由于这个情节包括了和调动了人们生活中重大的现实内容。这里在不大的规模内反映了巨大的事件;其所以巨大,是因为卷入事件的那些成分及其相互联系具有重大的意义,远远超出了体现它们的那一小块现实生活。我们面对的,是塑造现实主义形象的一种特殊方法,它的出现只能是在利用民间文学的基础上。很难为它找到一个名副其实的术语。这里恐怕可以称之为现实主义标志。形象的全部成分都是现实的东西,但其中集中了、凝聚了生活中那么多重大因素,以至于这个形象远远超越了一切空间的、时间的和社会历史的限制;虽然超越倒并不脱离这一具体的社会历史基础。

彼特罗尼乌斯处理民间文学综合体的这种类型,特别是我们分析的这篇故事,对文艺复兴时代的相应的现象产生了巨大的影响。自然,必须说明,文艺复兴的文学中出现类似现象,不仅是而且主要不是由于直接受到彼特罗尼乌斯的影响,更多地倒是因为渊源于共同的民间创作,由此产生了相似之处。不过,直接的影响也是巨大的。人所共知,彼特罗尼乌斯的故事曾为薄伽丘《十日谈》里一篇故事所转述。不管是整部《十日谈》,还是作为此书框架的那个故事,在处理民间文学综合体方面都接近彼特罗尼乌斯的类型。这里既无象征主义,也无升华,但这里同样丝毫不存在自然主义。生对死的胜利,生命直接与死亡为邻时的一切乐趣——饮食、交媾,同样既送走旧时代又迎接新时代的笑声所具有的性质,通过参与饮食、性生活,接触活的肌体而从中世纪禁欲生活的黑暗中复活并获得新生命——所有这一切使《十日谈》接近了彼特罗尼乌斯类型。这里同样超越了社会历史的限制,而又不脱离这些限制;这里同样是那种现实主义的标志(以民间文学为基础的标志)。

在结束对拉伯雷时空体的民间文学基础所作的分析时,我们应该指出:拉伯雷最近的也是最直接的渊源,是中世纪和文艺复兴时代的民间笑谑艺术。对这方面的分析,我们拟放在另一部著作里。

九　小说中田园诗的时空体

现在我们来谈小说史上十分重要的另一种类型。我们指的是恢复古代综合体和民间文学时间的田园诗类型。

文学中从古希腊罗马时代直至不久前所出现的田园诗,有各种不同的类型。我们区分以下几种纯粹的田园诗:爱情田园诗(基本形式是牧歌)、农事劳动田园诗、手工业田园诗、家庭田园诗。除了这些纯粹的类型以外,还异常普遍地利用混合型,其中有一种因素(爱情田园诗、劳动田园诗或家庭田园诗),占着主导地位。

除了上述类型之间的差别,还存在另一种性质的差别。这种差别既见于不同类型之间,又见于同一类型的不同变体之间。例如,各种因素(如自然现象)被纳入田园诗整体时所获得的隐喻性质上及隐喻程度上的差别,换言之是纯粹现实的联系或隐喻的联系所起主导作用的程度不同;又如主观抒情因素在程度上的差异,情节性强弱的差异,升华的程度和性质上的差异,等等。

不论田园诗的各种类型及其变体多么不同,它们在我们所研讨的这个问题上，都有某些共同点；这是受它们对民间文学时间的完全统一所持的共同态度所决定的。共同点首先表现在田园诗里时间同空间保持一种特殊的关系：生活及其事件对地点的一种固有的附着性、黏合性，这地点即祖国的山山水水、家乡的岭、家乡的谷、家乡的田野河流树木、自家的房屋。田园诗的生活和生活事件，脱离不开祖辈居住过、儿孙也将居住的这一角具体的空间。这个不大的空间世界，受到局限而能自足，同其余地方、其余世界没有什么重要的联系。然而在这有限的空间世界里，世代相传的局限性的生活却会是无限的绵长。田园诗中不同世代的生活（即人们整个的生活）所以是统一的，在多数情况下一个重要原因就是地点的统一，就是世世代代的生活都附着在一个地方，这生活中的一切事件都不能与这个地方分离。世代生活地点的统一，冲淡了不同个人生活之间以及个人生活的不同阶段之间一切的时间界线。地点的一致使摇篮和坟墓接近并结合起来（在同一角落、同一块土地上），使童年和老年接近并结合起来（同一处树丛、同一条小河、同一些椴树、同一幢房子），使几代人的生活接近并结合起来，因为他们的生活条件相同，所见景物相同。地点的统一导致了一切时间界线的淡化，这又大大有助于形成田园诗所特有的时间的回环节奏。

田园诗的另一特点，是它的内容仅仅严格局限为为数不多的基本的生活事实。爱情、诞生、死亡、结婚、劳动、饮食、年岁——这就是田园诗生活的基本事实。它们在狭窄的田园诗世界里相互接近起来，之间不存在截然的对立，都具有同等的价值（至少是努力要做到具有同等的价值）。严格地说，田园诗不知有什么日常的生活。对个人生平中和历史上重要而独特的事件来说是属于日常生活的东西，在这里却偏偏成了生活中最为重要的事件。不过，所有这一切基本的生活事实，在田园诗中并不出现在赤裸裸的现实主义面孔里（如彼特罗尼乌斯作品那样），而是表现于冲淡的、在一定程度上升华了的形式中。比方说性领域进入田园诗中时，几乎总是采用升华的形式。

最后，与第一特点密切相关的田园诗的第三个特点，是人的生活与自然界生活的结合，是它们节奏的统一，是用于自然现象和人生事件的共同语言。自然，在田园诗中，这个共同的语言大部分成了纯粹隐喻性的语言，只有一小部分仍然是现实的语言（这主要是在农事劳动的田园诗里）。

在爱情田园诗中，我们上面列举的所有因素都表现得最弱。与个人日常生活假定的社会性、复杂性、分裂性相对立，这里则是大自然怀抱中生活的同样完全假定的单纯性。这种生活只归结为完全升华了的爱情。在这一生活各种假定性、隐喻性和风格模仿等因素的背后，总还隐约地可以感觉出民间文学那种完全统一的时间，还有古代的各种毗邻关系。正因为如此，爱情田园诗才可能成为一类小说的基础，也才可能成为其他小说变体（如卢梭）的一个成分。不过在小说史上，爱情田园诗特别活跃的时候，并非以自己纯粹的面目出现，而是同家庭田园诗（《维尔杰尔》）和农事田园诗（地方色彩小说）相结合。

家庭田园诗几乎从不以纯粹的形式出现，但与农事劳动田园诗相结合时，却有着十分重大的意义。这里要做到最大限度地接近民间文学的时间；这里最充分地揭示出古代的毗邻关系，并且有可能达到最大限度的现实性。因为这种田园诗不是建筑在假定的任何地方都并不以此种形态存在的牧歌生活上，而是建筑在封建社会或封建后社会农民的现实生活之上，尽管这生活在一定程度上理想化了、升华了（这种理想化的程度是大不相同的）。具有特别重要意义的，是这一田园诗的劳动性质（在维吉尔的《农事诗》中就已存在）。农事劳动的因素建立起自然现象与人类生活事件的现实联系和共同性（这同爱情田园诗里的隐喻性联系不同）。此外，更重要的一点是，农事劳动改变了日常生活的一切因素，使它们失去了个人的纯消费的卑微的性质，把它们变成了重要的生活事件。例如，人们吃自己劳动创造的果实；这果实同生产过程中的种种形象联系着，在这果实中实实在在地蕴含着阳光、土地、雨水（这不是隐喻的联系）。酒也同样与制作和生产过程紧密连接起来,酒的饮用又同农事周期的各种节日不可分割。吃与喝在田园诗里要么获得了社会性,更常见的则是获得家庭的意义,通过饮食把不同辈分的家人、不同年龄的家人聚合起来。在田园诗中典型的是饮食同子女的毗邻关系(甚至在《维尔杰尔》里,都有洛塔喂养孩子的田园诗图景)。这一毗邻关系里渗透着生长肇始、生命复苏的意思。孩子在田园诗里常常是性行为和妊娠的升华结果,与生长、生命复苏、死亡相关联(孩子和老人,孩子在坟墓上游戏,等等)。孩子形象在这类田园诗中的意义和作用十分巨大。正是在这里,在田园诗氛围的笼罩下,孩子们首次进入了长篇小说。

我们对田园诗中饮食的论述,可以黑贝尔著名的田园诗为例,这就是茹可夫斯基译的《燕麦酪》,虽然其中教训口气多少削弱了古代毗邻关系的力量(包括孩子和饮食的毗邻关系)。

重申一次,古代毗邻关系的各种成分,有一部分在田园诗里以升华了的形态出现,部分地也有干脆漏掉这个或那个成分的情形;日常生活并非总发生彻底的演变,晚期(19世纪)现实主义田园诗里尤其如此。这只要提一下果戈理的《旧式地主》这类田园诗就清楚了。这里完全没有劳动,可是毗邻关系的其他成分却一应俱全(有的表现为高度的升华状态),如老年、爱情、饮食、死亡;饮食在这儿占着非常重要的地位,表现为纯粹的日常生活(因为没有劳动的因素)。

到了18世纪,当文学中异常尖锐而明确地提出了时间问题之后,在新的时间感受萌生的时候,田园诗的形式获得了非常重大的意义。18世纪中田园诗类型之丰富多彩,是令人吃惊的(特别在德属瑞士和德国)。这里还出现了沉思型哀歌的一种特殊形式,带有强烈的田园诗色彩(以古希腊罗马传统为基础):这就是与坟墓、爱情、新生活、春天、孩子、老年等相毗连的种种墓地沉思。一个田园诗色彩异常强烈的例子,就是格雷的《乡间墓地》(茹可夫斯基译)。在继承这一传统的浪漫主义作家作品中,上举的哀歌毗邻关系(主要是爱情与死亡的毗邻)完全获得了新的含义(诺瓦利斯)。

在 18 世纪的某些田园诗中,时间问题得到了哲学上的认识。田园诗生活的真正有机的时间,在这里与城市生活忙碌而零碎的时间,或者甚至同历史时间,形成了对照(如黑贝尔作、茹可夫斯基译的《不期而遇》)。

田园诗对长篇小说发展的意义,我们已经说过是巨大的。这一意义至今还没有得到应有的理解和评价;结果小说史上的一切发展情况都被歪曲了。我们在这里对这个大问题只能极为肤浅地谈一谈。

田园诗对现代小说发展的影响,表现在五个基本方面:(1)田园诗、田园诗时间和田园诗毗邻关系,对地方乡土小说的影响;(2)歌德的教育小说和斯特恩式小说(吉佩利、让·保罗)中田园诗瓦解的主题;(3)田园诗对卢梭式感伤小说的影响;(4)田园诗对家庭小说和家族小说的影响;(5)田园诗对各种类型小说的影响(小说中"来自民间的人物")。

在乡土小说中,我们径直看到家庭劳动田园诗、农事或手工业田园诗发展成为长篇小说的形式。文学中乡土性的最根本的原则,就是世代生活过程与有限的局部地区保持世世代代不可分割的联系;这一原则要求复现纯粹田园诗式的时空关系,复现整个生活过程发生地的田园诗式的统一。在乡土小说中,生活过程本身扩展了,细节化了(这在长篇小说的条件下是必然的);小说中突出了思想观念的方面(语言、信仰、道德、民俗),但这一方面同样也是在与有限的局部地区密切联系之中表现出来的。同在田园诗中一样,乡土小说里一切时间界线都冲淡了,人类生活的节奏同自然界的节奏协调一致。在以田园诗方式这样解决小说时间问题的基础上(说到底是在民间文学的基础上),乡土小说里的日常生活得到了改造:日常生活诸因素变成为举足轻重的事件,并且获得了情节的意义。以此为基础,我们在乡土小说中可以看到构成田园诗特点的一切民间文学里的毗邻关系。在这里同在田园诗中一样,各种年岁和生活过程的周期循环,具有重大的意义。乡土小说的主人公也就是田园诗里的主人公——农夫、手工业者、乡间牧师、乡村教师。

尽管乡土小说能够对某些主题做出非常深刻的开掘(特别是像戈特赫利弗、伊默尔曼、凯勒等乡土小说的代表),但乡土小说同时又成了小说中利用民间文学时间方面最受局限的一种形式。这里不存在广阔而深刻的现实主义的升华,作品的意义在这里超越不了人物形象的社会历史的局限性。循环性在这里表现得异常突出,所以生长的肇始和生命的不断更新都被削弱了,脱离了历史的前进,甚至同历史的进步对立起来。如此一来,在这里生长就变成了生活毫无意义地在一处原地踏步,在历史的某一点上、在历史发展的某一水平上原地踏步。

在卢梭作品及后世与其同类的文学现象中,田园诗时间和田园诗毗邻关系,获得了重要得多的改造。这种改造发生在两个方面:第一,古代综合体的基本成分——自然、爱情、家庭和生育、死亡——独立出来并在崇高的哲理意义上得到升华,被看作是世界生命的某种永恒、伟大、明智的力量。第二,把这些成分赋予了分离出来的个人意识,从这一个人意识的角度来观察;这些成分被看作是医治、纯洁、安慰个人意识的力量,个人意识必须献身、服从、融合于这种力量。

其结果,这里对民间文学时间和古代毗邻关系的处理,就是以当代(指卢梭以及这一类型其他代表人物的时代)社会发展和意识发展的阶段为出发点了。对于当代这一发展阶段来说,民间文学时间和古代毗邻关系成了已经失去的人类生活理想状态。应该重新进入这个理想状态,不过已是在新的发展阶段上,至于这个新的发展阶段上的东西哪些需要保存下来,就视作者而异了(就连卢梭本人在这一点上也没有统一的观点)。不过在任何情况下生活的内心方面总会保留下来,在多数情况下个性也会保留下来(个性当然会有所变化)。

由于综合体诸因素获得了哲理的升华,它们的面目也发生了剧烈的变化。爱情变得更富自发性、神秘性,经常成为恋人不可抗拒的致命力量,而且是从人的内心方面加以开掘。爱情在这里与自然界、与死亡毗连。与爱情的这一新侧面同时,一般也保留着爱情的纯田园诗

455

的方面,这一方面则与家庭、子女、饮食相邻(例如在卢梭作品中,一方面是圣·普乐同尤丽的爱恋,另一方面是尤丽和伏勒玛的爱情和家庭生活)。同样,自然界这个因素也视与狂热爱情毗连还是同劳动为邻而发生不同的变化。

与此相应,情节也出现变化。在田园诗里,一般根本不出现与田园世界格格不入的主人公。在乡土小说中偶尔出现这样的主人公,他脱离了一个完整的局部地区进入城市,后来或者死去,或者浪子回头,重返家乡这块完整的地方。在卢梭型的小说中,主要人物是当代社会和意识发展阶段上的人物,是分立的个人生活系列的人物,是有内心世界的人物。他们通过接触大自然接触普通人的生活来医治自己,向普通人学习对待生与死的明智态度;要么他们完全摆脱文化,向往完全投身于原始集体的完整生活中去(如夏多布里昂作品里的列涅,托尔斯泰的奥列宁)。

卢梭这一流派有着深刻的进步意义。它摆脱了乡土性的局限。这里并不徒劳无益地企图保存宗法(外省)世界(而且还是极端理想化了的世界)的消亡中的遗迹。相反,卢梭的流派在使古代的完整统一体获得哲理升华的同时,还变这个统一体为未来的理想,首先是在这个完整统一体中看到了借以批判现时社会状态的基础和规范。这个批判在多数情况下都是双向的,它反对封建等级制、不平等、绝对的专制、虚伪的社会礼仪(传统惯例),但它同样又反对自私无忌、反对离群利己的资产阶级个人主义。

田园诗成分得到根本的改造,变得极为薄弱,是在家庭小说和家族小说中。民间文学时间和古代毗邻关系在这里唯一留下来的东西,就是资产阶级家庭和家族这块土壤所能够改造保留的东西。尽管如此,家庭小说同田园诗的联系也还表现为一系列的重要特点。这种联系决定了此类小说最基本的内核——家庭的内核。

家庭小说里的家庭,当然已非田园诗里的家庭。它脱离了狭窄的封建的局部地区,脱离了在田园诗里哺育它的无时不在的自然环境,脱离了家乡的山河、田野和森林。田园诗里那种地点的统一性，最好的情况不过表现为家庭和家族所拥有的城里住宅，即资本主义所有制的不动产部分。但即使这样一种地点的统一性，在家庭小说里也远不是非有不可的。不仅如此，生活的时间与有限的局部空间相脱离，主要人物在成家立业前的漫游——这些成为古典的家庭小说的一个重要特点。这里所要写的，正是主要人物如何获得稳固的家庭生活和物质生活，他们如何克服了开初受到的偶然性的支配（与陌生人的偶然相遇，各种偶然的处境和事件），他们如何与人们建立起重要的联系（即家人的关系），他们的世界如何局限于固定地点和有限的几个亲人，亦即局限于家庭的圈子里。常常是主要人物一开始时无家可归，举目无亲，一贫如洗；他在异乡他人之中流浪，只能遇到一些偶然的灾祸或偶然的好运。他同一些人不期而遇；这些人由于开始并不清楚的原因，或者成了他的敌人，或者成了他的恩人（后来依据家庭和家族的线索，才弄清原委）。小说的进程把一个主人公（或几个主人公），从他人的庞大的偶然世界引到一个狭小却牢固可靠的亲人们的家庭世界。在这个家庭世界里，不存在任何异己的偶然的不可解的东西；恢复了真正的人与人的关系；在家庭的基础上复现了古代的毗邻关系，如爱情、婚姻、生育、重逢、父母的安乐晚年、家庭聚餐。这个缩小了的变单薄了的田园诗世界，便是小说中指路的向导，也是小说的尾声。以上就是发端于菲尔丁《汤姆·琼斯》的古典型家庭小说的模式（这一模式也是斯摩莱特《亨佛利·克林克》的结构基础，但相应地作了些改变）。另一种模式（理查逊为此奠定了基础）是：家庭的小世界里闯进了异己的外力，给家庭造成毁灭的威胁。前一种古典型模式的不同变体，便决定了狄更斯小说的写法，而他的小说堪称欧洲家庭小说的最高成就。

田园诗成分散见于家庭小说里。这里不断地进行着斗争，斗争一方是人与人关系中反人性的隔阂，另一方是宗法制基础上或抽象人道主义基础上的人道主义关系。在巨大而冷冰冰的他人世界里，星星点点散布着人道的和慈善的温暖角落。

田园诗成分在家族小说中同样是一个决定性的因素（萨克雷、弗赖塔格、高尔斯华绥、托马斯·曼）。不过，这里最常见的基本主题，是田园诗的破灭，是田园诗般家庭关系和宗法关系的破灭。

田园诗破灭的主题（指广义的田园诗）在 18 世纪末和 19 世纪上半叶，成了文学里的一个基本主题。手工业田园诗破灭主题甚至延续到 19 世纪的下半叶（克雷策尔的《基别师付》）。俄罗斯文学中这一现象的下限，自然只到 19 世纪中叶。

对田园诗瓦解主题的阐释，当然会是极其不同的。这种差异的产生，既是由于对遭到破坏的田园诗世界具有不同的理解和评价，又是由于对这一破坏力量，即新的资本主义世界有着不同的评价。

在开掘这一主题的基本的古典的小说类型中（即歌德、哥尔斯密、让·保罗这一脉），田园诗世界并非单纯描写成过去封建社会及其历史局限性消亡的事实，这里还有某种哲理的升华（卢梭式升华）。因为这里突出强调的，是田园诗中人本身的深刻的人道精神，以及人与人之间的人道主义关系；其次是强调田园诗生活的整体性，它同大自然的有机联系；特别加以突出的，是非机械化的田园诗般的劳动；最后还强调了田园诗里的物品，这些物品都没有脱离自身的劳动，是同这种劳动以及田园诗里日常生活紧密联系着的。与此同时，田园诗小世界的狭窄性和封闭性也受到了强调。

与这个注定灭亡的小世界相对立的，是一个庞大却抽象的世界：这里的人们是离散的，利己的，自私而讲究实际的；这里的劳动有了分工，实现了机械化；这里的物品脱离了本身的劳动。这个庞大的世界需要在新的基础上聚拢到一起，需要把这个世界变成人们自己的世界，需要使这个世界获得人道精神。需要找到一种新的态度来对待自然，这不是指故乡一角的小自然，而是指庞大世界里的大自然，是指太阳系的一切现象，是指地球上的宝贵矿藏，是指地理上如此多样的国家和大陆。为接替田园诗里规模有限的集体，必须找到一个能够囊括全人类的新集体。粗略地说，歌德的作品（这在《浮士德》第二部和《漫游时代》中特别明显）和这一类型其他代表人物的作品，就是这样提出问题的。人为了生活在这个庞大而陌生的世界里，就应该教育自己或改造自己；他应该把握这个世界，把它变为自己的世界。按照黑格尔的说法，小说应该教育人，以便他在资产阶级社会里生活。这一教育过程，是同破坏一切田园诗中的旧关系联系在一起的，是同人的脱离故土联系着的。人的自我改造的过程，在这里融进了整个社会瓦解和改造的过程，亦即融进了历史过程。

在司汤达、巴尔扎克、福楼拜（在我国则是冈察洛夫）所代表的另一类型的成长小说中，同样是这个问题，提法却稍有不同。这首先是指田园诗的世界观和心理因不适应新的资本主义世界而崩溃瓦解。这里在多数情况下没有田园诗的哲理升华。这里描绘了在存在着资本主义中心的条件下，主人公们那种地方理想主义或地方浪漫主义是如何崩溃的；其实绝没有把这些主人公理想化，也没有把资本主义世界理想化。因为这里恰恰揭露了它的不人道，揭露了那里一切道德支柱的崩溃（这些支柱是此前各发展阶段上形成的），揭露了过去的一切人道主义关系的瓦解（在金钱的作用下），如爱情、家庭、友谊关系的瓦解，揭露了学者艺术家创作劳动的蜕化，如此等等。田园诗世界里的正面人物，这时变成了可笑可悲、多余无用的人；他要么毁灭，要么改造成为凶恶的利己主义者。

冈察洛夫的几部小说，地位较为特殊。它们基本上属于上述第二种类型（尤其是《平常的故事》）。在《奥勃洛莫夫》中，主题表现得异常鲜明清晰。先是奥勃洛莫夫的田园诗，后是维鲍尔地区的田园诗（包括奥勃洛莫夫田园诗般的去世），都是以充分的现实主义精神描写的。与此同时又表现出了奥勃洛莫夫这个田园诗中人的突出的人性，表现出了他的"鸽子般的纯洁"。在田园诗的本身中（特别是在维鲍尔地区），揭示出一切基本的田园诗的毗邻关系，如崇尚饮食、孩子、性行为、死亡等等（现实主义的升华）。这里强调了奥勃洛莫夫对环境稳定不变的企望,他对迁移的恐惧,他对时间的态度。

应该专门区分出拉伯雷式的田园诗类型,它以斯特恩、吉佩利、让·保罗为代表。在我们作了以上的种种分析之后,斯特恩(及其一派)作品中田园诗因素(而且是感伤的田园诗)与拉伯雷精神的相互结合,就完全不是什么值得奇怪的事了。它们源自民间文学的亲密关系,是显而易见的,尽管这是民间文学综合体在文学发展时期形成的不同分支。

田园诗影响于小说的最后一种情形,表现为小说中仅仅渗进了田园诗综合体的某些成分。小说里来自民众的人物,在极多的情况下都出自田园诗。属于这一类的形象,有瓦尔特·司各特和狄更斯作品中的仆人(如普希金笔下的萨维里奇),有法国小说(从莫泊桑的《一生》到普鲁斯特小说中的弗兰苏阿扎)中的仆人。所有这些奥维尔尼亚女人和布列塔尼亚女人,都代表着民间的智慧和田园诗的局限。小说中出现的来自民间的人物,代表着对待生与死的一种睿智的态度——统治阶级已经丧失了的睿智态度(如托尔斯泰笔下的普拉东·卡拉塔耶夫)。向这种来自民间的人学习对死的豁达态度的描述尤为常见(托尔斯泰的《三个生命之死》)。常与这一形象联系在一起的,还有对饮食、爱情、生育的一种特殊的阐发。这个形象又是永恒的生产劳动的代表。这里经常突出出身民间的人对陋习虚礼的理所当然的(揭露性的)不理解。

田园诗综合体对现代小说的几种基本影响就是如此。我们对文学处理民间文学时间和古代毗邻关系的基本形式所作的概述,到此便告结束。这一概述提供了必要的基础,以便正确理解拉伯雷式世界的特点(以及我们在这里不拟论述的其他现象)。

与我们所分析的处理古代综合体的一切类型(阿里斯托芬和卢奇安除外)都不同,在拉伯雷的世界里,具有决定意义的是笑。

在古代综合体的所有成分中,唯有笑没得到升华,不管是宗教的、神秘的还是哲理的升华。笑任何时候都不带有正式的性质。就连在文学中,笑的体裁也总是最自由的,最不受约束的。

自从古希腊罗马解体,欧洲从来没有哪一种祭祀、仪式、国家大典或隆重的社会典礼、节日庆典、服务于教会或国家的正式体裁和风格(国旗、祷文、圣洁的形式、宣言等),曾给予笑以合法地位(指在情调、风格、语言中),哪怕是允许最轻微的幽默和讽刺。

欧洲不知道笑会有玄妙,不知道笑会有魔力。笑甚至从来没有沾染上一般的"陈词滥调"、致命的官腔。因此笑才没蜕化,没惯于欺骗,不像一切严词正色那么善于扯谎,尤其不像那种动人的庄严善于扯谎。笑躲开了貌似庄重动人的一本正经的谎言。由于这个缘故,所有崇高严肃的体裁、所有高级的语言形式和风格形式、所有用于本义的词语组合、所有的语言模式,都浸透了谎言、刻板公式、虚伪和欺骗。只有笑没有传染上谎言。

我们所说的笑,不是指生理行为和心理生理行为;我们是指在社会历史文化中客观化了的笑,首先是形诸话语的笑。在话语里,笑表现为纷繁多样的现象,而这些现象至今没有得到足够深刻和原则的研究、历史和系统的研究。除了诗体的"非本义的"用词,亦即除了语义辞格,还存在着多种多样的另一种性质的非本义的话语运用形式,如讽刺、模拟讽刺、幽默、玩笑、各种类型的滑稽等等(尚无系统的分类)。整个语言都可能用于非本义上。在上述所有现象中,寓于话语之中的观点本身,语言的情态,语言与事物的关系本身,语言与说话人的关系,都获得了新的理解。这里语言的不同层面发生了相互的融合,互不相容的东西接近起来,本来相关的东西反被分开,习惯的毗邻关系瓦解,新的毗邻关系形成,语言和思维的刻板模式遭到破坏。这里无时不在超出语言内部关系的樊篱。此外,这里时刻都需要超越这一封闭的话语整体的疆界(要理解讽刺模拟,不可不把它同被讽刺模拟的材料联系起来,亦即不可不超越这一语境)。用话语表现笑的上述各种形式,其所列特点构成了一种特殊的力量和能力,似乎能把事物从包裹着它的语言和思想的虚假外壳里解脱出来。笑的这种能力,被拉伯雷发挥到了很高的程度。

笑在拉伯雷作品中具有异常的力量,具有激进的性质,其原因首先在于它的深厚的民间文学基础,在于它同古代综合体各种成分的联系,如死亡、新生命诞生、生育、成长。这是真正包容世界的笑,它戏弄世界上的一切事物,渺小和重大的事物,久远和眼前的事物。它一方面同生活中基本事物相联系,另一方面激进地破坏了歪曲和瓦解这些事物的语言思想的虚假外壳。这两方面就使得拉伯雷的笑迥然有别于其他怪诞、幽默、讽刺、揶揄者的笑。在斯威夫特、斯特恩、伏尔泰、狄更斯作品中,我们看到拉伯雷式的笑不断变得庸俗了,它同民间文学的联系不断受到削弱(在斯特恩,特别是果戈理的作品中这种联系尚属强大),它脱离了生活中的重大事件。

这里我们便再次接触到拉伯雷作品的特殊渊源问题,一些非规范的原材料对他具有重大意义的问题。对拉伯雷来说,属于这种来源的首先就是非正式言语的领域;这里充满了或简单或复杂的詈骂词语,是另一性质的猥亵因素;而且,与酗酒有关的词语占很大比重。这个非正式言语(男人谈话)的领域,直到今天还反映着猥亵词语、酗酒词语、排泄词语等等,并且如在拉伯雷作品中那样占有很大比重;不过这里它们表现为稔熟的套语,而非创造性的使用。拉伯雷在城乡底层(主要是城市底层)的这一非正式言语中,把握到了看待世界的一种特殊观点,对现实事物的一种特殊选择,一种截然不同于正式场合语言的特殊的语言体系。他发现这里完全不存在升华,却有一整套与正式言语及文学格格不入的事物毗邻关系。这种"民众欲念的坦率流露","街头议论的无拘无束"(普希金语),被拉伯雷广泛运用在自己的创作中。

在非正式言语的领域本身,就完整地或破碎零散地保存着流行的笑谈、简短故事、谚语、双关语、俚语俗语、笑话、色情隐语、短歌等等,换言之就是语汇或其他方面的民间口头创作体裁。在这些体裁里蕴含着相同的观点,相同的选择(对现实事物、题材的选择),相同的互相配置,最后还有相同的对语言的态度。

其次的一个来源,是半正式文学的书面作品,如小丑和傻瓜的故事、闹剧、短故事诗、滑稽小说、故事小说(第二次加工的产品)、民间读本、童话等等。再其次才是拉伯雷创作的文学本身的渊源,而且首先是古希腊罗马的渊源①。

不管拉伯雷创作所具有的材料是如何多种多样,对它们全都按照统一的观点进行了加工,服从于统一的全新的艺术和思想任务。所以一切传统的成分在拉伯雷小说里全获得了新的含义和新的功能。

这首先就涉及小说的布局和体裁结构。头两部书采用的是传统模式:主人公的诞生及诞生时的奇特环境,主人公的童年,他的求学年代,主人公的战功和成就。第四部书是照游历小说的传统模式写的。第三部则是一种特殊的格式,是(古希腊罗马)求教访学之路的格式:遍访先知、哲人、哲学学派等。后来这一"访问"模式(访问名士、社会集团的各种代表等等)在现代文学中得到了极大的推广(如《死魂灵》《复活》)。

但这些传统模式在这里有了新意,因为这里材料是在民间文学的时间里展开的。在头两部小说中,传记时间融化于不具体指人的成长时间之中,即人体的成长和发展,科学艺术的成长,新世界观的成长,与垂死和瓦解的旧世界相伴的新世界的成长。在这里,这种成长不作为个人的成长而体现于某一个人身上,它在这里超出了个人的范围,是世界上的一切在成长,一切事物现象和整个世界在成长。

因此,个人的成长和完善,在这里没有脱离历史的发展和文化的进步。构成成长和形成过程的基本因素、阶段、步骤,在这是按照民间文学的办法处理的,即不作为个人的封闭系列,而是作为囊括人类整个生活的整体。特别需要指出的是,拉伯雷作品中根本不存在个人内

---

① 前面已经说过,我们对拉伯雷创作渊源的详尽分析,请看关于拉伯雷的一部专著。——原编者

在方面的生活。拉伯雷笔下的人物，是整个外向的人物。人的外在化在这里已经达到了相当的程度。在拉伯雷那部鸿篇巨制的全书中，没有一处描写主人公在想些什么，没有一处描绘他的感受、他的内心独白。从这个意义上说，拉伯雷小说中没有内心世界。人身上所有的东西，全表现在行动和对话里。人身上没有任何东西，是原则上只能为他自己所有而不可如实地公之于众（即外在表现）的。相反，人身上所有的一切，都只有在外在的表现中才获得自己充分的价值，因为只有在这里（外在的表现中）一切才能参与真正的生活，参加到真正现实的时间中去。所以，连时间在这里也是统一的，不被分解为许多内在的方面，不出现许多个人内心的意外枝节和绝望状态。这个时间的各个因素，在所有人的统一的世界里互相紧跟着鱼贯而进，对一切人都莫不如此。所以，这里的成长克服了任何的个人局限性而变为历史的成长。所以，就连完善的问题，在这里也变成了新人同新历史时代一起在新的历史世界中的成长问题，这个成长同时伴着旧人和旧世界的灭亡。

由于上述原因，古代各种毗邻关系在这里是在新的高级的基础上得到再现的。它们摆脱了在旧世界里瓦解和歪曲它们的一切因素。它们摆脱了一切彼岸的解释，摆脱了升华和贬低。这些现实事物被笑改变得纯洁了，脱离开一切瓦解它们、歪曲它们本质的崇高的语境，聚拢到人的自由生活的现实语境（现实方面）中来。它们进入了一个人们可以自由实现自己潜力的世界中。这种潜力不受任何的限制。这便是拉伯雷的基本特点。在这里一切的历史局限似乎全已取消，被笑扫除干净。天地留给了人的本质，留下来以便自由地揭示蕴藏在人的本质之中的所有潜力。在这一方面，拉伯雷的世界同田园诗小世界的地域局限性恰好相反。拉伯雷是在新的基础上，展开了真正广阔的民间文学的世界。在时空世界的疆域内，在人本质上具有的真正潜力的范围内，拉伯雷的驰骋幻想是不受任何束缚和局限的。一切局限都加给了受到嘲笑的垂死的世界。这一世界的所有代表，如修道士、神学者、封建武夫、廷臣、国王(毕可罗寿、安岱雷希)、法官、骑士团长等等，都可笑之至，注定灭亡。他们大受局限，他们的力量只不过是可怜的现实状况而已。与他们作对的，是高康大、庞大固埃、包诺克拉特、爱比斯德蒙，部分地还有约翰兄弟和巴奴日(他俩不断克服自己的局限性)。这些都是反映人的无限潜力的形象。

主要人物(高康大和庞大固埃)完全不同于封建国王毕可罗寿和安岱雷希，不是这种狭隘意义上的国王。但他们又不只是体现了与这些封建国王相对立的(尽管无疑有这种因素)理想中的人道主义帝王。就其根本来说，这些形象是封建帝王的形象。针对他们如同针对荷马史诗中的帝王一样，黑格尔的一句话是很适用的：他们被选来作为作品的主人公，"完全不因为感到了他们的优越性，而是因为在帝王治国中体现出了意志和创造的完全自由"。这样的主人公被安排来做国王，为的是赋予他们最多的潜力和自由，以完全实现自己，实现自己人的本质。而像毕可罗寿那样的国王，因是垂死的社会历史世界里真实的国王，极为局限和可怜，正如他们的社会历史现实极为局限和可怜一样。他们身上没有任何自由和任何潜力。

因此，从根本上说，高康大和庞大固埃是封建帝王又是巨人勇士。所以他们首先是人，是这样一种人：他们能够自由地实现蕴藏于人的本质之中的种种潜力和要求，而无须用任何道义和宗教去弥补尘世的局限、软弱和困苦。这一点也决定了拉伯雷笔下大人物形象的特点。拉伯雷的大人物有深刻的民主精神。他绝不与大众对立而成为某种特殊人物，成为另一种不同的人。相反，他也同其余一切人一样，是用普通人的材料制成的。他吃饭，他喝酒，他出恭，他放屁，只不过这一切都规模宏大罢了。他身上没有任何东西不可理解，没有任何东西与普通人性和大众格格不入。歌德论大人物的话这里完全适用："比较大的人物只不过大在量上而已，他同多数人一样有美德也有缺点，只是数量都很多。"拉伯雷的大人物，是人的高级阶段。任何人都不会贬低这种伟大，因为每个人都在这个伟大之中看到了对自身本质的赞扬。

在这一点上,拉伯雷的大人物原则上不同于任何把自己同其余大众对立起来的英雄主义。这种英雄主义认为自己在血缘上、在本质上、在自己对生活和世界的要求和评价上就是某种特殊超人(如骑士小说和巴洛克小说的英雄主义,如浪漫主义型和拜伦型的英雄主义,如尼采的超人)。不过,他同样原则上也不同于被人吹捧起来的"小人物",即用道德的崇高和纯洁来弥补他实际上的局限性和软弱(指感伤主义的男女主人公)。拉伯雷笔下在民间文学基础上成长起来的大人物,其伟大之处不在于同别人不同,而在于自己的人性之中,在于能充分揭示和实现人的一切潜力。而且他伟大在现实的时空世界里,在这里内在的东西完全不与外在的东西相对立(我们知道,他达到了褒义上的完全外在化)。

巴奴日的形象也是建筑在民间文学的基础上。但这里的基础是小丑的基础。体现于这一形象中的民间小丑,较之骗子小说和故事里相应的现象,亦即较之"皮卡罗",要生动得多也重要得多。

拉伯雷的主要人物形象,首先以民间文学为自己的基础,然后在这一基础上才获得他理想中的君主和人道主义者的某些特点,再次则还反映着某些实际的历史特点。然而透过所有这些特点,民间文学的基础仍鲜明可见,它使得这些形象得到深刻的现实主义的升华。

人的一切潜力的自由发展,在拉伯雷的理解中,当然绝不是狭隘的生理含义上的发展。拉伯雷的时空世界,是重新发现的文艺复兴时代的宇宙。这首先是地理界线十分清晰的一个文化和历史的世界。其次,这是天文学阐明了的宇宙。人能够也应该征服整个这一时空世界。技术上征服宇宙这一过程中出现的各种形象,基础同样也来自民间文学。称作"庞大固埃草"的奇异植物,就是世界民间口头文学中的那种断锁开栓的草。

拉伯雷在自己小说中仿佛给我们揭开了人类生活的毫无局限的宇宙时空体。而这同即将到来的地理学和宇宙学伟大发现的时代,是完全合拍的。

十　结束语

时空体决定着文学作品在与实际现实生活的关系方面的艺术统一性。因此,时空体在作品中总是包含着价值的因素,但这个价值因素要想从艺术时空体的整体里分解出来,唯有通过抽象的分析。在艺术和文学之中,界定时空的一切概念相互间是不可分割的,而且总要带有感情和价值的色彩。抽象思维当然可以把时间和空间分离开来加以思索,可以超脱它们包含的感情和价值因素。可是活生生的艺术直观(这种直观自然也包含着充实的思想,但这不是抽象的思想),却既不把什么分离开来,也不需超脱什么。直观对时空体的把握,是把时空体当作一个充实的整体来看。艺术和文学中都渗透着不同程度和不同大小的时空体价值。文学作品的每一主题、每一分解出来的因素,都属于这样一种价值。

上文中我们只分析了时空体中较大的较稳定的类型,它们在小说发展的早期各阶段上决定着小说最主要的体裁类型。这里,在本文的结束语中,我们只想列举出来并稍加说明不同程度和不同大小的某些时空体价值。

在第一节中我们讲到相会时空体。这一时空体里时间意味占主导地位;特点是感情和价值色彩强烈,达到很高的程度。与之相联的道路时空体,范围虽广大,感情和价值色彩却较弱。小说中的相会,往往发生在“道路”上。“道路”主要是偶然邂逅的场所。在道路(“大道”)中的一个时间和空间点上,有许多各色人物的空间路途和时间进程交错相遇;这里有一切阶层、身份、信仰、民族、年龄的代表。在这里,通常被社会等级和遥远空间分隔的人,可能偶然相遇到一起;在这里,任何人物都能形成相反的对照,不同的命运会相遇一处相互交织。

在这里,人们命运和生活的空间系列和时间系列,带着复杂而具体的
社会性隔阂,不同一般地结合起来;社会性隔阂在这里得到了克服。
这里是事件起始之点和事件结束之处。这里时间仿佛注入了空间,并
在空间上流动(形成道路),由此道路也才出现如此丰富的比喻意义:
"生活道路""走上新路""历史道路"等等。道路的隐喻用法多样,运
用的方面很广,但其基本的核心是时间的流动。

　　要描绘为偶然性所支配的事件(也不只是为了这一目的),利用道
路是特别方便的。由此可以理解为什么道路在小说史上起着重要的
情节作用。道路贯穿于古希腊罗马的日常漫游小说——彼特罗尼乌
斯的《萨蒂里孔》和阿普列乌斯的《金驴记》中。中世纪骑士小说的主
人公们出没于道路上,小说的所有事件常常发生在大道上,或者集中
于道路近旁(出现于道路两侧)。像沃尔夫拉姆·封·埃申巴赫的
《帕尔齐法尔》这类小说中,主人公去蒙萨里瓦特的现实道路,不知不
觉地变成了隐喻意义,成了生活道路、心灵道路;这道路时而接近上
帝,时而远离上帝(取决于主人公的错误和堕落,取决于在他的现实道
路上遇到的事件)。道路决定了16世纪西班牙骗子小说的情节(《托
尔梅斯的拉扎里奥》《阿尔法拉切的古斯曼》)。在16和17世纪之交,
堂吉诃德上了路以便看到整个西班牙,从一个登船的罪人直到公爵。
这条路借着历史时间的流程、借着时间进程留下的遗迹和标志,借着
时代的标记,而得到了深刻的强化。到17世纪,是痴儿走上了路;这
路因三十年战事而得到强化。再往后,道路保留了自己的主干作用,
又贯穿在小说史上一些关键作品中,如索莱尔的《弗朗西昂》、勒萨日
的《吉尔·布拉斯》。道路的意义还保留在笛福的小说中(指那些骗
子小说)、菲尔丁的作品中(尽管意义有所削弱)。道路和路上相会,
在下列作品里也保留着自己的情节作用,像《威廉·麦斯特的学习时
代》和《威廉·麦斯特的漫游时代》(尽管道路和路上相会所表达的思
想在这里产生了重要的变化,因为"机遇""命运"等范畴从根本上获
得了新的理解)。诺瓦利斯作品里的亨利·封·奥弗特丁根和其他的

浪漫主义小说主人公,随之也走上了半真实半隐喻的道路。最后,道路和路上相会的意义,又得以保存在历史小说里,如司各特的作品;特别是在俄国的历史小说里,例如扎戈斯金的《尤里·米洛斯拉夫斯基》,就建立在道路和路上巧遇的基础上。格里涅夫与普加乔夫在途中和暴风雪中的相会,决定着《上尉的女儿》的情节。我们又可以回忆一下道路在果戈理的《死魂灵》中和在涅克拉索夫的《谁在俄罗斯过得快活》中所起的作用。

这里不拟涉及"道路"和"相会"在小说史上功能的变化。我们只想指出"道路"的一个十分重要的特点,这是上述所有小说类型共有的一个特点:道路在自己的祖国延伸,而不是在异国他乡(《吉尔·布拉斯》中的西班牙,是假设的西班牙;而痴儿暂栖法国也并不重要,因为这里的异邦纯属假象,根本没什么异国情调);这里揭示和展现的,是这个祖国的社会历史的多样性(因此,如果这里可以说有异地风味,那也只能是"社会性的异地风味",如"贫民窟""渣滓"和窃贼世界)。在这一功能上,"道路"还用于小说之外,用于如18世纪政论性游记这类无情节体裁中(经典的例子就是拉季舍夫的《从彼得堡到莫斯科旅行记》),也用于19世纪上半叶的政论性游记(如海涅的作品)。前面列举的小说类型,正是因为有了"道路"的这一特点,才有别于另一种游历小说;代表另一种游历小说的,有古希腊罗马的游记小说、希腊诡辩小说(我们在本文第一节中作了分析)、17世纪巴洛克小说。在这些小说里,与道路有着同样功能的是"他人世界",即与本国隔海相望或距离遥远的地方。

在18世纪末英国的所谓"哥特式"小说或"黑暗"小说里,形成和巩固了小说事件发生的一个新地点——"城堡"(此词用于这一意义,最早是在欧拉斯·华尔蒲尔的《奥特朗托城堡》中,其后则是在拉德克里弗夫人、刘易斯等人作品中)。城堡里充塞了时间,而且是狭义的历史时间,即过去历史的时间。城堡为封建时代统治者生活之处(因此也是过去历史人物的居住场所)。城堡的各处建筑中,在陈设和武器方面,在先人肖像画廊里,在家族档案中,在各朝代交接继承权的特殊人际关系中,都留下了许多世纪和年代的具体可见的遗迹。最后,神话传说通过追忆往昔事件,使城堡的一切角落及其周围全获得了生气。这些使哥特式小说展开了一种特殊的城堡情节。

城堡时间的历史性,使得城堡在历史小说的发展中起到了相当重要的作用。城堡来自过去的时代,又面向过去。城堡中的时间遗迹,自然带有某些博物馆古董的性质。瓦尔特·司各特主要利用城堡神话、依靠城堡同历史性景观相联系,克服了使城堡沦为古董的这种危险。在城堡(及其周围)中空间和时间的因素、特征相互有机的融合,这一时空体在历史上的强大作用,决定了这个时空体在历史小说发展的不同阶段上具有积极的描绘力。

在司汤达和巴尔扎克的小说里,出现了一个本质上新的完成小说事件的有限处所——"沙龙客厅"(指广义上的)。当然,沙龙客厅在他们的作品中出现,不是首次创举,不过只有在他们的作品中才作为小说中时空系列的会合点而具有充分的意义。从情节和布局观点看,是在这里实现人们的相会(相会已无过去在"道路"或"他人世界"中那种特别偶然的性质),在这里开始故事纠葛,也时常在这里结束故事。最后还有极其重要的一点:在这里出现对小说具有特殊意义的对话,揭示出主人公各种性格、"思想"和"欲念"。

这一情节布局的意义,是完全可以理解的。这里,在波旁王朝复辟和七月王朝的客厅沙龙中,有着政治生活和实业生活的晴雨表;这里看得到政治、实业、社会、文学等声望的形成和衰亡;人们从这里开始飞黄腾达,也从这里身败名裂;这里决定着高层政治和金融的命运,决定着法律草案的成败、书和戏的成败、部长或交际花歌手的成败;这里相当充分地反映出新的社会等级的各层次(同时聚于一处);最后,这里以举目可见的具体形式揭示出生活中新主人——金钱的无所不在的权力。

所有这一切中最主要的,是历史内容、社会公共内容同个人的内容,甚至私下色情内容两相交织,是个人世俗的争斗同政治、金融的角逐交织,是国家的机密同淫秽的隐秘交织,是历史系列同日常生活系列、传记系列的交织。无论历史时间还是传记和日常生活的时间，它们那些具体可见的特征，都浓缩、凝聚在这里；与此同时，它们相互间又紧密交织，汇合成时代的统一标志。时代于是变成了具体可见的东西，变成了清晰的情节。

当然，在伟大现实主义者司汤达和巴尔扎克那里，时间系列与空间系列交叉之处，时间流动的痕迹在空间里凝聚之处，不仅仅只是客厅沙龙。这只是场所之一。巴尔扎克在空间中"看见"时间的能力，是异乎寻常的。不妨回忆一下巴尔扎克把楼房当作物质化的历史所作的精彩描写，还有他从时间、历史的角度对街道、城市、乡景的描绘。

我们再举一个空间系列和时间系列交叉的例子。在福楼拜的《包法利夫人》中，情节地点是"小省城"。外省的市侩小城连同它陈腐的日常生活，在19世纪（无论在福楼拜之前或其后）小说中是事件发生的极其常见的地点。这一小城有几种类型，其中也包括非常重要的田园诗型（在美国乡土派作品里）。我们只讲一讲福楼拜的类型（倒不是福楼拜首创的）。这样的小城，是圆周式日常生活时间的地点。这里没有事件，而只有反复的"出现"。时间在这里失去了向前的历史进程，而只是在一些狭窄的圈子里转动，这就是一日复一日、一周复一周、一月复一月、一生复一生的圆圈。过了一天是老样子，过了一年也是老样子，过了一生仍然是老样子。日复一日地重复着同一些日常的生活行动，同一些话题，同一些词语，等等。人们在这个时间里吃喝睡觉，娶妻子，找姘头（不带什么罗曼蒂克），搞些小阴谋，坐在自己的店铺或办公室里，打牌说闲话。这是普通世俗的圆周式的日常时间。它以各种变体出现在果戈理、屠格涅夫、格列布·乌斯宾斯基、谢德林、契诃夫作品中，是我们都熟悉的。这一时间的标志很简单，明显地表现为物质的东西，并同局限性的日常生活紧密连接到一起；这日常生活的局限事物，是指小城里的小屋和小房间，昏沉的市街，尘土和苍蝇，俱乐部，台球，等等。这里的时间是没有事件的时间，因之几乎像停滞不动一样。这里既不发生"相会"，也不存在"离别"。这是浓重黏滞的在空间里爬行的时间。所以它不可能成为小说的基本时间。小说家利用它作辅助的时间,它同其他非圆周式的时间系列相交织,或为这些系列所打断。它常常作为相反对照的背景,借助这一背景来映衬事件性强的富于活力的时间系列。

这里我们还要提一下像门槛这样渗透着强烈的感情和价值意味的时空体。它也可以同相会的主题相结合,不过能成为它最重要的补充的,是危机和生活转折的时空体。"门槛"一词本身在实际语言中,就获得了隐喻意义(与实际意义同时),并同下列因素结合在一起:生活的骤变、危机、改变生活的决定(或犹豫不决、害怕越过门槛)。在文学中,门槛时空体总是表现一种隐喻义和象征义,偶尔以公开的形式出现,但常见的是采用隐蔽的形式。如在陀思妥耶夫斯基作品中,门槛和与其相邻的阶梯、穿堂、走廊等时空体,还有相继而来的大街和广场时空体,是情节出现的主要场所,是危机、堕落、复活、更新、彻悟、左右人整个一生的决定等等事件发生的场所。时间在门槛这一时空体里,实际上只不过是瞬间,这一瞬间似乎没有长度,似乎从正常的传记时间里脱落出来。这样的决定性的瞬间,在陀思妥耶夫斯基的作品中,被纳进了宗教神秘剧和狂欢节时间的无所不包的巨大时空体中。上述这些时间,以独特的方法相伴为邻,交叉交织在陀思妥耶夫斯基作品里,犹如它们许多世纪中在中古和文艺复兴的人民广场上相伴为邻一样(就实质说,也同在古希腊罗马的广场上一样,只是那时的形式稍有不同罢了)。在陀思妥耶夫斯基那里,大街上和室内群众场面(主要是客厅)中似乎复活和再现了古代的狂欢节和宗教神秘剧中的广场①。当然,这一点还不能概括陀思妥耶夫斯基的所有时空体,因为他的时空体复杂而且多样,一如在这些时空体中得到更新的各种传统。

---

①　文化和文学传统(包括最古老的传统)并非保存和生活在个人的主观的记忆中,也不在某种集体的"心理"中,而是在文化本身的各种客观的形式中(其中包括语言的和言语的形式);在这个意义上,文化和文学传统是存在于主观同主观之间、个人同个人之间的(因而也是社会性的);它们从这里进入到文学作品中,有时几乎完全越过了作者个人主观的记忆。——作者

与陀思妥耶夫斯基不同,在托尔斯泰的作品中,基本的时空体是传记时间;这个传记时间流动于贵族宅邸庄园的内部空间之中。不言而喻,托尔斯泰作品中也有危机、堕落、更新、复活,但它们不是瞬间之事,不从传记时间的进程中脱离开来,而是紧紧地嵌进传记时间里。例如伊凡·伊里奇的危机和醒悟,贯穿在他病程的整个后期,直到生命结束之前。彼尔·别祖霍夫的变化更新,也是长期渐进的过程,完全可算作是传记时间。尼基塔(《黑暗王国》)的新生和悔悟,虽不那么长却也非瞬间之事。在托尔斯泰作品里我们只找到了一个例外,就是勃列胡诺夫在生命的最后时刻发生了根本的变化,此前毫无准备,来得完全突然(《主人和雇工》)。托尔斯泰不看重瞬间片刻,不想给它们填充上什么重要的决定性的内容;"突然"一词在他笔下实属少见,他从来不用这个词儿引进什么重大的事件。与陀思妥耶夫斯基不同,托尔斯泰喜欢时间的连绵不断。继传记的时间和空间之后,在托尔斯泰作品中获得了重要意义的,是大自然时空体、家庭田园诗时空体,甚至还有劳动田园诗时空体(当描绘农民劳动时)。

我们分析的这些时空体具有什么意义呢? 首先,它们的情节意义是显而易见的。它们是组织小说基本情节事件的中心。情节纠葛形成于时空体中,也解决于时空体中。不妨干脆说,时空体承担着基本的组织情节的作用。

与此同时,时空体的描绘意义也引人注目。在这些时空体中,时间获得了感性直观的性质。情节事件在时空体中得到具体化,变得有血有肉。一个事件,可以告知,可以介绍;这时也可以确切地指出事件发生的地点和时间。但是事件却不会变成形象。而时空体则可以提供重要的基础来展现和描绘事件。达到这一点,恰恰是靠在一定的空间里把时间各种特征特别地渲染并具体化,这个时间特征就是指人类生活的时间、历史的时间。这便创造了可能性——在时空体中(围绕时空体)组织事件的描绘。时空体是小说里展开"场面"的最佳点;而其他远离时空体的"连接性"事件,则以干巴巴的介绍和交代形式出之(如司汤达作品中介绍和交代占着很大比重;只是在少数场面中,描绘得到了集中和渲染。这些场面具体化的特点,也给了小说中交代介绍的部分以影响,如《阿尔芒斯》的结构)。因此,时空体作为主要是时间在空间中的物质化,乃是整部小说中具体描绘的中心、具体体现的中心。小说里一切抽象的因素,如哲理和社会学的概括、思想、因果分析等等,都向时空体靠拢,并通过时空体得到充实,成为有血有肉的因素,参与到艺术的形象性中去。这就是时空体的描绘意义。

上面分析的各种时空体带有体裁的典型性,是许多世纪形成和发展起来的小说体裁中特定类型的基础(当然,如道路时空体的功能在这一发展过程中就发生了变化)。不过,任何的一个文学形象,都具有时空体的性质。语言作为形象的宝库,也在很高程度上具有时空体性质。带时空体性质的,还有词的内部形式,亦即词语具有的作为中介的特征;原先的空间意义靠了它转变成为时间关系(广义的理解)。这里不便涉及这一比较专门的问题。我们可以指出卡西尔的一部著作(《符号形式哲学》)中有关的一章,那里以丰富的实际材料分析了时间在语言中的反映(语言如何驾驭时间)。

文学形象的时空体原则,最早是莱辛在其所著《拉奥孔》中十分明确地揭示出来的。他确立了文学形象所具有的时间性质。一切静止的空间的东西,不应作同样静止地描写,而应该纳入所写事件和描述本身的时间序列之中。如莱辛曾经举出一个著名的例子:海伦的美貌不是由荷马描绘出来,而是通过美色对特洛伊长老们所起的作用表现出来的,而且这种作用也是用长老们一连串的动作和行为体现的。美貌被纳入了所写事件的链条之中,同时成了动态叙述的对象,而非静态描写的对象。

莱辛提出文学中的时间问题,尽管很重要很有益,但基本上是着眼于形式和技巧方面(当然不是形式主义的理解)。至于把握实际时间的问题,也就是在文学形象中把握历史现实的问题,并没有直接地正面地提出来,虽然他在著作中有所涉及。

把文学形象看作是时间性艺术所创造的形象(这种时间性艺术是要描绘空间中感性现象的运动和形成),以它具有普遍的时空体性质(形式上的和材料上的时空体)为背景,便可以看清楚我们上面讲到的具有体裁典型性的组织情节的那些时空体的特点所在。这些是叙事小说特有的时空体,目的在于把握实际的时间现实(时间现实的极点就是历史现实);有了这些时空体,便有了可能反映出这一现实的一些重要方面,并把这些方面引入小说的艺术天地中。

我们在这里仅仅讨论了包容较广、至为重要的一些大时空体。但每一种这样的时空体,本身又会包含不计其数的小时空体。因为如我们前面说过的那样,每一主题都能有自己特殊的时空体。

在一部作品范围内,在一位作者的创作范围内,我们能看到许多的时空体,以及时空体之间复杂的、为这一作品和这一作者所特有的相互关系;而且一般说其中有一个时空体是涵盖一切的,或者是居主导地位的(我们这里主要就是分析了这样的时空体)。各种时空体相互渗透,可以共处,可以交错,可以接续,可以相互比照、相互对立,或者处于更为复杂的相互关系之中。时空体间的这种种相互关系,本身却不可能再进入到其中的某一时空体中去。这些相互关系共有的性质,是对话性(对话性应作广义的理解)。不过这个对话不能进入作品所描绘的世界中去,不能进入作品里任何一个时空体中去(指被描绘的各种时空体)。因为这个对话处于被描绘世界以外,虽然并不处于整个作品之外。这个对话进入作者、表演者的世界,也进入听众和读者的世界。这些世界同样带有时空体的性质。

作者时空体和读者听众的时空体,是怎样让我们知道的呢?首先它们在作品外在材料的存在中,在作品纯粹外在的布局结构中,能让我们感觉出来。但作品的材料不是死的,它能够说话,含有意义(或者说具有符号性质),我们不仅看得见它,感觉得到它,而且在其中总听得到声音(即使独自默读也不例外)。我们拿到手的篇章(текст),它在空间占据一定位置,亦即是一个局限性的东西。而创作这个篇章,熟悉它,却构成一个时间的流程。篇章本身并非死物,因为不论从哪个篇章入手,有时会经过长长一串中间环节,但最后我们总会听到人的声音,可以说最后总要撞上人。不过篇章又总得固定在某一种死材料里。这在文学发展的早期,是固定在物理的发声中,在文字阶段则固定于手稿中(或在石上,或在砖上,或在皮上,或在草稿上,或在纸上)。后来,手稿能取得书的形式(分卷手稿或手稿汇编)。而手稿和书不管以何种形式出现,都已介乎死寂的自然物和文化两者之间。如果我们把它们看作是篇章的载体,那它们就属于文化的领域。在我们这里,它们则属于文学领域。也正在作品存在的完全现实的时空中,在手稿和书所处的完全现实的时空中,存在着创造了这语言、这手稿或书的现实的人,存在着听读篇章的现实的人们。当然,这些现实的人(作者和读者听众)可能分处于不同的各种时空中(一般也确是如此);这些不同的时空,有时相隔几个世纪和遥远的距离,但它们仍然处于一个统一的现实的但未完结的历史世界中;这个历史世界与篇章中描绘的世界之间有着鲜明和原则的界限。因之,我们可以把这个历史世界称作能创造篇章的世界;要知道这一世界的一切因素,无论是篇章所反映的现实,无论是创作篇章的作者,无论是篇章的表演者(如果有的话),最后还有听者读者(他们复现篇章并在复现之中更新篇章),都平等地参与创造篇章里所描绘的世界。恰是从这个能创造和描绘的历史世界里种种现实的时空体中,才生发出作品(篇章)所描绘的世界中那些被反映和被创作出来的时空体。

我们已经说过,在从事描绘的现实世界和作品中被描绘出来的世界之间,有着鲜明的原则的界限。这一点任何时候都不能忘记,不能把被描绘出来的世界同从事描绘的世界混为一谈(幼稚的现实主义),把创造作品的作者同作者其人混为一谈(幼稚的生平考据派),把不同(而且许多)时代里能够再现和更新作品的读者听众与同时代那些消

极的读者听众混为一谈（理解和评价中的教条主义）。过去就是这样
混为一谈的，至今有时仍然如此。所有类似的混淆现象，从方法论上
说都是不能允许的。但是，完全不可把这个原则的界限理解成为绝对
的不可逾越的界限（庸俗化的教条主义的特殊论）。尽管从事描绘的
世界和被描绘出的世界是那么不可融合，尽管它们两者之间的原则界
限不可取消，两者还是不可分地相互联系着，处于不断的相互作用之
中。它们之间进行着不停的交流，犹如活生生的肌体在不停地同它周
围的环境进行新陈代谢一样：只要肌体活着，它就不同这个环境融为
一体；但如果使它脱离了环境，它就会死亡。作品及其中描绘出来的
世界，进入到现实世界中并丰富这个现实世界；现实世界也进入作品
及其描绘出的世界。在作品创作过程中是这样，在其后作品存在的过
程中也是这样，这时在听众读者创造性的接受过程中作品会不断得到
更新。不言而喻，这个交流的过程本身就具有时空体的性质，因为它
首先发生在历史发展中的社会性世界里，却又不脱离不断变化着的历
史空间。甚至不妨说存在一种特殊的创造性的时空体，在这个时空体
里实现着作品与生活的这种交流，体现着作品特殊的生活。

还必须简单谈谈创造作品的作者和作者的积极性。

作者我们可以在作品之外找到，这时他是一个过着自己传记生活
的人。但我们又可以在作品当中遇见他，他这时是作品的创造者；不
过他是在被描绘的时空体以外，好像是处在对时空体的横切线上。我
们遇到他（亦即他的积极性），首先在作品的布局结构中。他把作品分
割成部分（不同的短歌、不同的章节等等），各个部分自然都获得某种
外在的表现，但这外在表现并不直接反映到被描绘的时空体中。在不
同体裁中，这种分割的方法是不同的。而且在某些体裁里，保留了传
统的分割方法；那是在远古时代文字出现以前（即口头文学）表演和听
讲作品的现实条件给这些体裁决定了的分割方法。例如，我们可以相
当清晰地感觉出歌手和听众在分割古代史诗歌曲时的时空体，或者神

话中讲述故事的时空体。不过，即使在分割现代作品时，也既要顾及被描绘世界的时空体，又要顾及读者和作品创造者的时空体；换言之，这里发生了被描绘世界和从事描绘的世界两者的相互作用。这一相互作用非常明确地同样体现在某些起码的布局因素中：任何作品都有头有尾，作品描绘的事件也有头有尾。不过这些头尾处于不同的世界中，处于不同的时空体中。这些不同的时空体永远不会融为一体，或完全等同，同时又相互对应，不可分地相互联系着。我们还可以这么说：我们面前有两个事件，一个是作品里讲述的事件，另一个是讲述故事本身这个事件（讲述这件事，我们自己也作为听众读者而参与其中）。这两个事件发生在不同时间（而且时间长短也不同），在不同地点，但同时这些事件又不可分地统一在一个复杂的事件中；这个事件我们就称之为作品，是包括了完整的情节事件的作品；它囊括作品外在的物质表现、作品的篇章、作品所描绘的世界、创造作品的作者、读者听众。这里我们说的完整，是指不可分割的整体性，可同时我们也理解它的各个组成成分之间的一切差异。

创造作品的作者可以在自己的时间里自由移动：他可以从结尾开始，从中间开始，从所描绘事件的任何一点开始，同时却不破坏所描绘事件中时间的客观流程。这里鲜明地表现出描绘时间和被描绘时间的区别。

但这里就出现一个更为普遍的问题：作者从怎样一个时空点来观察他所描绘的事件？

第一，他观察的出发点是他自己所处的那个复杂而全面的未完成的当代生活，与此同时他本人似乎就站在与所描绘现实相切的切线上。作者作为观察出发点的当代生活，首先包括文学领域，并且不仅限于狭义的当代文学，还指过去出现的但继续存在于当代并不断更新的文学。文学领域和广泛一些的文化领域（文学是不能与文化隔绝开来的），构成文学作品及其中作者立场必不可少的环境；离开这个环境,既无法理解作品,也无法理解作品中所反映的作者意向①。作者对文学和文化的各种不同现象的态度,带有对话性,一如作品内部各种时空体互相间的关系(这一点我们在上文中已经讲到)。不过这种对话关系属于一个特殊的含义领域,这个领域已经超出了我们的纯粹时空体的分析范围。

我们已经说过,作者虽然身处他所描绘世界的时空体之外,却又不简单地在它外边,而似乎位于与时空体相切的切线上。作者描绘世界,或者从参与所写事件的主人公视角出发,或者从叙事人视角或假托作者的视角出发,最后或者是不利用任何中介,直接以自己纯粹作者的口吻叙述(利用作者直接引语形式)。即使在这种情况下,他也可能把时空世界连同其种种事件描绘得仿佛是他亲眼所见,亲自的观察;仿佛他是无处不在的目击者。就是他创作出自传或最真实的自白,他作为作者终归还处于所描绘世界之外。如果我讲(写)一件我刚刚发生的事,我作为讲述这事(写这事)的人就已经处于事件发生的那个时空之外了。把自己、把自身之"我",同我所讲述的"我"绝对地等同起来,是不可能的;犹如不能拔着自己的头发上天。被描绘的世界无论如何现实、如何真实,其时空体任何时候都不会跟作者(作品的创造者)所在的从事描绘的世界完全等同。这就是为什么我觉得"作者形象"这一术语不够妥当的缘故;要知道凡是在作品中成为形象的东西,因而也是纳入作品时空体中的东西,都是被创造之物而非从事创造之物。"作者形象"如果理解为创作者其人,则是自相矛盾的说法;任何的形象总是某种被创造之物,而不是从事创造之物。当然,听众读者可能给自己创造出作者的形象(常常也确实创造出作者形象,即想象出作者来),这时他会利用自传和传记材料,研究有关的时代即作者生活和创作的时代,研究其他有关作者的资料;不过他(听者读者)创作的只是艺术史上的作者形象,这形象具有或多或少的真实性和深刻性,换言之,要符合通常要求于这类形象的那些标准,但它自然不能

---

① 作者社会经历和个人经历的其他方面,我们这里且略而不谈。——作者

进入作品的形象体系。可是如果这一形象真实而深刻,它会帮助听者读者更正确更深刻地理解这位作者的作品。

本文中我们不拟涉及读者听众、他们在时空体上的地位、他们更新作品的作用(在作品传世过程中更新)等复杂问题。我们只想指出,任何文学作品都面向自身之外的读者听者,并在某种程度上预料到读者听者可能的反应。

最后我们还应该提到一个重要的问题,即时空体分析的范围问题。科学、艺术、文学都需要同含义因素打交道,而含义因素本身不能从时间上和空间上给以界定。例如一切数学概念莫不如此:我们利用数学概念来测定空间和时间现象,但它们(数学概念)自己却不具有时间和空间的特征。它们是我们抽象思维的对象。这是抽象的概念性的产物,是使许多具体现象形式化并对之进行严格的科研所必需的。然而,含义并非只存在于抽象思维中,同含义打交道的还有艺术思维。这些艺术上的含义,同样不可用时空的范畴来界定。不仅如此,对任何现象我们都要设法理解它的含义;换言之,不仅把这现象纳入时空存在的领域中去,而且纳入含义的领域之中。这一理解含义的工作,也包含评价因素在内。但是,这一领域里存在所取的形式问题,理解性评价的性质和形式问题——这些都是纯粹的哲学问题(但当然不是形而上学的问题),我们不能在这里讨论。在这里我们感到重要的是这样一点:这些含义不管怎样重要,要想进到我们的经验中去(而且是社会的经验),就必须采取某种时空的表现方法,也就是采取符号的形式,让我们可以听到可以看到(如方块字、数学公式、语言文字的表现、图表等等)。没有这种时空的表现形式,即使最抽象的思维也是无法进行的。因此,每次要进入含义领域,都只能通过时空体的大门。

如我们在本文开头所说,文学作品中时空关系的研究,只是不久以前才开始,而且主要是研究时间关系,脱离了与之必然相连的空间关系;换言之是缺少始终一贯的时空体角度。我们在本文中提出的这个角度,其重要程度和有效程度如何,只能有待于今后文学理论的发展来判断了。

1937 至 1938 年①

白春仁 译

《时间形式和时空体形式》一文散记②

一

文中我们谈论的是长篇小说里被描绘的世界、被描绘的事件的时空体,然而还有作者的描绘的时空体,即作者身处其中用来观察的时空体,以及听者或读者的时空体,即作为事件的描绘与作为事件的聆听–阅读的时空体。这三种时空体本质上是不同的,但本质上又是相互联系的,有时是彼此制约(却并不融合)的。在本文(这篇概述)的末尾我们将论及这些时空体及其复杂的相互关系。

故事中、讲故事这一事件中的历史倒置与纯布局上的倒叙(从结尾或中间开始讲述)。

被讲述的(被描绘的)事件的开始与结束以及关于该事件的讲述(描绘)的开始与结束,这是完全不同的事件,它们发生在不同的世界

---

① "结束语"写于 1973 年。——原编者

② 在俄文版《巴赫金文集》第 3 卷中,编者只为此文添加了标题"Разрозненные листы к Формы времени и хронотопа ..."(直译为"附于《时间与时空体形式……》一文的零散纸页"),既未提供题解,亦无任何注释。根据此散记内容与其他各种资料,不难猜测,这很可能是巴赫金 1973 年为长文《长篇小说的时间形式和时空体形式——历史诗学概述》续写"结束语"时提前专门草拟的一份提纲。——译者

里,并且首先是在不同的时空体中,前者处于主人公们的时空体中,后者处于作者(叙述人)的时空体与听者(或读者)的时空体中。这三种时空体的相互关系十分复杂(作者时空体含纳读者时空体,因为作者努力预见这个读者,并且用自己讲的故事来面对这个读者)。在讲述体(史诗性歌谣、童话故事、日常生活故事,文字出现之前的一切体裁)与手稿之间,特别是与可供阅读的书籍(长篇小说)之间有十分重要的区别。

作者问题。创作者笔下的文字符号与人物。能否将人物融入特殊的(个性化的)文字符号复合体中。

二

如此,我们清晰地感受到古代史诗性歌谣成分中的歌者与听者的时空体,或者各种童话故事里、某些抒情诗体裁(古希腊、罗马的抒情诗等)里的讲述时空体。这种时空体外在于被描绘的世界,却进入作品。在各种舞台-剧场体裁中我们尤其明显地观察到相互联系与区别(不融为一体):被描绘世界的空间与时间与舞台空间。戏中演员和表演者演员。我们为之鼓掌。两种事件及其复杂的相互关系。

描绘的和被描绘的时间。被描绘事件的开端与结局和讲述的开始与结束。各种时空体的相互关系在这里特别明显地展现出来。对同时发生的事件的描写(在史诗中)。

作者视角:他从何角度观察被描绘的各种事件。相对于被描绘的事件终究存在作者(自身)的视角。作者始终面向被描绘的世界和(预想中的与现实中的)听者-读者。

向意义和涵义的过渡。

作品的流通与越出文本的界限。语境问题。

作者在空间和时间上的立场成为时空体的问题。

三

作者进入开放的作品涵义整体中。

作为艺术创作与艺术接受(听者-读者)之对象的作品。

读者身处作者所在的那个世界,他同样涉及在这个世界中被描绘的各种时空体,并且在这里与作者-创作者相遇。作品永远面向读者,并且预想到读者。

作者-创作者身处何地因而从何处观察并理解被描绘的世界,想要充分回答这个问题,就必然涉及另一个问题:意义(значение)与涵义(смысл)。意义与涵义本身并不具备时间与空间上的界定。意义形成涵义,是涵义的可分割独立的元素。表述具有涵义,表述中具体的单词具有意义;没有涵义就不存在意义。然而,意义也好,涵义也罢,它们只有找到时间-空间的表达时才存在;象形文字、语言的单词,不管是说出来的还是听到的,数学符号或者公式。总之,存在于空间与时间中的一切都具有意义与涵义,一切都可以被理解。

四

作为主人公周遭的世界(时空体)与作为作者视野的世界(时空体)。

许多作品的作者整体,换言之,作家整个创作的整体。这不是人在文学之外的整体,而是创作者整体。对于作者的这种最高层级的整体不可从纯粹结构主义的角度去认识。

只有把浪漫主义讽刺的思想从个人主义中解放出来后,才能在新的层面重新审视这个思想。不可能限定和完成作者,不可能将作者从活动(energeia)变为产品(эргон)。作者不可能成为形象,不可能成为已被完成的概念性定义。但他面向的不是自身,也不在自我之中,而是面向外部。他整个都处于外部。他用自己作品的每一个意义元素与某人交往,向某人诉说(从外部),也就是说,参与到对话中。不能把作品从对话中清除掉,也不能将其变成纯粹的独白并封闭在自身之中。任何一位读者或听者都是对话的饶有兴致的参与人。假如独白拥有听者,那便不是独白了。不过,要知道,始终存在预想中的听者(读者)。任何话语都有指向,并且指向的并不是他人话语的语境,而是超越了这种语境。文本的内部与外部联系。每个文本都预先设定他人的、对话性地面向他人的语境。没有他人话语,自己话语就无法存在。

各种时空体,被描绘的、作者的、读者与听者的时空体,它们之间形成最为复杂的相互关系。

五

被描绘世界的内部各种时间(与时空体)的游戏:从结尾或中间开始,前瞻(在福克纳的创作中这个特色最为鲜明),回顾。这是叙述人或作者的游戏,它并不破坏被描绘时空体的客观性时间。

必须区分故事或描写的建构性时间(时空体)与布局性时间。这些时间的配置与干预(интерференция)。

人物的初次出场(即他与读者第一次相见)。人物在舞台上的出场与离场。作为特殊时空体的舞台,在这里被描绘的空间-时间(即戏剧中被描绘的时空体)与描绘的空间和时间相互融合。演员出演的时空体。这是一种万能的相逢时空体,不但在某些体裁的变体中,而且在各种具体作品中,都得到具体的空间-时间上的充实。

六

任何长篇小说(就体裁特性而言的长篇小说)与未完成的当代之

结构性的联系。

这既非自己的世界,亦非他人的世界,而是我们生活其中的世界,在这个世界中我们能够体验所有的这些遭遇,而这些人物一如我们,都是非官方的人,这不是我们鞭长莫及的史诗主人公("是勇士们,而不是你们")。与未完成的当代(作者与读者)之联系在这里显现出轮廓。这个世界是开放的,而不是在史诗中那般完成了的和封闭起来的。史诗只是从本事的角度看在形式上是完结的,只是对该作品的主人公们而言是完结的,而其世界本身依然如故。这样的历险时间被纳入我们的时间中(而不是像在史诗中那样独立于我们的时间)。

日常生活(低俗的)更是将被描绘的世界与我们接近起来,与我们的世界接近起来(也就是跟作者与读者的世界接近起来)。在这里得到强调的东西都降格到当代生活的程度。

相遇母题的普遍性。这一母题的综合性构成:离别,出逃(躲避令人恐惧的见面),寻找,结婚,等等。

其他各领域的相遇:日常生活的,宗教的——基督教、佛教和伊斯兰教的神圣书写,仪式的,哲学的(席勒、布伯),官方的各种社会典礼与国家典礼(同样需要挑选和准备特定的地点用来相聚,与诸如日常生活中的街头偶遇不同)。

隐喻性和半隐喻性。相遇母题转变成象征。

相遇的布局结构意义。舞台上的相遇。

道路时空体。路上相逢。道路时空体中不可分割的时间-空间。

陀思妥耶夫斯基与托尔斯泰创作中的时空体。街道时空体。自然界时空体。公墓与墓地时空体(荣格与墓园诗歌)。陀思妥耶夫斯基作品中,弗吉尼亚·伍尔夫部分作品中意蕴丰盈的瞬间时空体(极度压缩的时间)。

七

创作的作者,其时间不被当下所局限,而可进入无限的未来。不被局限的还有空间:他既创作就近空间,也创作遥远空间。可以用隐喻的说法讲,就是他处于包容三维空间的四维空间中。从这个意义上说,创作的作者的时空体类似于描绘与想象的时空体。

在分析小说时间的最后,我们将补充和发展我们的时空体概念。

作品的真实生命,其极度多元的方方面面。

观察的眼睛及其可见之事物。观察之眼本身并非其可见之事物,也不构成可见之事物的一部分。观察之眼外在于可见之事物,它处于其他的时间与空间中。

古希腊、罗马小说的类别与各种体裁变体。

我们考察的不但有体裁大小不一的长篇小说,而且有为长篇小说做准备的各种不同的微型作品,还有那些在较晚时期反映出对长篇小说起源产生了强大作用的作品。

为分析前阶级时代的民间文学(只从时空体的角度)作一简短的序言。

长篇小说各种时空体在类型学上相对的稳定性,能够为这个体裁的各种变体提供较为重要的分类。

我们另文探讨前长篇小说体裁"梅尼普讽刺体"。

来自民间的人。四季时空体。昼夜时空体。涅克拉索夫诗作(《两个首都喧嚣尘上……》[1])中的都市时空体。当代技术转型(技术革命)及其所无法触及的深层文化(与精神)。自然界——大地与宇宙——在当代生态危机中暴露出自己那双未被折断的爪子;这场危机迫使人们以新的方式评价时间(拒绝相信无穷无尽的进步)。

科学、哲学与一切意识形态探索如何追求下部。弗洛伊德主义(不理解意识之上的潜意识;赞成死亡所给予的不是潜意识,不是"它",而是大写的"他")。文化史与文化哲学(原型列维-斯特劳斯)。

人文学科似乎忘记了空间与时间的存在和意义(而没有 S 与 t,任

---

[1]　涅克拉索夫写于 1858 年的一首诗。第一诗节如下:两个首都喧嚣尘上,/口水仗此起彼伏,/而在那里,俄罗斯的深处——/在那里是几个世纪的寂静。——译者

何一种物理公式都徒劳的),忽视人文学科之对象的直接的空间-时间给定性。

本概述中所提出的这个方面(高产能的或无结果的)对文艺学来说都极为重要,能展现的只有我们的(文艺学)学科未来的发展。

人文学科的浪漫主义和理想主义气质(它们形成于浪漫主义和理想主义的怀抱);只是到了现在它们才开始摆脱这样的气质。

被钉在十字架的人最终的毫无出路的绝望(《为何大写的你离我而去》)。这种绝境中的绝望比一切生理磨难更加痛苦。然而,假如没有这种绝望,假如对自己作为神子的信仰是坚如磐石的(就如同为祖国、为革命等而牺牲的人那样),那么赎罪就不可能会出现,圣杯亦不可能被饮尽,化身为人也不会是完满的。这是人类的深刻的绝望。受难之神与死亡之神的各种宗教在基督教之前便已存在,并为基督教做了准备(十字架下的阴影往回投射,投向基督教之前的过去),这一刻(绝境中的绝望)尚未有过。

九

涵义要素类似于时间与空间之外的量度(要素),只不过是不具有抽象性的量度。我们思考这些要素并在某种意义上观察(直观地感觉)它们,却并不运用时间与空间的关系。可为了让这些涵义能够进入我们的体验之中(而且是进入想象的、个人的、唯一的意识之中,而非社会性体验之中),它们就必须进入我们的时间-空间的世界中,必须找到时间-空间上的某种表达,亦即接纳符号形式。缺失这个环节,我们就不可能与这些涵义发生联系。缺失这样的具象化,甚至连最抽象的思维都是不可能的。

一切时间-空间的存在(不只是符号的存在)总是比其自身具有更多的意义。换言之,它不只具有存在,还具有涵义。

与超时间的意义和涵义的相遇,如同一切相遇,只有在时间与空间中（即便是与"隐秘的象形文字"或当代文本或数学公式相遇）才是可能的。

除了被描绘世界的时空体之外，还有现实的时空体，语言作品存在于其中，并且也在其中被接受（被表演者即歌唱者、叙述人、听者与读者接受）。作品被视为有声的特定空间里的特定时间（或者默读时有声的潜力）。各种口语体裁（划分为各种歌曲、各个部分）的发展。在这里也出现各个部分在时空体上的分野，这种分野可被保存在手稿与出版物中。羊皮纸卷册（可展开的）与手写书籍（阅读书页）。这处于现实时空体中。但还有讲述的或者书面描绘的时空体（开端与结局、操控时间等）。这像是一种过渡性的时空体。创作与理解的涵义时空体。这种时空体具有边界性，理解始终要求具有超越文本界限的语境。我们了解的只是近语境（ближай контекст），看不到远于鼻子的地方。远语境（далёкий контекст）问题。凯特·弗里德曼①。乌斯宾斯基的《布局问题》。叙述人时间的立场问题（在被描绘时空体的范围内）。

十

作者-叙述人的立场处于被描绘的世界与描绘的世界的边界上。作者进入叙述人或某个主人公的时空体之中，并从这个叙述人或主人公的立场讲述故事。然而，假如没有这样的中介者，"出之于作者"的讲述就建构于被描绘世界的时空体中，作者就如同处在与世界的切线之上。

门槛时空体与危机时空体。瞬间时空体与传记时空体。寿命时空体。安德烈·别雷书中的果戈理时空体。从一个时空体向另个一

---

① 凯特·弗里德曼，1874 年生于柏林，其代表作《史诗中叙述者的角色》（*Die Rolle Des Erzählers in der Epik*，1910）在现代叙事学研究中具有举足轻重的地位。她还致力于德国浪漫派研究，于 20 世纪 30 年代中期随家人移居巴勒斯坦，后于 40 年代移民美国，后续生平不详。——译者

时空体的过渡（从城市逃往乡村，投入自然界的怀抱或奔向普通老百姓）。各种时空体的并置。涅克拉索夫。时空体的社会性具体化与个人性具体化。作为相遇地点的船帆时空体与三等车厢时空体（这是与道路时空体，部分地与街头时空体相关的地点）。夜晚时空体。互诉衷肠的、忏悔的与表白的时空体。沉思与内心煎熬的时空体（如卢梭作品中的沙发、座椅、散步等）。作为时空体（忏悔）的"弥留之床"。春天、秋天时空体；时空体的抒情–情感语调。

四季时空体，它们空间的丰富性及其情感–评价的色彩。

凌建侯　译

长篇小说话语的发端

一

小说修辞的研究,是不久前刚刚起步的。17 和 18 世纪的古典主义不承认长篇小说是一种独立的文学体裁,把它归到了混合型的雄辩体裁中。最早的小说理论家,如于埃(*Essay sur l' origine des romans*,1670)、维兰德(《阿伽通的故事》的著名序言,1766—1767)、布兰肯堡(*Versuch über den Roman*,1774,以化名出版),以及一些浪漫主义者(弗・施莱格尔、诺瓦利斯),几乎根本没有涉及修辞问题①。到 19 世纪后半期,对欧洲主导体裁——长篇小说的理论兴趣陡增②。但研究几乎全部集中于布局结构和题材问题③。修辞问题只是顺便提到,而阐释则完全没有一定的原则。

从本世纪 20 年代起,情况发生了相当剧烈的变化,出现了不少研究个别小说家的修辞和个别小说修辞的著述。这些论著常常有许多

---

① 浪漫主义者断言,长篇小说是个混合体裁(诗与散文的混合),包括不同的文体(抒情体也在内);不过浪漫主义者并没有由此断语引出修辞的结论。请参阅弗・施莱格尔的《关于小说的通信》。——作者

② 在德国始于施皮尔哈根的一系列著作(自 1864 年开始发表),特别是 R. Riemann. *Goethes Romantechnik* (1902);在法国主要由布吕纳介和朗松的倡导。——作者

③ 十分接近了小说体多语体性和多层次性这一原则问题的,是研究小说中“框架”技巧(Ramenerzählung)和史诗中叙事者作用(Käte Friedemann. *Die Rolle des Erzählers in der Epik*. Leipzig, 1910)的学者们。但这个问题的修辞方面仍未得到研究。——作者

极有价值的观察①。可是小说话语的特点、小说体裁的修辞特色却没得到揭示。不仅如此，就连这种特色的问题本身，至今也未能从原则上提出来。对小说话语的修辞研究有五种类型：(1)只分析作者在小说里的讲话，亦即作者的直接话语(或多或少正确划分出来的引语)，分析的着眼点则是一般的直接的文学描绘性和表现力(如隐喻、明喻、选词等等)；(2)用一般性的对小说家语言的语言学描写，取代对小说艺术整体的修辞分析②；(3)在小说家的语言中，选择研究对该作家所属文学流派来说具有代表性的那些成分(流派指浪漫主义、写实主义、印象主义等)③；(4)在小说语言中寻找作者个性的体现，亦即把小说语言作为该作家的个人风格来分析④；(5)视小说为雄辩体裁，对小说手法从其雄辩效果的角度加以分析⑤。

　　所有这些类型的修辞分析，或多或少都偏离了小说体裁的特点，偏离了话语在小说中所处的特殊条件。在这些分析中，小说家的语言和风格不是被看作小说的语言和风格，而是当作一定艺术个性的表现，或是特定流派的风格，或是一般文学语言的现象。作者的艺术个性、文学流派、文学语言的一般特点、特定时代标准语的特点等等，在这些分析中掩盖了小说体裁本身及其对语言的特殊要求和它给语言提供的特殊潜力。其结果，在大多数研究小说的论著中，较为细小的修辞差异如个人的或该文学流派典型的差异，完全给我们掩盖了小说作为特殊体裁在其发展中形成的一些重大的修辞路线。实际上在小

---

① 特别有价值的著述是 H. Hatzfeld. *Don-Qui-jote als Wortkunstwerk*. Leipzig-Berlin，1927。——作者

② 属于这一类的书如 L. Sainéan. *La langue de Rabelais*. Paris；t. 1—1922，t. Ⅱ—1923。——作者

③ 属于此类的有 G. Loesch. *Die impressionistisch Syntax der Goncourts*. Nürnherg，1919。——作者

④ 属于此类的有弗斯莱尔派的修辞论著。特别需要指出收入 *Stilstudien* 一书(B. Ⅱ，*Stilsprachen*，1928)中的施皮策尔分析菲力浦、贝珈、普鲁斯特等人修辞的论著。——作者

⑤ 持这种观点的有 B.B.维诺格拉多夫著《论艺术散文》，莫斯科—列宁格勒，1930年。——作者

说的条件下,话语过着一种完全独特的生活,以狭义诗体基础上形成的修辞范畴为出发点是无法理解的。

小说和某些接近小说的形式,与所有其他体裁(狭义的诗体)的差别,是非常巨大的原则的差别;把诗语形象性的种种概念和规范用在小说身上的任何尝试,都注定要失败。狭义的诗体形象性即使在小说中也存在(主要在作者的直接话语中),对小说只具有次要的意义。不仅如此,这种直接的形象性在小说里经常获得完全特殊的非直接的功能。举例说,普希金这样说明连斯基的诗作:

> 他歌唱爱情,满怀缱绻,
> 清歌是那么明澈,
> 像天真少女的心思,
> 像婴儿的梦,像月色……

(接下去是发挥最后一个比喻。)

诗语形象(具体说是暗喻式比方)描绘连斯基的"песнь"(清歌),但在这里完全不是直接地表达诗意。不可把它看作是属于普希金本人的直接的诗语形象(尽管形式上是作者在说明)。在这里,连斯基的"清歌"是在自我说明,用自己的语言、自己的诗体手法说明。至于说普希金对连斯基"清歌"的评价(这在小说中是存在的),完全是以另一种方式表达的:

> 他的诗作就这样含混乏力……

在前引的四行诗里,听到的是连斯基本人的"清歌",他的声音,他的诗风;不过这一切在这里却浸透着作者模拟讥讽的语调。因此这一切都没有从作者语言中分离出来,不管从结构上还是语法上都没加区分。我们面对的,的的确确是连斯基"清歌"的形象,而不是狭义的诗体形象,倒是典型的小说体形象,因为这是他人语言的形象,在这里是他人诗歌风格(浪漫主义感伤型)的形象。这几行诗里的诗体暗喻("像婴儿的梦","像月色",等等)此处已完全不是初始的描绘手段(它们只有在连斯基本人直接写出的严肃的"清歌"里出现,才能属于这样的描绘手段);这些诗体暗喻在这里自身成了描绘的对象,具体说是进行模拟讽刺性描绘的对象。这一为小说所具有的他人风格(包括纳入其中的直接指述的暗喻)的形象,在作者直接话语的体系内(这个体系我们认为是有的)被打上了语调的括号,也就是说带有了模拟讽刺的语调。如果我们去掉这个语调的括号,把这里使用的暗喻理解为来自作者的直接的描绘手段,那我们就会破坏小说里他人风格的形象,亦即普希金作为小说家在这里建立的那个形象。这里描绘出的连斯基的诗语,同我们设想的作者本人的直接话语,是相去极远的,因为连斯基的诗语仅仅作为描绘对象(几乎同一件东西一样),而作者本人又几乎完全处于连斯基语言之外(仅仅是他的模拟讽刺语调渗透到这一"他人语言"中去)。

再看《叶甫盖尼·奥涅金》里的另一个例子:

> 谁经验了生活,谁勤于思索,
> 心底对人无法不起鄙视;
> 谁有过感情,不能不怀念,
> 无返的去日而充满忧思。
> 他从此再无所迷恋,
> 是蛇一般的长长的回忆,
> 是悔恨在他心头啃噬。

人们很可能以为这是作者本人的箴言。可下面接着说:

> 这一切为他的言谈,

增添了多少美妙和新奇……

（指假托作者同奥涅金之间的对话）这就给这句箴言投下了轻微的客体性的阴影。这句话虽说处在作者言语之中，却是在奥涅金声音的活动区里形成的，以奥涅金的风格出现。我们这里面对的，又是小说里他人风格的形象。但它的结构方法稍有不同。这一段里所有的形象都是描绘对象，因为它们是被当作奥涅金的风格、奥涅金的世界观来描写的。在这一点上它们很像连斯基歌声里的形象。但与这后者不同的是，上引箴言里的那些形象，在作描绘对象的同时，自己又在描绘、确切说是在表现作者的思想，因为作者见解在很大程度上同这一箴言是一致的，尽管也看出了奥涅金的拜伦式世界观和风格的局限性和不全面性。这样一来，作者（即我们理解的直接的作者语言）距离奥涅金的"语言"比距离连斯基的"语言"，要接近得多，因为作者这时已不仅置身于语言之外，也置身于语言之中；作者不仅描绘这一"语言"，并且在一定程度上自己也用这一"语言"说话。主人公位于可能与作者交谈的区域之内，位于对话交往的区域之内。作者看到了当时还时兴的奥涅金式语言和世界观的局限性和不全面性，看到了这一语言可笑的离群的人为的面貌（"莫斯科人身着加罗里蓬衣"，"词汇里塞满摩登用语"，"它别是一个讥讽的模拟？"），但他同时却有一系列重要的思想和观察所得，只能靠这一"语言"来表达，尽管这"语言"作为整体来说历史已注定必然灭亡。这个同时既被描绘又从事描绘的他人语言和世界观的形象，对小说来说是极为典型的现象。一些最伟大的小说形象，恰好属于这个类型（如堂吉诃德的形象）。作为这种形象组成成分的直接的诗语（狭义）描绘手段和表现手段，仍保留了自己的这一直接意义，同时这些手段又是"有条件的"，属于"外在形式"的，表现出了历史相对性和局限性的，并不全面的；不妨说，它们在小说中是富于自我批评精神的。它们既照亮了世界，自己也被映得通明。如同人不可能完全囿于他的实际地位上一样，世界也不可能完全为讲述它的话语所涵盖。任何实有的风格都有局限性,使用这种风格不能不是有条件的。

当作者描绘奥涅金"语言"(这是代表一定潮流、一定宇宙观的语言)的假定性的说话形象时,他对这一形象远非不置可否,因为他在一定程度上同这一语言处于争辩之中,要胜过这一语言,有条件地也同意某些东西,询问某些东西,倾听这个语言,但同时又在嘲笑它,夸张地模仿它,如此等等。换句话说,作者同奥涅金的语言处于对话关系之中,作者的确在同奥涅金交谈,而这种交谈既是整个小说风格的重要结构要素,也是奥涅金语言形象的重要结构要素。作者一边描绘这个语言,一边又同它交谈;交谈渗透到语言形象的内部,使这个形象从内部对话化。一切重要的小说形象都莫不如此,因为这是内在对话化了的形象(指他人语言、风格、世界观的形象,这些形象与具体的语言表现、修辞表现是不可分割的)。关于诗体形象性的各种居统治地位的理论,在分析这些复杂的内在对话化的语言形象时,显得全然束手无策。

在分析《叶甫盖尼·奥涅金》时,很容易发现除了奥涅金和连斯基的语言形象,还有一个复杂的又极其深刻的塔吉雅娜的语言形象;这一语言形象的基础,是以独特的对话化的方式综合了"县城小姐"幻想感伤的理查逊式语言和奶娘童话、生活故事、农夫小曲、占卜等民间语言。在这一语言中,简陋甚至可笑的守旧的成分同民众话语的极端严肃、直说真相的成分结合了起来。作者不仅是描绘这一语言,而且总用这一语言说出些重要的思想。小说的很大部分处于塔吉雅娜声音的区域内(这一区域同其他人物的区域一样,无论从结构上、句法上都没有从作者言语中分解出来,这纯属修辞的区域)。

除了在小说中占了作者言语很大部分的各主人公的区域以外,我们在《叶甫盖尼·奥涅金》里还可找到一些段落,是讽刺性地模拟不同流派不同体裁所特有的当代各种语言(如讽刺模拟新古典主义叙事体的开端,如讽刺模拟墓志铭,等等)。就连作者的抒情性最强的插话,也远非与讽刺模拟或争辩性讽拟的成分绝缘,它的某些部分也会进入主人公的区域。因此,这部小说里的抒情插话从修辞角度看,同普希金的抒情诗本身有着原则的区别。这不是抒情诗,这是小说里的抒情形象(也是抒情诗人的形象)。结果仔细分析一下,整部小说可以分解为一些不同语言的形象;这些语言形象通过特殊的对话关系相互联系在一起,也同作者联系在一起。这些语言基本上是当代标准语(不断形成和更新的标准语)的各种流派变体、体裁变体、日常生活变体。所有这些语言连同它们直接的描绘手段,在这里都成了描绘对象,它们在这里被展示为各种语言形象,这是些典型特有的形象,是受到局限而且有时几乎可笑的形象。可与此同时,这些被描绘的语言在相当程度上自身便从事描绘。作者参与到小说中(他在小说中是无处不在的),却几乎没有自己的直接的话语。小说语言是对话式相互关联的各种语言构成的一个体系。不能把它当作一个统一的语言来描写和分析。

我再举一个例子。下面是从《叶甫盖尼·奥涅金》不同章节里摘出的四段诗:

(1) Так думал молодой повеса… （年轻浪子这样思忖）

(2) …Младой певец （年轻歌手找到了

　　Нашел безвременный конец!… 永恒的归宿）

(3) пою приятеля младого （我歌唱年轻的朋友

　　И множесмво его причуд… 和他许许多多的怪僻）

(4) Что ж, если, вашим пистолетом （如果你的枪

　　Сражен приятель молодой… 击中了年轻的朋友）

我们在这里两次遇到古斯拉夫语的形式"младой"(年轻的),又两次遇到全音节的俄语形式"молодой"(年轻的)。我们能不能说,两种形式同属一个作者语言和一个作者风格,而取舍是"根据诗格"权衡

的呢？这样的结论当然是胡诌。不过这四处全都是作者的话语。经过分析我们就可明白，这两种形式属于小说里不同的修辞体系。

"младой певец"（年轻歌手）[第（2）段] 两词处于连斯基的区域中，以他的风格出之，即属于感伤浪漫主义的轻微仿古风格。需要指出，以"петь"和"певец"两词分别表"写诗"和"诗人"之义，普希金也是用于连斯基区域或其他讽拟性的客体区域里（普希金自己谈到连斯基，使用的是自己的语言："так он писал…"）。决斗场面和"哭"连斯基（"我的朋友们啊，你们怜惜诗人"等等），其大部分处于连斯基区域内，采用他的诗风，但又不断地掺进来作者的现实而清醒的声音。小说这一部分的乐谱是相当复杂而又十分有趣的。

"пою приятеля младого"[第（3）段] 这几个词，纳入了新古典主义叙事体开端的讽拟性幽默中。正是因为要求讽拟性的诙谐，古旧崇高词"младой"才同俚俗词"приятель"不伦不类地结合在一起。

"молодой повеса"和"приятель молодой"则处于直接的作者语言的层面上，作者语言一贯保持着当代标准语的亲昵口语的风格。

总之，不同的语言形式和修辞形式，分属于小说语言中的不同体系。如果我们取消一切语调括号，取消不同声音不同风格间的一切分界，取消被描绘的各种"语言"同直接作者语言的种种距离，我们就会面对不伦不类、莫名其妙的一堆杂乱的语言形式和修辞形式。小说的语言不可能全纳进某一个层面，全串成一条线。这是不同层面相互交错的体系。在《叶甫盖尼·奥涅金》里，几乎没有任何一个词能像在普希金的抒情诗或长诗中那样无条件地属于直接的普希金的话语。因此小说里不存在统一的语言和统一的风格。同时小说里却有一个语言的中心（语言思想的中心）。在语言的任何一个层面上，都无法找到作者（整个小说的创造者），因为他处于不同层面相互交错的组织中心。不同的层面在不同程度上与这个作者中心保持着距离。

别林斯基称普希金这部小说是"俄罗斯生活的百科全书"。而且这不是默默无语的日常什物的百科，俄罗斯生活在这里用自己所有的一切声音说话,用时代所有的语言和风格说话。文学语言在小说中不是表现为一个统一的、完全现成的和毫无争议的语言;它恰恰表现为生动的杂语,表现为形成和更新的过程。作者语言力图克服过时垂死的风格和时兴的文学流派语言那种表面的"文学性",力图借助民间语言的重要因素来获得更新(但绝不靠粗鲁庸俗的杂语现象)。

普希金这部小说,是时代文学语言的自我批判,实现批判的途径则是使小说中一切基本的流派类型、文体类型和日常生活类型相互映照。当然,这并非抽象的语言学上的相互映照,因为不同语言的形象离不开不同世界观的形象,离不开具有这些世界观的人们(指在社会环境和具体历史环境中思索、说话、行动的人们)的形象。从修辞角度看,我们面对的是时代各种语言的形象构成的体系,这一形象体系为统一的对话过程所囊括;并且各个"语言"都以不同方式与小说中统领一切的艺术思想中心保持着距离。

《叶甫盖尼·奥涅金》的修辞结构,对任何真正的小说来说都具有典型性。任何小说在多少不等的程度上,都是各种"语言"形象、风格形象构成的对话化了的体系;这些"语言"、风格,是具体的、和头脑里意识的语言不可分割的。语言在小说里不仅从事描绘,它自己又是被描绘的对象。小说的话语总是自我批判的话语。

正是在这一点上,小说根本上不同于所有直接表现的体裁,如叙事长诗、抒情诗、严肃的戏剧。这些体裁的一切直接描绘和表现的手段,以及这些体裁自身,一旦进入小说就变成了描绘的对象。在小说的条件下,任何直接的话语,如叙事诗、抒情、正剧的话语,都在不同程度上客体化了;它自己受到了制约,并经常由于受到制约而显得可笑。

各种语言与风格的特殊形象、这些形象的组织、它们的类型(极其多样)、各种语言形象在小说整体中的结合、不同语言和声音的接替交错、它们之间的对话关系——这些便是小说修辞的基本课题。

直接体裁、直接诗语的修辞学,为我们解决上述课题几乎提供不了任何东西。

我们说的是长篇小说话语,因为只有在小说中这个话语才能揭示自己一切特殊的潜力,并达到真正的深度。不过长篇小说比较来说是相当晚才出现的体裁。然而,非直接的话语,亦即被描绘的他人话语,打在语调括号里的他人话语,却由来已久;我们看到在有文字记载的文化的极早期,它便已经存在。不仅如此,在长篇小说出现以前很早的时候,就有了极为丰富多样的形式,它们转述、嘲弄、从多种角度描绘他人话语、他人讲话、他人语言,其中也包括一些直接体裁的话语。在长篇小说问世以前,这多种多样的形式便预作了准备。长篇小说话语有它漫长的史前期,可以上溯几百年上千年。小说话语的形成和成熟,发生在很少研究的民间口语中一些亲昵语体里,以及某些民间创作和低俗的文学体裁中。小说话语在其诞生和早期发展过程中,反映了古代不同部落、民族、文化、语言间的斗争;小说话语充塞着这一斗争的回声。实际上它总是在不同文化和语言的交会处发展起来的。小说话语的史前期十分有趣,也并不乏一种特别的戏剧性。

在小说话语的史前期,可以看到有许多的和常常十分不同的因素在起作用。据我们看来,最重要的是两个因素,一个是笑,另一个是多语现象。笑能把古老的描绘语言的形式组织起来,这些形式最初正是用来嘲笑他人语言和他人直接话语的。多语现象和与此相关的不同语言的相互映照,把这些形式提高到了一个新的艺术思想水平;正是在这个新水平上,才有可能出现长篇小说的体裁。

本文的目的就是研究小说话语史前期的上述两个因素。

二

描绘他人直接话语的一种最古老最普及的形式,是讽刺性模拟。这种讽拟形式的特点是什么呢?

以《堂吉诃德》开篇的十四行讽拟诗为例来说吧。虽然它是按照十四行诗写的,无可指责,但我们无论如何也不能把它归于十四行诗体(商籁体)。在这里它是小说的一部分,不过即或是孤立的讽拟性十四行诗,也不能算是十四行诗体。在讽拟性十四行诗中的商籁诗形式,根本不构成一个体裁,亦即不是一个整体事物的形式,而是描绘的对象。十四行诗在这里成了讽刺模拟的对象。在模拟十四行诗的讽刺作品中,我们应该能认出它是十四行诗;应该认出它的形式,它的特殊风格,它观察、选择、评价世界的习惯,不妨说是认出十四行诗的世界观。讽拟作品描绘和嘲笑十四行诗的这些特点,其效果可能好些也可能差些,可能深刻些也可能肤浅些。但不管怎样,我们面对的不是十四行诗,而是十四行诗的形象。

根据同样的理由,无论如何不可把讽拟性长诗《鼠蛙之战》归于长诗体裁。这是荷马风格的形象。正是这个风格才是这部作品真正的主人公。斯卡龙的 *Virgil travesti*(《化装的维尔吉》)应该说也是如此。15 世纪的 *Sermons joyeux*(《快活的说教》)不可当作自白体,讽拟性的 *Pater noster*(《我们的上天之父》)或 *Ave Maria*(《万福,马利亚》)不可看成祈祷体,如此等等。

所有这些对各种体裁和体裁风格(即不同的"语言")的讽刺模拟,都属于嘲笑直接的严肃话语(包括所有的体裁变体)的语言形式;后者构成一个巨大而多样的语言世界。这一语言世界是十分丰富的,比一般人想象的要丰富得多。嘲笑的性质本身和嘲笑的方法,都极其多样,不仅限于讽刺模拟和狭义上的滑稽化。嘲笑直接话语的这些方法,研究得还十分不够。学术界对讽拟和滑稽化的语言创作形成了概括的认识,是在研究了晚期的文学模拟形式之后,如斯卡龙的《爱尼伊达》或普拉坚的《不祥的叉子》,也就是一些较为贫乏、肤浅和历史上不很重要的形式。后来,对讽拟和滑稽化语言的性质这种贫乏而又狭隘的看法,又移用到了过去各时代极其丰富多样的讽拟和滑稽化创作上。

在全世界的文学创作中,讽拟滑稽化形式所占比重是极大的。下面举些材料来说明这些形式的丰富多彩和它们的特殊意义。

先谈一谈古希腊罗马时期。古希腊罗马晚期的"博识文学",如格利·阿弗尔、普卢塔克(在 *Moralia*《道德论》中)、马克罗比,特别是阿泰尼,提供了相当丰富的证据,使我们可以判断出古希腊罗马时期讽拟滑稽化创作的规模和特殊的性质。这些博学者的见解、原话、引文和暗喻,对流传至今的古希腊罗马真正幽默创作的零散材料,是一个重要的补充。

像迪特里希、赖希、科恩弗特等研究者的著述,使我们能比较正确地评价讽拟滑稽化形式在古希腊罗马语言文化中的作用和意义。

我们坚信,过去未曾有过哪一种严肃的直接文体、一种直接的话语(包括文学的、雄辩术的、哲学的、宗教的、日常生活的话语)是没有被讽拟和滑稽化的,没有获得过滑稽和讽刺的 contre-partie① 的。而且这些讽拟所得的仿照品和直接话语的诙谐反映,与它们崇高的原型一样既是传统所使然,也已变为成规。

再讲一下所谓"第四戏剧",即讽刺剧的问题。这种接续悲剧三部曲的戏剧,在多数情况下是写与此前三部曲相同的情节性的神话题材。因此它是一种特殊的讽拟滑稽化的 contre-partie,不同于对相应世界的悲剧处理;这是因为这种剧表现的是同一个神话,只是采取了另一个角度。

将崇高的民族神话加以讽拟和滑稽化,同把这类神话作直接的戏剧处理一样,也已合法化、成规化了。所有的悲剧作家(弗里尼赫、索福克勒斯、欧里庇得斯),又是讽刺剧的作者,而其中最严肃最虔诚的悲剧作家,埃莱夫西诺斯神秘剧的创始者埃斯库罗斯,被希腊人认为是最伟大的讽刺剧大师。我们从埃斯库罗斯讽刺剧《收骨人》的片段可以看出,这出剧是用讽拟和滑稽化方法叙述特洛伊战争的事件和人物,即奥德修斯同阿喀琉斯、狄俄墨得斯争吵一节,其中还把恶臭的夜壶摔到奥德修斯的头上。

---

① 拉丁语:仿效。——原编者

应该指出,"可笑的奥德修斯"形象是对他在史诗悲剧里的崇高形象施以讽拟和滑稽化了的,并在讽刺剧、古代多利斯滑稽剧、阿里斯托芬以前的喜剧、一系列小型滑稽史诗、讽刺模拟性的讲话和辩论(这在古希腊罗马的滑稽中,特别是在意大利南方和西西里岛上,都是十分丰富的)等等作品中成了一个流传极广的人物。很有代表性的是疯狂主题在"可笑的奥德修斯"形象中所起的作用:大家知道,奥德修斯戴了一顶傻瓜丑角的小帽,把马和牛一起套在自己的犁上,这样佯作发疯以逃避兵役。这个佯狂主题就把奥德修斯形象从崇高的直义上转到可笑的讽拟滑稽的角度上来①。

但讽刺剧和其他讽拟滑稽作品中最驰名的人物,要算"可笑的赫拉克勒斯"了。赫拉克勒斯是软弱、胆小、虚伪的国王埃弗里斯芬的力大心善的仆人,他在争斗中战胜了死亡,下到了彼世的王国。赫拉克勒斯是个吓人的贪吃者,爱开玩笑,常酗酒,好打斗(特别是在他狂怒时);正是这些决定了这一形象的滑稽可笑的方面。英勇和力大仍保留在这个可笑的方面里,但却同笑、同物质肉体生活的形象结合了起来。

可笑的赫拉克勒斯这一形象,不仅十分风行于希腊,而且风行在罗马,后来又在拜占庭(他成了那里傀儡戏的中心人物之一)。不久前这个形象还存在于土耳其的影戏《卡拉赫斯》中。可笑的赫拉克勒斯是民间快活而朴实的最深刻的英雄形象之一,对整个世界文学有过巨大的影响。

作为悲剧三部曲不可缺少的补充的"第四戏剧",以及"可笑的奥德修斯""可笑的赫拉克勒斯"等人物,都说明希腊人的文学意识并不认为对民族神话进行讽拟滑稽化的处理是一种特别的不敬或亵渎。很能说明问题的是,希腊人毫不介意地宣称是荷马本人创作出了讽拟作品《鼠蛙之战》。人们还认为讲傻瓜马尔基塔的滑稽作品(长诗)也出自荷马的手笔。每一种和任何一种直接性文体,每一种和任何一种

---

① 参见:J.Schmidt. *Ulixes comicus*.——原编者

直接性话语(史诗、悲剧、抒情诗、哲学的话语),本身都能够也应该成为描绘的对象、讽拟滑稽地加以揶揄的对象。这种模仿揶揄似乎使话语摆脱了对象,把两者拆散,借此证明:这种直来直去的分别体裁的话语(史诗的或悲剧的),是一种片面的局限的话语,不可能囊括整个对象的内容;讽刺性模拟却让人感觉出了对象身上那些不能容于这一体裁、这一风格的因素。讽拟滑稽化的创作,通过笑声和批判不断地校正片面而严肃的直来直去的崇高话语,不断地根据现实进行校正。现实总要丰富得多,重要得多;而主要的一点是,它较之直来直去的崇高文体所能容纳的,要更加矛盾,话语也纷杂得多。各种崇高文体都是语调单一的,而"第四戏剧"和同类体裁却维系着古代的双调话语。古希腊罗马的讽拟不是作虚无的否定。要知道这里讽刺模拟的,全然不是主人公其人,不是特洛伊战争及其参加者,而是他们在史诗中的英雄化;不是赫拉克勒斯和他的功勋,而是他在悲剧中的英雄化。整个的体裁、风格、语言被打进了括号以示欢快的嘲笑;并且这嘲笑是以它们自身无力容纳的矛盾着的现实生活为背景的。直来直去的严肃话语变成了可笑的语言形象,显露出自己的局限性和不完全性,不过却丝毫也不贬值。因此人们才会觉得是荷马本人针对荷马风格写了讽拟的作品。

借助罗马文学的材料,"第四戏剧"问题便获得了补充的阐释。在罗马,起着这一戏剧作用的是文学即兴剧。从苏拉时代起即兴剧获得了文学的加工,有了完整的戏文,这样就开始在演完悲剧后上演即兴剧。例如阿克齐(Accius)悲剧结束后便演过蓬波尼和诺维的即兴剧。即兴剧和悲剧之间要求严格的协调。材料必须庄谐一致——这个要求在罗马较之在希腊是更为严格的、一贯始终的。后来在悲剧之后不再演即兴剧,而是换了民间歌舞剧。后者看来同样是把前面演的悲剧材料给滑稽化了。

凡是在对材料进行悲剧处理(以至一切的严肃庄重的处理)的同时,总要并行地辅之以滑稽的处理(讽拟和滑稽化)——这一愿望也反映到了罗马人的造型艺术中。在所谓"执政两行诗"里,左边一般是用怪诞面具描绘滑稽场面,右边则是悲剧场面。类似的对照描绘法,还见于庞佩扬的壁画。迪特里希曾经利用庞佩扬壁画研究古希腊罗马滑稽形式问题。他描述过这样两幅水彩壁画:它们的位置相对而立,一幅上画着被佩尔西救起的安得罗米达,另一幅上有一个女人裸体在塘中洗澡,被条蛇缠了身;几个农夫奔来救她,手里拿着木棍和石块①。这显然是把头一幅画上的神话场面加以讽拟和滑稽化了。神话的情节移到了纯然世俗的现实中来。佩尔西本人被执木器的农夫所代替(试比较译成桑丘语言的堂吉诃德骑士世界)。

我们从一系列的来源中,其中也从阿泰尼的第十四卷书中知道,曾经有过纷繁多样的讽拟滑稽形式,它们不啻是个巨大的世界。例如我们知道了法洛弗人和杰伊克人的演说,他们一方面把全民性和地方性神话给滑稽化了,另一方面又滑稽地模仿外地医生、拉皮条者、高等艺妓、农夫、奴隶等人典型的"语言"和讲话姿态。讽拟滑稽创作特别丰富而且多样的,是意大利的下游地区。这里小丑的讽拟表演和占卜曾经盛极一时,讽拟的学术演说和法庭演说盛极一时,讽拟的对话也是盛极一时;其中有一种对话成为希腊喜剧的重要成分。在这里,语言有着完全不同于希腊那些直接崇高体裁的另一种生活。

我们不妨提醒一下,就连最原始的民间歌舞剧演员,即格调最低的流浪演员,也总得至少掌握职业需要的两种能力,一是模拟禽鸟和动物的声音,二是滑稽地效仿奴隶、农夫、拉皮条者、学校书呆子、外地人的讲话、表情和手势。直到今天,集市上滑稽的模拟演员也还是如此。

罗马的笑文化的世界,其丰富多样并不逊于希腊的世界。对罗马特别典型的,是宗族仪式上的嘲笑富有顽强的生命力。人所共知,士兵在仪式上嘲笑凯旋将军是合法的。在罗马埋葬仪式上的笑声,也是

---

① 参见:A. Dieterich. *Pulcinella, pompejanische Wandbilder und römische Satyrspiele.* Leipzig, 1897. S. 131.——作者

人所共知的。装扮嬉笑表情的自由,同样人所共知是合法的。至于农神节,那就更不需多说了。这里我们认为重要的,不是这笑声植根于宗教仪式,而是这笑所创造的文学产品,是罗马的笑在语言的命运中所起的重要作用。原来,笑谑在罗马也是如同罗马法律一样,深刻有效,永不衰亡。这个笑穿透了厚重的中世纪愚昧的严肃,为的是创造出文艺复兴文学的伟大作品。时至今日,这种笑谑还继续存在于欧洲语言创作中的一系列现象之中。

罗马人的文学意识,不能想象一种严肃庄重的形式会没有相应的等价的笑谑形式。直来直去的严肃形式在他们看来只是个片段,只是整体的一半;唯有给这一形式补充了笑谑的 contre-partie,才有整体的全部。一切严肃的东西都应该有也确实有笑谑的复制品。农神节里,小丑仿现皇帝,奴隶复现主人。如此一来,在文化和文学的各种形式中,都形成了这样一些笑谑的复本。所以,罗马文学特别是下层的民众的文学,创造出了不可胜数的讽拟滑稽化形式;它们充斥着民间歌舞剧、讽刺作品、题词、谈话、雄辩体裁、书信、各种民间底层的滑稽现象。口头传统(主要是这一种传统)把这些形式中的许多内容,带给了中世纪,传下了这种风格本身,传下了罗马人讽拟的大胆和顽强精神。那时人们是向罗马学习怎样讥笑和嘲弄欧洲各国文化的。不过,罗马大量的笑谑遗产,以文字传统流传至今的则微乎其微。因为左右这笔遗产流传情况的人们,是些阿格拉斯特人,他们选定了严肃的话语,摈弃其笑谑的反映,认为这种反映是亵渎之举,例如为数众多的对维吉尔的讽拟,就被摈弃。

这样一来,古希腊罗马不仅在直来直去的体裁和直接的无条件的话语方面创作了伟大的典范,并且同时又创作出多种多样讽拟滑稽的非直来直去的有条件的话语,形成不同形式、类型、变体的整个丰富世界。我们用的术语"讽拟滑稽的话语",自然远远不能反映出笑谑话语的所有类型、变体和色彩。那么,所有这些不同笑谑形式的统一又表现在哪里呢? 它们同小说是怎样一种关系呢?

有一些讽拟滑稽的创作形式,径直仿制被讽拟的体裁,如讽拟的长诗、悲剧(如卢奇安的《风痛悲剧》)、讽拟的法庭演说等等。这些是狭义的讽拟和滑稽化。在另一种情况下,我们发现有特殊的体裁形式,如讽刺剧、即兴喜剧、讽刺作品、无情节对话等。讽拟体如我们已经说过的,不会真的成为它们所讽拟的那种体裁。换句话说,讽拟性长诗绝不是长诗。至于讽拟滑稽语言的一些特殊体裁,如我们在前面列举的那些,是不稳定的,没有成型的布局结构,缺乏一定的牢靠的体裁核心。讽拟滑稽的语言在古希腊罗马的土壤上,从体裁的角度看是没有栖身之地的。所有这些纷繁多样的讽拟滑稽形式,仿佛构成了一个特殊的超体裁世界或介乎不同体裁之间的世界。但这个世界又是统一起来的,第一是统一于共同的目的,即为现存的一切直接的体裁、语言、风格、声音作出笑谑和批评性的校正,让人们在它们背后感受到另一种未为它们自己感觉出来的矛盾的现实。小说形式能不带虔敬的意味,是由这种笑谑预先做了准备的。第二是统一于共同的对象。这里不管在哪儿,对象无不都是用于直接功能的语言本身;语言在这里变成了语言的形象,直接话语的形象。因此可以说,这个超体裁或介乎不同体裁之间的世界,内在是统一的,甚至构成独具一格的整体。其中每一个别现象,即讽拟的对话、日常场景、可笑的牧人诗等等,都好像是某种统一体的一个片段。这一整体我觉得正是篇幅浩大的小说,它是多体裁而又多语体的,是具有无情的批判精神的,是清醒而揶揄的,反映出了该国文化、人民、时代的全部杂语和杂声的实际。在小说这种长篇巨制中(小说是反映形成中杂语的一面镜子),一切直接的话语,尤其是占主导地位的话语,都被反映为受到某种程度局限的语言、有代表性的典型语言、衰老垂死的语言、完全应该替换和更新的语言。的确,由各种通过讽拟反映出来的话语和声音组织成的这一巨大整体,在古希腊罗马土壤上本已准备衍生出小说这种多样的、多语体的产品,可是小说却没有能够汲取和运用全部备好的语言形象的材料。我这里指的是"希腊小说",是阿普列乌斯和彼特罗尼乌斯。看来，古希腊罗马世界所能做的也仅此而已，更多的则无能为力。

讽拟滑稽化形式在一个非常重要的、直接起着决定作用的方面，为小说作了准备。它把陷入语言之网而不能挣脱的事物，从语言的控制下解放了出来；它破坏了神话对语言的独有的权柄；它使人的意识摆脱了直接话语的束缚；它打破了人的意识仅仅囿于自己的话语、自己的语言中这种闭塞局面。于是在语言和现实生活之间，形成了为创造真正现实主义话语形式所不可缺少的一定的距离。

人们的语言意识在讽刺模拟直接话语、直接风格时，在探索直接话语的边界和那些可笑的方面时，在揭露其典型的面目时，自己便已置身这个直接话语之外，置身其一切描绘手段和表现手段之外。创造性地运用语言，又有了一种新的方式：创作者学会了从外部来看这个语言，用别人的眼光，从另一种可能的语言和风格角度出发。要知道，恰恰是得借助另一种可能的语言和风格，才可以给某一直接风格施以讽拟、滑稽化、嘲弄。创作者的意识犹如处在不同语言和风格的边界线上。这对创作者意识来说，是一种完全特殊的对待语言的立场。说唱家和行吟诗人在自己语言、自己话语中的自我感觉，与《鼠蛙之战》的作者或《马尔基特》的作者们比较起来，是全然不同的。

创作直接话语（史诗、悲剧、抒情诗的话语）的人，是同他所歌颂、描绘、表现的对象打交道，并同自己的语言打交道；而这个自己的语言又是实现其直接表现事物的意图所使用的唯一的也完全能达意的工具。这种意图及其指物展题的内容，同作者的直接话语是不可分离的：因为它们是在这个语言里诞生和成熟起来的，是在贯穿其中的民族神话、民族传说之中诞生和成熟起来的。实现讽拟滑稽化的作者意识，则有着另一种立场和指向。它既面向对象，又面向讲述这一对象的被讽拟的他人话语。这时这个话语本身就成为一种形象。这样，在语言和现实之间，就出现了我们已经说过的那种距离。语言实现着转变，从闭塞单一状态里的绝对定律，一变而为理解和表现现实生活的临时的假定物。

不过,从根本上全面地实现这种变化,只有在一定条件下才能做到,这条件便是应有相当可观的多语事实。唯有多语事实能完全地使人的意识摆脱自己语言的控制、语言神话的控制。讽拟滑稽化的形式,只有在多语条件下才会繁荣;也只有在多语条件下,这些形式才能提高到全新的思想高度上。

罗马的文学意识是一种双语的意识。萌发于单语中的纯属民族性的拉丁语诸体裁,出现衰落而没能形成文学形式。罗马人的文学意识,自始至终是以拉丁语和各种希腊语形式为背景进行创作的。早在迈出最初几步时,拉丁文学的话语就参照希腊话语、用希腊话语的目光,不断朝自己身上反顾。拉丁文学的话语,从一开始就是模仿者步步反顾的话语;这个话语仿佛把自己打在了一种特殊的虔诚模仿的括号里。

标准的拉丁语及其一切体裁变体,都是在标准希腊语的背景上形成的。它的民族特色、它所特有的语言思维方式——对这些,文学创作者是有深切感受的。这种感受在单语孤立的条件下是完全无法得到的。这是因为要想使自己的语言客观化,使它的内部形式、它的观察世界的特点、它的特殊的语言外貌等都客观化,那只有取他人另一种语言,但与自己亲近得几乎近似母语的语言为背景。

维拉莫维茨·苗连多尔夫在其论柏拉图的书中说:"只有掌握了带有另一种思维方法的语言,才能真正理解自己的语言……"[1]我不拟再引下去。这里首先是指对自己语言的纯认识性质的语言学的理解;这种理解只有以他人另一种语言为背景,才能够实现。不过这一原理在同样程度上也适用于在文学实践过程中从文学创作的角度对语言的理解。此外在文学创作过程中,与他人语言的相互映照,能够阐明自己语言(以及他人语言)的"世界观"方面、自己的内部形式、自己语言特有的价值和语气体系,并且将这些方面客体化。对文学创作

---

[1] 参见:U. Wilamowitz-Moellendorff.*Platon*.T.1.Berlin,1920,S.290.——作者

者的意识来说,他人语言所可烛照的方面,自然不是本族语的语音体系,不是它的词法特征,不是它的抽象词汇;倒是这样一种东西:它能够使这一语言变成具体的世界观、无法全盘译出的世界观。这里是指语言作为整体所具有的风格。

对文学创作者的双语意识来说(罗马人文学意识就是这样),语言作为整体(一个是自己的又是本民族的语言,另一个是自己的又是他民族的语言),乃是一种具体的风格,而非一个抽象的语言学体系。把整个语言从下到上都理解为一个风格(这是多少偏于冷漠的"外在化"的理解),对罗马文学家来说是极其典型的。他说也好,写也好,总是在模仿一种风格,对自己的语言难免有些冷漠而疏远。因此,拉丁文学的话语在指物传情方面的直率,多少总是带有些假定的性质(正如任何的风格模拟都是假定性的一样)。罗马文学一切较大的直接体裁,均带有风格模拟的因素;这个因素同样也存在于《埃涅伊达》这样伟大的罗马人的作品中。

但问题不仅仅在于罗马文学领域存在着文化上的双语事实。在罗马文学的滥觞期,典型的是三语事实。在恩尼的胸腔里活动着"三颗心灵"。其实,几乎所有罗马文学话语的奠基人胸中,所有自下游意大利来到罗马的翻译者和模仿风格者胸中,都生活着"三颗心灵",即三种语言文化。正是在下游意大利,三种语言和文化(希腊的、奥斯克的和罗马的文化)的界线错综交织起来。下游意大利曾是一种特殊的混合文化的发源地,也是混合的文学形式的发源地。罗马文学的诞生,就同这个三语文化的发源地有着重要的关系;因为罗马文学正是在三种语言(一种是自己的本族语,其余两种既是自己的语言却又是他族的语言)相互映照的过程中诞生的。

从多语的角度来说,罗马只是希腊化时代的最后阶段;这个阶段以把重要的多语事实引入异乡的欧洲世界并创造新型的中世纪多语现象而宣告结束。

希腊化时代为所有参与其中的各个异国民族都创造了一个强有

力的洞照一切的异族语的视角。这一视角在各民族文学语言的直接形式中,起到了决定性的作用。它几乎窒息了诞生于单语深处的本民族史诗和抒情诗的一切萌芽,它使各异乡民族的直接话语(史诗和抒情诗的话语)具有了一半假定性和一半风格模拟性。可另一方面,它对发展一切形式的讽拟滑稽化语言是极为有利的。只有在希腊化时代的土壤上,在罗马的希腊化时代的土壤上,说话人(作者)及其语言之间,语言和事物、题材世界之间,才能出现最大限度的距离。只有在这样的条件下,罗马笑谑也才可能有巨大的发展。

复杂的多语事实是希腊化时代的一个特点。东方本身便是多语的、多文化的,整个为各种古代文化和语言所交错覆盖,因之最少可能成为单纯的单语世界,成为对希腊文化消极观望的世界。东方自身便是古代复杂的多语事实的载体。整个希腊化世界散布着许多中心、城市、居民区,那里有几种文化和语言直接共处,以独特方式相互交织在一起。例如,萨莫萨达即卢奇安的故乡,这位卢奇安在欧洲小说史上曾经起过巨大的作用。萨莫萨达的老居民,是操阿拉姆语的叙利亚人。城市居民中所有具有文学修养的上层人士,都说希腊语写希腊语。行政办公的正式语言是拉丁语;所有的官员都是罗马人,城里驻扎着罗马军队。穿过萨莫萨达有一条大路(战略上十分重要的道路),墨索波塔米、波斯,甚至印度的语言都通过这条路得到交流。在不同文化和语言的这一交叉点上,也就产生和形成了卢奇安的文化意识和语言意识。非洲人阿普列乌斯和希腊小说的作者们(其中大多是希腊化的外邦人),就处于相似的文化和语言环境中。

埃·罗杰在所著希腊小说史①中,分析了希腊民族神话在希腊化时期的互解过程,也分析了与此相联系的史诗和戏剧形式瓦解破碎的过程;这些形式只有以统一的完整的民族神话为基础才是可能存在的。至于多语事实的作用如何,罗杰没有阐发。对他来说,希腊小说是大型直接体裁瓦解的产物。可罗杰不是个辩证论者。他恰恰是看

---

① 参见:Frwin Rohde.*Der griechische Roman und seine Vorläufer*,1876.——作者

不到新生的东西。他接近于正确判断出统一完整的民族神话对创造希腊史诗、抒情诗和戏剧的大型体裁形式所具有的意义。然而，民族神话解体的过程，即对希腊化时期单语的直接体裁来说最为致命的过程，却对于新型的艺术小说话语的诞生和发展，起着积极的作用。在神话消亡、代之以清醒的小说的诞生这一过程中，多语事实的作用是极其巨大的。在多种语言与文化相互积极映照的过程里，语言完全变成了另一种东西，它的质发生了变化：过去是统一的又是唯一的闭锁型的托勒密式语言世界，如今出现了开放型的许多语言相互映照的伽利略式世界。

可遗憾的是，希腊小说不大能够代表多语意识的这种新型话语。这种长篇小说实际上只解决了情节问题（也仅仅是部分地解决）。于是创造出来一种新的大型的多体的体裁，它包容了各种对话、抒情小剧、书信、讲话、对各国及各城市的描绘、小故事等等。这是个体裁的百科全书。不过这种多体小说几乎是同一风格的作品。这里的话语是半假定性的话语，是模拟他人风格的话语。一切多语现象所特有的在语言上模拟他人风格的方针，在这里得到了鲜明的表现。不过这里还有半讽拟的形式、滑稽化的形式、讥讽的形式。这些形式看来比研究者所承认的还要多出许多。半模拟和半讽拟两种话语之间，界限是极不稳定的。要知道在模拟他人风格的话语里，只需稍稍强调一下话语的假定性，话语便会获得轻微的讽拟和讥刺性质，获得假设的性质，好像是说：这其实不是我说的，我也可以换一个说法。不过希腊小说中几乎没有语言的形象，用杂语说话的时代在这里也没有反映出来。从这一点上说，希腊化时代讽刺作品和罗马讽刺作品的某些类型，比起希腊小说不可比拟地要更像"小说"。

我们应该把多语这个概念稍加拓宽。直到现在为止，我们说的都是业已形成并结合一起的重要民族语（希腊语、拉丁语）的相互映照；这些民族语此前经历过很长一个较为稳定的单语阶段。不过我们已经看到，希腊人早在古典的发展阶段，就掌握了极为丰富的讽拟滑稽化的形式。在封闭阻塞的单语条件下，未必能出现如此丰富的语言形象。

不应忘记，任何单语现象实际上都是相对的。要知道即便唯有自己一种语言，它本身也不仅仅是单一的语言，其中总会有他人语言的遗迹和潜力。创作者的文学和语言意识，能够或多或少尖锐地感觉到这些。

科学在今天已经积累了不少事实，证明在希腊语相对稳定的状态（这是大家都知道的）之前，不同语言之间和语言内部曾经有过尖锐的斗争。这个希腊语的相当一部分根词，属于先于希腊人居住在该地区的一个部族的语言。我们在希腊标准语中，发现一些方言特别地固定在一定体裁中使用。这些粗俗的语言事实背后，掩盖着不同语言和方言相互斗争的复杂过程，杂交、净化、嬗替、更新的过程，为标准语及其体裁变体的统一而斗争的漫长曲折的道路。随后开始了一个较长的相对稳定的阶段。然而过去这些语言波澜的余音，不仅留存于固定化的语言遗迹中，也留存于文学中的修辞现象里，首先就在讽拟滑稽化的语言创作形式里。

在希腊人生活的那个历史时期，亦即在语言方面较为稳定的单语时期，他们的一切情节、一切指物表意的材料、一切基本的形象、情感和语调等等，都是在他们本族语的土壤上诞生的。所有外来的东西（外来的东西是很不少的），在闭锁的单语那种强大自信的氛围中完全被同化了；因为单语对异邦世界的多语抱着一种鄙视的态度。正是从这个自信而不容置疑的单语环境里，产生出希腊人的伟大的直接的体裁，即他们的史诗、抒情诗和悲剧。这些体裁反映了语言的集中倾向。但与此同时，特别是在底层民众中间，讽拟滑稽化的创作也繁荣起来，它保存了古代语言斗争的遗迹，又从不断发生的语言瓦解和分化过程中获得营养。

与多语问题紧密相连的，还有语言内部的杂语①问题，亦即任何一

---

① 俄语是 разноречие，作者用来表示一种民族语内部种种不同话语的共处。——译者

种民族语的内部分化、层次化的问题。对于理解现代欧洲小说(即17世纪以来欧洲小说)的风格和历史命运来说,这个问题具有头等重要的意义。这类小说从其修辞结构方面,反映了欧洲各国人民的语言中集中的(聚合语言的)倾向和反集中的(分解语言的)倾向两者的斗争。小说感到自己处于现成的主导的标准语和杂语中非标准语成分的交界线上。小说或者服务于形成中的新标准语(连同其语法、修辞、意义上的规范)的集中倾向;或者相反,力争更新过时的标准语,办法就是利用民族语中那些在不同程度上摆脱了主导标准语艺术和思想规范的集中化、统一化影响的成分。现代小说的文学语言意识,不仅感到自己处于标准语杂语和非标准语杂语的交界线上,而且同时还感到自己处于时间的交叉点上:它特别尖锐地感到了语言中的时间,感到了时间的交替,感到了语言的过时和更新,感到了语言中的过去和将来。

当然,小说所反映的民族语交替更新的所有这些过程,在小说中并不具有抽象的语言学的性质。这些过程是同社会和思想斗争分不开的,是同社会和人民的形成更新过程分不开的。

总而言之,语言的内在杂语性对小说具有头等重要的意义。但要对这个杂语性达到充分的创造性的了解,只有在积极的多语现象的条件下才有可能。认为只有唯一一种语言的神话,和认为只有一个统一语言的神话,这两种观点都要同时破灭。所以,就连现代的欧洲小说(它反映着语言内部的杂语事实,反映着标准语及其体裁变体的老化和更新),也可以说是中世纪多语现象为之作了准备,因为欧洲一切国家的人民都经历过中世纪的多语情形;又可以说是不同语言之间尖锐的相互映照为之作了准备;而这类尖锐的相互映照于文艺复兴期间曾出现在意识形态语言(拉丁语)的更替过程中,出现在欧洲各国人民转向至关重要的现代单语现实的过程中。

三

笑谑的讽拟滑稽化的文学,在中世纪是异常丰富的。就讽拟形式的丰富多样来说,中世纪同罗马是有亲缘关系的。应该说在笑谑作品的许多方面,中世纪是罗马的直接继承者,其中农神节的传统以变化了的形式在整个中世纪里一直绵延不衰。笑闹的冠以傻瓜小帽的农神节里的罗马("Pileata Roma"①——马尔提阿利斯语),就是在中世纪最黑暗的时代也保持着自己的威力和魅力。自然,欧洲各国人民在地方民间创作土壤中发展起来的独具一格的笑谑作品,同样也是极其重要的。

希腊化时代的修辞里有一个最为有趣的问题,就是引语。明显的、半明半暗的、隐蔽的引用他人话语,有着无穷无尽的多种形式;引语如何用上下文框起来,如何打上语调的括号,如何表示对所引他人话语不同程度的疏远或接近,这些形式也是多种多样的。这里还常常出现一个问题:作者引用时态度是虔诚的,抑或相反带有讽刺和嘲笑?对他人话语的模棱两可的态度,往往是有意为之的。

在中世纪对他人话语所持的态度,同样也很复杂,难以捉摸。他人话语即引语,包括一目了然的、虔诚强调的、半明半暗的、隐蔽的、半有意识的、完全无意识的、正确引用的、故意歪曲的、有意改变原义的等等,在中世纪文学中起着巨大的作用,他人言语和自己言语的界限是模糊不清、难以划定的;时常是故意含混,复杂地交错起来。某些类型的作品是用他人的文本拼起来的,像是拼花艺术。例如所谓的"cento"(特种体裁),全是由他人的短诗和诗句组织成功的。一位对中世纪讽拟体深有研究的专家莱曼,直截了当地断言:中世纪的文学史,尤其是拉丁文学史,"是接收、加工、模仿他人财富的历史"("eine

---

① 拉丁语:戴节日小帽的罗马。——作者

Geschichte der Aufnahme, Verarbeitung und Nachahmung fremden Gutes")①。我们则会说是接收、加工、模仿"他人的语言、他人的风格、他人的话语"。

这种用他人语言说出的他人话语，首先就是有着至高权威的神圣的圣经、福音书、圣徒、神甫和教堂老师等的话语。这类话语不断地被引用到中世纪文学作品中去，被用在受过教育者(僧侣)的语言中。但这话语是怎么引进的呢？接收它的上下文又是怎样对待它的呢？它被打在怎样的语调括号里呢？恰恰在这里，可以发现对待这类话语有许多种态度，从因循而虔信地引用，像对圣像一样敬而远之，到最为含混而亵渎地讽拟和滑稽化。所有这些不同的意味之间，界限十分含混不清，时常难以断定是虔诚地引用圣人话语呢，还是一种亲昵的用法，抑或甚至是讽拟地戏弄这话语；而如果是后者，这种戏弄的随意程度又将如何呢？

早在中世纪的初期，就出现了一系列精彩的讽拟作品。其中之一是著名的 *Coena Cypriani*，即《基普里安的晚餐》。这是异常有趣的哥特式的饮宴。可它是如何创作出来的呢？整个圣经、整个福音书仿佛被撕成了碎片，然后把这些碎片编缀起来，竟成了一幅浩大的饮宴图。整部圣经故事的人物，从亚当夏娃到耶稣及其圣徒等等，都在图上大吃大喝，寻欢作乐。这部作品中所有细节都严格准确地与圣书相符，但与此同时整个圣书在这里变成了狂欢节，确切些说变成了农神节。这是"pileata Biblia"(圣经的农神节)。

那么，这部作品中作者的意图是什么呢？他对圣书的态度又是怎样的呢？研究者们对这些问题给予了不同的回答。大家当然都承认，这里是对圣经的某种戏用，但戏用的程度及其意义所在，却众说纷纭。有一些研究者断言，这种戏用的目的是无可非议的，纯粹是为了记忆，即通过戏用教人们掌握。为了帮助笃信者(不久前的多神教徒)更好地记住圣书中的形象和事件，《基普里安的晚餐》作者才用这些形象和事件编缀

---

① 参见：Paul Lehmann. *Die Parodie im Mittelalter*. München, 1922, S. 10.——作者

出饮宴图画。另一些学者则认为《基普里安的晚餐》是直截了当的不怕亵渎的讽拟作品。

我们引述研究者的这些见解，只是为了举例。它们证明中世纪人们对待他人的圣书话语，态度是复杂的、含混不清的。《基普里安的晚餐》当然不是一种记忆手段。这是讽刺性模拟，确切些说是讽拟的滑稽化。不过，不可把现代人对讽拟性话语的认识加到中世纪的讽拟体上（正如也不可加给古希腊罗马的讽拟体）。讽拟体的功能在现代是很狭窄而无关紧要的。讽拟体已经衰败，它在现代文学中的地位已微不足道。我们如今生活、写作、讲话，已然在一个自由的民主化了的语言世界中；因为过去贯穿于整个官方语言体系中和人们语言意识中的由词语、形式、形象、风格等构成的复杂而多层的等级，已经被扫除干净；代之而来的是文艺复兴时期的语言巨变。欧洲几种标准语（法语、德语、英语），就是在破坏上述这种等级的过程里形成的；而且是中世纪晚期和文艺复兴时代笑谑和滑稽体裁——故事、谢肉节游戏、讽刺闹剧、滑稽剧，最后则是长篇小说——帮助这些标准语最终形成。法国的散文文学语言，是喀尔文和拉伯雷创造的；但喀尔文的语言即中等民众的语言（"店铺老板和手艺人"的语言），已经是对圣经神圣语言的故意为之的降格，几乎是把它给滑稽化了。民众语言的中等层次，在成了崇高思想领域的语言、圣书的语言之后，便被人们认为是崇高领域降格和滑稽化的结果。因此，在各新兴语言的土壤上，给讽拟体留下的地盘就微乎其微了；因为这些新的语言过去几乎不知道、现在也不知道有什么神圣的话语；它们自身在一定程度上就是讽刺模拟圣经话语所得的结果。

然而讽拟体在中世纪的作用是十分重要的，因为是它培养了新型标准语的意识，也是它培育了文艺复兴时代伟大的长篇小说。

《基普里安的晚餐》是中世纪"parodia sacra"（即"神圣的讽拟"，确切些说是讽拟神圣的经文和仪式）的最古老也最壮观的典范。它深深植根于古代对礼仪的讽拟，植根于仪式上对至高天力的亵渎和嘲笑。不过这种渊源已属久远的过去,古代仪式的因素现已获得了新的意义,讽拟体现已负担我们在上面讲到的那些新的重要的功能。

首先需要指出的是,讽拟有了公认的合法化了的自由。中世纪尽管或多或少有所保留,但却是尊重傻瓜帽的自由的,并给笑谑和笑谑话语提供了相当广泛的权利。这种自由主要限于节日里和学校课间休息时。中世纪的笑谑是节日的笑谑,人所共知的有讽拟滑稽化的"愚人节""驴节",这些都是低层僧侣们在教堂里过的节日。非常典型的是"risus paschalis",亦即复活节的笑谑。复活节那几天里,传统上允许教堂里有笑谑。传教士在教堂讲坛上可以随便开开玩笑,可以说个逗乐的趣闻,以便引出来教堂人们的笑声;这表示在愁闷和斋戒之后人快活地再生。中世纪的讽拟滑稽化作品,有许许多多直接或间接地同这个"risus paschalis"有联系。影响同样不小的,还有"圣诞节的笑谑"(risus natalis)。它与"risus paschalis"不同,不是通过故事,而是通过歌曲来表现自己。严肃的教堂赞美歌用街头小曲的调子唱出来,用这种办法变换了原来的语气。与此同时还出现了数量巨大的专门的圣诞歌曲,里面虔敬的圣诞主题同一些民间主题(旧物欢快地消亡和新物的诞生)交会结合起来。讽拟滑稽地嘲笑旧事物,在这类歌曲里常常占着主导的地位,特别是在法国;那里"Noël"即圣诞之歌,成了最流行的一种革命的街头歌曲(还想举出普希金写的 *Noël*,这也是讽拟滑稽地利用圣诞主题)。节日的笑谑,几乎没有什么禁区。

学校课间活动同样有着广阔的权利和自由,它在中世纪的文化生活和文学生活里起过重要的作用。课间创作主要是讽拟滑稽的创作。中世纪寺院的学生,后来的大学生,课间总是实心实意地把一年来虔诚钻研的东西全拿来加以嘲弄,从圣经直到初级语法。中世纪出现了一系列不同版本的讽拟滑稽性质的拉丁语语法。名词格、动词形式以及一切语法范畴,都获得了另外的意义,或者作了不洁的色情解释,或者比附为吃饭喝酒,或者用来嘲笑教堂和僧侣的等级隶属关系。在这种特殊的语法传统中,居于首位的是 7 世纪的作品 *Virgilius Maro grammaticus*。这是一部极有学问的作品，充塞了不可胜数的引自古代各种权威的论据、原话，有的权威实际根本不存在；而引文在一系列情况下带有讽拟的性质。严肃的相当精细的语法分析，与对精细的学术分析进行尖锐的讽拟性的夸张结合了起来。例如书中描写了为期两周的一次学术辩论，研究由 ego 变来的 vocativus 问题，即由 Я（我）变来的呼格问题。从总体来看，*Virgilius Maro grammaticus* 是对古希腊罗马晚期形式语法思维的精彩而细腻的讽刺模拟。这是语法上的农神节（grammatica pileata）。

很能说明问题的是，许多中世纪的学者看来把这本书非常认真地当作了语法著作。就是现代学者们，在估计这本书的讽刺模拟的性质和程度方面，也远不是意见一致的。这又一次证明在中世纪文学中直来直去的话语和讽拟折射的话语界限是模糊不清的。

节日笑谑和课间笑谑，是完全合法化了的笑谑。在这些日子里，仿佛允许从权威而虔诚的严肃性这座坟墓中苏醒过来，允许把直接的神圣话语变作讽拟滑稽的脸谱。在这种条件下便不难理解，为什么《基普里安的晚餐》甚至在严格的教会人士中间，能有如此巨大的声誉。9 世纪时，严厉的富利德修道院院长拉巴缪斯·茂罗斯，把这部作品改写成诗体；于是《基普里安的晚餐》之诗在国王的宴会上朗读过，在复活节停课时寺院学校的学生们中表演过。

正是在节日和课间的气氛中，才创造出中世纪大量的讽拟滑稽的文学。没有哪一种体裁，哪一种篇章，哪一种祷文，哪一种箴言，是未曾被讽刺模拟过的。直到我们今天还有些讽刺模拟的大祭，如醉鬼的弥撒、赌徒的弥撒、金钱的弥撒。直到今天还有无数讽拟性的福音书讲解，从传统的"ab illo tempore"，即"此时此刻"开始讲起，有时包括了一些极其猥亵的故事。直到今天还有大量的讽拟性祷文和赞美曲。芬兰学者爱罗·拉沃南在其论文《中世纪法国诗歌中对神圣主题的讽拟》（赫尔辛基，1914 年）中发表了六篇对《我们的上天之父》、两篇对《信条》、一篇对《万福，马利亚》的讽拟文，不过他只引用了拉丁语和法语混合的文章。在中世纪的手抄本里,拉丁语和混合语的讽拟祷文和赞美曲是不可胜数的。诺瓦季在他写的《神圣的讽拟》里,只是对这种文学的一小部分作了综述①。这里讽拟、滑稽化、赋予新鲜、变换语气等的修辞手法,是异常多样的。这一类的手法至今研究得很差,缺乏应有的修辞深度。

除了"parodia sacra"(神圣的讽拟)自身之外,我们同时还看到神圣话语在其他的中世纪幽默体裁和作品中(如在讲动物的幽默史诗作品中),以多种多样的方式受到讽刺性模拟,加以滑稽化。

整个这一巨大的、主要是拉丁语的讽拟文学(部分地是混合语的),其中主人公就是用他人语言表现出来的神圣而权威的直接话语。这种话语,它的风格和它的含义,成了描绘的对象,化作狭隘可笑的形象。拉丁语的"parodia sacra"是建立在粗俗的民族语的背景之上的。这一民族语的语调体系,渗透到拉丁语的篇章中去。因此,拉丁语的讽拟体实质上是一种双语现象,尽管这是一种语言,可这语言的组织和理解都以另一种语言为背景。偶尔还不只是粗俗语的语气,就连粗俗语的句法形式也可以在拉丁语讽拟体中鲜明地感觉出来。拉丁语的讽拟,是双语特意的混合物。这样我们就接触到了特意混合体这一问题。

一切讽拟,一切滑稽化,一切有保留、带讽刺、打上语调括号的话语用法,总之一切非直接的话语,都是特意混合体,不过是单语的混合体,是修辞性质的混合体。的确是这样,在讽拟性话语中有两个风格、两种"语言"(一个语言内部的两种"语言")会合到一起,以一定方式交错起来:一个是被讽拟的语言,如英雄长诗的语言;另一个是从事讽拟的语言,即散文体的鄙陋语言、亲昵的谈话体语言、现实主义体裁的语言、讽拟体作者认为的"正常"的语言、"健康"的标准语。这第二类从事讽拟的语言,构成了组织和理解讽拟体所依托的背景;它本身并不进入到讽拟体当中去(如果这是严格意义上的讽拟体),但它却无形

---

① F.Novati.*Parodia sacra nelle letterature moderne*(见 *Noratis Studi critici e letterari*.Turin, 1889).——作者

地存在于讽拟体之中。

要知道任何的讽拟体,总是把被讽拟的风格中的重点作重新的安排,要渲染这一风格中的一些因素,而忽略其另一些因素。这是因为讽拟体总是有所偏袒和取舍的,而取舍受制于一系列特点:从事讽拟的语言本身的特点、这语言的语调体系、它的结构。我们在讽拟体中感觉得到这个语言的手笔,能认出这个语言的手笔,正如有时我们会在纯粹的拉丁语讽拟中明显地认出某种特定鄙陋语的语调体系、句法结构、语速和节奏(换言之,我们认得出是法国人还是德国人写了这个讽拟作品)。从理论上说,在任何讽拟体中都可以感觉到和识别出该讽拟体赖以形成的那个"正常"的语言、"正常"的风格;然而在实际上这是极不容易的,远非任何时候都能做得到。

总之,讽拟体里会合交错着两种语言、两个风格、两种语言视角、两种语言思维,实质上便是两个话语主体。当然,这两者之一(即被讽拟的语言)是亲自在场,另一个语言则属无形的存在,只是创作和理解时的积极的背景。讽拟体——就是特意混合体,不过一般说是语言内部的混合体,依靠的是标准语分化为不同的体裁语和流派语。

修辞上任何的有意的混合体,一定程度上都是对话化了的东西。这就是说,交错会合于其中的不同语言,相互间犹如一个对话的不同对语。这是不同语言间的争论,是不同语言风格间的争论。但这不是情节上和抽象思想上的对话;这是不可互译的具体的语言视角的对话。

因此说,任何讽拟体都是有意的对话化的混合体,其中不同的语言和风格在积极地相互映照。

一切添上附加条件而运用的话语,打在语调括号里的话语,同样是有意的混合体,只要说话人把这话语看作一种"语言"、一种风格而与之划清界限,只要这话语在他听来过于粗俗,或相反过于雕琢,或过于夸张,或接近特定的流派、特定的语言格调等等。

再回来谈拉丁语的"parodia sacra"(神圣的讽拟)。这是有意的对话化的混合体,但这属于语言的混合体。这是不同语言的对话,尽管其中一种(粗俗的语言)只是作为积极的对话化的背景而存在。我们面对的,是连绵不断的民间创作的对话:阴沉沉的神圣话语同快活的民间话语展开了辩论;这好像是中世纪里索洛蒙同快活的骗子马尔柯里弗之间著名的对话。不过马尔柯里弗同索洛蒙对话,用的是拉丁语,而这里的争论用的是不同的语言。他人异语的神圣话语,渗透着各种民间粗俗语言的语调,它在这些语言的背景下改变了语气,获得了新意,被渲染成了可笑的形象,变成了滑稽的狂欢节式的脸谱,或者是狭隘阴郁的学究,或者是口蜜腹剑的老伪君子,或者是干瘪吝啬的老人。这部卷帙浩繁的历史已近千年的手抄稿"parodia sacra",是一个精彩的尚未很好为人理解的文献,它反映了整个西欧范围内不同语言的紧张斗争和相互映照。这是一场语言的悲剧,但演成了快活的闹剧。这是语言的农神节——Lingua sacra pileata①。

拉丁语的神圣话语,是侵入各欧洲语言肌体内部的异体物。在中世纪的整个过程中,各民族语的肌体一直在排斥这个异体物。这里排斥的不是什么东西,而是盘踞各民族精神思维所有高层次的饱含思想的话语。排斥异体的神圣话语,具有对话化的性质,且是在节日和课间笑谑的掩盖下进行的。例如在最古老的民间节庆游艺形式中,人们赶跑了旧皇帝,赶跑了旧年、冬天、斋戒。"parodia sacra"就是如此。

整个其余的中世纪拉丁文学,实际上同样是巨大而复杂的对话化的混合体。无怪乎莱曼给这一文学下定义,说是对他人财富即他人话语的掌握、加工和模仿。与他人话语的互为作用,表现在所有各种语气上,从虔诚的接受到讽拟的嘲笑,而且屡见不鲜的是难以确定何处结束了虔诚,何处开始了嘲讽。这就同现代小说完全一样;在现代小说里常常无法断定作者的直接话语到何处结束,何处又开始讽拟或模仿人物的语言。只是在中世纪的拉丁文学里,接收和排斥他人话语的过程,虔诚聆听和嘲弄他人话语的过程,是发生在整个西欧世界的广阔领域中,并且在各国人民的文学语言意识中留下了不可磨灭的印记。

---

① 拉丁语:戴着节日小帽的神圣话语。——原编者

　　与拉丁语讽拟体同时，如我们已经说过的那样，还存在着混合语的讽拟体。这已是相当展开的特意的对话化双语（有时还是三语）的混合体。在中世纪这一双语文学中，我们同样可以看到对待他人话语的所有各种可能的态度，从虔信到无情的嘲弄。例如法国曾经颇为流行所谓"épîtres farcies"（可笑的信）。这里圣书（指做弥撒时诵读的圣徒书函）中的一行诗，总要配以几行法语的八音节诗句；它们虔诚地翻译或转述拉丁语的文本。在一系列的混合祷词中，法语同样具有虔敬解释的性质。试看 18 世纪的混合型的 *Pater noster*（《我们的上天之父》）里，竟有这么一段（最后一节诗的开头）：

　　　　Sed Iibera nos，mais delivre nous，Sire，

　　　　a malo，de tout mal et de cruel martire①。

　　在这一混合体中，法语的一句虔诚而且肯定的插话译出并补充了拉丁语的一句对答。

　　下面是 14 世纪 *Pater noster* 的开头，描写战争的灾难：

　　　　Pater noster，tu n'ies pas foulz

　　　　Quar tu t'ies mis en grand repos

　　　　Qui es montés haut in celis②。

　　这里的一句法语，尖刻地嘲笑那句神圣的拉丁语。它打断了祷文的开头，把栖身天国写成是对人世灾难的极端无动于衷的立场。这句法语的风格不同于第一个例子，在这里与祷文的崇高风格不相一致，

----

① 拉丁语和古法语：主啊，救救我们，让我们摆脱恶魔，摆脱一切罪恶和残酷的折磨。——原编者

② "我们的上帝啊，你可不蠢，因为爬得那么高，能十分安稳地在天上得到安生。"参见：Eero Ilvonen.*Parodies de thèmes pieux dans la poésie française du moyen âge*.Helsingfors，1914.——原编者

是故意地粗俗化了的。这是针对祷文中非人世的慰藉态度所做出的人间的粗鲁的答复。

虔诚程度和讽拟程度各自不同的混合语文字，数量是极多的。*Carmina burana*（《胭脂》）里的混合诗句是人所共知的。还可以举出弥撒剧里的混合语言，这里十分常见的是民间语言用作粗俗的滑稽可笑的对话，来回答戏剧中拉丁语的崇高部分。

中世纪的混合文学，同样是极其重要和有趣的文献，证明不同语言的相互斗争和相互映照。

至于中世纪里用各族民间语言写成的大量的讽拟滑稽文学，则没有必要多费笔墨了。这一文学在所有严肃的直接体裁之上，建立起一个完整的笑谑的上层建筑。这里如同在罗马一样，人们力求用笑谑的方式达到完全的仿制。我们可以举出中世纪小丑的作用，他们的职业就是创造第二层含义，通过自己的笑谑的仿制表现出完整的亦庄亦谐的话语。我们又可以举出各式各样的笑谑滑稽的幕间剧、幕间曲，它们起着希腊第四悲剧或罗马快活剧（exodium'a）的作用。这种笑谑仿制的鲜明范例，就是莎士比亚悲剧和喜剧中第二层的小丑的视野。这样庄谐并行的遗迹，一直留存至今，例如马戏团的丑角相当经常地重复表演一些严肃的和危险的节目，或者如我们的报幕人起着半个丑角的作用。

中世纪所有讽拟滑稽形式——如在古希腊罗马世界里，都倾向用于民间节庆的欢娱上；这种娱乐在整个中世纪过程里全带有狂欢节性质，都保存有农神节的不可磨灭的印记。

在中世纪末期和文艺复兴时代，讽拟滑稽的话语冲破了一切障碍。它闯入了所有严肃而封闭的直接体裁中。它的声音在民间浪游艺人和某些叙事诗中十分响亮，它渗透到崇高的骑士小说中。这些话语几乎遮蔽了宗教神秘剧，而它本身就是宗教神秘剧的一部分。出现了索蒂（讽刺闹剧）这样大型的极其重要的体裁。最后出现了文艺复兴时代的伟大小说，这便是拉伯雷和塞万提斯的小说。恰恰是在这两部作品中，由上面分析过的所有形式以及古希腊罗马传统所孕育出来的长篇小说的话语,才完全展示出自己的潜力,并且在新型文学语言意识的形成过程中起了巨大的作用。

在消灭双语现象的过程中,不同语言的相互映照在文艺复兴时代达到了顶峰。此外,这种相互映照也极端复杂化了。法语史专家白留诺在其经典性著作的第二卷里这样提出问题:怎么偏偏在文艺复兴时期完成了向民间语言的过渡呢? 文艺复兴时期不是有着它自己的古典主义的倾向吗? 他完全正确地回答了这个问题:文艺复兴时期这种恢复古典的纯正的拉丁语的愿望本身,不可避免地把拉丁语变成了僵死的语言。把拉丁语用于 16 世纪的日常生活和物质世界里,用它表示当时的各种概念和事物,就无法保持拉丁语那种西塞罗式的古典的纯洁性。由于要恢复拉丁语古典的纯洁性,它的应用范围就受到了限制,实际上只能用于风格模拟的领域中。这仿佛是拿语言来给新的世界试穿一下,结果语言显得太瘦小。与此同时,古典拉丁语却映照出了中世纪拉丁语的面容。这副面容是太丑陋了。但要想看出这面容,必须是以古典拉丁语为背景。于是就创作出了一个精彩的语言形象——《蒙昧者书简》。

这部讽刺作品,是复杂的特意为之的语言混合体。这里是以人文主义者正确得体的拉丁语为背景,讽刺模拟蒙昧人们的语言,也就是以一定方式加以渲染、夸张、典型化。与此同时,在蒙昧者拉丁语的背后却鲜明地显露出他们自己的德语,因为他们使用德语的句法结构填充拉丁语词,此外还把德语特有的语汇照字面翻成了拉丁语;他们的语调拙劣,是德语调子。从蒙昧人的角度看,这种混合并非有意,他们只会这么写。不过,讽刺作品的作者却出于讽拟的意图把拉丁语和德语的混合物故意地渲染和突出。但应该指出,这种对语言的讽刺多少带有些学究气,有时还带有抽象的语法性质。

马卡罗派的诗歌同样是复杂的语言讽刺,不过这不是对厨房拉丁语的讽拟。这是对西塞罗式语言纯净派的拉丁语以及他们严格用词的高度规范所施加的降低格调的滑稽化。马卡罗派使用正确无误的拉丁文句式(这一点不同于愚昧的人们),但这些句式里充斥着他们本族语(意大利语)的粗俗的词汇,在外表上赋予词语以拉丁语的形式。这里对理解起着积极作用的背景,便是意大利语、俚俗体裁(滑稽小说、故事等)的风格,以及它们的非常明显降低格调的物质性的题材。西塞罗派的语言导致崇高风格的退化,它实际上不是一种语言而是一种风格。马卡罗派所讽拟的正是这一风格。

于是,在文艺复兴时代的语言讽刺作品《蒙昧者书简》、马卡罗派的诗歌中,有三种语言相互映照:中世纪拉丁语、人文主义者的净化的严格的拉丁语、本民族的粗俗语言。与此同时,这里又有两个世界相互映照:中世纪的世界和民间人文主义的新世界。我们在这里听到的,同样是民间文学里那个新与旧的论争,同样是民间文学里那种对旧事物(旧政权、旧道理、旧话语)的羞辱和嘲弄。

《蒙昧者书简》、马卡罗派的诗歌以及其他类似现象说明,不同语言相互映照的过程,用现实生活和时代检验语言得体与否的过程,是多么有意为之的过程;其次也说明语言形式和观察世界的形式相互间是多么不可分离;最后它们还说明新旧两种世界的特点在很大程度上恰恰在于各自的语言、各自的语言形象。不同的语言在相互论争,但这种论争同任何巨大而重要的历史文化力量之间的论争一样,既无法靠抽象达意的对话来表现,也不能靠纯戏剧性的对话来表现,只可通过复杂的对话化的混合体传达出来。文艺复兴时期的伟大小说,正是这样的混合体,当然这属于单语的修辞性质的混合体。

在语言嬗变的过程中,民族语内部的各种方言也重新活跃起来。它们结束了沉寂闭塞的生活。以民族语的处于形成中的普遍而向心的规范为背景,各种方言的特点也唤起人们新的感受。嘲笑方言特点,讽拟全国各省市居民的语言和讲话习惯,都在各民族的语言中造就出一批最古老的形象。然而到了文艺复兴时期,人民中不同集团的相互讽拟,在语言相互映照的总形势下,在民间语言形成全民规范的过程中,获得了新的重要的意义。方言的讽拟性形象开始获得更为深刻的艺术处理,并且开始向正统文学中渗透。

例如在假面喜剧中,意大利语的各种方言便同这一喜剧中特定的典型角色紧密联系在一起。假面喜剧在这个意义上可以称作方言喜剧。这是有意为之的方言混合体。

在欧洲小说创立的年代里,不同语言就这样实现了相互的映照。笑谑和多语现实,造就了现代小说话语。

我们在本文中只谈了在小说话语史前期起作用的两个因素。同样十分重要的一项任务,是研究言语的体裁,主要是民间语言中各种亲昵不拘的话语;它们对小说话语的形成起过巨大作用,并且以经过改造的面貌纳入了小说体裁之中。不过这已超出了本文的范围。在结束本文的时候,我们只想在这里强调一下,小说话语的形成和发展,不是在各种流派、风格、抽象世界观相互斗争的狭义文学过程之中,而是在不同文化和语言之间许多世纪以来的复杂斗争之中。小说话语同欧洲诸语言的命运中、各民族的言语生活中种种重大进步和危机是联系在一起的。小说话语的史前期研究,绝不能局限在文学风格史的狭隘范围里。

1940 年

白春仁　译

《长篇小说话语的发端》（萨兰斯克市①）

在长篇小说体裁的规则中，话语的生存完全具有一种独特的生命，它是从属于特有的修辞规律的，一般说来，这种规律与话语创作的其他体裁是格格不入的。长篇小说里的话语，不仅服务于描绘与表现话语之外的现实（有如在其他的体裁中），同时它本身成了描绘的对象，本身成了特殊的类的样式。在长篇小说里，首先出现了他人话语、他人语言、他人文体、他人言语风格的形象，同时这些形象成了长篇小说的主导方面。在长篇小说的规则中，任何直接话语在这一或那一程度上客观化了，得到了实际的表现，不仅是表现了出来，而且也表达了出来。长篇小说获得了极为典型的双声话语。于是对于长篇小说修辞问题提出了全新的任务，这是其他的毫无掩饰的体裁修辞学所不知道的。②

我们谈及长篇小说话语，这不仅是由于在长篇小说里，话语可以揭示所有自己的特有的可能性与达到真正的深度。不过，长篇小说相对来说是非常晚近的体裁。同时，加上了有语调括号的非直接话语即被描绘的他人话语、他人语言带有深刻的远古性质，在极为早期的话语文化的阶段上我们就会遇到它。此外在长篇小说出现很久之前，我

---

① 莫尔多瓦自治共和国首都，该国地处伏尔加河流域中游，有莫尔多瓦大学，巴赫金长期工作于该校。——译者

② 在我的《长篇小说的话语》一文中，这些观点有更为详尽的发展（《文学问题》，1965年第8期），也可见我的著作《陀思妥耶夫斯基诗学问题》的"小说话语类型"与后面部分（242页）（莫斯科，1963年）。——作者

们可以在形形色色的形式里,找到丰富多彩的世界,这是从不同的视角转述出来的、互相模仿的、描绘出来的他人话语、他人语言,其中还有多种直接的体裁。这些丰富多彩的形式,早在长篇小说出现之前,就为其做了长久的准备。长篇小说话语具有漫长的前史,它以多个世纪与经历千年之久才进入其深层的。它的形成与成熟在民间口语的不拘形迹言语体裁里很少研究,同样在一些民间故事与低级的文学体裁中也是如此。长篇小说话语在其发生与其早期发展的过程中,反映了各个氏族、民族、文化与语言之间的斗争。本质上,在多种文化与语言之间,它总是发展着的。长篇小说的前史是极为有趣的,但也存在着其独特的矛盾冲突。

*   *   *

在这篇文章里,我们仅仅涉及两个因素,即长篇小说话语发端中行动者的两个因素。要研究这类言语体裁,特别是民间语言里的不拘形迹因素,它们在长篇小说话语的形成中起到了非常重要的作用,同时它们以被改造了形式而成了长篇小说体裁的成分。但这已经超出了我们论题的范围。在结语里,我们只想在这里着重指出,长篇小说话语不是在流派、抽象修辞的世界观的斗争的狭隘的文学过程中产生与发展的,而是在许多世纪以来多种文化与语言的斗争中产生、发展而成的。它与各民族的欧洲语言和言语生活的机遇中的伟大的进展与危机联系着。长篇小说话语的发端史难以安置在文学体裁史的狭隘的框架里。

钱中文 译

长篇小说的话语（长篇小说修辞问题）提纲

1. 体裁的理论与历史（特别在它们发生与形成时期），需要在语言与语言的思想观念的命运的不间断的联系中进行研究，在它们的斗争，相互影响、融合、标准语言的更替、内在的分化与联合（去中心化与中心化）的过程中进行研究。从修辞的观点看，每一种体裁都按照自己的与特殊的方式参与语言生活的进程，并以不同的倾向为其效力。历史地、系统地研究体裁的修辞（而非作家、文学流派与学派的修辞），可以揭示语言的属于每种体裁所特有特殊的感觉、它的生命的独特的样式，与语言生命有着重大沿革的体裁的独特联系。

2. 长篇小说和在修辞上与其更为接近的小型的体裁，与所有其他的文学体裁（史诗的、抒情的与大部分戏剧的体裁）不同，在其自身的产生过程中和在发展中最具创造性的时代，以最为紧密的方式与多种语言现象联系着。长篇小说是有着与好几种语言相关的多种语言意识的产物，这种意识在多种语言相互紧张的关系中、在它们的斗争与融合的时代中发展着，或是在标准语言发生更替或是急剧的更新时代发展着。长篇小说产生于多种语言、方言、标准语与多种多样的非标准语的界限中。这种极为重要的与创作的多语现象，在希腊化时代、后来的罗马帝国时代与文艺复兴时代都是有其地位的。民族的双语时代（几乎全欧洲的各民族与文学都经历过）对于长篇小说话语来说是极为有利的。一般说来，所有那些时代对于长篇小说话语来说所以有利,相对来说,那时多种语言与方言(不同种类)是和平("无生气的")共处的,它们在语言内部,为了在普遍的思想和文学生活中获得统治与优势的地位而交织着斗争。

3. 对于上面提及的所有时代和时期来说,各种语言的相互作用与"相互说明"是富有代表性的。文学语言与它的体裁及其变体在这一过程中,开始以其他方式意识到自身,自己的界限和自己的可能性。从其他语言的观点看,文学语言的意识是批判性的。不存在统一的与唯一的无可争辩的语言。文学语言的意识,将会在语言选择、它的更新与更替中得以确立。

4. 在与其他语言的相互说明中和在标准语言更新与更替的过程中,形成了艺术语言的新方法,它们的"补充性"的艺术的描绘。各种语言的艺术描绘的方法,在长篇小说的散文中充分地得到了表现。长篇小说的语言,就是这些多种语言与风格的体系,是艺术地组织起来的"多种语言世界观的对话"。

5. 在长篇小说的发展史中,需要考察两条风格的路线。在第一条路线里,多语现象与多种修辞进入长篇小说中,改变着它的基本主题。在第二条路线里,它们处于长篇小说之外,但是长篇小说的语言在争议中要顾及它们,在社会语言与思想性的分歧的背景上建立起来。

6. 文艺复兴时期的长篇小说是第一条路线的最为鲜明的范例。在整个中世纪的漫长过程里,多种语言与风格发生了激烈的相互作用与相互表现:如在讽刺模拟文学中,在民间笑谑创作中,在教堂戏剧的混合语言中,等等。《堂吉诃德》《噶尔甘丘阿》《潘塔格流艾里》《西米里泽西姆斯》,都是多种风格、多种语言的长篇小说:它们反映了时代的不同,同时它又如把社会思想的多种语言的独特性的对话组织了起来。在这些长篇小说里,基本的修辞流派是有意为之的语言和修辞上的混杂体。继续了第一条风格路线的有索莱尔、斯卡龙、弗莱基尔、笛福、菲尔丁、斯莫莱塔的创作,有19世纪(狄更斯、萨克雷)的英国的幽默长篇小说,等等。

7. 有意为之的语言与修辞上的混杂体问题。它们不同于无意识的纯粹的语言学方面的混杂体。无意识的混杂体是语言的斗争和语言的交融,但是它不是有意为之的修辞因素。在这种内在的语言混杂体之中,没有任何对话关系。在有意为之的混杂体之中,语言与修辞成了某种对话中的独特的对白。长篇小说的混杂体的对话性的程度与特点是迥然相异的。

8. 有意为之的混杂体,实际上可以成为语言的,即外来语、内在的语言(多种方言)、带些修辞因素的(标准语言与非标准化的交融),最后,是纯粹的修辞上的(体裁与具有世界观色彩的语言的融合)混杂体。

9. 故事体、风格模拟体与讽刺模拟体,这是一种混合杂交体。它们在艺术散文与长篇小说的形成过程中具有特殊的作用。

10. 所有这些有意为之的混杂体现象解决了这一艺术问题,即可以决定语言形象的创造。语言(方言、修辞的、世界思想观的、世世代代的语言)成为艺术的形象,是不间断地与长篇小说的形象联系着的。长篇小说中的多种语言的对话,不是修辞性的讨论,而是语言形象的艺术体系。

11. 一般说来,诗学的基本方法与观念,特别是在修辞方面,是在毫不顾及长篇小说和在与它接近的体裁的修辞本性中形成的。它们是在狭义的诗歌体裁的基础上完成的,从原则上说,是在单一语言和单一修辞的基础上完成的,如果这种语言要成为统一的与唯一的语言,那它是在教条主义地研究着自己的语言。在这些体裁中,情况熟悉的修辞学失去了对于长篇小说特殊性的观点。因此,在 19 世纪便开始了长篇小说的修辞研究,这些研究或是局限于从长篇小说里分离出纯粹的诗意因素的企图,或是在作者与他的主人公的语言进行纯语言学的描写里,弄得混乱不堪。最后宣布长篇小说是纯粹的雄辩术般的体裁,把它当作雄辩术的范畴予以接受。在这三种情况下,长篇小说的独特性未能得到解决。

12. 语言的形象,作为具体的、艺术的、表现世界观的形象,本质上扩大了形象性的理论。传统型的形象性理论对于长篇小说主人公形象的复杂性,包括它的多种多样的组成成分、独特的世界观和独特的语言来说,是苍白无力的。在新的基础上,建构长篇小说的修辞学,这是苏维埃文艺学的迫切任务之一。

钱中文　译

长篇小说理论问题①
对话、书信体与自传体问题

[1号笔记本]

从贺拉斯到乔姆斯·乔伊斯,关于连续的、不间断的言语流的描写问题。体裁与整体形式问题。

长篇小说②由短篇故事集汇而成的机械式的起源理论。理解发展中的先祖与英雄人物(即 apxe 与 akme)③是重要的。从先祖到英雄人物之路也是重要的。定义应该是历史的、系统的。按照这一任务来说,卢卡奇的定义就不切实际了。长篇小说(包括现实主义的)与资产阶级制度有着特殊的联系。史诗的起源:我们见不到古希腊时代的歌谣与中世纪的抒情叙事短歌。这是假设性的原始作品。在这些歌谣中,存在着对于当代事件的直接反应。它们的变体(环形组合)被归属为民族英雄主义的源头的载体。长篇小说与当代性问题。长篇小说

---

① 本文由巴赫金的5本有关长篇小说的思考所做的笔记汇集而成,所以在行文方面与一般论著不同,有时是一段论说,有时插入一个单句,由于是笔记,读起来是断断续续的,也有一些观点是重复的,请读者注意。下文《作为文学体裁的长篇小说》,是在这些笔记的基础上写成。——译者

② 稍后译文将"长篇小说"通译为"小说";原作中"эпос"(史诗)与"эпопея"(长篇史诗)并用,本文通译为"史诗"。——译者

③ "apxe",希腊语,开始、出发点、本原之意;"akme",希腊语,最高点、最高级之意。亦译"根基"与"高峰"。本文原作者将它们人格化了,所以译者姑将它们译作"先祖"与"英雄人物"。——译者

及其形成(思想生成于对话之中)。

古代和中世纪的"长篇小说体裁",为长篇小说的产生做了准备,在它的所有多种多样的变体中,存在着对话、古希腊罗马时期的滑稽剧、自传体作品、中篇故事、悲剧、讽刺(特别是梅尼普体)。长篇小说的主人公问题。民间喜剧中的脸谱人物正是他的基础。不可完成性与典型性的组合。不死的(准确地说是永恒的死者与永恒的复活者)主人公、好吹牛皮的人、滑稽诙谐的人、喜剧性的赫拉克勒斯、喜剧性的奥德赛。

典型的对话与有关当代生活的对话问题。古代材料。巴扎洛夫与巴维尔·彼得洛维奇的对话。陀思妥耶夫斯基的对话。

长篇小说主人公问题。关于亚历山大的长篇小说,作为长篇小说主人公的哲学家—思想家。关于苏格拉底的长篇小说;关于德莫克利德(神话中的怪兽)的长篇小说;关于狄奥根尼的长篇小说。发问的、对话化的英雄形象塑造。主人公的双重性,他身上的时间与时代的冲突。这种处于历史事件之外,视历史如滑稽剧的思想家—主人公、讽刺家,在悲剧与正统的长篇史诗体裁中是没有地位的。梅尼普时期的卢奇安小说,可以看作是梅尼普体的长篇小说。

一组七位智者的传奇故事("长篇小说")。围绕大吃大喝餐桌的一组故事。

长篇小说的统治地位与被一系列其他体裁(诸如对话、讽刺)的取代与并吞相关。这些体裁在还未出现长篇小说之前就很繁荣。必须从长篇小说的观点来研究这些体裁。长篇小说与希采尔形式的对话。

长篇小说的主人公形象(长篇小说中的主人公)。作为叙述者的长篇小说的主人公。作为叙述人的作者。他人言语问题。长篇小说主人公的民间文学基础(脸谱角色、智者形象、傻瓜形象,诸如此类)。

长篇小说与民间文学。长篇小说在形成与发展过程中显示出是最大的文学体裁。就这点而言,它不同于史诗、抒情作品和戏剧,它的民间口述根源是一目了然的。在文学作品(希采尔)中,对话作用与民间歌谣作用之间的类比。交谈因素与它相毗邻的体裁是长篇小说散文化的源泉。作为"资产阶级的长篇史诗"的长篇小说理论,却忽视了长篇小说的民间文学的根源。

《奥涅金》的修辞分析。按其类型来说(就其创作史),必须把它列入,如《浮士德》《麦斯特》,拉伯雷的长篇小说等这类著作中。这是整体,一种特殊类型的整体,它不同于《青铜骑士》的整体。这里问题不在于写作的经验方面,如长度与间断性,以及"一气呵成"的整体写作、润色、一生对作品的磨炼(塔索)。

节奏与切合实际的("或做作的")间歇问题。在封闭的抒情作品里没有戏剧性的间歇。整体的时间问题:它不应该随意改变被描绘的时间(事件时间)。

长篇小说从主人公的直接引语开始。这一直接引语的传达形式的修辞特征,为下述现象所决定:长篇小说开始于传达的形式(而非始于作者),这是内在的言语(思索),它是极为散文化的,是它引入了媒体之间(in meidias res),它是"谈话性"的。布尔列斯克(爱内伊达滑稽诗的风格)的诗篇——《宙斯——浪子》。带括号音调中的——如"河岸"。对读者的称呼:他们的自传性(如"柳德米兰的朋友们……")与地理上的隔离(在"涅瓦河的河岸上")。作为来自"好朋友"奥涅金的"表演"。营造了亲密的说话气氛。作为一个圈子里的人物与同时代人的读者、奥涅金与作者,在涅瓦河畔上结合起来了:"你们诞生了,……而我在游荡。"对流放的自传体暗示。语义词"我""你们"和"我们"。例如:"你们还要什么呢,亲爱的,会解决的……","我们多少会学到些什么……","我们受到的教育","我的朋友们,你们要可怜诗人";修辞方面的,如"您,朝思暮想的希望……"。当代生活与自己的圈子。作者作为上流社会的人,普希金的朋友。

长篇史诗与长篇小说对于时间的态度。史诗从来不会描写现在。它的宗旨是完成性。问题性,作者的自传性,语言的分化,对话性。要研究不同长篇小说的民间文学源头,而非体裁本身。

作品的时间和不同的布局。直接引语总是最先创造宏伟的布局，那里使用的时间与再现的时间，极大地接近着被描绘的理想时间。在长远的时期里，一般的评论里没有利用直接引语。如果在这类评论中出现了这样的言语，那么这种言语就带有非历史性的单一的特点，而是规格化的特点。这或者是反复的论说，或者是各种论说的综合。在大多数情况下，这是带有引号的声调的常见词语（或是对奥涅金的童年与青年时代流行的、炫人眼目的描写）。进入一般评论的直接话语，产生了一种深入的独特活动，或是由深层而走向前台：过去遥远的形象，为现代所理解，并适合于舞台演出。"读者"的直接话语和作者与他的谈话在一般化的过程中具有另一个特点：他们处于戏剧性的最前沿。哪里有讲故事的人，哪里就会出现两种现象：引入怀旧的联想与叙事声调的变化（奥维德与"温柔的激情学问"）。表示进入抒情诗的语调的转变与讽刺性声调的弱化。话语赋予片段以声调（决定着整体的语调）："忧伤的懒散"，而非"劳动，痛苦与欢乐"，它们并未认真地展示自身的富有表现力的特色。例如，如果有哪一行孤立地取自与之适应的诗歌创作，那在语调上就完全是另一回事了。

从童年、青年时期远去的普遍原则（通过玩弄爱情细节的分析）中，对主人公日子的描写，渐渐地获得了更为重大的地位。这里岁月流逝，但仅是一天，却是被典型化了的一天：这里有许多相互类似的当代生活的一天。作者自传体的插叙与他们典型的多样化。与当代生活的联系和口语谈话的要素。失望，忧郁，阅读，到乡村去，保守的舅舅形象：实际上该章的开头已是它的结局。在带篷马车中，在主人公的直接引语的巨大布局层面，完成了通向远方的形象，同时重新回到几乎是同一的时刻。长篇小说的事件进展不大：来到乡村，埋葬了舅舅，好几天感到无聊。整章是为主人公的传记前史准备的。这章的活动可以在弧线（蹄形）的形式中加以描绘。父亲的传记（典型的传记），主人公本人的传记。他的行程与作者和读者的行程交织一起（一个世界，一个圈子，同一时间，乡村与涅瓦河畔，何处可出版长篇小说)。主人公生动的成长的形象。这一形象是被典型化的,但他不是封闭的。第一章中的时间形象。以何种声调描绘生活真实(当代生活)的形象。

判断 18 世纪的现实生活(存在,现实性)的原则。"过去,就这样完了"(Et voila tout),具有特点的思想倾向,减弱、淡化了其真实性,与存在过的现实相比,存留下来的不多。〔讽刺对于描绘的对象持有鉴定与评价(否定的)的态度。〕

木偶戏与木偶戏风格。可参见滑稽草台戏与民间戏剧。

长篇小说发现了具有主体个性的"内在的人"。描绘内在的人的成长。

史诗与长篇小说中的时间的描写。在史诗里时间从来不具有创造力与更新的潜力。它不议论什么,不许诺什么,不葆有潜力。这种过去了的封闭的时间,自身包含了高峰与根基。所以它作为瞬间,渗入了已有范式的、现成的、完全是完成了的内容,而全然不顾内容与形式的融合,相互转向现实的期待与希望,转向现实的交往与阐明(未来)。

史诗从来不以诞生为结束:它是死者之歌,是先祖和英雄人物完成的事业。这是精英人物,没有比他们更为优秀的了。这是过去,这里的时间完成了自己的事,而且还可能移出引号,不受制约。这种原则在庞里阿吉兹时代[1]特别明显。同样,古代的传记与作者自传体的时间不受约束而被移出了引号。长篇小说转向未来的高峰,在最好的情况下总是诞生于开始的。长篇小说对所有现成的与完成了的故事描写抱有不信任感;它认为一切现成的与完成了的创造,是不成功的。这完全取决于史诗与长篇小说对时间的特殊态度,完全取决于它们对于世界边界所持有的特殊态度。单一文化的世界正变为多文化的世界。在这方面,长篇小说对于长篇史诗来说,具有绝对的优势。长篇小说的世界,在其自己的范围里绝不是封闭的与定型的世界(仅仅是自身的——敌对的——赫克托耳也是他自身或是客观化的),是正在

---

① 庞里阿吉兹,指描写名胜古迹导游书的作者。——译者

形成中的世界,特别重要的是对于自己与对于他人还是个未完成的与开放的世界,在时间、空间中也都是开放的世界。长篇小说的时空体,完全是另样的。

话语一劳永逸地失去了单一语言的素朴与整体性。长篇小说的语言意识是多语性的意识。同时,随着单个人的出现,也出现了不同种类的庞大的世界,这既是在时间上也是在空间上未完成的世界。史诗与不同世界的多样性是格格不入的。长篇小说与史诗里存在的事物的形象(狂欢节里的事物与诙谐的综合体)。卢卡奇不明白世界的物化。长篇小说与史诗里的主人公形象。英雄——思想家,英雄——疯子,英雄——骗子,英雄——小丑。特尔希德的形象。在古希腊时期,对作为滑稽剧脸谱假面的特尔希德的迷恋(奴隶们——少一字),诸如此类。对于古代世界长篇小说的主人公是马尔吉特,喜剧型的赫拉克勒斯、尤利西斯、苏格拉底、伊壁鸠鲁、第欧根尼、梅尼普等等。魔鬼变成的驴子,失去了生理能力的恩科尔尼(倒霉的情夫)。

空间和时间的范畴对于研究种类与体裁是重要的。莱辛已证实了其有效性。

长篇小说里的日常化的现实生活形象。史诗与长篇小说里的数量、质量与规模。在史诗里它们是绝对必要的,而在长篇小说里,它们是相对的,只表现某种象征性。史诗与长篇小说(见庇里阿吉兹)里的超级水平与"先驱"(从时间上说是奠基人)。

史诗缺乏形成的过程,事件在空洞的、形式上的、无望的、没有结束的时间里流淌。

民间创作中关于素朴的虚假概念。变动、灾难中的智慧与经验,权力的变动与真理的变动,多种语言的变动。官方书写的文学,只关心自己,自己的语言与自身的真理,对它来说没有过去,没有变动的重要经验。

在长篇小说里,作为独立的人的蜕化,不仅(与其说)可以用资本主义制度来说明,而倒是更由于世界的无限扩大和多样化的变化所致

(这不是自己的狭小的和封闭的世界,而于他人来说,则是巨大的开放的世界)。

独立自主精神的中心转入了另一些范围,行动的特点改变了。正面的主人公与无限的需求。史诗主人公的假定性因素:他们积极正面的特点,为形式所产生,并使之抽象化。

"长篇小说诞生于诙谐的精神之中。"

长篇小说以形象的平淡无奇为特征。它的两重性:其中夸奖与骂人的话交汇一起。夸奖与骂人的绰号是这一形象的首要现象。史诗对世界的态度是消极的:它只描绘世界(确实,只是赞扬与提高其声誉)。而长篇小说的形象是积极的:它处于话语与行动的边缘上(比如责骂,揭示丑行,劈头盖脸的一顿臭骂)。史诗的形象是深刻的虔敬的,长篇小说的形象是自由自在的、嘲弄人的、冷静的。长篇小说的形象是生动的,它包含了生成的两极。正是语调——在更为深刻的、原则性的含义中——区分了长篇小说与史诗。史诗是英雄主义的,这是它在形式—内容上的定义,即它不仅描写完成着丰功伟绩的英雄们,而且它还赋予英雄主义的特色。长篇小说也可以描写英雄,他们正在做出丰功伟绩,但它对他们不搞英雄化(喜剧性的赫克托耳)。从未来的角度与极为严格的要求看,它们永远具有阿喀琉斯的脚踵,但这一脚踵是深刻的人性的。

小说形象的时间是充分的。其中有着未来的萌芽。

小说特别具有现实意义。它叙说的是当代的尚未完成的事件(自然,并不排除当代情节的完成性)。

我们不知道,是哪些假设曾有过的远古时期的歌谣(抒情叙事短歌),直接回应了当代的事件。但是可能它们已经具备了正在形成的史诗英雄化的印记,而把事件安置于理想的过去。与此同时,简略而言,存在着长篇-讽刺的歌谣。但是在砖块与造好的大楼之间,基本上是一种工程专业或是建筑学,诸如此类。在大楼里,砖头绝不会告诉我们什么,而大楼会告诉我们极为精巧的、异常紧张的和目光深远的设计结果,它可以使一切甚至最细微的细节统一起来并使之风格化。这里没有任何素朴、原始主义、直率的界限。但这并不表明,这里就没有最为深刻的民族性(一般来说,它较之素朴、原始主义、率真更为深入)。

拉伯雷的小说,是唯一的一本在惊恐与无精打采的热情氛围中叙事没有界限的书。这里提供了一块土壤,可以非常深刻、绝对清醒地认识与洞察世界与人。但是它未能实现。

史诗的对象是父辈、奠基人,这是定型世界的绝对首领。史诗对待父辈、奠基人,是绝对虔敬的。首领不受评判,只能去接受它。在小说里,对于父辈则是另外一种态度。在产生小说的民间人物的系统中,父亲可是那种应该死去的人,而母亲则不断一次又一次接受新的交配与怀孕。小说首要是对首领的评判,对各种首领与顶尖人物的评判。

在拉伯雷的小说里,淫词秽语与青春的形象是没有联系的(使人兴奋的、具体的青年妇女形象),淫词秽语与老妇形象的并存是很典型的(又如狮子与老妇人,魔鬼与农民老婆)。(这种色情与衰老的结合和人的双体性有关联。)

小说中的"相遇"与"机遇"的主题。与它们关联的"暴风雨(暴风雪)"与"航船遇险"的主题。宽广的大路与时间的生活道路相交织(时空体)。格里涅夫与普加乔夫相遇。外在的偶然性与内在的必然性。相遇的条件如何变化。当时间已成了历史的时间,会发生什么。时空体的内在结构变化。

关于第四章结尾。

"时间关系的解体",这是文艺复兴时期重大文学的基本主题,一般说来,这也是世界文学史里的所有重大(转折)时代的文学的基本主题,也是世界文学里所有重大的、极为重要的著作的基本主题。从世界与真理变动的生动经验中,既诞生了悲剧(我指的是真正的悲剧,如埃斯库罗斯、莎士比亚），也产生了无所不知与无所畏惧的诙谐作品（民间的）。

悲剧采用了封闭的个性裂变中的时间关系的分解（我的诞生为什么要与它有联系），这一分裂完全破坏了个体。悲剧接近于濒死-诞生的死亡一端（但它了解在它界限之外还存在着正面的东西）。诙谐采用了族类与人民之间时间关系的分裂，在那里玩弄着时间，既有破坏又重建，但从不感到颓丧，它总是不断复活与显得精力充沛。诙谐接近于濒死-诞生的出生的那一端。诙谐凸显了存在（包括自己已经衰老和年轻的个性）的个体之间的因素。而悲剧和诙谐，都同样吸取了远古时期世界的变动与灾难（历史的与喜剧性的）的人类经验。人类的记忆与预感，积淀于神话、语言、众多的形象和姿态的人类基本资源之中。悲剧特别是诙谐，竭力想把恐怖驱逐出去，但在方式上各自不同。封闭的个性里带有悲剧的庄重的勇敢。诙谐对新旧更替的反应是快乐与漫骂。悲剧与诙谐，与道德的乐观主义与慰藉、道德的天命之说、浅薄的和愚蠢的乐观主义格格不入，与在现有资料（主要的可能会是和谐的，但现存还未具备）的基础上，一切匆促的和残缺不全的"和谐"、抽象的理想性和提升，同样都是格格不入的。悲剧与诙谐同样都是无畏地直面存在，不营造任何虚幻，它们有着清醒和有严格要求。真正的悲剧——是乐观的（由于部分衰亡而感觉到了整体）。诙谐——深刻的彻底的乐观主义的。整体的乐观主义，战胜任何"个体"的恐惧。通过悲剧和诙谐创造的人的形象。在这里与那里，它们自我清除和毁灭着人的个性的局限性与孤独性，以及一切定型的、完成了的（制度、权力、真理、善与美）存在，还包括期望在这种形式的边界里永世长存和未来的生活，等等。正是建立起来的旧形式的边界处处在被击破。边界——悲剧与诙谐的真正客体。在边缘处（时间-空间的、时空体的）它们正在运动着。但是边界毁灭的感觉和实现，在方式上是不同的。悲剧记录着被破坏了的边界所创造的美妙的形式的时刻，在这一破坏时刻，边界最大限度地表现出自己的尖锐性和感受力。个性在毁灭时刻逐渐成熟与完成。对于诙谐来说,边界丑化着形象又完成它。从整体观点来说,部分完成的与定型的东西,表现了其局限与可笑。完成性成为可笑的与装腔作势的破烂。诙谐本身存在着正面的人性(不受制约的),这是一个好嘲弄的、自由昂扬与无畏地笑着的人。

不能忘记,创造的现实主义的形象,这是关于无畏者的非常重要的条件。对于自然主义的照相式的与外部类似的、肤浅的现实主义来说,无畏与它无关。但是对于指向本质与整体的真正的现实主义来说(正在成长着的世界整体,好像应该是存在于所有重要的现实主义的形象之中的),其中无畏与自由必须得到确定。衰弱的意识,真诚的、哄骗人的、使人害怕的东西,不可能是现实主义的。虚情假意的(?)意识,吓人的使人恐慌的意识,都与现实主义是格格不入的。现实主义形象中的奴隶也罢,奴隶主也罢,还都未创造出来。民间的诙谐对于现实主义与唯物主义来说,培养着必要的无畏精神、自由与清醒的意识。(在古代农神节时期,贺拉斯的奴隶宣传过斯多葛派的智慧与其他,古代的例子。)

狂欢节的形式与形象,由两种中心思想所构成:人民的永生(新的诞生与老的死亡)与占统治地位的权力和真理的相对性(内幕、相反、矮化与重建,诸如此类)。两种思想相互补充,成了时代的民间形象的两个方面。

任何大型体裁需要有整体的形象,需要某种具体的实体(诗意的直观),整体的时空模式。这种各具形式中的最终的整体,应该存在于作品之中,作品中的每个形象在进入整体的参与中,应该各自打上自身的烙印。这一整体必然应该具有形象的特征,不应代之以抽象的思想或者有关世界的道德说教。这一形象整体要实现内容-形式的功能,因为它决定着体裁的整体,即安排一定的内容与完成的形式。

在戏剧(剧院式的)里,这种整体形象的构形作用,表现得特别明显和具有粗线条式的直观性。神秘剧的多布局的结构,希腊剧作的结构,杂技和滑稽草台戏的空间,都是被这一整体的形象所决定的。这一现象包容了人的一定的形象构思和他在这一世界里的地位(特别是躯体的形象)。

时间的思想在这各种体裁形象建构中的决定性意义。时间在何种程度上,对于改变现实生活具有创造性和本质性。时间的背景问题:形象面向未完成的现在和对未来的关系,它与现代人和未来发生联系。

话语感觉的类型。在话语中,可以感觉到含义的完整性和严格分界的体系;话语追求同义性,首先是有价值的同义性。其中实现着直线型的、同一水平的评价:没有内在的活动,所以,它是单极的。其中只响着一个声音,它意味着这是一个独立于其他的、定型的与自我本身相一致的对象。它在选择毗邻、交往时,显得谨慎与理性。它处于定型的、稳定地分化着的、被评定的世界中。它使自己表现得虔诚(在所有场合显得礼貌有加)并富于逻辑。

只有修辞学的适度虚假,期望引起恐惧或希望(古代的修辞学强调这些效果),与此相反,艺术与认识期望从这些感情中解脱出来,这时,悲剧获得了解放,诙谐获得了解放。

埃壁斯基蒙复活的一段插曲。这是中世纪宗教的滑稽草台戏。心慌意乱的脑袋应该在下部与背后部位获得重生(放屁是复活的特征)。这里躯体用车轮走路,同时轮子是按照图示滚动的(公开的与稚拙的),与进入地狱的主题相结合的。

艺术话语中的评价问题。中立的、客观的声调可能会转向赞扬与漫骂。赞扬与漫骂的融合是最高的与真正的艺术客观性(整体的声音)。

[2号笔记本]

时间的舞台最大限度地创造了遥远过去的史诗形象;这些形象不能自我体验与感受自己。史诗在任何范围内不能如长篇小说那样成为生活的代用品。史诗的形象类似于可塑的形式:他们是彻底表面化的。

　　人的描叙及成长问题。作者传记体形式的重要性。东方专制君主自我歌功颂德的形式，有如自我意识伟岸外观的形象。人的外貌，外在与内在形象之间的联系，他的自我意识和表面地观察他的观点之间的联系，这种外观的语调（颂扬、自我释罪、谴责、漫骂、悔过、客观的中立语调等等），与行动和事件相关形象的联系，诸如此类，是文艺学的极为重要的课题。

　　罗马葬礼上对死人的赞颂（laudatio）和诙谐。先人的集会和对圣餐仪式严肃的崇拜，波里比阿作品里就有这类描写。

　　仔细研究各种形象的道路、根源、千年来的传统，在所有范围和意识形态事业中，在生与死中，深深地印刻着和实现着拉伯雷式的快乐的无畏，这是奇妙的和不可重复的无畏。这一主题在第一章得到展开，随后以它为全书的结束。

　　分析奥古斯都时期颂扬英雄和重大事件的仪式和对统治者的自我意识、东方专制君王的碑铭、罗马官员葬礼上的所有礼仪，一般说来，都是永恒的权力外形的综合，与它对立的是罗马民间诙谐的仪式形式——这是凯旋的、葬仪上的、农神节上的诙谐（关于英雄死亡的几章）。

　　任何严肃的东西进入拉伯雷的形象，他们都会被诙谐所战胜，而成为可笑的骇人的怪物。

　　空间与时间概念的变化，无个性特征的语言和言语形式的变化与构成，都先于新的和老化了的体裁的转变。

　　情节的时间和形象的时间，原则上说，它们本身形成于对当代生活与未来的态度。

　　"对话，作为独立自主的文学作品，从严格的含义来说，是对谈话形式的研究。"

　　在滑稽剧里，在彼特罗尼乌斯、阿普列乌斯的作品里：所谓古希腊、罗马时期的"庸俗的现实主义"作品里，都有表现。长篇小说中的现实主义。注入了对未来的理想。如果未来是需要的和重要的,那么对过去和当代进行史诗式的体验是不可能的。史诗赋予现在丰满的全部价值,但从价值角度看,未来可能只是一片贫乏。

对于史诗来说,在它所描绘的世界范围之外,是不存在任何正面的东西:最重要的就是描述。对于长篇小说来说,真正本质的与正面的东西都在它的界限之外。被描绘的生活处于创作者本人的价值观和平淡无奇的时间中,他感到自己在等级上是与它平等的(或者甚至高于它),这是他的世界,而不是父辈与"始祖"的世界。长篇小说的世界(甚至在历史长篇小说)总是处于当代性的水平。作者的这一状况(与他的读者们)对于被描绘的现实生活的关系来说,是个非常重要的因素。在史诗与被描绘世界的作者之间,存在着无人称的神圣的传说:它们完全不是臆造,也非取自自身生活其中的现实生活(见到的和感受到的现实生活)。长篇小说的作者自己创作,他描绘出来的世界是他看到的和体验着的东西(取自自己生活)。主人公们是他和读者的朋友与熟人,作者与读者应该是了解他们的(作为典型与个性,作者与读者在现实生活中会邂逅他们)。"奥涅金,我的亲爱的朋友……"凡是那里存在着胜于过去的未来,那里就不会有史诗。现代,"我的世纪",不可能成为实际的史诗对象。史诗从来不描述现在(未曾流传到我们这里的臭名昭著的中世纪西欧抒情叙事短歌),如果它描述了,那只是作为过去(在史诗过去的形式里)和父辈的事情。史诗的关系总是制造着距离,长篇小说就不知道这种距离(它常常开始于它被讽刺模拟破坏的地方)。

小说的发现,更准确地说是这一体裁的创造,是当代生活的发现,这是既非开端也非终端的短暂现实的发现。"现在"不是抽象的时间的规定,而是具有价值意义的艺术形式范畴的规定。它们决定了作者的宗旨,他的话语的目标,他的语调,形式结构,诸如此类。有价值的时间距离的缺失。展现失去了崇敬的现实生活。内部的洞察替代了外部的展示。长篇小说完全是在他者身上寻找意义和本质的东西。

小说一开始从原则上就拒绝史诗式的表现(这不是说在资产阶级现实生活里已销声匿迹,而是小说以另一种方式揭示了荷马时期的现实生活)。史诗本身描写的任务发生了变化:史诗的形式已不能满足这些任务。

小说的主人公活在当下,与史诗相比而言,他的生活事件完全是活动在另一个世界里的。这一世界在空间与时间上是开放的。在每一个形象的构形中,都表现了它的开放性。这里涉及浪漫主义者把理想与现实生活之间的关系称作断裂。但这种断裂的论说,不适用于荷马的世界与始祖和祖先的世界。开放的、未完成的和尚未竭尽潜力的世界的意义,应该是另一种意义,它应该更为内在与更为深邃。史诗的外在表现力,反映了封闭的整体。

1①,小说与史诗:在时间观点和风格观点上的区别。小说主人公的特点。小说民间文学的文献资料。总之,体裁提出了新的问题。在无人称的民间创作中,体裁的产生与更新导致空间和时间概念的变化,语言和语言意识形式的变化。体裁,作为具有决定(本质上说是僵化的)整体结构和体裁的萌芽(主题的和语言的)与其还未发展起来的、尚未稳定的结构骨架,可以这样说,这是它的"最初的现象"。这些小说的最初现象,我们可以在大量古希腊和中世纪的土壤里找到。诗意类型(史诗、抒情诗、戏剧):体裁对类型的态度。内在类型体的进展问题。理论问题应该在其起源演化问题不断的联系中进行阐明。长篇小说的布局结构骨架很晚才稳定下来:实质上,它至今没有固定下来。

小说与史诗里的人的形象。联系苏联文学里新人的描写问题。小说的主人公好像他自己,既非定型的也非典型的,他总是生活与行动在未定型的同时还是开放着的世界里,在变化着的世界里与必然要变化的世界里。在史诗里,人的形象都是完整的和没有变化的人,有如整个史诗的世界。

---

① 在 2 号笔记本里仅在这里有唯一的"1"编号,在其他地方都无顺序编号。——译者

从史诗观点看,真正的本质与现实,一切都是外在的:整体上是一目了然的,并且使用绝对的声音说话,它"为了自己"(内在的)的存在(现象),与它"为他人"(外在的)的存在是完全相一致的。其实,"内在"并未揭示出来:存在着一个统一的诸多现象的平面。一切受制于完全与绝对的相同的外在,同时既不有失自己的特征,也不有失自己的品格。整个的人是外在的。此外,史诗里的人在思想上不具任何主动性。史诗的世界只知道单一的、唯一的世界观。史诗里的人,甚至失去了语言的首创精神:史诗里的世界只知道单一的和唯一的语言。在这里既非世界观也非语言,对于人们形象的外观与划分,未能提供什么重要的因素:它们失去了创造界限的力量。界限创造着人的形式,其他所有形式也是如此:要确定哪些因素具有筑就界限的力量,这非常重要。史诗的使命和命运。世系、社会政治地位,同样是史诗的力量。自我意识与他人意识和社会意识的融合。观察自我的观点与他人观点的融合。人们分化了,区分开来了,为不同的命运但并非为不同的真理所定形。甚至诸神与怀有特殊真理的人们不相分离:还有语言,还有世界观,还有命运,还有外表。它们与人们的相互联系(关系)同样是带着外在的特点的。本质整个地在自身外在的形象中揭示出来。对于小说来说,外表与实质之间存在歧义。出现了内在的一面(不仅是心理的与主观的),也为了外在的一面,内在的一面必须给以揭示。出现了主体性,出现了多样的语言、世界观与真理。人的界限的形成,形象地说话,与他躯体的界限不再一致了。世界观、语言、个人的真理创造了种种界限。这与人的形象组成成分,首先与组成他的形式的界限,那完全是另外一回事。

〔我们对莎士比亚的研究已经很多,并富有成果,有总体性的探讨,进行了广泛的普及化,出版了重要的新译本。莎士比亚在苏联文化中(研究、文学、剧院演出、音乐等方面)获得了新的生命,他的作品在其身后进入了新的和重要的苏维埃阶段。同时还要讲到塞万提斯。甚至西班牙的文艺复兴——洛佩·德·维加、蒂尔索·德·莫利纳的研究,也已经在苏维埃的开始阶段有了一席之地。但在革命前的俄罗斯,拉伯雷身后的研究情况,几乎微不足道,现在仍是如此:他在我们的文化中还未复活,未能一展新颜。正是在这种文化中,他应有特别丰富的和富有成效的生命力。《歌德在俄罗斯》一书。可以写出《莎士比亚在俄罗斯》一书。〕

在人的形象、行为和命运的成形过程中,一个最为重要的因素就是时间观念。

〔历史的人化(预言之谜)不是从心理与道德方面(席勒化),而是从物质与躯体方面形成的,它借助了民间节庆的诙谐与为它所创造的诸多形象而形成。〕

须知,时间感觉的生成、分化、深化与历史化,对于文学形象的结构,具有重要的影响。形象在时间里生存与展现,时间赋形于他、制约他、贯穿他。关于过去、现在和将来。历史的转化,即"理想"(黄金时代)与过去价值中心的局限性。对于史诗来说,历史的转化有着决定性的意义。这一历史的转化,存在、活跃于 18 世纪(自然人、罗梭)的变化的形式里。乌托邦的空间与时间的局部性。异国情调产生于空间的局部性之中。形象通向过去、未来与遥远的地方。

时间中的形象的局部性和这一时间对于作者时间的关系,即对当代生活的关系,特别是这一时间对历史未来的重要关系。自我意识在人的形象界限创造中的角色。意识形态的主动性也更换着这些界限的特征。和这些方面相联系,变动着的对话与自我表述的意义和特点。小说的主人公,被赋予意识形态的主动性、自己的语言、自我意识、时代性,失去了形象的鲜明性(浮雕性):这是一个凌乱而有活力的形象,他不是汇集起来的也非封闭的,他是出于自我,在其全身投放了射线与亮点。它是模糊不清的、也并非在语言关系中集中起来的(主人公的地区与其他地区的错杂的结构)。他的统一性不是表面的、封闭的,而具有开放的性质。主人公身上的不是命运,而首先是他的声音与世界观。性格的特点界限。典型的界限。作为社会历史力量体现的主人公和他的界限。主人公的开放性,他身上存在着难以企及的潜力。在形象(肖像、主要意愿,诸如此类)的整体中,主人公的特征对于体验与浅显的直观性以及它们的作用。它们常常具有象征主义的拓展能力。这一切(名字、肖像等,诸如此类)是纯粹的外观的界限,它们不涉及他的形象的基本核心(虽然常常与他联系着)。真正的界限是在他的行动与他的话语里揭示出来的。

与诙谐结合一起的话语因素,至今没有得到深入的研究。同时,话语快乐的、诙谐的本性是有着深刻的独特性的:它以固有的独特方式,既与自己的作者(说话人)有关,也与自己的对象有着关联,他以特有的方式感觉自己的语境;对公共语言和言语的规范持有特殊的态度。它突破了深刻的和无人称的语言世界观的羁绊。

第四章终结

快乐的与无畏的系列体验、思想和理解的系统,首先出现于民间节庆形式中,它与一切变化着的官方的和权威思想家(每个特定时代占有统治地位的统治阶级的世界观和思想)以及庄重、暴力与令人敬畏的体制,总是处于对立状态。"就像海洋包容地球",这些形式包含着短暂的和总是(就其本性而言)有限的庄重性。喜剧作家把一切自由形式归之于古老的、民间节日的规则。讽刺从这里获得自己最为得手应心的方法,但它对诙谐的能量的发挥与自由,只能在小范围里促成相应的变化。民间节庆形式的因素,为一切伟大的、获得自由的文学与思想的作品(虽然它们可能曾经是庄重的),提供了极有深度的基础与源泉。新的重要的庄重性总是通过这些形式的熔炉,熔化了旧有的庄重性(同时,在这些形式的基础上,锻炼了新的,但必致进一步被消磨掉的庄重性)。这是常态的、批判的限度,它不容许在一个时代中,人类始终为庄重性所折磨,即从一个时代开始到最终被庄重性搞得麻木不仁。问题不在于解放了的诙谐的内在的精神源泉,它不容许人彻底和完全离开某种局限(庄重性)的真理,为了欢乐的(不顾颜面的)清醒,总是存身在狭窄的管道里——这里的问题在于,客观的文化资源为诙谐所生成，又为诙谐所创造着。必须揭示这一资源与追踪它的历史生命、它的流程、它的复杂化过程及其功能。首先，这一积淀存在于语言本身，同时它总是在亲昵的言语的最为自由的深层中得以实现。要把这一言语与我们的意识中的"亲昵"的层面联系起来，在我们灵魂中存在着清醒快乐的和自由的可笑的成分。被贬抑的诙谐贯穿于人类积累的手势动作中。最后，存在着最大规模的民间节庆的艺术资源(话语形象、视觉形式、假面脸谱、手势，诸如此类)。赖希·格尔曼正确地强调，这一资源与高级的思想形式不同，它具有非同寻常的生命力(不朽)，不过他未能了解这些形式的深度含义，却接受了它们粗俗的、自然主义倾向的现实主义。这种诙谐的无限自由与无所忌惮——完全不是缺乏根基的无政府主义，完全不是空洞的否定与不加限制的现象。相反，这种诙谐具有难以摧毁的支撑与基础，按照荷马的说法，这是"诸神之笑"①。不可毁灭的自身在笑：永恒不死的物质在笑，寓于衰老的新生物质在笑，形式复杂向好的不断毁灭又重新复活的物质在笑，永远寻求创造的物质在笑，从不因荣誉高枕而卧(自身创造了荣誉的安居之所，希望在自身的有限性中流芳百世，不愿因死亡陷入绝境，而走向彻底更新)。嘲笑着的整体和未来(整体总是处于未来)，整体转变并打破了一切具有局限性的和个性化的形式，撒满的种子与萌芽急急地转向未来。不灭的存在，嘲弄着(在其形成的每一阶段)不完整的存在。不可能存在完全成熟的文化——艺术的、社会的、日常生活的——如果缺乏嘲讽的、自我嘲弄的任何因素。在成熟的与稳固的庄重性自身的内容里，包含了嘲讽的因素(它了解笑，看到和感觉到它的可能性)；失去了这点的庄重性将是拙劣的、不成熟的幼稚行为。这一因素在垂死文化中表现得尤为明显。人类新的未来的青春时代将会嘲笑它的现代的衰颓。

人即使总是参与未来，从来也不会与其自身保持一致(与自己本身不相符合的现在的、存在着的、目前的、已经定型的、确定了的)，只

---

① 原为古希腊语。——译者

有尸体会与自身完全重合、等同于自身（当这一新的生命开始于尸体之中并靠近尸体，这已不是他的生命了）。但与这种不相符合与自身相左的情况，在不同程度上受制于现在有多少因素可以满足未来。当人结束自己的生命体（在其衰老的情况下），未来抛弃了他的现在，与他分离开来，外部对他已经发出了嘲笑（他仅是个可笑的人，也没有才干）。人从未许诺什么，他整个的在这里，准备好了并耗尽自己，他整个处于现实与自身，未来在他之外，可能他只会有碍于它。类似的与自身相符的程度，是为所有艺术形象所固有，为整个风格与潮流所固有。那时未来会抛弃它，讽刺性的模拟会毁掉它。

古人就已注意到复合体的类似之处：解便、生育、濒死状态（窒息、紧张、眼珠突出、plexus solaris①，诸如此类）。诙谐实际上就是这些复合体的一种易位，它们巨大而联结一起，处于非实践性的、游乐的、生理范围之内（在拉伯雷那里，理论方面的尝试论证部分是不成功的）。在这边界的复合体里，生命（生理的）从整体上结束了，并体验（靠近它）到其自身的极限，机体好像是被压缩了，好像从自身抛弃了生命似的（怀孕期间特殊烦腻的类似体验）。在那里，解除了无用的东西和死去的东西。生命个体和含义的界限。含义的形式，以边缘的复合体发生着作用，并从中发出了美妙的和音。在民间喜剧现象里，我们看到，诙谐与生命、躯体、话语以及它如何对它们进行解释，确定与整体的相互关系。

这里指出一点，骂人吵架是话语神奇阶段的残余。任何形式可以作为某种事物的残余进行解释（就语言整体来说是一种残余，但是它使用着并永远更新着自己的含义）。

深化与扩展材料，分析单个形象与单个言语单位合流中的赞扬与骂架。特别要指出的是物体与躯体之间戏剧性的历史性特点，永远死去的和永远新生的特点。

①　医学术语，综合曝光过度症，受太阳丛打击而猝然停止呼吸。——译者

［3 号笔记本］

长篇小说中的时间问题。小说源自时间分化的体验,它知道"时代""世纪",在过去与未来(抽象理想的或是具体的)的背景上加以领会。正是这一特殊的与新的时间体验,较之于史诗,成了小说体裁的基石。所以需要弄清并正确了解这一体裁的本质与可能性。社会的政治整体、人民、不同机构与社会团体、主人公们在长远的和开放的时间里思索与成形,此时并不存在绝对中心、绝对的先祖与英雄人物的。

在体裁结构的文学形象里,时间的内容形式特点。特别重要的是,要在人的形象里揭示出时间的内容形式的功能。

要探究古代世界与中世纪时代对于时间新感觉的发展过程。史诗与大型戏剧形式的衰落过程。主人公的变化与情节的变化。

要发展时空体那样发展地形学的底部理论。远古时代的时空体,是死亡与诞生之地。这是土壤与躯体下部的所处之地,那里死亡、怀孕、生育,断断续续地相合,或联结于一起,即过去与未来、脱冕与复活,"地狱洞穴"①,渗透了时间并在完成中交融于一体的空间,在那里起始与结尾相交织的地方(观点),有如一个完成了的封闭圈子。

在民间节庆小说的形式中,更为重要的是传统的继承性与连续性,它们没有受到破坏,作为占统治地位的世界观,它们始终处于权力斗争的领域之外,处于为争取统治权发生斗争的领域之外,其中反映着真理的变动,但未伤及它们,因为它们自身并未将自己的命运与某种具有局限性的真理捆绑在一起。相反,正是占有统治地位的真理的变动,成为这些表演的基本主题。变动,这是这一系统中心的和无尽的变体形象:它包含着死亡与复活、赞扬与骂人、嘲弄与欢乐。世界磨难与复活的节日。画十字的咒骂:去死与去生。在这些语言、手势与民间节庆创作的形式中,对我们来说,重要的是客观的生活与传统。

隐喻话语与话语——是个双重性的诨名。正是双重性诨名,骂人

---

① 俄文版《巴赫金文集》编者指出,这里原文为"年",系作者笔误,"年"应为"地狱"。——译者

的与赞扬的、贬低的与再生的、脱冕的与加冕的,成为叙事长篇小说话语的首要因素。话语就其本性来说是两面性的,这是话语。这点使它与单一风格与单一声调的诗意话语区别开来。所以它善于吸收历史中的方言土语与南腔北调的话语。它不受内在语言教条式的世界观的束缚。它总是为低级语言、亲昵性与广场的通俗性所吸引。它彻底地不与官方语言合流。无论如何它从不为统治性的真理所渗透,从两面性与自由那里总会留下某种影响。在拉伯雷身上,从来没有把庄重的表现彻底定形(整体上不把握它的特征),那样对他来说是非常厌恶的(彻底的庄重性,没有笑窝的面颊,目光短浅,注定灭亡,缺乏斑斓青春胚芽的独立自主的衰老,死人,空瘪了的输精管,脱离了民间整体的独立自在的部分)。庄重性——是被民间诙谐的海洋洗刷了的小岛。在整体的声音中,诙谐局部地破坏了悲剧。整体即将衰亡的、又将尚未分化的新出现的生命细胞吸收到其结构之中。

惠特曼巨大的和全民的躯体的主题。爱伦·坡的"太阳神大圆桶里的狂欢节与死亡"主题(见他的《鼠疫王》)。

史诗里是有世界观的,但不会提出问题,因为在宇宙观的范围里没有生成过程,一般没有任何运动,甚至也没有不同的方方面面。这是静止的统一性,同时可以说,含义的唯一性排除了所有真正的提问的可能。

我们的任务——把拉伯雷大力介绍给苏维埃文化,要让他的影响力像莎士比亚与塞万提斯那样,在苏维埃文化中发扬光大。

必须进一步研究民间节庆形式对世界和对文学发展的重大影响(不仅限于文艺复兴时期)。节庆的因素,作为一般的和日常程序的例外,作为对乌托邦王国的赞扬与嘲讽,它或多或少是艺术所固有的本质特性。

拉伯雷的所有形象不是直接的和只有单一含义的认识,他们为双重性的诙谐的不稳定性与含糊氛围所包围与浸润,其中没有一般观点的直线性与深刻的有异于整体的声音。他们作为一个整体,是复杂的、含糊不清的和难以言说的。

如果广场上的人们不笑起来，那么"人民就默不作声了"。人民从来不去分享统治阶级的热情。如果一个民族遇到危险，他们会去承担义务，挽救它，但他们从来不会认真地去接受阶级国家的爱国主义口号。在对待统治阶级政权和统治阶级真理的高度热情中，他们的英雄主义保持着清醒的嘲讽特色。所以阶级的思想家从来无法以自己的热情和庄重性，透入人民灵魂的深处，因为就他的庄重性来说，他会在这里遇到不可克服的障碍，即那种对之嘲讽的与犬儒主义（降低的）式的开心满足，会遇到消释庄重性所有局限时引起的快乐漫骂的狂欢式火花（星火）。这种火花是嘲弄性的、狂欢式的，它在人民的心目中从未熄灭过。这火苗燃起大火（着火），烧毁世界，并在大火中再生（伊万诺娃之夜的星火，罗马狂欢节上的一支蜡烛）。《好兵帅克》里就具有这种诙谐描写，但其中夹杂着临阵脱逃的虚无主义、犬儒主义，有与拉伯雷式的诙谐格格不入的成分。德-科斯特的作品里的诙谐更为深沉与饱满。这种具有嘲讽意味的、快乐的民间的诙谐，是远离虚无主义的。它与单向度的庄重性与目光短浅的真理的线性概念相比，离开无政府主义更远。其中主导因素不是否定，而是整体的完满，否定的正是有限的完满（即否定之否定），否定的是把自己冒充为整体的局部，把贫困冒充为自己的富有，企图把僵化纳入自身，停滞不动。

欢乐形象的节庆的乌托邦，总想启动现实生活，走出自己时间的舞台，摧毁自己的时间边界。

在诙谐文化史中，要阐明尚未完全解体的双体形象是有重要作用的，双体形象被称作对生的形象（狂欢的、明显相反的一对，如堂吉诃德与桑乔及其他）。这些成对的独特的对话——是面孔与臀部、上面与下面（某种程度上是冬天与夏天，老年与青春，微薄的斋戒与丰盛的谢肉节）。这种成对的形象作用，在文学史中极为重要。这里的对照渗透了生动性的因素（从死到生）。在一定范围里，车轮式的运转扩大了形象并使他成为双体现象。形象体现了诙谐文化的整体的丰满与深刻的生动性:这是丰满的成长,丰满的过程。它包括了变形过程与世界更新的两极。

诙谐的形象对待现实生活的态度带有决然独有的特点,所以诙谐的民间文学的现实主义是种特殊的现实主义。现实主义的象征问题。其中总是存在降价的和物质躯体下部因素(它是局部的)。在这里,抽象的理想的与有限的庄重相分离和更新,同时显得包罗万象又是乐观主义态度。唯心主义的象征是单极的和静止的,而现实主义则是生动的与多样的。

对话的同一时间与不同时间的力量与含义——过去与未来、冬天与夏天、衰老与青春、生命与死亡。对话处于生成的两极之间,处于完成中的变样的开头与结束之间,这是说话的变体,是作为话语濒死的变体(旧与新的争论)。这种对话是民间狂欢形象系统变化和更新相联系的有机组成部分。正是这种民间节庆形象中双重性时间的对话,成了小说与散文性小说话语最为重要的民间文学的根源之一。话语反映形成过程。这些民间节庆的对话(濒死)成分,在苏格拉底的对话中非常之多,不过这里它们具有完全特殊的倾向,以话语(对话的)表现认识(概念)的形成。但是苏格拉底对话中的这种形成具有历史的特点。苏格拉底的对话,重要的是一种认识含义的结构,接近于长篇小说。聪明人(智慧)的评判性的测试与话语评判性测试(陈旧的普遍接受的话语概念以及它的主张)。知识的全然阙如,来定义智慧的民间文学特性。与广场和市场的联系。时代的冲突与更替的感受。这是重新评判、话语更替与更新的不间断的过程。赖希·格尔曼揭示了苏格拉底对话的民间神秘本性。更为正确地说,他走出了民间-节庆的自发势力,包括滑稽剧。在滑稽剧里,可以明显地感受到急剧变化中的死亡-新生的气息。

歌德认为,一切强烈的感情,本身含有某种天才的成分,因为人已经整个地将自己投身其间。

在古希腊土地上(七个聪明人、苏格拉底、第欧根尼及其他)创作的有关聪明人的一系列传奇,创造了全新的人与主人公形象的形式,本质上与长篇小说的形式是同源的。这种形式具有思想上的主动性。主人公(命运的范畴,类族与神话的使命都消失了)成为统一的全新形式。统一的法律修辞的和哲学道德的诸因素。内在可能性的范畴,没有纳入外在的命运与状态里。在小说里,人不是以他的原样出现的:在史诗里,他的状态与他的存在是绝对一致的。在史诗里,命运和外在状态与主人公是绝对一致的。在小说里,它的主人公的命运与他的地位的不一致性则是主导性的主题。在一定程度上,可以说这是整个世界程序的不一致性的反映。这不一致性虽有着多种不同的形式,但外形却一成不变。这与主人公与作者的思想主动性有关。在史诗里,一般来说不存在意识形态上有主动性的个人(一般来说,只要他一出现,就没有个人的作者,如威尔克里,我们见到的是模拟)。所以小说中的话语(一般来说所有的表述)完全具有另一种特点:对话获得另一种特点与特殊意义,它显示出重要的差异,表现了方言与南腔北调的话语。在这一意义上,苏格拉底的对话为欧洲长篇小说起到了重要的准备作用(对所有艺术散文)。

小说题材的特殊性。大体说来,问题不在于个人生活的题材,重要的是人的外在的历史状况(一般的题材状况)并未说明整个的人,人要比任何状态丰富得多,他有无尽的潜能。无尽的需求,是小说意识所固有的特征。荷马的外在现象(命运)与本质相符,但对于小说原则上是无法接受的(这不仅仅因为其中还未出现资产阶级现实生活)。在小说里,主人公原则上并未被置于现实生活的框架,但正是这种并未介入的本身,成了小说的基本主题。在史诗里,谁都没有非议过现实生活制度,他只与统治阶级的世界观发生过有限的争执:这里只是与特洛伊、赫克托耳有过诸如此类的争执。世界的制度是不可动摇的,而主人公的行动基础也是没有变化的。世界的制度与世界观,完全没有进入作品的大量变化之中(即使是潜在的变化也好)。

小说题材的类型学。体验小说与教育小说。性格的成长。小说主人公的类型学。行为的类型学。问题的类型学,最后,是内心因素(主体性、心理)的类型学。

小说历史的评论。特别是——俄罗斯长篇小说,苏维埃长篇小说及其前景的评论。

这样,小说的主人公——就其原则性和重要体裁的意图来说,他是"私人的人"。

在苏格拉底、第欧根尼、梅尼普的作品里,某种程度上还有伊壁鸠鲁的作品里的聪明人的形象与民间文学中的傻瓜(小丑)。

小说中的事件(不管怎么说,它在题材方面是完成了的),还有部分是未完成的,现在的事件还在(生活、现代或是时代)继续着,无论作者还是读者都参与其中。这就是现代人——我们与你们一起的生活事件(见对《奥涅金》第一章的分析)。小说的世界在时间上是开放的,没有结束的,其中主要的部分还未见结局。史诗的世界——主要事件是完全完成了的世界。小说的世界——则是未完成世界里的一个小小的片段,我们生活在其中,这并不是对完成了的和封闭于自身的伟大过去的回忆。

结尾被安排于未来。这一未来的诸多阴郁的形象——是结局(世界的崩溃),是诸神的黄昏。混沌。世界的灭亡与再生的虚构理论。中世纪认为尘世中(现实的)的未来就是末日——死亡。在关于时间思维的领域里,将正面的理想引入现实的尘世的未来,这是一个巨大的转折。对于神话来说,具有典型意义的是,把原初加以理想化。对真实的现在抱有消极的态度,对于时间思维的形式来说是具有典型意义的,要是说"我们的时间""我们的世纪",那是要受指责的。"铁的时代","恐怖的时代,心灵的恐怖"。胡藤的观点。对现在持有复活的态度是另一回事。这种对于时间的评价,局部地对现在的评价,决定了既是被典范化了的体裁,也是实实在在的体裁等级,决定了语言与语言语调(意图的评价)层面的区别。作为时间形象思维的开端、高峰与死亡。这是非常明显的,因为博物馆里的展品是一种凝固不动的形式,史诗里的时间是庇里阿西人①的。这是沿着凝固不动的史诗式的过去的游记。这是祖先与英雄人物的时间。"创世人"与"精华"的绝对意义。

关于本书的结尾:

诙谐——具有宏大领域的形式,它不同寻常地接近对象,可以摧毁一切以虔诚或是恐怖构建起来的对象的距离与远度(高度);在遥远的形象中,世界不可能是可笑的。所以诙谐——是现实主义的前提,它使对象参与当代生活和不拘礼节的区域,那里可以用手触摸到,探及与透入内心,进行研究。要从根本上批判错误的和简单化的"庸俗现实主义"的概念。

诙谐在小说与现实主义发展史里的作用。从总体来说,形象并不是可笑的。

古希腊时期与中世纪对现在(当代)的描绘问题,本质上说是长篇小说的问题。它产生于体裁等级的底层。但是通常对于底层的作用的理解并不正确。它十分宏大,但至今未在文学中得到应有的反映。

评价现在、自我评价和自己的同代人(自传体、回忆录、肖像描写等)。必须精心地研究对于现在的评价与有关它的形式(古希腊时期的自传体、回忆录著作、对话、严厉的批评、讽刺、抨击文与其他)。因为它们成了新时期的主导文体。在自我的水平上(与自己的同时代人)回应现实生活;在并非美妙的自我身上、自己的同时代人身上探索存在的真理,按当代性来评判世界,从中来解决世界性问题。苏格拉底的宗旨就是这样。将当代生活作为评述世界的出发点——是个新现象,这是文学与哲学认识的急剧转折。真正重要(真实的)的时间,并非过去的和理想的(非历史的)未来,而是真实的现在,需要从中去寻找真实的过去的踪迹与同样真实的未来的萌芽(倾向),这是我们对世界与时间(历史)所有评论的出发点。有价值的主要作用是属于未

---

① 古斯巴达的依附居民,有人身自由,但无政治权利,必须给斯巴达人纳税、服役。——译者

来的,现在应该服务于它。真实的未来(就其倾向、必要性而言),在一定含义上是评价现在的准则。人的这种时间方面的事务,现在成了某种自然的东西。但是这种时间序列、这种时间等级制度,成了新时代的重大转折。

这一事实,即价值与认识的中心不存在于现在,但本质上决定了这一现在的形象与这一形象(他的音调)的等级地位。重要的是现在的界限多么宽阔(它们想要跳出个人的生活、个人的感受的界限会有多么困难)。

传统的生活不存在于死去的与相互分离的语言因素之中(语义古生物学),而存在于含义丰满的艺术与思想的整体之中,即在其含义不断产生、拓展与更新之中。

诙谐文化的特殊作用。形象从恐怖中(古老陈旧的记忆与可怖的预感)解放了这种作用,恐怖自身贯穿了神话形象、语言、民间文学的基本积淀。在它们之中,世界可以看到与听到另一种声音(快乐的、亲昵的与无所畏惧的,它是存在过的、是现实的与轻松的),从可怕的记忆与可怕的预感方面来说,它是以另一种方式来感受真实性的。诙谐的诸多形象从可怖中解放出来。这种可怖现象特别集中地表现于这些形象中,如世界末日、可怕的审判、地狱、惩罚、所有黑暗的预兆与预感、凶恶的鬼魂、老妖婆、各种妖魔鬼怪、宿命遭遇,诸如此类。它们解放了话语、语言,解放了各种声调下的表现与手势:如哀求、诉冤、顺从、请求、虔敬、绝望、逆来顺受、自我贬低、敬仰、奴颜婢膝、阿谀逢迎、颂扬,同时还有恫吓、怯懦、威胁、压迫、自我赞扬、恐惧、惩罚与警告,诸如此类,几乎所有这些话语与动作被这些声调所滥用(它们服务于奴隶或奴隶主):语言、动作和其他一切人类表达的形式被它们所渗透,被它们玩弄于股掌之上。诙谐从中获得了解放,还有毫不拘礼的交往。快乐的漫骂与掉价的脱冕和更新的形象,和这些包裹着的与使世界变得暗淡的声调是格格不入的。

[4 号笔记本]

指出亲昵的交往与思想、感受和心理亲昵的结构是极为重要的。亲昵的交往,这交往是平等的,从恐惧与虔敬中完全解放了出来。它使世界变得无拘无束,破坏了所有间距,排除了禁忌,有可能将一切事物与世界置于手掌之中,打量、揉捏它们,品尝味道,咀嚼一番,折磨、包容、吞食、推倒。无怪乎对待世界的亲昵态度,认识它与理解它,通常都是通过大吃大喝(同样还有性活动)的隐喻表现出来的。这一亲昵的对世界的把握(在最为重要的与神圣的时刻),在我们的思维与心理的特殊层次中得以实现。我们的单个的思维与感受,可以这样说,对于自己的对象可能或多或少地怀有亲昵情绪。它可能是快乐地、嘲讽和自由地、大笑快活地骂人,它不需要任何距离来选择自己的对象(任何存在过的客体),勇敢地打量它与击碎它,吸收它。亲昵思想、亲昵感觉、亲昵的精神的系统。让快活的与富于创造性的傻子来欣赏世界,有如德-巴舍作品里的造谣中伤的人一般,然后嘲笑他的陈腐。我们的思想在研究世界时,正是针对了他的某些可笑行动。这完全不是虚无主义的、认识上的和精神上的犬儒主义。这是精神上的无畏,它远远不是任何人所能企及的,当然也非永远如此。它是依靠了千年传统,存在于与之相应的语言的积淀、手势动作、内在形象的传统里。对于世界的这种特殊的立场,是为几千年来民间节庆的诙谐文化的发展所准备好的,这种文化为理解精神,感受快乐漫骂的方面,卓有成效地创造了节庆制度。

把自己的时间感受与当代生活的感受,转化为认识世界、人、历史的出发点,确定方位与决定的因素。不是从过去的"先祖"、父辈、奠基人与英雄人物开始,也不是从时间之外、停滞的永恒与末日开始,而是从极为重要的现时继续出发,我们在这里是参与者、活动家,从为我们所把握的东西出发。未来的思维并非末日的思维。要从开端与末日的范畴中解放时间的观念与形象思维。要把时间作为决定因素推向形象的边缘。作为人的形象的重要成分,要领悟其对时代的从属性。

文学体裁系统的急剧变化,与认识价值和时间描写的这一转折紧密相连。问题不在于小说仅仅进入了这个系统,而在于小说成了这个系统的中心。受到种种原因的影响,一切体裁围绕它转动,整个系统部分地与整体地发生了急剧的变化。感觉与时间描述变化的基础:时间描写的中心快速地发生了转移,时间集中于它的现在,成了极为重要的现实,基本的与主导的文学客体。新的个人经历(过去关系中的文献主义,这里还有对个人经历的赞扬)替代了传说的地位。传说营造了情节与风格,没有任何的虚构,也未从个人经历(创作,在一定含义上是秘密的)中获取任何东西。传说的作用保存了下来(不能缩小它在新时代个人创作中的作用)。在小说方面,最好是以文学来描绘发生过的变化(特别是传说作用的变化)。在时间与语言感觉中的变化(活跃的多语条件)更为强烈地表现于小说之中。它们创造了小说,并把它置于文学的中心。多语现象与传说作用的变化以及中心转移到现代,它们相互联系又相互制约。全面表现过去(还有未来)的文学形象的宏大时代已经结束,聚焦于过去(还有未来),围绕现在,力图从其内在去理解过去(按照作为其他时代的现代的过去的客观踪迹,与个人的历史经历进行类比,它作为过去,并未夸大自己的意义,而就其形象与类似之处,它保持在现代的水平上)的时代已经开始,走向未来(夸大其词与使之英雄化,这可能是最后的一着了)。

[Ⅳ]

莎士比亚的自由的英雄精神,同样被民间节庆的诙谐浪潮所磨平:在这种基础上产生了莎士比亚的大无畏的现实主义。一般说来,伟大的文艺复兴时期的戏剧舞台,只能在广场上产生和振兴起来,那里人民沸腾地欢笑着。普希金与果戈理论戏剧的民间广场的开端。

为了使当代生活(现在)可以在文学(从而结束了形象面向过去投影)中心占有自己的地位,必须要对自己的当代生活有所感受,有如感受某种新的开端一般。这就造就了文艺复兴。它不仅改造了空间,而且还有时间的宇宙。开端与末日失去了自己的绝对意义，而中心"到处"可以安置到任何之点，即任何一处的当代生活之中。尼古拉·库赞斯基。时代在历史时间相对绝对的中心里感觉到自己。问题不在于这种感受在抽象理论中成形(有如像创造"中世纪"的术语一般，等等)，问题在于它是实践中的具体的文学体现。塞万提斯把骑士小说的英雄的过去引入现代生活(如堂吉诃德这样的人)。在古希腊的浪漫主义时代，卢奇安同样改造了荷马的过去，滑稽剧同样进行了这种改造。这种把过去加以当代化总是十分重要的。它是民间诙谐文化(讽刺性模拟作品、滑稽剧、粗俗的作品)的中心主题之一。但它们只有在小说时代，才会进入了正统文学之中。这是运用了时间的民间把戏(有如时间的对话、老人与青年、冬天与夏天，诸如此类)，它的所有多样化的形式，是小说最为重要的源泉。小说在语言(多种语言)与时间(双重时间)相互交映的组合中诞生。从他人观点看自己与从自己的观点看他人。差别与更替相组合，世界多语的历史空间与多种声音的历史时间相结合。这是小说的时空体(与它的单一语言和单一时间的史诗相区别)。重要的正是当代生活(如历史相对化的中心，文艺复兴时期上帝观念的替代说法与尼古拉·库赞斯基的形象)为度量与评价时间方面提供了尺度。小说的时空体和小说对于时间的感受的源泉与第一现象，需要到民间节庆(诙谐的)的民间文学中去寻找。需要在那里寻找小说话语的第一性现象。

自由的亲昵的玩乐与多种语言关系。消灭所有的距离，从内部取消语言的等级，创造自由的毗邻关系。要在语言中，破坏一切和陈旧的真理，破坏老化的含义序列和语言体系里陈旧的价值相关的东西。

跟随黑格尔的卢卡奇，把史诗解释为当代现实生活、当代制度和世界秩序的艺术反映。同时，史诗作为艺术的体裁，自身包含了必要的结构因素，这正是指向过去、先祖、奠基者、父辈的英雄主义的时代，指向已经完成了的、封闭于自身的时代。联系到这点，作为艺术体裁的史诗，不是依靠当代人的生动的经历，而是依靠传说。传说是神圣的、无可争议的,这也是史诗体裁的构成特点。史诗前的歌谣,通常不可能包容当代的事件(我们不知道它们),比之史诗,它们更像是我们的小品文和抨击文。史诗不会感觉到自己的主人公是当代人,而是父辈、创始人;史诗要设定距离,同时会赋予时间距离以价值色彩。史诗这样告诉我们,只有过去(父辈与创始人)才能具有优秀的和真正的英雄主义气概。人民的先祖与英雄人物伟大过去,他的过去——已是结束了的斗争,这才是史诗的对象,这是一种确定的与具有特殊性的艺术体裁。同时,史诗依靠传说中的没有个性特点的形式(不具当代人的个人经历,和在这一经验中的个性化的创作想象力)。史诗是历史性的:它讲述的是以往的和不可重复的东西。把史诗与长篇小说区别开来的不是描述系统的特殊性(本质上来说,这是卢卡奇的观点所导致的)。这一系统的分析("荷马的")深入了史诗过去的形式。黑格尔对于荷马时代分析的缺陷就是简单的现实主义。但是所有问题在于对时间的特殊感受,在对史诗统治时代的特征的感受,在过去完成的对一切有价值文学形式的投影之中,在与过去大型体裁传说的牢不可破的联系之中。

当代生活的文学反映永远是存在的,不过它们总是处在文学生活的边缘,它们是些不起眼的"低级的"体裁。当代生活与过去和特殊的语言和物质躯体因素的形象相联系着。当代生活可以全行裸露,达及它的本性,可以在没有任何距离的情况下亲昵地触摸它的全身(西塞罗),可以把同时代人,甚至自己英雄化,但那时就转向了距离化的史诗形式了(有如问题转向伟大的过去)。哪里有当代生活,哪里就笑声朗朗,诙谐容许触及当代生活。可以粗鲁地和现实主义地走向当代生活。

在史诗中有行动的进展,但不存在生成。体系、含义的组成、世界的"真理"是不变与静止不动的。一方面,这是完成了的、定型的、过去的静止状态,另一方面,这是"永恒"真理与世界观(真正的存在)的静止状态。

在古希腊的材料里,要说明当代生活是如何进入文学的,它如何为自己寻找体裁、形式与语调的。对话、作者自传体、笑、诙谐的作用。要特别指出民间文学的作用。这一过程的结束只能与时间感觉的急剧变化(文艺复兴时期对长篇小说的命运的决定性意义)相联系。三个切入口:时间,主人公,话语。

小说里人的形象。这一题目可分为两个部分:(1)小说主人公的根本特性,是由体裁(对待史诗、戏剧、抒情诗的态度)本身的本性所决定;(2)在小说体裁的范围里,主人公历史的、系统的类型。

卢卡奇、别尔科夫斯基(体裁的主人公,等等)试图为长篇小说主人公做出定义,还有奥布拉米耶夫斯基。历史观念的局限性:都从文艺复兴开始与资产阶级社会的产生开始。使用 18 与 19 世纪的尺度加以衡量,对文艺复兴本身做出了错误的解释。

思想的原则性。问题不在于世界观方面的个人主义,不在于创造了世界观的个人权利,不在于折中主义(虽然这一切都有一席之地),问题在于真理的变动,为新的世界观而斗争。这种新的世界观不是自身某种自然而然的现象,它是需要为之论证与捍卫的。

关于世界的起源与毁灭的神话的意义,一个又一个的世纪更替的神话意义。在史诗里它们处于边缘位置,实质上它们是被史诗意识所排挤。

世界与人的史诗(自然主义哲学)统一体的瓦解,围绕着人的(死去的东西与风景如画的自然)世界的死亡。

要着重指出,特别要分析史诗的距离。

史诗与悲剧中的主人公与民间脸谱人物不同(马科斯、道森纳斯、普里钦内拉,诸如此类)。死亡与毁灭——史诗结构性的特点,在这一点上悲剧的主人公也是如此:他们的命运绝对是终结了的和必须这样的,他们整个地封闭于自己的命运之中,如果超出这一命运,他们就会失去作用(就不能成为角色),就不能成为另一种命运的主人公。这与他们的纯粹情节的功能相关(他们在情节之外不具自己的面貌)。相反,脸谱人物从来不会死亡(只会假装)。他们可以造就任何命运(事实上,他们造成了许多许多),但他们任何一个都会无果而终。如果说悲剧与史诗里的主人公按其本性是毁灭性的主人公,那么相反,脸谱人物——永远是富有生命力的、更新着的人物,是不间断的生命过程的体现,是永远富于生命力的与不会消失的现象(杂技院里的小丑式人物)。他从来不会因情节而消失,他在情节(B tricae, B lazzi①)之外暴露自己的面目。这是自由的即兴之作,而非传说(他居于传说之上)。他身上完全体现与凝结着生活过程里的其他因素。他的行动是另一种的逻辑与必然(其中有内幕的作用或是相反)。

史诗与悲剧的主人公,转入脸谱人物的等级,赫克托耳和部分的奥德赛。失去理智与更新的因素,物质躯体下部的因素与战胜死亡的胜利(下到地狱),制约着脸谱人物等级的转向。

每个时代存在着体裁系统,某种硬性的、合乎规律的体裁的结合(等级的)。这些系统的变化,导致内在系统中的每种单个的体裁的变化。这些体裁的多样性特征及其在当代的发展,取决于体裁的过去(即它的传统)及其在该时代体裁系统中的真实地位。

在古希腊的系统中不存在长篇小说,但其他许多体裁挤占了它的位置。当小说成为主导的体裁时,就相应地改变了整个体裁系统(所有体裁在一定程度上都长篇小说化了,同时都改变了对现实生活的态度)。

公民社会出现的个体的人,与无限扩展着的世界相联系。个体的人的行动对于社会的整体来说,失去了直接的、有限的关系,但因此在他身上展示了另外别的方面,即把他与整个伟大的世界、人类、未来联系在一起。正是个体的人第一次感觉到自己不是古希腊人,不是野蛮人,而是一个人。这种人类的巨大整体,完全不需要持有抽象道德的特点(与乌托邦主义的特点),个体的人要么停滞下来,为个人物质的

---

① tricae,拉丁语,古罗马的民间小喜剧;lazzi,意大利语,意大利的假面戏剧。二者同义。——译者

因素所困,要么他从诞生之地,转入伟大的和"全人类的"未来。自己与他人宏大的、开放的与未完成的世界。

《奥涅金》(立刻进入主人公的内心,完全不是他思考的英雄主义的因素,而是非常讲究实际的因素)开始急速地(几乎是浅薄的讽拟性的)破坏了史诗的距离。

小说的特征是,无论任何一种处境,无论任何的情节遭遇,与人是不相适应的,是不能把他彻底摧垮的。主人公的人性既不见容于地主的地位,也不见容于官吏的地位,诸如此类。这种绝对的歧义成了长篇小说的主导性主题。在官吏(没有穿上自己的官服)身上或是在作者身上(在纯粹的主人公身上)是否揭示了差异之处,这并不重要。长篇小说——是对地位、不同人性的批判。这种未完成的人和未加表现出来的人的地位的关系,对于民间的脸谱人物是很典型的。

小说的区域问题。对于小说来说,不仅有语言区域的转换,还有时间的问题。被描绘的世界与作者和作者当代性之间的距离或被夸大或被缩小。时间的框架常常会被直接清除。无论如何对现在的、未来的理解,会成为被描写的对象与出发点。

传说的作用吸引着古希腊时代的艺术话语。出现了非史诗性的新的主人公类型,他们是传说里有关智者和苏格拉底对话中的主人公。类似于海格立斯的可笑的形象。主人公的成长过程。统治者与智者(亚历山大与第欧根尼)的主题。智者形象(第欧根尼、梅尼普)在陌生的大世界里,能为独自处理又安排不当的人帮助辨识方向。

特别有关长篇小说里的爱情主题。

长篇小说情节、事件的种种布局。它的展开的延伸性(分散性)(与中篇小说不同)。

古希腊与中世纪时期的文学里,当代是被轻视的。它只可能是低级体裁的对象。庸俗的现实主义问题。它的诙谐特点是本质性的。不过这是没有距离的立场,它能够亲昵地感觉到有关的事物。诙谐创造着最为接近的、最为庞大的计划。在自己和同时代人的同一个水平上描述世界。英雄主义时代的地方性只有过去才有。苏格拉底的形象与苏格拉底的英雄主义典型。

启蒙主义者与浪漫主义者对待过去的价值观,文艺复兴人文主义者对现在的价值观。这些文献成为这一时期的接受过程中复杂性与曲折性的主观性反映。在语言、风格与体裁的形式里,出现了对它更为客观主义的反映。文学离开了传说,转向描绘现在与转向对未来的愿景。

时间的相互关系,要了解现在对过去的关系的独特性(在过去的背景上)。

在情节机缘的因素中,还感觉到民间文学的象征性。它们有社会-生物-宇宙特点,其中还有太阳、地球、人民整体。它们还是属于世界与人民生命的整体的。当它们赤裸裸的私人的日常生活的意义保留了下来,它们就要开始重新思考和多样广博的新的典型。

小说开始了与多语的联系。新的语言意识与多种语言的界限。这一体裁的命运与语言意识的命运的联系。它与时间意识命运和人的接受过程相联系着。一种体裁不能脱离该时代的体裁系统。以小说为首的体裁系统所设定的那些原因,决定了其他体裁和整体中的一切体裁的相应变化。主流文学在每一个时代是统一的。但只是在其自身的历史中体裁是统一的。这两种统一在每个具体的体裁变体中相融合。

小说产生于多语化世界,即从蒙昧的、无知的"自身"的多语,成了"为己"的多语世界,那里不同的民族语言,开始变得相互了解。多语意识乃是小说体裁极为重要的前提之一。在与外部多语现象不间断的积极联系中,按照新的方式,那种内在语言的多样性、民族语言内在的分化,都明朗起来与活跃起来。地域性的方言(外省的俗话),社会-阶级的与职业语言和行语,标准语言与语言体裁的变体——使它的风格内在化了,其他等等。民族语言成为多种自我意识到的语言的复杂系统。这些语言的初级共存状态正在结束,它在不同程度上参与了占有统治地位、语言统一的民族标准化过程。首先,正在结束极为自信、奉为典范的标准语言的存在(正确地说是体裁的多种语言,从中分化出来所谓的标准语言),它在非标准语言系统的边界上摇摆不定,为了它们而产生更新,而且常常是急剧的变动。来自普陀洛梅耶夫斯基世界,同样是毫无疑问的语言的标准化的-积极的意识,进入了多语的伽利略世界。这种积极多语意识,完全是按照新的方式,来感受作为思想艺术创作手段的话语的。话语的新的感觉决定了长篇小说语言修辞的特点。但是它对其他体裁、对封闭于单语的原来的初级体裁,首先对史诗产生了影响。重要的是那些单语体裁,在意识活跃的条件下分解了(史诗、悲剧),或是发生着本质性的重建,这改变着它们的地位,它们的体裁等级位置。

　　与活跃的多语现象和话语的新的感受相联系,文学中的现实生活形象发生了变化:开始用新的方式来观察世界。说得形象和粗俗一点,客体落入了语言的相互映照阐发与斗争的环境,由此,它便从语言的罕见的控制力下解放了出来。产生了话语的中立化现象。其对象开始更为自由地揭示了话语之外的、独立于自主的、客观的本性;为了人类的意识,它好像首次诞生于自身的异化、独立自主和自由之中,即独立于人(他的话语的魅力、臆想,等等)。按照新的方式,这一对象表现了人类实践与认识的问题。这一中立的话语对于产生新的欧洲的方法与知识有什么意义——这里姑且不论:这是新思维的话语概念。在形象的艺术思维的范围里,此中立的话语在小说里显示了其意义,小说创造了艺术形象性的新形式。"苏格拉底的对话"具有典型意义,它作为一种明确的体裁(少两字),既在学术语言的概念史中,也在长篇小说话语史中起到了奠基作用;因为苏格拉底对话入列古希腊时期重要的长篇小说形式,虽然它并未成为长篇小说。在多语化条件下,话语的中立化与对象的解放过程的另一方面——正是民族神话和与它相关的大型题材处于瓦解之时——埃尔维诺·罗杰有关古希腊的描述的过程,具有惊人的明晰性与深刻性(但愿对这一过程的评价与展望,全然是不正确的)。我已在上一次报告中,分析了中立化的长篇小说话语的修辞特点。今天我的报告则来探讨被解放了的与暴露了的自己的独立性,并显示了对于对象和现实生活世界的异己性,即长篇小说体裁的某些新的专题性特征。

〔对象有两个名称,一个是崇高的(在史诗里,在悲剧里),另一个是低级的(在粗俗低级的语言中,在喜剧里,在流浪人的滑稽剧里,民间闹剧与奇闻轶事里,讽刺性的乔装戏剧体裁里)。两种名称在对象之中先相冲突,后又各自中立化了。在中立化的过程里讽刺模拟的乔装戏剧作用。〕

史诗——体裁,其根源已经显得毫无生机,它封闭于单一的语言里,它曾繁荣于自我感到自觉自信、奉单语为典范的时代。史诗依靠传说,这是它的构成特征。史诗不描写当代生活,不描写有着生动经历基础的同时代人。作为体裁的史诗和我们所知道的那些具体史诗,如果它们自己领悟到传说与史诗的过去,那就不复成为史诗了。史诗对于当代生活来说将会是完全另一种体裁。关于同时代人的史诗歌谣,以过去的形式贴近他们,当在世的时候把他们奉为典范,依靠的是定型的史诗传统。我们不知道,哪些歌谣对事件发生过直接回应,哪些歌谣是先于史诗构成的(即史诗传统),但在我们的思想中,由于它们并未依靠传说,没有把自己的世界局限于史诗的过去,所以它们没有成为史诗歌谣。那些描绘当代事件的历史歌谣,它们产生的土壤,已非现存的史诗传统的土壤,虽然它们力图与中世纪欧洲抒情短歌与古希腊说唱家的歌谣进行类似的思考。这是母鸡,而非鸡蛋。史诗,作为一种定型的现象,不管如何,它建立在哪些砖瓦之上,我们看到,这一明确的建筑艺术与这一建筑艺术的构成因素就是传说和史诗的过去。传说有着自己的时代,这是父辈、首创者、创始人的时代,是原创者和精英的时代。可以从这方面去看待传说,但也可以将传说作为依据,从艺术方法的决定性的特殊性方面着手。史诗时代作为原创者和精英的时代,创造着史诗的距离;这个精英的世界,不可能成为经验的对象,但只有传说的对象能够胜任。

过去的传说——文学的世界就是这样的。

只有同当代生活互相交往,才会赋予对象(即使是过去的)以未定型性和未完成性,吸引它进入未结束的世界形成的过程中。将未完成的过程的整体概念作为文学的基础,这是整体性转折。从末日的毁灭观念里解放出来,从过去的善与高峰的原初状态下解放出来。世界模式的变化,人的整个时代的事业。定型的东西,但处于非定型的世界中。与尚未结束的当代事件的联系,这具有本质性的意义。参与未完成的过程,我们加入其中,破坏着史诗的距离。

小说描写历史的过去,就如描写当代生活,描写那个时代的当代生活,过去的当代生活。史诗在史诗过去的范畴里描写当代主人公。史诗主人公的事业、价值和他们神圣的事业,不取决于我们的现在与未来。它们要保证某种稳定的状态,仅仅只要将它保留下来,但不能使它更趋完善。

揭示对象的他性与独立性:它有独立于我们自身的本性和自身的逻辑。它从自己的一族进入了世界的确定而人化的统一性之中,成为某个唯一的孤立持久的东西。它有自己原有的领悟特性与自己原有的无可争议的含义。但是同时,它不再成为某种神圣的东西,失去了距离,不拘礼节成了对它的态度。可以从各个方面,用手亲昵地触碰它,可以在随处安置它,可以击碎它,深入它的本性,可以自由地观察它,赋予它任何新的旨意,让它与任何其他的对象发生冲突(新的与低级的近邻,门第较低的婚姻)。对象亲昵化过程中诙谐的作用,这里还有粗俗的现实主义的作用。在它那里(对象、人那里),已经出现了第二类亲昵的名字与其他粗俗的亲昵关系(他像抹布那样出现),在民间无所顾忌的语言方面与文学的低级体裁(民间滑稽把戏、荒诞笑话、色情谜语、喜剧性的濒死状态、滑稽剧、喜剧、民间滑稽的各色各样的形式、喜剧诗——《马尔吉塔》——部分地还有讽刺剧)。现在,它们(第二类名字与这些亲昵联系)提高到正统的文学之中,开始服务于为新世界观和新的宏伟风格的创造。彼特罗尼乌斯、拉伯雷、塞万提斯都有这种两重性。

[5号笔记本]

传说中的主人公有着第二类亲昵名字与关系。喜剧性的赫拉克勒斯的著作起到了特殊的"长篇小说"的作用。主人公可能是傻瓜与疯子。

小说——巨大的史诗形式,它与传说并无联系(它获得的主题素材、它的世界、它主人公们都非来自传说),它在现在与现代生活和自己的主人公的形式中,划定了自己的世界,如果主人公是同时代人(在亲昵的朋友范围内),则他自己也与其他同时代人处于同一水平之上。

在史诗里,在存在着史诗距离与史诗尽头的情况下,作者对于主人公的话语不可能是真实的并持有对话态度的,既没有追问探测,也没有讽刺嘲弄。苏格拉底对话中,话语具有新的探听追问功能的意义。

"现在还可能会有善良吗?"从史诗的观点看,以往存在过的才是真正的现实。史诗事件原则上的完成性:它与我们当代生活没有连体关系。传说之墙倒塌了。生动的经历与就此成长起来、属于它目的的想象,成了被描写世界的幻象与理解的源泉。史诗以假定的过去的观点领悟现代。小说对待英雄主义的过去则是抓住了现代的契机(改编英雄主义的史诗)。对待史诗的主人公犹如对待自己的同时代人——这意味着要矮化他。

重要之处是对待先祖与英雄人物所抱有的态度。

小说的修辞与修辞法的根源。小说的色情根源。小说的对话根源(苏格拉底,古希腊的滑稽剧)。小说的讽刺根源(其中包括民间的诙谐)。小说的自传体与回忆体根源。小说的乌托邦主义的根源。在所有这些现象中产生了描绘当代生活与同时代人的形式。修辞与爱情形式的意义研究是使人满意的。但是民间的诙谐与对话根源的意义研究可说微不足道。因此我们的注意力正集中在这些方面。

伦理学、病因学和性格学的意义。

苏格拉底和揭露人的蒙昧，失去声望的老生常谈的真理。

当代生活原则上是多语性的：它们充满了低级的危机与争论。当代生活是对话性的，必然要使用或大或小的对话方式给以表达。

在苏格拉底的对话中，描写的基本客体是说话人，思想的创始人，不是普通的发言人（发布宣告的人），而是交谈的人与争论着的人。这是当代真实的语言（这里可以看到它们在散文语言更新中的作用）中的真实交谈的记录。不但如此，这一生动的话语，把握了激动着同时代人的方方面面。

在色诺芬的《凯洛佩齐亚》里对异国过去的描写。它不是传说，而是面向未来的个人经历、个人的世界观和期望。

与当代生活的联系（即对尚未有结果和没有完成的过程的重要关系），把具有重要意义的时评引入了文学。

小说中的事件，在最后的话语尚未表达出来的世界里发生着。

对话发生于无足轻重的琐事而上升到重大事件，在时间上直至永恒。无足轻重的小事、时间性与当代生活成为其出发点。

赫拉克里德·潘金克的《阿巴里斯》。北方人[1]的乌托邦制度。斯特来拉·阿泊隆，帕尔西发里。

问题性的惊险长篇小说根源。发禄·马尔克的 *Logistorici*[2]。梅尼普讽刺问题。

考验与教育是长篇小说情节的本质特点。

领域宽阔的"庄谐体"（$\sigma\pi o\nu\delta o\gamma\epsilon\lambda o\iota o\nu$，希腊文），其中有索夫龙的模拟滑稽剧、苏格拉底的对话、罗马的讽刺、梅尼普的讽刺、布克里奇的诗歌及寓言。

作为言语和交谈记忆的记事作用。

---

① 古希腊传说中住在北极的人。——译者
② 直译为"计算术""数理逻辑"，意译为苏格拉底对话与幻想故事混合体。——译者

现有的文学规范形式不能用来描绘现实生活（当代的）。所以它要依靠生动的、日常风习的非文学形式。第一部作者自传体用了辩护性的言语（伊索克拉底）。在英雄-伦理与神话 threnoi①（例如在品达罗斯作品里）的部位出现了散文墓志铭，这是不受神话-英雄的内容方面约束的现象（再如伊索克拉底）。在当代生活里光荣的大丈夫。这样便产生了自传体形式。

民间的脸谱人物，在描绘变化无常、典型地不断重复、已成定局而尚未完成的现实生活方面，具有重大的意义。从各个方面接近它们；作为开端的长篇小说主人公——马尔基特、柳兹、恩科尼、梅尼普与其他人。主人公不是封闭的、像史诗般完成的过去的人，而是未完成的生命过程，是更替、回归、际遇、再生、典型的重复过程，其他等等。为了把握生活中的新的陌生的对象，向下与向深处的活动是十分典型的。向下倾向联结着深入现象。赞扬与颂扬伟大，总是表面化地堵死了深化的通路。

英雄主义的开端保障了现在的不可动摇（实质上），结局则是毁灭。构思与评价的中心转向继续着的现代生活，较之过去，现代生活开始感觉到已与未来靠近了。构思与评价重心发生了转变。事情不在于"当代的现实生活"空洞的语言，而在于现实生活结构的独特性，它们决定了文学形象的特性。当代生活的未完成性，可以说，它的延续的特征，它与创造者、读者个人经历的联系，失去了史诗的距离；较之英雄主义的过去，它水平低级，出现了与它可以自由地、无拘无束地相处的可能性；向下与向深处的活动，其自身就可以感觉到与感受到这种可能性。特别重要的是要在人的形象中，表现出这些结构的独特性。史诗里的人完全是完成了的人，进一步说，归根到底他整个人是表面化的，下面一点对他特别重要：他不具任何潜能与可能性，这些方面无论如何在他的现实生活处境与命运中，不可能全面实现。他整个人彻底地纳入自己的命运、自己的地位、自己的外表范畴之内，他与自

---

① 古希腊口头送葬的歌曲。——译者

身完全相符,他绝对地与自身相一致,他身上没有哪怕是难以实现的、以备进一步发展的潜能,他不可能使自身变得更为完美。但是在长篇小说中,对于人的形象来说,其特征正是以人的可能性形成的人性的命运及其处境的不一致性。人有着他的未来,他是未完成的,有如整个当代的现实生活是未完成的一般。未来不能不与他发生关系,不能不在其中存在着他的根。这种自身的分歧和不相一致,可用极为不同的方式加以实现。它可以实现于主人公自己身上,可以用作者的观点看待世界与主人公,它可以通过多种情景在游戏中表现出来(这些情景犹如假面外衣与脸谱人物)。民间的脸谱人物对于长篇小说主人公的结构来说,具有特殊的意义。

这种脱节现象可以这样来表达:主人公可以大于人或小于人,但是他从来不会和人相同,归根结底不可能与人是同一个人。

在小说史的领域里,古希腊文学现象与后期中世纪和早期文艺复兴时期的现象极为相似,但是在古代土壤上,文艺复兴时期和它的伟大小说未能结束这些现象。考验与教育因素的出现,与主人公的这一新的小说结构相联系着。上面举例与分析了古代土壤上小说类型的主人公。作者与文学自身(与存在着的稳固的文学传统及典范)和传说相关,传说为他提供过去定型的、无可争辩的和完成了的世界。现在他面对的是未完成的、步步都有争论的、变动不居的现实生活。在贺拉斯的讽刺作品和西塞罗致阿季克的书信中,就存在着这种流溢着的现实生活的形象。传说赋予了世界内在的统一性,现在则需要去寻找与争取了。

当代现实生活,就其本身而言,是开放的、可以直接领悟的,长期以来,它仅为逗笑形式的对象。这些逗笑形式通过宽阔的领域"庄谐体"进入了正统的文学。

现在不仅要在语言交界处,而且要在时间交界处,按照新的方式来揭示对象。特殊的时间感觉是小说所固有的特征。问题不仅仅在于它不再与假定性的时间(史诗的过去)打交道了,而特别重要的是,为小说所固有的自己时代(世纪)时间的分化感觉,时间交界处的感觉,对并非结局的未来的重要关系。现在("时代")的内在生成的缺失,既有主人公的原因也有制度静止不变的原因,成了史诗过去的遗产。历史生成的形象发展非常缓慢。

"技术性"的时间,也存在于假定性的史诗的过去,曾得到十分深刻的研究(莱辛分析的正是这一技术性的时间:描绘事物的形成过程代替了对事物的叙述)。不过这一时间对于现实的、历史的时间完全是一副冷漠的态度,在这一时间里生活着作者与他的读者;真的,它列入这一时间,有如列入某个"过去",但它与真实的现在和真实的未来毫不相干。

史诗缺失"典型"的因素。典型(典型化)提出了完全另一种时间概念,它不可能依靠传说,而只能依据当代的现实生活的生动经历。此外它为了区分重要的艺术现象,提出了另一些原则。英雄化与典型化结合的问题(典型的主人公或是英雄化的主人公)。群众化的英雄主义的综合形象。一般来说,区分小说的主要原则与史诗的原则是极不相同的。从脸谱现象到历史性的重大现象。小说开始于"门外汉"的问题。代替"脸谱"现象是滑稽可笑的事。甚至可以说,小说之根(正确地说——长篇小说的话语),存在于对世俗化的曲解与对神圣事物的脱冕和矮化的嘲笑之中。

三种长篇小说的基本声调:快乐地骂人(它组成了梅尼普讽刺,彼特罗尼乌斯的长篇小说,在很大的程度上有阿普列乌斯的长篇小说,拉伯雷的长篇小说,很大程度上还有塞万提斯的长篇小说);故意表现得枯燥的中立性声调(《吉尔·布拉斯》);兴奋型的声调(借债是少不了的)。在小说里,兴奋总是借债的兴奋,因为这种兴奋总是伪造出来的,可以说是一种冒名顶替的故事。作者使用预言者、法官、检察官、辩护人、有影响的人物、祭司的声调说话,等等。这所有声调与它们联系着的观点,旨在使现实的权力,即威严、咒骂、宣告无罪、加冕被搞得支离破碎。小说家可以拆散这些现象,但是他们当然不具这种实际力量。史诗、戏剧与抒情诗不会替代任何人与任何事物。它们从古代的民间根源中生成，目力所及之处，歌手仍是歌手，他的这种状态就其本身而言是十分明白的。小说依靠的则是一定的、非艺术性的、纯粹的生活形式——法律的、宗教迷信的、日常生活的、科学的形式。但是它具有真正的与古代的民间文学根源——民间的诙谐。人的权利可以自由地研究与嘲笑，而现在完全失去了这一权利，要从外部来看待他的权利与能力。小说具有探索性，甚至实验性的特征：它出现于为它所准备好了的所有形式之中——在梅尼普的讽刺中，苏格拉底的对话中，刻薄的责难中，自传体中与忏悔录中，等等。小说作者并不知道他寻找着什么，他从表层走向本性，或是重要的核心。他厌弃一般性的老生常谈与对象的习以为常的面孔；史诗则相反，它存身于公认的范围中与不可争辩的传说中。在史诗中，全部存在的是同一品格，同样的现实，不存在虚幻与现实，不存在外在现象与内在本质，不存在过眼云烟与永恒、见解与真理。所有这些距离与演进在小说里都有。它们首次表现出来了、分化了，并保存于为小说准备的体裁中（在苏格拉底的对话中、讽刺中，特别是梅尼普体裁中，修辞的赞扬中，在小品文与暴露中）。赞扬英雄主义已不是什么特别重要的东西。开端就被怀疑，原来它并非不能怀疑。伊索克拉底、达马斯克莱的尼古拉的颂扬性的自传。苏格拉底的辩护占有独特的地位。

在名字与事物之间出现了距离。名字与它所有通常和稳固的联系，如今失去了自身的不容怀疑与无可争辩性，并和其他名字与低级诙谐名字的近邻发生冲突（稳固的联系，如常用的形容语、比较、对照、"平等"的通常相邻关系，为同样的等级性威望所制约等）。

典型依靠传说，但不依靠伦理的英雄颂歌。典型的民间文学的根源。谚语与俗语中的典型化因素。民间的绰号与诨名，褒贬诗（блазон）。民间脸谱中的典型因素的特殊性。这种典型性与平均的、恪守习俗的、平庸的、合乎常规的完全不同。它是现实的、有重要意义的，常常是夸张的。在褒贬诗里，在另一类所有民间的绰号里，起到了卓越水平的作用。进一步说，这种典型性是两重性的和本质的，它参与生活的诸多方面。

深入研究中立化的对象。这一对象(基本上是人)处在实验性的状态之中，幻想有序地参与其中。考验与教育的特点需要研究。考验本身可能带有不自由的辩护之处(希腊小说)，但也可能是自由的揭露性的(梅尼普讽刺、阿普列乌斯、彼特罗尼乌斯，某种程度上还有苏格拉底的对话)。

描绘(形象的抽象因素)成为过去，但是它的表现与形式化原则，包含着当代意识。

描绘当代生活有如描绘历史。

歌德与席勒以"作为绝对的过去"来界定史诗的时间，即没有任何通道进入当下。

在体裁理论的基础上，应该建立体裁哲学，但至今付之阙如。黑格尔的体裁哲学是不能接受的。除了唯心主义一面，他的历史唯物主义也是有局限性的。有关这些问题，他未能站在自己时代的高度，不仅不在洪堡之上，甚至也未能达到施莱格尔兄弟的高度。

(小说体裁理论有其特殊的困难，它与其他体裁相比具有原则性的不同。)当然，这是其他体裁完全不熟悉的特殊困难，区别了小说的理论。这只能以客体自身的独特性来说明。小说——唯一的、还在成长之中的、还未定型的体裁。我们亲眼见到这种体裁构建的有力行动，体裁的成长完全是在历史的世界里进行。体裁的骨架远未固定，我们还不能预见到它的各个方面的形式与可能性。其他的体裁，作为体裁，即作为艺术经历铸就的坚固的形式，我们认知它们仅仅停留在定型的样式里。它们形成的过程，处于设历史文献为证的观察之外。我们所看到的史诗，它不仅早已是定型的形式，而且已是陈旧不堪的体裁。同样，需要说明一下戏剧与抒情诗体裁。我们知道它们的历史生命就是现成的体裁的生命，它们有着坚硬的已经坚固的(对于某些现实性的可塑性已无能为力)骨架。这些体裁有着自己的标准，它们有如真实的历史力量活动着。小说尚未铸就作为历史行动力量的典范,只有小说的单个模式是历史地发生了积极作用的,但就其本身而言,还不是体裁的典范。其他的体裁类似于语言的基本形式:我们看到它们时已经定型,而它们的组成过程还未为历史观点所阐明。体裁的形成,有如语言的基本形式,沉积于史前的过去。它们都比书籍与书写(文字)古老得无法估量(它们在书籍之前就布满了遗迹,有如当代抒情诗人口头的"我唱"一词)。其他所有体裁本质为人所共知的重要性。小说——唯一的宏大体裁,就其本性来说是不露声色的。体裁创造力早就停顿下来——它们已经是一些没有活力的火山口。在田野里只有一座活动着的火山——长篇小说,能够用人的历史记忆给以阐发。在小说里,我们可以研究变化中的体裁构成力量。在这方面,正是长篇小说超出了常规的理论意义。

但是,这对于作为体裁的小说来说成了一个特殊的难点。因为这一理论,从本质上说,较之其他体裁的理论研究的完全是另一个客体。小说在多种体裁中间,不是一种通常的体裁,在早就存在的和定型的体裁中,它是一种唯一生成中的、尚未成形的体裁。小说不是体裁,而是一种体裁立场。其他的体裁不仅为说话人提供一定的方向与艺术影响的手段,同时对说话人还有一定必要的限制,这些限制决定了选择、观点、语言与主人公的风格。首先和首要的是——界限与形式,它们赋予进入这一形式的一切以确定的意义、一定的品质。小说在结构、主题、修辞方面是自由的形式,即从本质上讲,它还不是形式,不是界限。它可以在一个作品里容许混用、合并、组合其他任何体裁,不仅是文学的,而且还可以是非文学的。这还不是形式,这是在寻找形式,这与其说是寻找,不如说是对旧有的、存在着的、艺术自觉的形式和世界描绘的破坏。但这样的术语,如"综合""破坏"显示出(?)作为自觉的心理的、鲜明个性的过程,可实际上这个过程全非如此。在我们面前的,是一个新的、宏伟的、主导性的、决定了全部文学形式的成长过程,是新的文学自觉与描绘世界的成长过程,是应该替代老旧的、与它相关的所有体裁的成长过程。这一过程是辩证的,其中不断地融合着衰老的死亡与新的诞生。这一过程方兴未艾,它正处于高潮时期;同时,可能它还未进入高潮,可能还仅仅是个开端,它距离边界与形式十分遥远。难怪罗杰的一本关于小说史优秀著作,就本质而言,描述的完全不是小说,而是在古代土壤上所有其他体裁的解体(这一点是这本优秀著作的亮点)。

一个时代的文学与这一品类(还有诸多流派)的统一中,体裁的相互关系是个非常重要的问题。在一定程度上,体裁是互补的,而文学作为体裁的总和,在一定程度上是某种整体。这一时代的主导性体裁,总会在其他的体裁中留下自己的印痕。如果我们集中观察这一过程中的众多重要路线,那么我们确信,文学事业中的这种相互补充与相互影响,只存在于陈旧的定型体裁之中。它们在具体的话语与具体的等级关系之中,确定该时代的、该统治阶级的与该方向的文学整体。它们可以到处穿插,但基本上它们还是自己本身,保持着自身体裁的面目,自身的边界,正以这些相互关系的原则,决定了文学的整体(它们不能相互讽刺模拟,不能相互争论)。所有这些体裁统一地构建起来,实实在在地完成文学大厦的组成部分。正统的有机联系的诗学——亚里士多德的、贺拉斯的、布瓦洛的——贯穿了文学整体的深刻感觉与和谐结合,正确地说,是所有体裁整体中的相关性。诗学的力量就在于此,不可重复的完整性和阐述的全面性。19世纪的学术性诗学已经失去了这种感觉:它们持有折中态度,是描述性的,它们期望的不是生动的有机性,而是抽象的百科全书式的全面性,它们不是引向该时代生动整体的体裁的共存,而是导向可能全面的历史教科书式的共存(某些体裁在该时代仅仅是风格化的,甚至是滑稽的风格化,但是风格化的体裁,实质上已是另一种体裁了)。

所有定型的体裁,算上它们的变体,同属于一个文学的世界,它们具有共同的文学本质,它们同样地形成于史前口头时代;同样,它们在历史的回忆中出现时,已经是僵化的与定型的体裁(由于这点,它们起着体裁的作用）。小说如果是属于另一个世界，那它不会以定型的体裁来建构文学的定型的整体，它不垫补什么，也不用其他体裁加以补充，它独立地存在着。它对于定型的体裁（它们应当研究）抱有完全独特的态度，从最好的方面来说，它自己有时可以容忍与之相处一起，但常常是吸收它们，讽刺模拟地进行揭露，使它们丧失语言与话语，迫使它们改变自己的体裁本性。所以，小说不是定型的体裁，它处在新的主导体裁的生成过程里，这是更为深刻地反映与改变整个文学的普遍过程。小说所以对其他所有的定型体裁的态度那么格格不入，不能与之和睦相处，因为后者的定型本质是属于过去的。

作为体裁，其形式愈是凝固于自身之中，那么它就愈是难以成为世界观，它就会失去提出问题的能力与表现出提问题时的犹豫不决，这样它就会同其他体裁、非艺术的形式与科学一起，更加突出地难以穿越它的边界。

（我们把定型的体裁称为死的体裁。要赶快说明一下以避免误会。作为体裁它们还活着，还会发挥作用，但其体裁的结构力已经死去。它们的体裁本身的稳定性可以用失去知觉来形容。）

所以有机的诗学，都定位于共存体裁的体裁整体性，而忽视小说与力图追随小说类型的体裁。在这些诗学中，定型的相互补充的体裁里是没有小说的地位的。在新古典主义的诗学里，戈特舍德第一次写了一章，而且还是在《批判的诗学》（1751）的第四版里。（胡德神父把长篇小说归结为引人入胜的情史，他提出警告，反对小说可能对风俗习尚带来不良影响。）这之后拉伯雷、堂吉诃德、西米利泽西姆斯，稍后的《新爱洛伊丝》、菲尔丁、伏尔泰的长篇小说，等等。

我们谈到有关文学的有机整体，它是从互补的定型的体裁成长起来的。但是，对于全部文学来说，这一整体在什么时候、什么时代，真实地存在过？在文学存在的历史时期，它就从来没有成为整体文学。不过在古典希腊时代（希腊化时代之前），部分地在罗马文学的黄金世纪，在早期与中期的中世纪，在17世纪与18世纪的上半期（即新古典主义时期),它曾是真实地占有统治地位的正统文学。与它一起存在着长篇小说型的众多体裁,随后是小说(从希腊化时代起),一起标志这是非官方的存在,而未进入正统文学,几乎也未曾对它发生任何影响。在其他各个时代,这种定型体裁的、有机整体的文学就从未存在过。文学为生成所支配(因此,定型的体裁分化了),而成长的中心就是小说(和接近于它的其他形式),就是作为成长中的体裁。定型的体裁本身受到长篇小说的影响,这么说吧,出现了重大的变形,发生了长篇小说化。这一过程从 18 世纪下半期开始,特别强烈、鲜明,一直延续到今天。作为成长中的小说,寻找着自己的体裁而成为主导体裁,它几乎使其他一切体裁或多或少地长篇小说化了,但原有的这些体裁,严格地保留着自己衰旧体裁的本性,获得了风格特点。体裁固有自持力,一般说来开始于对模拟风格的响应。体裁的小说化的过程,对于文学理论来说是个十分有趣和十分有益的问题。小说化的戏剧(易卜生、霍鲁特曼的剧作及其他——戏剧化的小说),小说化的抒情诗(突出的例子——如海涅的抒情诗)。小说好像以自身的事实,揭露了所有定型的和典范化的体裁的人为规定,它们风格的假设性,它们观点、结构上的局限性(它们的结局与开头)。作为主导体裁的长篇小说,其语言背景按照特别的方式,开始使用多种规定的体裁的假定性语言:换句话说,它们发声于小说还未出现的时代,或者还处于正统文学的边沿之外。〔拜伦的小说化了的长诗——《恰尔德·哈洛尔德游记》(少一词),《唐璜》。〕直接的体裁和风格(甚至是长篇小说本身稳定的多样变体)讽刺模拟体(在这一那一程度上)在小说里占有重要的地位(除此之外,文学人物的描绘——拜伦的追随者、理查逊的追随者、罗梭的追随者、幻想的浪漫主义者及其他)。例证可见《叶甫盖尼·奥涅金》,其中有不同抒情风格与讽刺模拟体裁不同程度的风格化(部分与史诗的不同级别)。长篇小说不会提供任何一个原有变体的稳定性与典范性。通过小说的全部历史,讽刺模拟会不同程度地被吸取,这是占有统治地位与时尚的多种变体、走向公式化的讽刺模拟。

17世纪出现了第一部对惊险小说 *Dit d' aventures*（讽刺模拟。出现了对穆泽乌什感伤主义小说《格隆基松第二》的讽刺模拟，菲尔丁与其他人），对牧歌式的小说（索莱尔的《古怪的牧童》）讽刺模拟，等等。长篇小说的这种自我批判有其优良特点，作为形成中的和非定型的体裁，对它来说是非常典型的。史诗与抒情体裁的讽刺模拟与乔装打扮的滑稽剧（自我嘲弄）带有小说化的特点，它们不会进入史诗和抒情诗的历史，而进入小说历史和使其他体裁小说化的历史里（从《鼠蛙之战》开始，这点我在上一次的报告中已经指出）。

其他体裁的小说化表现在什么地方呢？它们的形成更为自由并具有很强的可塑性，它们的语言由于语言的口语性与小说语言的多层次性而得到了更新，这些体裁对话化了。其中渗透了讽刺、幽默、自我讽刺模拟因素，出现了特殊的未完成性与难以言说的成分，对立与矛盾加强了，出现了与当代生活更为亲密的关系，与非文学的体裁的联系，但主要的是——它们变得更具问题意识了。小说为自下而上的文学整体，注入了问题意识、未完成性，并与当代现实生活发生了活生生的接触。那些不从属于这一更新的体裁，作为故意的模拟风格开始发声。这是小说的特殊作用，同时所有的其他体裁，得到拓展与更新，这对于文学史与文学理论来说是个十分重要的问题。

所以，长篇小说并非众多体裁中的一种体裁，它与其他体裁共存，并充实它们，在文学的生动整体中，让这些体裁相互充实。小说好像是某个异己的躯体，冲破了定型体裁的文学。它并不丰富定型的体裁，而是很快地否定它们。小说无法（？）受制于老旧的、定型的、封闭的与典范的本性的约束。它冲入定型的、因循守旧世界而自我生成，它的成长不可避免地促成整个世界的变动，并为它的成长（如死与新生）所感染。无怪乎一些优秀的希腊长篇小说史著作，都注意到了希腊文学各种体裁的衰落史。当然，长篇小说不是其他体裁衰落与更新的第一原因，不过它与文学中所出现的凝聚力和新的承重力的生成是分不开的。那种种败坏其他体裁的因素，产生并养育了长篇小说。但是成长起来的与坚固起来的小说本身,就在败坏(?)其他体裁,成为文学更新过程中的积极参与者。它在自己的结构中引进各种体裁,并促使其按另一种形式发出新声(好像它可以把所有体裁语言,纳入自己的语言体系之中)。在希腊化时代,古希腊世界和对后来的中世纪文艺复兴时期,在野蛮的欧洲,文学在对待现实生活(现实生活成了另一种现实生活,并按其他方式展现出来)的关系中,开始重新确定自己的方针。确定这一方针的过程中,产生了长篇小说,随后成长了,并成为这一过程的引领者。

综上所说,长篇小说理论与其他一切的体裁理论各异其趣,极为不同(小说按照新的方式揭开了时间之维,并按新的方式展现空间)。其他体裁对定型的、早已成形的对象进行着理论研究。在体裁的本身关系中,这些体裁的变体,就其时代、阶级文学与倾向的遗迹来说,并未伤及僵化了的体裁骨架。这些变体的可能性,含有局限性,是无法破坏体裁本性的。那时体裁小说化了,或者进入小说的直接影响的范围,或是反映了现实生活和文学生活的变化,造就着小说的统治地位,只有那时,事情才会发生变化。就此而言,这一体裁的逻辑对于阐明非古典主义的变体是不够的。这里只有正确地、深刻地研究长篇小说理论与历史才有帮助。同样,例如小说化的长诗,拜伦的《唐璜》,直接属于小说理论与历史的研究范围。但是在古典主义体裁发展的范围里,体裁作为体裁仍然活着,显示着自己的体裁本性。体裁理论到现在为止,几乎在亚里士多德所做过的基础研究上,没有添加任何重要的业绩。在小说关系中,事情更为复杂,亚里士多德的诗学的所有范畴是服务性的,风俗画家的方法也是服务性的(基本上是描写),这些方法适用于分析定型的与确定的体裁本身的定型化特性。多个世纪以来,对作为成长中的体裁的长篇小说的研究,持续地领衔改造着全部欧洲文学,不可避免地会涉及文学理论及文学史中最为基本的原则性问题。在长篇小说的问题上,首要的是文艺学的根本性的重建。

但是当今的资产阶级文艺学无志于此,也无能力做此类改造。长篇小说理论依然如故,走投无路,停留在死胡同里。不少学者付出了巨大努力,他们积累了大量的历史资料,阐明了系列问题,触及了小说中的单个变异的起源,但就体裁而论,从本质上说,没有出现多少令人满意的、原则性的进展。长篇小说仅被看作其他体裁中的一种体裁,注意到了它的不同之点,确定了它在其他体裁中的地位,但就如事物在其他事物中一般,处于和平共处与相互充实的关系中。没有考虑到小说几乎是对于所有其他体裁的批判特点(讽刺模拟的与滑稽作品对这些体裁的破坏,在小说历史中,特别是在主要的小说变体产生过程中,起到重大的作用)。这一批判首先是指向反对其他体裁对于现实生活的态度的。在这一基础上,长篇小说破坏了并把其他体裁长篇小说化了。所以,长篇小说本身的特殊性倒是从研究者们那里溜掉了:当作其他一般性的体裁,这是不稳定的形式,并不是公式化,也非边界。但是正好相反,这是破坏边界的力量,是某种酵母,它分解其他体裁(即正是它们自身的体裁性)形式的稳定性,它不会使自己的任何一个变体公式化。这就是对于具有更新力量、面对生成的与永远变动不居的现实生活的文学一个附加说明吧。所以,一些学术著作在大部分场合企图把长篇小说当作一般的文件登记与它的变体描写、当作稳定的体裁来揭示其内在的规律性的尝试,是必然要失败的。一些研究长篇小说的学术著作,在大部分情况下,只是或多或少的是一种完整的记录和对长篇小说的变形的描绘,但是这些描绘的结果却不能成功提供某些覆盖长篇小说的提法。甚至,如果不做出必要的修正,那么研究者们不能成功地指明长篇小说的任何一个特点,这一特点作为体裁特点的修正,将会继续下去,不被废止。长篇小说是多布局的体裁,虽说也存在单一布局的长篇小说。长篇小说是情节尖锐的体裁,是动作丰富多样的惊险体裁;有些长篇小说,在描绘性方面,可以最大限度地达到其他任何一种体裁难以企及的地步。长篇小说是问题意识体裁,虽说是通俗性的小说,但作为引人入胜、阅读时不假思索的范例,任何一种体裁无法与之比肩。长篇爱情史小说,即使欧洲长篇小说最伟大的典范,也丧失了爱情的因素:类似这类体裁特征,可以真诚地附和,不过但书可以使它们化为乌有,还可以举出一些。在这一关系中,小说家们自己所提供的那些体裁规范化的定义,更为合情合理。他们提出了某种体裁类型,宣称它们是唯一的、迫切需要与正确的,否定了以前的或是在一个时刻占有统治地位的长篇小说典型。卢梭为《新爱洛伊丝》(普通的事件与非凡的人)所写的序,维兰德为《阿伽通的故事》(教育小说)写的序,浪漫主义作家围绕《威廉·麦斯特》与《路琴德》及其他所发表的宣言与论说,就是如此。这类论说并非企图把一切小说类型作为稳定的体裁,收容于折中主义的定义之中,它们只是反映了长篇小说在其特定阶段的形成,和其他体裁的斗争以及与自身的斗争。作家们的这些论说,已接近理解长篇小说在文学中的特殊地位,与其他体裁是不可同日而语的。

有关欧洲长篇小说系列的论述、宣言与新型的发展纲领,具有特殊的意义:这一系列观点揭示了菲尔丁在《弃婴托姆·琼斯的故事》中有关长篇小说与主人公的思考,维兰德《阿伽通的故事》的序文成为一个重要阶段,最为重要的是布兰肯堡的《长篇小说实验》一书。黑格尔提出的长篇小说理论,则是这一系列的完成。对于所有的这些反映了长篇小说在其重要阶段之一形成的所有意见(《弃婴托姆·琼斯的故事》《阿伽通的故事》《威廉·麦斯特》),有代表性的

(手稿到此中断)

钱中文　译

作为文学体裁的长篇小说

体裁理论作为系统性历史学科,应以文学类型与体裁的哲理为基础。① 但这样一种哲学,要能满足马列主义和当代文艺科学现状的要求,满足文艺科学积累的全部丰富历史材料的要求,可惜我们现在还没有。黑格尔的体裁哲学不能令我们满意,原因不仅在于它的唯心主义,还在于它依据的那个历史材料过于局限和陈旧。现在我们研究体裁的本质,缺少成熟可靠的哲学基础。这给我们的工作造成极大的困难,常让我们的工作流于系统的描写,流于登录没有内在联系的零碎事实。在这篇研究小说体裁理论基础的报告里,我们因此不得不以较多篇幅先分析一下与体裁哲学直接相关的某些问题。

研究作为一种体裁的长篇小说的理论,会遇到一些特殊的困难,是研究其他体裁的理论所不曾见过的。这是研究对象本身的特点所决定的,因为长篇小说是唯一的处于形成中而还未定型的一种体裁。建构体裁的力量,就在我们的观察之下起着作用,这是因为小说体裁的诞生和形成,完全展现在历史的进程之中。长篇小说的体裁主干,至今还远没有稳定下来,我们尚难预测它的全部可塑潜力。其他的体裁作为体裁,即作为熔铸艺术经验的某些固定的形式,早在我们熟悉之前就已然是现成的东西了。它们在古代的形成过程,找不出历史的

---

① 亚里士多德把文学类型和体裁的哲理,作为自己体裁理论的支撑。但他的体裁理论不是历史性的学科,而仅具有系统的性质。——作者

文字记载。史诗在我们了解之前，不仅早已是现成的东西，而且已是极其衰老的体裁。讲到其他的基本体裁，甚至包括悲剧在内，也都可以这么说，尽管要有某些保留。我们所知道的它们存在的历史，就是现成体裁的历史，有着稳定不变的骨架却很少可塑性了。它们之中的每一种体裁，都已有自己的程式，这程式作为一种现实的历史力量在文学中发挥着自己的作用。所有这些体裁，或者说至少是其中基本的成分，出现的时间都远在文字和书籍之前，而且早在今天以前便一直在不同程度上保持着自己古老的口头宣讲的本色。在所有重要体裁中，唯有长篇小说比文字和书籍年轻，也唯有它能很自然地适应新的无声的接受形式，即阅读的形式。但最主要的是长篇小说没有其他体裁的那种程式，因为在历史上起作用的只是一些典范的小说作品，而不是一种固定的体裁程式。

这就造成了小说理论的极端困难之处。要知道这一理论本质上有着与其他理论完全不同的研究对象。小说不仅仅是诸多体裁中的一个体裁。这是在早已形成和部分地已经死亡的诸多体裁中间唯一一个处于形成阶段的体裁。* 这是世界历史新时代所诞生和哺育的唯一一种体裁，因此它与这个新时代有着深刻的血缘关系。而其他正统体裁是作为现成的东西为新时代所继承，只需适应新的生存条件就可以了，其中有的适应得好些，有的则差些。与它们相比，小说是另一种性质的东西。它难以同它们融洽相处。它在夺取文学中的统治权，一旦它在哪些地方获胜，其他的旧体裁便要瓦解。难怪研究古希腊罗马小说史最好的一本书——埃·罗杰的书，主要不是讲小说的历史，而是描绘所有崇高的正统体裁在古希腊罗马土壤上瓦解的过程。

各种体裁在某一时期的文学整体中如何相互作用，是一个十分重要而又饶有趣味的问题。在某些时代里（希腊文学的古典期、罗马文学的黄金时代、古典主义时期），正统文学（即居统治地位的那些社会

＊　研究（除长篇小说）其他体裁犹如研究已经死亡的语言，而研究小说体裁却像研究活着的语言（而且是年轻的语言）。

集团的文学)中的所有体裁在一定程度都是和谐地相互补充,所以整个文学作为多种体裁的总汇,在很大程度上是一个高度和谐的整体。但很说明问题的是,小说从来都不进入这个整体,不参加到多种体裁的和谐生活中去。在这些时代小说处于正统文学的门外,过着非正式合法的生活。能进入按等级组织起来的文学的和谐整体中去的,只有那些具有确定不变的体裁面貌的现成的体裁。它们能够互相限制、互相补充,同时保持各自的体裁本色。它们就其深刻的结构特点来说,是统一而极亲近的。

旧时代里重要而且能深入本质的各种诗学(亚里士多德、贺拉斯、布瓦洛),都渗透着深刻的文学整体感,和这一整体中所有体裁相互结合的和谐感。这些诗学似乎具体地听到了多种体裁的和谐声音。这一点正是这些诗学的力量所在,正好表现出它们独特的完整性和全面的概括性。所有这些诗学又都一贯地轻视小说。19世纪学术界的诗学,不具备这种整体性;因为它们是折中的,是描写性质的,不追求生动的自然的完整性,而追求抽象的百科的完整性;它们考虑的不是一些特定体裁在该时代文学整体中共存的现实可能性,而是这些体裁如何尽可能全面的共同纳入文选之中的问题。它们当然已经不再轻视小说,但只不过把小说(摆在光荣的位置上)加进已有的体裁中去;且作为多种体裁的一种,小说也还加进了文选中去。但进入活生生的文学整体时,它却完全是另一种情形。

小说如我们已经说过的那样,难以同其他体裁和睦相处。根本谈不上在相互区别和相互补充的基础上达到什么和谐。小说是讽刺地模拟其他体裁(恰恰是把它们作为不同体裁来模拟),揭露它们形式和语言的假定性质,排除一些体裁,把另一些体裁纳入自己的结构,赋予它们新的含义和新的语调。文学史家在这当中有时倾向于只看到不同文学流派的斗争。这种斗争当然是存在的,但它是一种表面现象,在历史上是细枝末节。要能透过它看到不同体裁之间更为深刻的具有历史意义的斗争,看到文学体裁的核心骨架正在形成和发展。

　　在小说逐渐成为主导体裁的那些时代里,可以看到特别有趣的现象。那时整个文学会被卷入形成的过程中,会全面渗进"对体裁的批判态度"。这种情况曾出现在希腊化时期的某些阶段上,出现在中世纪晚期和文艺复兴时代;不过表现得特别强烈鲜明的,是从18世纪下半期开始。在小说统治时期,几乎所有其他体裁不同程度上都"小说化"了:发生小说化的有戏剧(如易卜生、霍普特曼,整个自然主义戏剧),有长诗(如拜伦的《恰尔德·哈罗尔德游记》,但特别是他的《唐璜》),甚至还有抒情诗(突出的例子如海涅的抒情诗)。那些固守自己原来程式的体裁,也带有了模拟风格的性质。一般说来,脱离开作者的艺术意图而严格坚持某种体裁特点,便要开始给人模拟风格的印象,甚至是意在讽刺的模拟。在小说成为统治体裁时,严格程式化的那些体裁,其假定性的语言听起来已经有了异样,同小说未进入正统大文学的时代比较,具有了不同的新意。*

　　对直接体裁和风格的讽刺性模拟,在小说中占有重要的地位。在小说创作高涨的时代,特别是在酝酿这种高涨的阶段,文学中充满了对所有崇高体裁(恰恰是针对体裁而非针对个别作家和流派)的讽刺模拟和滑稽化。这种讽拟体是小说的先兆、同伴,也是一种特别的草图。不过很说明问题的一点是:小说从来不让自己任何一个变体稳定不变。在小说发展的整个历史上,始终贯穿着对小说体裁中那些力求模式化的时髦而主导的变体施以讽拟或滑稽化。例如讽拟骑士小说(对骑士惊险小说的第一篇讽拟,出现于12世纪,这就是 *Dit d'aventures*①),讽拟巴洛克小说,讽拟牧人小说(索莱尔的《古怪的牧童》),讽拟感伤小说(如菲尔丁,如穆泽乌什的《格朗基松第二》),等等。小说的这种自我批判态度,是它在体裁形成过程中的一个极好的特点。

　　我们在上文说到的其他体裁的小说化表现在哪里呢? 其他体裁

　　*　在长篇小说创作的高峰时代,尤其在酝酿这种高峰期间,文学中会充斥讽刺模拟和乔装假冒所有各种崇高体裁的角色(正是针对体裁而非针对个别作家、个别流派);这类讽刺模拟作品构成了长篇小说的先兆、伴随物和习作。

　　①　《惊险故事》。——原编者

变得自由了一些,可塑性强了一些;它们的语言借助非标准语的杂语事实,借助标准语中的"小说"成分而得到更新;它们要出现对话化。其次它们中间广泛渗进了诙谐、讽刺、幽默,渗进了自我讽拟的成分。最后(这也是最主要的),小说赋予了这些体裁以问题性,使它们有了一种特殊的意义上的未完成性,并同没有定型的、正在形成中的现代生活(未完成的现在)产生密切的联系。所有这些现象出现的原因,我们在下文将会看到,就在于诸多体裁都被移置到一个新的特殊的塑造艺术形象的领域中(即与未完结的现代生活密切交往的领域中);这是由小说首先开拓掌握的一个领域。

当然,小说化的现象不可只用小说本身的直接影响来解释。即使在这种影响能够确切加以确定和表现的地方,这种影响也总是与现实生活的变化所起的直接作用不可分地交织在一起。正是现实生活中的变化对小说起着决定的作用,也决定了小说在该时期的统治地位。小说是处于形成过程的唯一体裁,因此它能更深刻、更中肯、更锐敏、更迅速地反映现实本身的形成发展。只有自身处于形成之中,才能理解形成的过程。小说所以能成为现代文学发展这出戏里的主角,正是因为它能最好地反映新世界成长的趋向;要知道小说是这个新世界产生的唯一体裁,在一切方面都同这个新世界亲密无间。小说过去和现在从许多方面预示着整个文学的发展前景。因此,小说一占据主导地位,便会促进所有其他体裁的更新,它把自己形成、成长和尚未完结的特点传染给了其他体裁。它威严地把它们都纳入自己的轨道,正是因为这个轨道与整个文学发展的基本方向相一致。小说作为文学理论的研究对象和文学史的研究对象,同样也具有特殊的重要性,原因就在这里。

遗憾的是文学史家把小说与其他现成体裁之间的这场斗争,把小说化的一切现象,往往归结为各种派别和思潮的生存与斗争。例如他们称小说化了的长诗为"小说体长诗"(这是对的),并且认为这已经把话说到底了。他们不能透过文学过程的五光十色、热闹非凡的表象看到文学和语言的命运中巨大和重要的变化。而在文学和语言的命运中,主导的角色首先便是体裁;至于思潮和派别,只能是第二等和第三等的角色。

文学理论一碰到小说,就表现得完全束手无策。对付其他的体裁,它论述起来信心十足,切中要害,因为这是现成的定型的研究对象,十分明确,清清楚楚。这些体裁在其发展过程中的整个古典时期,一直保持着自己的稳定性和程式化,而不同时代不同流派、派别导致的各种变体,都是表面的现象,不触及它们的坚实的体裁骨架。就实质而言,关于这些现成体裁的理论,直到今天也未能对亚里士多德早已说过的话做出重要的补充。亚里士多德的诗学至今仍然是体裁理论所依据的不可动摇的基础(尽管有时这基础渗透至深,人们看不出来)。只要不涉及小说,一切都很顺利。可是,一些体裁刚刚发生小说化的现象,就弄得理论走投无路。面对小说问题,体裁理论不能不进行根本的改造。

由于学者们的辛勤劳动,已经积累起众多的历史材料,已经阐明了与一些小说类型来源有关的一系列问题,但体裁问题作为整体并未得到多少令人满意的根本解决。人们继续把小说体裁看作是与其他体裁一样的一种体裁,企图找出它作为一个现成体裁而区别于其他现成体裁的地方,企图揭示出它的内在程式,即那些稳定固有的体裁特征所形成的一定体系。研究小说的著作大多数情况下都只限于尽可能全面地记录和描写各种小说类型。然而这样描写的结果,从来未能给小说这一体裁提出一个多少有概括性的定义。不仅如此,研究者们未能指出任何一个确定稳固的小说特征而不附加保留条件;可一有保留条件,这个体裁特征便完全化为乌有了。下面列举的便是这种带"保留"条件的特征:小说是一种多布局的体裁,虽说也存在精彩的单一布局的小说;小说是情节尖锐、流动发展的体裁,尽管有的小说纯作描写,达到了文学中难以企及的程度;小说是一种问题体裁,虽然大量的小说作品纯粹以趣味取胜,不劳读者费神思考,这一点是任何一种体裁都无法比拟的;小说是爱情史,尽管欧洲小说最伟大的范本根本就没有爱情的因素；小说是散文体裁，虽说也存在极好的诗体小说。类似这样的小说的"体裁特征"，亦即被老老实实附加的保留条件化为乌有的特征，当然还可以举出不少。

有些标准的小说定义，倒更有意思得多，也更始终一贯。这是小说家们自己下的定义。他们举出某一种小说类型，宣布它是唯一正确、唯一需要、唯一现实的小说形式。例如卢梭为《新爱洛伊丝》写的著名前言，维兰德给《阿伽通的故事》写的序，维采尔给《托比阿斯·克纳乌特》写的序，都属于这一类。小说家们围绕《威廉·麦斯特》和《路琴德》发表的大量声明和论述也属这一类。这些论说并不企图用一个折中的定义涵盖一切小说类型，但其本身却参与了小说体裁的实际形成过程。这类论说常常能深刻准确地反映出小说在其特定发展阶段上同其他体裁的斗争和同自身的斗争（自身是指采用其他占统治地位的和一时风行的小说类型）。作家的论述已经接近于理解小说在文学中不同于其他体裁的特殊地位。

在这方面，18世纪伴随新型小说的创造而出现的一系列论述，具有特殊的意义。这一系列论述的肇始，是菲尔丁谈自己的小说《汤姆·琼斯》和书中的主人公。后继者是维兰德写在《阿伽通的故事》前的序言。而最关键的环节要算布兰肯堡的《小说实验》。这一系列的终端就实质来说便是晚些时候黑格尔提出的小说理论。综观反映一个重要阶段中（《汤姆·琼斯》《阿伽通的故事》《威廉·麦斯特》）小说成长的这些论说，有代表性的是以下几条对小说的要求：（1）小说不应该具有文学中其他体裁所具有的那种意义上的"诗意"；（2）小说的主人公不应是史诗或悲剧意义上的"英雄"人物，他应该把正面和反面、低下和崇高、庄严和诙谐融于一身；（3）主人公不应作为定型不变的人来表现，而应该是成长中的变化中的人，是受到生活教育的人；（4）小说在现代世界中应起的作用，要像长篇史诗在古代社会中的作用（这个思想由布兰肯堡非常明确地提了出来，后来又经黑格尔重申）。

所有上述的论断和要求，有着十分重要和积极的方面，这是从小说立场上批评其他体裁和它们对现实的态度:矫揉造作的英雄化、程式化、狭隘而无生气的诗意、情调单一平淡而且抽象、主人公的定型不变。这里实质上是对其他体裁以及此前的小说类型(巴洛克英雄小说、理查逊的感伤小说)那种文学性和诗意做出了原则性的批判。这些论述在很大程度上还得到了这些小说家实践的验证。这里的小说,无论创作实践还是与创作相关的理论,都是直截了当地有意识地作为批评其他和自我批评的一种体裁出现。这个体裁的义务,是把居统治地位的文学性和诗意从根本上加以更新。把小说同史诗加以比较(而且是对立地比照),这一方面是批评其他的文学体裁(其中也包括批评史诗式的英雄化这一类型),另一方面也为了提高小说作为现代文学主导体裁的意义。

我们列举的几条论断要求,是小说自我认识所达到的高峰之一。这当然不是小说理论。而且这些论断也不具备特别的哲学深度。尽管如此,它们对小说这一体裁本质的说明,如果不优于,至少也不亚于现有的各种小说理论。

下面我便试图把小说当作在整个现代文学发展过程中居主导地位的正在形成中的体裁来加以考察。我不想给文学中(历史上)已有的小说程式规定一个由稳定的体裁特点所构成的体系作为定义,但我要探索一下这个可塑性最大的体裁有哪些基本的结构特点,是哪些特点决定着它本身变化的方向和它影响、作用于其他文学的趋向。

我发现有三个这样的基本特点,它们使长篇小说根本区别于一切其他的体裁:(1)长篇小说修辞上的三维性质,这同小说中实现的多语意识相关联;(2)小说中文学形象的时间坐标发生了根本的变化;(3)小说中进行文学形象的塑造,获得了新的领域,亦即最大限度与未完成的现在(现代生活)进行交往联系的领域。

小说的所有这三个特点,相互有机地联系在一起,而且它们都是受欧洲人历史上一个特定转折关头所决定的,这就是欧洲人民摆脱了社会封闭和窒息的半宗法制状态,进入了不同民族、不同语言相互联系和交往的新环境之中。欧洲人民的面前,展现出了纷繁多样的语言、文化和时代,这成了他们生活和思维中的决定性因素。

小说的第一个修辞方面的特点,即同新世界、新文化、新的文学创作意识中积极的多语现象相联系的一个特点,我在自己的另一篇论文中①已经分析过了。这里只想简略提一提最基本的东西。

新的文化意识和文学创作意识,存在于积极的多语世界中。*世界一劳永逸地变成了多语世界,再无反顾。不同民族的语言闭目塞听、不相往来的共存阶段宣告结束了。各种语言于是相互映照,要知道一种语言只有在另一种语言的映照下才能看清自己。在某种民族语内部不同"语言"天真而又顽强的共存也同样宣告结束了,也就是说结束了地域方言、社会和职业的方言行话、标准语、标准语内不同体裁的语言、语言中不同时代的因素等等的共存。

所有这些因素都行动起来,进入了积极地相互作用和相互映照的过程。话语、语言开始给人以另一种感觉,它们客观上已不再是过去的自己。在不同语言这样外在地和内在地相互映照的条件下,每一特定的语言即使它的语言成素(语音、词汇、形态等)绝对不变,也好像是又一次降生;对于使用这一语言的创作者意识来说,它变为了另一种质的东西。

在这一积极的多语世界里,语言和它指涉的事物即现实世界之间,形成了完全新的关系;这种新型关系为在闭锁的单语时代所形成的一切现成体裁孕育了巨大的后果。与其他正统体裁不同,小说恰是形成和成长在外在与内在多语现象急剧积极化的条件下,这是最合它意的环境。所以小说才能够在文学发展和更新的过程中在语言和修

---

① 见本卷中论文《长篇小说话语的发端》。——译者

* 多语现象是历来就有的(它比规范的纯粹的单语现象还要久远),但它过去不是一个创作的因素;艺术上的有意的选择,过去没有成为文学语言发展过程中的创作核心。古典时代的希腊人,既感觉到了不同的"语言",也感觉到了语言的不同时代,以及希腊多样的文学方言(悲剧就是一个多语的体裁)。但是创作者的意识却把自己仅仅局限在闭塞的纯粹的语言里(其实有的事实上也是混合语)。对多语现象的整顿和规范化,是在不同体裁之间实现的。

辞方面居于主导地位。

小说同多语环境相联系所产生的深刻的修辞特色,我曾在上面提到的那篇文章里试着作了阐释。

现在来谈另外两个特点,它们已是涉及小说体结构的题材因素了。通过对比长篇小说和长篇史诗①,能够最好地揭示说明这两个特点。

从我们所研究的问题出发来看,长篇史诗作为一种特定的体裁,具有三个基本特征:(1)长篇史诗描写的对象,是一个民族庄严的过去,用歌德和席勒的术语说是"绝对的过去";(2)长篇史诗渊源于民族传说(而不是个人的经历和以个人经历为基础的自由的虚构);(3)史诗的世界远离当代,即远离歌手(作者和听众)的时代,其间横亘着绝对的史诗距离。

下面我们逐个详细地分析一下长篇史诗这些基本特征。

史诗的世界,是民族英勇的过去,是民族历史的"根基"和"高峰"构成的世界,是父辈和祖先的世界,是"先驱"和"精英"的世界。问题不在于这个过去是长篇史诗的内容。描绘的世界应属于过去,这个世界应是过去的一部分——这是长篇史诗作为一种体裁所具有的基本的形式特征。长篇史诗从来不是描写现在、描写自己时代的长诗(它只能是给后代人描写过去的长诗)。长篇史诗作为我们熟悉的一种特定体裁,从一开始便是描写过去的长篇;而史诗中内在的作者意向,作为史诗基本要素的作者意向(即讲说叙事人的意图),实为一个讲说者叙述他所无法企及的过去时代的意向,实为后代人一种虔敬的意向。史诗话语就其风格、语调、形象性特征而论,与当代人对当代人讲当代人的语言(例如:"奥涅金——我的好友,生在涅瓦河畔。啊,我的读者,或许你也在那里降生或是显露过才华……")比较,相去极远。为史诗体裁内在必备的歌手和听众,处于同一个时间里,处于同一个评价水平上(同一个等级上),然而被描绘的主人公的世界却处于完全另

---

① эпопея(长篇史诗)、эпос(史诗)两术语传统上指称古代叙事作品。——译者

一个不可企及的评价水平上，另一个时间里；两者之间隔着史诗的距离。在两者之间起媒介作用的，则是民族传说。要在与自身和自己同代人相一致的评价水平和时间层面上描绘事件（因此也就是在个人经历和虚构的基础上描绘事件），就意味着实现根本的转变，从史诗的世界跨进小说的世界。*

　　我们说的长篇史诗，是指流传至今的一种特定的实有的体裁。我们见到它时，它已是完全现成的体裁，甚至已经僵化、几近死亡的体裁。它的完美、稳定、艺术上的绝对不涉幼稚，都说明它作为一种体裁已进入垂暮之年，说明它有过漫长的过去。不过关于这个过去，我们只能猜想而已。而且应该直说，我们目前的猜测还极不可靠。长篇史诗形成之前，史诗体裁的传统出现之前，有过设想中的最早的诗歌。它们在当时是歌颂同代人的歌，是对刚刚发生的事件所做的直接反应，可是这些猜想中的歌我们并没见过。所以，说唱人和中世纪叙事的最早歌曲是什么样子，我们只能揣测。并且我们没有根据可以认为，这些歌更像后来的叙事歌（这是我们所熟悉的），而不像我们的轰动一时的小品文或针对现实的歌谣。我们所能见到的完全现实的那些讴歌当代人的史诗性英雄化的赞歌，是在长篇史诗形成之后才出现的；它们以古代强大的史诗传统为基础。这类赞歌把现成的史诗形式

---

* 当然，就连"我的时代"也可以根据它的历史意义当英雄的史诗时代来接受，把它推出一定距离，仿佛是从久远的年代取来（这已不是自己的眼光，不是同代人的眼光，而是未来的眼光）；而对过去则可以用一种亲昵的态度来接受（仿佛是我的现在）。不过这么一来，我们便不是把现在放在现在来理解，也不是把过去放到过去来理解。我们是把自己从"我的时代"里抽了出来，从"我的时代"同我的亲昵关系这一领域中抽了出来。

　　在历史小说里，作者与读者都站到了同时代人的视角上（"奥涅金，我的好友啊……"）。

　　记忆而非认知，是古代文学的积极的创造力，是它的力量所在。

　　阿喀琉斯讲唱自身的勇士歌。野蛮人的自我勇士化。这类现象中，有些出现在文学发展的前体裁阶段（那时自然还谈不上叙事史诗）。另一些合乎规律地有机地归属过去，按照等级融入过去，将自己勇士化。第三种带有文学的假定性（西塞罗讲自己的史诗）。

移用到当代事件上、当代人身上，亦即把过去的有价值的时间形式移用到他们身上，让他们参与父辈的世界，参与由根基和高峰组成的世界，似乎是把当代事件和当代人在他们活着的时候就尊为典范。在宗法制度下，统治集团的代表人物在一定意义上就属于"父辈"的世界，同其余的人相脱离，其间几乎就是"史诗"的距离。像史诗里那样使当代的主人公参与到创始祖先的世界中去，这是在早已定型的史诗传统上形成起来的特殊现象，因此同样不大可能解释清楚长篇史诗的来源，正像新古典主义的颂诗一样。

不论过去的来源如何，流传至今的实有的长篇史诗，是绝对定型、非常完善的体裁形式；它的一个基本特征，就是把它所描绘的世界归属于绝对的过去时代，归属于包含民族根基和高峰在内的过去。绝对的过去，这是一个特殊的价值(等级)范畴。对于史诗型世界观来说，"开端""先驱""创始人""祖先""从前有过"等等，都不是纯粹的时间范畴，而是时间价值的范畴；这是时间价值的最高级，既用于史诗世界的人身上，也用于史诗世界的一切事物和现象上：在这个过去之中，一切都是好的；所有确实好的东西("先驱")，只存在于这个过去之中。史诗的绝对过去，即使对以后各时代来说，也是一切美好事物的唯一源泉和根基。这便是史诗形式所要肯定的一点。

史诗的过去被称为"绝对的过去"，不是没有道理的。这个过去既然同时又代表着一定价值(等级)，就失去了任何的相对性，换言之失去了能把它同现时联系起来的那种纯粹时间上的渐变。它同以后的一切时代用一条绝对的界线隔绝开来，首先是同歌手和听众所处的时代隔绝开来。因此，这条界线是长篇史诗的形式本身内在具有的界线，在史诗的每个词里都感觉得出，都听得出。消灭这条界线，便意味着消灭长篇史诗这一体裁形式。但正因为同一切后世隔绝，史诗的过去才是绝对的、完结了的。它是封闭的，如同一个圆圈，内中的一切都是现成的、完全完成了的东西。任何的未了结、未解决，任何的遗留问题，在史诗世界中都是不能相容的。这个世界里面没有关于未来的考虑,它是自足的,不打算有什么延续,不需要延续。时间上的特征和价值上的特征在这里融为不可分的整体(正如同它们在古代语言的语义上糅合在一起)。一切参与这一过去的事物,借此也便具有了真正的重要性和价值,同时还获得了完成结束的性质,不妨说是丧失了实际延续发展的一切权利和可能性。绝对的完成和闭锁,是史诗中兼具价值和时间含义的过去所具有的一个优秀特征。

现在来谈传说(предание)。以不可逾越的界线与一切后世隔绝开来的史诗中的过去,只能在民族传说中保存下来,只能在这里揭示出来。长篇史诗只能以这种传说为依托。问题不在于这是长篇史诗实际上的源泉,重要的是依靠传说是长篇史诗这一形式内在的要求,正像它内在地要求绝对的过去一样。史诗作品是据传说写出的作品。属于绝对过去的史诗世界,从本质上说就不是个人经历所可企及的,也不允许有个人的观点和评价存在。这个世界是看不见摸不着的,没法从任何的角度观察它;它也不能实验、分析、分解、渗入内部。它只是作为传说而存在,神圣而不可侵犯,获得普遍承认的评价,要求对自己的尊崇态度。这里我们要重复强调一点,问题不在于什么是长篇史诗的实际源泉,也不在于它的内容包括什么因素,同样不在于它的作者怎样宣称;问题全在于其体裁具有一个基本的形式特征(确切些说是形式兼内容的特征):依靠无名作者的无可怀疑的传说,得到普遍一致的评价和看法,因而排除了可能有的任何其他的看法;对描写对象及描写的语言(作为传说的语言)本身都表现出深刻的敬意。*

＊　菲洛斯特拉特。

在希腊化时代同特洛伊系列史诗人物的联系(史诗转化为小说)。叙事素材转变为小说素材的整个问题,小说素材进入联系交往的领域(超越亲昵化和诙谐阶段)。

不是经验,不是认知,而是记忆。经验、认知、实践(未来)决定着长篇小说。当小说成为主导体裁的时候,认识论就成了主导的哲学学科。

过去的事实便是如此,这一点是不可改变的(关于过去时代的神圣传说)。

人们还没意识到,任何的过去都具有相对性。有绝对的开端,绝对的起头:"中世纪""文艺复兴""现代"。

绝对的过去,作为长篇史诗的对象,作为无可怀疑的传说(史诗的唯一源泉),也决定了史诗距离的性质,也就是长篇史诗体第三个基本特征的性质。如我们说过的那样,史诗的过去闭锁在自身之中,以不可逾越的界限同后世隔绝,首先同永远连绵不断的子孙后代的现时隔绝开来;而史诗的歌手和听众就处于这个现时中,经历着自己的生存,实现着史诗的说唱。从另一方面看,传说又把史诗世界同个人经验、同一切新的认知、同传说所理解的任何的个人主动性、同新的视角和评价等等隔绝开来。史诗世界不仅作为久远过去的现实事件是彻底完成了的东西,而且就它的含义和价值来说,也是彻底完成了的东西,因为这个世界既不可再作改变,也不可重新理解,又不可重新评价。它是现成的、完成了的、不会改变的;无论作为现实的事件,还是作为一种含义,作为一种价值,它都莫不如此。这一点正好决定了绝对的史诗距离。史诗里的世界,只可能虔诚地接受,却不能触动;它超出了人们积极改变和重新理解的范围。这个间距不仅存在于史诗材料方面,即所描绘的事件人物方面,而且存在于对他们的看法和评价方面。看法和评价同事物融为一个不可分的整体。史诗的语言也同自己描写的对象不可分割,因为这一语言的含义有一个特点:事物和时空诸因素同价值(等级)因素绝对地长到了一起。这种绝对的融合,以及由此而来的对象的不甚自由,头一次得以克服只是在积极的多语现象的环境里,在不同语言相互映照的环境里(这时长篇史诗就成了半带假定性、半已僵死的体裁)。

正是由于有了史诗的距离,排除了史诗世界任何可能的积极化和改变,这个世界才获得了特殊的完成性,不仅从内容角度看是这样,从含义和价值的角度看也是这样。史诗世界是作为绝对遥远的形象塑造的,它的疆域不可能与正处形成中的没有结束完成的现时(这个现时因此可以重新理解和重新评价史诗世界)发生联系。

我们分析的长篇史诗这三个基本特征,在或多或少的程度上,也存在于希腊罗马古典期和中世纪的其他崇高体裁中。所有这些定型的崇高体裁的基础,同样是对时间的那种评价,同样是传说所起的作用,同样是区分不同等级的距离。无论在哪一种崇高体裁里,当今的现实生活就其本身的样子,都不能允许成为描写的对象。当今的现实生活要进入崇高体裁,只能是它那些等级高的层次;这些高级层次在现实生活中已经易位,退出一定的距离。然而在进入崇高体裁(如品达罗斯的颂诗,如西蒙尼德的作品)后,"崇高"现实里的事件、胜利者和英雄们,仿佛参加到过去中间,通过各种中介环节和联系归并到英雄的往昔和传说的统一体中。他们正是通过参加过去(这过去是一切真正价值的源泉),才获得自己的价值、自己的高度。可以说他们被从当今现实里抽取出去,而当今现实才具有未完成的性质,才未能论定,才悬而未决,才可能重新理解和重新评价。他们通过提高达到了过去所具有的价值水准,并在过去中获得了自己的完成性。不可忘记,"绝对过去"并非是在我们所指的局限而准确意义上的时间;它是某种兼表价值和时间的等级范畴。*

在现成的崇高体裁中,传说也保持着自己的意义,尽管在开放的个人创造的条件下,它的作用比在长篇史诗中带有了更多的假定性。

总之,古典时期正统文学里的世界,投射到过去之中,投射到遥远的记忆层次上;这个过去不是通过时间递进而与现在连接起来的那种现实中的相对的过去;这是带有价值意义的由根基和高峰组成的过

---

* 在自己的时代里不可能成为伟大的事物。伟大总是诉诸后代的,而对后代来说这伟大已成为过去(变成遥远的形象),成为记忆的对象而非实际可见、可与之交往的对象。在"备忘录"这种体裁中,诗人是从后代未来的角度塑造自己形象的(例如东方独裁者的题词和奥古斯特的题词)。在记忆的世界里,现象处于完全特殊的环境里,处于完全特殊的规律性中;所处的条件同实际可见、可进行实际的亲昵交往的世界完全不同。史诗的过去是对人对事的一种特殊的艺术感受形式,这种形式几乎完全替代了一切艺术感受和描绘。艺术的描绘,是 sub specie aeterni 的描绘。可以用艺术语言加以描绘,使之不朽的,只能是也只应该是值得回忆的东西,应当保存在后人头脑中的东西。于是便为后代塑造一种形象,而且这个形象是从预想中后人的遥远角度来塑造的。

去。这个过去保持很大距离,是全然完成了的,并像个圆圈一样封闭起来。这当然不是说在其本身内部不存在任何的运动。相反,相对时的诸范畴在其内部是很丰富而细腻的(如"先前""后来"、时序的连贯、快慢、长短等等的细微差别);这里时间的处理达到了很高的艺术技巧。然而,在这个封闭如圈的终结完成了的时间里,所有的时间点都同样远离当今现实的实际运动着的时间。这个封闭的时间作为一个整体,没有被局限在实际的历史过程中,与现在和未来都不构成对应的关系;可以说它一身囊括了全部的时间。其结果,古典时期的一切崇高体裁,亦即整个正统文学,全都建立在遥远形象的区域之内,与尚未完结的现时不可能有任何的联系。*

当今的现实本身,即保持着真实的当今面貌的现实,一如上述,不可能成为崇高体裁的描绘对象。当今的现实与史诗的过去比较,属于"低级"的现实。它极少可能成为进行艺术思索和艺术评价的出发点。这种思索和评价的焦点,只可能在绝对的过去中。现时是某种暂时的东西,这是流动不定的东西,是一种无头无尾的永久的继续。它没有真正的完成,因此也就没有实质。未来则或被理解为

---

* 把过去的崇高体裁理想化,具有官方的性质。统治的力量和统治的道理(即所有完成了的东西),将其一切外在的表现,都形诸过去这个价值等级的范畴中,形诸保持距离的遥远的形象之中(从手势、服装直到风格,即权力的一切象征)。而小说却同永远新鲜的非官方语言和非官方思想(节庆的形式、亲昵的话语)联系在一起。亵渎行为。

对死人是另一种爱法,他们已经从交往领域中排除,谈到他们可以也应该用另一种风格。讲死人的语言同讲活人的语言,修辞上有深刻的区别。在崇高体裁中,任何权力和特权,任何重要意义和崇高性质,都从亲昵交往的领域转入了遥远的层次里去(衣饰、礼仪、主人公讲话风格、讲述主人公所用的语言风格)。

悲剧(尤其是埃斯库罗斯的作品)与当代性课题的联通。欧里庇得斯与小说化。

一切非小说体裁的古典性。追求完满的取向。

社会礼仪和谦恭的风格(如称呼您等);此风格的古典性(归属旧时的等级),如威严的父辈。

亲昵的风格。

现时的延续,实际上是可有可无的延续;或被理解为终结、最后的灭亡、惨变。绝对开端和绝对终结这些价值兼时间的范畴,对于感受时间和对于过去时代的种种意识形态来说,具有特殊的意义。开端被理想化了,终结被染上了阴暗的色彩(惨变、"上帝的毁灭")。这样的时间感受,以及由此而来的不同时间的等级之分,渗透到古希腊罗马和中世纪的一切崇高体裁之中。它们对各种体裁的基础浸润之深,即使到了以后的各个时代,直至 19 世纪之初,甚至再晚一些,都还留存其中。

当代现实,转瞬即逝的东西,"低级"的东西,现时——这种"没开头也没结尾"的生活,只有在低级的体裁里,才能成为描绘的对象。但它首先是在民间诙谐作品的极其广阔丰富的领域中,成了基本的描写对象。在上面提到的论文中,我试图揭示这一领域(不管是在古希腊罗马世界,还是在中世纪)对小说话语的产生和形成所具有的重大意义。就是对小说体裁的所有其他因素来说,这一领域在这些因素产生和形成初期,也具有同样重大的作用。正应是在这里(民间诙谐)寻找小说的真正民间文学的渊源。现时、当代生活本身、"我本人""我的同代人""我的时代"——这些最初都是双重笑声作品的对象,即同时既是快活的笑也是致命的笑。恰恰是在这里形成了对语言、话语一种根本新型的态度。与直接的描绘(嘲笑实实在在的当今现实)同时,这里还繁荣起来另一种东西:讽刺性地模拟一切崇高体裁和民族传说里的崇高形象,使它们滑稽化。天神、半神和英雄的"绝对过去",在这里(在讽拟中,特别是在滑稽化中)获得了"现代化",即变得低俗了,被放到当今现实的水平上加以描绘,放到了当今的日常生活环境里,用今天的低俗语言来描绘。

在古典时期,由这种民间诙谐作品中,直接产生出相当广阔而多样的古希腊罗马文学的领域。这一领域古人自己就生动地称为"庄谐"领域。属于此类的有索夫龙的情节不多的民间歌舞剧、整个田园诗、寓言、早期回忆录文学（希沃斯岛的约恩和克里契的作品）、抨击文章。古人自己还把《苏格拉底对话》（指一种体裁）归于这一类。其次划属此类的是罗马的讽刺（卢齐利乌斯、贺拉斯、佩尔西乌斯、尤维那利斯）、描写"饮宴"的大量文学作品。最后属于此类的还有梅尼普讽刺（指体裁）和卢奇安式对话。"庄谐体"这一概念所包括的所有这些体裁，才是小说的真正的前身。不仅如此，它们之中有些体裁，其实是纯粹小说类的体裁；这些体裁包含了欧洲小说晚期重要类型的各种基本要素，或者在萌芽状态中，有时则达到了发达形态。作为形成中体裁的小说，其真正的精神体现在上述这些体裁里，不可比拟地多于所谓"希腊小说"（后者是古希腊罗马文学中唯一称得上小说的体裁）。希腊小说给了欧洲小说以有力的影响，正是在巴洛克时代；换言之，正巧赶上开始研究小说理论（Huet 神甫），"роман"（长篇小说）这一术语也在不断明确化、固定化。因此在所有古希腊罗马的小说作品中，只有希腊小说获得了 роман 这一名称。然而，我们举出的那些庄谐体裁，虽然没有我们习惯上要求于小说体的那种稳固的情节布局的架构，却预示出现代小说发展中更为重要的一些因素。这特别是指苏格拉底对话，如果改变一下施莱格尔的说法，可称之为"当时的小说"；再有就是梅尼普讽刺（包括彼特罗尼乌斯的《萨蒂里孔》在内），它在小说史上起过巨大作用，但在学术界远未得到应有的评价。所有这些庄谐体构成了形成中的小说体发展史上真正的第一个也是重要的阶段。*

那么，这些庄谐体裁所具有的小说精神是什么呢？它们作为小说形成的第一阶段，其意义何在呢？它们描写的对象，更重要的是理解、评价和赋予它们形式所依据的出发点，都是当今的现实。表现庄重严肃的文学描写对象（自然同时也是诙谐的对象），第一次不再保持很远的距离，

---

* 喜剧与长篇小说。

而是放在当今现实的层面上,在直接的和粗鲁的交往之中。*甚至当这些体裁描写的对象是过去、是神话的时候,这里也不存在史诗的距离,因为它们是以当今现实作为视角的。在消除距离的这个过程中,具有特殊意义的是这些体裁得自民间文学(民间诙谐作品)的诙谐基础。正是诙谐消灭了史诗的距离,以及任何表现等级的距离(为表评价而拉大的间距)。作为遥远的形象,对象不可能是可笑的;要使它变得可笑,必须把它拉近才行。一切可笑的东西都在近处,一切都创作在最大限度接近的区域里。诙谐具有把对象拉近的非凡力量,它把对象拉进粗鲁交往的领域中;在这里可以从各个方面亲昵地打量这个对象,让它转身,把它里外翻个,上下看遍,打碎它的外壳,窥探它的内心,怀疑它,拆散它,分解它,使它裸露,进行揭穿,自由地加以研究,拿它做实验。诙谐能消除对事物、对世界的恐惧和尊崇,变事物为亲昵交往的对象,这样就为绝对自由地研究它做好了准备。没有无所畏惧的前提,就不可能有现实主义的认识世界,而诙谐便是创造这一前提的一个极其重要的因素。诙谐通过拉近事物并对它亲昵,仿佛就把事物交到了无所畏惧的手中去进行研究实验(既有科学研究也有艺术实验),并且为了这种实验的目的把它交给实验性的自由虚构。用诙谐和民间语言将世界亲昵化,这在形成欧洲自由的科学认识和形成欧洲现实

＊　滑稽的(诙谐的)描绘方面,无论在时间方面还是空间方面都是一种特殊的描写角度。记忆的作用在这里微乎其微。在滑稽的世界中,记忆和传说是无事可做的。人们嘲笑是为了忘记。这是尽可能亲昵和粗鲁地进行交往的领域:笑—骂—打。这基本上就是脱冕,亦即把事物从遥远的前景中移近,消除史诗的距离,总的说来就是攻击和破坏遥远的前景。从这个角度(诙谐的角度)看,对事物可以毫不客气地周身打量。不仅如此,它的后背,臀部(以及不供人看的内脏)在这个角度中有了特殊的意义。可以把这东西打破,使它裸露(扒去等级装束),这样一来光着身子的对象就显得好笑了,脱下人体的"空心"衣裳也显得好笑了。这就是滑稽的分解手法。严肃和恐惧的成分,表现在遥远前景的形式中。

　　亲昵化和"拉近"。"他把人们拉近到自己身边"(在等级方面),或"他把人们从自己身边推开"。

　　滑稽的东西是要表演出来的(也就是把它化为当今的现实)。要表演的是艺术最初始的时空象征,如上、下、前、后、从前、后来、第一、最末、过去、现在、短(瞬间)、长等等。起主导作用的,是分析、分解、消除等艺术逻辑。

主义艺术创作的道路上,是特别重要而不可缺少的一个阶段。

我们掌握有精彩的文献,反映出科学概念同新的艺术散文体的小说形象同时降生。这就是苏格拉底对话。在产生于希腊罗马古典期行将结束时的这一精彩体裁中,一切都是很典型的。典型的是它是作为"апомнемоневмата"出现的,即作为回忆录的体裁,根据个人记忆录下的同时代人的真实谈话①。其次典型的是,这个体裁的中心形象是说话的和谈话的人。典型的是在苏格拉底这一中心主人公的形象里,什么都不懂的民间傻瓜的脸谱(几乎是马尔基特的脸谱)同崇高智者的特征结合了起来(这很符合七智者神话的精神)。这种结合的结果,便出现了无知智者的双重形象。苏格拉底对话中的双重的自我吹嘘也是典型的:我比一切人都英明,因为我知道自己一无所知。通过苏格拉底的形象,可以观察到一种新型的非诗意的英雄化。

再次,具有典型性的,是构成这一体裁规范的叙述性对话,它前后框以对话化的叙述。典型的是这一体裁的语言同民间口语达到了希腊古典时期所能达到的最大限度的接近。特别典型的是:这个对话开创了阿季克散文,同散文文学语言的重大更新联系着,同不同语言的嬗递联系着。典型的是这个体裁同时又是相当复杂的由不同风格甚至不同方言组成的体系;不同风格和方言是作为语言形象和风格形象进入这一体裁的,都带有不同程度的讽拟性(因此我们所面对的,是一种多文体的体裁,如同真正的小说一样)。还有苏格拉底的形象本身,作为小说体英雄化的优秀典范,也很典型(这个英雄化同史诗的英雄化差别极大)。最后,具有深刻典型性的是(在这里对我们来说这一条是最为重要的):诙谐、苏格拉底讽刺、苏格拉底式低俗化手法的整个体系,同严肃地、崇敬地、第一次自由地研究世界,研究人和人的思想结合到一起。苏格拉底的笑声(压低而成了讽刺)和苏格拉底的低俗

---

① "记忆"在回忆录和自传中具有特殊的性质。这是关于自己的当代现实和自己本人的追忆。这不是英雄化的回忆,其中有着机械的成分、记录的成分(没有壮伟的因素)。这只是个人的记忆,不带继承的内容,局限于个人生活的范围内(没有先辈,没有几代人)。苏格拉底对话这种体裁,就已经具有了回忆录的性质。——作者

化(一系列的隐喻和比方,均采自粗俗的生活领域——手工业、日常生活等等),把世界拉近了,使其亲昵化,目的在于无所畏惧地自由地研究它。*这里作为出发点的,是当今现实、四周的活人和他们的见解。从这里出发,即从这一杂声和杂语的当今现实出发,通过个人的经验和研究,实现对世界和对时间(其中也包括传说里的"绝对过去")的把握判断。甚至对话的表面上的、最直接的出发点,通常都是有意安排的偶然和无足轻重的缘由(这一点已是这种体裁的成规):这样似乎可以强调出是在今天,强调出今天偶然的情形(偶然的相遇等等)。

在另一些庄谐体裁中我们可以看到:同样是艺术目标中价值和时间中心发生上述那种根本上的易位,同样是不同时间在等级上发生上述的变革,却表现为另一些方面、另一些意味、另一些后果。这里要就梅尼普讽刺说两句。它同民间文学的渊源,与苏格拉底对话是一样的。而从来源上看,它和苏格拉底对话是联系着的(一般认为它是苏格拉底对话解体的产物)。诙谐所起的亲昵化作用,在这里要有力得多,明显得多,粗俗得多。对世界和世界观里崇高的因素随心所欲地粗鲁地实行低俗化,使它们里外颠倒过来,一反常态——这些有时在这里令人觉得有伤体面。然而这种特殊的诙谐亲昵,却是与尖锐的问题性、乌托邦的幻想结合在一起的。史诗中绝对过去的遥远形象,这里已经一无所见。整个世界、其中一切最神圣的东西,表现在这里都不带任何的距离,处于粗俗交往的领域中,一切都是伸手可及的。在这个彻底亲昵化的世界里,情节的发展有一种特殊的幻想自由:可以从天上到地下,从地上到地狱,从现在到过去,从过去到将来。在梅尼普讽刺中的诙谐的死后幻象里,"绝对过去"的人物、过去历史上不同时代的活动家(如亚历山大·马其顿斯基)和活着的当代人亲昵相晤,相互交谈,甚至对打。特别典型的是:不同时代在当今现实这个层面

---

* 苏格拉底对话中自我称赞的两重性:我比谁都聪明,因为我知道自己是一无所知。观察苏格拉底形象在小说中实现英雄化的新阶段。关于他的狂欢节传说(克塞季帕),围绕但丁、普希金等的狂欢节传说。主人公变成丑角。

上不期而遇。幻想无边的情节和事态,在梅尼普讽刺中服务于一个目的:考验和揭露各种思想与思想家。这是试探性挑逗性的情节。很能说明问题的一点,是这个体裁中出现了乌托邦的因素,当然这因素尚有犹豫,尚不深刻。这是因为没有完结的现在,开始感到自己距将来近些,而距过去远些,开始在将来中寻求价值支柱,尽管这个将来暂时还只表现为黄金的农神时代重又返回的形式(在罗马的土壤上,梅尼普讽刺曾与农神节和自由的农神节诙谐紧密地联系在一起)。梅尼普讽刺是对话性质的,充满了讽拟和滑稽,是多文体的,甚至不怕双语的因素(如在发禄作品中,特别是在波爱修的《哲学的安慰》中)。至于梅尼普讽刺能够扩大为巨幅画卷,让画卷现实主义地反映出多样社会的和杂语的当代生活,这一点可从彼特罗尼乌斯的《萨蒂里孔》里得到印证。*

我们前面列举的庄谐类的各种体裁,几乎全都有一个特点:存在着有意为之的公开的自传因素和回忆录因素。由于艺术构思中时间中心改移了位置,作者和读者为一方,被描绘的主人公和世界为另一方,都置于了同一个价值和时间的平面上,处于同一的水准上;这就使他们成了同时代的人,可能成为熟人、朋友,他们之间有了亲昵的关系(重提一下,《叶甫盖尼·奥涅金》这部小说的开头就极醒目而且突出)。时间中心的这种移位,使作者有可能戴上所有各种面具,自由地

---

* 果戈理与梅尼普讽刺。果戈理本来设想以《神曲》作为自己史诗的形式,觉得这一形式能体现他作品的伟大,可结果他写出的是梅尼普讽刺。他一旦进去就无法走出亲昵交往的范围,也无法把保持距离的正面形象引入这一范围之中。长篇史诗里那种保持一定距离的形象,无论如何也无法与亲昵交往中的形象在同一个描绘领域中相遇。高昂的激情闯入了梅尼普讽刺的世界,却形同异体物;正面的激情变得很抽象,而且最终脱离了作品而去。他原想同那些人物一起,也就在那部作品中,设法从地狱转到炼狱和天堂里去,结果却没有可能,因为这里不可能有连续不断的转换。果戈理的悲剧,在一定程度上是体裁的悲剧(体裁这里不是指形式主义的含义,而是指评价理解和描绘世界的一种领域、一种范围)。果戈理丢失了俄国,也就是说丢失了理解和描绘俄国所需要的角度,在记忆和亲昵交往两者之间迷了路(说得白一点,他没能在望远镜上拉开相应的距离)。

思想是在交互接触的领域(而非在前景的形象中)。

活动于被描绘世界的范围之内；而在史诗中，这个世界则绝对不可企及地封闭着。* 小说家能以任何的作者姿态出现在所要描绘的领域之中；他能描写自己生活中的一些现实方面，也可以对之施以暗讽；他能介入到主人公们的谈话中去；他能同自己的文学论敌公开地进行辩论；如此等等。问题不仅在于描绘领域中要出现作者的形象。问题在于就连真正的、外表的、初始的作者（塑造作者形象的作者），也同被描绘世界处于新的相互关系之中：二者如今处于同一的价值和时间坐标中，作者的描绘语言同主人公的被描绘语言处于同一平面上，并且能够形成（确切些说是不能不形成）相互对话关系和混合性的结合。正是因为初始到达外表的作者跻身于同被描绘世界相互交往的范围之中，这一地位使得作者形象能够出现在被描绘的领域之内。对作者的这种新的处理方法，是克服史诗距离（表示等级的距离）的最重要结果之一。这一新的处理作者的方法对于形成小说体裁的特色具有多么巨大的形式布局意义和修辞意义，是无须再加说明的。

不过，当今时代作为艺术构想的一种新的出发点，绝对不排斥描写英雄的过去的，而且是不涉任何滑稽的描写。有一个例子便是色诺芬的《远征记》（这部作品当然不属于庄谐体的范围，但却处于其边缘地带）（苏格拉底对话的因素）**。描写对象是过去，主人公是大居鲁士。可是描写的出发点却是色诺芬的当代现实，因为正是这个当代现实提供了视角和价值标准。很能说明问题的是，没有选择本民族的英雄过去，而是选了他人的、异族的英雄过去。世界已经挣开了圈子。自己人的闭锁的浑然一体的世界（长篇史诗里的世界就是这样的），被取代换成了既有自己人又有他人的巨大而开放的世界。这里选择了

---

* 描绘世界可施展的区域。它有时空的定位，是随体裁不同、文学发展时代而变化的。这个领域在空间和时间上是怎样组织起来的，又是受到怎样的局限。中等领域与大领域。实际视域的局限性。战术与战略。

小说同没有完结的现时打交道，这就使这一体裁不致僵化。小说家倾向描写一切尚未定型的东西（正在解体和正在诞生的东西）。体裁的情节区域。

** 对所有的庄谐体体裁来说，其特点是完全不涉色情题目。

他人的英雄业绩,是受色诺芬那个当代现实中一种普遍现象决定的:人们对东方,对东方的文化、思想、社会政治形态有着很大的兴趣。人们盼着东方的曙光。不同的思想和语言业已开始相互映照。其次,具有代表性的是,把东方独裁者理想化了;这里也听得到色诺芬那个当时现实的声音,以及当时的一个思想(色诺芬的同代人相当一部分同意这一思想):用接近东方君主专制的精神来更新希腊的政治形态。这样把东方专制君主理想化,自然是同希腊化时代民族传说的整个精神格格不入的。再次,典型的是当时十分现实的一种思想——教育人的思想;后来这个思想成了欧洲新型小说里一个主导的和构形的思想。还有典型的是:故意地而且完全公开地把小居鲁士的特点移植到大居鲁士身上;小居鲁士是色诺芬的同代人,色诺芬还参加了小居鲁士的长征。这里还感觉得到另一个时代的而且与色诺芬很亲近的人的影响,这就是苏格拉底。这样一来,作品便带有了回忆录的成分。最后,这里的形式也很典型:中间是对话,首尾框以叙述。所以说,当时的现实和现实存在的问题,在这里成了从艺术上思想上理解和评价过去的出发点和中心。这个过去的写法是不带距离的,是放在当代现实的平面上的,固然,并非放在当代低俗的层次上,而是放在高层次上,以其居于前列的问题作为出发点。我们还要指出这部作品的某种乌托邦意味,作品反映了当代现实由过去向将来方面轻微的(而且无把握的)移动。《远征记》本质上是一部名实相符的小说。

在小说里描写过去,绝非以将这个过去现代化为前提(色诺芬作品中当然有这种现代化的成分)。相反,唯有在小说中才可能真正客观地反映过去的实际面目。当代现实以及它的新鲜经验仅仅留在观察的形式中,隐藏在深处,体现在这种观察的锐敏、宽阔、生动之中;当代现实绝不应该渗透到描写的内容里面,不能成为使过去现代化从而歪曲过去本色的力量。而且要知道,任何伟大而郑重的当代现实,都需要知道过去时代的真正面貌,需要知道别人的时代里真正的他人语言。

我们这里讲到的在不同时间的等级上发生的转变，又决定了艺术形象的结构中出现的根本转变。现时就它的所谓"整体"说（其实它恰恰还不是一个整体），原则上本质上是没有完成的东西，因为它全心全意地要求延续下去，它向未来迈进。而且它越是积极地自觉地向前迈进，向这个未来迈进，它的未完成的性质便越发明显、越发重要。因此，当现时成为人们把握时间和把握世界的中心时，时间和世界就失去自己的完成性，无论就其整体说还是就其每一部分说都是如此。世界的时间模式从根本上发生了变化，因为世界变成了这样一个世界，这里没有开头的话（理想的开头），而最后的话还没说出来。对于艺术家和思想家的意识来说，时间和世界第一次变成了历史的时间和世界。因为这时间和世界开始虽还表现得不很清晰而模模糊糊，后来却展现为一个形成的过程，一个朝着实际的未来不断前进的运动，一个统一的无所不包而又永无完结的过程。* 任何的事件、任何的现象、任何的东西，总之艺术描绘的任何对象，都要失去它们在"绝对过去"的叙述世界里所具有的那种完结性、无济于事的现成性、不变性。这个"绝对的过去"，同延续之中的并未完结的现时，隔着不可逾越的鸿沟。艺术对象正是通过与现时沟通，才被纳入到世界的没有完结的形成过程中去；这个对象身上也打上了没有完成的印记。不论对象在时间上距我们多远，总是通过时间不停的交替而同我们并非现成的现时联系着，总是同我们的未完成性、同我们的现时发生一定关系，而我们的现时则向没有完结的将来前进。在这一没有完结的环境里，对象在意义上失去一成不变的性质：它的内涵和意义会随着环境的进一步展开而更新和发展。在艺术形象的结构中，上述这一点导致了根本

---

* 理解与论证过去时光的努力，把重心转移到未来时光上。

　　长篇小说顽强不屈的现代性质，几近于失公允的对各时代的评估。对过去时代的重新评价——对文艺复兴时期（"哥特时代的黑暗"），对 18 世纪（伏尔泰），对实证主义（揭露神话、传说、英雄化），对"进步"的观念，对最近四个世纪跃进，对民俗学中的"原始意识"，对极度远离记忆与极度缩小"认知"（直至经验主义），对被视为最高标准的机械的"进步性"。

的变化。形象获得了一种特别的现实性。形象在某种形式中和某种程度上,同至今仍在继续发展的生活事件发生了关系。而我们,包括作者和读者,对这生活事件在很大程度上是参与其间的。这样一来,长篇小说中便形成了一个根本上全新的创造形象的区域。这就是描绘对象同没有完结的现时、因而也即同未来在最大限度上接近和联系的区域。*

下面讲一讲与此相关的某些艺术特点。没有内在的完成性和完满性,便导致对外在的、形式的,特别是情节的完结和完满,急剧地提高了要求。开头结尾的问题,完满与否的问题,从新的角度又提出来。史诗对形式上的开头是并不介意的,它又可能是并不完全的(换句话说,可能得到一个几乎随心所欲安排的结尾)。绝对的过去,是封闭完结了的东西,无论其整体还是任何一个部分都是如此。因此,任何一部分都可以处理成为一个整体,当成一个整体来看待。绝对过去的那一整个世界(在情节上这个世界也是统一的),不可能用一部史诗全部包罗进去(那样就意味着要讲述民族的全部神话了),甚至也不可能包容进这一世界的某个重要部分。不过这一点并无大碍,因为整体所具有的结构,在其每一组成部分里也都有复现;每一部分都如同整体一样,是完结了的,是完满无缺的。故事可以从任何一点上开头,也几乎可以在任何一点上结束。《伊利亚特》可说是从特洛伊故事中偶然截取的一段。它的结尾(赫克托耳的葬礼)以小说的观点看,怎么也算不上是结尾。然而,这丝毫也不影响史诗的完结性。对史诗材料来说,

---

* 史诗中的预见和长篇小说中的推测。史诗的预见完完全全是在绝对过去的范围内实现的(如果不是实现在这一史诗里,那就是在包容它的传说中),史诗的预见不会涉及读者和他的现实时间,长篇小说则要语言事实,通过预测影响实际的未来,作者与读者的未来。

关于史诗和长篇小说中人名和绰号,可有专门一章。虚构名字。假名与假名时代。

深入地创新地探索艺术形象的结构。全新的长篇小说课题的特殊性。永无止境的重新理解、重新评价的观念。

绝对不存在那种特殊的"对结尾的兴趣",即战争结局如何、谁能获胜、阿喀琉斯后来怎样了,如此等等。无论从内在的因素或外在的因素看(神话的情节方面,是早就完全为人所知的),都不存在。那种特有的"对延续的兴趣"(后来怎样了?)和"对结尾的兴趣"(结局如何?),对小说来说才是典型的东西,而且只能出现在距今较近、联系较紧的领域里(距今很远的形象所处的领域中,就不可能出现上述的那种兴趣)。*

　　在各种不同的小说类型中,小说内容领域的特点有着各自不同的表现。小说可能不提出什么问题。例如通俗惊险小说,里面既无哲理的问题,又无社会政治问题,也没有心理剖析;所以无法通过其中任何一个渠道,同我们当今生活中尚未完结的事件联系起来。这里为了利用不存在间距这一点,利用相互联系的领域,采取的是别的办法,那就是抛开我们枯燥乏味的生活,给我们奉献上一个代用品,虽说是代用品,却是一种有意思的美好的生活。对这里的惊险事件,我们可以同情地共感,我们可以把自己比作这些主人公。这样的小说,几乎足以取代生活本身。可要说到史诗以及其他时隔久远的体裁,则绝对不会发生这种情形了。这里还出现了领域发生联系的一种特有的危险:自己很有可能进入小说中去(而要进入史诗、进入任何其他时隔久远的体裁,是任何时候都办不到的)。所以才会出现这样一些现象:或者读小说入了迷,或者效仿小说里的生活而沉溺于幻想,以此取代了自己的生活(如《穷人》里的主人公),如包法利主义;又如生活中出现兴时的小说人物,像失意者、恶魔般人物等等。其他体裁要想产生类似的现象,必先实现小说化,亦即转移到能沟通联系的小说内容领域中去(如拜伦的长诗)。

---

*　在远距今时的形象中,描写整个事件,所以不可能出现对情节的兴趣(情形未明)。利用情形未明这一点,可大做文章。于是出现各种形式和方法,来利用作者的无所不知(人物则不知道也看不见)。情节可利用作者的无所不知(这是外在的利用),也可利用作者的洞悉一切来圆满完成人的形象。小说形象的外化问题。
　其他的可能性问题。

　　同小说里新的时间配置和联系领域相关联的,还有小说史上的另一个现象,极端重要的现象,即它同各种非文学体裁——日常生活和意识形态诸体裁——的特殊关系。早在自己的萌芽时期,小说体和它前身的体裁,就是依靠个人生活、社会生活的种种非文学形式的基础的,尤其是以雄辩演说体为基础的(甚至存在一种理论,认为小说渊源于雄辩体)。就是到了后来的各个发展阶段,小说也认真而广泛地利用着书信、日记、忏悔的形式,利用着新型法庭演说的种种形式和手法,如此等等。小说既然构筑在与现代生活中尚未完结的事件相连接的领域之中,它就不时地超越文学特性的局限而演变为道德说教,或哲理阐释,或直截了当的政治宏论,或蜕化为不成形态的原始的内心自白,所谓“心灵的呼喊”等等。* 在小说体的形成过程中,所有上述现象都是极其典型的。要知道艺术与非艺术、文学与非文学之类的分野,并非是由上帝一劳永逸划定不变的。任何特殊性都是历史的产物。文学的形成,并非只是它在不可变易的特殊范围内成长变化的过程;形成过程还会触及这个范围本身的疆界。文化诸领域(其中包括文学)的范围大小的变化过程,是一个极其缓慢而复杂的过程。特殊领域在疆界上的某些变动(如上述),仅仅是这个潜动于深层的变化过程的一些征兆罢了。特殊领域的这些变化征兆,在形成中的小说体里,表现得极为经常、显著、鲜明,因为小说居于这类变化之首。要预测文学发展的久远而重大的变化,长篇小说能够成为凭借的文献。

　　不过,无论是时间配置的改变,还是塑造形象的领域出现变易,其最为深刻而重要的表现,莫过于文学中人物形象的变化。但这是一个很大很复杂的问题,在本文中我只能简要浮浅地谈一谈。

　　在崇高的时隔久远的一些体裁中,人物是绝对过去时的形象,是久远时代的形象。作为这样一种形象,他是完完全全完成了的人物。他是在很高的英雄的层次上完成的,但他既已完成就无望改变了;他是和盘托出的,从头到脚;他完全等身,绝对地相当于自己本人。其

---

　　*　领会哲学的和科学的问题(打破专业的界限)。

次，他又是完全外形化了的。他的真正本质同外在表现毫无差别。他的一切意向、一切潜力，彻底地体现于他的外在的社会地位上，体现于他的整个命运中，甚至是在他的外形中。抛开他这特定的命运、特定的地位，他便完全荡然无存了。他充分地实现了所能达到的自己，他也只能达到他所实现的自己。他整个外在化了，在较简单的、几乎是字面的意义上外在化了，因为他身上的一切都公开地大声地倾诉了出来，他的内心世界和一切外在特征，所有的表现和行动，全聚集在一个层面上。他对自己的看法，与别人即社会（他所在的集体）、歌颂者、听众对他的看法，是完全吻合的。*

　　他（我自己）在自己身上只能看到、了解到别人在他身上看到、了解到的东西。别人（作者）讲到他时所能说出来的内容，他自己讲到自己时也能说出来，反过来亦然。在他身上无可探索，无可揣测；无法揭露他，也无法激发他。因为他整个是外向的，在他身上没有外壳和内核之分。其次，史诗里的人缺少任何思想观念上的主动精神（史诗的主人公和作者皆然）。史诗的世界只有一种统一的又是唯一的完全现成的世界观，它无论对人物和对作者、对听众，都同样是必需的，也是不容置疑的。史诗里的人，同样又缺少语言上的主动精神；史诗的世界只有一种统一的又是唯一的现成的语言。因此，世界观也好，语言也好，都无法成为限定和形成人们形象的因素，促成人的个性化的因素。人们在这里得到限定，得以形成，获得个性化，靠的是他们不同的

＊　普卢塔克等人作品中"自我赞扬"的问题。在截取久远层面的情况下，"我自己"的出现并非真是自我也并非为了自己，而是为了后代子孙，为了留在后代的记忆里。我在时隔久远的层面上，意识到了自己、自己的形象。但在这个记忆里的时隔久远的层面上，我的自我意识已变得对我很疏远。我是在用别人的目光来看自己。看自己和看别人的形式和观点相互吻合，带有浑然一体的天真性质；它们之间还没有发生分歧，还没有出现自白式的自我揭露。

　　描绘者和被描绘者是完全一致的。形象与观察者的互动。

　　探索观察自身的新视角（不掺杂他人观点）。承认与不承认的问题。

　　小说情感色彩的理论（戏剧的室内情调）。小说的感情色彩是它对规范的偏离。它的"错误"恰好揭示出它的主观价值。

　　主观性：先是偏离规范，后是对规范本身的质疑。《心理学》。

地位和命运,而非不同的"真理"。甚至天神也没有掌握与凡人不同的特殊真理,因为天神具有的仍是那种语言,那种世界观,那种命运,那种彻底的外在性。

史诗中人的上述特点(基本上也是其他崇高的时隔久远的体裁所共有的特点),使人的这种形象获得了特殊的美感、完整性、极端的明确性和艺术的完美性。然而它们同时也使人们在人类生存的新条件下产生了局限性,并在一定程度上显得缺乏生气。

打破史诗中的距离,把人的形象从久远的层面转移到与现时(因而也与未来)中尚未完结的事件发生联系的领域中来,这些便导致小说中(后来以至于在整个文学中)人的形象发生了根本的改造。在这一过程当中,民间文学和民间诙谐等这些小说源泉同样起了巨大的作用。小说形成过程中第一个也是极其重要的阶段,就是把人的形象加以诙谐的亲昵化。诙谐打破了史诗中的那种距离。诙谐作品开始自由而且亲昵地来研究人们:把人的表里倒转过来,揭露表里的不一、可能和现实的不符。人的形象中,增添了至为重要的活动变化的因素,即人的不同方面互不协调、互不一致的这种变化进程。人不再与自身完全吻合了,因此情节也不再能毫无遗漏地囊括人的一切了。诙谐因素从这些不协调、不一致当中,首先引发出笑料(但不只是笑料);而在古希腊罗马时期的庄谐体裁里,由此便产生了另外一种类型的形象,例如苏格拉底这样巨大的崭新而又复杂的完整的英雄形象。

有些稳定不变的民间脸谱角色,曾在小说发展的所有重要阶段上(古希腊罗马的庄谐体裁、拉伯雷、塞万提斯),给小说人物形象的形成以巨大的影响。* 这些民间角色的艺术形象结构是很有典型性的。史诗和悲剧的主人公,脱离开自己的命运和受命运制约的情节,本身便毫无意义了。这样的主人公不可能成为另一种命运的主人公、另一种情节的主人公。民间的角色,如马库斯、普里奇涅拉、阿尔列金,可以

---

* 小说里的现实,是多种可能现实中的一种,它不是必然的,而是偶然的。另种可能性的问题。

演绎出任何命运,可以出现在任何处境中(他们有时正是这么做的,甚至是在一出戏的范围内)。不过他们从来不肯就此罢休,总是要在任何处境中、任何命运中保持自己愉快的天性,总是保持自己的虽不复杂却也不可穷尽的人的面貌。因此,这类脸谱角色离开了情节也能够行动、能够说话。不仅如此,恰恰是在脱离情节的表演中(即兴剧的trices,意大利喜剧中的 lazzi——插科打诨),他们才能最好地展示出自己的面目。无论是史诗的主人公还是悲剧的主人公,本质上都不可能在情节之外的停顿中,在幕间出面表演;他没有用于这里的面孔、手势和话语。这是他的力量所在,又是他的局限性所在。史诗和悲剧的主人公,从本质上说是死亡的主人公;而民间脸谱角色却永远不会死亡,因为没有任何一个古罗马的民间小喜剧、意大利喜剧或意大利化了的法国喜剧在情节中能让马库斯、普里奇涅拉或阿尔列金真正地死去。不过,倒是有许多情节规定了他们要可笑地佯死(后来又复活)。这里的主人公,是自由即兴作品的主人公,而不是神话的主人公;是常新不灭的、永远属于现代生活进程的主人公,而不是绝对过去里的主人公。

这些脸谱角色以及它们的构成(指与自身不相吻合,而且它们每当此时又谐谑有余,不容情节把它们全部囊括,如此等等),我们想再说一遍,对小说里人物形象的发展,给予了巨大的影响。这样的内涵构成,到了小说中依然保持了下来,只是形式变得更复杂了些,采取的是表现深层内容的严肃的(或亦庄亦谐的)形式。

长篇小说内在的主题,恰恰就是主人公其人同他的命运和境况不全等同。一个人要么强过他实际的命运,要么没能完全体现出人的精神。一个人不可能完全始终地只不过是一个官吏、一个地主、一个商人,仅仅是一个未婚夫、一个吃醋者、一个父亲等等。如果说小说中的人物终归还得写成这种人,也就是说他同其境况和同其命运完全等同(如某一体裁的主人公、日常生活的主人公、小说中的大多数次要人物),那么小说的主要人物的形象,却能实现充沛有余的人的精神。作者在其形式和内容的宗旨里,在其观察和描绘人物的方法中,都想体现出这种充沛有余的人的精神来。*要同尚未完结的现时发生联系，因之也是要同未来发生联系，就有必要使人同其自身能这样不相等同。人的身上任何时候都应当存有未用的潜力没能实现的要求。未来总会有的，因此这未来不可能不涉及人的形象，不会在人的身上找不到根基。

史诗人物的那种完整性，到了小说中产生分裂，还表现在其他的方面，如人的内心和外表之间出现严重分歧。其结果，人的主观性成了体验和描绘的对象（起初是以诙谐、亲昵的态度描绘的）。这样，描写的方面便产生了特殊的差别：一方面是写自身感到的人，另一方面是写他人眼中的人。史诗（以至悲剧）人物的完整性在小说中就这样解体了，与此同时又在人类发展的更高阶段上开始酝酿人的一种新的复杂的整体性。

最后，小说中人物获得了思想上和语言上的主动权，这一点改变了人物形象的性质（这是形象的新型而又高度的个性化）。远在古希腊罗马阶段的小说形成过程中，就出现了作为思想家的优秀的主人公形象。苏格拉底的形象是这样，在所谓"希波克拉底小说"中诙谐的伊壁鸠鲁形象也是这样，在犬儒学派大量的对话中和梅尼普讽刺里第欧根尼的深刻体现小说特点的形象也是这样（这个形象在这里极为接近民间脸谱的形象），最后还有卢奇安作品中的梅尼普形象也是这样。一般说来，小说的主人公在不同程度上都是思想家。

上面就是人的形象在小说中得到改造的某种抽象的大致的图景。

现在我们来总结几句。

把尚未完结的现时，作为一个出发点和思想艺术关注的中心，这

---

* 人在现存的社会历史躯体中，是不可能完全彻底体现自己的。不存在什么形式能够完全实现人身上具有的一切可能性、一切要求；没有什么形式可以使人完完全全地展现自己，如悲剧或史诗的主人公那样；没有什么形式可以装得很满却不外溢出来。任何时候总会有尚未发挥出来的人的多余精神；总还会需要未来，总得给这个未来必要的一席之地。现有的一切服装，穿到人身上都显得瘦小（因而也多少显得可笑）。不过这种未能实现的富余出来的人的精神，很可能不在主人公的身上兑现，而在作者的观点中（如果戈理的作品中）兑现。

在人们的创作意识中是一次巨大的变革。这样一个转变,加上旧的时间等次的破除,在欧洲获得了体裁上的重要表现,是在希腊罗马古典时期同希腊化时期相交之际;而到了新世界中则是在中世纪晚期和文艺复兴时期。在上述这些时代里,奠定了长篇小说体裁的基础,尽管小说体裁的某些因素早已开始酝酿,而且它的发源可以追溯到民间文学的土壤中去。所有其他的重大体裁,在这些时代都早已是现成的旧东西,几乎是僵化了的体裁。它们从头到脚渗透着旧的时间等次观念。而小说这种体裁,从开始形成到发展,都建立在对时间的一种新的感受上。绝对的过去、神话传说、等级距离——这些在小说体裁的形成过程中,没有起任何作用(它们起过不大的作用,只是在小说发展的一些个别阶段上,即当小说出现某种史诗化的时候,如巴洛克体裁小说)。小说恰恰是形成于这样的过程之中:史诗中的那种间距被打破了,世界和人获得了诙谐化和亲昵化,艺术描写的对象降低到现代生活的未完结的日常现实。小说体裁从一开始,就不是以绝对过去时的遥远形象为基础,而是建立在直接与这个未完结现时相联结的领域之中。小说依据的基础,是个人的体验和自由的创作虚构。新的冷静的散文体长篇小说的形象,是同以个人体验为依据的新的科学评论同时相伴形成的。因此,小说一开始便是用不同于其他现成体裁的另一种材料制成的;小说具有另外一种性质;同小说一起而且也是在小说之中,在一定程度上可说是诞生了整个文学的未来。所以小说出世之后,它不能仅仅成为众多体裁中的一员,也不能与其他体裁在相安无事、和谐一致之中建立相互关系。在有了小说的条件下,所有体裁都开始发生变化。于是展开了其他体裁小说化的长期的斗争过程,力求把其他体裁吸引到与未完结的现实相联结的领域之中。这场斗争走过了复杂而曲折的道路。

文学的小说化,绝不是给其他体裁强加上与之格格不入的异体的范式。要知道小说还根本没有形成这样的范式呢。小说从本质上说就不可用范式约束。它本身便是个可塑的东西。这一体裁永远在寻找、在探索自己,并不断改变自身已形成的一切形式。与发展中的现实处于直接联系之中而建立起来的体裁,也只可能是这样的体裁。因此,其他体裁的小说化,不意味着服从格格不入的体裁规范。相反,这恰恰能使它们摆脱一切程式化的、僵死的、装腔作势的、失去生气的东西,即阻碍它们自身发展的一切东西,摆脱一切使它们连同小说变为某些陈旧形式模拟体的东西。

我把自己的论点用较为抽象的形式做了发挥。我仅仅从小说形成中的古希腊罗马阶段选取了某些例子来说明论点。我所以做了这样的选择,是因为我们这里过分低估了这一阶段的意义。如果说人们也还说到小说发展中的古希腊罗马阶段,那么依照传统只是指"希腊小说"而言。对于正确理解这一体裁的性质,小说发展中的古希腊罗马时期具有重大意义。不过,小说在古希腊罗马的土壤中,确实无法发挥出来其后在新世界中展现的所有那些潜力。我们已经指出过,在古希腊罗马时期的某些现象中,未结束的现在时开始感到自己更接近于未来,而不是接近过去。然而由于古希腊罗马社会没有发展的前途,在这个基础上不可能完成向实际未来的转变过程,因为这样一个实际的未来并没有出现。向实际未来的转变,最早是到了文艺复兴时期才完成。在这个时代里,现时,亦即当代,第一次感到自己不仅是过去时的并未完结的继续,而且是某种新的开端、英雄性的开端。在当代这一层次上来接受一切,已不仅是意味着降低格调,而且更意味着提高格调,纳入新的英雄精神的领域中。在文艺复兴时期,现时第一次十分清晰、十分有意识地感到,未来远比过去离自己更近,也更亲切。

长篇小说的形成过程还没有结束。如今这个过程正进入一个新的美好的阶段。在阶级社会的条件下,不可避免地首先出现的过程,是旧时史诗中世界和人的那种圆满和完整遭遇解体。这一过程是必不可少也大有裨益的,因为伴随而来的是世界变得异乎寻常的复杂和深刻,而人的严苛追求、清醒理性和批判精神得到异乎寻常的提升。然而要构建起新的复杂的成长中的整体,并维护以严格与清醒赢得的一切财富,在阶级社会条件下是不可能的。这个任务已然落到了我们肩上。长篇小说和小说现实主义进入了成长进程中新的社会主义的阶段。

白春仁　译

巴赫金《作为文学体裁的长篇小说》的报告提纲

1. 作为一种体裁的长篇小说,其理论探索的难处,进展状况的不尽如人意,原因在于长篇小说是欧洲文学中唯一一个处于形成之中却尚未完成的体裁。长篇小说的体裁模式还未定型,它的体裁骨架尚不坚硬,保持着其他体裁无可比拟的特别的可塑性。所以,作为形成中体裁的长篇小说,建构它的理论要求用特殊的方法,而不同于其他定型的体裁。

2. 作为形成中体裁,长篇小说处于现代文学发展的领先地位,与所有其他体裁比较是一种批判性体裁,因为(特别自 18 世纪下半期起)它对其他体裁的改造给予了巨大影响,促成其他体裁改变了对现实的态度,克服了其他定型体裁固有的假定性、矫揉造作、呆板的语言等。19 世纪的特点是,几乎所有文学体裁(不仅是长诗和戏剧,还有抒情诗)都出现了长篇小说化的过程。长篇小说从一出现,同其他体裁之间的相互关系就远非和平而封闭地共存,如其他体裁相互间的关系那样。

3. 作为形成之中且极度可塑的体裁,长篇小说成为文学中现实主义倾向的一贯始终、坚定彻底的表现者。在大型文学体裁中,长篇小说率先把当代现实本身定为认真描写的对象。不仅如此,长篇小说恰恰还把当代(在其主要的意蕴上)定为出发点和历史时间中相对的定位中心;这就不同于那些崇高的体裁(特别是史诗体裁),崇高体裁以其"绝对过去"范畴(歌德和席勒的术语)作为一切艺术要义、价值、完美的源泉。由于时间中心如此彻底转换的结果,个人的经历与在此基础上产生的自由的艺术虚构才可能成为文学的源泉,从而取代了传说故事,在崇高体裁中是传说决定了(带有或多或少的假定性)文学材料和视角。以此为基础,长篇小说里才能够形成认识和描写现实的基本的现实主义方法。

4. 作为形成中的体裁,长篇小说还决定了文学中人的形象能获得重要的更新。在长篇小说的条件下,人在其他体裁(特别是史诗和悲剧)中所特有的完成性和外化性,他的完全受制于命运和地位,这些都得以克服。结果则导致人的整个形象获得更新,这一形象的范围本身发生了变化,他与现实的相互关系发生了变化。例如长篇小说的首要主题之一是,从人性的潜能和需求角度看,命运和地位并不等于人的全部。这个不相一致,人与其自身并不等同,在长篇小说中表现为多种多样的形式,这些形式便在很大程度上决定了长篇小说主人公的类型。人在长篇小说里获得思想意识上的主动精神,这极大地改变着他的形象(与长篇史诗相比较)。人的主观性成为客观描述的对象。结果,长篇小说上升为成长中之人的形象(处于变化中现实的复杂而矛盾的环境里)。

5. 长篇小说作为形成中体裁所具有的一切特点——结构布局的、情节的、修辞的特点,都体现于特殊的可塑性上,这些特点不应视作稳固的体裁特征,而应看作是体裁形成的趋势;它们能让人把握到整个文学的更普遍和更深刻的发展趋向:这一点决定了深入研究长篇小说理论的极端重要性。

白春仁　译

附录:1941年3月24日巴赫金在
《作为文学体裁的长篇小说》
报告讨论会上的结束语

主席:对报告人有问题要提吗? 我有这样一个问题:我希望在开始讨论之前,你能给出一个说法,什么叫体裁? 因为发表意见时常有这种情况,大家都用同一个名称,指的是不同的概念。

巴赫金同志:当然,我不想给体裁下个定义。当我在这个语境里说长篇小说是形成中的体裁,我这体裁不是指整体建构的这样或那样的文学规范。体裁是一种规范,但它决定的是整部文学作品的形式、结构。在更广泛的意义上,当然可以说其他领域中的体裁,有生活的体裁,说话的体裁。总之,体裁决定着整体的形式,但以规范来决定。

既然说到了体裁,我不想下定义,但我认为体裁问题有极端的重要性,应该联系更严肃的一个问题来考察,即所谓结构布局的修辞问题。

原因在于语言学实际上研究到复合句就止步不前了。这些修辞句式、段落已经与它无关。至于诗节诗段等等,则开启了新的领域,形成大块的话语,出现了段落。然后我们便接近了体裁,可以给它下个中性的语言学的定义,即完整话语的形式。再下来就该给个专门的文学定义。语言知道有确定的固定形式,用于不同的句子成分、句式;文学同样知道有一定的形式,稳固的形式,几乎近似体裁。但我不来揭示体裁这个概念。我要说的是,有了这类固定的形式,是口语内容的表述,但同时又出现了长篇小说,属书面语的存在形式,书籍印刷的形式。这长篇小说没有简陋的形式,却有结构,结构是它发展的基本路径。我试着提出三点,这个结构的三条线索。

…………

巴赫金同志:我同意,正如我在自己报告一开头强调的,其实我探讨的一系列问题,不属于体裁理论,而属于体裁哲学。

其次,关于长篇小说与史诗的相互关系。这里我的报告(我也强调了这一点)可能涉及一些大问题却讲得不够清楚。我指的是史诗,完全实实在在的历史体裁。我首先是指写古希腊罗马的荷马,而非一切的史诗。

长篇小说也是史诗。在叙事作品系列中,既有史诗,又有长篇小说;还有其他一些体裁,有时靠近史诗,有时又靠近长篇小说。我说的只是完成了的史诗,是完全确定的现象,历史地留传到我们。我强调完成这一点,因为完成性实际上才正是史诗的基本特征。

长篇小说第一次带来了与未完成现实的联系。这是个基本的论断。对长篇小说的这种未完成性,我不是作消极的理解,比如视之为干瘪的木乃伊之类。我感觉依里亚·谢苗诺维奇是这样理解的:有人把长篇小说时常同史诗对立起来,那意思是说对史诗我是要责难的,而长篇小说才是好的。

我只是历史地看待史诗。至于这史诗的完美性,我要说比荷马史诗更完美的作品我还不知道。我是它热烈的崇拜者,我可以背诵如流,没有一部长篇小说给我的愉悦享受能赶上这部史诗的百分之一。

类似的长篇小说作品还没创造出来。也许需要很长很长时间,它才能创造出堪比荷马的东西。

您会断言,当然,荷马史诗是几千年积累的结果。但这不是我们讨论的题目。史诗是种非常重大、非常丰富的东西,因此我拿长篇小说同史诗比较,并非把史诗视为木乃伊,认为它已经完全结束了。荷马史诗以我所分析的那些特征来看,是独一无二的。甚至可说它不是史诗。至于说到叙事的因素,如我们在苏里曼·斯达里斯基诗作中看到的叙事现象,那完全是另一回事。它们的产生和形成,是在另一个世界里。它们与现实的时事相联系,融合了现实和历史的某些特征。这完全是另一回事。

人们说,我们应该创作新的史诗。这是误解。史诗是某种完全确定的东西。我们所谈论的史诗,是未来的史诗,这将是某种完全不同的东西。当我们说这是回归史诗时,这里我们从根本上扭曲了事物的真相。这不是回归史诗,这是文学创造的新阶段。而最准确的说法:这是长篇小说的新阶段。这就是解决我所提出的问题,即我们应该转到新的整体性上来。

但这是复杂的整体性,另一种整体性,它保存了在荷马史诗后发生的事。所以,我不是把史诗化作木乃伊,而是讲史诗的新形式。史诗的语调一向都是往昔的语调,这是讲遥远源起的语调,讲先人讲过去的语调。

再说情节的因素。我认为,读史诗是件极端困难的事。不是说语言的方面,是不好把握观点,难以理解。我们的接受习惯是在另一个历史阶段养成的,因此是从这个历史阶段去理解古人的阶段。我的报告立意是求得历史的真实,对我来说重要的是揭示那个阶段的特点,而这特点在今天甚至都难以想象。

现在谈谈阿龙·舍弗捷列维奇·古尔施泰因对文学完成性的反驳,说我看史诗是取它的完成形态,而看长篇小说则取它形成的过程。可倒霉的是,史诗传下来就是以完成的形态,而长篇小说是在我们眼前处于形成之中。

我从我们的语言学里举一个有意思的例子。您可假设一下,我们眼看着有一种语言正在组建,我们找不到一个处于形成中的语言。要真是这样,我不知道我同你们在拿什么语言说话。那我们今天所用的语言该是完全另一种语言了。幸亏我们的情形并非如此。我们无法想象在历史时光充分运转的时候,语言会处于形成之中。语言是上帝给的,而这里说的却是长篇小说,这只是一种形式罢了。当所有其他体裁我们看到都是现成的东西时,长篇小说却恰好处于形成中。但这正是长篇小说作为研究对象最具特殊价值的地方。当然,我今天在自己的报告中没能全涉及。我并非随意搪塞,用史诗来解释体裁形成的道理。不过,把现代加以史诗化,即以过去的精神气质来理解今日现实,这可不是蛋与鸡的关系。史诗起源问题,很像先有鸡先有蛋之争。我们碰到的是现成的鸡和蛋。

我把视野仅局限于欧洲文学,也就是说没有涉及东方文学。圣经对长篇小说的提法很有意思。我们知道在埃及文学、亚述巴比伦文学里有精彩有趣的范本。圣经对欧洲文学范本给予了重大影响,如同影响了许多东方文学一样。我不是专家,这需要更加深入的研究。

由此可见,在圣经里长篇小说完全不是同诙谐的基础相关联的,如在 *Кница Руфи* 中那样,这是对的。而圣经里存在的那些长篇小说要素,完全是另一回事。这是老旧的文化,这不是长篇小说的基础。

我在讲到诙谐因素时,仍然指的是历史因素,就是阶段。这不意味着长篇小说永远要同笑联系在一起,长篇小说能够是绝对严肃的。荷马作品那种史诗语调,在长篇小说里是不可能出现的。

你指出了《安娜·卡列尼娜》,但这部作品与我的分析十分吻合。

诙谐基础起到了自己的作用,就不再需要了,但它留给了长篇小说的要素你可以在任何地方找到,也包括《安娜·卡列尼娜》。你做了很长的分析,针对西欧的长篇小说,针对"民间脸谱",包括托尔斯泰的一系列长篇小说;尤其在《安娜·卡列尼娜》里,我发现了许多东西。在列文的目标取向中,明显感觉得到有一个基础——"懵懵懂懂的傻子"这一"民间脸谱"。列文在市杜马会议上,当所有人都不讲这事时……这是个很精彩的民间文学里的场面。列文在选举贵族首领时,有涉球一事,是很出彩的民间故事。

再请看看托尔斯泰谈莎士比亚、谈戏剧的文章,这难道不是讲到了民间文学里懵懵懂懂的傻子吗?

我在任何的长篇小说里,都可找到笑历经千年所起作用留下的更为深刻的历史痕迹。

今天我引用了古希腊罗马时代的例子,完全不是因为那个时代使我感到亲切。说我是古希腊罗马小说的专家,莫如说是文艺复兴时代的专家。在文艺复兴时代，这些要素显得更鲜明。对我来说，这方面的材料显得更深入更新鲜。在这里我们也可找到那个诙谐的阶段。我可以根据任何一部长篇小说来展示这一点。

我们来看长篇小说兼史诗《战争与和平》。彼尔·别祖霍夫——这里，在博罗季诺战役的场景中，难道感觉不出他同样是以懵懂眼光看世界的那种人吗？

因此，我试图展现出来还在萌芽状态的新的构思意图，也许做得不尽如人意，但它却通过欧洲长篇小说最具体的现象，为我解释了许许多多东西。如今，长篇小说成了叙事文学的继续。

如果我们把叙事作品视为一个确定的文学类别——叙事作品、短篇小说、讲述作品——那么史诗与长篇小说当然处于叙事–短篇–讲述的范围之内。不过，这里说长篇小说继续了史诗，不是指史诗的终结开启了长篇小说，而是指长篇小说登场，取代了史诗。一切都发生在叙事范围内。这无异是新东西，应该包括进来。

现在谈谈在我的历史性阐释中不少环节有所缺失。的确如此。我甚至没作出历史的阐释。我作的是纯粹哲学的阐释，它有深刻的历史内涵。

我不以为体裁诞生了就会死掉。进一步我要说，存在有非常多的体裁。它们会死掉，可体裁作为一种现象，在历史上会有较长的生命。所以我努力把体裁问题作为一个纯历史问题来看，展现它是怎样产生的。我认为，长篇小说对体裁理论家来说是珍贵的资源，正如语言的诞生对语言学家来说是珍贵资源一样。对长篇小说的发展我有历史视角的阐释，但今天我没想讲给你们。

就长篇小说《安娜·卡列尼娜》，我已经讲了看法。在每一历史阶段上，我都有联系起来的思考，不过对长篇小说的这个方面，我无异是没有明白揭示出来。

再次，又说我没有超出长篇小说的范围。我认为，长篇小说所以引人兴味，正因为凭借长篇小说可以揣测文学走向的命运。如果说到过去,那会有很有意思的事实和观察。我开头就说过,当然只有一句话,讲从文学史家的观点看,我觉得有两条完全不同的路径。一方面体裁的使命我称之为适应,另一方面体裁的使命是创造。戏剧的演出,是展现体裁的生命,即我指的适应。生命在于适应的体裁,有个精彩的例证是新古典主义戏剧,令人惊叹的戏剧,可我不能不承认,拉辛是老体裁处于某个适应的阶段。就长篇小说来说,我们找不到这种情形。依我看,文学史掩盖了这一点。我没能把这纳入我的报告中,不过我报告的精神就在于做这种区分。

现在来看索科洛夫同志的反驳。他反驳说报告缺乏历史视角的分析,这完全正确。我没有给出这种分析,说实在的也没想这样做。我只拿长篇小说同史诗作了对比,因为它们都受共同普遍的特征所决定……

这都是在叙事文学内部……仅此而已。当然,要能对比一下长篇小说和戏剧等等,那会非常有意思。我在这方面也已做了些事。

你们说,长篇小说是叙事作品或史诗的戏剧化。最后这一点绝对是错误的。我倒是另一种看法:如果我们严格按照动力学静动关系来看待长篇小说问题,像古希腊罗马给它下的定义那样——小说是讲述的戏剧,那么对话因素(戏剧对话和非戏剧对话,古希腊罗马对话和新时代对话)就具有重大意义。

可以看一看所有处于中间环节的现象,这些是研究者如今特别想纳入到长篇小说中去的,例如讲演体。讲演是做什么的呢?是转述戏剧内容……这算一个古典角色,或是演说人,或是小说家。他取来一出悲剧,再讲述这悲剧的故事。如此一来,长篇小说更像是讲述出来的戏剧。要是这么说,倒也正确,可实际上这里面微妙得多,复杂得多。如果深究下去,会能弄清我说的情况,不过我没把这些写进报告里去。

说情节性在戏剧里的出现,要早于在长篇小说里,这一点我从历史中没能得到证实。不过悲剧里没有这种情节性。

艾丁杀了自己的父亲,又娶了自己的母亲,这对任何一位观众来说都不算意外。悲剧最深沉的力量正在于此。如果最终如在让西的书中（艾任·苏）那样显露出，谁是真父亲，那么这便是长篇小说，据此可以把《艾丁》同长篇小说区分开来，在长篇小说里没有交代父亲在哪，儿子在哪，意外结局的效果又在哪。因此，这一因素在戏剧中出现得较晚。

并且我认为，若戏剧中纯属长篇小说型的意外结局占据了上风，那么这已不是戏剧而是粗制滥造的戏剧赝品了。因为甚至在易卜生的戏剧化长篇小说里，关键也不在于情节的结局上。这不是真正的戏剧，戏剧即便小说化，也不会到这种地步，因为它受到体裁特征的制约。

这方面的反驳意见，我觉得根据不足。你只是反驳，却没提出例证。

关于长篇小说史诗化的过程，我仅讲到了个别体裁的小说化。自然，总的说来，一种体裁在文学史上的命运是非常复杂的。我在报告中没有断言而只是强调了，问题不在于对其他体裁的影响，讲的不是这个影响，讲的是一种普遍力量所起的作用。而且，所以能出现小说化，正因为长篇小说是在戏剧之后兴起的。戏剧能走到小说化，完全不是受小说决定的。

在文学整体的形成中，引起我们深切关注的是长篇小说的研究。我把小说的发展讲得过于简单了，这个发展是很复杂的，有各种体裁，它们的相互作用、相互影响等等。

当然我的工作没有结束，还没完成，这一点我完全同意。

我研究最多的是文艺复兴的长篇小说，这是我的主要专业。

18、19世纪的长篇小说也完全可纳入这个框架，不过我不可能做这些了。

现在我讲一讲 M.A.雷布尼柯娃关于同民间文学关系上的反驳意见。我讲到长篇小说的诙谐本源在于民间，史诗的本源同整个文学一样，都在民间文学。但史诗与朴实的民间歌手之间的差别，就相当于模仿禽鸟鸣叫的江湖艺人与《安娜·卡列尼娜》、陀思妥耶夫斯基之间的差别。我怀疑他们之间的差距，会小于荷马与原始时代歌手之间的差距。

现在讲讲个体创作与集体创作。史诗——这不是集体创作。

（问题：为什么偏是原始时代的歌手，为什么民间文学——指模仿鸟叫？）

我讲的是诙谐的民间文学，模仿鸟鸣的民间文学，而非史诗植根的那种民间文学。这里不可能不承认有同民间文学的直接联系。联系是存在的，但史诗这体裁是高度专业化的，这是专家的创作，源自非常强大、非常古老、传统深厚的流派，如此等等。

（会场发声：可这全是民间文学呀！）

我并不否认这一点。也许我没理解你的意思，不过我还是指出了长篇小说的民间文学来源。其中也含诙谐的根基。

下面是对列昂尼德·伊万诺维奇的反驳。

（季莫菲耶夫同志：你其实已经回答了我。）

我的报告的基本思想，是重新定位。什么是长篇小说，什么是短篇小说，描述一下不费什么事。但这种描述的价值何在呢？如果我们的出发点不在描述，不立足于中学课程以培养教师和作者为目的，而是从哲学视角、历史学视角出发，那么这就可以使我们真正历史地深入到文学与语言互动的过程中去……

我们立刻可以看到十分细微的区别，我就想掌握这细微之处，当然我讲掌握是说了大话，我没可能掌握，但我打算通过体裁问题给长篇小说重新做个定位。描述现成的体裁及其区别，是再简单不过了。可是，区分19世纪的长篇小说与短篇小说，区分古希腊罗马晚期的短篇小说与长篇小说，却是件大事。

在中世纪晚期，短篇小说是长篇小说的胚胎；我们现代的最起码的短篇小说，可说既是短篇的又是长篇的胚胎。古希腊罗马的短篇小说，又属某种新东西，它可能是史诗的成果，也可能是长篇小说体裁的胚胎。

人们随时可以举出一些长篇小说，是完全同短篇小说一样建构起来的。体裁的概念恰是常常误导我们，而文学史家则能在作品中揭示出最有意思的因素。

列昂尼德·伊万诺维奇正确地指出，我的意图是把握体裁的哲学基础，但提供的具体历史材料过少，令人感觉我的报告讨论的更像文化史而非文学。这里的过错，倒不在于我的观点，而在于我的力度不够，不善于写报告。不过，我的意向是揭示道理。在这一点上我的意图是最积极的，是非常特别的。

在文学理论中视域问题是个极富成效的课题，恰是立足于特色的角度，立足于体裁理论中精微问题的视角，能够提供许多有益而且重要的东西。

我今天在报告中没有足够地揭示这一点。

说我只是勘察地形，三军还未开到，这点我同意，这只是一次侦察，且是早期的侦察。

从反驳的意见我看出，我的报告给人印象是没有完成。我看到自己没能完成我想做的事，就是展现长篇小说在构思立意与主观表现之间的矛盾。设想的是一回事，结果又是另一回事。

我十分感激所有今天参加讨论的人。我担心自己的答辩只是印证了我的观点，却没有令大家感到满意。请大家谅解，也许我对材料深入不够，时间较紧，但我本人从这次讨论中获益匪浅，尽管许多见解我还不能同意，可我明白了我的报告缺少什么。对自己报告我有了新的认识：给自己的报告，取别人的视角。我之前只看到报告很合我意，而今天我头一回看到报告对他人不尽如人意。在我眼里报告现在完全是另一副样子。我现在要用完全另种写法，许多方面得深思熟虑。在这点上我非常感谢我的辩难者。

季莫菲耶夫同志：我们感谢报告人做的报告，希望他日后给我们提供更充实清晰的图景，回应今天这里发言者的关注。

白春仁　译

长篇小说的理论与历史问题

维谢洛夫斯基给长篇小说史讲座的第一讲序论(理论)定题,用了一个疑问句:《长篇的理论抑或历史?》这也成了我的一个问题,因为这既不是一般说的体裁理论,又不是一般说的体裁历史;虽然我的见解相当不同于维谢洛夫斯基的见解(主要不在方法上而在材料上)。

这里的问题要比小说理论宽,很大部分属于非常重要的普通文学理论问题,涉及所有体裁,但唯有透过长篇小说这一体裁才能明晰地从根本上展现出来。我最没有兴趣的,就是体裁的规范(况且长篇小说也还没有规范)。

长篇小说改变了欧洲的文学思维。文学、文学形象、文学语言不再是长篇小说统治之前的老样子。然而文学的理论还依然故我(亚里士多德、贺拉斯、布瓦洛……)。长篇小说也应改变关于文学的理论思维。长篇小说里世界、人、语言的范式本身,已是另一个样子。构建形象的基础本身,同样是另一个样子。

在体裁问题上,我(较之维谢洛夫斯基)极少看重个人狭隘意识的主动性、在政治和意识形态上短暂轮替的派别、种种形式和风尚。所有这些在体裁的理论和历史方面,不能向我们说明任何问题,几乎就同对语言形式的历史演变难有什么阐释一样。需要有非常广阔的历史视域用来观察,同时又需要非常缜密地分析现象的结构,深入到现象内部。

经典体裁与非经典体裁。长篇小说吸纳了这些非经典体裁，成为它们的聚合体，成为它的充分体现者。长篇小说产生于大文学之外的非正宗体裁和非正宗（亲昵）语体之中，并从中汲取营养。

未完成生活的形态。当代性与沟通区域。多语现象作为长篇小说的一个前提。重新评估长篇小说发展的古希腊罗马时期。如果侧重点不放在长篇小说的布局情节方面，而是放在形象塑造的特点和长篇小说特色的语言上，那么古希腊罗马阶段会具有特殊的意义。古希腊时期哲学对话小说在陀思妥耶夫斯基笔下的激活。要知道，恰是在这里产生了"成长为人物的思想"（苏格拉底、第欧根尼、梅尼普、德谟克利特）。在这里形成了长篇小说的世界观念和长篇小说特有的哲理思维。也是这里，形成了在与当下未完成生活相沟通中（即在长篇小说所特有的区域内）塑造形象的方法，以及世界亲昵化的基本形式。不过，长篇小说布局结构模式的形成，几乎不受这些基本要素的制约（希腊小说）。当然，就连希腊小说也是一方面与土星神节及非正宗形态的世界相关联，另一方面又与哲理对话（后者在第二诡辩术的雄辩学派中发生退化）相关联。

长篇小说布局情节的骨架问题。这一骨架作为一种考验（对思考者主人公的考验、法律对忠诚的考验）的构建。《克里敏基》里古希腊罗马阶段诸要素的结合。

中世纪长篇小说中，克尔特人的幻象与世界形象（包括空间形象）的独特建构。考验的主题与冒险的建构。长篇小说在中世纪发展阶段上与史诗的区别。

文艺复兴时期的长篇小说。它的种类。新型语言的问题（语言的非史诗方向发展，而是朝着长篇小说性的不知敬畏、不管层次的发展，由此产生了独具特色的欧洲文学语言意识）。

长篇小说在现代的正规化过程，以及相伴而来的其他体裁又长篇小说化的过程。这一过程的两种相等的效力。观察新长篇小说发展的各基本路线。

赞颂和讽刺在正规文学(大文学)中的分离。

长篇小说视域的不断缩小(写实主义)。它在陀思妥耶夫斯基作品中新的扩展。

语言问题。筹划写作。开篇序文(提出问题):时代,语言,人的形象及其他。以下分阶段(从古希腊罗马时期开始)。

长篇小说家不是从现成的权威的语言出发,因为他的语言不是给定的而是预设的,就是说为探寻语言而游走于多语之间。预设的语言(古希腊时期的阿基克方言)。标准语类型问题。标准语与非标准语在不同时代的相互关系类型。标准语的自满自足,或自我削减、自我弃置(生长系统)。在其他体裁中,这一过程本身并得不到表现(可见的只是过程的结果)。

除长篇小说外,双声语在哪里也不可能成为风格与形象的基础。非标准语(非正规语)中的未完成性、语义双关、双重语调等因素。标准语中设定的完成性与价值的稳定性(单一的语调)。诗歌语汇(外来词语、散文词语、粗俗词语等)问题与此的关系。它们能起作用的前提,是存在一个权威的现成的标准语。

现在时的特点。对民间文艺、神话、古代历史智慧中的时间做出评估。关于五个时代的神话。体验时代的心理感受。英雄化与现时代。现在时作为价值范畴和等级范畴。最高权力作为过去的代表、"父辈"。创建了古代的体裁和人物形式,以及其层级的语调、高度的文学意识——这种文学意识的基础,是对时代的感知。现在时是如何融入文学中的,是以哪些特殊范畴得以进入文学的。在空间上,现在时被局限于沟通的区域里,而非在遥远的形象里。这个现在时就近在咫尺,如自家兄弟。这就是亲昵的区域,因为都是同代人("奥涅金,我的好弟兄……""我歌唱我年轻的朋友……"这种亲昵的结识用语,强调了可能有亲昵的沟通)。重要的是,普遍的哲理思想也会这样地转移到现代性和亲昵沟通的区域中(从"本源"区域进入到苏格拉底概念和原则的区域),从形式上说是转移到对话的区域中。苏格拉底对话的体裁,获得了非常重大的文学史意义。一种哲学思想,变成一个现时代的人物,并转移到亲昵沟通的区域。这是文学意识领域里的巨大变革。哲学的思想成了长篇小说的思想(哲学思想市俗化,脱离了与权力的联系,不再是掌权的力量。出现了一种直接的心理上的门外汉的信服,出现了一个范畴—外行的"世界观")。重要的是,哲学思想的这个新面孔,与建构形象的一定时空形式之间存在着有机的联系。不知与探索,不知者与探索者,这是原则上全新的主人公形象。但这里重要的不是抽象的意识形态(哲理)的方面,而是文学的艺术观察和建构形象的具体形式,是文学中人与世界的艺术范式;这两者决定着新的体裁形式。

古希腊罗马世界的体裁与现代欧洲的体裁。新体裁不是古希腊罗马意义上的标准体裁。

叙事作品的素材及其发展(如民歌、同一题材的汇集等),其与史诗这一文学创作体裁的关系。

"阿喀琉斯明白自己在别人眼里是蒙受屈辱之人。"(A.H.维谢洛夫斯基语)关于史诗意识的问题。外貌与他人在叙事作品中的特殊作用。外在化的原则。对外在与内在不偏不倚的统一视角。不同视角之间没有差异和斗争。

"在荷马作品的人物身上,个人心灵和民众心灵是不可分的。"

史诗歌手"O ï oι νιν ε ι σ l"的同代人。这个"外文"完全是个特殊的世界,它不可能接触到史诗描写的区域。距离。不需要去说服他们,也不必与他们辩论。而且作品本身(如同一个事项)同所描写的事项并不处于一个层面上(即与未完成的现实不相沟通)。史诗整体的完整性成性。

个性的根基在抒情诗和戏剧中的作用。在戏剧中(有同样的情节)关注焦点倒不在事件,而在个性的参与,在人物的理由、动机、内心斗争上。

"……戏剧……就内容说是叙事作品中在个性思想影响下的交锋

的结果。"

"埃斯库罗斯、索福克勒斯和欧里庇得斯表达了自己对古代神话情节的抒情性理解。"

普通凡人的世界，喜剧由之汲取自己笑料的简朴理据。

埃尔德曼斯焦费尔论"希腊小说时期"。个人生活的诸领域。

个人空间（多民族的广阔世界或田园诗般幽静角落）与集体空间（民众空间、民族空间）。

讲述人在史诗中和长篇小说中的作用（凯捷·弗里杰曼）。讲述人立场问题、他的视角（第三者视角、内在对话）。问题的深化。理解的对话性。

有意识虚构的问题。从虚构名字开始。该问题的原则性（这绝非自然如此的事，因为面对"自然如此"会有哲人的惊讶）。

不解者与不理解（不知）——这是长篇小说形象性的一个重要范畴。狄奥恩·赫里佐斯托姆的《猎人》。不理解者视角下的世界。在史诗及崇高体裁里，"不理解"这一范畴完全不可能存在。这是长篇小说特有的范畴。

人在其艺术形象中的外化和物化。完成了的形象和被封闭的（抑制住的）形象。缺席的形象（主人公未能说出决定性的话）。陀思妥耶夫斯基让自己的主人公有权自由地辩难和讨论作家（即他人）给他下的定论，并从内心里体悟外人对他做出的任何的结论性评语。人心中有最后的却无法完结的底线（他的自由、他的绝对重生改造的可能性）。最后的结语不属于作者而属于主人公，而且不是作者提示给主人公的（他们始终是交谈对话者）。长篇小说形象，有着古老的对话基础。

在主人公自我意识立场（第三者立场）的问题上，陀思妥耶夫斯基的立场与托尔斯泰的立场。这一立场的理据问题。

希腊小说与伪经书相结合，疑难问题与冒险相结合。

瓦尔拉姆与约瑟夫。世界作为拒斥的对象。用世界来考验和诱惑人。在古希腊罗马阶段的浮士德主题。考验小说的不同变型(包括圣徒传类型)。诱惑问题。兄弟或姊妹的不同命运,分别,丢失和寻获。《阿列克山得利》中的世界考验问题。

对修辞表达的不理解范畴(不理解通用的约定语言、标准语等)。

与未完成的当下时代的联系。呆傻智者(马科里弗及其他人)作为非正统智能的类型。这一类型的重要性及其语言。

白春仁　译

长篇小说

古希腊罗马时期的长篇小说因素。它们绝不仅限于"晚期希腊小说"(而且它的意义也受到低估)。梅尼普讽刺,乌托邦小说。苏格拉底对话的体裁(长篇小说是我们时代的苏格拉底对话)等。新阿基克语喜剧及其类型。

基督文学(特别是圣徒传文学)的特殊意义。《不属俗世凡人》。弃绝一切等级、财产关系的基督徒形象。阿列克谢依——上帝的人。获得另个名字的僧人(终身被剥夺公民权)。奥古斯丁的《忏悔录》。其后文学中的正面人形象。女性英雄形象,新生革命者形象(伏尼契《牛虻》)。欧洲文学有整个一条路线贯穿了圣徒传的世界、生活、人之中(苏、拉卡姆波里,部分地还有巴尔扎克)。

一个特殊的题目——长篇小说与复杂的音乐形式(多声的和交响的形式)。叙事作品、抒情诗和戏剧,与简朴的歌唱相联系,又与动作(舞蹈)的音乐相联系。长篇小说是不能舞出来的,史诗却可诉诸舞蹈。

自然灾害能让人摆脱普通的社会关系、等级关系,并彰显人身上的人性:如修昔底德笔下的鼠疫与战争主题,如当代文学中的鼠疫主题(薄伽丘、兰格伦等)。托马斯·曼等笔下的疾病主题。起着同样作用的,还有狂欢节元素。在薄伽丘笔下,在托马斯·曼《魔山》中,疾病与狂欢的结合。

骑士小说的路线。在克雷蒂安·德·特鲁瓦、艾森巴赫等人作品中骑士因素与人性的冲突。

《特里斯坦》中爱情与封建职守的冲突。

现代小说(自《堂吉诃德》以来)里,真正的人性(此前已发现的)与个人生活(并不充实且多有缺陷的)两者之间的冲突。

长篇小说发展中的《萨蒂里孔》和《金驴记》以及它们这一条路线。

《金驴记》和对个人生活的窥探。私密小说的路线。作者的立场。对《金驴记》的评价不足。

长篇小说与《苏格拉底的申辩》以来的自传(生活道路)。

单有个人生活的事实是不够的,远为重要的是有对它的新的理解(文学就从这里开始),提出个人生活的课题。个人生活应能令人惊讶,不再只是理所当然地如此。苏格拉底的形象,乃是第一个长篇叙事小说主人公的形象。讲述苏格拉底(酒席、巢穴、辩护等)的哲理长篇小说。在这里诞生了长篇小说的内容(小说的人物、小说的阐释),但还没有产生体裁的形式(仅有体裁的一些要素)。苏格拉底——是个正面主人公,却还根本不是叙事主人公。

关于中世纪的漫游。那时漫游者所占比重,较其后的各时期都高。杂耍艺人、骑士、职业朝圣香客、手艺人、僧侣、丑角等等。从事漫游的恰恰是民间的创作人士。十字军东征。多半在中世纪晚期人们开始定居(定居率提升)。漫游传教士、被驱赶的异教徒和宗教侨民(犹太人、摩尔人、游吟诗人、歌手在普罗旺斯于阿尔比教派战争的战火中毁坏之后)。在连绵不断的封建战火、流行病、饥荒中被焚毁的农村。

在文艺复兴时期,取代中世纪漫游的是完全另一类旅行者(布尔哈罗特、海上流浪汉、异域风物、黄金国等)。

漫游和部分的旅行具有的狂欢精神。

骑士小说——是漫游和流浪的小说。

56 页。基里形象的两重性。赞与骂的结合。

在苏格拉底形象中有崇高(一种特殊的新的崇高,既非史诗的也非悲剧的崇高)与低俗(不是古希腊罗马滑稽戏混杂体裁的风格)的结合。

瓦罗的讽刺作品。

讲述费斯贵妇的小说。卢奇安笔下梅尼普的欢笑形象。阴间对话的一类作品。

定义个人生活这一概念。研究人性的深层本质("人学")。苏格拉底——思想家主人公。他"研究的不是林中树木,而是城中活人"。

新鲜之处倒并不在于长篇小说的体裁本身,而在于长篇小说在现代文学中异常增大的比重。

67 页。两重性。

有象征意味的是,长篇小说这个体裁名称,最初是一种语言的名称。的确,长篇小说的特征首先就是找到了打开现实的新的语言钥匙。多语现象的出现与标准语风格专横独断时期的终结。如果古希腊罗马的长篇小说我们可界定为解体的产物,那么我们同样有权这样来定义文艺复兴时的长篇小说。专横而又神圣的语言之瓦解。长篇小说的语言不断地表现出批判性和自我反省精神。语言成为批判性描绘的对象。

虚构成分作为长篇小说的结构性因素。

希腊人普遍的民间对话文化(思想的对话形式),这一文化培育了苏格拉底对话的体裁。它当然与阿芬市民主要条件相关联,但原因还在这一文化的性质本身。这些问题研究得还很不够。

作为长篇小说(或长篇散文)前提条件的多语意识问题。语言溢出了自己的巢穴,失去了自己专注于表意修辞范围的固定性。各种语言(也包括利用语言作脸谱)的自由混合,以各种语言间接地说话表意(让自己独特地摆脱语言)。克服语言的神圣性,由于不懂而亵渎语言。

这种对语言的亵渎,我们能见于苏格拉底对话中,也见梅尼普讽刺中,又见于多种狂欢体裁中。起了亵渎作用的语言(与拉丁语相对立),是长篇小说中的各种罗曼语。亲昵性是最高层次的亵渎。亲昵性是长篇小说的结构因素("奥涅金,我的好友……")。

亵渎的话语并没有自己的表演者(如行吟歌手,身着祭司服,有冠戴,有手杖)。这话语是要人用眼睛读的,或是让人模仿再现的(如演员以面部表情复现出来)。

长篇小说的多语调性。

20页(第三章)。长篇小说特有的争论性和自省精神。批判地把原则与形象相互配合起来(斯泰恩)等等。

"这不是小说,这是真实"——不断地用现实来校正,不断地同假设和虚构做斗争。

交替、蜕变——这是古希腊罗马和中世纪狂欢文化的古老和最重要的主题之一。

139页。《基里》中一些情节(下身带屎),也同我们先前见过的狂欢情节一样(在小说<字迹不清>中,有相同的功能、相同的含义)。

讲到飞禽,没有记忆,可每日清晨展翅,重启生命。在每一时代(每一文化历史世纪,每一小世界),人都是重生再现。对古希腊人来说,人类是从他肇始的。人类是变化的,但人类不是重生的。

在细胞学家看来,细胞及其历史要比整体的复杂机体重要得多。要知道还存在有单细胞的机体呢。研究情节项目的演变历史(在比较法中)是非常重要的,有巨大的启发意义。

在亵渎不敬的体裁本身中间,会产生新的严肃性,新的虔敬性。要知道,现在所有崇高体裁都在长篇小说化。

长篇小说还没有一个明确固定的体裁,有小说式的散文,在它的基础上产生了各式各样的自由的体式(体裁的不同类型,或是长篇小说的不同路线)。

话语的各种类型,在所有的时代里都表现出惊人的相似(很可能在所有的民族间亦复如此）。

最主要的，是完整的活生生的个人（完整的独特而不雷同的艺术作品），但同样也非常重要的是病理解剖的组织断面（单个情节的发展进程）。

或许现在要期待重大的发现，不应是求之于分析整部的作品，以它作为唯一的艺术现实（这是最近几十年的时尚），而应是求之于深入探索艺术的要素、情节、微观世界。

作家的影响与体裁的影响。例如，浪漫主义长诗体裁的影响与拜伦长诗的影响，多层面历史小说体裁与司各特的影响。

在长篇小说发端处，不仅有骗子，还有小丑和傻子。

《克里敏基》和《希波克拉底》（思想家主人公杰莫克里特）。民间讲浮士德，讲毕尔格希尔德的书。

长篇小说的时空体：罗马的小饭馆、舟船的甲板、中世纪的旅店、酒馆、邮局、铁路车厢等。主人公"在路途"相逢之地。路途时空体。

文艺复兴时代的对话，其作用阐发不够。

重心转移，此现象同样见于语言中（词语任何一次使用都是它的重心转移）和文学中（每一部新作品都是体裁与情节的重心转移），也就是见于任何符号中，任何象征中。

（异形）同义现象（如苏格拉底对话与现代的长篇小说）和同形（音）异义现象（如希腊小说与现代的爱情惊险小说）。

长篇小说本质上特有的讽刺性模拟和论辩性。

对体裁的讽刺性模拟，已超出该体裁的范围而接近小说的领域。讽刺性模拟史诗，已非史诗；讽刺性模拟十四行诗（在《堂吉诃德》中），已非十四行诗。

201 页。关于桑丘。成双的形象，是双体的分裂：脸与臀，头与肚，如此等等，成对主人公的对话。

203 页。关于堂吉诃德的不朽的意义。马克思话语的另种说法。在来源不同的情况下（"具体的历史含义"）却具有共同的不朽含义，达到和谐(苏格拉底对话与当代长篇小说。陀思妥耶夫斯基作品中的梅尼普讽刺等)。

怎么称呼骑士的和田园的叙事作品呢？是不是叫作反小说呢(因为索列里的"反小说"正好称作长篇小说)？可是,难道能有反体裁存在吗(就一种体裁范围内这么说,岂不是相互矛盾的吗)？

209 页。在低俗中发现崇高。

232 页。"诞生的历史"和"独特观点的不朽价值"(讲到《浮士德》)。

体裁的内在逻辑,它能让人们在不同时代和不同条件下各自独立地做出相同的发现。重要的是先推动一下,有了第一步就会跟进第二步。

什么叫对情节和形象的素材做出新的理解(或做出重心转移)？(234 页)

个人面对人生道路和世界观的选择。在希腊旧世界观(专横制度)的毁灭,在诡辩术时代,在亚历山大时代,在罗马帝国时期,在基督教时期等。这里到处又有各种语言的交替。这里也是新的人道思想(旧人道思想的过时面具)的诞生地。

约夫的书(一切圣经)。戈西奥德作品中的小说要素(铁器时代的个人生活,为生存而斗争)。

284—285 页。自己《鲜活心灵》的斗争与自卫。

阿瓦库穆《言行录》中讽刺性模拟圣徒传的成分。

两个不同的问题:(1)什么是长篇小说体裁;(2)这一体裁最初产生于(至少在萌芽时,甚至在自己后来一些类型的萌芽时)古代东方,而为什么后来(有些是独立地)复兴于(或新生于)古希腊罗马世界,又成了"现代的叙事作品"。

成为现代的核心体裁(主导体裁)之后,这一体裁自然得到了巨大的发展,产生了分支(出现各种各样的类型),揭示出它内在的所有(?)潜能。但这绝非意味着它只可能产生在现代(要知道叙事体此前就已存在,和其他体裁类型一样,进入现代后发生了剧烈的变化。如奥斯特洛夫斯基戏剧与埃斯库罗斯悲剧间的距离,可能大于《奥基谢依》与当代小说间的距离,并且远远大于古希腊罗马小说与现代小说间的距离)。

您出色地说明了长篇小说体裁中的一条路线(这一路线包括了数种类型),但却不是长篇小说体裁的本身。

引用利哈乔夫见解。正式的地位(僧侣、公爵、贵族、沙皇、主教),它们吞没了人的个性。但我们发现,这样吞没人性,把它消溶于地位之中,只是在中世纪的特定阶段上(在现实生活中从来不曾全部吞没)。不过在早期基督教文学中(圣徒传),突出表现的正是多神教世界里同正式地位的决裂。而僧侣、主教等新的"地位"还刚形成。人的解放,脱离原本的社会阶层,从而得以揭示。可参看新约启示录里对主教("天使")的评述。还没等僧侣或主教的地位稳固下来,人们便开始从人身上剥去这一假面(最早从 12 世纪教堂圈讽刺文学起),僧侣、国王等变得人性化。

看中世纪文学不可只取其官方的一条路线,更不可取其俄国的愚钝专横的变种。

深入揭示个人生活这一概念。氏族关系和封建关系的瓦解。实际上这种瓦解向来都是相对的。

个人生活的存在,只是到文艺复兴时期才产生,那时也才最初出现长篇小说。

严格从法理上说,单个之人、个人之事、个人之间的关系,亦即个人(不代表任何群体、只对自己负责的个人)这一概念,在罗马法律和中世纪标准法中就有明晰的阐释。*Ex caibedra*

18 世纪前俄国现实的极端愚钝。

白春仁　译

附录:巴赫金给柯日诺夫的信

1961 年 4 月 1 日

……当然,我有些不同意见……这里涉及两个方面。

1. 您只从这一方面开始研究长篇小说的历史,即其时长篇小说自身业已形成与几乎完整地揭示了其体裁特征(从 16 世纪下半期起)。您提出了这种研究的道路,在方法论基础上有着非常重要的意义……但从您的观念往后看,依我之见,在未来小说与古代和中世纪的土壤里,不可能找不到那些因素与萌芽状态的东西(有时是相当成熟的)。您的观念在这方面应该使我们看得更为清晰。例如,在古代的土壤里,我们可以找到体裁的整个群体,希腊人自己把它称作为"庄谐体"领域。这一称呼本身听起来是非常具有长篇小说的味道的。在古代,一系列的中型的体裁进入了这一范围:苏格拉底对话的体裁,内容丰富的讨论性的文学,回忆性文学,"梅尼普讽刺"等。古代人自己清楚地意识到,这一领域是不同于史诗、悲剧与喜剧的。这里开辟了艺术形象建构的特殊的(新的)领域,与未完成的当代生活相联系着的领域(明确地与史诗和悲剧保持距离),建构了亵渎与亲昵话型,特有的有关自己对象方面。这里开始形成了几乎是长篇小说对话的独特类型,原则上不同于悲剧的和喜剧的类型(这种对话可以结束,但不可能完结),就像人们不可能被结束,这是它的主导方面。这里几乎产生了人的小说形象(非史诗型的、非悲剧型的与非喜剧型的)——苏格拉底、第欧根尼、梅尼普的形象。史诗性的回忆与传说让位于个人经验(甚至是一种独特的试验)与幻想,如《希波克拉底小说》与《克莱明吉农》。这一切现象对于欧洲长篇小说的变体的系列发展,特别是对于 18 世纪末到 19 世纪初的德国长篇小说,发生了重大的影响,如对布兰肯堡、维采尔、吉佩利、维兰德和歌德关于长篇小说的思考(1774 年出版了不署名的布兰肯堡的论文引起了某些关注,在对于长篇小说的理解方面,布兰肯堡是黑格尔的真正的前驱)。我感到,就从您的关于长篇小说观念的出发点来说,在中世纪文学的许多现象中,可以找到多种长篇小说的因素与倾向。即使在 16 世纪前还不存在长篇小说,但在先于它的欧洲文学中业已形成——实际上业已形成。一定的生活的内容,人的新的存在,如果在文学本身中没有先期的因素的准备,人的新的存在也没有为自己的文学表现获得支撑,那也就不可能获得新的文学体裁形式(当然,这里无关赤裸裸的多种形式,而是涉及具有内容的形式的多种因素)。

2. 我的第二个意见涉及语言方面,实际上它几乎是第一个意见的重复。在长篇小说的语言的骨架上,存在着作为艺术材料的完全全新的话语体验,存在着涉及描绘题材、作者本人与读者的这一话语的新的立场。长篇小说描绘的完全不是人及其生活,在本质上是说话的人与杂语化的说着话的生活。这里,话语不仅是描绘的手段,而同时也是描绘的对象。描绘的和被描绘的话语,进入了非常复杂的相互的关系之中(在这种形式中已不可能是前小说的史诗)。话语的艺术功能方面的这些重大变化,在我看来,几乎是在整个中世纪时期,为多种语言力量在非常复杂而紧张的条件下相互争斗中准备好了的,是为了长篇小说语言,被极为多种多样的艺术的、半艺术的和完全非艺术的体裁所准备好了的。

钱中文　译

题　注

《长篇小说修辞问题》

巴赫金这一提纲写于 1930 年 3 月 5 日, 即被流放去库斯坦奈前几天, 它是在巴赫金好友 Б.扎莱斯基的档案中发现的。在 30 年代上半期, 巴赫金写作了《长篇小说的话语》, 随后进一步展开了这一体裁的修辞研究。

《长篇小说的话语》

写于 1930 至 1935 年间, 是一部计划出版的书稿。作者创作完成后曾于 1936 年联系出版机构, 送出稿本并表示时过境迁, 需立即做出重要修改才好付梓。此后一直未见出版消息。过了一年多, 作者另一本著作《教育小说及其在现实主义历史中的意义》却突然问世。就这样,《长篇小说的话语》从此束之高阁, 被尘封四十年, 直到 60 年代学术界重新发现巴赫金。1972 年《文学问题》杂志第 6 期首次刊出《长篇小说的话语》第 2 章——《诗的话语和小说的话语》。同年,《文学与美学问题》文集首次全文收录了《长篇小说的话语》。当时主持巴赫金著作编辑出版工作的学者鲍恰罗夫和 B.B.柯日诺夫在征得作者同意后, 对文章原稿做过少许改动, 以适应当时社会和学界的情势。例如文章开头多有删节, 而结尾又大为扩充, 都是醒目的增删。除此之外, 与原稿相比, 改稿还有一个重要特点, 就是把作者完成此文后在稿页反面多处增录的补充见解,都经过编辑加工融入正文之中,通篇多达 20 余处。

俄罗斯 1996 年开始编辑巴赫金文集学术版,则遵循保持作品原貌、真实反映学术历史的原则,严格根据作者手稿恢复了作品正文的本来面目。而作者后来注在文稿上的补充见解,也照原来文字列为相关页的脚注,用星号 * 标出,以与作者的自注相区别。此次我们编辑中文版文集,是首次在国内采用作者初始的手稿。

作者开宗明义,在前言里就点明文章的主旨,"在于克服文学话语研究中抽象的'形式主义'同抽象的思想性的脱节","克服这种脱节,以社会性的修辞学为基础",在这一修辞学里,形式和内容在话语中得到统一,而这个话语应理解为一种社会现象。在作者看来,小说的话语具备着文学作品的一种本质特征——社会性。它不单是狭隘的形式,也不单是狭隘的思想性,而是语言形式与思想内容的融合。它不只体现作者个人的格调,作家流派的风尚,还承载着社会现实的底蕴和精神。就这个内蕴来说,文学话语几乎就是文学作品的代名词。而巴赫金的探索,是要开拓和展示文学语言与作品意蕴之间内在固有的本质联系。他论证这种本质联系,采用的是文学话语的内在社会性这一概念,认为唯有在社会性修辞学的基础上才能弥合内容与形式的脱节。

早在 20 世纪 20 年代,立足于社会学视角构建文学理论就成了巴赫金治学的主导思想。在 20 年代末问世的《陀思妥耶夫斯基创作问题》的前言中,他提出文学语言的"社会性"问题。与此一脉相承,到《长篇小说的话语》中,又拓展为"社会性修辞学"的概念。1963 年出版的《陀思妥耶夫斯基诗学问题》一书中,更加系统全面地辨析了语言学与超语言学的区别,话语普遍的对话性,作者与主人公的对话关系,杂语的对话与互动等问题。巴赫金对文学话语理论的创造性研究,在此达到了完备的程度。

《教育小说及其在现实主义历史中的意义》

1936 至 1938 年间,巴赫金致力于《教育小说及其在现实主义历史中的意义》一书的撰写工作。书稿已经完成，也交到了出版社，但在战争爆发前没来得及出版。手稿在随后的战争年代里遗失，保存下来一部分大纲，以及为本书准备的篇幅较长的草稿；这些使我们有可能判断此书内容包容之广。这里的任务包括研究欧洲长篇小说的史前期（自古希腊罗马后期开始长达数世纪），评述长篇小说体裁在历史上的重要变体和类型（漫游小说、考验小说、传记和自传，以及自白的形式，最后还有教育和成长小说——这是研究的主要目标），全面揭示现代长篇小说的成熟形式所依赖的艺术和历史环境。长篇小说形成的三个基本因素，相应地也是巴赫金研究的三个基本方面：(1)新的人物形象（成长中的"非现成的"主人公）；(2)世界的时空图景所发生的根本变化；(3)长篇小说中话语的特殊性（长篇小说的"多语现象"、杂语世界的描绘）。每一方面在巴赫金的著作中都得到了独立的研究。如，对长篇小说中时间和空间的研究，产生了"时空体"的学说（属于撰写教育小说一书的草稿材料的，有一篇长文，后来作者冠以《长篇小说的时间形式和时空体形式》的标题）。

　　本卷从准备撰写《教育小说及其在现实主义历史中的意义》一书的草稿材料中选登两段提纲，以及论述歌德作品中的时间和空间的相对完整的一章（题目为原编者所加）。

　　草稿材料表明，"歌德与教育小说"在遗失的书稿中是中心的论题。此书在很大程度上是研究歌德的；巴赫金专门研究了《诗与真》《威廉·麦斯特的学习时代》和《威廉·麦斯特的漫游时代》。同对这一主题研究的基本内容比较起来，这里发表的以歌德自传作品为基础的专章，具有预作准备的性质（文中不止一次指出，对歌德创作的更加深入的分析，可见本书以后各部分）。

　　这样，从书稿材料中可以判定，继陀思妥耶夫斯基和拉伯雷之后，歌德是巴赫金学术研究中的第三位主要人物。如果说在此书的构思中，拉伯雷和歌德在类型学上是可对比而且彼此接近的话（《长篇小说的时间形式和时空体形式》中就指明两者的接近），那么，歌德和陀思妥耶夫斯基在世界文学中的相互关系,就一系列重要因素而论(对时间的艺术感受,"成长"思想的作用),在研究者看来是相互对立的。作为艺术家的歌德,自然地倾向于成长过程,而陀思妥耶夫斯基艺术视觉的基本范畴,"不是成长,而是共存和相互作用"。这两者的对立,已在论陀思妥耶夫斯基一书中提出(见 M.巴赫金的《陀思妥耶夫斯基诗学问题》)。"歌德与陀思妥耶夫斯基的对比(确切说是对立)"——在论教育小说一书的草稿中确有这样的提法。与此同时,根据巴赫金再现的世界文学画面,"在以纯粹同时和共存的角度"来揭示世界这一点上,陀思妥耶夫斯基与"但丁的垂直时空体"是相接近的。这一点也至关重要。

与此处发表的专章(特别是这里所说的视度和肉眼文化在歌德艺术世界中的意义)相呼应的,是巴赫金在致 И.И.卡纳耶夫两封信中有关歌德美学的概括论述。这两封信是他阅读 И.И.卡纳耶夫论歌德的两本书稿(并给予了高度评价)后的答复(卡纳耶夫的两本书是:《J.W.歌德:自然主义者诗人的生平概述》,列宁格勒,1962 年;《作为自然科学家的歌德》,列宁格勒,1970 年)。1962 年 10 月 11 日巴赫金在信中写道:"我在这里只讲一个与歌德的认识论相联系的问题。我认为,歌德对认识论的两对基本概念的态度,很能说明他的哲学立场。这两对概念是现象和本质、认识主体和认识客体。歌德的世界观及其研究方法论的特点,看来最鲜明地表现在他始终否定这种基本的认识论上的相互对立。

"现象与本质的对立,与歌德思维的方法格格不入。对他来说,本质并非隐蔽和躲藏在现象的背后,本质恰恰亲身存在于现象之中。问题只是应该善于看到它。按照歌德的观点,一切本质的、真理性的、有价值的东西都向往开放、外露和表现,所以他也就到最醒目处、显豁处、明亮处去寻找。由此引出了直观(按照歌德对此词的理解)的作用。由此又引出了他对能思之目和能睹之思的深刻信赖,对抽象思维的曲折绕圈子方法不以为然。歌德不在'背后''后面''另一边'寻找什么东西,他拒绝区分内在和外在,外壳和内核,如此等等。歌德不主张现象与本质的对立,而是对比部分与整体,或者'单个'与'全体'。这里他与斯宾诺莎相衔接。

"认识论中最基本的主体和客体的对立,同样与歌德的思想格格不入。对歌德来说,认识者并非作为纯粹的主体而与被认识者的客体相对立,他处在被认识者之中,即属于被认识者共有的一部分。主体和客体是由一块东西做成的。认识者像一个微观宇宙一样,在自身中包容了他在自然界中所要认识的一切(太阳、行星、金属等,参看 *Wanderjahre*)。

"对基本的认识论范畴的这种否定,在歌德那里并非以明确的理论见解表述出来,而是以一种思想倾向贯穿在他的话语中,并决定着他的研究方法。这里面有不少哲学的幼稚,但也有不少真知灼见(譬如,海德格尔认为,主体和客体的'形而上学'对立,是整个现代哲学思维的主要弊端)。"

巴赫金在 1969 年 1 月的信中写道:"歌德的审美论述是十分矛盾的,而且这一矛盾不仅存在于他创作道路上的不同时期里,也存在于同一时期的内部中。最突出的一点是歌德从来也不想消除或缓和这些矛盾,全然不想(与席勒相反)把自己的审美观归纳成一种体系(一些研究者试图这么做,这在某种程度上是违背歌德原意的)。

"不同时代和流派都在歌德的审美观点中留下了自己的印记:启蒙主义、'狂飙突进'运动、德国古典主义、浪漫主义。这些印记共存于歌德成熟时期的创作中。歌德在启蒙主义精神的影响下,没有截然区分科学与艺术,认为在一部作品中可以把它们结合起来。与启蒙主义美学的联系,使他倾向典型化,特别喜爱类型学。与浪漫主义相关的,是他肯定诗歌中可以有、但在散文中绝不可能有的非理性因素、荒诞因素;他对个性的理解,也带有浪漫主义色彩。与德国古典主义相联系的,是他赋予直观以主导的地位。

"歌德的一个基本的哲学论断,即最高原则是事业、纯粹人生的积极性,而不是认识具有特殊的意义。歌德的这一信念是在'狂飙突进'

时代就形成了的，并在《浮士德》中获得了最鲜明的表现，但这一信念他一直保留到生命最后。它决定了歌德对直观的理解：直观不是对事物的消极反映，这是积极的、共同参与的直观；所以，艺术家能够成为一个创造者而继承大自然的事业。

"歌德并不想调和所有这些矛盾的说法而把它们构筑成某种完善的体系。但您自然有权根据您书中提出的任务，分析这些因素并赋予它们相对的完整性，而深究这些矛盾却全无必要。"

幸存下来的上述内容详介包含整本书的目录和每章每节的主要内容。在巴赫金自己的档案库里还保存着他为这部书专门写下的三份读书笔记，都没有标题。俄文版编者把巴赫金阅读格里弗佐夫（Б.А.Грифцов）的《小说理论》、席勒的《弗利德里希·席勒的创作道路及其与美学的联系》与罗赞诺夫（М.Н.Розанов）的《卢梭与18世纪末19世纪初的文学运动》三部书的笔记合在一起，取名《论教育小说》刊出。现在我们能见到的有关巴赫金论教育小说的书稿只有与其直接相关的三个文本，其一是《教育小说及其在现实主义历史中的意义》的内容详介，其二是被编者命名为《论教育小说》的读书笔记，其三是《长篇小说的时间形式和时空体形式》，后者后来经修订单独成篇，独立发表。

《长篇小说的时间形式和时空体形式》

这篇长文撰写于1937至1939年间，是《长篇小说修辞诸问题》提纲的分支内容，与《教育小说及其在现实主义历史中的意义》有着直接的联系。1973年夏季，巴赫金对此文做了全面修订。巴赫金为出版自己的第一部论文集《文学与美学问题》专门修订该文，而该论文集于1975年巴赫金去世后问世，修订后的该文完整版即被收入其中，简化版则被取名为《长篇小说中的时间与空间》，在权威期刊《文学问题》1974年第3期上率先刊出，"编者按"中指出，"本论文是巴赫金的长篇论著《长篇小说的时间形式和时空体形式》的片段，该论著目前正准备在'文学'出版社出版。文学中的时间与空间关系,是几乎被研究透了的诗学领域;由此亦可见作者所采用之整套概念具有争议性的一面"。与30年代的原稿相比,70年代修订后的完整版有以下一些重要变化:1.添加了十个节题;2.重写了引言,如在第一自然段的最后加注提及乌赫托姆斯基(А. А. Ухтомский)1925年的一场学术报告,以此说明时空体概念的第一来源,在第三自然段的最后加注解释康德有关时间与空间的观点,以此说明时空关系问题的哲学来源,在第五自然段则对"历史诗学概述"做了清晰的界定("上自所谓的'希腊小说',下迄拉伯雷的小说创作"),等等;3.补充了"结束语",且篇幅不小,约占整篇论文的十分之一强,其中讨论了"道路""相会""城堡""沙龙客厅""外省小城"等时空体类型,指出了研究时空体的意义,还有作者如何处理时空体的创作积极性,等等。

　　在巴赫金的手稿档案库里保存着1973年为修订该文专门写下的札记,很零散,但能看出主要是为增补"结束语"做准备。这是巴赫金生前亲自撰写并修订的最后一篇论著。时空体概念并非巴赫金首创,却与复调小说、对话、狂欢概念一样,已成为其理论思想的标志性范畴之一,得到了国际学术界的广泛认同与应用。

《长篇小说话语的发端》

　　1940年至1941年,巴赫金在苏联科学院高尔基世界文学研究所做了两场学术报告,该文源自其中第一场报告。

　　1940年10月14日晚,巴赫金在季莫菲耶夫(Л. И. Тимофеев)领导的世界文学研究所做了第一场报告,题目虽与他在哈萨克斯坦南部劳改期间撰写的专著《长篇小说的话语》重复,但主题内容却是对该专著的拓展与深化,正如报告结尾处所说,是"笑谑和多语现实,造就了现代小说话语"。《长篇小说的话语》也涉及多语言,但重点考察的是某一语言中的杂语现象,巴赫金的报告则是对这种小说话语之来源——笑与多语言——的探究。巴赫金关注小说话语的来源或发端,得益于 30 年代中后期对教育小说、小说时空体、拉伯雷小说的深入研究。如果说长篇小说理论研究使巴赫金逐渐对拉伯雷产生了兴趣,那么对拉伯雷的研究则使巴赫金把理解长篇小说体裁来源的重心转向了民间笑文化。

在巴赫金的手稿档案库里保存着他亲笔撰写的该报告,从中学生练习本上撕下来的 19 张纸上双面书写,也保存着机打文本,可能是用于正式出版的,因为世界文学研究所把他的报告收入了即将出版的文集中,该文集出版计划后因二战爆发被迫取消了。这场报告也有详细的速记,可惜,讨论部分的速记未能保存下来。1961 年 6 月,巴赫金把机打的报告交给了到访的柯日诺夫与鲍恰罗夫,两位年轻的学者把报告的第一部分投给了《文学问题》,该期刊在 1965 年第 8 期(第 84—90 页)上刊出了这篇《长篇小说的话语》,但遗憾的是,最终面世的编辑版遭到了压缩,编者添加了第一自然段,删除了所有的外文注释。"编者按"写道:"这篇短文是作者目前撰写的有关言语体裁一书的片段。该书研究这样一些专门的言语类型或体裁,它们形成于人们口头交际的不同条件下和书面语的不同形式中,包括文学的不同形式中。"这篇文章在权威期刊上的发表,也因为同期同栏目的另一篇文章是什克洛夫斯基的《体裁与冲突的解决》(第 91—101 页),立即引起了国际学术界的关注。克里斯特瓦认为巴赫金的论著写得很不严谨,一定程度上也与这篇论文发表时被编辑大篇幅删减有很大的关系。因为报告的三分之二多的内容并没有发表,巴赫金便亲自张罗把余下的内容出版,他把题目改成《长篇小说话语的发端》,重新修订这些内容,增写引言段落和结尾段落,还征引了发表在《文学问题》上的第一部分删减版,最后此文入在 1967 年出版的"莫尔多瓦大学学术札记"论文集《俄罗斯与外国的文学》中。报告的完整版本,把 1965 年的第一部分删减版《长篇小说的话语》(去除了编者加的第一自然段)和 1967 年的《长篇小说话语的发端》两文结合起来,恢复了所有的外文注释,修订了部分段落,取名《长篇小说话语的发端》,于 1975 年收录在《文学与美学问题》文集中首次出版。

《长篇小说理论问题》

这篇著作是巴赫金关于长篇小说思考所做的笔记,用铅笔写满了5个中学生使用的笔记本,并标有序号,写作时间在笔记本封面上注明为 1939 年 11 月 23 日,收入俄文版《巴赫金文集》第 3 卷(2012),系首次发表。

上世纪 30 年代到 40 年代初,巴赫金一直在研究长篇小说理论问题。先是研究长篇小说的修辞问题,以《长篇小说的话语》《长篇小说的时间形式和时空体形式》与《长篇小说话语的发端》为代表;后期转向了长篇小说的体裁研究,这可以《长篇小说理论问题》与《作为文学体裁的长篇小说》为代表。《长篇小说理论问题》用笔记体写成,而《作为文学体裁的长篇小说》这一著作,就是在这些笔记的基础上写成的,并以此为题于 1941 年 3 月在高尔基世界文学所做了学术报告。

在《长篇小说理论问题》里,巴赫金认为文学体裁研究不尽如人意,特别在长篇小说的体裁研究方面建树不多,他认为要解决好这一问题就应建立一种体裁哲学,《长篇小说理论问题》中所提出的种种问题,就可以看作是巴赫金建立体裁哲学的一种尝试。

巴赫金在笔记里将长篇小说与古代史诗做了比较,表现在两者描写的对象方面完全不同。史诗面对的是几乎都有定论的事物,在描写的对象方面来说,是单一的世界、单语的世界、定型的和封闭的世界。在人物方面来说,是先祖、奠基人与英雄人物,不容怀疑、被人敬仰与膜拜。在时间上说,它是绝对的过去。从距离来说,它远离现实。从结构来说,它体裁单一,已失去创新的动力,等等。长篇小说恰恰相反,它面对的是变动不居的新的世界模式,世界是多语化的,因此小说也是一种多语现象。它描写的是当代生活,即使描写过去,也是具有当代性。它被认为是一种边缘性的体裁,但它生根于民间文学、民间诙谐文化,吸收了诙谐文化的精神,深刻地触及人物日常化的多种亲昵关系。长篇小说中的人已经成为单个的人,内在的人,具有了主体性,他不是单一的,而会在外表与本质上发生差异,人与环境会不相适应。他不仅生存于当今,而且联系着世界、人类与未来;他会观察自我,也会容纳他人观点。长篇小说对时间与空间有了新的体验,它揭开了时间之维,展现了新的空间形,开放的时空,成了情节的时间与形象形成的时间,展现了小说的广阔前景。小说破坏了其他体裁的边界,成为多布局与具有问题意识的体裁等等。

在这部笔记中,巴赫金不同意黑格尔与卢卡奇关于长篇小说所下的定义,后者认为史诗是当代现实生活、制度与世界秩序的反映,显然将史诗现代化了。巴赫金认为长篇小说是一种正在生成中的文学体尚未定型的体裁,它吸收了各种体裁的形式与特征,纵横自如,在其影响下,促成了其他体裁的长篇小说化,造成了它在文学中的统治地位。

《作为文学体裁的长篇小说》

1940 年 10 月至 1941 年 3 月,巴赫金在世界文学研究所为申请学位做过两次关于长篇小说理论的学术报告。本文是作于 1941 年 3 月 24 日的第二篇报告,现首次完全依据巴赫金手稿刊出。此外,在巴赫金文档和科学院档案中发现有作者撰写的上述学术报告的提纲,以及讨论报告的记录和作者的最后发言。本卷发表时,报告正文之后列入报告提纲,再以附录收入作者的结束语。

这篇报告最初是由 B.B.柯日诺夫以论文形式刊登在《文学问题》杂志(1970 年第 1 期)上,标题为柯日诺夫所拟,但得到作者首肯——《史诗与长篇小说——长篇小说研究方法论》。文章首页和尾页做了改动,同样得到作者的认同,即删去了作者开宗明义的主导观点:体裁的哲理是文学体裁理论的基础。文章的第 2 段("研究作为一种体裁的长篇小说的理论,会遇到一些特殊的困难……")稍加编辑变成了文章的开头。而结尾一段删除了三句话,那是 1941 年时局所使然的称颂长篇小说和小说现实主义进入社会主义新阶段的言辞。

报告的原题体现着作者的观点:需以体裁哲学作为文艺学研究体裁理论的基础。改换文题,当然就有碍理解巴赫金长篇小说理论在 30 年代的演进过程(从 30 年代初《长篇小说的话语》到 1941 年的报告)。这一演进过程恰可界定为从长篇小说修辞问题转向长篇小说的哲理。在《长篇小说理论问题》一文中,这一点又体现为由小说修辞特点转向体裁特点,并提出了长篇小说哲理的观念:"长篇小说理论的基础,应是小说的哲学,但这个哲学现在还没有。"他由此得出结论:"黑格尔的体裁哲学是不能接受的","黑格尔的体裁哲学不能令我们满意⋯⋯"。可见报告开头作者就点出了自己在理论和哲学上的论争对手。文中巴赫金主要论辩黑格尔小说理论的第四条,明确提出"小说在现代世界中应起的作用,要像长篇史诗在古代社会中的作用⋯⋯"。简而言之,他认为小说与史诗的区别,不在于所反映所描写的生活素材不同,现实不同,而在于对生活、对现实所起的作用不同。

综上所述,此文从 1970 年首次面世起,开头和结尾就经过了重要的删改。之后删改稿又数次编入巴赫金多种文集。此次修订中文版巴赫金文集,我们据俄罗斯学术版第三卷将此文恢复了作者手稿的原貌。同时,俄文版还把作者后来在手稿页边和背面写下的零散批注一并录入正文作为脚注,以 * 号标出;中文版也随之做了同样的处理。

《长篇小说的理论与历史问题》

此文大约作于 1943 年秋,当时外国文学研究所正筹备恢复卫国战争前学术报告的结集出版工作。但之后这篇文稿从未获得发表,直到此次被收进作者的文集。从文章内容可以看出,作者正筹划出一部总结性的小说论著,汇集他在整个 30 年代思考和研究长篇小说的成果。

《长篇小说》

此为首次发表。1961 年 2 月,文艺学兼文化学者 B.B.柯日诺夫完成《长篇小说源起——理论与历史概述》(莫斯科,苏联作家出版社,1963 年)一书的写作后,将书稿送巴赫金征求意见。巴赫金立即于 3 月 1 日复信表示同意,并说:"对您关于长篇小说的大作,我当然极感兴趣(要知道这是我的课题)。"柯日诺夫回忆说,"这是我的课题"一语对他是桩意外的新闻,因为此前巴赫金未曾发表过一篇论述长篇小说的理论文章。

于是阅读书稿成了巴赫金的一种创作过程,激励他把自己二十年来的创作心得做一次总结和升华。就这样,他写出了这篇读稿札记。一个月后,1961 年 4 月 1 日,巴赫金复信给柯日诺夫,信中简明扼要地总括了自己关于长篇小说的理论见解,又强调说:"您精到地说明了长篇小说体裁发展中的一条路线(它综合了几种类型),但还不是这一体裁的全部。"应该说,这篇札记包容了多种思考,酝酿着最终的结论。